KTV

Herausgegeben vom
Landesdenkmalamt Baden-Württemberg,
der Gesellschaft für Vor- und Frühgeschichte
in Württemberg und Hohenzollern
und
dem Förderkreis für die
ur- und frühgeschichtliche Forschung in Baden.
Zusammengestellt von
Dieter Planck

Archäologische Ausgrabungen in Baden-Württemberg 1989

Theiss

Redaktion: Gabriele Süsskind

CIP-Titelaufnahme der Deutschen Bibliothek

Archäologische Ausgrabungen in Baden-Württemberg
. . . / hrsg. vom Landesdenkmalamt
Baden-Württemberg . . . – Stuttgart : Theiss
Erscheint jährl.
1981, 1982, 1983, 1984, 1985, 1986, 1987, 1988 (1989)

Umschlagbild: Esslingen. Grabung auf dem Grundstück des Denkendorfer Pfleghofs

Herstellung: Siegfried Fischer, Stuttgart

ISBN 3-8062-0830-1
ISSN 0724-8954

Satz und Druck: Grafische Betriebe
Süddeutscher Zeitungsdienst, Aalen
Printed in Germany

Vorwort

Mit dem Band »Archäologische Ausgrabungen 1989« gibt die Landesarchäologie erneut Rechenschaft über ihre Tätigkeit im vergangenen Jahr. In 90 Beiträgen berichtet diese Publikation über eine Fülle von Forschungsergebnissen aus Grabungen, die notwendig geworden sind wegen der akuten Bedrohung der Denkmalsubstanz vor Ort. Neben der Zerstörung archäologischer Substanz im Boden durch große Neubaugebiete, durch überregionale und regionale Straßenbaumaßnahmen oder durch die Sanierung unserer mittelalterlichen Städte, tritt in den letzten Jahren mehr und mehr auch die Zerstörung des unterirdischen Quellenbestandes durch Pflug und Erosion in den Vordergrund. Vor Jahren waren die Landesarchäologen der Meinung, daß der Boden der beste Schutz sei. Heute wissen wir, daß neben dem Problem der landwirtschaftlichen Nutzung und der Erosion auch direkte Umwelteinflüsse auf im Boden liegende metallene und organische Objekte bestehen. In den Werkstätten der Archäologischen Denkmalämter in Baden-Württemberg und in anderen Bundesländern sind am Fundbestand deutlich Zerfallsprozesse zu erkennen, die zweifellos auf Umwelteinflüsse zurückzuführen sind. Der Verband der Landesarchäologen in der Bundesrepublik Deutschland hat in Verbindung mit dem Deutschen Nationalkomitee für Denkmalschutz erste Überlegungen angestellt, um solche Gefahrenquellen zu vermindern. Dabei gilt es zunächst die Ursachen zu ergründen, um diese dann gezielt bekämpfen zu können.

In Anbetracht der Tatsache, daß die Verluste an archäologischen Denkmälern, insbesondere in den Landwirtschaftsflächen von Jahr zu Jahr steigen, muß alles daran gesetzt werden, große Schutzgebiete, sogenannte »Archäologische Reservate«, in den Ackerfluren auszuweisen. Im vergangenen September konnten anläßlich der ersten Fachtagung unter dem Titel »Naturschutz und Denkmalpflege – Denkmalpflege und Naturschutz« in Schwäbisch Hall gemeinsam mit der Akademie für Natur- und Umweltschutz beim Ministerium für Umwelt in Baden-Württemberg Fragen der Erhaltungsmöglichkeiten archäologischer Substanz diskutiert werden. Die Stillegung landwirtschaftlich intensiv genutzter Flächen (Extensivierung) wird es erlauben, wichtige Denkmäler für zukünftige Forschungen mit besseren technischen Möglichkeiten zu sichern. Schon seit Jahren wird deutlich, daß die Archäologische Denkmalpflege die Forschung in der Landesarchäologie prägt. Hier gilt es, Rettungsgrabungen noch mehr unter wissenschaftlichen Fragestellungen durchzuführen, um in wichtigen historischen Fragen weiter zu kommen. Im Mittelpunkt steht dabei die Siedlungsarchäologie, wie sie schon seit Jahren, vor allen Dingen auch mit Unterstützung der Deutschen Forschungsgemeinschaft am Bodensee und in Oberschwaben durch die Pfahlbauarchäologie betrieben werden kann. Ich meine, es ist heute eine aktuelle Aufgabe der Landesarchäologie, Schwerpunkte zu setzen, da durch den Veränderungsprozeß unseres Landes viele archäologische Denkmäler endgültig zerstört werden. Unsere Generation ist aufgefordert, mit Rettungsgrabungen wenigstens die Denkmäler vor Ort zu dokumentieren und sie einer umfassenden wissenschaftlichen Auswertung zuzuführen.

Die Archäologische Denkmalpflege hat heute die Aufgabe, Denkmalpflege und Forschung zu betreiben, da von ihrer Arbeit im wesentlichen die Grundlagen für weitere Forschungen abhängen. Nur im Rahmen einer intensiven Zusammenarbeit aller an der Landesarchäologie beteiligten Forschungseinrichtungen, so den einschlägigen Universitätsinstituten in Freiburg, Heidelberg und Tübingen und den archäologischen Museen in unserem Lande, ist eine intensive archäologische Forschung möglich. Alle an diesem Aufgabenbereich beteiligten Institute sollen mit dazu beitragen, die vor Ort bedrohten Fundstellen und Denkmäler zu sichern und sie umfassend wissenschaftlich auszuwerten.

Vor dem Hintergrund eines in den letzten Jahren stark angestiegenen Interesses an der archäologischen Forschung im Lande, brachte das Jahr 1989 eine weitreichende Entscheidung der Landesregierung von Baden-Württemberg. Der Ministerrat hat am 12. Juni 1989 die Errichtung der Außenstelle Konstanz eines künftigen Landesarchäologiemuseums in Stuttgart beschlossen. Dieses Landesarchäologiemuseum im Aufbau mit Außenstelle Konstanz hat seine Arbeit am 1. Februar 1990 offiziell aufgenommen. Die Eröffnung im ehemaligen Konventgebäude des Klosters Petershausen in Konstanz ist für das Jahr 1992 geplant. Betrachtet man die unzulänglichen und beengten Raumverhältnisse im Alten Schloß in Stuttgart, wo das Württembergische Landesmuseum mit seiner archäologischen Abteilung untergebracht ist, und die Raumprobleme im Karlsruher Schloß, in dem die archäologischen Sammlungen des Badischen Landesmuseums zu sehen sind, so werden die Ausstellungsmöglichkeiten durch diese Neugründung erheblich verbessert.

Die Landesarchäologie erhält mit diesem zentralen Museum einen ihr gebührenden Platz innerhalb der Museumslandschaft unseres Landes. Baden-Württemberg hat damit ähnlich wie schon früher andere Länder, so etwa Bayern, Berlin, Schleswig-Holstein, Nordrhein-Westfalen, um nur die wichtigsten zu nennen, ein Museum gegründet, das sich speziell diesem Aufgabenbereich widmen wird. Es bleibt zu hoffen, daß der Eröffnung der Außenstelle in Konstanz bald der notwendige Neubau im Herzen von Stuttgart folgen wird, um möglichst bald die in vielen Magazinen schlummernden Funde aus der Vor- und Frühgeschichte und aus dem Mittelalter unseres Landes der Öffentlichkeit zugänglich zu machen.

Meiner Ansicht nach hat die Bevölkerung Anspruch darauf, diese bedeutenden archäologischen Funde in ihrem jeweiligen historischen Kontext in einem einschlägigen Museum unseres Landes sehen zu können.

Zum Schluß sei es mir gestattet, allen an diesem Band beteiligten Kolleginnen und Kollegen für ihre pünktliche Berichterstattung zu danken. Nur so kann der Jahresband 1989 frühzeitig in gedruckter Form vorgelegt werden. An dieser Stelle sei aber auch der großen Zahl derjenigen Mitarbeiterinnen und Mitarbeiter gedacht, die im stillen in der Werkstatt, im Zeichenbüro oder am Schreibtisch ihre Arbeit leisten. Ohne sie, die stets im Hintergrund wirken, könnte die Archäologische Denkmalpflege ihre Arbeit nicht durchführen.

Allen sei deshalb mein ganz besonderer Dank ausgesprochen. Aber auch dem Konrad Theiss Verlag, und hier insbesondere Frau Gabriele Süsskind, möchte ich an dieser Stelle danken.

Stuttgart, im Februar 1990 Dieter Planck

Karte der Städte und Gemeinden, aus denen in diesem Band berichtet wird

Inhalt

Verzeichnis der Autoren

Drs. Monica Alkemade, A. E. van Giffen Instituut voor Prae- en Protohistorie, Amsterdam

Dr. Susanne Arnold, Landesdenkmalamt Baden-Württemberg, Abt. Archäologische Denkmalpflege, Stuttgart

Dr. Tiberius Bader, Landesdenkmalamt Baden-Württemberg, Abt. Archäologische Denkmalpflege, Grabung Ulm

Armin Bauer, stud. phil., Institut für Vor- und Frühgeschichte der Universität Tübingen

Dr. Rolf-Heiner Behrends, Oberkonservator, Landesdenkmalamt Baden-Württemberg, Abt. Archäologische Denkmalpflege, Außenstelle Karlsruhe

Dr. Jörg Biel, Oberkonservator, Landesdenkmalamt Baden-Württemberg, Abt. Archäologische Denkmalpflege, Stuttgart

Otto Braasch, Oberstleutnant a. D., Schwäbisch Gmünd

Andreas Brunn, Institut für Ur- und Frühgeschichte der Universität Freiburg

Dr. Rolf Dehn, Oberkonservator, Landesdenkmalamt Baden-Württemberg, Abt. Archäologische Denkmalpflege, Außenstelle Freiburg

Dr. Bodo Dieckmann, Landesdenkmalamt Baden-Württemberg, Abt. Archäologische Denkmalpflege, Arbeitsstelle Gaienhofen-Hemmenhofen

Christian Dreier, cand. phil., Abteilung für Provinzialrömische Archäologie der Universität Freiburg

Viola Eigenbrodt, cand. phil., Archäologisches Institut der Universität Heidelberg

Dr. Gerhard Fingerlin, Oberkonservator, Landesdenkmalamt Baden-Württemberg, Abt. Archäologische Denkmalpflege, Außenstelle Freiburg

Holger Fries, Lehrstuhl für Archäologie des Mittelalters und der Neuzeit der Universität Bamberg

Dipl.-Geol. Guntram Gassmann, Freiburg

Christian Gildhoff, cand. phil., Institut für Ur- und Frühgeschichte der Universität Freiburg

Dipl.-Min. Gert Goldenberg, Geologisches Landesamt Freiburg

Bernhard Greiner, cand. phil., Abteilung für Provinzialrömische Archäologie der Universität Freiburg

Dr. Uwe Gross, Landesdenkmalamt Baden-Württemberg, Abt. Archäologische Denkmalpflege, Stuttgart

Peter A. Häusser, Institut für Kunstgeschichte der Universität Freiburg

Andrea Hahn, Institut für Urgeschichte der Universität Tübingen

Prof. Dr. Joachim Hahn, Privatdozent, Institut für Urgeschichte der Universität Tübingen

Dipl.-Geol. Ludwig Hildebrandt, Geologisch-Paläontologisches Institut der Universität Heidelberg

Michael Hoeper, cand. phil., Institut für Vor- und Frühgeschichte der Universität Freiburg

Jutta Hoffstadt, Institut für Ur- und Frühgeschichte der Universität Köln

Sabine Hopert, cand. phil., Institut für Vor- und Frühgeschichte der Universität Tübingen

Jean-Claude Hugonot, Heimatmuseum Mühlacker

Dr. Peter Jakobs, Landesdenkmalamt Baden-Württemberg, Abt. Archäologische Denkmalpflege, Außenstelle Freiburg

Bertram Jenisch M. A., Institut für Ur- und Frühgeschichte der Universität Freiburg

Walter Joachim, Ltd. Polizeidirektor, Stuttgart

Prof. Dr. Michael Jochim, Department of Anthropology, University of California, Santa Barbara, CA, USA

Stephan Kaltwasser, cand. phil., Institut für Ur- und Frühgeschichte der Universität Freiburg

Dr. Martin Kempa, Landesdenkmalamt Baden-Württemberg, Abt. Archäologische Denkmalpflege, Stuttgart

Dr. Claus-Joachim Kind, Landesdenkmalamt Baden-Württemberg, Abt. Archäologische Denkmalpflege, Außenstelle Tübingen

Dr. Frieder Klein, Landesdenkmalamt Baden-Württemberg, Abt. Archäologische Denkmalpflege, Außenstelle Tübingen

Dr. Ulrich Klein, Oberkonservator, Württembergisches Landesmuseum Stuttgart, Münzkabinett

Dr. Jutta Klug, Landesdenkmalamt Baden-Württemberg, Abt. Archäologische Denkmalpflege, Außenstelle Freiburg

Dr. Mostefa Kokabi, Landesdenkmalamt Baden-Württemberg, Abt. Archäologische Denkmalpflege, Arbeitsstelle Gaienhofen-Hemmenhofen

Susanne Kolbus M. A., Stadt Nürtingen

Dr. Rüdiger Krause, Konservator, Landesdenkmalamt Baden-Württemberg, Abt. Archäologische Denkmalpflege, Stuttgart

Prof. Dr. Hans-Peter Kuhnen, Kurpfälzisches Museum Heidelberg

Rainer Laskowski M. A., Museum im Kornhaus, Kirchheim/Teck

Dr. Dietrich Lutz, Oberkonservator, Landesdenkmalamt Baden-Württemberg, Abt. Archäologische Denkmalpflege, Außenstelle Karlsruhe

Prof. Dr. Hans Ulrich Nuber, Abteilung für Provinzialrömische Archäologie der Universität Freiburg

Dr. Judith Oexle, Konservatorin, Landesdenkmalamt Baden-Württemberg, Abt. Archäologische Denkmalpflege, Stuttgart

Clemens Pasda M. A., Institut für Urgeschichte der Universität Tübingen

Stefan F. Pfahl, cand. phil., Abteilung für Provinzialrömische Archäologie der Universität Freiburg

Prof. Dr. Dieter Planck, Landeskonservator, Landesdenkmalamt Baden-Württemberg, Abt. Archäologische Denkmalpflege, Stuttgart

Ulrike Plate M. A., Kunsthistorisches Institut der Universität Tübingen

Joachim Rehmet M. A., Institut für Vor- und Frühgeschichte der Universität Tübingen

Dr. Hartmann Reim, Oberkonservator, Landesdenkmalamt Baden-Württemberg, Abt. Archäologische Denkmalpflege, Außenstelle Tübingen

Dr. Manfred Rösch, Landesdenkmalamt Baden-Württemberg, Abt. Archäologische Denkmalpflege, Arbeitsstelle Gaienhofen-Hemmenhofen

Dr. Hartmut Schäfer, Hauptkonservator, Landesdenkmalamt Baden-Württemberg, Abt. Archäologische Denkmalpflege, Stuttgart

Dr. Egon Schallmayer, Konservator, Landesdenkmalamt Baden-Württemberg, Abt. Archäologische Denkmalpflege, Außenstelle Karlsruhe

Andreas Schaub, cand. phil., Abteilung für Provinzialrömische Archäologie der Universität Freiburg

Anne Scheer M. A., Landesdenkmalamt Baden-Württemberg, Abt. Archäologische Denkmalpflege, Blaubeuren

Björn Schlenker, cand. phil., Institut für Ur- und Frühgeschichte der Universität Freiburg

Dr. Helmut Schlichtherle, Landesdenkmalamt Baden-Württemberg, Abt. Archäologische Denkmalpflege, Arbeitsstelle Gaienhofen-Hemmenhofen

Dr. Michael Schmaedecke, Landesdenkmalamt Baden-Württemberg, Abt. Archäologische Denkmalpflege, Außenstelle Freiburg

Dr. Beate Schmid, Landesdenkmalamt Baden-Württemberg, Abt. Archäologische Denkmalpflege, Außenstelle Tübingen

Doris Schmid M. A., Institut für Vor- und Frühgeschichte der Universität Tübingen

Erhard Schmidt, Oberkonservator, Landesdenkmalamt Baden-Württemberg, Abt. Archäologische Denkmalpflege, Außenstelle Tübingen

Dr. Peter Schmidt-Thomé, Oberkonservator, Landesdenkmalamt Baden-Württemberg, Abt. Archäologische Denkmalpflege, Außenstelle Freiburg

Prof. Dr. Barbara Scholkmann, Landesdenkmalamt Baden-Württemberg, Abt. Archäologische Denkmalpflege, Außenstelle Tübingen

Dr. C. Sebastian Sommer, Konservator, Landesdenkmalamt Baden-Württemberg, Abt. Archäologische Denkmalpflege, Stuttgart

Prof. Dr. Heiko Steuer, Institut für Ur- und Frühgeschichte der Universität Freiburg

Dr. Horst Stöckl, Eichstetten

Dr. Ingo Stork, Konservator, Landesdenkmalamt Baden-Württemberg, Abt. Archäologische Denkmalpflege, Stuttgart

Prof. Dr. Wolfgang Taute, Institut für Vor- und Frühgeschichte der Universität Köln

Dr. Wolfgang Torke, Württembergisches Landesmuseum Stuttgart

Dr.Matthias Untermann, Landesdenkmalamt Baden-Württemberg, Abt. Archäologische Denkmalpflege, Außenstelle Freiburg

Utz Vollmer, cand. phil., Institut für Ur- und Frühgeschichte der Universität Freiburg

Dr. Eberhard Wagner, Landesdenkmalamt Baden-Württemberg, Abt. Archäologische Denkmalpflege, Stuttgart

Dr. Jochen Wahl, Landesdenkmalamt Baden-Württemberg, Abt. Archäologische Denkmalpflege, Arbeitsstelle Gaienhofen-Hemmenhofen

Gabriele Weber, cand. phil., Institut für Ur- und Frühgeschichte der Universität Freiburg

Achim Wendt, Institut für Ur- und Frühgeschichte der Universität Heidelberg

Thomas Westphalen, Landesdenkmalamt Baden-Württemberg, Abt. Archäologische Denkmalpflege, Grabung Ulm

Dr. Gerhard Wesselkamp, Institut für Ur- und Frühgeschichte der Universität Freiburg

Dorothee Wisskirchen, Lehrstuhl für Archäologie des Mittelalters und der Neuzeit der Universität Bamberg

Jürgen Wörner, cand. phil., Institut für Vor- und Frühgeschichte der Universität Tübingen

Dr. Ulrich Zimmermann, Institut für Ur- und Frühgeschichte der Universität Freiburg

An den archäologischen Ausgrabungen im Jahr 1989 waren folgende Grabungstechniker beteiligt:

Peter Bergmann, Landesdenkmalamt Baden-Württemberg, Abt. Archäologische Denkmalpflege, Arbeitsstelle Konstanz

David Bibby, Landesdenkmalamt Baden-Württemberg, Abt. Archäologische Denkmalpflege, Arbeitsstelle Konstanz

Reinhard Boes, Landesdenkmalamt Baden-Württemberg, Abt. Archäologische Denkmalpflege, Stuttgart

Helmut Eberspächer, Landesdenkmalamt Baden-Württemberg, Abt. Archäologische Denkmalpflege, Außenstelle Karlsruhe

Klaus Hietkamp, Landesdenkmalamt Baden-Württemberg, Abt. Archäologische Denkmalpflege, Außenstelle Freiburg

Arno Harwath, Landesdenkmalamt Baden-Württemberg, Abt. Archäologische Denkmalpflege, Arbeitsstelle Gaienhofen-Hemmenhofen

Einhard Kemmet, Kurpfälzisches Museum Heidelberg

Roland Knausenberger, Landesdenkmalamt Baden-Württemberg, Abt. Archäologische Denkmalpflege, Außenstelle Tübingen

Beate Kochler, Landesdenkmalamt Baden-Württemberg, Abt. Archäologische Denkmalpflege, Stuttgart

Friedolin Könnel, Landesdenkmalamt Baden-Württemberg, Abt. Archäologische Denkmalpflege, Arbeitsstelle Gaienhofen-Hemmenhofen

Hans Lang, Landesdenkmalamt Baden-Württemberg, Abt. Archäologische Denkmalpflege, Stuttgart

Dipl.-Ing. (FH) Hans Masula, Landesdenkmalamt Baden-Württemberg, Abt. Archäologische Denkmalpflege, Stuttgart

Fritz Maurer, Landesdenkmalamt Baden-Württemberg, Abt. Archäologische Denkmalpflege, Stuttgart

Dipl.-Ing. Horst Ott, Waiblingen

Hans Peters, Landesdenkmalamt Baden-Württemberg, Abt. Archäologische Denkmalpflege, Außenstelle Karlsruhe

Siegfried Reißing, Landesdenkmalamt Baden-Württemberg, Abt. Archäologische Denkmalpflege, Außenstelle Karlsruhe

Helga Rudolph, Landesdenkmalamt Baden-Württemberg, Abt. Archäologische Denkmalpflege, Außenstelle Freiburg

Ernst Rümmele, Landesdenkmalamt Baden-Württemberg, Abt. Archäologische Denkmalpflege, Außenstelle Tubingen

Eugen Stauß, Landesdenkmalamt Baden-Württemberg, Abt. Archäologische Denkmalpflege, Stuttgart

Herbert Stickl, Landesdenkmalamt Baden-Württemberg, Abt. Archäologische Denkmalpflege, Außenstelle Tübingen

Thomas Schlipf, Landesdenkmalamt Baden-Württemberg, Abt. Archäologische Denkmalpflege, Stuttgart

Winfried Zwernemann, Landesdenkmalamt Baden-Württemberg, Abt. Archäologische Denkmalpflege, Außenstelle Freiburg

Neue paläolithische Freilandfundstellen

Ganz im Gegensatz zu Höhlenfundplätzen fanden Freilandfundstellen in Baden-Württemberg kaum Beachtung. Der Grund hierfür liegt in den günstigeren Prospektionsbedingungen und den in Höhlenstationen leichter zu gewinnenden Daten. Dennoch ist die bisherige Vernachlässigung von Freilandfundplätzen nicht verständlich. Denn Höhlen sind sehr wahrscheinlich nur vorübergehend und gelegentlich aufgesuchte Rastplätze und vermitteln möglicherweise ein atypisches und einseitiges Bild. Freilandfundplätze dagegen sind der Normalfall und ergeben auf lange Sicht ein vielleicht anderes, aber zutreffenderes Bild urgeschichtlichen Lebens in unserem Land.

Neben den bekannten und weiter untersuchten Travertinfundstellen in Stuttgart-Bad Cannstatt werden einige weitere Fundstellen aufgezählt, die zeigen, daß mit einer relativ dichten Fundstreuung durch alle Zeiträume vom Mittelpleistozän bis ins Jungpleistozän zu rechnen ist:

Bönnigheim, Kreis Ludwigsburg (Mittelpleistozän). K. Sartorius machte uns auf Knochen und Zähne pleistozäner Tiere aufmerksam (Abb. 1), die seit mehreren Jahren in einer Lehmgrube bei Bönnigheim zutage kamen. Die Bergung ist der Aufmerksamkeit der Firma Karl Schmid zu verdanken. Die Bestimmung der Tierarten durch K. D. Adam ergab Wildschwein, Urrind, Pferd und Nashorn. Diese Zusammenstellung verschiedener Tierarten hat schwerlich natürliche Ursachen, sondern wird auf urmenschliches Dazutun zurückzuführen sein. Ein klarer Hinweis auf menschliche Einwirkung ist das von der Cannstatter Travertinfundstelle her gut bekannte Abschlagen der Gelenkköpfe an Röhrenknochen, das an dem abgebildeten Wisent-Oberarmknochen gut erkennbar ist. Das Fundlager an der Basis eines mächtigen, mehrfach gegliederten Lösses, der mindestens die beiden letzten Eiszeiten umfaßt, weist auf mittelpleistozänes Alter. Die Fundstelle wird weiter untersucht werden.

Rems-Murr-Kreis (Mittelpaläolithikum). Das Remstal auf den Gemarkungen Waiblingen-Beinstein, Korb-Kleinheppach und Weinstadt-Endersbach ist durch die Tätigkeit von E. Reinhardt, W. D. Forster, H. Schlipf, H. Schwegler und D. Ungar als Faustkeil-Fundlandschaft bekannt geworden. Auch in diesem Jahr fand H. Schwegler einen weiteren

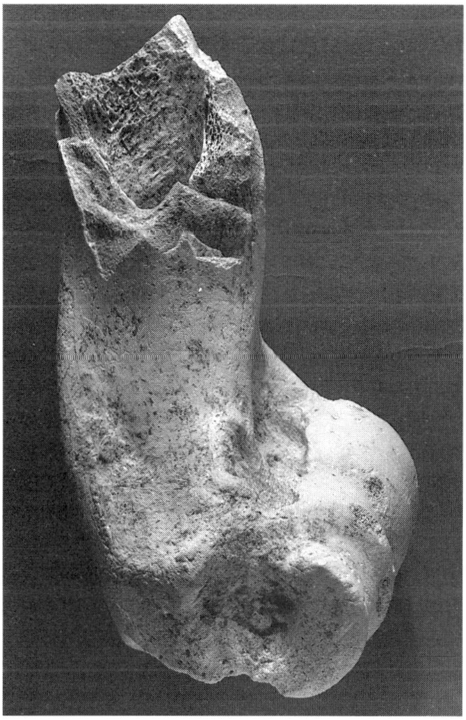

Abb. 1 Bönnigheim. Wisent-Oberarmknochen

Abb. 2 Weinstadt-Endersbach. Faustkeil

Faustkeil auf Gemarkung Endersbach (Abb. 2). Einige im Frühjahr angesetzte Sondagen ergaben folgendes Bild: Die Faustkeile liegen auf der Oberfläche eines eiszeitlichen Wanderschuttes vor dem Keuperstufenrand. Entdeckt werden die Faustkeile jedoch immer nur an jenen Stellen, wo der darüberliegende würmeiszeitliche Löß aberodiert ist. Die Faustkeile sind jünger oder gleich alt wie der eiszeitliche Wanderschutt, aber älter als der würmeiszeitliche Löß. Ihr geologisches Alter ist demnach unteres Jungpleistozän, und kulturell sind sie dem Jungacheuléen zuzuordnen. Die Untersuchungen der Arch. Denkmalpflege im Remstal werden fortgesetzt.

Königsbach-Stein, Enzkreis (Aurignacien). Der Aufmerksamkeit von Dr. H. W. Poenicke ist die Entdeckung einer Aurignacien-Lößfundstelle zu verdanken, die durch einen Kielkratzer und eine abgebrochene Spitzklinge gekennzeichnet ist (Abb. 3). Daß es sich nicht um einzelne Streufunde handelt, sondern wahrscheinlich um einen Lagerplatzbereich, belegt ein weitgehend petrifiziertes Röhrenknochen-Bruchstück mit Schnitt- und Schlagspuren. Eine Datierung steht noch aus. Von besonderer Bedeutung ist zudem ein Schneckengehäuse (*Aporrhais*) mit einer Durchbrechung an der bei Schmuckschnecken üblichen Stelle. Diese Schnecke kommt im Mittelmeer und Atlantik vor, aber auch in tertiären Ablagerungen. Die Bestimmung von H.-J. Niederhöfer ergab quartäres Alter. Dieses kleine hochinteressante Inventar betont die besondere Bedeutung von Freilandfundplätzen, weil beispielsweise Schmuckschnecken in aurignacienzeitlichen Höhlenfundplätzen relativ selten sind. Die Untersuchungen an der Fundstelle werden fortgesetzt.

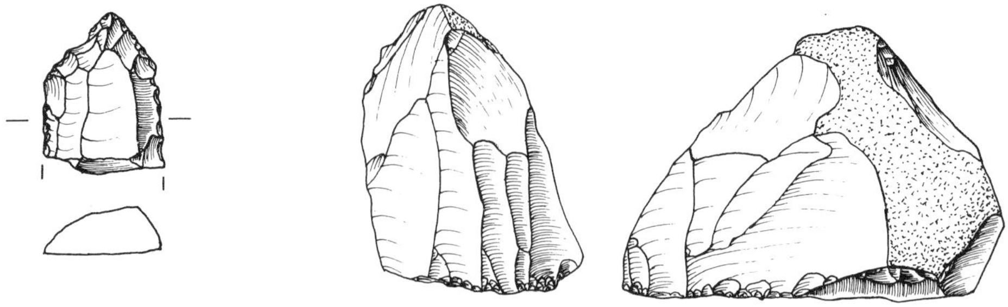

Abb. 3 Königsbach-Stein. Kielkratzer und Spitzklinge. Maßstab 1:1

Mundelsheim, Kreis Ludwigsburg (Spätpaläolithikum). Ebenfalls im Lößgebiet des mittleren Neckarlandes entdeckte A. Schwarzkopf eine spätpaläolithische Fundstelle, die zahlreiche Kernsteine und Abschläge, vor allem aber zahlreiche fein retuschierte Rückenmesserchen kennzeichnen. Die Fundstelle liegt in einem zukünftigen Baugebiet und wird deshalb vom Landesdenkmalamt untersucht.

Eberhard Wagner

Spätquartäre Funde und Sedimente im Hohlen Felsen bei Schelklingen, Alb-Donau-Kreis

Im August und September 1989 führte das Institut für Urgeschichte der Universität Tübingen im Auftrag des Landesdenkmalamtes Baden-Württemberg die Ausgrabung des Vorjahres im Hohlen Felsen bei Schelklingen fort. 2 bis maximal 6 Teilnehmer gruben in der kleinen Nische am linken Teil des Eingangstunnels auf insgesamt 10 m^2. Wichtig erschien vor allem eine Erfassung der 1988 z. T. nur ausschnittsweise erfaßten Horizonte und damit eine weitergehende Interpretation der Gesamtsituation in der Höhle.

Der Bereich der untersten Magdalénien-Fundhorizonte ist im Mittelteil der Nische von einem schwarzgefärbten Nordwest-Südost gerichteten Streifen mit ebenso orientierten, länglich-prismatischen Kalken gekennzeichnet. Sein Ursprung ist deutlich an einem Felsvorsprung vor dem eigentlichen Hintergrund der Nische zu erkennen, von dem Kalkblöcke abgeschert wurden. Im oberen Bereich dieses Streifens war der nach Radiokarbondaten frühmagdalénienzeitliche Horizont IIa nur durch wenige Silices faßbar. Sehr fundreich war er nur im Anschluß an die im letzten Jahr ausgegrabenen Bereiche. An der Basis dieses schwärzlichen Sediments, und damit von den magdalénienzeitlichen Horizonten nur schwer trennbar, konnten im ersten Gravettienhorizont IIb zahlreiche Funde gemacht werden. In einem gelben Feinsediment mit weniger Kalkschutt, und somit deutlich vom Hangenden unterscheidbar, zeigten sich im zweiten Gravettienhorizont IIc fleckige Knochenkohlekonzentrationen mit z. T. großen Knochenkohlebruchstücken und wie in IIb weiteren Bärenschliffen. Es kamen Artefakte aus einem grünschwarzen Radiolarit zutage, der in den magdalénienzeitlichen Fundhorizonten bisher fehlt. Bestätigt werden konnte auch die Gleichartigkeit der geologischen und archäologischen Horizonte unter und neben dem Sedimentstreifen.

Im Liegenden konnten unter großen Kalkblöcken die im letzten Jahr erstmals erfaßten Aschehorizonte weiter gegraben werden. Der archäologische Horizont III stellt sich nun als eine auf ca. 1 m^2 beschränkte, stark zum Höhleneingang hin abfallende Konzentration eines Aschefilms mit winzigen Holzkohlebruchstükken dar. Unter einem dünnen fundleeren Horizont ließ sich der archäologische Horizont IV fassen. Er ist ebenfalls eine Art Aschefilm, aber weiter ausgedehnt, hat deutlich größere Holzkohlebruchstücke und auch auf einen Meter ein Gefälle von 20 bis 30 cm zum Höhleneingang hin.

Die in diesem Jahr ergrabenen Befunde erlauben unter Vorbehalt von Ergebnissen weiterer Ausgrabungen eine Interpretation der Fund-

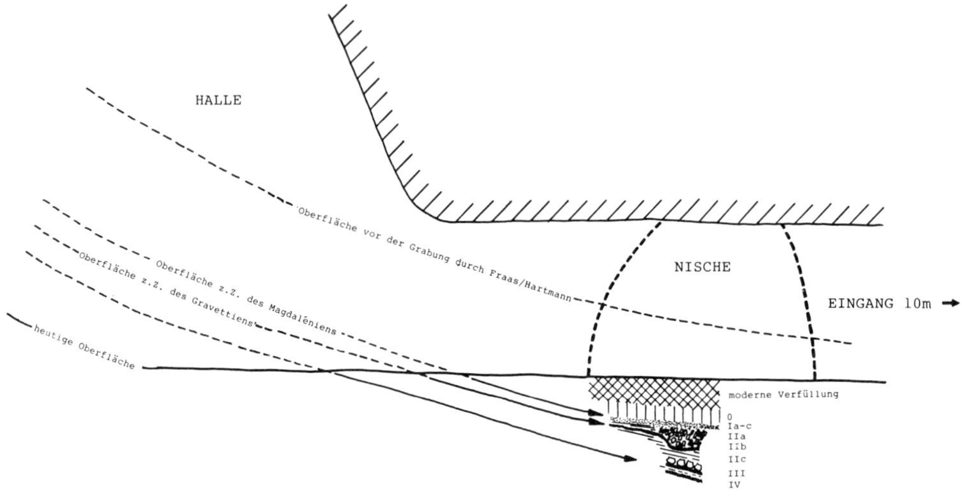

Abb. 4 Schelklingen. Rekonstruktion der Oberflächen des Sedimentkegels im Hohlen Felsen

horizontentstehung (Abb. 4). Ein steiler, aus der Halle kommender Schuttkegel bedingt während des gesamten späten Jungpleistozäns die Hauptsedimentationsrichtung. Er ist heute noch deutlich erkennbar vorhanden, durch Raubausgrabungen und Begehbarmachung der Höhle seit dem 19. Jahrhundert aber stark reduziert. Auf diesem, in der Nische steil nach Nordwesten einfallenden Schuttsediment sind mit den Aschehorizonten (III, IV) zwei Begehungen faßbar. Nach diesen folgt aus gleicher Richtung die Sedimentation eines gelben, kalkschutthaltigen Lehms mit Höhlenbärenknochen und Bärenschliff. Gegen Ende dieser Ablagerung befindet sich eine nach Nordwesten gerichtete Rinne, in der sich die gravettienzeitliche Begehung (IIc) belegen läßt.

Im Anschluß daran wurden wahrscheinlich als Folge von Frostverwitterung an dem Felsvorsprung in der Nische grobe Kalke gelöst, in die Rinne verlagert und eingeregelt. Dies erfolgte möglicherweise durch Fließerdemassen aus dem Schuttkegel aus der Halle und aus einem kleineren aus der Nische heraus, die beide die abgescherten Kalke einregelten und hochkant stellten. Eine so entstandene Sedimentstruktur ist in den Ostalpen auf 2800 m NN belegt. Die dort beschriebene starke Durchfeuchtung der Mulde ist im Hohlen Felsen eventuell als ein Anzeichen von Tondurchschlämmung und leichter Verschwemmung des Aschefilms zu sehen. Ein langsames Bodenfließen belegt auch der Fund einer Kalkplatte aus der »Rinnenfüllung«, die aus 2 aufeinanderliegenden Stücken zusammengesetzt werden konnte. Das gleiche lassen kantenscharfe Silexartefakte und unbeschädigte Knochen in diesem Bereich vermuten. Diese Interpretation der Verlagerung von Fundmaterial aus dem späten Würmglazial erklärt, warum bis jetzt Strukturen des Magdalénien im hinteren und mittleren Bereich der Nische nicht faßbar waren.

Die Tierreste umfassen in allen Horizonten überwiegend solche vom Höhlenbären: viele Zähne, zahlreiche Schädelfragmente, wobei das Körperskelett, darunter Wirbel und Rippen, zwar vorhanden, aber unterrepräsentiert ist. Die Extremitäten sind meist fragmentarisch überliefert, oft von jungen Tieren. Eine einzige Elle wurde 1989 als großer vollständiger Knochen entdeckt. Sie fällt vor allem durch Knochenwucherungen auf, ein Hinweis auf die bereits bei Fraas erwähnten Degenerationserscheinungen bei den Höhlenbären aus dem Hohlen Felsen.

Abgesehen von dem überall vertretenen Höhlenbären kommen im Magdalénien Knochen und Zähne von Wildpferd, Ren und Hase, im Gravettien von Fuchs, Wildpferd und Hase sowie der Stoßzahnkeim eines jungen Mammuts vor. Der unterste Horizont IV hat bisher außer dem Höhlenbären keinen anderen bestimmbaren Pflanzenfresser ergeben, jedoch fallen im Vergleich mit den oberen Horizonten zahlreiche verwitterte Elfenbeinfragmente auf. Diese geben an, daß während der Ablagerung der Horizonte III und IV ein oder mehrere Mammutstoßzähne zerfallen sind, deren Teile dann über die ganze Höhle verteilt wurden.

Während der Grabung 1989 wurden alle drei fundführenden Horizonte: Magdalénien, Gravettien und unbestimmtes älteres bis mittleres Jungpaläolithikum angeschnitten. Im Fundhorizont Magdalénien IIa kommen immerhin noch 64 Steinartefakte, meist aus grauem Hornstein (ca. 60%), seltener aus Radiolarit (25%) vor. Artefakte aus gelbem bis braunem Bohnerzhornstein und Kieseltuff vom Randecker Maar sind selten, Klingen und Abschlage gleich stark vertreten. An Werkzeugen sind nur ein Stichel und ein Stichelabfall, 3 retuschierte Stücke, ein Kratzer und 2 Rückenmesser zu nennen. In der nächsten, tieferen Lage (IIab) gehen Radiolarit und grauer Hornstein zurück. Wegen der kleinen Fundzahl (27) beschränken sich auch die Werkzeuge auf 2 Rückenmesser und 2 Stichelabfälle. Der obere Gravettienhorizont IIb enthält bei nur 24 Artefakten mehr Klingen als Abschläge, überwiegend aus grauem Hornstein, im gegrabenen Teil. Immerhin fand sich ein mediales Glätterfragment aus einer massiven, gespaltenen Rippe und ein geglättetes

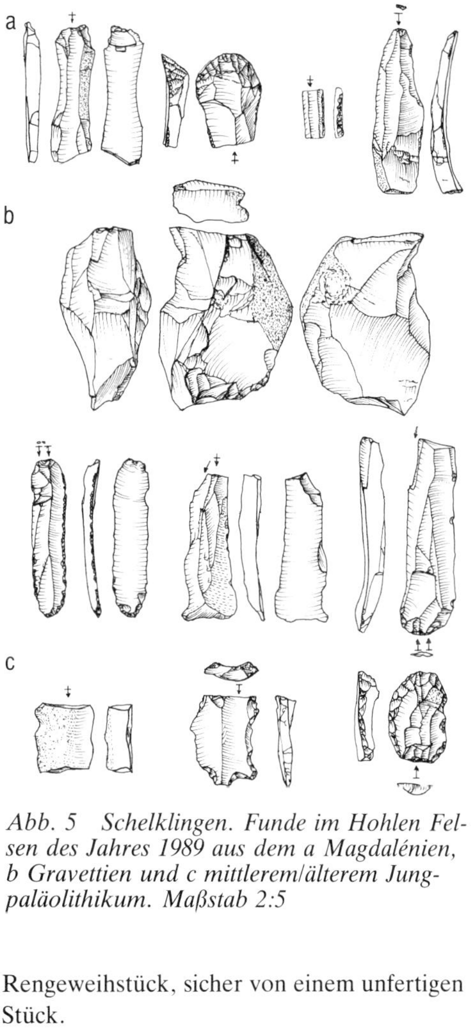

Abb. 5 Schelklingen. Funde im Hohlen Felsen des Jahres 1989 aus dem a Magdalénien, b Gravettien und c mittlerem/älterem Jungpaläolithikum. Maßstab 2:5

Rengeweihstück, sicher von einem unfertigen Stück.

Der AH IIc ergab einen Kern aus grauem Hornstein (Abb. 5) und einige große Abschläge sowie einige Lamellen und Abschläge aus einem graugrünen Radiolarit. An Werkzeugen sind vor allem Stichel und eine Spitzklinge zu nennen. An Schmuck kommt dazu ein Elfenbeinanhänger.

Die unteren Horizonte III und IV sind, entfernt von der Rückwand, fundreicher als 1988. Jedoch ist ein großer Teil durch Bewegung im

Boden kantenbeschädigt und frostretuschiert. Klingen geben an, daß es sich um Jungpaläolithikum handelt. Das einzige diagnostische Werkzeug, ein kurzer kantenretuschierter Kratzer aus dunkelgrünem Radiolarit, paßt schlecht in ein Aurignacien, ist aber denkbar. Ein schmaler Elfenbeinstab belegt immerhin ein Geschoßspitzenfragment, und Schmuck kommt ebenfalls in Form eines durchbohrten Fuchseckzahns vor. Beide Funde lassen sich kulturell nicht einordnen.

Der Stadt Schelklingen und der Museumsgesellschaft möchten wir für ihre tatkräftige Hilfe herzlich danken.

Joachim Hahn, Clemens Pasda

Literaturhinweise

J. Hahn, Arch. Ausgr. Bad.-Württ. 1988, 20 ff. – H. Stingl, Ein periglazialmorphologisches Nord-Süd-Profil durch die Ostalpen, Göttinger Geogr. Arb. 49, 1969.

Neue Funde und Befunde aus dem Geißenklösterle bei Blaubeuren, Alb-Donau-Kreis

An der Grabungskampagne 1989 nahmen 3 bis 5 Fachstudenten 6 Wochen lang an der Ausgrabung teil. Ziel war es zum einen, den nördlichen Abschnitt der Gravettienfeuerstelle, vor allem in den Quadraten 99, 509, 130 und 140, weiter zu verfolgen. Zum anderen wurde der Bereich um den bemalten Stein in dem Aurignacienhorizont IIIa untersucht. Direkt nördlich an das Absperrungsgitter angrenzend, im östlichen Eingangsbereich, wurde eine kleine Fläche von 2 m² bis in den Gravettienhorizont Ia geöffnet, um das Ausstreichen der Sedimente zum Hangabfall hin zu klären. Es stellte sich heraus, daß die oberen Lagen bis in 30 cm Tiefe stark gestört waren, wobei dunkler Waldboden und hellgelbes steriles Höhlensediment mehrfach geschichtet eingelagert sind. Die oberen Gravettienhorizonte waren nicht mehr vorhanden, intaktes Sediment beginnt mit dem Horizont Ia. Hier findet sich zwischen großen Kalkblöcken eine lokkere Fundstreuung, die ungefähr 10 cm tief verfolgt werden konnte. Die häufig vorkommenden gebrannten Kalke und Artefakte zeigen die Nähe zu der südlichen Feuerstelle. Die dichteste Verteilung der gebrannten Kalke und Silexartefakte liegt auf der Grenze zwischen Quadrat 34 und 24. Insgesamt erscheinen die Gravettienhorizonte hier kryoturbat (Kryoturbation – Bodenbewegung, die im Bereich des Frostbodens bei wechselndem Frost in der oberen Bodenschicht vor sich geht) beeinflußt, die Funde sind meist kantenbeschädigt.

Im Bereich der nördlichen Gravettienfeuerstelle konnte wegen der extremen Funddichte nur langsam gegraben werden. Trotzdem ließen sich in 2 Abtragungen insgesamt 8 m² großflächig freilegen. Die Fundverteilung und die Lage der Feuerstelle (Hahn/Scheer 1984) waren in ihrem südlichen Ausschnitt von früheren Grabungen bekannt. Die eigentliche Dunkelverfärbung begann erst in den liegenden Horizonten mit Ia, dessen feinschluffiges Sediment noch nicht erreicht ist. Dennoch zeichnete sich stellenweise eine leichte Dunkelfärbung ab. Sie schließt leicht westlich versetzt an die bekannte an, so daß eine ovale, Nordwest-

Südost gerichtete Aschezone entsteht. Der obere Teil der Gravettienhorizonte war schon 1988 bis auf die Oberkante des Hauptfundhorizontes It abgetragen worden. Die neue Grabung, vor allem in den Quadraten 99, 509, 130 und 140 brachte eine Überraschung: Während die Artefakte des AH Is gleichmäßig über die gesamte Fläche streuen, dünnt der AH It nach Norden hin linsenartig aus. In diesem nördlichen Grabungsabschnitt fehlt auch das entsprechende, sonst übliche kleinschuttig scharfkantige Sediment ohne Zwischenmittel des geologischen Horizontes 7. Statt dessen findet sich hier ein steriles Sediment mit kleinen, sehr stark verrundeten Kalken und viel schluffigem Zwischenmittel, das GH 7a genannt wurde. In den Quadraten 99 und 130 zieht ein nach Norden hin breiter werdender Keil mit GH 7a nordsüdlich an der dichtesten Fundstreuung direkt an der Feuerstelle in Quadrat 99 vorbei. Dadurch erscheint die Artefaktverteilung in der Fläche zweigeteilt. Artefakte sparen das Sediment 7a weitgehend aus, so daß die sonst über 10 cm starke Hauptfundschicht über diesem Schuttkegel 7a nur sehr dünn aufliegt. In Quadrat 140 ist der höchste Punkt der gesamten Artefaktstreuung erreicht, und der Fundhorizont fällt nach allen Seiten ab. Der Horizont steigt zum nördlichen Gang leicht an, die Basis des AH It jedoch stärker, um schließlich auszukeilen. Nach Osten steigt der Fundhorizont bis zu den Quadraten 130/140 an und verläuft dann horizontal. Nur die Basis des AH It scheint noch einmal muldenförmig abzufallen. Die Basis des gesamten Gravettienhorizontes ist aber nicht erreicht, so daß die Schichtbildung noch nicht interpretierbar ist.

Da es sich bei dieser Feuerstelle bislang um einen einmaligen Befund handelt, wurde ein ca. 2 m^2 großer Siliconabguß angefertigt, um so eine dreidimensionale, originalgroße Darstellung zu erhalten. Dazu wurde die freipräparierte Feuerstelle zuerst dünn mit einem langsam abbindenden Siliconkautschuk bestrichen, die gesamte Fläche mit Mullbinden verstärkt und danach vollständig mit Silicon ausgegossen. Da der Kunststoff elastisch bleibt, war noch ein »Stützkorsett« aus Gipsbinden für den positiven Abguß erforderlich. Beide Abgüsse wurden genau eingemessen. Bei diesem Verfahren mußte auf die exakte Einzeleinmessung einiger Funde verzichtet werden, da das Silicon einige Zentimeter tief in das sehr lockere, liegende Sediment eingedrungen war. Beim Abnehmen des Abgusses lagen deshalb die Stücke nicht immer in situ.

Die Untersuchungen im Aurignacienhorizont IIIa erstreckten sich auf die Quadrate 56 und 57. Hier wurde vor allem nach Farbspuren im Bereich des schwarz bemalten Kalksteines von der Kampagne 1987 gesucht, um Hinweise auf die Entstehung der Färbung zu erhalten. Da sich keine Reste schwarzer Farbe fanden, ergab sich vom Befund her kein Argument gegen den Artefaktcharakter des Steins. Ein weiteres Ziel war, in diesen Quadraten die Fundsituation im südlichen Randbereich der Aurignacienfeuerstelle zu klären. Die Basis des Horizontes IIIa wird im südlichen Abschnitt von taschenartigen Vertiefungen gebildet, so daß hier noch Funde zu erwarten waren, obwohl der Hauptteil des Fundhorizontes bereits abgetragen war. In den stark mit Rötel, Knochenkohle und Asche angereicherten Sedimenten waren Ansammlungen von über 200 Absplissen besonders auffällig.

Auch im nördlichen Abschnitt der Gravettienfeuerstelle war der Anteil an gebrannten Kalken wieder sehr hoch: in den oberen Horizonten überwiegend kleinere, in der Hauptfundschicht auch größere gebrannte Kalke. Wie die übrigen Artefakte treten sie in Quadrat 99 gehäuft auf und dünnen nach Norden halbkreisförmig aus. Im direkten Bereich der Aschezone ist keine Konzentration zu erkennen. Im Gegensatz dazu dünnt die allgemeine Artefaktverteilung im Bereich der Aschezone und östlich davon leicht aus; unter ausschließlicher Berücksichtigung des AH It ist sie noch deutlicher ausgeprägt. In Quadrat 98 war die Hauptfundschicht offensichtlich schon im Vorjahr erreicht, denn die Funde streuten in diesem Jahr nur noch relativ dünn im östlichen Teil des Quadrats. Die größte Funddichte wird in Quadrat 99 erreicht, in Quadrat 509 ist sie wesentlich geringer und streicht nach Nordwesten aus, so daß der Nordwestteil fast fundleer ist. Östlich der fundarmen Zone, bedingt durch den beschriebenen Sedimentkegel 7a, ist auch in Quadrat 130 die Funddichte geringer und dünnt in Quadrat 140 aus. Kleinere fundfreie Zonen befinden sich sowohl zwischen den Quadraten 99 und 509 als auch im Ostteil des Quadrats 130. In dem westlich angrenzenden Quadrat 131 kamen wie im Vorjahr nur noch einzelne Funde zutage, dagegen mehr große Kalke. Im südlich anschließenden Quadrat 121 gibt es fast nur noch Knochen und östlich davon (Qu 122) neben großen Kalkblöcken noch einen Knochen. Südlich (Qu 111) liegen sehr wenig Artefakte, und östlich davon (Qu 112) verläuft die Höhlenrückwand, die in den großen Nordgang übergeht. Die Knochen verteilen sich gleichmäßig dünn gestreut über die gesamte Fläche.

In den Quadraten 509 und 140 befindet sich die Höhlendecke nur etwa 1,50 – 1,90 m über der Grabungsfläche, d. h. während des Gravettiens betrug der Abstand höchstens 1,20 – 1,50 m.

Die hohe Zahl der Knollen und Kerne um die große Feuerstelle, besonders in ihrem nördlichen Bereich, wächst mit den diesjährigen Funden weiter. Von den 6 neuen Knollen und Kernen stammen allein 5 aus den Quadraten 99 und 130. Es handelt sich um 2 stark abgebaute, bipolare Restkerne aus Radiolarit, einen Klingenkern, einen in 3 Teile gesprungenen Trümmerkern sowie einen angeschlagenen Vollkern aus Hornstein. Ein größerer Restkern aus Hornstein lag im südlichen Eingangsbereich. Auf 2 Gruppen – nördlich direkt anschließend und peripher östlich zur großen Feuerstelle – verteilen sich nun die Knollen und Kerne im nördlichen Grabungsabschnitt (Abb. 6).

Die Zahl der Steinwerkzeuge erweitert sich um 24 Stücke sowie einen Stichelabfall und den Abfall eines ausgesplitterten Stücks. Entgegen der bisherigen Werkzeughäufigkeit standen 1989 die Kratzer mit 8 Exemplaren an erster Stelle. Sie lagen eng beieinander direkt am Rand der Aschezone und nördlich davon. Die 3 Kratzer aus rotem Radiolarit und 5 aus Hornstein – darunter ein Doppelkratzer – entsprechen in ihrer Form den bisher bekannten mit den konvergierend verlaufenden Kanten. Hervorzuheben ist ein unfertiger Kratzer aus Radiolarit, dessen distales Ende am Kernfuß offensichtlich zu stumpf für eine Kratzerretusche war. 3 der aus einem sehr hellen Hornstein gefertigten Kratzer bzw. eine Kratzerkappe stammen sicher von einer Knolle; sie lagen direkt beieinander; die Kratzerkappe ist das ursprüngliche Distalende des einen Kratzers. Die nur schwach retuschierte Kratzerkappe wurde mit einem Schlag auf die Ventralfläche entfernt, der distale Bruch der Klinge neu konvex retuschiert. Hier ist für das Gravettien des Geißenklösterle zum erstenmal der Nachweis und die Technik einer Weiterverarbeitung von Kratzern belegt.

Zu den 6 retuschierten Stücken zählt eine Hohlkerbe, deren angesetztes unretuschiertes Distalende von ventral aus abgeschlagen ist. Sie bildet so eine laterale Spitze aus. Ein großer Abschlag ist an der linken Kante deutlich bifazial kurz ausgesplittert. Da eine entsprechende Aussplitterung auf der gegenüberliegenden Kante fehlt, ist es kein gewöhnliches ausgesplittertes Stück. Bei den übrigen aus Radiolarit (2), Hornstein und einem quarzitar-

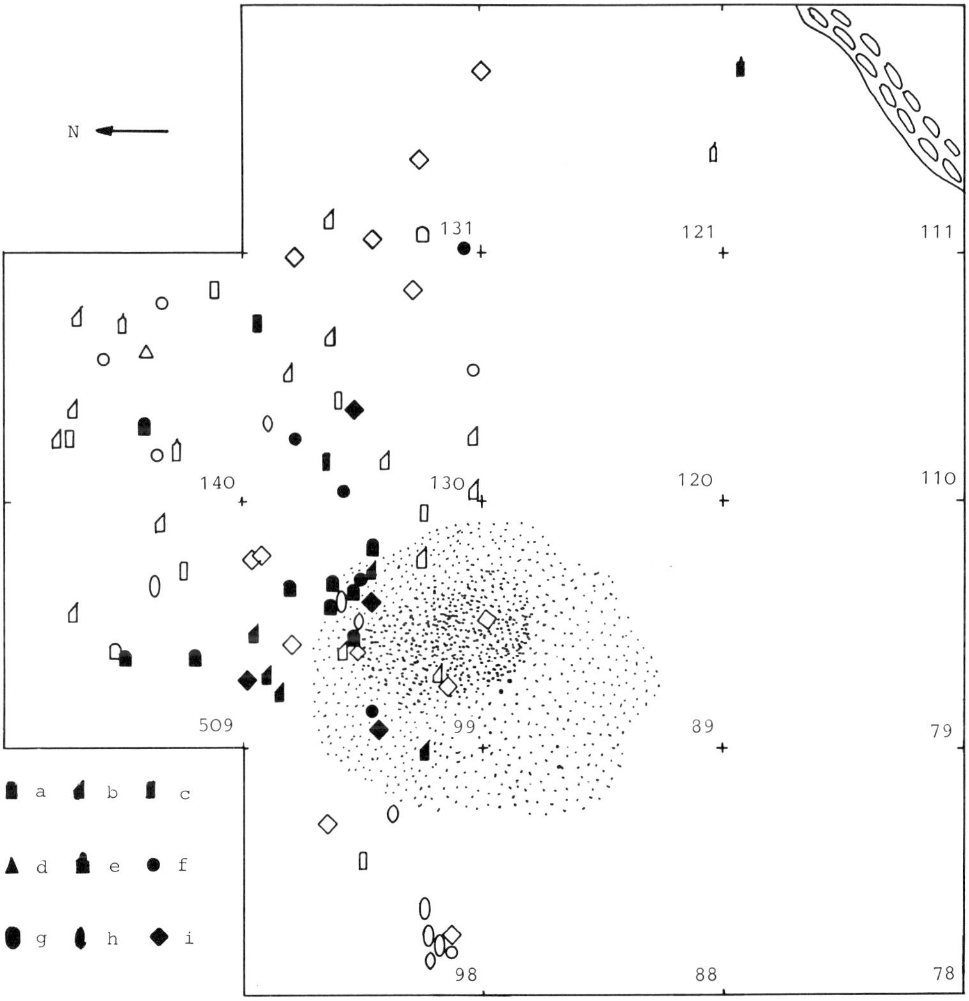

Abb. 6 Blaubeuren. Geißenklösterle. Flächige Verteilung der Werkzeuge in dem Gravettien-fundhorizont (ausgefüllte Symbole 1989, leere 1988). a Kratzer, b Stichel, c Rückenmesser, d Rückenspitze, e Bohrer, f Kantenretusche, g ausgesplitterte Stücke, h Flechette, i Kern

tigen Material handelt es sich um mehr oder weniger stark ausgeprägte Lateralretuschen. In der Fläche streuen sie locker ohne Schwerpunkt. An dritter Stelle kommen mengenmäßig Stichel mit 5 Exemplaren aus Hornstein und ein Stichelabfall aus Radiolarit. Sie verteilen sich über die gesamte Fläche, liegen aber etwas dichter in einer Zone, die sich nördlich an die Ascheflecken anschließt. Die mit 2 Exemplaren seltenen Rückenmesser beschränken sich auf den Bereich nordöstlich der Feuerstelle. Von den beiden Bohrern liegt einer weit abseits in Quadrat 111, der zweite mit einer alternierend gearbeiteten Spitze, vergleichbar solchen aus dem Magdalénien, im südlichen Eingangsteil. Eine Zweiteilung weisen auch Rückenspitzen und Flechettes auf, wobei sich die meisten nordöstlich der Feuerstelle, wenige westlich davon befinden. 1989 fand sich nur ein Abfall von einem ausgesplitterten Stück in Quadrat 130. Die ausgesplitterten Stücke der Vorjahre gruppieren sich südlich und nördlich der Feuerstelle wie die Bohrer peripher zur allgemeinen Fundverteilung. Von 1989 liegen 7 Geschoßspitzenfragmente, 2 Pfrieme, ein Spankern und ein Geweihschlägel vor. Je 2 beieinanderliegende Geschoßspitzenbruchstücke mit rundem bis ovalem Querschnitt im nördlichen bzw. südlichen Grabungsareal konnten zusammengesetzt werden. Ein Medialfragment gehörte zu einer sehr großen, im Querschnitt fast rechteckigen Geschoßspitze. Ein unfertiges Exemplar ist unregelmäßig, im Querschnitt noch rechteckig mit 2 quer verlaufenden Schnitten auf der Außenfläche.

Das Medialfragment eines sehr gleichmäßig in Spantechnik erstellten Knochenpfriems mit glänzender Oberfläche liegt unweit eines kurzen längs gespaltenen Spankerns in Quadrat 130. Dieser Metatarsus (Ren, juvenil?) mit deutlich sichtbaren längs verlaufenden Schnittspuren war in anatomischem Verband mit dem zugehörigen Tarsusrest. Damit ist belegt, daß beide Teile während der Verarbeitung noch verbunden waren, der Knochen also frisch war. Der zweite Pfriem, ein terminales Bruchstück in Quadrat 121, lag nahe bei einer Geschoßspitze und bildet mit denen von 1988 eine Anreicherung am Rande der Hauptfundverteilung. Geschoßspitzen liegen ebenfalls westlich bis nordwestlich und nördlich der Feuerstelle. 2 bearbeitete Knochen sind noch zu erwähnen. Wiederum am Rand der Fundverteilung lag ein Geweihschlägel, aus der

Abb. 7 Blaubeuren. Geißenklösterle. Anhänger des Gravettien. Oben Muschel, 2 Fuchseckzähne, Wolfseckzahn; unten Elfenbeinrohling, 2 Elfenbeinanhänger, Hirschgrandel, nachgebohrter Elfenbeinanhänger

Augsprosse eines starken männlichen Rens gefertigt, mit etwa 10 cm langem Stiel, schräg zur Rose abgehackt, während ein dünner Fortsatz als Hammer für die Artefaktproduktion gedient haben dürfte. 8 Elfenbeinanhänger fügen sich in die Verteilung der Vorjahre ein, indem sie die Lücken in den Quadraten 98/99 und 130 schließen. Darunter befinden sich ein gut überarbeiteter Rohling, 3 mittelgroße mit ausgebrochener Öse und 2 vollständige sowie ein kleiner vollständiger (Abb. 7). Der größte Anhänger war an der Öse gebrochen, dann erneut versetzt durchbohrt worden, einer von 4 nachgebohrten der inzwischen mehr als 80 Anhänger und Rohlinge. Erstmals fand sich eine echte, durchbohrte Hirschgrandel, deren Öse ausgebrochen ist. Sie unterscheidet sich kaum von den Elfenbeinanhängern und dürfte die Vorlage für ihre Formgebung darstellen. Zu den 5 bisher gefundenen, durchbohrten Tierzähnen treten 3 weitere Fuchseckzähne und erstmals ein großer durchbohrter Wolfseckzahn (Abb. 7). Auch diese Zähne entsprechen der Gesamtverteilung des Schmucks. Neu ist außerdem eine asymmetrisch bikonisch durchbohrte Muschel (Abb. 7). Die Drehbewegung ist hier ebenso zu erkennen wie bei den Elfenbeinanhängern. Die Herkunft ist noch nicht gesichert, es könnte sich um eine tertiäre Muschel aus der oberen Meeresmolasse handeln. Abschließend muß noch als erster Menschenrest für das Gravettien des Geißenklösterle ein Backenzahn erwähnt werden. Nach einer vorläufigen Begutachtung handelt es sich um einen rechten oberen Molar geringer Größe mit intensiver Abrasion der Kaufläche.

Die Fundverteilung um die Feuerstelle läßt sich inzwischen gut ansprechen. Die Werkzeugverdichtung (Abb. 6) ist nördlich der Aschezone am größten. Auch östlich findet sich noch eine Ansammlung, während sie im Westen am niedrigsten ist. Peripher liegen hier ausgesplitterte Stücke, im Osten und Südosten hingegen Knochenspitzen und Bohrer. Die ungleiche Streuung ist als differenzierte Arbeitsverteilung zu werten. Die Aktivitätszonen legen sich kreisförmig um die große Feuerstelle, obwohl im Norden die Bewegungsfreiheit durch die geringe Raumhöhe stark eingeschränkt war.

Die Aurignacienfunde sind für die gegrabene kleine Fläche reich: Es fanden sich allein 3 Kerne, davon einer aus Ölquarzit, der an die neu zusammengesetzten paßt, aber wieder peripher mit 4 weiteren Artefakten in der zweiten, statistisch ermittelten Konzentration liegt. Das Rohmaterial ist überwiegend grauer Hornstein. 131 Abschlägen stehen nur 33 Klingen gegenüber. Von den zahlreichen Absplissen (231 eingemessen) sind wegen der geringen Größe nur wenige als Retuschierabfälle zu erkennen (2). Gebrannte Artefakte sind in diesem Bereich, wo auch Knochenkohleflekken vorkommen, mit 5 Exemplaren, davon 2 Klingen, gut belegt. Werkzeuge sind selten, neben 2 retuschierten Stücken treten 2 Stichel, ein Kielkratzer aus Ölquarzit und ein abgearbeiteter Nasenkratzer auf. Beide sind am Ort hergestellt und verbraucht worden. Die 5 Elfenbein-Schnitzspäne und 3 angeschnittene Elfenbeinstücke geben eine Möglichkeit für ihre Verwendung an. Ziel der Grabungen im Geißenklösterle: 1. Beenden der Grabung in den Gravettien- und Aurignacienhorizonten, um vollständige Inventare zu erhalten.

2. Verfolgen dieser Horizonte hangwärts, um mit ihrem Auskeilen einen Hinweis auf die ursprüngliche Höhlenform zu bekommen.

3. Untersuchung der mittelpaläolithischen Horizonte, um vor allem über radiometrische Datierungen und Umweltdaten zu verfügen. Wie immer wurden die Grabungen von der Stadt Blaubeuren, vor allem Herrn Bürgermeister Hiller, tatkräftig unterstützt.

Andrea Hahn, Joachim Hahn, Anne Scheer

Literaturhinweise

J. Hahn, Eine Aurignacien-Feuerstelle aus der Geißenklösterle-Höhle, Fundber. aus Bad.-Württ. 14, 1989. – J. Hahn u. A. Scheer, Arch. Ausgr. Bad.-Württ. 1983, 29 ff. – A. Scheer, ebda. 1988, 23 ff.

Die spätmesolithischen Uferrandlagerplätze am Henauhof bei Bad Buchau am Federsee, Kreis Biberach

Wegen des geplanten Neubaus der Landesstraße 275 von Bad Buchau nach Bad Schussenried fanden bereits 1988 Ausgrabungen im Bereich des sog. Henauhofhügels bei Bad Buchau statt. 1989 erfolgte in den Monaten Mai bis November die abschließende Untersuchungskampagne, durchgeführt von der Außenstelle Tübingen des Landesdenkmalamtes. Der Henauhofhügel ist eine ovale Erhebung, die in das ehemalige Becken des eis- und frühnacheiszeitlichen Federsees hineinragt. Zahlreiche Oberflächenfunde der späten Alt- und der gesamten Mittelsteinzeit belegen, daß der Hügel als Halbinsel ein beliebter Siedlungsplatz war. 1988 konnte im Bereich eines Spülsaums des Federsees ein kleiner Lagerplatz steinzeitlicher Jäger, Fischer oder Sammler entdeckt werden. Er gehört in das späte Mesolithikum (ca. 6100 Jahren v. Chr.). 1989 war Ziel der Ausgrabungen, die Situation in dem Fundplatz von 1988 – Henauhof-Nord I genannt – abschließend zu klären, sowie weitere Fundstellen im Verlauf der rund 500 m langen Straßentrasse zu erfassen.

Henauhof-Nord I. Zwischen dem 8. Mai und dem 31. Juli wurden mit durchschnittlich 4 Grabungsarbeitern 64 m^2 untersucht. Unmittelbar nordwestlich der Grabungsfläche von 1988 fand sich zwar eine Fortsetzung des oben genannten Spülsaums, archäologische Funde traten allerdings nicht mehr auf. So ist anzunehmen, daß 1988 zumindest der gesamte nördliche Teil dieses Lagerplatzes untersucht werden konnte. Im südöstlichen Bereich, der außerhalb der Straßentrasse liegt, ist dagegen noch eine Fortsetzung denkbar.

Etwa 30 m nordöstlich des Hauptbereichs von Henauhof-Nord I fielen in einem Suchgraben 3 parallel liegende Birkenstämme auf. Die anfangs für möglich gehaltene Interpretation, daß es sich bei ihnen um von Menschen gefällte Bäume handelt, bestätigte sich leider nicht. Möglicherweise müssen Biber als Verursacher in Betracht gezogen werden. Etwa 1 m neben den Stämmen fand sich eine kleine Feuerstelle. Sie bestand aus einem flachen Holzstück mit einem Durchmesser zwischen 30 und 50 cm. Die leicht muldenförmig ausgeprägte Oberfläche des Holzes war mit einer 2–3 cm dicken Schicht aus Lehm ausgestrichen. Auf der Lehmpackung lagen größere Mengen Holzkohle. Außer einem kleinen Hornsteinabspliß wurden keinerlei archäologische Hinterlassenschaften im Bereich der Feuerstelle entdeckt. Die Feuerstelle ist zeitgleich mit den Funden von 1988. Auch sie liegt im Bereich eines Spülsaums in der unmittelbaren Nähe des ehemaligen Federsees und ist ein Hinweis darauf, daß während des frühen Atlantikums vor etwa 8300–8000 Jahren spätmesolithische Menschen immer wieder das Ufer des Sees aufsuchten. Bei diesen Aufenthalten hinterließen sie im Bereich von Henauhof-Nord I nur sehr wenige Gegenstände. Es kann vermutet werden, daß sie zum Fischfang hierher kamen. Denkbar ist, daß die Fundplätze Reste von Außenlagern sind, während das eigentliche Hauptlager auf dem trockenen Henauhügel erbaut war. Daneben könnte es auch sein, daß die mesolithischen Fischer vom See her kommend am Ufer landeten, das feuchte Niedermoor aber nur kurze Zeit – möglicherweise jeweils eine Nacht – aufsuchten.

Nach den Ergebnissen der Grabung an der Fundstelle Henauhof-Nord I ist nicht auszuschließen, daß das gesamte Ufer des frühatlantischen Federsees in der Umgebung des Henauhügels eine Reihe dieser wenig materialintensiven Fundplätze trägt. Dies würde immense Anforderungen an die archäologische Forschung stellen, da eine Auffindung ohne viele Befunde mehr oder weniger dem Zufall überlassen bleibt. So wäre es auch vorstellbar, daß im weiteren Verlauf der Straßentrasse zusätzliche, ähnlich strukturierte Fundstellen verborgen blieben und der archäologischen Untersuchung entgingen.

Henauhof-Nord III. Etwa 200 m nordwestlich der Fundstelle Henauhof-Nord I zeigte sich im Gelände und in einigen Baggerschnitten, daß der Henauhügel an dieser Stelle einen schmalen spornartigen Ausläufer besitzt, der weit in den ehemaligen See hineinreicht. Deshalb wurden dort im Juli 1989 einige kleine Suchschnitte angelegt. Sie sollten klären, ob an dieser siedlungsgünstigen Stelle Fundschichten vorhanden sind. Ein echter Siedlungsplatz wurde dabei nicht entdeckt. In nur 30–50 cm Tiefe unter der heutigen Oberfläche wurde der glaziale Kies erreicht. Im hangenden Torf eingebettet fanden sich einige Keramikscherben. Mittelsteinzeitliche Funde wurden nicht gemacht. Im glazialen Kies konnten ein kantenbestoßener Hornstein-Abschlag und einige Tierknochen geborgen werden. Zeitlich sind sie in die ausgehende Würmeiszeit zu stellen und somit spätpaläolithisch. In den auf dem Kies aufliegenden Seesedimenten (Kalkmudde) wurde ein Geweihartefakt entdeckt. Es ist teilweise überschliffen, 2 Geweihsprossen sind glatt abgeschnitten. Es könnte sich um eine Geweihhacke handeln. Über das genaue Alter des Fundes lassen sich zur Zeit noch keine Angaben machen.

Henauhof-Nord II. Der Schwerpunkt lag 1989 in der Untersuchung der Fundstelle Henauhof-Nord II. Bereits 1988 waren hier einige Hornsteinartefakte aufgelesen worden. Bei

Abb. 8 Bad Buchau. Henauhof-Nord II. Grabungsarbeit

der Ausgrabung, die vom 10. Juli bis zum 10. November dauerte, konnte eine Fläche von über 280 m^2 erfaßt werden. Durchschnittlich waren 10 Grabungsarbeiter beteiligt. Im Juli 1989 führte das Institut für Urgeschichte der Universität Tübingen unter Leitung von J. Hahn hier eine Lehrgrabung durch (Abb. 8).

Die Fundstelle liegt etwa 150 m nördlich von Henauhof-Nord I. Die aufgeschlossene Schichtenfolge war knapp 1,5 m mächtig. Auf dem Kies aufliegend fanden sich zuerst Seesedimente, darüber Torfe als Ausdruck der Verlandung des Federsees. Etwa 50 cm unter der heutigen Oberfläche lag in einem zersetzten Torf eine archäologische Fundschicht.

Nach den vorläufigen Ergebnissen der Pollenanalyse gehört die Abfolge oberhalb des Kieses in den Bereich des älteren Atlantikums (etwa zwischen 7000 und 4900 v. Chr.). Für die archäologische Fundstreuung wäre somit eine Zuweisung in die späte Mittelsteinzeit oder in die ältere Jungsteinzeit denkbar. Die typologische Zusammensetzung der Steinartefakte, die stratigraphische Lage der Funde sowie das Fehlen von Keramikscherben in der Fundschicht lassen eine Einordnung in das Altneolithikum kaum zu. Es kann daher nur ganz allgemein von einem spätmesolithischen Lagerplatz gesprochen werden. Eine genauere zeitliche Einordnung ist zur Zeit noch nicht möglich. Es deutet sich allerdings an, daß Henauhof-Nord II noch etwas jünger ist als Henauhof-Nord I. Die Funde würden somit das jüngste bisher in Baden-Württemberg bekannte Mesolithikum repräsentieren.

Die Fundstreuung konnte innerhalb der Grabungsfläche auf 37 m Länge verfolgt werden. Ihre durchschnittliche Breite lag bei etwa 4–6 m und hatte eine Mächtigkeit von rund 5 bis 8 cm. Die Häufigkeit der Hornsteinartefakte innerhalb des Fundplatzes ist recht gering (Abb. 9). Insgesamt konnten etwa 450 Artefakte geborgen werden. Dies verdeutlicht das – verglichen mit anderen alt- und mittelsteinzeitlichen Fundstellen – nicht sehr hohe Fundaufkommen. Die Artefakte streuen in der Fläche relativ gleichmäßig. Dichte Konzentrationen, wie sie von anderen Freilandfundplätzen bekannt sind, kommen nicht vor. Dies kann als Hinweis darauf verstanden werden, daß eine intensive Produktion von Grundformen – Klingen und Abschläge – innerhalb des ausgegrabenen Areals nicht stattfand. Eine Interpretation der Fundstreuung als ein Produkt von Verlagerungsvorgängen, die ähnlich strukturierte Verteilungen von Fundobjekten liefern können, scheidet aus, da die Artefakte alle absolut scharfkantig und nicht bestoßen sind.

Das Fundensemble wird gekennzeichnet durch eine ganze Reihe sehr regelmäßiger Klingen. Diese sind typologisch ein klares Merkmal für eine Zuweisung in das späte Mesolithikum. Es gibt Hinweise, daß derartige Klingen durch ein spezielles Preßverfahren vom Kern getrennt worden sind. Die zeitliche Einordnung wird bestätigt durch einige retuschierte Artefakte. Neben relativ atypischen Geräten wie z. B. Kratzern gibt es 5 besser ansprechbare Objekte. Hierunter befinden sich 2 regelmäßige Klingen mit schräger Endretusche sowie besonders 3 kleine querschneidige Pfeilspitzen. Kleine trapezförmige Mikrolithen dieser Art, aus regelmäßiger Klinge gefertigt, sind Leitformen des Spätmesolithikums. Sie können zwar noch in bandkeramischen Zusammenhängen auftreten, hierzu passen jedoch die vielen kleinen regelmäßigen Klingen nicht. Im Vergleich zu den regelmäßigen Klingen treten große Abschläge und kleine Absplisse im Inventar stark zurück, obwohl sie ebenfalls vorhanden sind. Außerdem gibt es noch einen kleinen Kern aus grünem Radiolarit, an den einige Abschläge angepaßt werden konnten. Er ist als einziges Indiz zu

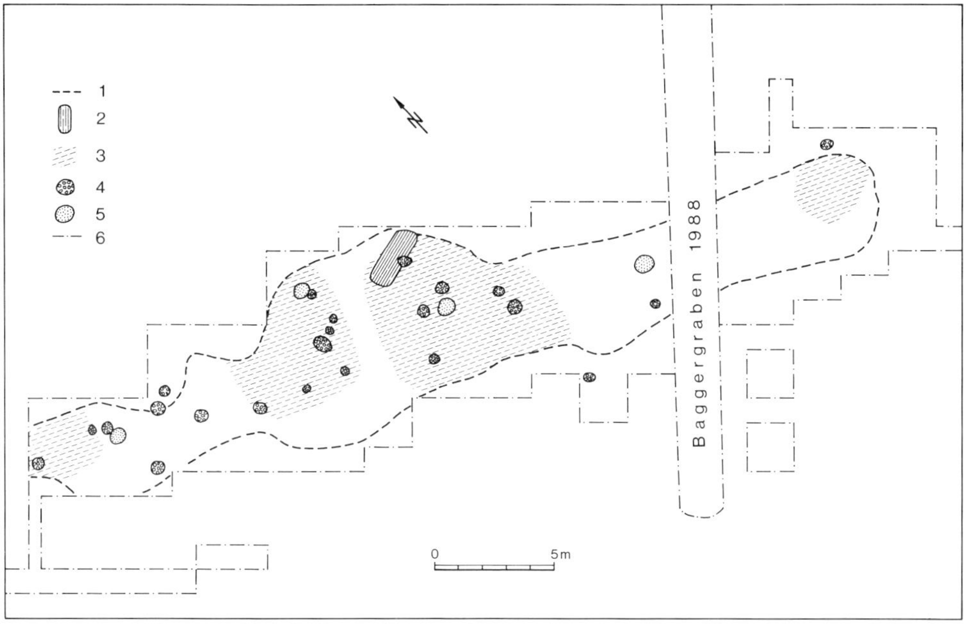

Abb. 9 Bad Buchau. Henauhof-Nord II. Plan der Grabungsfläche. 1 Grenze der Artefaktstreuung, 2 Birkenrindenmatte, 3 Konzentrationen von Lehmflecken, 4 Geröllanhäufungen, 5 Feuerstellen, 6 Grabungsgrenze

verstehen, daß auch vor Ort Artefakte geschlagen worden sind.

Neben den Steinartefakten charakterisiert eine große Menge von Geröllen die Fundstreuung. Sie sind in dem aufgeschlossenen Niedermoormilieu echte Fremdkörper. Ein Teil der Gerölle streut recht regellos. Bei ihnen müssen noch Möglichkeiten überdacht werden, wie sie auf natürlichem Wege in den Niedermoortorf gelangten. Dazwischen gibt es aber immer wieder Geröllkonzentrationen mit Durchmessern zwischen 20 und 80 cm, in denen jeweils zwischen 10 und 30 Gerölle in direktem Kontakt auf- und nebeneinander lagen. Eine ähnliche Befundsituation ergab sich auch an der Fundstelle Henauhof-Nord I.

Eine sichere Interpretation dieser Geröllhaufen ist im Augenblick noch nicht möglich. Auszuschließen ist, daß es sich um natürliche Bildungen handelt, denn immer wieder lagen Gerölle aus bestimmten Gesteinsarten zusammen. Auffällig ist die Häufung von Quarzen, Quarziten und Gneisen. Ein Teil der Geröllkonzentrationen von 1988 wurde als Anhäufungen von gebrauchten Hitzesteinen angesehen. Tatsächlich lassen auch einige der Gerölle von 1989 Spuren von Feuereinwirkung erkennen, so daß eine ähnliche Deutung möglich ist. Daneben wäre denkbar, daß die Gerölle handwerklichen Bereichen (als Schlagsteine) oder dem Fischfang (als Netzsenker) dienten. Dann könnten die Konzentrationen als depotähnliche Anordnungen verstanden werden. Außerdem könnten die Geröllkonzentrationen mit baulichen Konstruktionen in Verbindung stehen. Sie wären dann als Widerlager für Holzpfosten anzusehen. Hierbei müßte dann allerdings die Frage nach dem Verbleib dieser

Pfosten gestellt werden, die sich im Torf erhalten haben müßten.

Als weitere zum jetzigen Zeitpunkt nur unsicher zu deutende Befunde tauchten in einzelnen Bereichen der Grabungsfläche immer wieder Lehmflecken auf. Diese hatten teilweise einen Durchmesser bis 70 cm und waren mehrere Zentimeter stark. Der Lehm ist keine Ablagerung des Federsees, er ist innerhalb des Niedermoors ebenfalls eindeutig ortsfremd. Die Lehmflecken kommen nicht im gesamten Grabungsbereich vor, sondern konzentrieren sich auf 4 begrenzte Bereiche. Sie können möglicherweise als estrichartige Verstärkungen des moorigen Untergrunds angesehen werden und dokumentieren so die Zentren der Tätigkeiten der steinzeitlichen Menschen. Auffälligerweise häufen sich auch die Geröllkonzentrationen in diesen Zonen.

Als klare Befunde sind insgesamt 6 Feuerstellen zu nennen. 4 von ihnen liegen im dargestellten Bereich, 2 weitere fanden sich außerhalb der Hauptgrabungsfläche in Suchschnitten. Bei den Feuerstellen sind in keinem Fall ausgebaute Konstruktionen vertreten, wie sie in der Fundstelle Henauhof-Nord I von 1988 und 1989 entdeckt wurden. Vielmehr handelt es sich um nur 1–2 cm mächtige Asche- und Holzkohleanhäufungen, die 40–60 cm groß und kreisförmig bis leicht oval waren.

Komplettiert wird das Fundensemble durch wenige Tierknochen. Sicherlich war die Anzahl der Knochen ursprünglich weitaus höher. In dem zersetzten Torf waren die Erhaltungsbedingungen jedoch augenscheinlich so schlecht, daß sich die Knochen auflösten. Dies zeigen z. B. 3 komplette Unterkiefer, bei denen die Zahnreihen noch vollständig erhalten waren, der Kieferknochen selbst dagegen schon fast völlig vergangen. Nach einer vorläufigen Bestimmung liegen Reste von Rothirsch, Reh und Rotfuchs vor. Ein Teil der Langknochen ist aufgeschlagen, so daß die Tierreste als Bestandteil der Jagdbeute angesehen werden können.

Bemerkenswert am spätmesolithischen Fundplatz Henauhof-Nord II – wie schon Henauhof-Nord I – ist die Erhaltung von Hölzern. Holzreste dieser Zeitstellung sind in Mitteleuropa vergleichsweise selten. Der Großteil der aufgefundenen Hölzer liegt am nordöstlichen Rand der Fundstreuung und begrenzt sie dort. Die Hölzer sind überwiegend parallel eingeregelt und als Bestandteil eines natürlichen Spülsaums anzusehen. Sie dokumentieren den Verlauf des Federseeufers, wobei zur Zeit noch ungeklärt ist, ob es sich hierbei nicht nur um den saisonalen Hochwasserstrand handelt. Unter den Holzarten überwiegen Birken. Daneben treten – nach einer vorläufigen Bestimmung – Hasel, Kiefer und Esche deutlich zurück. Eichenholz konnte, soweit bisher bestimmt, nicht gefunden werden.

Entgegen den Erwartungen konnten nur wenige Holzreste entdeckt werden, die Spuren menschlicher Bearbeitung zeigen. Eine etwa 3 m lange Haselstange ist an einem Ende schräg abgeschnitten. Außerdem gibt es eine 2 m lange und 1 m breite Bahn aus Birkenrinde, die partiell mit Lehm verstrichen ist. Sie ist als mattenartige Vorrichtung anzusehen, die im Lagerplatz zurückblieb. Ähnliche Birkenmatten gab es bereits in Henauhof-Nord I von 1988 sowie besonders im Bereich des verlandeten Duvensees in Schleswig-Holstein.

Ein Objekt ist in seinem Auftreten in spätmesolithischem Zusammenhang doch überraschend. Innerhalb der Fundstreuung lag ein etwa 30 cm langes Stück Birkenrinde, das mehrfach übereinandergerollt ist. Gefüllt ist die Rolle mit ortsfremdem Lehm und einigen Kieseln mit Durchmessern zwischen 2 und 4 cm (Abb. 10). Reste von Schnüren waren nicht zu erkennen. Objekte dieser Art sind aus dem Jungneolithikum der Schweizer Voralpenseen bekannt und werden dort gemeinhin

Abb. 10 Bad Buchau. Henauhof-Nord II. Rolle aus Birkenrinde mit Lehm und Geröllen gefüllt (Netzsenker?), Länge 29 cm

als Netzsenker interpretiert. Aus mesolithischen Inventaren in Mitteleuropa gibt es sie bisher noch nicht. Der Fund vom Henauhof wäre somit mindestens 1500 Jahre älter als die gleichartigen jungsteinzeitlichen Netzsenker.
Insgesamt betrachtet bietet die Fundstelle Henauhof-Nord II ein recht komplexes Bild. Die langgezogene Fundstreuung ist als Überrest eines in unmittelbarer Nähe des Federseeufers gelegenen Siedlungsplatzes der späten Mittelsteinzeit anzusehen. Er folgt im untersuchten Bereich dem Rand des Henauhügels, und es kann vermutet werden, daß er sich noch weiter in die Partien fortsetzt, die 1989 nicht mehr ausgegraben werden konnten. Leider sind sie inzwischen z. T. durch den Neubau der Landesstraße 275 zerstört. Es stellt sich aber schon jetzt die Frage, inwieweit eine Verbindung zwischen dem neuen Fundplatz Henauhof-Nord II und den bereits vor einigen Jahren ergrabenen Stratigraphien Henauhof-Nordwest herzustellen ist.
Die aufgefundenen Steinartefakte lassen den Schluß zu, daß es sich bei der Fundstelle nicht um einen mittelsteinzeitlichen Lagerplatz im üblichen Sinne handelt. Nur sehr wenige Artefakte wurden vor Ort hergestellt, der Großteil von ihnen kam, möglicherweise geschäftet, in der Ausrüstung der mesolithischen Menschen ans Ufer des Sees und wurde hier nach dem Gebrauch zurückgelassen. Der Grund für den sicher mehrfachen Aufenthalt am Seeufer ist im Fischfang zu suchen. Dies dokumentiert der gefundene Netzsenker. Aber die Tierknochen belegen, daß auch Jagd betrieben wurde. Die Tatsache, daß nur wenige Haselnußschalen gefunden wurden, macht eine Besiedlung im Herbst unwahrscheinlich. Auch ein Winteraufenthalt dürfte ausscheiden. Hierzu wären massivere Behausungsspuren zu erwarten. Am naheliegendsten erscheint daher, daß in mehreren, vielleicht sogar aufeinanderfolgenden Jahren während des Frühlings oder des Sommers kleine mesolithische Fischergruppen das Federseeufer am Henauhofhügel aufsuchten. Hierbei ist wieder denkbar, daß das eigentliche Hauptlager dieser Menschen auf dem trockenen Hügel selbst lag, das sumpfige Gelände am See aber nur zu bestimmten Zwecken, z. B. Fischfang, begangen wurde.

Claus-Joachim Kind

Literaturhinweise
H. G. Bandi u. R. Wyss, Ur- und frühgeschichtliche Fundstatistik des Kantons Bern 1954. Jb. Bern. Hist. Mus. XXXIV, 1955, 147 ff. – K. Bokelmann, Duvensee, ein Wohnplatz des Mesolithikums in Schleswig-Holstein, und die Duvenseegruppe Offa 28, 1971, 5 ff. – M. Jochim, Arch. Ausgr. Bad.-Württ. 1985, 33 ff.; 1987, 30 ff. – H. Schlichtherle, Arch. Ausgr. Bad.-Württ. 1988, 28 ff. – W. Taute, Neue Forschungen zur Chronologie von Spätpaläolithikum und Mesolithikum in Süddeutschland. Arch. Inf. 2/3, 1974, 59 ff.

Die spätpaläolithische Fundstelle Henauhof-West am Federsee, Kreis Biberach

Oberflächenfunde des Spätpaläolithikums sind schon seit langem im Federseegebiet bekannt. Bis vor einigen Jahren fehlte es aber an stratifizierten Funden dieser Zeit in diesem Gebiet. Erst bei Ausgrabungen der Universität Kalifornien im Fundplatz Henauhof-Nordwest in den Jahren 1980–1987 wurden eine spätpaläolithische Schicht sowie mehrere mesolithische Schichten gefunden. Neben einer kleinen Sammlung von Steinartefakten enthielt die spätmesolithische Schicht Knochen von Hirsch, Pferd, Auerochse, Wildschwein, Wolf und Hecht sowie Ocker und Schmuck.

Im Sommer 1989 wurde mit Unterstützung des Lions-Clubs Bad Buchau, der Universität Kalifornien, dem University Research Expeditions Program und der National Science Foundation ein neuer Fundplatz des Spätpaläolithikums ausgegraben: Henauhof-West. Die Fundstelle liegt etwa 400 m südwestlich von Henauhof-Nordwest auf einem Strandwall des ursprünglichen Sees (Abb. 11). Der Wall ähnelt den bekannten »Straßendämmen«, die um den See liegen, und ist ein Sand- und Kiesrükken, der sich in das Moor hineinzieht. Da dieses Gebiet ziemlich früh verlandete, war der Wall zur Zeit des Spätpaläolithikums eine trockene Halbinsel am noch offenen Wasser, aber schon von Sumpf begrenzt. Die Fundstelle wurde im Sommer 1987 bei Sondagen entdeckt.

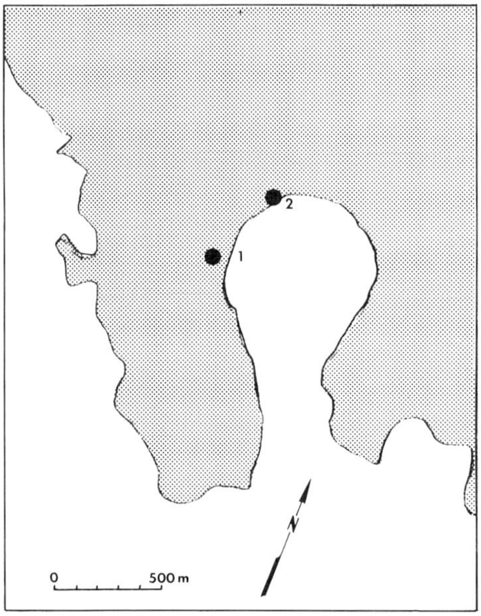

Abb. 11 Fundstellen im südwestlichen Federseebecken. 1 Henauhof-West, 2 Henauhof-Nordwest

Insgesamt wurden 89 m^2 ausgegraben. Proben von verschiedenen Quadraten wurden durch ein 3-mm-Gitter geschlämmt. Die meisten Funde lagen in sandiger Erde, wie sie auf dem Sandrücken und unter Torfschichten am Rand des Rückens ansteht. Die Datierung der Funde ist im Augenblick nur anhand der Artefakttypen möglich, da Pollenuntersuchungen und Radiokarbonbestimmungen noch nicht abgeschlossen sind.

Von den 145 Steinartefakten sind 29 retuschiert, davon 10 Rückenmesser und -spitzen (Abb. 12), dazu kommen 6 Stichel, 2 Kratzer, 2 Bohrer und verschiedene andere Typen. Kernsteine und kleine Splitter gibt es kaum; die meisten anderen Artefakte sind Klingen und Abschläge. Als Rohmaterial diente hauptsächlich lokaler Hornstein aus den Moränenschottern, aber auch Radiolarit und Plattensilex. Die Knochenfunde, mehr als 900, sind hauptsächlich kleine Splitter mit einem Mittelgewicht von nur 2,2 g. Obwohl die Untersuchung noch im Gang ist, kann man schon sagen, daß die meisten von Röhrenknochen gro-

ßer Säugetiere stammen. Ein Fischwirbel und ein menschlicher Zahn konnten ebenfalls bestimmt werden. Ein Stück roten Ockers blieb ein Einzelfund.
Die Artefakte liegen in deutlichen Konzentrationen. Im Westen der Ausgrabungsfläche, an der Spitze des Wallrückens, lagen 2 große Steine mit Durchmessern von 17 und 11 cm von zahlreichen Knochensplittern umgeben (Abb. 13). Hier fanden sich auch die meisten Steinabschläge mit Feuerspuren, ebenso alle zusammensetzbaren Steinartefakte. Es könnte sein, daß die beiden Steine als Ambosse bei der Knochenbearbeitung dienten und es hier eine Herdstelle gab, obwohl Asche und Holzkohle nicht mehr nachweisbar sind.
An der Südseite des Wallrückens lag eine weitere Ansammlung, hauptsächlich Knochenabfall mit einigen großen Steinen. Im Nordosten befindet sich eine dritte Fundkonzentration, vor allem Steinwerkzeuge, Abschläge und Klingen.
Nach diesem Befund war Henauhof-West ein kurzfristiger Lagerplatz am Rand des alten Sees. Steinartefakte sind selten und relativ homogen. Die Dominanz von Rückenmessern und -spitzen, einfachen Klingen und Abschlägen spricht für die Jagd auf große Säugetiere und deren Zerlegen. Fischfang, Steinwerkzeugherstellung und andere Aktivitäten spielten kaum eine Rolle. Eine kurzfristige Besiedlung darf man wegen der deutlichen Konzen-

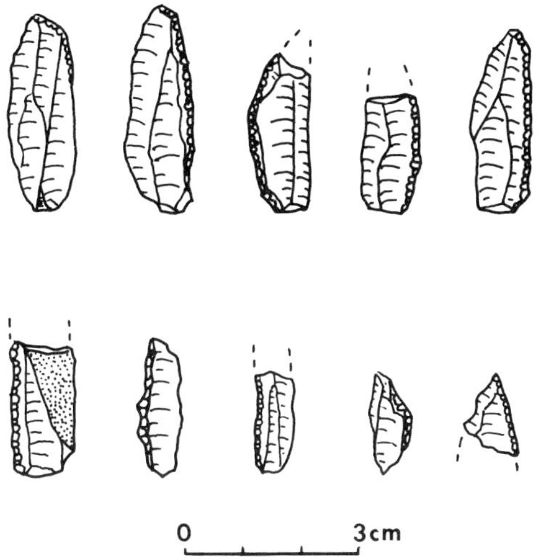

Abb. 12 Federsee. Henauhof-West. Rückenmesser und Rückenspitzen

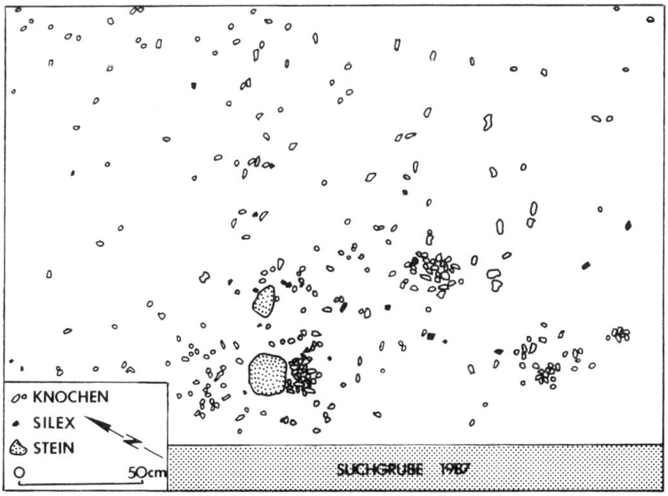

Abb. 13 Federsee. Henauhof-West. Artefaktkonzentration im Westen der Ausgrabungsfläche

trationen annehmen, da bei einer längeren Siedlungsdauer oder mehreren Besiedlungen solche Muster wahrscheinlich durch wiederholtes Laufen und Abräumen ausgelöscht worden wären.
Die Auswertung geht weiter. Dieser eigenartige, offene Lagerplatz mit organischen Resten des Spätpaläolithikums wird mit den Funden von Henauhof-Nordwest und aus Höhlen und Abris des Donautals und der Schwäbischen Alb verglichen, um eine bessere Kenntnis dieser Zeit zu gewinnen. *Michael Jochim*

Literaturhinweise

H. Eberhard u. a., Jungpaläolithische und mesolithische Fundstellen aus der Aichbühler Bucht, Fundber. aus Baden-Württemberg 12, 1987, 1 ff. – H. Liese-Kleiber, in H. Küster, Der prähistorische Mensch und seine Umwelt, 1988, 163 ff. – E. Wagner, Neue endpaläolithische und mesolithische Funde vom Federsee, Fundber. aus Baden-Württemberg 1, 1974, 45 ff.

Die Grabungen 1988 und 1989 in der Burghöhle Dietfurt an der oberen Donau, Gemeinde Inzigkofen-Vilsingen, Kreis Sigmaringen

Über die Untersuchungen in der Burghöhle Dietfurt von 1970 bis 1973 und deren Ergebnisse wie auch über die neueren Grabungen von 1987 ist vor zwei Jahren an dieser Stelle zusammenfassend berichtet worden, so daß grundlegendes hier nicht wiederholt zu werden braucht. Im folgenden wird eine Übersicht über den Fortgang der Arbeiten während der Jahre 1988 und 1989 gegeben und es sind einige herausragende Funde kurz vorzustellen.
Wie schon 1987 wurden die Grabungen in Zusammenarbeit mit dem Landesdenkmalamt Baden-Württemberg und dem Institut für Ur- und Frühgeschichte der Universität Köln durchgeführt, vertreten jeweils durch E. Wagner und den Unterzeichner. Die örtliche Grabungsleitung war 1988 M. Heinen, 1989 B. Gehlen anvertraut. An den insgesamt siebenmonatigen Arbeiten waren vorwiegend Studenten aus Köln, aber auch aus Tübingen, Berlin und Sydney beteiligt.
Die Grabungen in der Burghöhle konzentrieren sich auf deren westliche Eingangshalle, die bei rund 10 m Breite unter der Traufinie von einer modernen Mauer mit Tor verschlossen ist. Zwischen dieser Mauer und der inneren Wand hat die westliche Eingangshalle eine Tiefe von nur 4 m. So steht – nach Abzug eines Sedimentstreifens von 1 m Breite, auf dem das Gewicht der Mauer ruht – für die Untersuchung eine Fläche von rund 10 × 3 m zur Verfügung, hier hat die Grabung bisher eine Tiefe von 1,30 m. Die Kulturschichten reichen vom Mittelalter bis in die mittlere Bronzezeit, doch ist der Felsboden noch an keiner Stelle erreicht.
Betritt man die westliche Eingangshalle, so führt von dieser nach rechts ein schmaler werdender Gang in das Innere der Höhle. Am Anfang dieses Ganges befand sich der durch Raubgrabungen entstandene »Alte Schacht«, an dessen begradigter Wand 1972 das mehrfach schon besprochene, umfassende Profil aufgenommen worden war. 1987–1989 wurde dieser Schacht erweitert, so daß eine Fläche von 2 × 4 m entstand. Diese Fläche schließt unmittelbar an die vorher besprochene an, doch sind die Sedimente hier 3,10 m tief aufge-

schlossen, und die Kulturschichtenfolge reicht vom Mittelalter über die prähistorischen Metallzeiten, das Neo- und Mesolithikum sowie das Spätpaläolithikum bis zum späten Magdalénien. Auch hier ist die Gesamtmächtigkeit der Sedimentfüllung noch unbekannt.

Schließlich wurde eine kleine Grabungsfläche unmittelbar vor der Höhle geöffnet. Sie mißt nur 2×1,5 m und liegt zwischen der erwähnten modernen und einer mittelalterlichen Mauer, von der angenommen wird, sie habe zu einem Wirtschaftsgebäude gehört, das man vor den Höhlenraum gesetzt hatte, um diesen als Keller zu nutzen. In dieser kleinen Fläche vor der Höhle wurden zunächst 1 m mächtige Schuttlagen der Neuzeit und vor allem des Mittelalters angetroffen.

Die Profile wurden einem Gitternetz entsprechend im Abstand von jeweils einem Meter aufgenommen. Die Gesamtfläche ist in Viertelquadratmeter aufgeteilt, so daß jeder Viertelquadratmeter entlang zweier seiner Kanten in je einem Profil erfaßt ist. Soweit nicht deutliche Schichtgrenzen eine feinere Unterteilung nahelegen, wird das Sediment in horizontalen 5-cm-Schritten abgebaut. Nach jeder dieser Abtragungen wird ein Planum gezeichnet, in situ festgestellte Funde individuell eingemessen. Das Sediment einer solchen Abtragung wird anschließend außerhalb der Höhle über Sieben mit einer Maschenweite von 2 mm gewaschen und der Siebrückstand nach Kleinfunden durchgesehen.

Um eine möglichst exakte Datierung der Sedimente und damit der Kulturschichten zu erreichen, wurden von I. Lorenz und G. Wagner, Heidelberg, einige gebrannte Estrichreste aus den urnenfelderzeitlichen Ablagerungen mit der Thermolumineszenzmethode datiert und J. Freundlich, Köln, führte bisher ca. 30 Radiokarbonbestimmungen für Holzkohleproben aus den mesolithischen bis mittelalterlichen Schichten durch. Die pollenanalytischen Untersuchungen von J. Meurers-Balke, Köln, und die Bestimmungen der pflanzlichen Makroreste, insbesondere der zahlreich gefundenen verkohlten Getreidekörner aus den metallzeitlichen Schichten von H. Küster, München, zielen auf umwelt- und wirtschaftsgeschichtliche Fragen. Letzteres gilt auch für die Analyse von Gefäßinhalten von R. Rottländer, Tübingen. Mehrere Sedimentanalysen hat S. Schöler, Tübingen, angefertigt, wodurch belegt werden konnte, daß partiell Material von außerhalb der Höhle eingebracht worden ist. Weitere naturwissenschaftliche Untersuchungen sind eingeleitet.

Die Bearbeitung der archäologischen Kulturreste im engeren Sinne erfolgt im Rahmen mehrerer Magisterarbeiten: Bisher sind die Funde des Mittelalters, der Römer- bis Hallstattzeit und die der Urnenfelderzeit in Angriff genommen. Für die älteren Perioden muß der Fortgang der Grabungen abgewartet werden. Über die wechselnde Nutzung der Burghöhle in den verschiedenen Perioden lassen sich Aussagen erst nach gründlicher Analyse aller Quellen machen. An dieser Stelle sollen jedoch kurze Vorberichte gegeben werden zu einigen Entdeckungen von besonderer Bedeutung, die allerdings auch ein Licht auf die genannten Fragen werfen.

Während der Kampagne 1988 fanden sich im Bereich um den »Alten Schacht«, im spätglazialen Profilabschnitt, mehrere Fragmente eines zertrümmerten menschlichen Schädels. Die Bruchstücke wurden dreidimensional eingemessen. Sie lagen auf einer Fläche von etwa 100×75 cm verstreut und nahe der schräg überhängenden Felswand. Zuerst wurde der in seine 2 Hälften zerfallene Oberkiefer entdeckt. 2 Backenzähne saßen fest in jeder der beiden Seiten. Die sämtlichen übrigen Zähne des Oberkiefers waren herausgefallen. Sie lagen in seinem Umkreis, aber bis zu 30 cm tiefer eingesunken in das lockere Bergkiessedi-

ment. Weniger als 20 cm vom Oberkiefer entfernt fanden sich in gleicher Tiefe mehrere aneinanderpassende Fragmente des Hinterhauptsbeines (*Os occipitale*), von denen eines hier wiedergegeben ist (Abb. 14). Zwar sind alle natürlichen Ränder des Knochens zerstört, die markante kreuzförmige Knochenerhebung (*Eminentia cruciformis*) auf seiner Innenfläche erlaubt aber selbst dem anthropologischen Laien die Zuordnung der Fragmente zum Hinterhauptsbein. Vor allem läßt sich die Position der Fragmente am Schädel eindeutig

Abb. 14 Burghöhle Dietfurt. Fragment eines menschlichen Hinterhauptsbeines mit horizontalen Schnittspuren. Spätpaläolithikum

Abb. 15 Burghöhle Dietfurt. Vergrößerung der Schnittspuren auf dem Fragment eines menschlichen Hinterhauptsbeines. Spätpaläolithikum

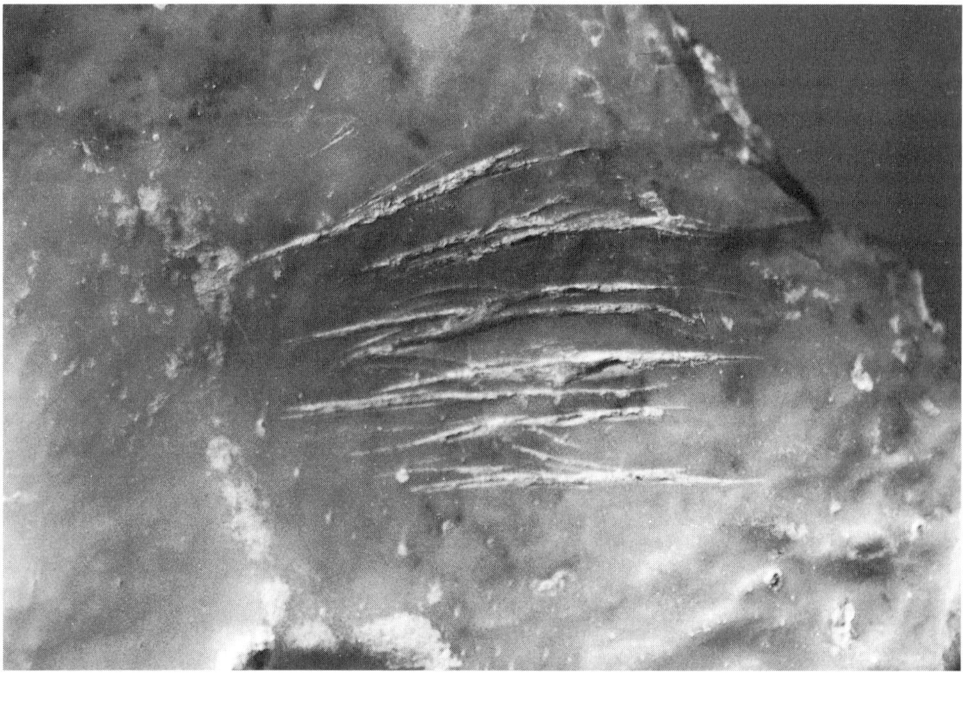

erkennen. Dies ist wichtig, weil die Außenfläche des Hinterhauptsbeines mehrere quer verlaufende Schnittspuren trägt (Abb. 14 und 15), die sich in gleicher Richtung auf einem passenden Fragment fortsetzen. Diese Schnitte laufen annähernd horizontal in der Nähe des in der Regel deutlich durch die Haut fühlbaren Knochenvorsprungs in der Mitte des Hinterhauptsbeines, also im Bereich des Haaransatzes (Abb. 16). Es liegt deshalb die Vermutung nahe, daß der betreffende Mensch, von dem wir Alter und Geschlecht noch nicht kennen, skalpiert worden ist. Belege für das Skalpieren im alten Europa kennen S. Anger und A. Diek vom Spätmesolithikum an. Eine gründliche Untersuchung des Dietfurter Fundes ist gemeinsam mit J. Wahl, Hemmenhofen, geplant. Sollte sich dann die hier vorgebrachte Deutung aufrechterhalten lassen, so handelt es sich um den ältesten bisher bekannt gewordenen Fund dieser Art. Im spätglazialen Profilabschnitt der Burghöhle ist der Übergang vom späten Magdalénien zum Spätpaläolithikum (Azilien) fließend. Eine Reihe von Beobachtungen, die an anderer Stelle erörtert werden sollen, sprechen jedoch dafur, daß die Schädelfragmente in das Spätpaläolithikum, und zwar in das Alleröd, die Zeit der ersten Wiederbewaldung, gehörten.

Auch aus dem frühen postglazialen Profilabschnitt, aus dem Frühmesolithikum, das in der Burghöhle Mikrolithen der Stufen Beuronien B und vor allem Beuronien C vertreten, sind bemerkenswerte Funde zu melden. Schon bei den Grabungen 1971 bis 1973 waren bei der ersten Erweiterung des »Alten Schachtes« in der frühmesolithischen Schicht auf engem Raum von 1,5 m^2 nicht weniger als 22 fossile Schmuckschnecken gefunden worden, sämtlich durchlocht. Es handelt sich nach der Bestimmung von W. Rähle um 3 turmförmig gedrehte Schnecken der beiden Arten *Potamides plicatus* und *Potamides lamarcki*, die aus dem

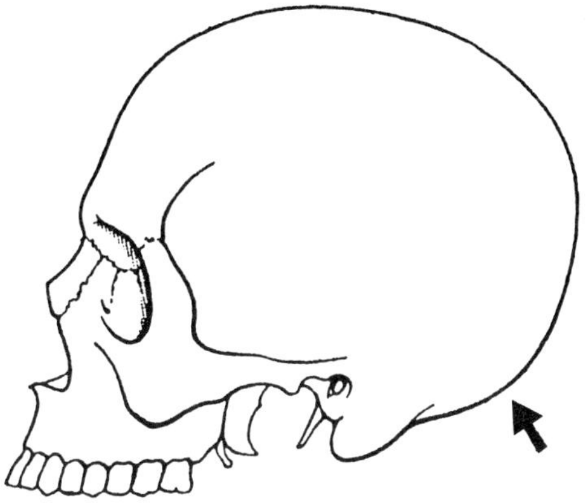

Abb. 16 Burghöhle Dietfurt. Schema eines menschlichen Schädels. Der Pfeil zeigt auf die Position der horizontal verlaufenden Schnittspuren am Hinterhaupt

Tertiär des Mainzer Beckens rund 200 km weit herbeigeschafft worden sind, sowie um 19 Schalen der Schnecke *Gyraulus trochiformis*, aus dem mehr als 100 km entfernten Steinheimer Becken bei Heidenheim stammend. Während der Grabungen 1987–1989 sind in demselben stratigraphischen Niveau mehr als 20 weitere kleine Schmuckstücke entdeckt worden (Abb. 17). Am zahlreichsten unter diesen sind wiederum die tertiären Schneckenhäuser von *Gyraulus trochiformis*. Bei einer kleinen Grandel handelt es sich um einen weithin verbreiteten Typus, die folgenden Formen sind dagegen als außergewöhnlich einzustufen: Nirgends im mitteleuropäischen Mesolithikum sind mir Vergleichsstücke zu den zentral durchbohrten Fischwirbeln bekannt, von denen sich mehrere Exemplare fanden. Äußerst selten sind auch die seitlich durchbohrten Schlundzähne des Perlfisches (*Rutilus frisii meidingeri*), eines Karpfenartigen, der heute nicht mehr in der Donau vorkommt. Erstmalig und bisher nur dort wurden solche durchlochten Schlundzähne von E. Peters im Mesolithikum der Dietfurt benachbarten Falkenstein-

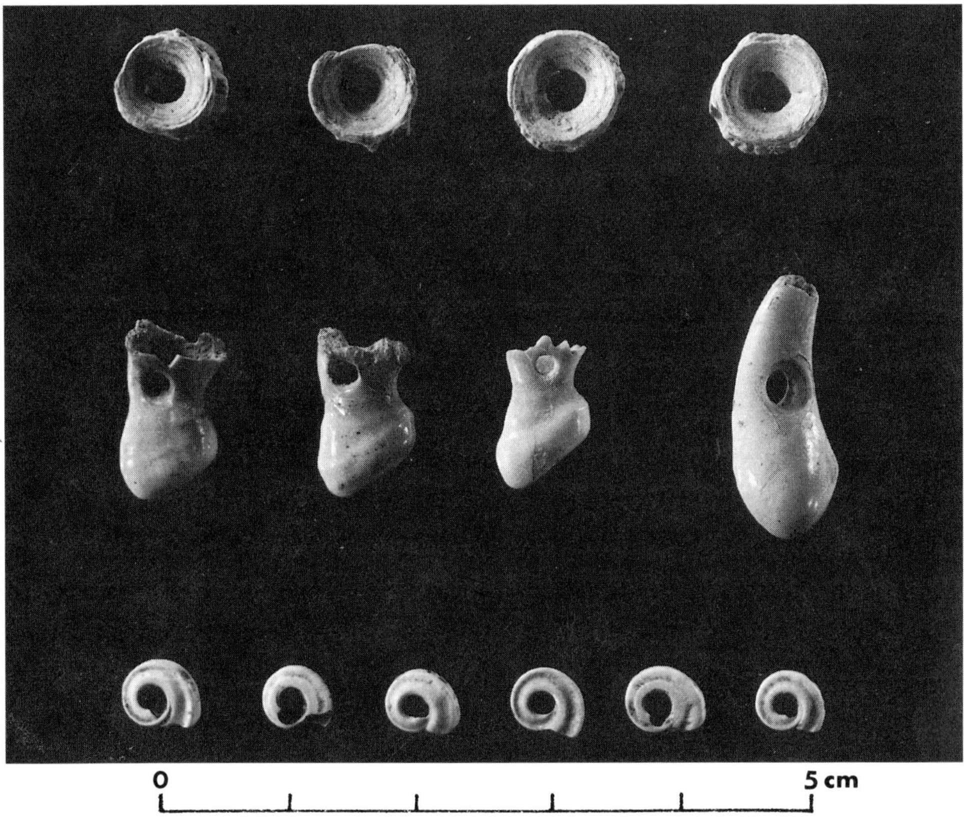

Abb. 17 Burghöhle Dietfurt. Durchbohrte Schmuckstücke aus dem Frühmesolithikum. Oben Fischwirbel, Mitte Schlundzähne des Perl- oder Frauenfisches und Grandel, unten Schalen der fossilen Schnecke Gyraulus trochiformis.

höhle bei Tiergarten gefunden. Aus dem Fundzusammenhang als Beigabe zu den Kopfbestattungen im Hohlenstein-Stadel des Lonetales geht hervor, daß die dort gefundenen Perlfischschlundzähne ebenfalls Schmuckstücke waren, auch wenn sie in diesem Fall nicht durchlocht worden sind. Vielfalt und Zahl der mesolithischen Schmuckformen in der Burghöhle Dietfurt sind jedenfalls ganz ungewöhnlich. Sie lassen vor allem an die reich mit Schmuck versehenen Kopfbestattungen der Großen Ofnet-Höhle bei Nördlingen denken.

Die besprochenen Funde aus dem Spätpaläolithikum und aus dem Frühmesolithikum wurden im Bereich des »Alten Schachtes« geborgen. Ein Befund, über den jetzt zu berichten ist, stammt aus dem Zentrum der westlichen Eingangshalle. Hier wurde unter intakten Kulturschichten des Mittelalters ein vielfach alt bewegtes und deshalb stratigraphisch kaum gliederbares Kulturschichtsediment von 35 cm Mächtigkeit angetroffen, das u. a. Funde der Römischen Kaiserzeit, der Latènezeit, der Hallstattzeit und – deutlich gehäuft in seiner unteren Partie – der Urnenfelderzeit enthielt.

Unmittelbar unter Keramikscherben dieser Zeitstellung wurde an der Basis der besagten Kulturschicht der Rest eines mehrere Zentimeter dicken Lehmestrichs angetroffen. Dieser Estrich hatte eine maximale Ausdehnung von 1,85 m.

Er war durch unregelmäßige Störungen begrenzt, doch fanden sich anderswo in demselben Niveau weitere kleinere inselartige Estrichreste, so daß der Estrich zweifellos ursprünglich eine viel größere Ausdehnung hatte, daß er möglicherweise sogar den Fußboden der gesamten westlichen Eingangshalle ausfüllte. An seinen Rändern war der erhaltene Estrichrest gelb bis hellbraun gefärbt und von lockerer Konsistenz. Zu seiner Mitte hin war er dagegen zunehmend härter, so daß eine glatte, feste Oberfläche ausgebildet war. In diesem zentralen Bereich war der Estrich dort, wo die glatte, schmutzig-dunkle Oberfläche verletzt war, rot gefärbt. Hier also muß ein kräftiges Feuer gebrannt haben, das den ursprünglich gelben Lehmestrich rot und hart gebrannt hat. Dieser Bereich einer Feuerstelle war nun sorgfältig mit einem Kreisornament verziert, das vor dem Brand in den noch weichen Lehm eingedrückt worden ist, und zwar unter Zuhilfenahme eines Zirkels, wofür die Regelmäßigkeit der Kreise spricht.

Das Ornament (Abb. 18) besteht aus 5 konzentrischen Kreisen, die jeweils etwa 1 cm breit und ebensoviel eingetieft sind. Sie halten voneinander annähernd gleiche Abstände. Ihre Durchmesser sind zwischen 89 und 67 cm groß. Ein sechster, kleinerer Kreis ist nur partiell angerissen. Er beschreibt etwa ein Drittel des Kreisbogens. Exakt in der Mitte aller Kreise befindet sich eine punktförmige Eintiefung, um die herum noch ein nicht ganz regelmäßiger Kreis von nur etwa 3 cm Durchmesser verläuft.

Die westliche Eingangshalle hat also einmal eine Einrichtung besessen, zu der ein Estrich aus eingebrachtem Lehm gehörte. Recht genau in der Mitte des Raumes wurde eine Feuerstelle unterhalten, die von einem mit dem Zirkel geschlagenen Kreisornament umgrenzt oder markiert war. Da oberhalb dieser Feuerstelle Scherben der Urnenfelderkultur lagen, sollte diese in dieselbe Zeit gehören oder älter sein. Leider wissen wir bisher nicht, was unmittelbar unter dem Estrich liegt.

Abb. 18 Burghöhle Dietfurt. Kreisornament auf gebranntem Estrich. Größter Durchmesser 89 cm. Im Profil zuoberst die steinigen Kulturschichten des Mittelalters, darunter, über dem Estrich, eine ungegliederte Kulturschicht mit Funden von der Römischen Kaiserzeit bis zur Urnenfelderzeit

Um den ungewöhnlichen Fund für die Zukunft zu erhalten, wurde der Estrich zunächst seitlich abgegraben und wie auf einem flachen Sockel freigestellt. Dann wurde von H. Röske und E. Wagner der Estrich gehärtet. Der Sedimentblock von 110 × 117 cm Größe und 15 cm Dicke ist dann mit Eisenstangen unterfangen, hochgehoben, das Ganze fest verpackt und vom liegenden Sediment abgehoben worden. Eine Pioniereinheit der Bundeswehr hat das schwere Paket aus der Höhle auf den Vorplatz geschafft. Da der Weg vom Burgfelsen nach unten sehr steil und eng ist, wurde ein Hubschrauber der Bundeswehr bemüht, der das Paket durch die Luft zu einem Lastwagen brachte. Die Restaurierung ist zur Zeit im Gang.

Bis also Funde von unterhalb des Estrichs vorliegen und verschiedene naturwissenschaftliche Datierungsverfahren zum Zuge gekommen sind, muß das genaue Alter offenbleiben. Es scheint, daß der Dietfurter Fund in Mitteleuropa bisher keine Parallele hat. Das mag an den im Vergleich zum Freiland günstigeren Erhaltungsbedingungen in der Höhle liegen. Ähnliches ist jedoch in Dänemark bekannt, und es bieten sich auch Vergleiche an mit den gebrannten Herdplatten der bronzezeitlichen Wietenbergkultur Siebenbürgens, die reich mit Kreis- und Spiralornamenten verziert sind.

Die kleine Grabungsfläche unmittelbar vor der Höhle bestätigte die Annahme, daß die westliche Eingangshalle während des Mittelalters einen einheitlichen Raum bildete, der von der inneren Felswand bis zu der mittelalterlichen Mauer reichte, die 1,5 m vor der Trauflinie errichtet worden ist. Der freie Raum zwischen Höhle und Mauer muß überdacht gewesen sein, was u. a. die Menge der Dachziegel nahelegt, die einen Großteil des hier angehäuften Schuttes bildet. Dazwischen fanden sich überraschend kleine beinerne Spielwürfel (Abb. 19), winzige Perlen aus demselben Material, aber auch aus unterschiedlich farbigem Glas, Bruchstücke eines verzierten Knochenplättchens, mannigfaltige Gefäßscherben, eine schalenförmige Lampe sowie Fragmente von keramischen Bodenfliesen und glasierte Ofenkacheln, beides mit Ornamenten versehen. Diese Funde sind wohl nur z. T. mittelalterlich. Wahrscheinlich wird ihre Analyse die Zeit näher eingrenzen lassen, bis zu der hin die Burg Dietfurt bewohnt war, in deren Baulichkeiten die Höhle einbezogen war.

Abb. 19 Burghöhle Dietfurt. Beinerne Spielwürfel, Kantenlänge 5–6 mm, Mittelalter

Wolfgang Taute

Literaturhinweise

S. Anger und A. Diek, Skalpieren in Europa seit dem Neolithikum bis um 1767 nach Chr., Bonner Hefte zur Vorgeschichte 17, 1978, 153 ff. – K. Brunnacker, W. v. Koenigswald, W. Rähle, F. H. Schweingruber, W. Taute und W. Wille, Der Übergang vom Pleistozän zum Holozän in der Burghöhle von Dietfurt bei Sigmaringen. Untersuchungen an Sedimenten, Pollen, Holzkohlen, Mollusken, Säugetieren und urgeschichtlichen Funden, Kölner Jahrbuch für Vor- und Frühgeschichte 15, 1975–1977, 1981, 86 ff. – K. Horedt, Die Wietenbergkultur, Dacia N. S. 4, 1960, 107 ff. – E. Peters, V. Toepfer und H. Wägele, Die Falkensteinhöhle bei Tiergarten, Fundberichte aus Hohenzollern 3, Anhang II der Fundberichte aus Schwaben N. F. 8, 1935, 2 ff. – W. Rähle, Schmuckschnecken aus mesolithischen Kulturschichten Süddeutschlands und ihre Herkunft, in: W. Taute (Hrsg.), Das Mesolithikum in Süddeutschland, Teil 2: Naturwissenschaftliche Untersuchungen, Tübingen 1978, 163 ff. – W. Taute, Arch. Ausgr. Bad.-Württ. 1987, 32 ff.

Ein Gräberfeld der Bandkeramik von Schwetzingen, Rhein-Neckar-Kreis

Südlich des Schloßgartens begannen im Herbst 1988 die Erschließungsarbeiten für ein ausgedehntes Wohngebiet im Gewann »Schälzig«. Obwohl bislang keine archäologischen Funde in diesem Bereich aktenkundig waren, beobachtete K. Fichtner die Erdarbeiten von Beginn an. In der Trasse eines Abwasserkanals entdeckte er Ende September menschliche Knochen und Fragmente eines kleinen Tongefäßes, die er unverzüglich der Archäologischen Denkmalpflege übergab. Eine sofortige Notuntersuchung durch C. Eibner vom Institut für Ur- und Frühgeschichte der Universität Heidelberg zeigte, daß es sich bei den Funden um 2 Gräber handelt. Das Tongefäß aus dem einen der beiden ließ die neolithische Zeitstellung erkennen. Unmittelbar nach der Meldung erwies eine Begehung der Fundstelle, daß bereits weitere 6 Gräber angeschnitten worden waren. Die Funde aus diesen Bestattungen bezeugten eindeutig deren Zugehörigkeit zur Bandkeramik. Sie wurden noch im November/Dezember 1988 geborgen und die Einstellung der Bauarbeiten für das Gebiet verfügt, in dem weitere Gräber vermutet werden konnten.

Begünstigt durch die milde Witterung, begann Mitte Januar 1989 die weitere Untersuchung des Gräberfeldes, die im September abgeschlossen werden konnte. Insgesamt wurden 202 Gräber oder Reste davon geborgen. Bei den Bauarbeiten, die zur Entdeckung führten, sind etwa 25 Bestattungen unbemerkt zerstört worden. Auch die vorherige landwirtschaftliche Nutzung des Geländes hat mit Sicherheit zu Verlusten geführt. So sind ihr wohl die meisten Brandgräber zum Opfer gefallen, da sie in der Regel nur flach eingegraben waren, wie die 8 wenigstens teilweise erhaltenen Beispiele zeigen. Etwa 18 Fundpunkte dürften Reste bereits weitgehend abgepflügter Gräber darstellen. Das Gräberfeld erstreckt sich in einem Streifen von Nordwesten nach Südosten und hatte eine Ausdehnung von 40 × 100 m (Abb. 20). Anscheinend ist es in einem ehemaligen Dünenrücken des Rheintales angelegt worden, der sich in gleicher Richtung hinzog wie einige heute noch rudimentär erhaltene in geringer Entfernung.

Die Körpergräber waren sehr unterschiedlich erhalten. Soweit sie im Dünensand lagen, der die Grabgruben deutlich erkennen ließ (Abb. 21/22), war der Erhaltungszustand durchweg sehr gut; teilweise hatte sich Kalksinter auf den Knochen und Beigaben abgelagert. Gräber aus einer dunkelbraunen, stark lehmigen Schicht, die möglicherweise von Überflutungen durch den unweit vorüberfließenden Leimbach herrührte und den ehemaligen Dünenfuß überdeckte, zeigten wesentlich stärkere Auflösungserscheinungen der Knochen und der Keramikbeigaben.

Die Grabgruben waren überwiegend länglich-oval und nur so groß, wie unbedingt notwendig. Die meisten Gräber lagen in Nordost-Südwest-Richtung, doch waren nahezu alle übrigen Möglichkeiten ebenfalls zu beobachten. In gleicher Weise verhielt es sich mit der Position der Toten im Grab. Zwar dominierte eindeutig der linksseitige Hocker, aber auch hier gab es sehr verschiedenartige Abweichungen von der Regel.

Obwohl noch keine abschließenden Ergebnisse vorgelegt werden können, hat es den Anschein, als sei der Prozentsatz der bestatteten Kinder und Jugendlichen in Schwetzingen höher als in vergleichbaren Gräberfeldern. Auch scheint sich anzudeuten, daß sie wenigstens teilweise in Gruppen zusammenlagen. Ähn-

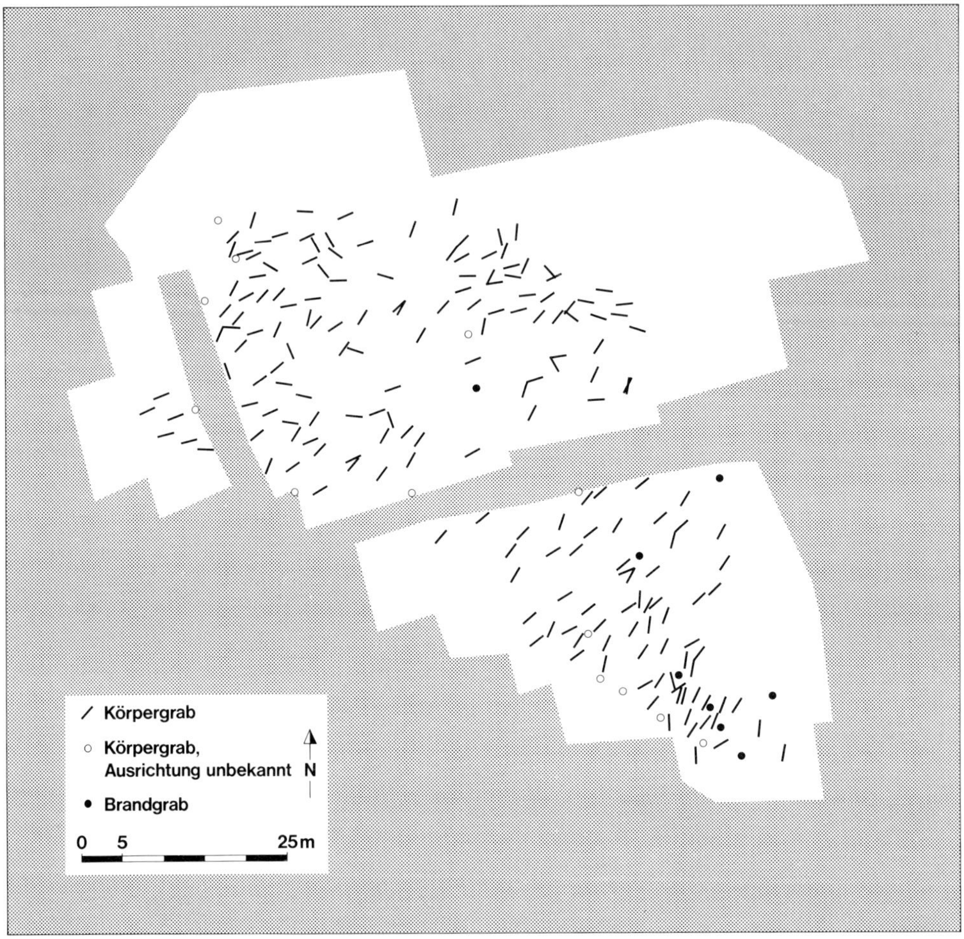

Abb. 20 Schwetzingen. Vorläufiger schematischer Übersichtsplan des bandkeramischen Gräberfelds

liches läßt sich von den Gräbern sagen, die mit Beigaben versehen waren. Eine sichere Aussage wird jedoch erst nach der weiteren Bearbeitung des Fundmaterials getroffen werden können.

Bei der verhältnismäßig reichhaltigen Ausstattung mit Beigaben stehen Steingeräte und Keramik an erster Stelle. Dabei wurden zahlreiche Details beobachtet, von denen hier lediglich eines herausgegriffen werden soll: In mehreren Gräbern lagen Silexpfeilspitzen – meist vier – am Hinterkopf oder in der rechten Schulterregion, wobei ihre Spitzen zum Scheitel des Toten gerichtet waren. Die Fundsituation ließ eindeutig den Schluß zu, daß die zugehörigen Pfeilschäfte in einem Köcher getragen wurden, der über der linken Schulter hing. Mehrere Gräber hoben sich durch ihre Beigabenausstattung, die sich innerhalb der Nekropole nicht wiederholte, aus der Masse der übri-

Abb. 21/22 Schwetzingen. Zwei Gräber aus dem bandkeramischen Gräberfeld. Im Sandboden deutlich erkennbar die relativ engen Grabgruben

gen heraus. Hervorzuheben ist hier das Grab eines Jungen, der kurz vor dem Zahnwechsel stand und dem man eine Zeremonialaxt beigegeben hatte (Abb. 23). Sie war eindeutig für den praktischen Gebrauch ungeeignet und muß deshalb wohl im Zusammenhang mit rituellen Handlungen gesehen werden, vielleicht mit Initiationsriten.

Für die chronologische Einordnung des Gräberfeldes ist die Keramik ausschlaggebend, die am Ende der Entwicklung der Linienbandkeramik steht. Obwohl recht viele Gräber mit jeweils einem Gefäß versehen waren, ist die Typenauswahl ziemlich gering. Meist sind es verhältnismäßig kleine Kümpfe, die am Kopfende des Grabes standen und wahrscheinlich Flüssigkeiten, vermutlich Getränke, enthielten. Als Besonderheit ist ein total deformierter Kumpf zu erwähnen, der vollständig mit einer pechartigen schwarzen Masse überzogen war, auf der sich Abdrücke eines aufgelegten Musters aus wohl organischem Material (Birkenrinde) zeigen. Unter dem Überzug findet sich zusätzlich ein reguläres bandkeramisches Linienmuster, das die ursprüngliche Verzierung bildete.

Eine Siedlung, die zu dem Gräberfeld gehören könnte, ist bisher nicht bekannt geworden. Ob zahlreiche Einzelscherben von Tongefäßen, die sich in den Grabfüllungen fanden, auf eine solche in unmittelbarer Nähe deuten, muß zumindest vorerst offenbleiben. Sicher haben sich hier in den Sanddünengebieten des Rheintals seit der Bandkeramik umfangreiche Erosionsvorgänge abgespielt, die es wahrscheinlich schwer machen, Siedlungsreste noch eini-

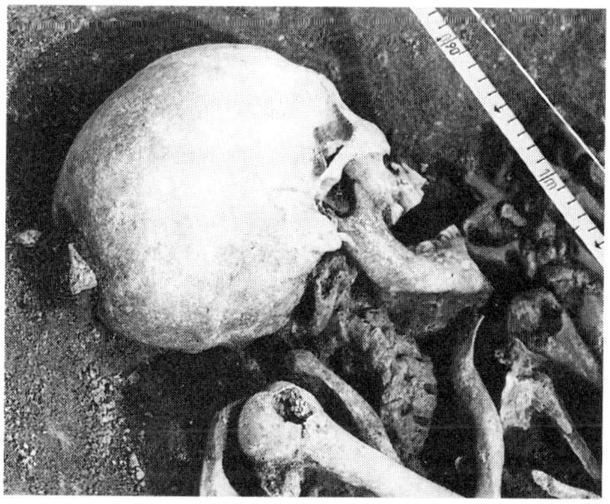

Abb. 23 Schwetzingen. Grab eines Jungen mit Zeremonialaxt

germaßen unversehrt zu entdecken. Daß es gleichwohl möglich ist, zeigen Beobachtungen von K. Fichtner in einem weiteren Neubaugebiet am Nordwestrand Schwetzingens, wo er erst kürzlich in Kanalgräben angeschnittene Siedlungsgruben entdeckte. Ihm ist an dieser Stelle für sein Engagement zu danken, ohne das die Entdeckung des für weite Regionen bisher größten bandkeramischen Gräberfeldes nicht gelungen wäre. Dank gebührt auch der Stadt Schwetzingen und insbesondere Herrn Bürgermeister Stratthaus, die viel Verständnis für die mehrere Monate andauernde Baueinstellung zeigten und auf vielfältige Weise ihre Unterstützung gewährten.

Rolf-Heiner Behrends

Neue vorgeschichtliche Siedlungen in Remseck-Aldingen, Kreis Ludwigsburg

In den vergangenen Jahren war es in der Gemeinde Remseck, Ortsteil Aldingen, im Neubaugebiet »Halden« möglich, auf den Südhängen und Hochflächen links des Neckars größere Bereiche zu beobachten und teilweise zu untersuchen. Eine wertvolle Ergänzung zur Kenntnis der vorgeschichtlichen Besiedlung des Neckarhochufers bot sich beim Bau der Westumgehung Aldingens zwischen der L 1144 im Norden und der parallel zum Neckar verlaufenden L 1100 im Süden (Abb. 24).

Dank der bewährten und guten Zusammenarbeit mit Herrn Melchior von der Gemeinde Remseck und der Straßenbaufirma Rommel konnten die Trassierungsarbeiten, die am 14. Dezember 1988 an der L 1100 begannen, von Anfang an beobachtet werden. Im zunächst flach ansteigenden Hanggelände wurden bis zur etwa 30 m über der Talaue liegenden Hangkante keine Befunde entdeckt. Erst über der Terrassenkante zeigten sich im anschließenden, nur noch sanft nach Osten geneigten Gewann »Wolfsbühl« sehr bald die ersten Befunde, die sich in westlicher Richtung immer mehr verdichteten. Aus diesem Bereich lagen bereits aus früheren Jahren Fundmeldungen vor (Abb. 24). Die jetzt aufgedeckten Grubenbefunde gehörten mindestens 2 ineinanderliegenden neolithischen Siedlungen an, die auf einer Länge von 200 m angeschnitten waren.

Im weiteren Verlauf der Trassierung wurden auf dem höchsten Punkt der Trasse unmittelbar vor der Einmündung in die L 1144 in den Gewannen »Strümpfeläcker« und »Lerchenberg« Siedlungsgruben einer hallstattzeitlichen Siedlung aufgedeckt (Abb. 24).

In Absprache mit der Baufirma konnten die Siedlungsstellen in der Zeit von 20. Dezember 1988 bis 11. März 1989 flächig untersucht werden. Die Grabungen standen wegen der rasch voranschreitenden Bauarbeiten und aus Furcht vor einem überraschend auftretenden Wintereinbruch unter starkem Zeitdruck.

Die neolithischen Siedlungen wurden in der Straßentrasse auf einer Fläche von ca. 10 000 m² erfaßt, wobei lediglich im Nordwesten, Norden, Osten und Südosten die Grenzen erreicht werden konnten. Obwohl die Kernbereiche der Siedlungen bereits auf flachem Gelände lagen, waren durch die besonders starken Erosionsvorgänge in den Lößlandschaften des Neckarlandes die Siedlungs-

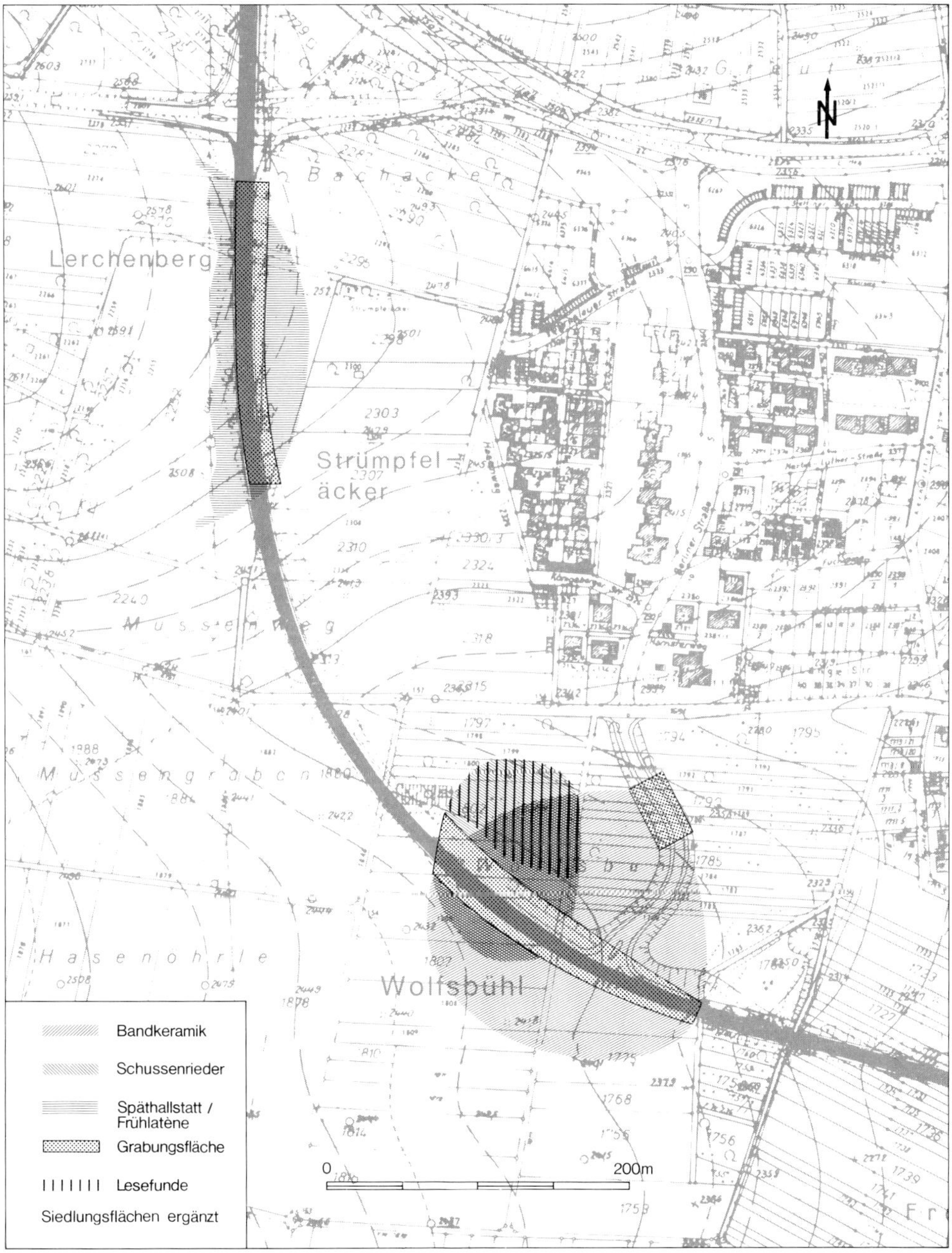

Abb. 24 Remseck-Aldingen. Trasse der Westtangente mit vorgeschichtlichen Siedlungsarealen

strukturen verlorengegangen, insbesondere fehlten Pfostengruben als Hinweise auf Haus- und Hüttenbauten. Der nördliche Bereich war zudem durch eine Geländeneigung zu einem ehemaligen Neckarzufluß hin etwas stärker in Mitleidenschaft gezogen. Wohl deshalb waren auf dieser Fläche nur noch wenige, weit auseinander liegende Grubenreste vorhanden.
Aus dem Fundbestand lassen sich jungsteinzeitliche Siedlungen der Bandkeramik und der Schussenrieder Kultur ableiten, deren Siedlungsflächen sich überlagert haben. Die ältere, bandkeramische Siedlung lag weiter im Osten, die jungneolithische Siedlung der Schussenrieder Kultur mit ihrem Zentrum im Westen des untersuchten Areals. Eine genaue Abgrenzung wird erst nach Auswertung der Grabungsbefunde möglich sein.
Die bandkeramischen Befunde lagen als unregelmäßige und verstreut liegende Gruben vor,

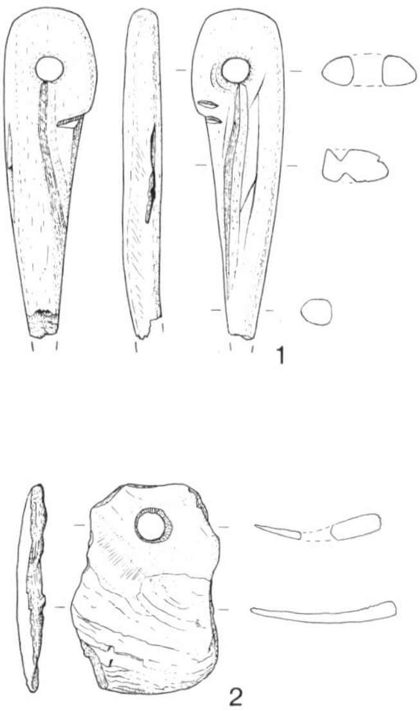

Abb. 25 Remseck-Aldingen. 1 bearbeitetes Knochenartefakt und 2 durchbohrte Flußmuschelschalen aus Gruben der Schussenrieder Siedlung. Maßstab 2:3

die nur noch als flache Eintiefungen vorhanden waren. Die typischen, langgezogenen Materialentnahmegruben fehlten. Die Siedlungsgruben der Schussenrieder Kultur lagen gelegentlich ineinander und konzentrierten sich an verschiedenen Stellen. Neben den häufig vorkommenden zylinderförmigen Vorratsgruben ist eine Grubenform mehrfach vertreten, die bisher aus Aldingen unbekannt ist. Sie besteht aus einer runden, flachen Eintiefung, in die eine kleinere, ebenfalls runde, sackartig endende Grube eingelassen ist. Die Gruben dieser Art sind sehr exakt ausgeschachtet; ihre Funktion ist nicht sicher anzusprechen, wahrscheinlich handelt es sich ebenfalls um Vorratsgruben.
An zwei nicht genau lokalisierbaren Stellen am westlichen Siedlungsrand fanden sich menschliche Skeletteile, die aus dem Verbund gerissen waren und sicherlich zu sehr flachen Bestattungen gehörten, die beim Abtrag der Humusdecke zerstört worden sind.
Das Fundmaterial aus den bandkeramischen Gruben ist nicht reichhaltig, die meisten enthielten nur wenig Keramik oder waren fundleer. Aus den Gruben der Schussenrieder Siedlung stammt das bekannte Inventar mit viel Keramik und einer größeren Zahl verschiedener Stein- und Tierknochengeräte. Bemerkenswert sind ein leicht beschädigtes Knochenartefakt, das als Amulett gedeutet werden kann sowie ein durchbohrter Anhänger aus einer Flußmuschelschale (Abb. 25).
Die hallstattzeitliche Siedlungsstelle in den Gewannen »Strümpfeläcker« und »Lerchenberg« wurde auf der dort in Nord-Süd-Richtung verlaufenden Trasse über eine Länge von 165 m aufgedeckt (Abb. 24) und erbrachte insgesamt 20 Einzelbefunde. Die Befundsituation ließ erkennen, daß von dieser Siedlung nur der Ostrand erfaßt worden ist und deren Zentrum vermutlich westlich der Straßentrasse liegt. Es handelte sich um mehrere

kleine runde, nur noch flach erhaltene Grubenreste und einige trapezförmige Vorratsgruben. In einer größeren, sehr tiefen Grube war im oberen Teil der Grubenfüllung eine aus Steinen lose gesetzte, kreisrunde Feuerstelle eingelagert, an deren Rand zahlreiche Metallschlacken lagen. Mit diesem Befund könnte ein Nachweis für die Metallverarbeitung in dieser Siedlung gegeben sein. Die Funde sind sonst recht spärlich. Neben wenig Keramik kamen einige Bronzen zutage, unter denen ein Bronzehohlring (Dm 5,0 cm) mit gepunkteten Linien zu nennen wäre. Die Siedlungsreste sind in die späte Hallstatt- und frühe Latènezeit zu datieren.

Die Grabungen auf der Trasse der Westumgehung Aldingens bereichern unseren Kenntnisstand über die vorgeschichtliche Besiedlung des linken Neckarhochufers. Mit Beginn der Erschließungsarbeiten für das Baugebiet »Halden III« im Frühjahr 1989 eröffnete sich hierzu eine weitere Möglichkeit. Schon heute ergibt sich vor allem für das jüngere Neolithikum ein dichtes Siedlungsbild, das in Fragen der Kontinuität und der Zusammenhänge neue Aspekte ergeben wird.

Walter Joachim

Literaturhinweise

Arch. Ausgr. Bad.-Württ. 1987, 40 ff. – Fundber. aus Baden-Württemberg 13, 1988, 1 ff.

Henauhof I – eine jungsteinzeitliche Stratigraphie im Federseemoor bei Bad Buchau, Kreis Biberach

Bereits um 1920 sind in einem Torfstich östlich der Straße von Buchau nach Schussenried, unweit des Henauhofes Scherbenfunde gemacht worden. Ebenfalls in den zwanziger Jahren erbohrte der Botaniker Karl Bertsch neben dem straßenparallelen Bahndamm der heute aufgegebenen Schmalspurstrecke ein Pollenprofil, in dem er zwei durch Torf getrennte Kulturschichten dokumentiert sah. Er wies sie jeweils einer Siedlung der Schussenrieder und der Aichbühler Kultur zu. Die von ihm untersuchten pflanzlichen Großreste spiegelten jedoch nur eine natürliche Seeufervegetation wider und waren ohne eigentliche Kulturanzeiger, so daß es unklar blieb, ob er tatsächlich echte Kulturschichten angetroffen hatte. Ein vollständiger Krug mit Schussenrieder Ritzverzierung im Federseemuseum blieb aus diesem Grunde der einzige konkrete Hinweis auf eine weitere jungsteinzeitliche Siedlungsstelle zwischen der 1927–1937 vollständig ausgegrabenen Siedlung Taubried I im Norden und den spätpaläolithisch-mesolithischen Fundplätzen des Henauhofhügels im Süden. Dieser große, in das Seebecken vorgeschobene Moränenhügel bildet den herausragendsten topographischen Punkt am Südwestrand des Federseemoores. In neuerer Zeit sind in den Wiesen östlich der Straße immer wieder Holzkohlen und vereinzelt Scherben zum Vorschein gekommen, darunter ein weiteres Stück mit Schussenrieder Verzierung. Mehrere Sondagen ab 1986 ließen etwa 40 m südlich der Bohrung Bertsch 21 (Abb. 26) eine holzkohleartige Schicht dicht unter der heutigen Oberfläche erkennen. Da die Begradigung der Straße das Gebiet 1988 kurzfristig zu zerstören drohte, wurde von der Archäologischen Denkmalpflege eine weitere Sondierung des Geländes eingeleitet. Sie durchzog die künftige

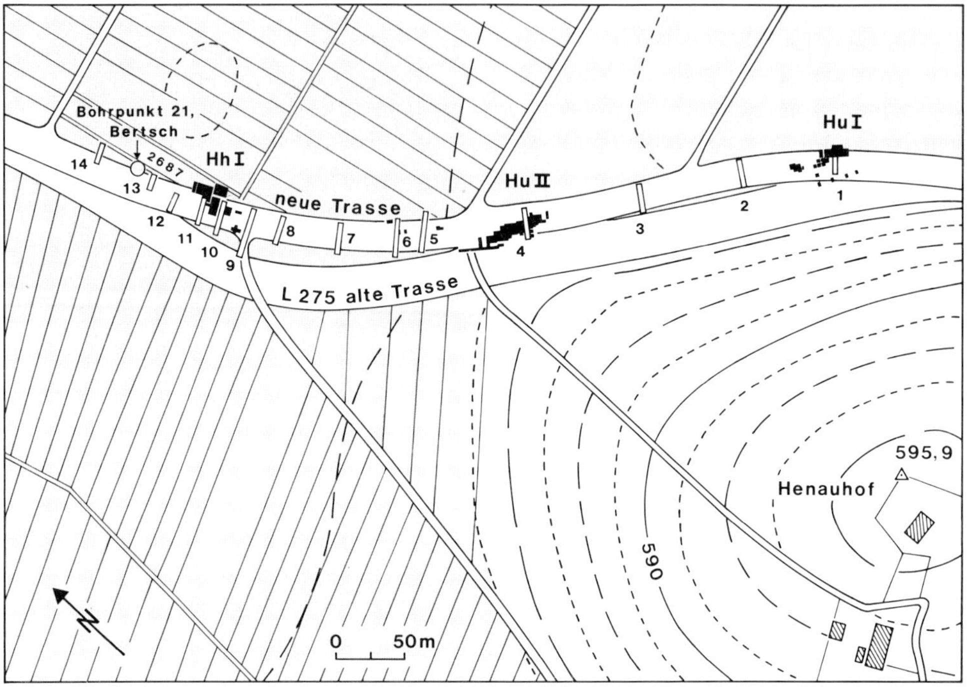

Abb. 26 Bad Buchau. Lageplan der Straßentrasse und der Sondierschnitte 1–14 im Federseemoor (gerastert) am Fuß des Henauhofs. Schwarz eingetragen sind die Ausgrabungsflächen der jungsteinzeitlichen Station Henauhof 1 (Hh I) sowie der mittelsteinzeitlichen Stationen Henauhof-Nord (Hu I u. II)

Trasse mit 14 Baggerschnitten (Abb. 26). Diese Baggergräben führten u. a. zur Entdeckung der mesolithischen Feuchtbodenfundstellen Henauhof-Nord I und II, über die an anderer Stelle berichtet wird (vgl. S. 30 ff). Im Umfeld der Baggergräben 10 und 11 begannen wir im Bereich der jungsteinzeitlichen Station Henauhof I noch im selben Jahr mit einer Flächengrabung, die, 1989 fortgesetzt, insge-

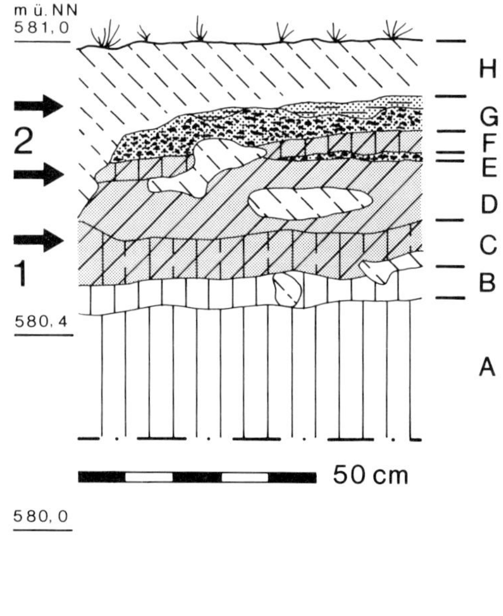

Abb. 27 Bad Buchau. Henauhof I. Profilausschnitt mit den beiden Fundhorizonten. A Kalkmudde, B Lebermudde, C Schwemmtorf, D Niedermoortorf in Wechsellage mit Muddestreifen, E Holzkohleband, F Detritusmudde, G Holzkohleschicht mit Lehmlinsen, H Torfabraum

samt etwa 300 m^2 der Holzkohleschicht aufdeckte. Diese gab sich als ausgedehnte Lage von verkohlten, angekohlten und unverkohlten Hölzern, etwa 20–30 cm unter der Grasnarbe, zu erkennen. Schon in früherer Zeit war man beim Abtorfen des Geländes auf dem Grundstück 2687 bis auf die Holzkohleschicht vorgestoßen, hatte sie jedoch nicht ganz abgebaut. Auf den benachbarten Parzellen war sie hingegen weitgehend beseitigt worden. Die ursprüngliche Ausdehnung der verbrannten Siedlungsreste kann somit nicht mehr rekonstruiert werden. Der Erhaltungszustand der Hölzer im Kontaktbereich zum durchlüfteten Torfabraum war ziemlich schlecht. Es zeigten sich zudem keine Strukturen wie etwa parallel liegende Hausböden o. ä., sondern lediglich unregelmäßige Ansammlungen, was aber nicht mit dem leidlichen Erhaltungszustand erklärt werden kann; auch besser erhaltene, noch in ungestörtem Torf- bzw. Muddebett liegende, tiefere Bereiche der Schicht erbrachten ein ähnliches Bild (Abb. 28). Unter den bis zu 2 m langen, in der Regel jedoch kleinstückigen Holzteilen – meist Stangen und Stammholzfragmente – befanden sich auch Spalthölzer und andere Teile mit Bearbeitungsspuren. Nach vorläufigen Bestimmungen von M. Schneider handelt es sich vor allem um Hasel, Ahorn, Birke und Erle. Daneben sind auch Ulme und Eiche in nennenswerten Mengen vertreten. Selten sind Buche und Kiefer; diese beiden Holzarten spielen erst in endneolithischen und bronzezeitlichen Siedlungen Oberschwabens eine größere Rolle. Die Schicht enthielt an mehreren Stellen flache, etwa auf einen Viertel Quadratmeter ausgedehnte Flecken aus blau-grünem Lehm. Dieser wie auch einzelne faustgroße Steine und eine Reihe von Sandflecken mitten im Moor sind ortsfremdes Material.

In die stellenweise bis zu 15 cm dick erhaltene Holzkohleschicht sind zahlreiche Scherben,

Abb. 28 Bad Buchau. Henauhof I. Ausschnitt der Holzkohleschicht im Planum mit größeren angekohlten und unverkohlten Holzstücken

vereinzelt auch Tierknochen, Feuersteinabschläge und Geräte eingebettet. Es liegen also alle Elemente der bekannten jungsteinzeitlichen Moorsiedlungen mit Holzbau, Lehmestrichen und steingepflasterten Feuerstellen vor, jedoch in völlig ungeordneter Form. Da die Matrix der Schicht eine sog. Grobdetritusmudde, ein in Wasser abgelagertes Sediment, ist, sind es offenbar im Wellenschlag des Federsees aufgearbeitete Siedlungsreste. Auf der gesamten untersuchten Fläche zeigten sich keine in den Grund getriebenen Pfähle. Solche ortsfesten Reste von Pfostenbauten, wie sie in den bekannten Moordörfern Aichbühl, Riedschachen und Taubried auftreten, wären in einem etwa zeitgleichen Siedlungsbereich unbedingt zu erwarten gewesen. Es muß sich also um einen siedlungsnahen Spülsaum handeln, wobei die tatsächliche Lage der zugehörigen Häuser nicht festgestellt werden konnte, auch nicht mit Baggerschnitten und Bohrungen. Da Baulehm und Steine aber kaum über größere Strecken im Wasser verfrachtet sein können, es sei denn bei winterlichem Eisgang, muß der

Siedlungskern in unmittelbarer Nachbarschaft angenommen werden. Vergleichbare Spülsäume sind im Umkreis der bronzezeitlichen Siedlung Forschner aufgedeckt worden (vgl. S. 81), ähnlich wie dort dürften auch hier die Reste eines Siedlungsbrandes in ihm aufgearbeitet sein.

An wenigen gut erhaltenen Stellen ist eine Zweiteilung der Holzkohleschicht erkennbar, wobei sich dazwischen ein Muddeband einschiebt. Dies legt nahe, auch an den Niederschlag zeitlich gestaffelter Ereignisse zu denken, was durch das Fundmaterial selbst unterstützt wird. Die Scherbenfunde liegen auch noch im oberen Bereich der darunterliegenden Schicht, müssen dort also vor Bildung der Holzkohlebänder hineingelangt sein. Dieses Schichtpaket aus streifig ausgebildeten Detritusmudden, Wurzel- und Braunmoostorf bildete sich offenbar in einer immer wieder überfluteten Verlandungszone des Sees.

Das keramische Fundmaterial von etwa 1500 Scherben, darunter 80 Netzsenker, hielt trotz kleinteiligen Erhaltungszustandes große Überraschungen bereit. So fanden sich neben weiteren Belegen der Schussenrieder Kultur mit in den feuchten Ton gezogenen Ritzmustern (Abb. 29.5, 6) auch zwei Scherben der Lutzengüetle Kultur mit charakteristisch in den gebrannten bzw. harten Ton geritzten Mustern (Abb. 29.3, 4). Eine davon war nachträglich in einen Netzsenker umfunktioniert worden. Die Herstellung solcher Netzgewichte aus Tonscherben ist eine Eigenheit des oberschwäbischen Raumes. Keramik der Kulturgruppe war bisher in Liechtenstein, am Bodensee und Zürichsee und einmal erst in Oberschwaben bei Ruprechtsbruck, Gde. Fronreute, gefunden worden. Mit einem Auftauchen so weit nördlich am Federsee, zudem in fremdem Kulturmilieu, war somit kaum zu rechnen. Weitere verzierte Scherben mit Stichmustern sind Kugelbechern der Rössener Kultur ähnlich (Abb. 29.16, 18) oder Gefäßen, die einem Epirössener Übergangshorizont bzw. der Wauwiler Gruppe zugerechnet werden müssen. Auch sie stellen eine Besonderheit dar und dürften eine ungeklärte Mittlerrolle zur frühen Aichbühler Kultur einnehmen, die am Federsee ab 4200 v. Chr. faßbar ist (z. B. Abb. 29.12, 14, 17, 19, 20). Eine innenrandverzierte Schale mit sehr feiner Furchenstichzier scheint Rössener und Aichbühler Verzierungselemente auf einer fremdartigen Gefäßform zu vereinen (Abb. 29.15). Echte Aichbühler Zierproben mit spitzem Furchenstich liegen hingegen kaum vor (Abb. 29.7, 11). Das Fundspektrum, von dem hier nur eine Auswahl vorgestellt wird, umfaßt zahlreiche Kerbränder (Abb. 29.1, 2), Knubben und Ösen an Bauchumbrüchen (Abb. 29.8, 9) sowie viele standringartig abgesetzte Flachböden (Abb. 29.13). Einige Scherben zeigen auf der Innenfläche Schwelreste der Birkenpechproduktion. Wahrscheinlich sind auch echte Rundböden vertreten, was im Scherbenmaterial aber nur andeutungsweise erkennbar ist. Randleisten und Schlickrauhung kommen hingegen kaum vor.

Dies spricht dafür, daß die Masse des Materials dem bisher am Federsee nur schwer faßbaren Mittelneolithikum zuzurechnen ist, in dem die Anfänge der bekannten jungsteinzeitlichen Siedlungsentwicklung des Raumes zu vermuten sind. Nur von Altgrabungen in Aichbühl selbst, vom Wilden Ried und von Taubried II liegen vereinzelt solche Kulturelemente vor. Leider waren die Fundzusammenhänge am Henauhof I durch die oberflächennahe Lage der Schichten, Tiergänge und Trockenrisse vielfach gestört, so daß eine feinstratigraphische Auswertung des Fundmaterials auf erhebliche Schwierigkeiten stoßen wird. Es ist zu vermuten, daß eine jüngere Schussenrieder Schicht bereits beim Torfstechen weitgehend zerstört und abgetragen worden war, während die älteren, Aichbühl und Rössen zuzuweisen-

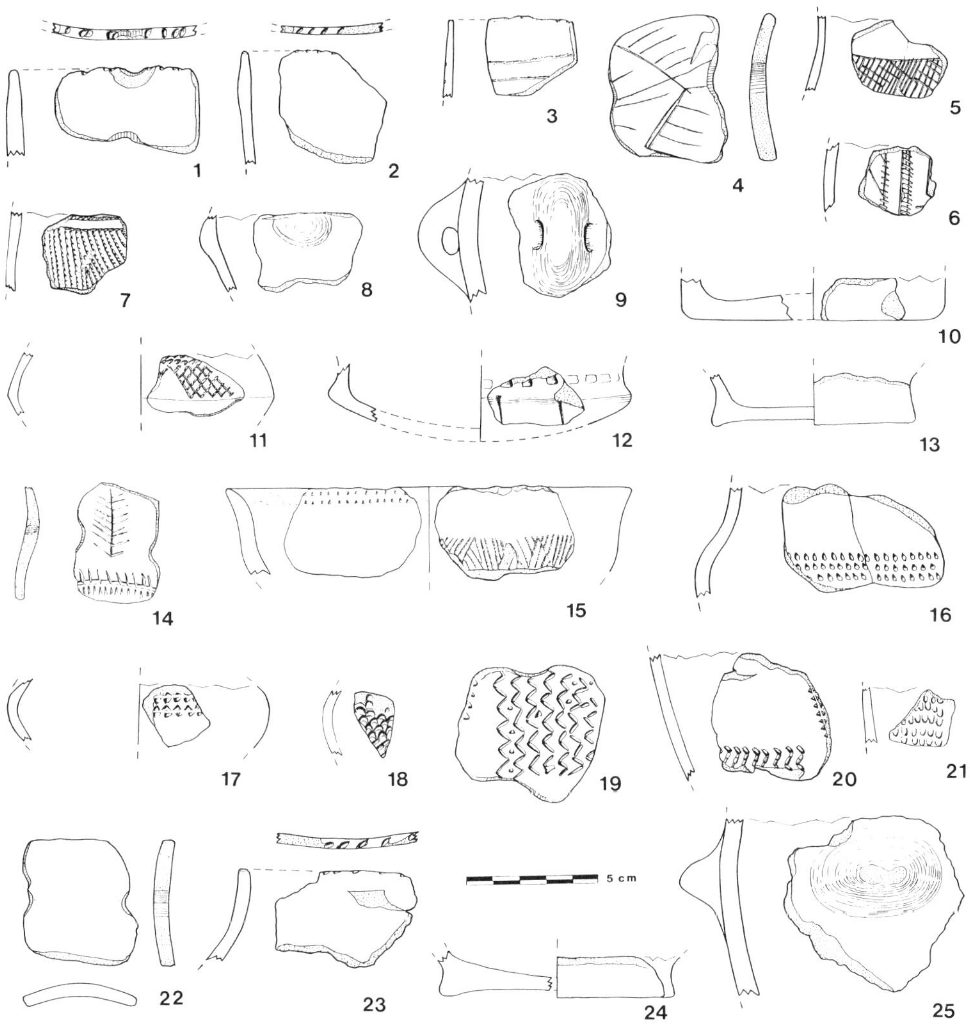

Abb. 29 Bad Buchau. Henauhof I. Keramikfunde aus dem Bereich des Fundhorizonts 2 (1–21) und von der Basis des Torfprofils aus dem Fundhorizont 1 (22–25)

den Funde teilweise noch in situ erhalten blieben.

Von besonderer Bedeutung ist der Nachweis eines weiteren Fundhorizontes an der Basis des Torfpaketes im Grenzbereich zum Schwemmtorf (Abb. 27.1), der zwar schwach belegt, aber von den oben beschriebenen Befunden deutlich abgesetzt ist. Hier liegen wiederum Scherben, auch Netzsenker, vor (Abb. 29.22–25), die durchweg aus gröber gemagertem Ton hergestellt sind. Zudem fand sich eine Hirschgeweihhacke mit einem oben abgekerbten Haselstock als Stiel (Abb. 30). Kerbränder und ein standringartig abgesetzter Flachboden

Abb. 30 Bad Buchau. Henauhof I. Hirschgeweihhacke aus dem Fundhorizont 1

zeigen, daß wir es mit einem weiteren Horizont der Rössener Kultur zu tun haben müssen. Eine Serie von Radiokarbondaten und die pollen- und moorstratigraphische Untersuchung eines ausgewählten Profilabschnitts durch Frau H. Liese-Kleiber und Frau U. Maier vom Institut für Ur- und Frühgeschichte der Universität Freiburg versprechen eine genauere zeitliche Fixierung der Fundhorizonte. Schon jetzt steht aber fest, daß wir damit den ersten stratigraphischen Beleg für eine mittelneolithische Besiedlung des Federseemoores vor uns haben.

Eine weitere Beobachtung verdient hier erwähnt zu werden. Unregelmäßig über die Grabungsfläche verstreut fanden sich, senkrecht oder in leichter Schräglage in der Mudde stekkend, etwa 25 Hasel- und Eschenstangen. Sie reichten teilweise bis auf das nahe Kiesbett des Seegrundes und waren durch Moorsackungen bedingt mehrfach gestaucht. Die geradwüchsigen Stangen von 2 bis 3 cm Durchmesser sind relativ schwach und dürften kaum in Zusammenhang mit Baustrukturen zu sehen sein. Sie weisen facettenartig zugeschnittene Spitzen, in der Mehrzahl jedoch durch faserparalleles Abreißen von Spänen hergestellte spitze Enden auf. Damit gleichen sie den in ähnlicher Weise in der Mudde steckenden Holzstangen von Taubried II und III, unter denen sich eine sorgfältig in ähnlicher Technik zugerichtete Lanzenspitze aus Haselholz mit Feuerhärtung befand. Auch unter den Neufunden von Henauhof I findet sich eine solche Lanzenspitze, diesmal mit geschliffener, feuergehärteter Spitze aus Esche. Funktion und Datierung der Objekte sind unklar. Offenbar stecken sie regellos über größere Flächen des Taubrieds verteilt im ehemaligen Seegrund. Man könnte vermuten, daß es sich um Reste von Fischfangeinrichtungen wie Stöcke zum Feststellen von Reusen und Netzen oder abgebrochene Fischspeere handelt, die noch vor Verlandung der Bucht im Flachwasser benutzt wurden. Für die Speerspitze vom Taubried liegen kalibrierte Radiokarbondaten um 4700–4500 v. Chr. vor. Es ist also wahrscheinlich, daß wir es auch hier mit mittelneolithischen Aktivitäten zu tun haben.

Helmut Schlichtherle

Literaturhinweise

K. Bertsch, Paläobotanische Monographie des Federseemoores, Bibliotheca Botanica 103, 1931, 31 f. – P. Goeßler, Altertümer, in: Beschreibung des Oberamts Riedlingen, 1923, 180 – H. Reinert, Das Federseemoor als Siedlungsland des Vorzeitmenschen, 1936 – R. u. P. Schröter, Zu Fremdelementen im Jungneolithikum, Fundber. aus Baden-Württemberg 1, 1974, 157 ff. – H. Schlichtherle, Arch. Ausgr. Bad.-Württ. 1988, 28 ff.

Neue Fundstellen im Federseemoor bei Bad Buchau, Oggelshausen, Alleshausen und Seekirch, Kreis Biberach

Seit 1981 sind durch die Beobachtung frisch ausgefräster Entwässerungsgräben im nördlichen Federseemoor 5 Moorsiedlungen der Jungsteinzeit aufgefunden und zumindest teilweise durch Bohrungen und Sondagen erkundet worden. Zudem fanden sich im Bereich ober- und unterhalb der heutigen Brücke zwischen Alleshausen und Seekirch Hinweise auf ältere Brückenkonstruktionen, die aufgrund der Untersuchung von Pfählen im archäodendrologischen Labor Hemmenhofen in die Bronze- und Römerzeit zu datieren sind. Somit war durchaus mit weiteren Entdeckungen zu rechnen, zumal die Grabenräumungen pro Winter immer nur einen Teil des Moores erfassen. Die Ausbeute einer sechswöchigen Begehung im Frühjahr 1989 von F. Herzig war jedoch erheblich größer als erwartet. Eine intensive und geländekundige Kontrolle der Entwässerungsgräben, die sich wie ein riesiges Prospektionsnetz über das Moor ziehen, konnte die Zahl der bekannten Fundstellen so in kurzer Zeit erheblich vermehren. Das Federseemoor, seit den Forschungen der zwanziger Jahre als einzigartige archäologische Landschaft erkannt, überrascht mit immer noch größerer Funddichte. Bis 1937 waren nahezu alle Siedlungsplätze der Jungsteinzeit und Bronzezeit im südlichen Moor entdeckt worden. Im Norden und Westen des Sees gab es nur wenige unklare Fundpunkte. Seit 1981 eröffnete sich mit den neu entdeckten Siedlungen eine weitere Fundlandschaft im nördlichen Federseemoor. Die Entdeckungen von 1989 erweitern dieses Bild, greifen jedoch erstmals in das westliche und südliche Moor über. Erst jetzt wird klar, daß auch hier große, bisher fundfreie Gebiete noch zahlreiche Kulturdenkmale erwarten lassen. Letztlich hat der gesamte Bereich des Moores, mit Ausnahme des in der Neuzeit verlandeten Zentrums (heutiges Naturschutzgebiet), den Charakter eines vielschichtigen, mit den Zeugnissen der Naturgeschichte verzahnten Fundgebietes riesigen Ausmaßes. Dies ist angesichts der Zerstörung und Bedrohung großer Flächen durch Entwässerung, moderne Landwirtschaft und Aufforstung eine wesentliche Erkenntnis, die zum Handeln zwingt. Die Prospektion als Grundlage zur Bildung von Reservaten, möglichst in enger Abstimmung mit dem Natur- und Landschaftsschutz, muß in den nächsten Jahren verstärkt fortgesetzt werden.

Insgesamt sind 30, meist über größere Flächen ausgedehnte Holzkohleschichten in Torf und Mudde festgestellt worden (Abb. 31). Teilweise gaben sie auch bearbeitete Hölzer, Silex- und Keramikfunde frei. Probestücke von größeren Hölzern wurden von A. Billamboz im Archäodendrologischen Labor der Arbeitsstelle Hemmenhofen des Landesdenkmalamts Baden-Württemberg untersucht. Es dürfte sich in den meisten Fällen um Spülsäume handeln, die zu nahegelegenen, noch nicht genau lokalisierten Siedlungen der Jungsteinzeit und Bronzezeit gehören, in einigen Fällen sind sie wohl Randbereiche von Siedlungen. So dürfte der Spülsaum 42 (Abb. 31) mit der bronzezeitlichen Siedlung Forschner (vgl. S. 81) in Zusammenhang stehen. Er liegt ca. 150 m östlich des bereits bekannten Kranzes von Spülsäumen im unmittelbaren Palisadenumfeld. Südwestlich von Brackenhofen (Abb. 31.15) fand sich in einer siedlungsverdächtigen Holz- und Holzkohleansammlung eine verzierte Scherbe der frühen Bronzezeit. Dies ist ein erster konkreter Hinweis auf eine weitere Siedlung, die etwa zeitgleich mit der älteren Phase der Sied-

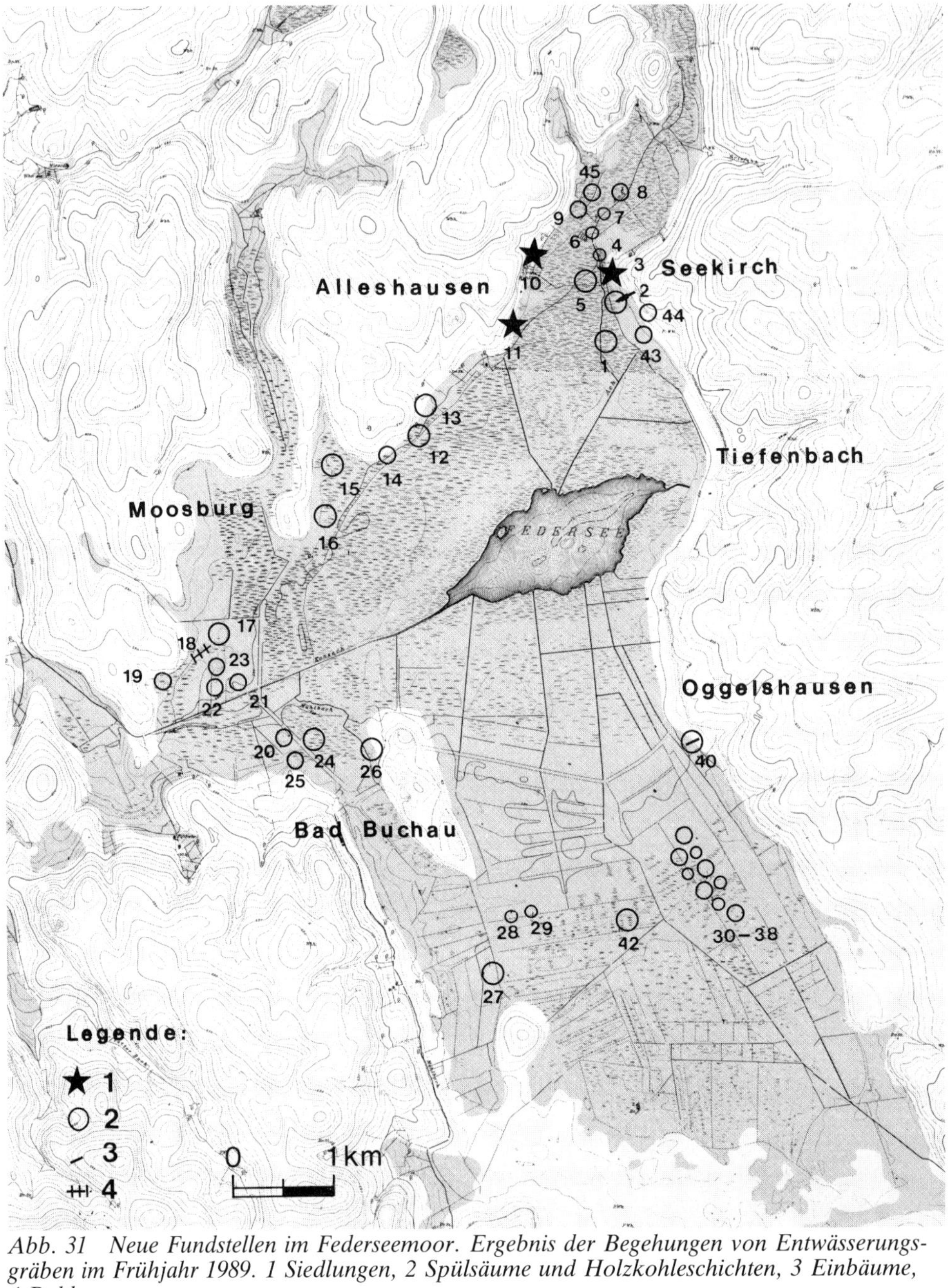

Abb. 31 Neue Fundstellen im Federseemoor. Ergebnis der Begehungen von Entwässerungsgräben im Frühjahr 1989. 1 Siedlungen, 2 Spülsäume und Holzkohleschichten, 3 Einbäume, 4 Bohlenweg

lung Forschner ist. Die Fundstellen 27–29 und 30–38 liegen im Umfeld ehemaliger Bachläufe des Taubriedbaches und des Federbaches. Sie brachten vereinzelt Keramikscherben der Jungsteinzeit und Eisenzeit. Zwei in Sanden ganz am Rande des Seebeckens zum Vorschein gekommene Holzkohleansammlungen bei Brackenhofen und zwischen Seelenhof und Vollochhof (Abb. 31.12, 19) dürften mit der Nutzung von Quellen durch den Menschen, möglicherweise seit dem Mesolithikum, zusammenhängen. Wenige Scherbenfunde und erste dendrochronologische Untersuchungen an liegendem Eichenholz datieren eine weitere Fundstelle im nördlichen Moor (Abb. 31.9) als weitgehend zeitgleich mit der bekannten Siedlung Ödenahlen. Da sie 400 m von dieser entfernt liegt, dürfte es sich um Reste eines weiteren Dorfes der jungsteinzeitlichen, um 3700 v. Chr. nachweisbaren Pfyn-Altheimer Gruppe Oberschwabens handeln. Alle anderen Spülsäume sind vorläufig undatiert, aufgrund ihrer moorstratigraphischen Position jedoch als vorgeschichtlich einzustufen. Im Bereich der vermuteten bronzezeitlichen und römischen Brückenkonstruktionen an der Seekircher Ach fanden sich weitere Pfähle und ebenfalls Spülsäume (Abb. 31.5, 6). Auch im Bereich des bereits von K. Bertsch in den zwanziger Jahren genannten bronzezeitlichen Spülsaumes an der Ach konnten wieder Holzkohle und Pfähle, allerdings fraglichen Alters, festgestellt werden (Abb. 31.1).

Mehrere Entdeckungen ergänzen die Kenntnisse des vorgeschichtlichen Verkehrswesens: ein eichener Bohlenweg im Seelenhofer Ried (Abb. 31.18) und zwei Einbäume jeweils am Ortsrand von Seekirch (Abb. 31.2) und Oggelshausen (Abb. 31.40). Das Boot von Seekirch konnte im Sommer 1989 bereits untersucht und gehoben werden. Es handelt sich um einen von der Grabenfräse eingekürzten, noch 4,30 m langen Einbaum aus Eichenholz mit ei-

Abb. 32 Seekirch. Der freigelegte Einbaum in den »Floßwiesen«

ner erhaltenen, rippenartigen Aussteifung (Abb. 32). Dieses technische Detail und die erfolgte dendrochronologische Untersuchung erlauben eine Datierung in die Urnenfelderzeit. Andere, möglicherweise einem Einbaum zugehörige Eichenstücke liegen von der Fundstelle 17 vor.

Lehmestriche weisen schon jetzt 2 weitere Fundstellen bei Alleshausen eindeutig als Siedlungsplätze aus (Abb. 31.10, 11); sie sind aber noch nicht datiert. Vor allem die nördlich von Alleshausen, knapp am Rand des Moores gelegene Station weist unter dicker Torfbedeckung eine noch einzigartig gute Erhaltung auf. Soweit sich dies aus den augenblicklichen Aufschlüssen erkennen läßt, liegen hier Häuser mit Holz- und Lehmfußböden in ständig

grundwassernassem Milieu. Eine nähere Erkundung durch Bohrungen und Sondagen ist für das kommende Jahr vorgesehen.
Die für 1989 bedeutendste Entdeckung erfolgte in den Wiesen am westlichen Ortsende von Seekirch (Abb. 31.3). Hier liegt in wiederum erstaunlich hoher Moorrandlage eine Siedlung der Gruppe Goldberg III (benannt nach dem Goldberg im Nördlinger Ries). Für diese in Baden-Württemberg ansonsten nur spärlich belegte Kulturgruppe des Endneolithikums liegen aus einer ebenfalls am nördlichen Federsee, in den Täschenwiesen bei Alleshausen, entdeckten Siedlung kalibrierte Radiokarbondaten um 2900 v. Chr. vor. Dort konnte 1985/86 ein flach auf dem Torfgrund aufsitzender Prügelboden eines kleinen Blockhauses ausgegraben werden. In der neu entdeckten Siedlung Seekirch-Achwiesen liegen hingegen Pfostenbauten vor. Zumindest sind im Zuge erster Sondierungen entlang eines die Siedlung schneidenden Entwässerungsgrabens mehrere schräg verkippte Pfosten aus kräftigen Eschenstämmen festgestellt worden (Abb. 33). Sie scheinen zu Rechteckhäusern noch unbekannter Größe zu gehören, die im Innern mehrfach erneuerte Feuerstellen aufweisen. Durch Bohrungen sind auf einer gesamten Siedlungsfläche von ca. 3000 m² etwa 30 solcher Feuerstellen nachweisbar.
Merkwürdigerweise liegen die im eigenen Gewicht eingesackten Lehmpackungen der Feuerstellen direkt auf den Ablagerungen des Federsees, der sog. Mudde, und nicht wie in allen anderen Federseesiedlungen auf Torf. Dieser

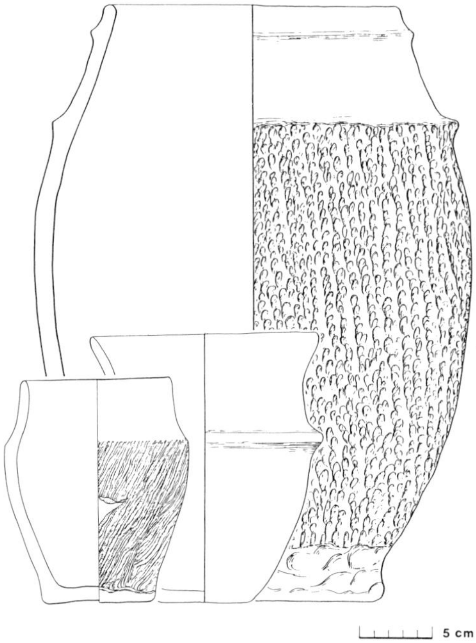

Abb. 34 Seekirch-Achwiesen. Gefäße mit Leistenzier und Mattenrauhung der Gruppe Goldberg III

Abb. 33 Seekirch-Achwiesen. Sondierungen entlang eines Entwässerungsgrabens durch die endneolithische Siedlung

Abb. 35 Seekirch-Achwiesen. Teile von zwei Scheibenrädern aus der endneolithischen Siedlung

Umstand bedarf weiterer Klärung, da eine ebenerdige Besiedlung des puddingweichen Muddegrundes kaum vorstellbar ist. Die Feuerstellen sind rundum abgespült, eine eigentliche, den ganzen Fundplatz durchziehende Kulturschicht gibt es deshalb nicht. Zahlreiche spülsaumartig in Mudde eingelagerte Holzkohlen und Funde sprechen für einen umfangreichen Siedlungsbrand und die spätere Zerstörung der Siedlungsruinen durch Wasserspiegelanstieg. Das Fundmaterial ist äußerst reichhaltig und entspricht den zeitgleichen Funden vom Schreckensee sehr gut. Häufig sind Gefäße mit sog. Mattenrauhung, einer

Musterung, die durch Abrollung von Schnüren auf der noch weichen Gefäßoberfläche erzeugt wird (Abb. 34). Hinzu kommt eine vielfältige Hirschgeweihindustrie, vor allem Zwischenfutter mit kantig abgesetztem Zapfen liegen in größerer Zahl vor. Kurz vor Grabungsende kamen im einzigen, den Entwässerungsgraben nach Westen um 6 m^2 erweiternden Sondierschnitt die Fragmente von 2 Wagenrädern zum Vorschein. Sie steckten, vom Randsaum einer der beschriebenen Feuerstellen bedeckt, in der darunterliegenden Mudde. Sie lagen ca. 1,20 m voneinander entfernt und machten den Eindruck, als seien sie hier mitsamt dem Wagen eingesunken und als Überreste davon steckengeblieben, als dieser im oberirdischen Bereich schon verrottete und mitsamt der Achse wohl bei der Siedlungsüberflutung weggerissen wurde. Es handelt sich um zweiteilige Vollscheibenräder, die mit Einschubleisten zusammengesetzt waren. Im Querschnitt ist die saubere Einpassung der Leisten aus Eschenholz in die schwalbenschwanzförmigen Nuten der Radscheiben aus Ahorn gut zu erkennen (Abb. 35). Mit diesen Merkmalen entsprechen die Stücke in allen Einzelheiten den in den letzten Jahren in Schweizer Seeufersiedlungen gefundenen Rädern, insbesondere den ebenfalls paarweise erhaltenen Rädern von Zürich-Pressehaus mit einem Achsenabstand von 1,10 m. Sie sind somit als Räder zwei- oder vierrädriger Karren zu rekonstruieren, deren Radscheiben, mit einem rechteckigen Loch versehen, fest auf der rotierenden Achse saßen. Bis heute sind aus der Schweiz 12 jungsteinzeitliche Räder bzw. Fragmente von solchen bekannt. Sie setzen sich mit ihren rechteckigen, buchsenlosen Achslöchern von den bekannten Radtypen Nordeuropas und des Donauraumes deutlich ab und bilden einen eigenen Typ. Soweit es stratigraphische Beobachtungen zulassen, stammen sie aus Siedlungsschichten der Saône-Rhône-Kultur und der zeitgleichen Schnurkeramik bzw. aus knapp darunter liegenden Schichten – letztlich alle aus der ersten Hälfte des 3. Jahrtausends v. Chr. Die Räder von Seekirch-Achwiesen fügen sich in diesen zeitlichen Rahmen ein und erweitern das bekannte Verbreitungsgebiet sowohl geographisch als auch kulturell nach Nordosten. In Süddeutschland ist es neben dem spätbronzezeitlichen Rad der Wasserburg Buchau und dem undatierten Scheibenrad des Aulendorfer Riedes nun der dritte Fund hölzerner Scheibenräder. Als eindrucksvolle Zeugen einer der erfolgreichsten Erfindungen des menschlichen Geistes zählen sie – zusammen mit den Radfunden der Schweiz – zu den ältesten großen Scheibenrädern der Welt.

Helmut Schlichtherle

Literaturhinweise

E. Keefer u. J. Köninger, Arch. Ausgr. Bad.-Württ. 1985, 66 ff. – J. Köninger, ebda. 1986, 43 ff. – U. Ruoff, Die Schnurkeramischen Räder von Zürich-»Pressehaus«. Arch. Korrespondenzbl. 8, 1978, 275 ff. – Das Rad in der Schweiz vom 3. Jt. v. Chr. bis um 1850. Katalog Schweizerisches Landesmuseum 1989.

Die neolithischen Ufersiedlungen von Hornstaad-Hörnle am Bodensee, Kreis Konstanz

Die Grabungen in Hornstaad wurden auch 1989 im Rahmen des von der Deutschen Forschungsgemeinschaft geförderten Schwerpunktprojektes »Siedlungsarchäologische Untersuchungen im Alpenvorland« fortgesetzt. Bei der Geländetätigkeit wurden am Hörnle I vorrangig große Flächen ohne bzw. mit nur schlechter Schichterhaltung untersucht. Das angestrebte Ziel einer Abrundung und Verknüpfung der bisher ergrabenen Pfahlfeldausschnitte konnte weitgehend erreicht werden. Damit steht nun etwa ein Drittel des Pfahlfeldes für die dendroarchäologische Bearbeitung von A. Billamboz zur Verfügung. Die Grabungsflächen wurden so angelegt, daß auch die bisher nicht datierten Eschen und Weichhölzer aussagekräftige Strukturen erkennen lassen müßten. Schon jetzt deuten einige wenige frühbronzezeitliche und schnurkeramische Scherben darauf hin, daß auch mit Pfahlstellungen aus dieser Zeit zu rechnen ist. Da unsere Kenntnisse über die zeitliche Gliederung der Bebauung am Hörnle I nur auf Teilen des bisher analysierten Eichenpfahlfeldes beruhen, können sich im Pfostengewirr auch noch bisher unbekannte Pfyner oder Horgener Bauphasen verbergen, zumal in der näheren Umgebung des Hörnle I zwei Siedlungen dieser Epochen liegen, in denen keine bzw. kaum Eichen verbaut worden sind.

Die im engeren Hinterland der Siedlung liegenden Strandwälle sowie die im Untergrund anstehenden Materialien wurden mit einem Baggergraben aufgeschlossen. Profilaufnahme und Bearbeitung zahlreicher Bodenproben führte W. Ostendorp durch, der den im Rahmen des Schwerpunktprojektes anfallenden sedimentologischen und limnologischen Fragen nachgeht. Neben Beobachtungen zur Wasserstandsgeschichte des Bodensees ist aus archäologischer Sicht von seinen Ergebnissen besonders bedeutsam, daß die Herkunft verschiedener Schichtkomponenten des Kulturschichtpaketes von Hornstaad geklärt werden konnte: Die ursprüngliche Annahme, daß zum Bau der Häuser Tonmaterial aus dem Bereich der Strandplatte Verwendung fand, konnte widerlegt werden. Statt dessen gelang der Nachweis, daß Material der Grundmoräne aus etwa 100 m Entfernung zu diesem Zweck herbeigeholt worden war. Weiterhin konnte der Eintrag humoser Lehm- und Seekreidebrocken nachgewiesen werden, die in Flecken von bis zu 20 cm Durchmesser in der Kulturschicht angetroffen wurden. Ihr ursprünglicher Verwendungszweck ist noch unbekannt.

Bei den botanischen Untersuchungen von U. Maier stehen nach der Bearbeitung zahlreicher Einzelproben momentan die aus dem Brandhorizont entnommenen Proben im Mittelpunkt: Seit Beginn der Grabungen in Hornstaad war klar, daß beim Brand der ältesten Ansiedlung auch umfangreiche Getreidevorräte den Flammen zum Opfer gefallen waren. Um Aufschluß über Art und Menge des gelagerten Getreides zu erhalten, wurden daher seit 1984 bei den Grabungen mit Erreichen des Brandschuttes pro Quadratmeter zwei Plastikrohre in die Schicht geschlagen. So war gewährleistet, daß jeweils eine genormte Probenmenge entnommen wurde. Neben der Frage, ob die Vorräte sortenrein gelagert wurden, soll durch die planigraphische Auswertung geklärt werden, ob es innerhalb der Hausareale besondere Anhäufungen gibt. Schon jetzt kann aufgrund der Verteilung des Getreides und der übrigen Funde ausgeschlossen werden, daß eigenständige Speicherbauten existierten. Ein mit der Untersuchung des Brandschuttes vergleichbares enges Probenraster wird neuerdings auch von den unverbrannten organischen Lagen des Kulturschichtpaketes entnommen. Hier steht zunächst die Bestimmung der zahlreichen Zweighölzer im Vordergrund, deren Verwendungszweck in der Siedlung noch weitgehend unklar ist. Weiterhin werden die Holzchips, die als Abfall von der Zurichtung von Bauteilen stammen, auf ihre Holzart hin bestimmt, um so eventuell erkennen zu können, welche Bauhölzer vor Ort und welche bereits im Walde fertig bearbeitet wurden. Der nach Abtrennung der Hölzchen übrigbleibende Siebrückstand, der unzählige Samen und sonstige Pflanzenreste beinhaltet, wird zunächst aufgehoben. Bei fortschreitender archäologischer Auswertung können dann später noch gezielt botanische Einzelfragen verfolgt werden.

Im Bereich der Archäologie hatte neben der Geländetätigkeit die EDV-gestützte Erfassung des bisher inventarisierten Fundgutes Vorrang. Wegen der großen Fund- und damit Datenmengen war es bis 1988 nur ausnahmsweise möglich, Pläne, Fundgut, handschriftliche Inventarlisten sowie EDV-Listen auf gegenseitige Übereinstimmung zu prüfen. Den hier bestehenden Arbeitsüberhang weiter zu verringern, ist wesentliche Voraussetzung für die großenteils davon abhängenden Auswertungsschritte. Mit der Bewilligung entsprechender Arbeitskräfte durch die Deutsche Forschungsgemeinschaft sowie dem Einzug in deutlich vergrößerte Büroräume in der Arbeitsstelle Hemmenhofen wurden im Spätherbst 1988 die äußeren Voraussetzungen dafür geschaffen. Bisher wurden ca. 50 000 Datensätze in den Rechner eingegeben. Hinter jedem Datensatz steht dabei mindestens ein Fundstück, häufig sind es jedoch auch mehrere Dutzend oder gar Hunderte einer Sachgruppe. Bei der weiteren Bearbeitung können sie den

Abb. 36 Hornstaad-Hörnle I. Konische Schüssel, verziert im Stil der Lutzengüetle-Kultur

Erfordernissen entsprechend mit zusätzlichen Unternummern versehen werden. In diesem Bereich besonders weit fortgeschritten ist die Aufschlüsselung und Inventarisierung der Silices (vgl. S. 66).

Die Keramikdurchsicht und die Restaurierung erbrachte neben dem üblichen Formenspektrum der Flaschen, Töpfe und Henkelkrüge auch eine kleine, ritzverzierte, konische Schüssel (Abb. 36). Das Gefäß ist mit vertikal gestellten Zweigmotiven versehen, die aus einer unmittelbar über dem Boden umlaufenden Kreuzschraffurzone zum Rand laufen. Das Motiv wiederholt sich viermal, die Verzierung wurde in den noch etwas weichen Ton eingeritzt. Mittig zwischen den »Zweigen« ist dicht unter dem Rand jeweils eine Knubbe angebracht. Die Knubben sind mit strahlenartig angeordneten Ritzlinien umgeben und lassen an ein Sonnenmotiv denken. Neben den gele-

Abb. 37 Hornstaad-Hörnle I. Dicht neben- und übereinanderliegend wurden 14 Zahnlamellen gefunden

gentlich vorkommenden Schussenrieder Henkelkrügen sind solche Schüsseln die einzigen komplett ergänzbaren verzierten Gefäße im Hornstaader Keramikspektrum. Aufgrund ihrer Seltenheit scheint nicht ausgeschlossen, daß es sich um Importe handelt. Ähnlich geformte und verzierte Schüsseln, allerdings mit z. T. abweichenden Ziermotiven sind aus der Lutzengüetle Kultur bekannt, eine Kulturgruppe, deren namengebender Fundplatz in Liechtenstein liegt.

Die Bestimmung der Tierknochen von M. Kokabi erbrachte zusätzlich zu den bereits auf der Ausgrabung erkannten Geräten zahlreiche weitere Geweih- und Knochenartefakte. Insbesondere das z. T. stark zerplatzte Material aus dem Brandhorizont enthielt noch zahlreiche Bruchstücke mit Bearbeitungsspuren. Die Zusammensetzungen lassen deutlich erkennen, daß auch die Knochenartefakte in Form regelrechter Gerätesätze im Brandschutt liegen. Besonders häufig treten Meißel und Pfrieme auf. In einem Fall ist bei einem Meißel eine Schnurwicklung erhalten, die offenbar der besseren Handhabung des Gerätes dienen sollte. Besonders charakteristisch für den Beginn des Jungneolithikums sind Hirschgeweihzwischenfutter in Form einfacher Tüllenfassungen. Sie dienten dazu, auf einer Seite eine kleine Steinbeilklinge aufzunehmen, während die andere Seite über den abgewinkelten Kopf eines Knieholmes gesteckt wurde. Vollstän-

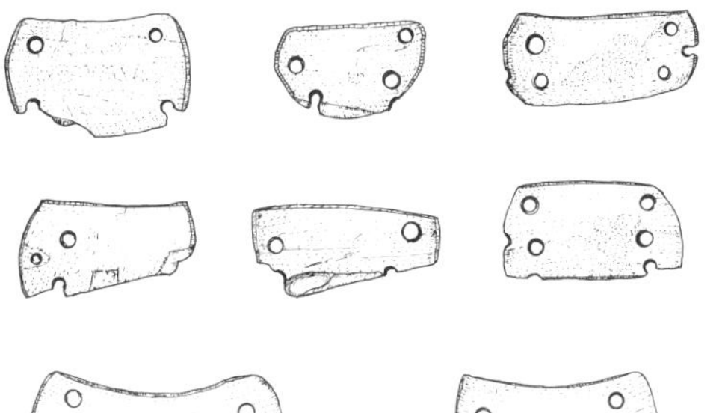

Abb. 38 Hornstaad-Hörnle I. Die sorgfältig überschliffenen Zahnlamellen weisen zahlreiche Bohrlöcher auf. Die Lamellen wurden also entweder zu einem Schmuckgehänge miteinander verbunden oder auf einem organischen Untergrund befestigt

dige Stücke zeigen, daß die Beilklinge rechtwinklig zur Hiebrichtung orientiert war, so daß die Geräte als Dechsel für feinere Holzarbeiten Verwendung fanden. Ebenfalls tüllengeschäftet war ein Teil der mehrfach in Hornstaad aufgefundenen Hirschgeweihhacken. Ein Unikat ist schließlich ein komplett überschliffenes Geweihstück, in das mit Birken(?) pech ein Silex eingeklebt worden ist. Die völlige Verrundung des Steines weist auf intensive Benutzung, vermutlich zum Feuerschlagen, hin.

Die anhand zahlreicher Kalksteinperlen und Kettenschieber aus Hornstaad bekannte Schmuckfreudigkeit der Bewohner wird durch Neufunde, die erst bei der planigraphischen Auswertung in ihrem Zusammenhang erkannt wurden, einmal mehr unter Beweis gestellt: Im Brandschutt lagen dicht beieinander Röhrenperlen, gelochte Hirschgrandeln, Kettenschieber sowie Reste von Schneckenschalen. Vermutlich gehörten zu diesem Kollier auch noch drei gelochte Muschelschalen, die in der Umgebung gefunden wurden. Durchbohrte Keilerzahnlamellen (Abb. 38) dürften nach der Fundlage zu schließen (Abb. 37) dicht nebeneinander auf einem organischen Material aufgenäht gewesen sein. Obwohl die Unterseite der Zahnlamellen im Labor genauestens auf solche organischen Reste hin untersucht wurde, ließen sich keine Anhaltspunkte zur Art der Unterlage gewinnen.

Bodo Dieckmann

Literaturhinweise

B. Dieckmann, Die neolithischen Ufersiedlungen von Hornstaad-Hörnle am westlichen Bodensee. Die Grabungskampagne 1983/84. Berichte zu Ufer- und Moorsiedlungen Südwestdeutschlands 2, Materialhefte zur Vor- und Frühgesch. in Baden-Württemberg, 7, 1985, 98 ff. – Ders., Ein bemerkenswerter Kupferfund aus der jungsteinzeitlichen Seeufersiedlung Hornstaad-Hörnle I am westlichen Bodensee. Archäol. Nachrichten aus Baden 38/39, 1987, 28 ff. – Ders., Arch. Ausgr. Bad.-Württ. 1988, 35 ff.

Zum Inventarisationsstand der Silexfunde von Hornstaad und erste planigraphische Ergebnisse

Das gesamte ergrabene Kulturschichtmaterial wird, getrennt nach Viertelquadraten und Befunden, gesiebt und aus dem Rückstand alle Kleinfunde ausgelesen. Dieses Verfahren ist besonders beim Silex ausschlaggebend für den Fundanfall: Bei einer Maschenweite von 3 mm werden so auch kleine Absplisse, wie sie beim Silexschlagen oder Retuschieren entstehen, sowie Dickenbännlibohrer, die mitunter nur 8 mm lang sind, gefunden. Da nicht nur stichprobenhaft gesiebt wird, ergibt sich ein lückenloses Bild der Artefaktstreuung. Konzentrationen, lockere Fundstreuungen oder fundleere Bereiche lassen sich so gut begrenzen, und eventuell vorhandene Differenzierungen des Inventars werden hier in Ansätzen schon sichtbar. Um aber einen Einblick in die mit den Silexgeräten ausgeübten Tätigkeiten der Dorfbewohner zu gewinnen, sind genauere Untersuchungen des Fundmaterials wie etwa Gebrauchsspurenanalysen notwendig. Die hier vorgelegte Kartierung der Silexgeräte aus dem Brandhorizont der ältesten Dorfanlage von Hornstaad (Abb. 39) ist somit ein erster Schritt, der einen vorläufigen Eindruck vermittelt. Voraus ging die Inventarisation der Silexartefakte, bei der jedes Stück verschlüsselt in Listen eingetragen wurde, welche die Grundlage für eine spätere EDV-Bearbeitung bilden. Das verschlüsselte Formenspektrum umfaßt folgende Silexartefakte:

Primärproduktion – Kerne, Abschlagmaterial, Trümmer, ausgesplitterte Stücke, Schlagsteine.

Sekundärproduktion – Kratzer bzw. Stücke mit konvexer Endretusche, endretuschierte Stücke bzw. Stücke mit gerader Endretusche, Messer/Schaber bzw. Stücke mit Lateralretusche, Dickenbännlibohrer und andere Bohrer-

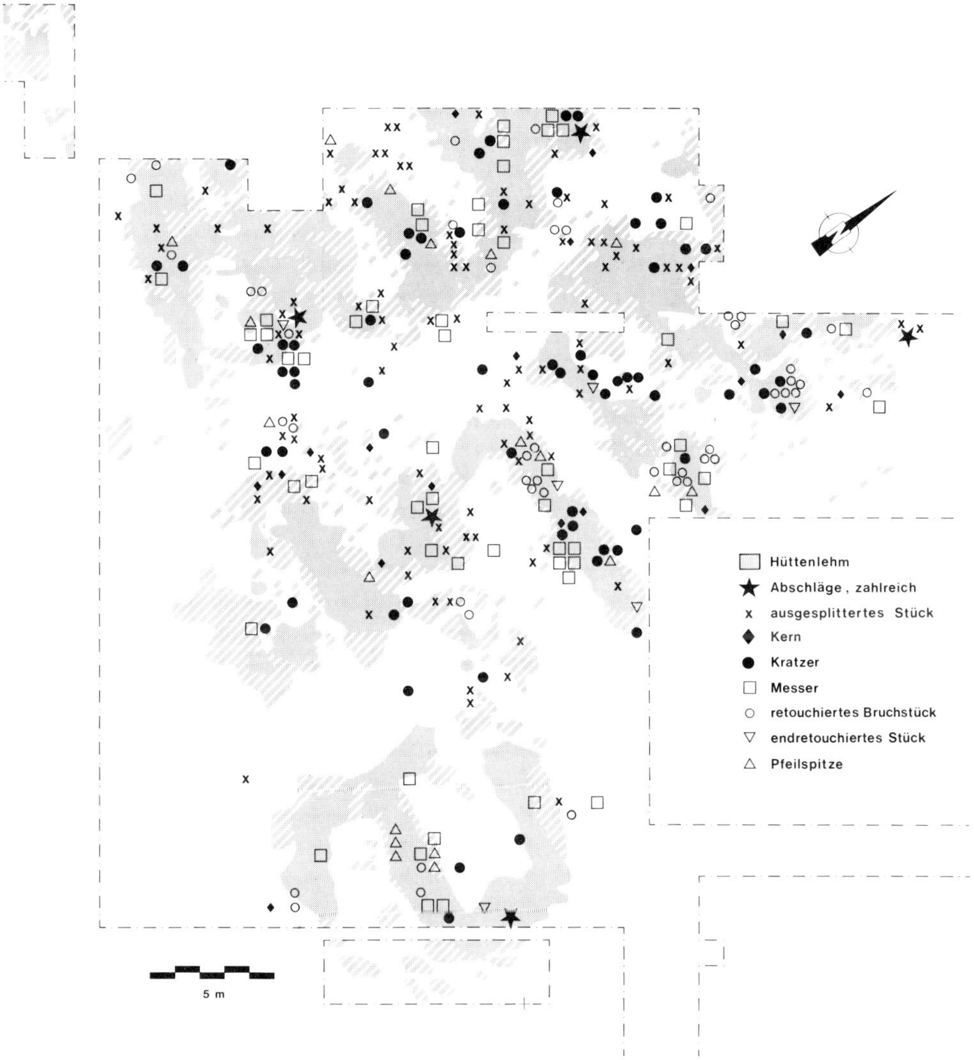

Abb. 39 Hornstaad-Hörnle I. Verteilungsplan verschiedener Silexartefakte im Brandschutt der ältesten Dorfanlage. Im Bereich der durch verziegelten Hüttenlehm nachgewiesenen Häuser werden deutlich voneinander getrennte Fundkonzentrationen sichtbar

formen, steilretuschierte Stücke, Pfeilspitzen, retuschierte Bruchstücke, Stücke mit Gebrauchs-Museums-Sediment-Retusche (GMS-Retusche).

Bei den Artefakten der Primärproduktion handelt es sich um das Material, das im ersten Arbeitsgang der Werkzeugherstellung entsteht. Die ausgesplitterten Stücke und die

Schlagsteine sind Abnutzungsgeräte, zu deren Gebrauch es keiner besonderen Zurichtung bedurfte. Ausgesplitterte Stücke wurden wahrscheinlich meißelartig verwendet. Als Schlagsteine benutzte man handliche Gerölle aus relativ hartem Gestein, deren Werkzeugcharakter sich aufgrund ihrer Abnutzungsspuren wie Aussplitterungen und Zerrüttungszonen makroskopisch einwandfrei erkennen läßt.

Unter der Sekundärproduktion verstehen wir Artefakte, die in einem zweiten Arbeitsgang eine formgebende Retusche erhielten. Die Stücke mit GMS-Retusche stellen eine Sonderform dar, bei denen die Entstehung der nicht intentionell angebrachten Retuschen zunächst nicht eindeutig interpretierbar ist. Sie können sowohl durch Sedimentdruck im Boden entstehen als auch rezente Beschädigungen darstellen. Es ist auch möglich, daß solche Retuschen bei Benutzung des Artefakts entstanden. Ob es sich bei diesen Stücken wirklich um Werkzeuge handelt, kann nur durch eine mikroskopische Gebrauchsspurenanalyse geklärt werden. Dies gilt ebenso für die retuschierten Artefakte, deren Verwendung bzw. spezielle Funktion makroskopisch nicht erkennbar ist. Darunter fallen die Kratzer, die endretuschierten Stücke und die Gruppe der Messer und Schaber. Aus diesem Grund handelt es sich bei den hier aufgeführten Geräteformen nur um eine vorläufige Zuweisung, die sich auf die formgebende Retusche bezieht. Danach werden Abschläge und Klingen, die gegenüber des Schlagpunktes eine bogenförmig retuschierte Kante aufweisen (konvexe, dorsale Retusche am Distalende), als Kratzer bezeichnet. Dies ist nicht gleichbedeutend damit, daß sie auch tatsächlich zum Kratzen benutzt wurden. Unter endretuschierten Stücken versteht man solche mit gerader Retusche gegenüber dem Schlagpunkt (dorsale Retusche am Distalende). Abschläge und Klingen, die an einer oder beiden Längsseiten (lateral oder bilateral) retuschiert sind, werden als Messer oder Schaber bezeichnet. Messer und Schaber müssen in einer Gruppe zusammengefaßt werden, da ihre Unterscheidung nach rein morphologischen Kriterien nicht möglich ist. Die Funktion der Dickenbännlibohrer zur Perlendurchlochung und der Pfeilspitzen ist dagegen eindeutig.

Die Kartierung der Silexartefakte bezieht sich ausschließlich auf die zur ältesten Dorfanlage gehörende Brandschicht (archäologischer Horizont 2) von Hornstaad-Hörnle I A. Bis auf die Dickenbännlibohrer und ihre Halbfabrikate, die steilretuschierten Stücke, die der Übersichtlichkeit wegen nicht in die Kartierung eingingen, sind alle retuschierten Silices sowie Kerne, ausgesplitterte Stücke und Abschlagkonzentrationen dargestellt. Die Stücke mit GMS-Retusche wurden nicht kartiert, da Untersuchungen, die ihren Werkzeugcharakter belegen könnten, noch ausstehen. Die Kartierung der Silexgeräte vor dem Hintergrund der Hüttenlehmverteilung zeigt, von wenigen Ausnahmen abgesehen, deutliche in sich abgeschlossene Konzentrationen, die zudem innerhalb der durch Brandschutt nachgewiesenen Hausareale liegen. Die Kerne und ausgesplitterten Stücke folgen diesen Konzentrationen allerdings nicht, sondern verteilen sich in einer mehr oder weniger lockeren Fundstreuung über die Fläche. Die heute noch erkennbaren Gruppierungen der Geräte lassen den Schluß zu, daß sie als Einheit, etwa als Hausinventar oder ähnliches anzusehen sind. Bei genauerer Betrachtung der einzelnen Ansammlungen wird deutlich, daß sich die einzelnen Geräteformen nicht völlig regellos verteilen. Besonders eindrücklich erscheint dies bei den Kratzern und der Messer/Schaber-Gruppe. Obwohl man beim heutigen Untersuchungsstand noch nicht von Funktionsgruppen sprechen kann, erstaunt um so mehr, daß beide Gerätegruppen teilweise voneinander getrennt liegen. Selbst dort, wo Kratzer und Messer bzw. Schaber zu mehreren in ein und derselben Konzentration auftreten, liegen die gleichen Artefaktformen dicht nebeneinander und sind nicht völlig vermischt. Artefakte, die einzeln vorkommen, können durch die Siedlungsaktivitäten der nachfolgenden Bauphase oder auch unter See-Einfluß verlagert worden sein. Im bisher ergrabenen Siedlungsausschnitt scheint es, als wären in jedem Haus alle wichtigen Werkzeugformen mehr oder weniger zahlreich vorhanden. Es bedarf allerdings noch weiterer Analysen, um sichere Hinweise auf die Funktion der Werkzeuge zu bekommen, die dann endgültig Aufschluß darüber geben, inwiefern hier von zusammengehörenden Gerätesätzen gesprochen werden kann. Bei einem Vergleich der Werkzeugverteilung innerhalb der einzelnen Hausareale wird beim derzeitigen Auswertungsstand noch keine Anordnung sichtbar, die eine Verwendung bestimmter Silexgeräte in sich von Haus zu Haus wiederholenden Bereichen belegen würde. Immerhin fällt aber auf, daß von den Abschlaganhäufungen vier im Ostbereich der Brandschutthaufen lagen und nur einmal eine solche Ansammlung im Westbereich angetroffen wurde. Weiterhin zeigen diese Abschlagkonzentrationen, daß offenbar in der Mehrzahl der Häuser Werkzeuge hergestellt wurden, eine Spezialisierung in diesem Tätigkeitsbereich also wenig wahrscheinlich ist. Bei der Rohstoffversorgung wird die Ausnutzung lokaler Vorkommen wie etwa Jurahornstein und Bohnerzjaspis sichtbar. *Jutta Hoffstadt*

Literaturhinweis

M. Uerpmann, Untersuchungen zur Technologie und Typologie neolithischer Feuersteingeräte. Tübinger Monographien zur Urgeschichte 2 (1976).

Gräber der Michelsberger Kultur von Bruchsal, Landkreis Karlsruhe

Bereits im Jahr 1988 waren bei der Untersuchung des Erdwerks der Michelsberger Kultur im Gewann »Aue« völlig überraschend zwei Bestattungen entdeckt und im vorangehenden Band der »Archäologischen Ausgrabungen« vorgestellt worden. Die Grabungen des Jahres 1989 brachten eine bedeutsame Ergänzung dieses Befundes, da 4 weitere Gräber aufgedeckt werden konnten (Abb. 40). Diese sind sowohl hinsichtlich ihrer Anlage im einzelnen als auch in ihrem räumlichen Verhältnis zu dem Grabenwerk sehr unterschiedlich gestaltet.

Unmittelbar über der Grabensohle fanden sich unweit von Grab 1 zwei Hörner eines Auerochsen, die offensichtlich bewußt niedergelegt waren (Abb. 41). Bei Anlage des tiefsten Grabenplanums zeigte sich unter den Hörnern eine annähernd rechteckige Grube; bei der näheren Untersuchung kam das Skelett einer etwa 60jährigen Frau zum Vorschein (Bestimmungen J. Wahl), die hier in linker Hockerlage bestattet worden war (Grab 3, Abb. 42). Ebenfalls unter der Grabensohle lag Grab 5. Bei Anlage des untersten Planums zeichnete sich eine runde Grube ab, in der auffällig viele Tierknochen lagen (Abb. 43). Nach der Bestimmung durch M. Kokabi stammen sie vorwiegend vom Rind, Schwein und Schaf. Daneben sind geringe Reste vom Auerochsen sowie ein Fischwirbel vertreten. Unter der Anhäufung von Tierknochen tauchten Skelettreste

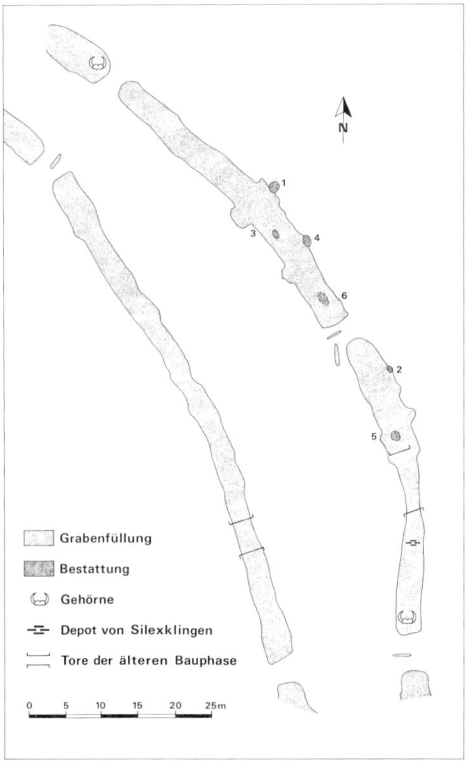

Abb. 40 Bruchsal. Planausschnitt des Michelsberger Erdwerks mit Bestattungen

einer erwachsenen Frau auf, deren Schädel fehlte, etwas tiefer konnten die Skelette von 2 Kindern freigelegt werden, die ein Alter von 5 und 7 Jahren erreicht hatten. Während das eine als extremer linksseitiger Hocker im Grab lag, war das andere in Bauchlage mit angewinkeltem linken und zurückgeschlagenem rechten Bein beigesetzt worden.

Von ganz anderer Art als die bisher beschriebenen war Grab 4. Beim Tieferlegen eines Planums tauchten außerhalb des Grabens an seiner Außenseite 2 Platten aus Kalksinter (vorläufige Ansprache, genaue Untersuchung steht noch aus) auf, die in einer Grube zu liegen schienen, welche sich aber in höheren

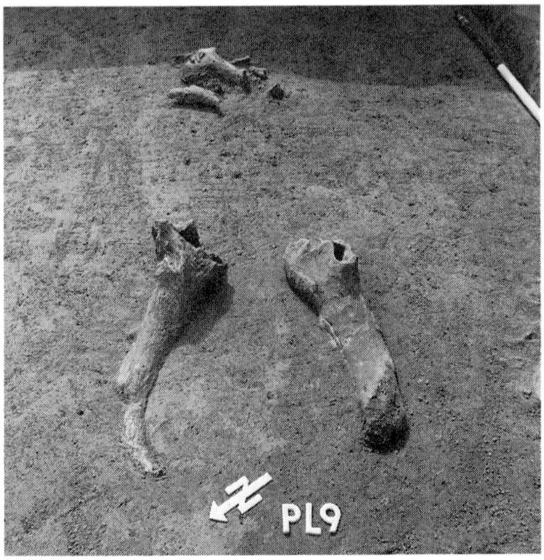

Abb. 41 Bruchsal. Hornreste vom Auerochsen über Bestattung 3

Schichten nicht abgezeichnet hatte. Das Rätsel löste sich bei der Betrachtung des Grabenprofils, das unmittelbar an der Fundstelle der Bestattung angelegt worden war: Von der Grabensohle her war ein 0,8 m langer schräger

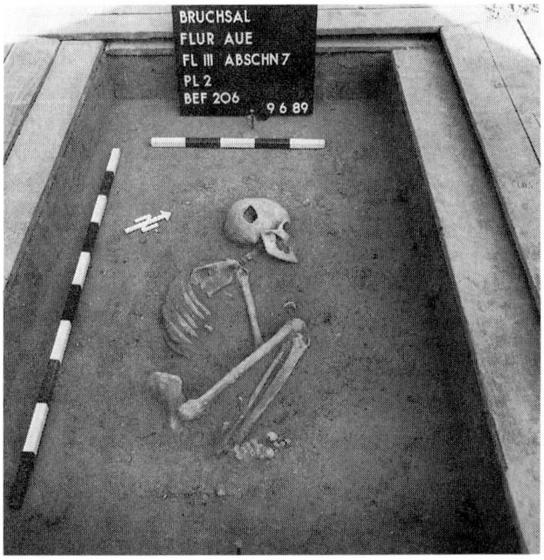

Abb. 42 Bruchsal. Skelett aus Grab 3 in situ

Abb. 43 Bruchsal. Grab 5. Anhäufung von Tierknochen in der Grubenfüllung über den Bestattungen

Schacht von ca. 0,3 m Durchmesser in den Löß gegraben worden, der sich am unteren Ende zu einer ovalen Höhle von 1,1 × 1,6 m Umfang und einer noch nachweisbaren Höhe von 0,9 m erweiterte (Abb. 44). Auf der flachen Sohle lag das Skelett eines Mannes von mehr als 60 Jahren in annähernd rechter Hockerstellung (Abb. 45). Die Arme waren angewinkelt, dabei fand sich die rechte Hand vor der Stirn und die linke auf der linken Schulter des Toten. Das linke Bein war so stark angezogen, daß das Knie vor der Brust lag. Der rechte Oberschenkel ruhte auf der großen Scherbe eines Gefäßes mit Arkadenrand. Im Bereich der Rückenpartie waren zahlreiche Holzkohlepartikel festzustellen, außerdem zog sich ein Band aus Holzkohle quer durch die Höhle, das sich wohl als Rest einer Bohle deuten läßt. Sie schloß vielleicht den Zugang von innen und fiel hinein, als die Decke einstürzte. Den äußeren Abschluß in der Sohle des Grabens könnten die schon erwähnten Kalkplatten gebildet haben. Wenige in der Grabfüllung liegende Scherben können nicht als Beigaben betrachtet werden.

Bereits 1988 fanden sich in Nähe eines Durchlasses in der Grabenfüllung dicht über der

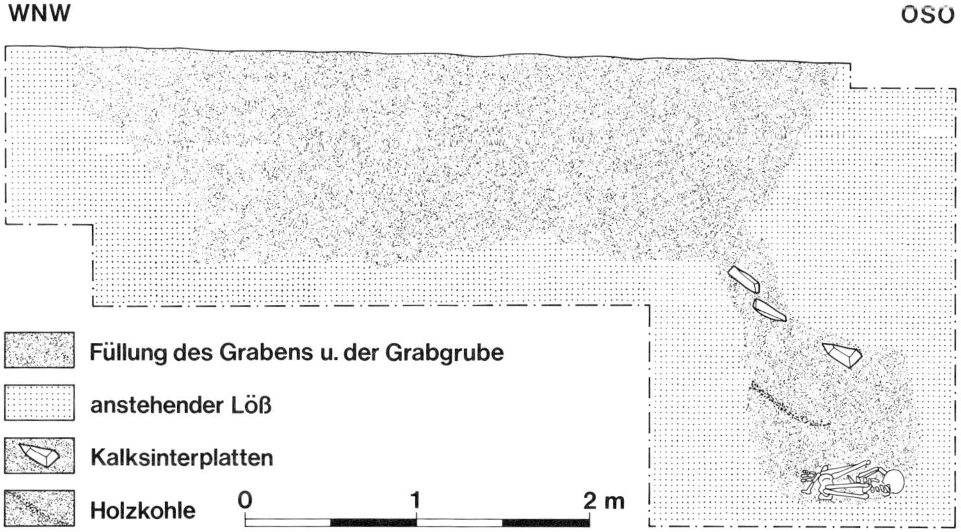

Abb. 44 Bruchsal. Grab 4. Schematische Rekonstruktionszeichnung der Grabanlage

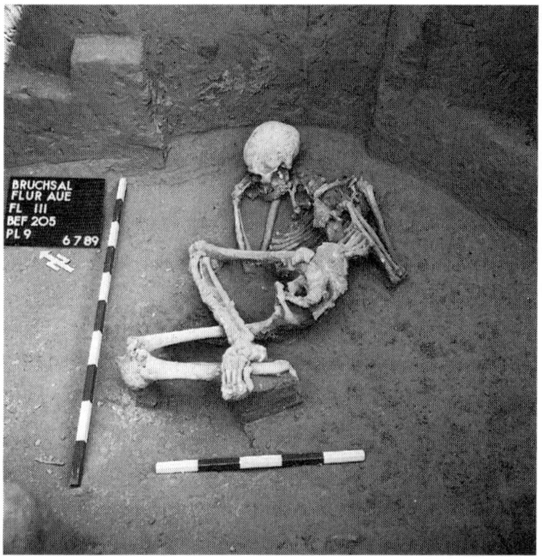

Abb. 45 Bruchsal. Grab 4. Skelett auf der Sohle des Grabschachts

Sohle menschliche Skelettreste. Während bei dem teilweise erhaltenen Schädel eines erwachsenen Individuums die Geschlechtsbestimmung fraglich ist, gehören die postkranialen Teile zum Skelett eines erwachsenen Mannes. Die Zusammengehörigkeit von Schädel und dem übrigen Material muß vorerst fraglich bleiben. Die Lage der Knochen in den Verfüllschichten des Grabens läßt die Vermutung zu, daß hier eine ähnliche Grabform wie bei den Gräbern 1 und 2 vorlag, eine Grube am äußeren Rand des Grabens. Bei dessen Verfall dürften die Reste des oder der Toten herabgestürzt sein, wobei immerhin einige Knochen noch im Verband blieben, es darf daher wohl von einem weiteren Grab (Nr. 6) gesprochen werden.

Bei der Gesamtbetrachtung der Gräber fallen 2 Tatsachen besonders ins Auge: die Beigabenlosigkeit und die Altersstruktur der Bestatteten. Als gesicherte Beigabe kann eigentlich nur die durchbohrte Muschelschale gelten, die das etwa 5jährige Kind aus Grab 1 am Hals trug. Ob die zahlreichen Knochen der rechten Seite eines Schafes in Grab 5 darauf schließen lassen, daß hier bewußt bestimmte Teile eines Tieres beigegeben wurden, ist beim gegenwärtigen Stand der Untersuchungen nicht zu entscheiden. Mit Sicherheit sind keramische Beigaben auszuschließen. Die wenigen Gefäßscherben waren durchweg Einzelstücke, die sich nicht zu größeren Gefäßteilen oder vollständigen Gefäßen zusammenfügen ließen.

Das Alter der Toten läßt deutlich 2 Gruppen erkennen: Kinder und ältere Erwachsene. Kinder waren in den Gräbern 1 und 5 bestattet. Die Altersspanne liegt zwischen Neugeborenen und etwa 7 Jahren. Das jugendliche Alter wurde also von keinem der 9 Individuen erreicht. Von den 7 Erwachsenen waren mindestens 2 über 60 Jahre alt, alle aber älter als 40 Jahre, was für die Zeit der Michelsberger Kultur sicher über der allgemeinen Lebenserwartung gelegen haben dürfte. Somit repräsentieren die bisher aufgefundenen 16 Toten keineswegs einen Bevölkerungsquerschnitt, sondern zwei Gruppen, die nach bestimmten Kriterien ausgesondert waren. Da die anthropologi-

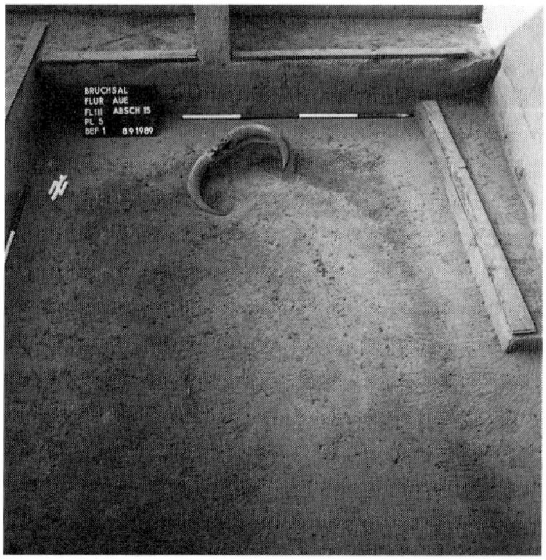

Abb. 46 Bruchsal. Gehörn eines Auerochsen in Versturzschichten eines Grabenkopfes

schen Untersuchungen gerade erst begonnen haben, wären weitergehende Schlüsse verfrüht.
Noch kann auch nicht gesagt werden, ob die Häufung von Bestattungen an dieser Stelle ein Einzelfall bleiben wird, aber schon jetzt lassen sich weitere Beobachtungen anführen, die einen bestimmten Abschnitt des äußeren Grabens von anderen deutlich abheben. Bereits im vorigen Bericht waren Auerochsenhörner erwähnt worden, die im Bereich eines Tores offenbar auf einer Konstruktion aus Holz befestigt und aufgestellt waren. Dieser Befund wurde 1989 bestätigt, als sich diesmal das vollständige Gehörn eines Auerochsen (Spannweite reichlich 1 m) in einem Grabenkopf in Versturzschichten der Grabenwand fand (Abb. 46). Vielleicht ist es kein Zufall, daß diese beiden Funde das Areal der Bestattungen einschließen. Auch der bisher einmalige Fund des Depots von 4 Silexklingen liegt in diesem Raum, aus dem ebenso fast alle bisher entdeckten vollständigen Gefäße stammen. Mehrere Anhäufungen von keramischen Resten finden sich gleichfalls bisher nur hier, obwohl über deren Charakter erst nach der Aufarbeitung in der Restaurierungswerkstatt eine endgültige Aussage möglich sein wird. Die bisher registrierten Tatsachen lassen jedoch schon jetzt bei aller angebrachten Vorsicht die Vermutung zu, daß hier ein Bereich herausgehobener kultisch/ritueller Bedeutung vorliegt. Erst die Untersuchung weiterer Grabenabschnitte wird erweisen, was diesen Befunden für ein Stellenwert im Zusammenhang mit der Gesamtanlage beizumessen ist.

Rolf-Heiner Behrends

Literaturhinweis

R.-H. Behrends, Arch. Ausgr. Bad.-Württ. 1988, 45 ff.

Ein jungsteinzeitlicher Bestattungsplatz bei Wiechs, Stadt Schopfheim, Kreis Lörrach

Orkanartige Stürme, die im August über Südwestdeutschland hinweggingen, führten auch 2 km südwestlich der Ortschaft Wiechs im Gewann »Auf den Heidengräbern« zu starken Sturmschäden. Da bereits 1858 hier ein spätmerowingerzeitliches Grab ausgegraben worden war, das offensichtlich auch zur Benennung des Gewannes geführt hatte, verwunderte es nicht, daß in den aufgeworfenen Wurzeltellern zweier Bäume 2 weitere Steinplattengräber der späten Merowingerzeit entdeckt werden konnten. Am Rande eines weiteren aufgeworfenen Wurzeltellers fanden sich ortsfremde Sandsteine und kleine menschliche Knochenpartikel. Diese Fundstelle liegt am Fuß eines flachen, abgerundet rechteckigen Hügels (Höhe 0,65 m, Länge 12 m, Breite 8 m), der etwa in Nord-Süd-Richtung angelegt ist. Im Zentrum ist eine längliche Störung gleicher Ausrichtung zu erkennen. Am Fuße des Hügels liegt eine über 0,50 m starke Steinplatte von 1,50 m Länge aus ortsfremden Material.
In einem schmalen Schnitt, von der Störung durch den Wurzelteller ausgehend, wurde zunächst nur der Humus abgedeckt, um eventuelle Steinsetzungen und Strukturen erkennen zu können. Schon im Humusbereich ergab sich

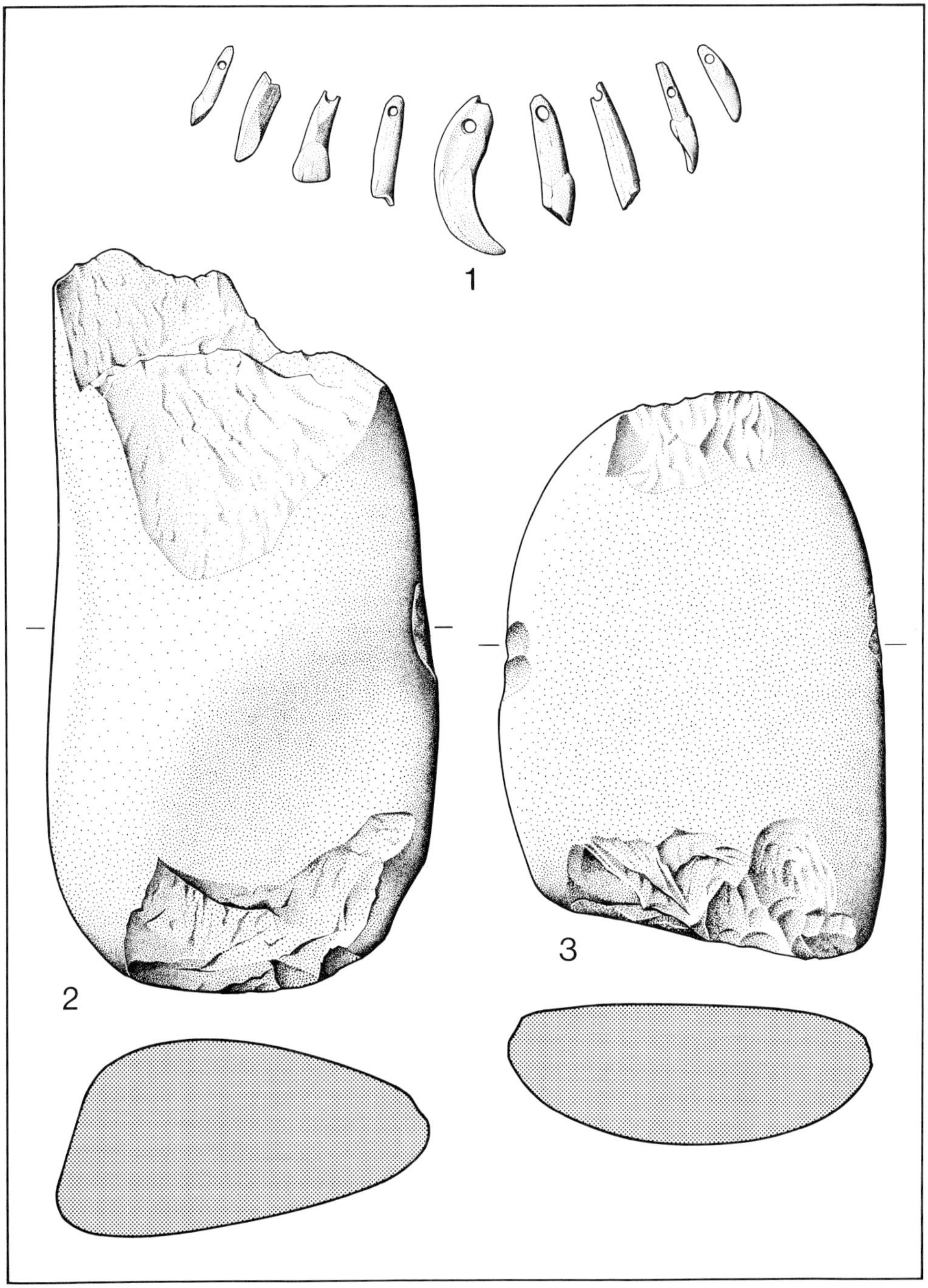
1
2
3

Abb. 47 Schopfheim-Wiechs. 1 Kette mit durchbohrten Tierzähnen, 2, 3 Schlegel aus Felsgestein. Maßstab 1:2

– vor allem in der alten Störung – zahlreiches Fundmaterial. Da eine vollständige Ausgrabung des Hügels aus finanziellen Gründen nicht mehr möglich war, mußte der Schnitt wieder abgedeckt werden. Die Untersuchung wird 1990 fortgesetzt werden.

Das Fundmaterial erscheint allerdings so wichtig, daß ein erster Vorbericht gerechtfertigt ist. Neben zahlreichen, zwar stark zerbrochenen, aber in der Substanz gut erhaltenen Skeletteilen mehrerer menschlicher Individuen, fanden sich 7 aus alpinen Rheingeröllen gefertigte Steinschlegel, einer davon mit seitlicher Aufrauhung zur besseren Befestigung der Schäftung (Abb. 47.2, 3), und 8 wohl ursprünglich zu einer Kette gehörende durchbohrte Tierzähne, deren genaue Bestimmung noch aussteht (Abb. 47.1).

Vergleichbare Steinschlegel sind im südwestdeutschen Bereich vor allem von jungsteinzeitlichen Bergwerksplätzen bekannt. So sind ähnliche Stücke jüngst an den wohl jungsteinzeitlichen Hämatitabbaustellen bei Sulzburg und bei Münstertal entdeckt worden und ebensolche sind schon länger von dem Jaspisbergwerk bei Kleinkems, Gem. Efringen-Kirchen, bekannt. Gleichartige durchbohrte Tierzähne ergaben die Grabungen im Megalithgrab »Heidenstein« bei Niederschwörstadt, Kreis Lörrach. Es liegt daher nahe, in dem neu entdeckten jungsteinzeitlichen Bestattungsplatz bei Wiechs aufgrund des Befundes (Hügel, Steinplatte) und der Funde die Reste eines Megalithgrabes zu sehen. Als einfache Geräteform könnten die Schlegel, falls sie nicht als Grabbeigaben anzusehen sind, durchaus auch zur Herrichtung der Steinplatten der Grabanlage benutzt worden sein. Neben Degernau, Kreis Waldshut, und Niederschwörstadt wäre dann mit Wiechs an einem dritten Punkt in Südwestdeutschland eine von Ostfrankreich über den nördlichen Teil des Jura gerade noch in diesen Raum reichende Kulturerscheinung des Endneolithikums zu fassen. *Rolf Dehn*

Literaturhinweis

Führer zu vor- und frühgeschichtlichen Denkmälern 47. Lörrach und das rechtsrheinische Vorland von Basel, 1981, 38 ff.

Neue jungsteinzeitliche Grabfunde von Riegel, Kreis Emmendingen

Das Neubaugebiet »Breite I« in Riegel hat sich seit seiner von ehrenamtlichen Mitarbeitern überwachten Erschließung im Jahre 1984 als ein archäologisch interessantes Fundgebiet erwiesen. Neben zahlreichen Siedlungsresten der Großgartacher Kultur, der Wauwiler und der Straßburger Gruppe belegen 6 Gräber der Rössener Kultur die Bedeutung dieses Fundplatzes. Da eine flächige Untersuchung hier aus finanziellen Gründen nicht zur Debatte stand, konnte das Landesdenkmalamt über die Untere Denkmalschutzbehörde sicherstellen, daß durch Auflagen eine systematische Beobachtung der Erdarbeiten und fachgerechte Bergung der dabei auftretenden Befunde ermöglicht wurde. Diese Maßnahme hat inzwi-

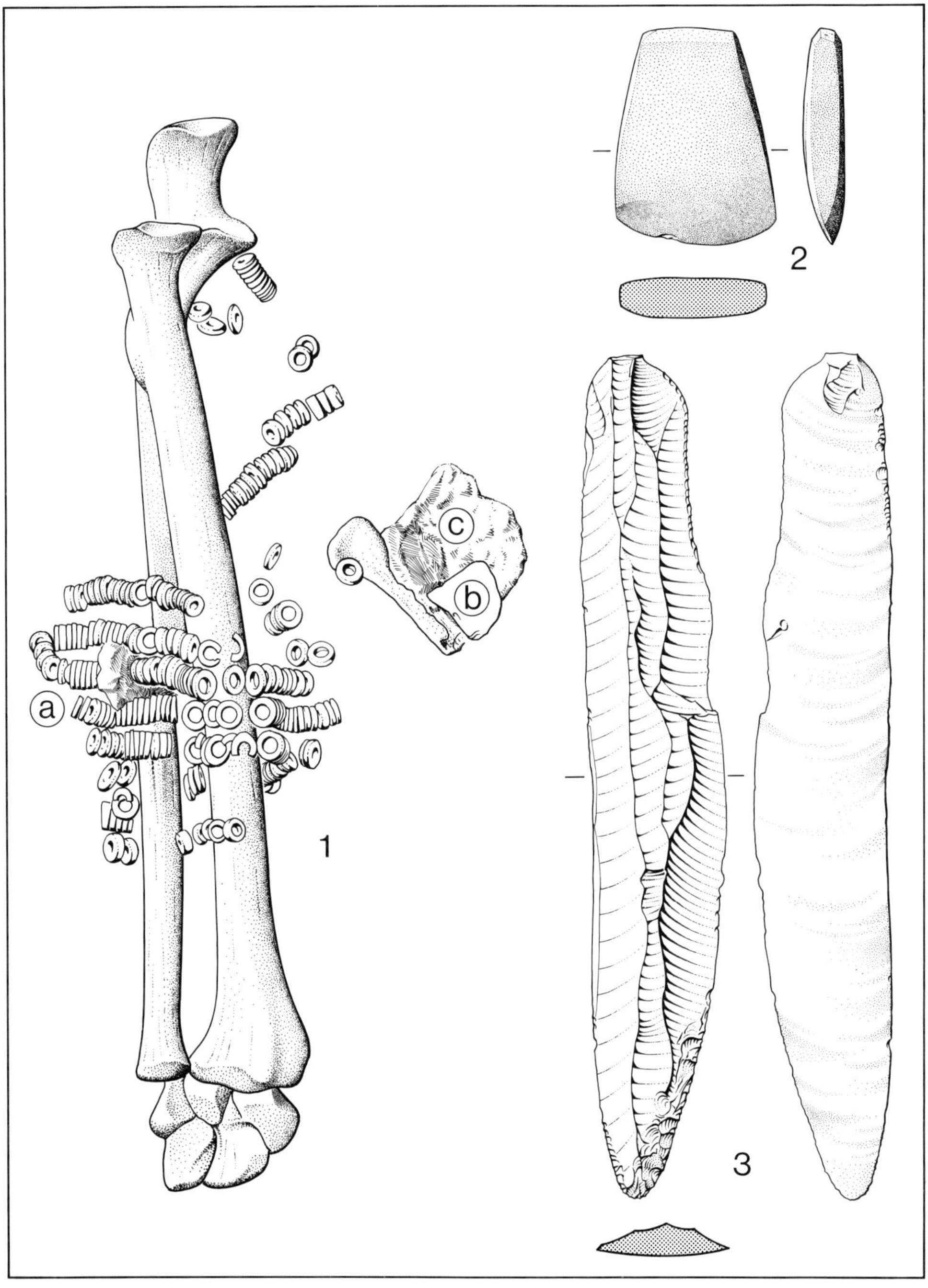

1
a
b
c
2
3

schen mehrfach Früchte getragen, wobei neben dem ständigen Einsatz ehrenamtlicher Mitarbeiter besonders auch die zunehmende Bereitschaft der Bauherren zu Kooperation dankend erwähnt werden soll, die trotz der gesetzlichen Verpflichtung nicht selbstverständlich ist. Beobachtungen der Erdarbeiten und Bergung wurden außerdem tatkräftig von Christian Maise, Aenne Schwörbel und Hubert Herr unterstützt.

Trotz systematischer Überwachung von jedem Baugrubenaushub muß es dennoch als Glücksfall angesehen werden, daß in diesem Jahr wieder 2 interessante neolithische Grabfunde geborgen werden konnten, da die Gräber entweder im Lehm oder im Übergangsbereich von Lehm zu Löß liegen, in einem Bereich also, in dem sich keinerlei Grabgruben abzeichnen und die Gräber nur erkannt werden können, wenn sie direkt vom Bagger angeschnitten sind. Es ist hier durchaus auch möglich, daß ein gesamtes Grab auf einmal im Baggerlöffel verschwindet und unbemerkt abgeräumt wird.

Bei dem ersten Grab handelt es sich um die bisher am reichsten ausgestattete Bestattung der Rössener Kultur. Wie in Riegel üblich war der Tote in gestreckter Rückenlage in Nordnordwest (Kopf)-Südsüdost-Richtung bestattet. An Beigaben enthielt die Bestattung des wohl erwachsenen Mannes 2 links und rechts oberhalb des Kopfes stehende verzierte Kugelbecher, die allerdings sehr schlecht erhalten waren und sich nur noch zeichnerisch ergänzen ließen (Abb. 49.1,2). Beide Arme trugen unterhalb der Ellbogen Perlenketten aus mehreren hundert Perlen, am linken Arm aus Kalkstein, am rechten aus Muscheln und Kalkstein (Abb. 48.1). Neben dem rechten Arm lag ein Silexabschlag und der verwitterte Rest eines Eisenminerals. Diese Kombination läßt an ein Schlagfeuerzeug denken, wie es in manchen Gegenden heute noch in Gebrauch ist. Links neben dem linken Arm lag, die Spitze fußwärts gerichtet, eine 23 cm lange Klinge aus einem weiß patinierten Feuerstein (Abb. 48.3). Weitere Feuersteinabschläge im Oberkörperbereich und eine kleine Beilklinge (Abb. 48.2), zwischen linkem Unterarm und Hüfte deponiert, vervollständigen des Grabinventar.

Abb. 48 Riegel. Beigaben der Rössener Bestattung. 1 rechter Unterarm mit Perlenkette (a), Feuersteinabschlag (b) und Eisenmineral (c), 2 Beilklinge, 3 Feuersteinklinge. Maßstab 1:2

Die zweite Bestattung war bereits beim Baugrubenaushub unbemerkt im Schädelbereich zerstört worden. Bei dieser Bestattung der Glockenbecherkultur zeichnete sich, da tiefer eingegraben, im gelben Löß deutlich eine rechteckige Grabgrube in Nord-Süd-Richtung ab. An ihrem Rande war eine 0,10–0,30 m breite dunklere Verfärbung zu erkennen, die eine Interpretation als Holzverschalung oder Grabkammer nahelegt. Der Tote war als linksseitiger Hocker mit Blick nach Osten bestattet, eine Totenlage und Ausrichtung wie sie für männliche Tote der Glockenbecherkultur charakteristisch ist. Neben einem unverzierten Glockenbecher waren dem Toten eine Schale mit eingezapften Füßchen und eine S-förmig profilierte Tasse beigegeben (Abb. 49.3–5). Bei Becher und Fußschale sind noch in Resten Spuren des glänzenden roten Überzuges erhalten. Im Bereich der angezogenen Unterarme lag eine flächenretuschierte Feuersteinpfeilspitze mit eingezogener Basis (Abb. 49.6). Im Rückenbereich schließlich fanden sich ein Silexabschlag mit geringen Gebrauchsspuren sowie ein kugelförmiges Stück eines Schwefeleisenminerals (Pyrit bzw. Markasit). Auch hier scheint eine Deutung als Schlagfeuerzeug naheliegend.

Eisenmineralien der hier beschriebenen Art sind wiederholt aus neolithischen Bestattun-

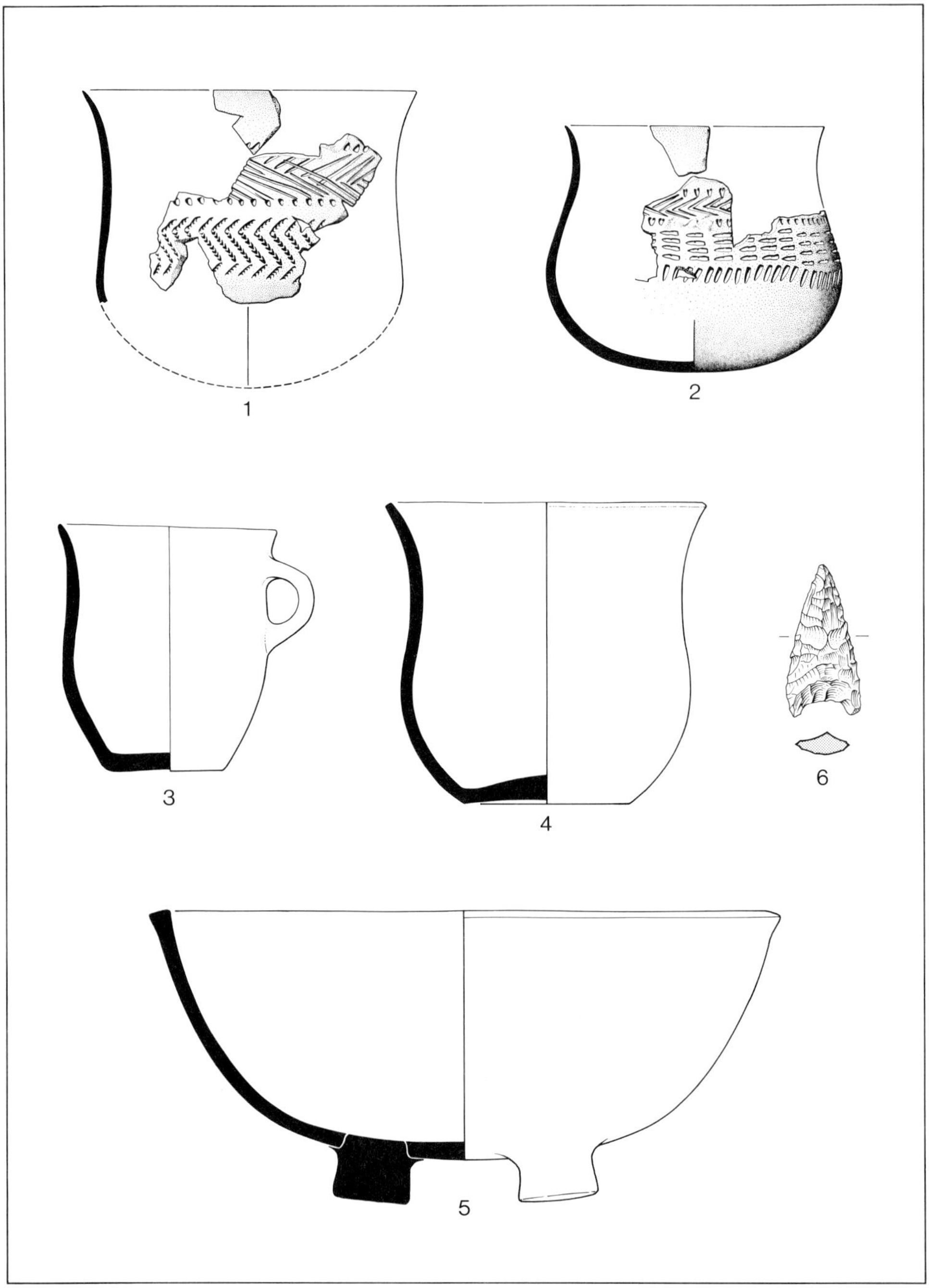
1
2
3
4
6
5

Abb. 49 Riegel. 1, 2 Kugelbecher der Rössener Bestattung, 3–5 Keramik, 6 Feuersteinpfeilspitze der Bestattung der Glockenbecherkultur. 1–5 Maßstab 1:3, 6 Maßstab 2:3

gen überliefert. Zumeist sind sie mit der Bezeichnung Roteisenstein belegt und als Rötel gedeutet worden. Wahrscheinlich wird es sich auch hier um Pyrit bzw. Markasit handeln, der oberflächlich oder vollständig in Hämatit oder Limonit übergegangen ist. Es muß einer eingehenden Untersuchung der Funde und Befunde überlassen bleiben, inwieweit die hier vorgeschlagene Deutung als Schlagfeuerzeug vorzuziehen ist. *Björn Schlenker, Horst Stöckl*

Ein Grab der Glockenbecherkultur auf dem Münsterplatz in Ulm

Während der archäologischen Grabungen auf dem südwestlichen Teil des Münsterplatzes Ulm stieß man Ende April überraschend auf ein vorgeschichtliches Körpergrab.

Im nördlichen Bereich des Schnittes 8 (Abschnitt 1 b der Grabung) befand sich die Grabgrube unmittelbar unter der letzten mittelalterlichen dunkelbraunen Humusschicht und teilweise, vom Knie an abwärts auch unter dem Fundament der Konventmauer, die auf der Humusschicht gebaut wurde. Diese unterste mittelalterliche Schicht lag unmittelbar auf dem gewachsenen Boden. Die Grabgrube war unberührt von den mittelalterlichen Befunden, obwohl sich in unmittelbarer Nähe ein Grubenhaus, Fundamentreste der Konventmauer und eine größere Grube befanden.

Die Grabgrube ist in den hellgelben Lößlehm eingetieft und hat eine annähernd trapezförmige Form mit abgerundeten Ecken. Die Grabwände sind schräg angelegt, so daß die obere Kante der Grube größer ist als die untere. Im oberen Bereich mißt sie 1,75 × 1,35/1,00 m, unten 1,40 × 1,00/0,95 m (fast rechteckig). Die zwischen 30 und 35 cm tiefe Grabgrube lag 2 m unter dem heutigen Fußboden bzw. Asphalt. Das Skelett lag unmittelbar auf dem Boden der Grabgrube, auf der rechten Seite in Hockerstellung, Richtung Süd-Nord, mit dem Kopf nach Süden und Blick nach Osten. Der Schädel wie das übrige Skelett sind wegen der hohen Bodenfeuchtigkeit schlecht erhalten. Nach vorläufiger an-

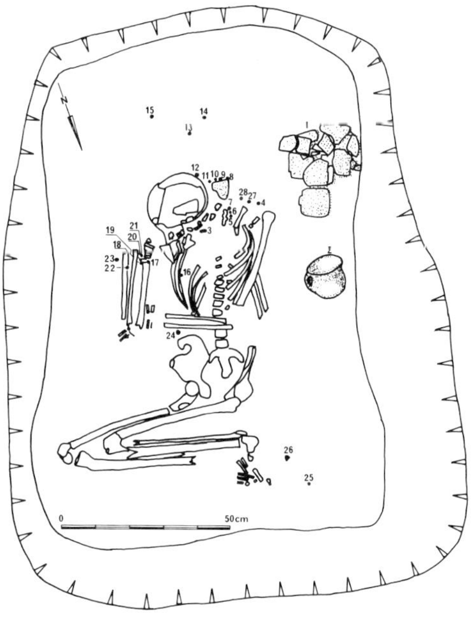

Abb. 50 Ulm. Münsterplatz. Grab der Glockenbecherkultur

thropologischer Bestimmung von F. W. Rösing, Ulm, handelt es sich um das Skelett einer Frau im Alter zwischen 20 und 40 Jahren. Das Grab enthielt folgende Beigaben:
Gefäß, höchstwahrscheinlich ein Becher (Abb. 50.1), etwa 20 cm westlich vom Schädel – durch den Druck der Erde zusammengebrochen. – Becher mit Henkel (Abb. 50.2, 51), westlich vom linken Oberarm, mit gestempelter Zonenverzierung, vollständig erhalten. – Eine Scherbe beim Hinterkopf (Abb. 50.3). – Beinknöpfe (Abb. 50.4–25, 27, 28), V-förmig durchbohrt; sie wurden im Hinterkopf- und Schulterbereich, auf dem rechten Arm, ein Exemplar (das größte) auf dem rechten Teil des Beckens gefunden. – Steinsplitter (Abb. 50.26; in der Verfüllung der Grabgrube?).
Während des Schlämmens der Verfüllung wurden noch 4 V-förmig durchgebohrte Beinknöpfe gefunden.

In den Gräberfeldern der Glockenbecherkultur wurden häufig wenige Tote, höchstens 20 bis 30 Individuen bestattet; in vielen Fällen läßt sich nur ein Grab nachweisen. Es gibt keine größeren Friedhöfe, die als Zeugnisse für einen längeren Aufenthalt an ein und demselben Ort gelten können. Höchstwahrscheinlich war der Fund vom Münsterplatz auch ein Einzelgrab, und zwar ein einfaches Flachgrab. Spuren einer Überhügelung oder Grabeinbauten wurden nicht festgestellt. Der Grabritus, Hockerstellung, Orientierung Süd-Nord, mit Schädel nach Süden und Blick nach Osten ist charakteristisch für die Frauengräber der Glockenbecherkultur. Die anthropologischen Merkmale, Kurzkopf mit breitem Gesicht, sind kennzeichnend für den alpinen Rassentyp. Somatisch ist die Einheitlichkeit der Glokkenbecherbevölkerung charakteristisch.

Die Beigaben weisen das Grab als typische Bestattung der Glockenbecherkultur aus. Es enthielt 2 Glockenbecher und über 20 Beinknöpfe, die typisch für die Frauentracht dieser Epoche sind. Einer der Becher (Abb. 51) in Glockenform mit Bandhenkel unter dem Rand hat eine gedrungene, breite Form mit geschweiftem Profil, herausgezogenem Rand und flachem Boden. Die Gefäßoberfläche ist vom Rand bis zum Boden mit gestempelten Rauten-, Linienreihen und Bändern verziert. Der Becher ist 9,5 cm hoch. Der zweite Becher ist noch nicht restauriert; die Scherben wurden in situ eingegipst.

Abb. 51 Ulm. Münsterplatz. Glockenbecher aus dem Grab

Das Grab vom Münsterplatz gehört zeitlich einem jüngeren Abschnitt der Glockenbecherkultur an. An dieser Datierung läßt der Tonbecher mit unmittelbar unter dem Rand ansetzendem Henkel keinen Zweifel. Die Glockenbecherkultur ist in Europa von der mittleren Donau (Budapest – Insel Csepel) bis Irland verbreitet. In der Region Ulm sind bis jetzt keine Funde dieser Kultur zutage gekommen, vermutlich ist das oberschwäbische Gebiet noch nicht genug erforscht. Funde aus der näheren Umgebung kennen wir von Giengen an der Brenz, ein zweites Glockenbechergrab kam 1989 bei Grabungen in Bopfingen zutage (vgl. S. 119).

Der wahrscheinlich nicht vollständig erfaßte Bestattungsplatz der Glockenbecherkultur in der Mitte der heutigen Stadt Ulm bildet einen wichtigen Beleg für die Besiedlung des Ulmer Gebietes entlang der Donau im Spätneolithikum und am Anfang der Frühbronzezeit.

Tiberius Bader

Literaturhinweise

J. Oexle, Arch. Ausgr. Bad.-Württ. 1988, 312 ff. – E. Sangmeister, Die Glockenbecher im Oberrheintal, Jahrb. Röm.-Germ. Zentralmus. 11, 1964, 81 ff. – Ders., Zwei Neufunde der Glockenbecherkultur in Baden-Württemberg. Fundber. aus Baden-Württemberg, 1, 1974, 103 ff. – Ders., Die »Glockenbecherkultur« in SW-Deutschland, in: L'âge du cuivre Européen. Civilisations a vases campaniformes, 1984, 81 ff.

Abschluß der Grabungsarbeiten in der bronzezeitlichen Moorsiedlung Forschner bei Bad Buchau, Kreis Biberach

Im Jahre 1989 wurden die seit 1982 alljährlich durchgeführten Ausgrabungen in der befestigten frühbronzezeitlichen Siedlung Forschner zum Abschluß gebracht. Der südlich einer Flugpiste gelegene Siedlungsbereich ist nunmehr auf einer Fläche von fast 9000 m² in seinem gesamten baulichen Zusammenhang erfaßt, ein kleinerer von der Piste überdeckter Teil läßt sich in seiner Form umreißen. Somit kann erstmalig in unserem Raum eine befestigte frühbronzezeitliche Wehrsiedlung in ihrer Bebauungsweise weiträumig rekonstruiert werden.

Die Flugpiste war in den vorangegangenen Jahren für archäologische Untersuchungen nicht zugänglich. Anfang des Jahres konnten hier 5 Grabungsschnitte gelegt werden. Hierbei wurden die beiden innersten Palisadenringe sowie der Nordabschnitt der doppelschaligen Wehrmauer der Siedlung getroffen. Damit war der Verlauf der nördlichen Siedlungsbegrenzung abgezeichnet und die Form und Größe des bebauten Siedlungsinnenraumes umrissen. Ca. 75 Prozent dieses eigentlichen Wohnbereiches sind archäologisch untersucht, die restlichen 25 Prozent verbleiben unerschlossen unter der Flugpiste. Wie auch im südlichen Siedlungsteil fanden sich im Nordbereich der Siedlung zwischen Wehrmauer und Palisaden Reste eines Spülsaumes, der Funde enthielt.

Im Sommer und Herbst 1989 wurden dann die verbliebenen Flächen der zugänglichen Siedlungsareale südlich der Flugpiste ausgegraben. Des weiteren wurde nördlich der Landebahn ein Schnittraster angelegt. An Bebauungsresten wurden hier ausschließlich Palisadensetzungen angetroffen, dagegen keinerlei Baustrukturen, die auf Innenbebauung schließen lassen. Diese Palisaden sind die äußerste Nordgrenze der Siedlung.

Auf der untersuchten Fläche wurden insgesamt etwas über 5000 Holzpfosten der ehemaligen Bebauung angetroffen. Ihre Verteilung ergibt folgendes Bebauungsschema: Nach außen, die Siedlung ringförmig umgebend, findet sich ein System teils parallel verlaufender, teils sich überschneidender Palisadenzüge. Innerhalb dieser umschließt dann eine doppelschalige Holzwehrmauer den eigentlichen Siedlungskern, die in ihrer Südwestecke einen deutlichen Durchlaß aufweist. Es scheint, als hätte hier ein Zugang zu einem zumindest zeitweilig von Wasser bedeckten Hafenbecken bestanden. In einem Spülsaum zwischen Holzwehrmauer und den Palisaden fanden sich zahlreiche Keramikreste, weniger zahlreich Knochen- und Holzartefakte, außerdem Knochen von Wild- und Haustieren. Obschon zerbrochen, liegen in diesem Spülsaum viele Tongefäße noch vollständig zusammen. Hier fanden sich auch Tierteile im anatomischen Zusammenhang. Diese Funde scheinen nach ihrer Einbettung nicht mehr aufgearbeitet worden zu sein.

Aus Südosten führt ein über 60 m langer befestigter Zugang zur Siedlung. Das landwärtige Ende dieses Zuganges ist bisher nicht gefunden worden; an seinem Ende zur Siedlung ist in der quer zu ihm stehenden Holzwehrmauer kein Durchlaß zu erkennen. Der hier zu vermutende Siedlungszugang scheint nicht breiter gewesen zu sein als die allgemeine Weite der Pfostenstellung der Wehrmauer, maximal 2,5 m, was etwa auch der Breite des befestigten Siedlungszuganges entspricht. In diesem Zugang sind sehr starke Stämme verarbeitet worden. Sie sind in teilweise sehr unterschiedlicher Manier zugerichtet worden; Merkmale dieser Bearbeitung, aber teilweise auch die unterschiedliche Holzartenwahl sowie Einrammtiefe der Pfosten deuten auf eine Mehrphasigkeit bzw. Erneuerung des Zuganges.

Erst innerhalb der Wehrmauer finden sich Pfostensetzungen, die auf Wohn- und/oder Ökonomiegebäude schließen lassen. Sie haben eine Grundfläche von 3–4 auf 6–8 m. Mit ihren Giebeln stehen sie in Nord-Süd- bzw. Nordwest-Südost-Richtung. Soweit bisher ersichtlich, scheinen sie in Reihen nebeneinander angeordnet zu sein.

Für die Errichtung der Siedlung ist ein weites Spektrum an Holzarten genutzt worden. Am häufigsten finden sich Pfosten der Esche. Sie stellen ca. 20 Prozent der verbauten Holzpfosten, gefolgt von Kiefer (18%), Buche (16%), Erle (14%), Birke (12%) und Eiche (9%). In den Palisaden wurden überwiegend maximal armdicke Stämme verbaut, die nur entastet, nicht aber entrindet, mit dem wipfelwärtigen Ende in den Untergrund getrieben wurden. In der Palisade finden sich überwiegend Holzarten, die auch auf Moorstandorten gedeihen. Für die Holzwehrmauer und die Innenbebauung dagegen wurden vorzugsweise Holzarten von mineralischen Standorten außerhalb der Moorfläche benutzt. Für die Wehrmauer in erster Linie Eiche, für die Innenbebauung neben Eiche auch Esche, Buche und Ulme. Entgegen den Palisaden sind die Pfosten der Wehrmauer und Innenbebauung durch Zerlegen der Stämme und Überbeilung teilweise sehr aufwendig zugerichtet. An ihnen wird ersichtlich, daß sie für den jeweiligen Bauzweck in eine spezielle, der Verwendung angemessene Form gebracht worden sind.

Wie erwähnt, fanden vorzugsweise bei dem Bau der Wehrmauer aber auch beim Bau der Gebäude Eichen Verwendung. An diesen Eichen wurden auch dendrochronologische Bestimmungen durchgeführt. Mit Hilfe der bisher aufgearbeiteten Daten kann die Bebauungs- und Besiedlungsgeschichte der Siedlung Forschner bereits weitgehend umrissen werden.

Der innerste Palisadenring bildet zusammen mit der Holzwehrmauer und den bisher erkannten Gebäudegrundrissen eine Siedlungseinheit (Abb. 52). Diese Siedlung wurde 1767–1759 v. Chr. in verhältnismäßig kurzer Zeit errichtet. 1767/66 v. Chr. wurde zunächst die Palisade erbaut, um 1765/64 eines der Häuser. Äußerst umfangreiche Bautätigkeiten sind um 1760 zu beobachten. Zu diesem Zeitpunkt entstehen der gesamte Ring der Wehrmauer sowie ein großer Teil der Gebäude. Um 1737–1730 sind dann an einigen Gebäuden und an weiten Teilen der Wehrmauer Ausbesse-

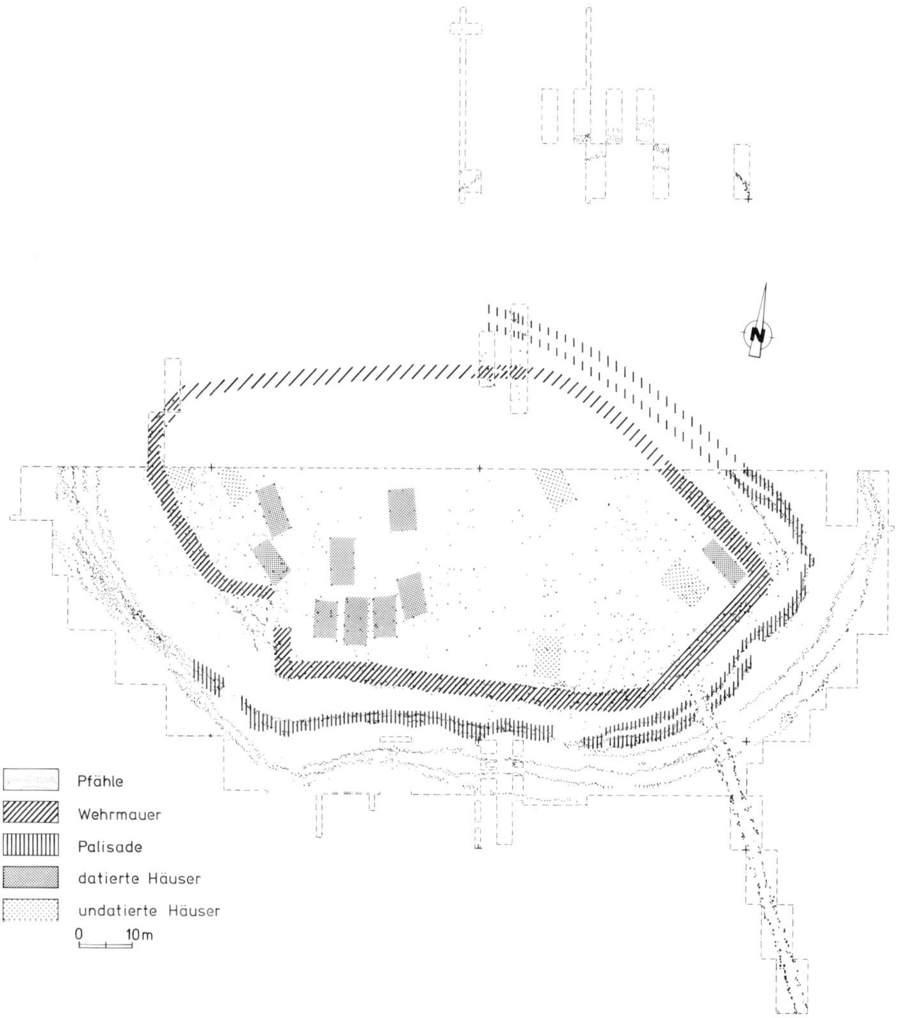

Abb. 52 Bad Buchau. Siedlung Forschner 1. Bebauung der Siedlung Forschner in den Jahren 1767–1759 v. Chr.

rungsarbeiten erkennbar. Danach können über einen Zeitraum von über 100 Jahren keine Bautätigkeiten erfaßt werden. 3 Pfosten aus dem befestigten Siedlungszugang können auf um 1600 v. Chr. datiert werden. Letzte Bautätigkeiten datieren in die Jahre um 1500 v. Chr. (Abb. 53). In dieser Zeit werden wiederum Bauarbeiten am Siedlungszugang durchgeführt; weiterhin wird der im Südwesten der Siedlung befindliche Wehrmauer-

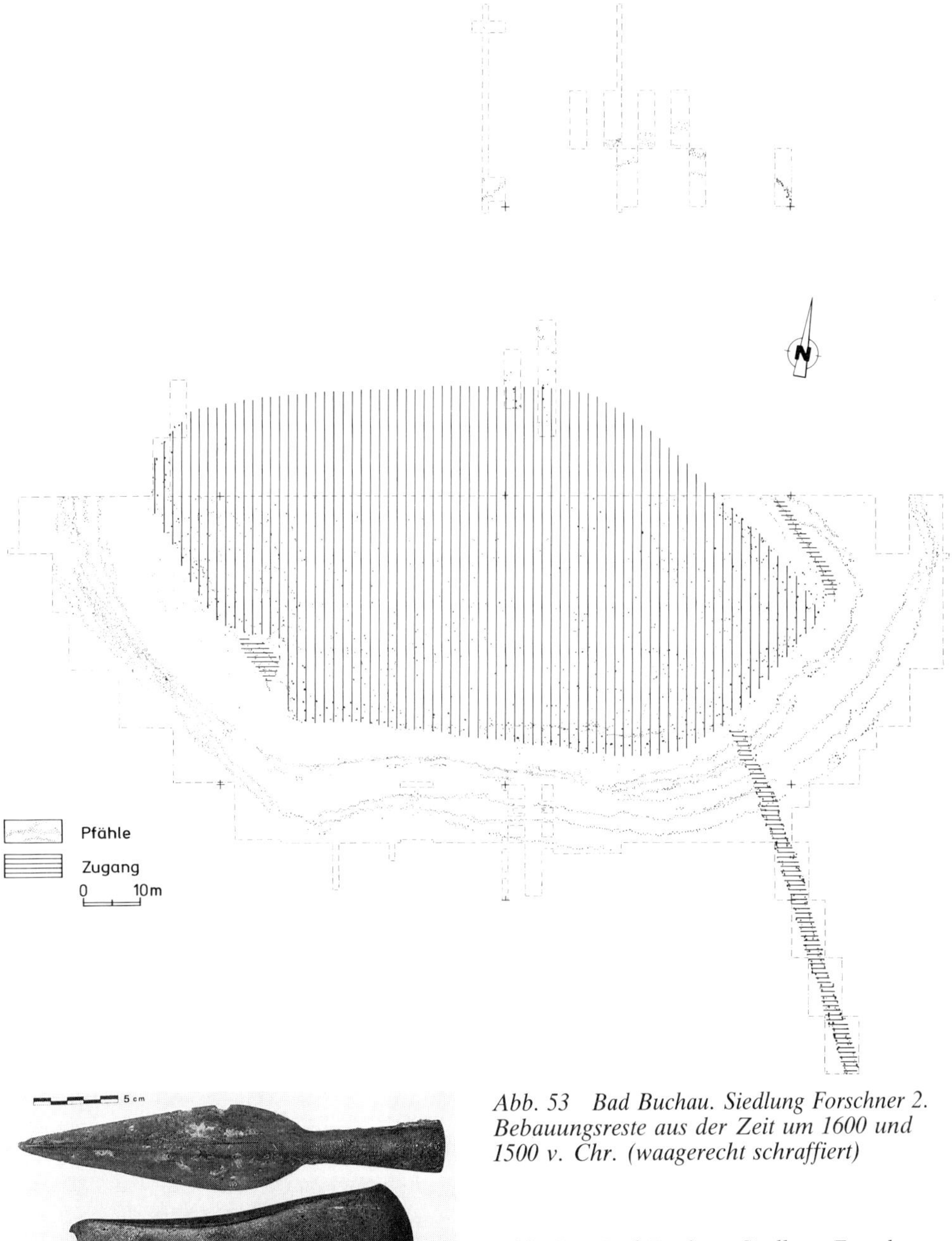

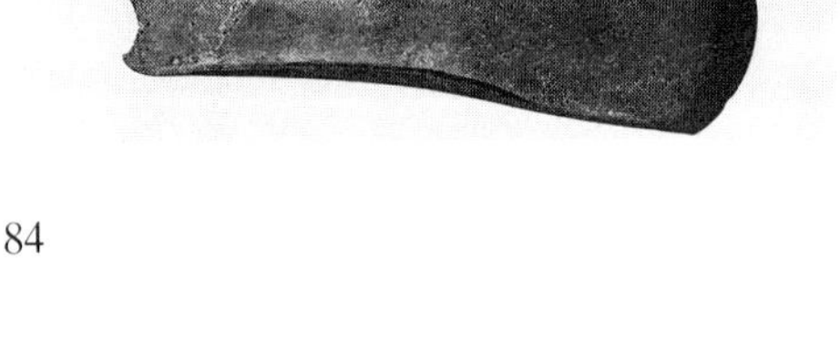

Abb. 53 Bad Buchau. Siedlung Forschner 2. Bebauungsreste aus der Zeit um 1600 und 1500 v. Chr. (waagerecht schraffiert)

Abb. 54 Bad Buchau. Siedlung Forschner. Bronzene Beilklinge und verzierte Lanzenspitze

durchlaß offensichtlich verbaut. Zu guter Letzt findet sich an der Ostseite der Siedlung eine Pfostensetzung, die hier zwischen Holzwehrmauer und Innenpalisade verläuft. Nach 1500 v. Chr. scheint die Siedlung aufgelassen worden zu sein.

Zu den wertvollen Funden aus der Grabung gehören die Bronzeartefakte. Es liegen, wenn auch in kleiner Stückzahl, sowohl Schmuck- als auch Gebrauchsgegenstände vor. Besonders sind ein halbes Dutzend verzierter Nadeln, eine etwa münzgroße Spirale eingedrehten Bronzedrahtes zu erwähnen. Unter den Gebrauchgegenständen sind eine Pfeilspitze, eine Dolchklinge, eine verzierte Lanzenspitze sowie Beilklingen zu nennen (Abb. 54).

Wolfgang Torke

Literaturhinweis

W. Torke, Arch. Ausgr. Bad.-Württ. 1988, 50 ff.

Hausgrundrisse der Urnenfelderkultur von Riesbürg-Pflaumloch, Ostalbkreis

Für den Bau des neuen Sportplatzes von Pflaumloch am Nordostrand des Ortes im Gewann »Führschwell« wurde es notwendig, auf einer großen Fläche den Humus abzuschieben. Ein vorher angelegter Baggersuchschnitt ergab keine nennenswerten Befunde. Da jedoch in der Umgebung mehrere vor- und frühgeschichtliche Fundstellen bekannt sind, wurden die Erdarbeiten vom ehrenamtlichen Beauftragten, Manfred Gort, überwacht. Als dann verschiedene dunkle Erdverfärbungen zutage kamen und in weiteren Baggerschnitten ein Gräbchen und Pfostenstellungen von Hausgrundrissen erkennbar wurden, entschloß man sich dank des Entgegenkommens und der Unterstützung der Gemeinde Riesbürg mit Bürgermeister Sigle, eine Flächengrabung durchzuführen und den Humus auf der knapp 1 ha großen Fläche abzutragen. Die Ausgrabungen dauerten von Ende März bis Anfang Juni.

Nach dem Abgraben des Humus mußte auf weiten Flächen eine schwarze Auelehmschicht entfernt werden, in der außer eingeschwemmten Funden keine Befunde festgestellt werden konnten. Unter dieser teilweise 20–40 cm mächtigen Schicht trat der anstehende Lehm zum Vorschein, in den die vorgeschichtlichen Befunde eingetieft waren. Die Pfostengruben und Gräbchen waren teilweise nur noch wenige Zentimeter, in anderen Fällen bis zu 0,4 m tief erhalten; dies verwunderte zunächst wegen der schützenden Überdeckung mit Auelehm. Eine Erklärung ist darin zu finden, daß hier durch den nördlich vom Goldberg her vorbeifließenden Goldbach großflächige Erosionen stattgefunden haben, bis es schließlich zu der Auelehmbildung und damit zur Konservierung der letzten erhaltenen Siedlungsnachweise kam.

In der etwa 75 × 120 m großen Fläche von 9000 m² waren die Grundrisse von mindestens 17 Pfostenbauten verschiedener Größe in mehreren Gruppen erhalten (Abb. 55). Außerdem konnte auf weiten Strecken ein bis 0,5 m breiter Graben freigelegt werden, der eine gerundete Sohle besaß und noch bis 0,4 m tief war. Es handelt sich zweifellos um einen

N
0
10
20m

Abb. 55 Riesbürg-Pflaumloch. Gesamtplan der urnenfelderzeitlichen Siedlung mit Hausgrundrissen und einem Palisadengraben

Palisadengraben, der in zwei geraden langen Fluchten stumpfwinkelig aufeinanderstieß und in das Ackergelände verlief, wo er nicht mehr ermittelt werden konnte. Diese Palisade schloß ein Areal von mindestens 1 ha ein; wahrscheinlich waren es aber mehrere Hektar Fläche. Man wird abwarten müssen, ob hier durch die Luftbildbeobachtung in Zukunft weitere Erkenntnisse gewonnen werden können.

Der sicherlich weitaus größte Teil der im Siedlungsausschnitt erfaßten Häuser kann nicht dieser mit Palisade umfriedeten Siedlungsphase angehört haben, da die meisten Gebäude entweder außerhalb lagen oder sich mit dem Graben überlagerten oder so dicht an der Palisade gestanden hätten (der Häuserkomplex im Westen), daß eine Gleichzeitigkeit nicht wahrscheinlich ist (Abb. 55).

Die Bauten lassen sich in 3 Gruppen aufteilen: kleine und größere einschiffige Häuser mit 3 bis 5 Pfostenpaaren vor allem im Süden, eine Gruppe aus meist größeren, zweischiffigen Firstsäulenbauten (bis 18,5 × 8,5 m und 157 m^2 Fläche) im Zentrum und im Westen sowie kleinere, unregelmäßige Bauten, deren Grundrisse von rechteckig über polygonal bis rund sind. Letztere waren bei allen Häusergruppen zu finden und dürften zusammen mit einigen Sechspfostenbauten als Vorrats- oder Speicherbauten angesprochen werden. Die Interpretation der einzelnen Grundrisse und Gebäudetypen ist schwierig, weil keine alten Oberflächen mit Unterteilungen in den Häusern – oder gar Herdstellen – erhalten waren, die uns Aufschlüsse über ihre ursprüngliche Bestimmung als Wohn- oder Wirtschaftsbauten geben könnten. Aufgrund von Vergleichen sind die zweischiffigen Firstsäulenbauten vermutlich die Wohnhäuser; die kleineren einschiffigen Bauten werden Wirtschaftsgebäude gewesen sein. Es ist aber nicht auszuschließen, daß beispielsweise der kleine, annähernd quadratische Firstsäulenbau im Nordosten auch als Wirtschaftsbau diente. Ebenso unklar ist die ehemalige Bestimmung und das Aussehen des großen, einschiffigen Hallenbaus (22 × 7,5 m, 165 m^2) im Südosten, der an den Ecken nach außen versetzte Pfostenstellungen aufweist. Für die Rekonstruktion bietet sich ein Hallenbau mit Sparrendach an, das an den Ecken verstärkt wurde (Abb. 56). An den Seiten wäre dann eine leichte Wandkonstruktion vorstellbar, die in (nicht mehr erhaltenen) Wandgräbchen fundamentiert war. Könnte es sich dabei nicht auch um einen kombinierten Wohn- und Wirtschaftsbau (Stall?) handeln, der eine Frühform der echten dreischiffigen Hallenbauten darstellt?

Ein Interpretationsversuch der Siedlungsstrukturen bereitet vielfach Schwierigkeiten; der durch die planerischen Vorgaben des Sportplatzes gegebene Ausschnitt ermöglicht einen Einblick in eine von unterschiedlichen Häusern locker besiedelte Fläche. Auffallenderweise sind in der Häusergruppe im Westen neben Speicherbauten nur Firstsäulenbauten aus 3 Bauphasen zu finden; hier zeigt sich eine interessante Platzkontinuität in der Errichtung eines Haustyps immer an derselben Stelle (Abb. 55). Die lockere Anordnung der Bauten läßt auf eine ländliche Ansiedlung schließen, in der Gehöfte und Gehöftgruppen beieinanderlagen. Während einer nicht näher bestimmbaren Phase war jedoch dann ein großes Siedlungsareal mit einer Palisade umgeben.

Aus dem Gräbchen und vor allem aus den Pfostengruben liegt relativ viel Keramik vor, darunter Randscherben und verzierte Scherben. Wichtig für die Datierung sind mehrere Rand- und Wandscherben von Schulterbe-

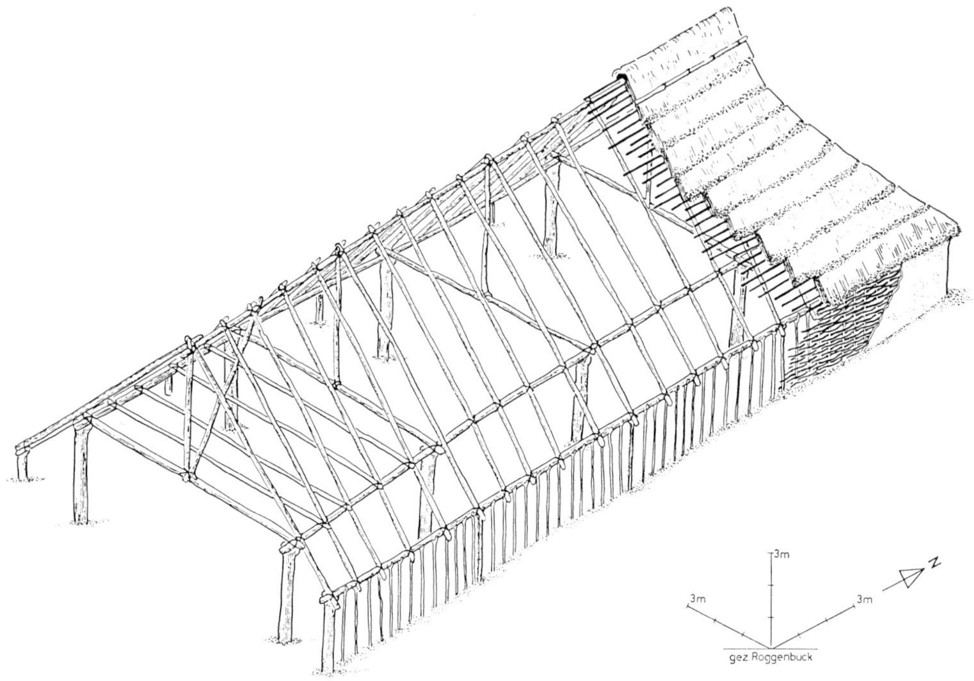

Abb. 56 Riesbürg-Pflaumloch. Rekonstruktionsversuch des großen Hallenbaus mit seitlich versetzten, zusätzlichen Eckpfosten im Südosten der Grabungsfläche (Ausführung U. Roggenbuck)

chern, Knickwandschalen und Zylinderhalsgefäßen, die der älteren Hälfte der Urnenfelderkultur angehören. Als Lesefund liegt außerdem eine Bronzenadel mit verziertem, doppelkonischem Kopf vor. Eine größere Anzahl Keramik stammt aus den Pfostengruben der nacheinander errichteten Häuser im Westen. Alle Hausgrundrisse sind wohl in die Urnenfelderzeit zu datieren. Lediglich das Alter der Palisade ist ungewiß: Sie könnte einer urnenfelderzeitlichen Siedlung angehören, jedoch ist nicht auszuschließen, daß sie wie andere Beispiele in Niederbayern und in der Münchener Schotterebene erst in der Hallstattzeit errichtet wurde. Der Kern dieser Siedlung wird dann weiter im Norden und Nordosten zu finden sein.

In Baden-Württemberg stellt der in Riesbürg-Pflaumloch ergrabene Ausschnitt aus einer Siedlung der spätbronzezeitlichen Urnenfelderkultur bisher die größte Fläche mit gut datierten Hausgrundrissen dar. Eine wichtige Ergänzung sind die Hausgrundrisse auch für das Verständnis der Siedlungsgeschichte der Höhensiedlung auf dem nahegelegenen Goldberg, wo eine urnenfelderzeitliche Schicht mit Hausgrundrissen jedoch nicht nachgewiesen werden konnte. Die Siedlungsreste aus Pflaumloch sind eine wertvolle Bereicherung in der Kenntnis urnenfelderzeitlicher Häuser und Siedlungen, die – wie die Untersuchungen in der Münchener Schotterebene und in Niederbayern sowie die Befunde in Heidenheim-Schnaitheim ergeben haben – in lockerer Bebauung mit Gehöften und Gehöftgruppen als ländliche Siedlungen charakterisiert werden können, deren Aussehen im Gegensatz zu den planmäßig angelegten und strukturierten Seeufersiedlungen des Alpenvorlandes steht.

Rüdiger Krause

Eine Siedlung der Urnenfelderzeit bei Leingarten, Landkreis Heilbronn

Der bei der Gebietsreform neu geschaffene Ort Leingarten umfaßt die ehemaligen Ortschaften Schluchtern sowie Großgartach, das namengebend für die bekannte mittelneolithische Kultur wurde. Mit zahlreichen Siedlungsgrabungen hat Alfred Schliz hier zu Beginn dieses Jahrhunderts bahnbrechende Arbeit geleistet.

Angeregt durch Beobachtungen und Fundaufsammlungen unseres ehrenamtlichen Beauftragten A. Schwarzkopf wurden im Winter 1988 umfangreiche Geländebegehungen durchgeführt. Hierbei konnte bestätigt werden, daß von den zahlreichen bei Schliz genannten Fundstellen kaum mehr Reste im Boden liegen dürften. Soweit dies ohne Nachgrabung festgestellt werden kann, sind sie entweder völlig oder weitgehend verschwunden. Dies trifft für umfangreiche neolithische Siedlungen genau so zu wie für römische Gutshöfe, von denen kaum mehr Bauschutt im Acker festzustellen ist. So kam der Entdeckung einer bisher unbekannten Fundstelle im Gewann »Biegen«, 1,4 km nordnordöstlich der Ortsmitte, von A. Schwarzkopf besondere Bedeutung zu. Von dem hier bekannten, etwas östlich liegenden römischen Gutshof konnten im Acker keine eindeutigen Reste mehr festgestellt werden, auch die von A. Schliz hier lokalisierte mittelneolithische Fundstelle wurde nicht angeschnitten.

Ausgangspunkt der Untersuchung war eine großflächige Streuung völlig verbrannter und durchgeglühter Scherben der Urnenfelderzeit, die sich auf einer Fläche von ca. 50 × 200 m auf einer heute ebenen Terrasse etwa 10 m über dem Talgrund der Lein fanden. Der angepflügte Boden war auffällig dunkel, irgendwelche Strukturen waren auch im Luftbild nicht zu erkennen. Die Fundstelle bot sich deshalb für eine Untersuchung an, die von Juli bis Oktober durchgeführt wurde. Hierbei sind wir der Arbeitsloseninitiative Heilbronn e. V. unter bewährter Leitung von U. Schmidt und H. Heizmann zu Dank verpflichtet, ebenso dem Arbeitsamt Heilbronn für die Bewilligung einer Arbeitsbeschaffungsmaßnahme, ohne die die Grabung nicht hätte durchgeführt werden können. Tatkräftige Unterstützung erhielten wir auch von der Gemeinde Leingarten.

Aufgedeckt wurde schließlich eine Fläche von 25 × 133 m. Die Ergebnisse sind weniger aus archäologischer als aus denkmalpflegerischer Sicht interessant, vor allem geben sie wertvolle Hinweise zur Landschaftsentwicklung dieses Raumes. Es zeigte sich, daß die heute völlig verebnete Terrasse während der späten Bronzezeit noch stark gegliedert war und in sich Höhenunterschiede von mindestens 2 m aufwies. Auch das Bodenprofil ist außerordentlich interessant. Über dem anstehenden Löß folgt eine Verlehmungszone, die von einem ca. 20 cm mächtigen Schwarzerderest überdeckt wird. Bandkeramische Pfostenlöcher, die in diesen Schwarzerdehorizont eingetieft sind, belegen seine Entstehung vor der Bandkeramik. Solche Schwarzerdeschichten sind recht selten erhalten, sie dürften jedoch gerade bei der bandkeramischen Besiedlung eine gewisse Rolle gespielt haben. Über ihr folgt ein aufgeschwemmter Lößlehm, in den dann die urnenfelderzeitlichen Befunde eingetieft sind. Dieser Horizont war jedoch stellenweise durch tierische Aktivitäten so stark vermischt, daß das Erkennen von archäologischen Befunden recht schwierig war. Nur in zwei Bereichen innerhalb der 133 m langen Grabungsfläche waren die urnenfelderzeitlichen Befunde noch

Abb. 57 Leingarten. Feuerbock und Webgewichte der Urnenfelderzeit

gut erhalten – hier zeigten sich die Reste eines Schwellenbaus sowie leicht unterschnittene Vorratskeller von bis zu 2 m Tiefe. Dazwischen wurden die erhaltenen Kellertiefen immer flacher, bzw. die Befunde fehlten vollständig. Dies bedeutet aber, daß das Gelände während der Anlage der urnenfelderzeitlichen Siedlung durch Rippen stark gegliedert war, in deren Sohlen sich die Befunde heute wenigstens in Resten, auf den Kuppen dagegen nicht mehr erhalten haben. Die kontinuierlich ab- bzw. zunehmenden Tiefen der Keller belegen, daß es sich nicht um Besiedlungs-, sondern um Erosionslücken handelt. Nachdem dies erkannt worden war, erschien eine Fortsetzung der Grabung nicht mehr sinnvoll. Sie wurde deshalb nicht über die gesamte Siedlungsfläche ausgedehnt.

Die Grabungsergebnisse können in knapper Form zusammengefaßt werden. In der untersuchten Fläche und, wie Lesefunde zeigen, noch darüber hinaus lag eine dichte Siedlung der Urnenfelderkultur Stufe Ha A2. Reste von Schwellbauten, die beobachtet werden konnten, deuten die Schwierigkeiten an, aussagekräftige und komplette Siedlungsgrundrisse dieser Zeit zu gewinnen. Vollständige Grundrisse von Pfostenbauten wurden nicht ergraben. Es liegen zwar verschiedene Hausteile vor, doch sind sie nicht zu klaren Grundrissen zu ergänzen. Einige Unsicherheiten bereitet auch das Fundmaterial. Soweit vor einer Bearbeitung zu entscheiden, gehört es in die Stufe Ha A2. Das keramische Material ist sehr umfangreich, dazu kommen verschiedene Feuerböcke und zahlreiche Webgewichte (Abb. 57). Ein großes Vorratsgefäß war tonnenartig in den Boden eingegraben, was schon bei anderen Siedlungen der Urnenfelderzeit beobachtet werden konnte. Das Scherbenmaterial ist recht kleinstückig und zum großen Teil sekundär verbrannt, blasenartig aufgetrieben und erinnert stark an Fehlbrand. Für Töpfereiabfälle liegen jedoch keine Hinweise vor. Das verbrannte Material streut über die gesamte Siedlungsfläche und dürfte bei einem Schadfeuer entstanden sein, das diese Ansiedlung eingeäschert hat. Die aufgedeckten Strukturen lassen vermuten, daß es sich nicht um eine einphasige Anlage gehandelt hat, doch können hierzu erst nach Abschluß der wissenschaftlichen Bearbeitung weitere Aussagen gemacht werden. *Jörg Biel*

Literaturhinweise

A. Schliz, Das steinzeitliche Dorf Großgartach. Seine Kultur und die spätere vorgeschichtliche Besiedlung der Gegend, 1901 – O. Paret, Die Römer in Württemberg 3, 1932, 310 f.

Ein großer Grabhügel der mittleren Hallstattzeit am Westrand vom Nördlinger Ries bei Kirchheim-Benzenzimmern, Ostalbkreis

Schon seit längerer Zeit störten den Landwirt Heinrich Hahn beim Pflügen seines Feldes in den Gewannen »Luß« und »Brühl« eine für die Bodenverhältnisse ungewöhnliche Konzentration von Steinen. Im Spätsommer des Jahres 1988 entschloß er sich, die Steine auszugraben und abzufahren. Dabei stieß er auf Steinsetzungen, die sich später als die letzten Reste eines Steinkreises von einem großen, nahezu völlig verebneten Grabhügel herausstellten (Abb. 58). Der Ortsvorsteher, Herr Blank, verständigte das Landesdenkmalamt. Die daraufhin dank des Entgegenkommens der Familie Hahn aus Benzenzimmern eingeleiteten Ausgrabungen dauerten mit Unterbrechungen 10 Wochen und wurden im Herbst 1988 begonnen und im Sommer 1989 beendet. Für die freundliche Unterstützung der Arbeiten bedanken wir uns bei der Gemeinde Kirchheim im Ries mit Herrn Bürgermeister Köhnlein.
Die Gewanne »Luß« und »Brühl« liegen etwa 0,8 km südöstlich des Ortskerns von Benzenzimmern auf einem sehr flach, von Westen nach Osten vom Ohrenberg aus in die Riesebene auslaufenden Rücken, der durch die beiden Bachläufe des Brühl- und des Seegra-

Abb. 58 Kirchheim-Benzenzimmern. Luftaufnahme des großen Grabhügels mit Kreisgraben und Resten des Steinkreises während der Ausgrabungen (freigeg. RP Stuttgart 000/70358)

bens in der feuchten und heute noch leicht sumpfigen Niederung begrenzt wird. Dennoch hat man im übrigen eine gute Sicht zum 3,2 km südwestlich gelegenen Goldberg. Es handelt sich bei diesen Hügeln und Erhöhungen um die letzten Ausläufer der hier sehr weit nach Osten in die Riesebene vorgeschobenen Riesrandhöhen, von denen der nahegelegene Ohrenberg zu den markantesten Punkten zählt. Um die Bestellung des Feldes möglichst wenig zu beeinträchtigen, wurden nur die unmittelbar zu dem Hügel gehörenden Befunde freigelegt (Abb. 58). Auf eine Ausdehnung der Grabungsflächen über den Kreisgraben hinaus mußte verzichtet werden.

Von diesem großen Grabhügel mit ehemals 23 m Durchmesser (Abb. 59) war nur noch eine kaum wahrzunehmende Geländewelle erhalten; die Hügelschüttung war weit auseinandergezogen und abgetragen, und nur im Profil konnten noch 0,2–0,3 m Hügelschüttung nachgewiesen werden. Die Befunde waren sehr unterschiedlich erhalten; nur im Westen konnten Reste des Steinkreises noch in situ ausgegraben werden. Die Ummauerung des Hügelfußes wurde aus größeren Kalksteinen in einer doppelten Reihe gesetzt, wovon noch 2 Lagen erhalten waren; sein Durchmesser betrug etwa 23 m. Vor allem im Süden hatte – dem natürlichen leichten Gefälle folgend – die abfließende Hügelschüttung die Steine des Steinkranzes in den bereits weitgehend zugeschwemmten Kreisgraben gedrückt (Abb. 58, 59). Dazwischen lagen an verschiedenen Stellen Scherbenkonzentrationen.

Um Steinkreis und Hügelfuß wurde in einem Abstand von 1,5 bis 2,0 m ein mächtiger Kreisgraben als Spitzgraben von etwa 28 m Durchmesser angelegt, der durchschnittlich 1,6–1,8 m breit und von der ursprünglichen Oberfläche aus 0,9 m eingetieft war. Die Verfüllung des Grabens wurde vollständig untersucht; dabei konnten jedoch keine Befunde

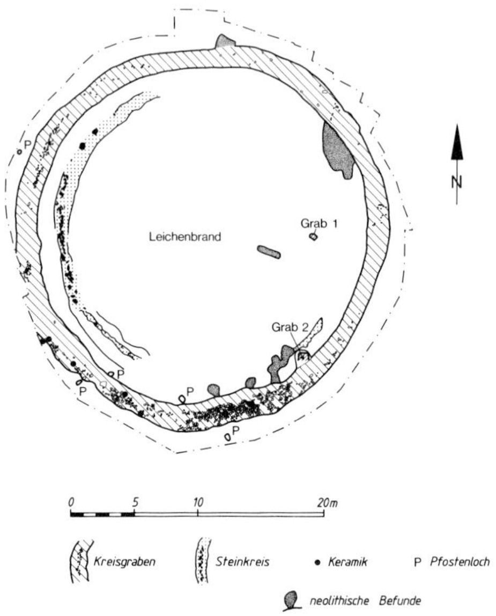

Abb. 59 Kirchheim-Benzenzimmern. Plan des hallstattzeitlichen Grabhügels mit Steinkreis und Kreisgraben

– etwa Spuren von Pfostenstellungen – beobachtet werden. Im Bereich der im Westen noch intakten Steinsetzung war zwischen der Unterkante dieser Steine und der Oberfläche des Grabens ein deutlicher Niveauunterschied von etwa 0,3 m. Dies kann dahingehend gedeutet werden, daß der Kreisgraben erst nachträglich nach dem Abgraben des Geländes um den Hügel herum ausgehoben wurde. Ob dies jedoch nur eine Abfolge im Bau der Grabanlage widerspiegelt – Errichtung des Steinkreises, Aufschüttung des Hügels, Ausheben des Kreisgrabens – oder aber eine nachträgliche Veränderung und Ergänzung, kann nicht beurteilt werden. Jedenfalls verstärkte der Graben die monumentale Wirkung des großen Hügels, denn von der Unterkante des Steinkreises bis zur Spitze des Grabens bestand nun ein Höhenunterschied von 1,2 bis 1,3 m. Wie hoch der Hügel aufgeschüttet war, wissen wir nicht; man

wird jedoch mit mehreren Metern Höhe rechnen dürfen.
Nachweise von Bestattungen haben sich nur an 2 Stellen (Abb. 59, Grab 1 und 2) als letzte Reste von Brandschüttungsgräbern erhalten. Im Zentrum des Hügels wurden außerdem auf einer Fläche von einigen Quadratmetern an der Unterkante des Pflughorizontes verstreut kalzinierte Knochen gefunden, die die letzten Nachweise einer zentralen Bestattung darstellen dürften. Demzufolge war die ursprünglich hölzerne Grabkammer auf der ersten Lage der Hügelschüttung (Podium) errichtet, wie wir dies immer wieder von hallstattzeitlichen Grabhügeln kennen.
Am östlichen Rand des Hügels wurde der Rest einer 0,3 × 0,4 m großen Grube angetroffen (Grab 1), die jedoch nur noch 1–1,5 cm tief erhalten und mit Brandresten, kalzinierten Knochen und kleinen Keramikfragmenten verfüllt war. Die Reste eines zweiten Brandgrabes (Grab 2) konnten an der Südostseite zwischen dem ergänzten Steinkreis und dem Kreisgraben aufgedeckt werden (Abb. 59). Auf einer Fläche von 0,6 × 0,6 m lagen in einer nur noch 2 cm starken Schicht mit angeziegeltem Lehm, Holzkohle und einzelnen kleinen Scherben zahlreiche kalzinierte Knochen. Die Grabgrube wurde offenbar in eine humose Schwemmschicht eingetieft, die wahrscheinlich schon in Zusammenhang mit Einschwemmschichten im Graben stand. Deshalb dürfte die Grabgrube erst angelegt worden sein, als Teile der Hügelschüttung schon abgeschwemmt waren und den Kreisgraben bereits überdeckten.
Aus den Gräbern fehlen datierende Funde. Jedoch fanden sich an mehreren Stellen Streuscherben, insbesondere im südlichen Bereich des Kreisgrabens lagen in der obersten Verfüllung zwischen den Steinen des Steinkreises mehrere Scherbenansammlungen (Abb. 59), die von abgeschwemmten Gräbern aus der Hügelschüttung stammen. Neben zahlreichen Wandscherben, teilweise mit Resten roter Engobe und Graphitierung, sind besonders 2 Scherben mit Kerbschnittverzierungen hervorzuheben. Hinzu kommen verschiedene Reste von großen Zylinderhalsgefäßen, die in mehreren Zonen Graphitierung und rote Engobe aufweisen. Außer dieser Keramik, die der mittleren Hallstattzeit (Ha C), dem 7./6. Jahrhundert, angehört, heben sich noch einige Scherben durch ihre dazu unterschiedliche Machart und Form ab. Neben Wandscherben sind dies die Scherben eines kleinen Napfes und der Randscherben eines Topfes, die in die frühe Latènezeit datierten. Da diese Scherben neben den hallstattzeitlichen in der oberen Grabenverfüllung lagen, kann davon ausgegangen werden, daß in den Hügel auch Nachbestattungen der frühen Latènezeit eingebracht waren.
Unmittelbar südwestlich schließt an den Hügel eine Geländerippe an, die in die Niederung des Seegrabens zieht. Möglicherweise sind es ebenfalls stark verebnete Reste weiterer großer Grabhügel. Eine alte Bäuerin aus Benzenzimmern erinnerte sich, daß in dem früheren Wiesengelände zahlreiche unregelmäßige Hügel lagen, die dann im Zuge der hier sehr früh nach dem Krieg durchgeführten Flurbereinigung bei der Umwandlung in Ackerflachen eingeebnet wurden.
Ein gleiches Schicksal hat auch die nicht weit entfernte große Grabhügelgruppe mit Bestattungen der Hallstattzeit und der frühen Latènezeit auf der »Mähder« bei Belzheim am nördlichen Riesrand ereilt, von der heute nur noch wenige Hügel vorhanden sind. Die Lagesituation des Hügels von Benzenzimmern stimmt mit der der Grabhügelgruppe von Belzheim überein; die bis 1950 noch etwa 170 Hügel befanden sich auf einem flachen Rücken über feuchten und sumpfigen Niederungen. Bemerkenswert ist in Belzheim ein 1957 teil-

weise ausgegrabener großer Grabhügel, der einen Durchmesser von etwa 34 m hatte. Im Hügel konnten noch Reste eines zentralen Wagengrabes der mittleren Hallstattzeit mit kalzinierten Knochen einer Brandbestattung, Keramikbeigaben und Eisen- sowie Bronzeteile eines vierrädrigen Wagens und von Pferdegeschirr gefunden werden. Diese Befunde helfen, die Beobachtungen an dem wenn auch kleineren, so doch im Rahmen der hallstattzeitlichen Grabhügel mächtigen Hügels von Benzenzimmern besser zu verstehen. Auch hier könnte in einem der ehemals größten Hügel dieser Grabhügelgruppe ein Toter mit Wagen beigesetzt gewesen sein. Die Beigabe eines vierrädrigen Wagens hebt die Bestatteten dieser Zeit über die Norm des üblichen ab, und wir stufen sie als Angehörige einer Oberschicht ein.

In den hallstattzeitlichen Grabhügel bei Benzenzimmern wurden in der frühen Latènezeit Nachbestattungen eingebracht. Ob es sich dabei um Bevölkerungsteile aus dem Siedlungsareal der frühkeltischen Siedlungen vom 1 km entfernten Ostabhang des Ohrenbergs gehandelt haben kann, ist ungewiß. Die Geschichte dieser Nekropole werden wir nicht mehr in Erfahrung bringen können, da hier durch die intensive landwirtschaftliche Nutzung der äußerst fruchtbaren und ertragreichen Böden der Riesebene ein bedeutendes und wichtiges archäologisches Kulturdenkmal zerstört wurde.

Rüdiger Krause

Eine Grabenanlage bei Heilbronn-Neckargartach, Gewann Hermannsgrund

In den Lößgebieten westlich des Neckars wurde mit Hilfe der Luftbildarchäologie eine ganze Reihe neuer, recht verschiedenartiger Grabenanlagen entdeckt. Wegen anstehender Überbauung oder akuter landwirtschaftlicher Gefährdung wurden einige von ihnen in den vergangenen Jahren untersucht. Hierbei ergaben sich teilweise sehr überraschende Ergebnisse, die jedoch wegen des schlechten Erhaltungszustandes der untersuchten Objekte eingeschränkt werden. Eines dieser Grabenwerke wurde 1980 von O. Braasch im Gewann »Hermannsgrund« auf dem Hochufer, ca. 30 m über der heutigen Neckaraue (Abb. 60) entdeckt. Im Luftbild zeichnet sich eine ovale Grabenanlage ab, in der deutlich 2 dunkle Stellen zu erkennen sind. Etwa in derselben Gegend hatte A. Bonnet »Wohnstätten der Latènezeit« untersucht, ohne daß heute die genaue Grabungsstelle bekannt wäre. Ein bei Schliz abgebildetes Gefäß gehört tatsächlich in die Latènezeit.

Das Objekt wurde im Frühjahr untersucht. Hierbei sind wir der Arbeitsloseninitiative Heilbronn e. V. unter bewährter Leitung von U. Schmidt und H. Heizmann zu Dank verpflichtet, ebenso dem Arbeitsamt Heilbronn für die Bewilligung einer Arbeitsbeschaffungsmaßnahme, ohne die die Grabung nicht möglich gewesen wäre.

Die Untersuchung ergab, daß nur noch ein geringer Rest der Anlage erhalten war (Abb. 61). Denn bei der Aufdeckung zeigte es sich, daß der im Luftbild deutliche, nach Nord-

Abb. 60/61 Heilbronn-Neckargartach. Vorgeschichtliche Anlage von Süden, rechts: während der Ausgrabung (freigeg. RP Stuttgart B 11297 und 000/05178)

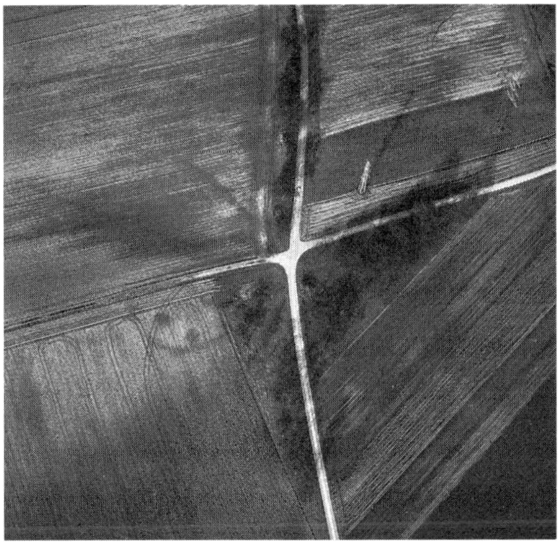

westen auslaufende Streifen ein alter Feldweg war. Ein zweiter, noch auf der Flurkarte verzeichneter alter Hohlweg durchquert die Anlage ebenfalls in Nordwest-Südost-Richtung. An antiker Substanz ist nur noch ein geringer Grabenrest im Südteil der Anlage vorhanden, der nach Osten in ein unzugängliches Baumgrundstück verläuft, gegen Nordwesten immer flacher wird und schließlich erodiert ist. Auch in nördlich anschließenden Suchschnitten war er nicht mehr zu fassen. Es handelt sich um einen maximal 5 m breiten, noch bis zu 1,2 m tiefen, wannenförmigen Graben mit homogener dunkler Füllung. Irgendwelche Besonderheiten konnten nicht beobachtet werden, obwohl der Grabeninhalt vollständig und mit durchlaufendem Längs- und zahlreichen Querprofilen untersucht wurde. Das spärliche Scherbenmaterial datiert den Graben in die Stufe Ha C/D 1.

Bei der südlichen Verfärbung handelt es sich um eine unförmige, offensichtlich in mehreren Phasen angelegte bzw. verfüllte Grube der gleichen Zeitstellung. Der nördliche Befund erwies sich als Schacht bzw. Brunnen mit seitlich angebauter holzverschalter Wasserkammer. Aus technischen Gründen konnten nur die oberen 5 m dieser Anlage untersucht werden. Die oben 5 m weite Mündung verengt sich zu einem runden Schacht von 3 m Durchmesser, in dem bis zu der ergrabenen Tiefe keine Holzverschalung kenntlich war.

Nach Norden zu, seitlich an diesen Schacht angebaut war eine runde Wasserstube von unten 2,50 m Durchmesser, die sich nach oben zu etwas verjüngt und deutliche Spuren einer faßartigen Holzauskleidung aufwies. Jedenfalls war, dem größten Durchmesser folgend, eine ringförmige Standspur in den anstehenden Löß eingetieft. Diese Wasserstube diente offenbar dazu, einen gewissen Wasservorrat aus dem sehr tiefen Schacht aufzunehmen bzw. zu speichern. Der Schacht selbst konnte nicht ausgegraben werden. Doch wurde er mit dem Handschlitzbohrer von E. Altheimer bis in eine Tiefe von 22 m unter heutiger Flur verfolgt. Eine größere Bohrtiefe konnte ohne mechanisches Bohrgerät nicht erreicht werden, doch liegt der Grundwasserspiegel hier etwa 30 m tief.

Damit stellt sich auch die Frage nach der Deutung und Datierung der gesamten Anlage. Der Schacht war bis zur ergrabenen Tiefe mit Erdmaterial und etwas Steinen verfüllt und enthielt vorwiegend römisches, weniger vorgeschichtliches Fundmaterial, die Grabenanlage ist dagegen mit Sicherheit vorgeschichtlich. Der Bau eines isoliert liegenden römischen Holzbrunnens von ca. 30 m Tiefe auf dem Hochufer des Neckars erscheint recht ungewöhnlich und ist wenig wahrscheinlich. Dagegen ist die Zugehörigkeit des Schachtes zu der hallstattzeitlichen Grabenanlage, analog der keltischen Viereckschanzen, durchaus zu erwägen. So zeichnet sich eine Kontinuität solcher Anlagen mit der hier vorgestellten über weitere nur wenig südlich gelegene in Gewann »Nonnenbuckel«, die in die späte Hallstatt- bzw. in die Mittellatènezeit gehören, zu den spätkeltischen Schanzen durchaus ab.

Sollte der Brunnen jedoch römisch sein, so ist er mit der nur 50 m westlich, im Gelände sehr gut festzulegenden Römerstraße von Böckingen nach Wimpfen in Verbindung zu bringen. Diese Straße ist an verschiedenen Stellen archäologisch erfaßt und festgelegt und auch heute noch im Gelände zu erkennen. 700 m nördlich des Schachtes liegt zudem ein bekannter römischer Gutshof im Gewann »Steinacker«, von dem nur noch wenige Lesesteine im Acker zu erkennen sind. Es wäre durchaus denkbar, daß die vorgeschichtliche Anlage in römischer Zeit zur Verbesserung der Ackerflur eingeebnet, bzw. die Brunnen- oder Schachtruine vollends mit römischem Schutt verfüllt wurde. Leider war der Erhaltungszustand der vorgeschichtlichen Anlage durch Erosionseinwirkung schon so schlecht, daß hier keine endgültigen Aussagen mehr möglich sind. Eine nur 300 m westlich liegende Anlage mit im Luftbild kenntlichem Graben ist aufgrund von Bohruntersuchungen nur noch maximal 0,5 m tief, so daß sich hier eine Grabung kaum mehr lohnen dürfte. Eine weitere, ca. 300 m südöstlich gelegene Grabenanlage wurde bisher noch nicht näher untersucht. So kann es heute nur noch darum gehen, die wichtigsten Fundstellen vor ihrer endgültigen Abtragung zu erkennen, in ihrer Erhaltung und Bedeutung einzuschätzen und dann entweder durch die Schaffung eines archäologischen Reservates zu sichern, oder aber sie durch eine Grabung in letzten Resten festzuhalten. Da es sich hier um riesige, einst dicht besiedelte Flächen handelt, kann diese Aufgabe derzeit nur in beschränktem Umfang wahrgenommen werden.

Jörg Biel

Literaturhinweis

Fundber. aus Schwaben 13, 1905, 36 f. – J. Biel, Zwei eisenzeitliche Erdwerke bei Heilbronn-Neckargartach. Arch. Ausgr. Bad.-Württ. 1988, 65 ff.

Vorgeschichtliche Siedlungsreste in Eberdingen-Hochdorf, Kreis Ludwigsburg

Am nordöstlichen Ortsrand von Hochdorf sind durch Fundaufsammlungen der ehrenamtlichen Beauftragten Renate Leibfried ausgedehnte Siedlungsreste der Bandkeramik nachgewiesen. Diese zeichnen sich als Nordwest-Südost verlaufende Strukturen auch recht gut im Luftbild ab. Sie ziehen bis zum Gewann »Reps«, einem flach nach Süden in die heutige Ortschaft abfallenden Hang. Dieser liegt etwa in der Mitte zwischen einem ausgedehnten Grabhügelfeld der späten Hallstattkultur mit Nachbestattungen der Frühlatènezeit im »Pfaffenwäldle«, dem bekannten Großgrabhügel von Hochdorf im Gewann »Biegel« und einem 1926 angeschnittenen Flachgräberfeld der Stufe LT B in unmittelbarer Nähe (Abb. 62). So war es nicht verwunderlich, daß beim Bau des Keltenmuseums

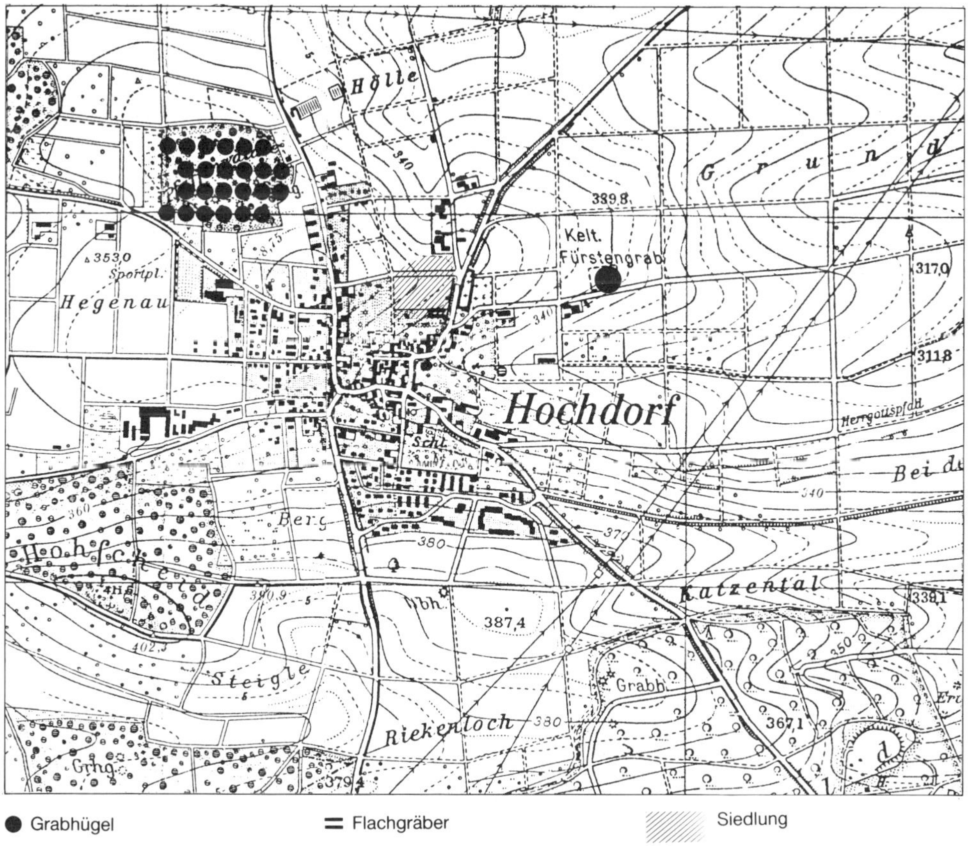

Abb. 62 Eberdingen-Hochdorf. Lage des Siedlungsgebiets mit Grabhügeln und Fürstengrab

Abb. 63 Eberdingen-Hochdorf. Planum des Grubenhauses mit deutlich erkennbaren Bretterwänden

Hochdorf durch die Gemeinde Eberdingen auf der Hangkuppe die zugehörige Siedlung angeschnitten wurde. Vor Baubeginn wurde der Ackerhumus abgehoben. Hierbei zeigten sich dann sehr schlecht erhaltene Grubenreste der Bandkeramik. Sehr viel besser erhalten waren 8 Kellergruben sowie 2 Grubenhäuser der Späthallstatt-Frühlatènezeit. Das eine war 5,0 × 3,0 m groß, ca. 30 cm eingetieft und besaß 2 Firstpfosten sowie 2 seitlich aufgestellte Pfosten, die nicht ganz in der Mitte der Längswände plaziert waren. Der Boden des Grubenhauses war um eine in der Mitte des Gebäudes liegende Feuerstelle herum estrichartig verhärtet. Aus dem Fundmaterial läßt sich bisher keine Aussage zur Funktion des Gebäudes machen, es entspricht dem üblichen Siedlungsniederschlag.

Abb. 64 Eberdingen-Hochdorf. Bretterwand des Grubenhauses

Das zweite Grubenhaus (Abb. 63) ist schon durch seine Ausmaße sehr außergewöhnlich – es mißt 5,4 × 7,2 m und hat damit eine Innenfläche von 38 m². Sehr ungewöhnlich ist auch die Bauweise – die Wände bestehen aus im Mittel 35 cm breiten und 10 cm dicken sauberen Spaltbrettern, die senkrecht in ein Wandgräbchen gestellt sind. Die Ecken des Gebäudes sind besonders tief eingegraben. Tragende Pfosten fanden sich nicht, so daß das Dach von dieser senkrechten Bretterwand getragen wurde (Abb. 64). Der Bau besaß keine Feuerstelle, doch war durch Brand ein Teil des Lehmverputzes der Westwand angeziegelt und erhalten, hier war auch der Boden verziegelt. Er ist uneben und fällt um 15 cm ab. Hier fanden sich im Abstand von 2,3 bzw. 3,6 m je 2 leicht schräg gegeneinander gestellte Pfostenspuren, von denen ein Paar durch den Abdruck einer Balkenrinne miteinander verbunden war. Es handelt sich wohl um die Standspuren zweier Gewichtswebstühle, wie wir sie etwa aus Wallwitz in Sachsen oder von der frühmittelalterlichen Heuneburg kennen. Für ein Webhaus spricht auch das Fehlen eines Herdes sowie das außerordentlich spärliche Fundmaterial. Webgewichte fanden sich in dem Gebäude zwar nicht, dagegen in einem direkt daneben liegenden Keller in größerer Zahl und verschiedener Abmessung. Auch spricht die Zahl von 5 Spinnwirteln, die in der Hausfüllung zutage kamen, für diese Nutzung. Ein so großes Webhaus, zu dessen Grundriß mir im übrigen kein Vergleich bekannt ist, dürfte wohl eher eine zentrale Produktionsstätte als das Webhaus einer einzelnen Hofstelle gewesen sein. Grundrisse von Pfostenbauten waren im Grabungsareal nicht vorhanden, doch streuen die angetroffenen 8 Silos über das gesamte Gelände. Sie enthielten recht qualitätvolles keramisches Material, darunter auch zahlreiche scheibengedrehte Gefäße.

Die aufgedeckte Fläche von 75 × 30 m ist nur ein kleiner Ausschnitt einer großen Siedlung, die sich offensichtlich über den gesamten Südhang des Gewannes »Reps« erstreckt. Da hier in naher Zukunft ein Neubaugebiet realisiert werden soll, wurde eine Fläche von 1,7 ha von H. G. Jansen geomagnetisch untersucht. Das Ergebnis zeigt dichte Besiedlungsspuren im gesamten Gebiet, darunter auch deutliche Hausspuren der Bandkeramik. Die vorgesehene archäologische Untersuchung dieser Fläche läßt wichtige Ergebnisse vor allem für die eisenzeitliche Besiedlungsgeschichte des Ortes erhoffen und vielleicht auch Rückschlüsse auf die Zugehörigkeit des reichen Grabes von Hochdorf zum immerhin 10 km entfernten Hohenasperg zu. *Jörg Biel*

Literaturhinweise

Fundber. aus Schwaben NF 4, 1928, 59 Taf. 11,1 – H. Zürn, Hallstattzeitliche Grabfunde in Württemberg und Hohenzollern, Forsch. u. Ber. z. Vor- u. Frühgesch. in Baden-Württemberg 25, 1987, 95 f. Taf. 137 ff. – J. Biel, Der Keltenfürst von Hochdorf, 1985, 28 f. mit Abb. 17,18.

Ein Siedlungsbefund aus einer hallstattzeitlichen Siedlung in Hochdorf, Stadt Freiburg

Im Sommer wurde in Hochdorf, Stadt Freiburg, Gewann »Hinter dem Berg«, vom Landesdenkmalamt Baden-Württemberg, Außenstelle Freiburg, ein Ausschnitt einer hallstattzeitlichen Siedlung unbekannter Ausdehnung untersucht, die durch landwirtschaftliche Nutzung gefährdet war. Sie liegt am Südostrand des Nimberges, einer Nord-Süd streichenden lößbedeckten Scholle, die in die Freiburger Bucht hineinragt und sich als Höhenzug in der Rheinebene abhebt (Abb. 65). Von dieser Fundstelle hat man eine gute Fernsicht in die weitere Umgebung: zum östlichen Kaiserstuhlrand, zum Nordostrand mit Riegel und zum Zähringer Burgberg, auf dem in den letzten Grabungskampagnen ebenfalls eine hallstattzeitliche Besiedlung nachgewiesen wurde. Grabhügel in Buchheim, von denen das sog. Bürgle bereits 1884 untersucht wurde (Abb. 65), und eine bei Begehungen von H. Stöckl entdeckte Fundstelle belegen eine Besiedlung der näheren Umgebung in der Hallstattzeit. Auf den Äckern im Gewann »Hinter dem Berg«, im Umkreis des Wasserhochbehälters, höchster Punkt 239,14 m NN, konnten ebenfalls von H. Stöckl auf einer Fläche von etwa 3 × 10 m Funde aufgelesen werden. Darunter fanden sich ein Spinnwirtel aus Ton, rotbemalte und ritzverzierte Scherben, Scherben mit plastischen Tupfenleisten: Funde, die sich in das bekannte hallstattzeitliche Keramikspektrum einordnen ließen und somit die ersten Datierungshinweise lieferten. Diese Entdeckung wurde nun in Zusammenhang mit einem Sohlgraben gesehen, der 1964 bei Flurbereinigungsmaßnahmen in der Nähe des Wasserhochbehälters angeschnitten und als Teil einer befestigten Höhensiedlung angesprochen wurde. Es bestand daher die Hoffnung, bei der Ausgrabung weitere Befunde und Spuren der Innenbebauung vorzufinden. Ausgehend von der 1982 entdeckten Fundkonzentration wurde eine Fläche von 550 m² abgeschoben und dabei eine rechteckige Nordost-

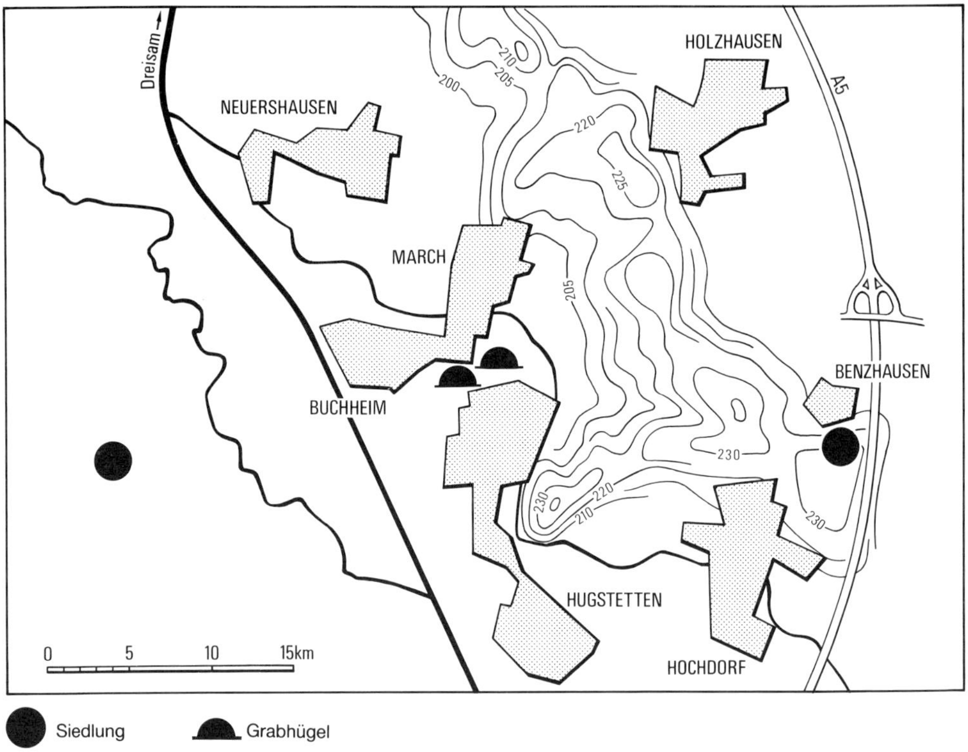

Abb. 65 Hallstattzeitliche Fundstellen in der Umgebung von Freiburg-Hochdorf

Abb. 66 Freiburg-Hochdorf. »Hinter dem Berg«. Rechteckige Grube mit Steinversturz. Punktraster: Grubenverfärbung, schwarze Punkte: Hüttenlehm, weiße Flächen: Steine

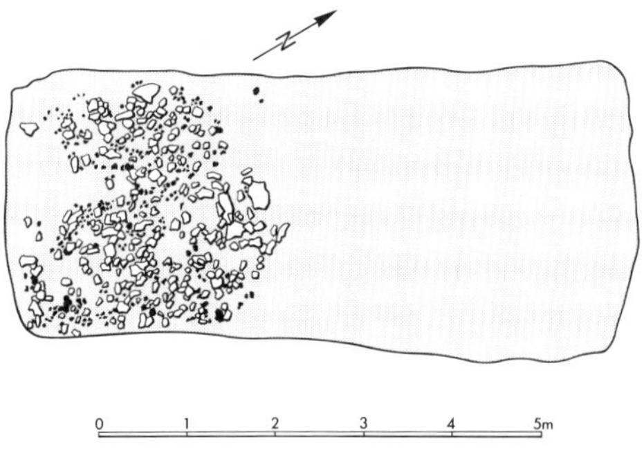

Südwest ausgerichtete Verfärbung von 7 × 3 m Ausdehnung direkt unter dem Pflughorizont festgestellt, die sich sehr deutlich im gelben Löß abzeichnete (Abb. 66). Es wurde der unterste Teil einer senkrecht in den Löß eingetieften Grube erfaßt, deren ebene Grubensohle noch 0,30–0,40 m unter der heutigen Oberfläche lag. Der obere Bereich war bereits durch Pflug und Erosion zerstört. In der mit zahlreichen Keramikscherben und Tierknochen durchsetzten Grubenfüllung waren auch Schlackenreste eingelagert, die auf Metallverarbeitung hinweisen. Die Keramik zeigt das für späthallstattzeitliche Siedlungen typische Formen- und Verzierungsspektrum: Gefäße mit plastischen Tupfen- und Kerbleisten, Ge-

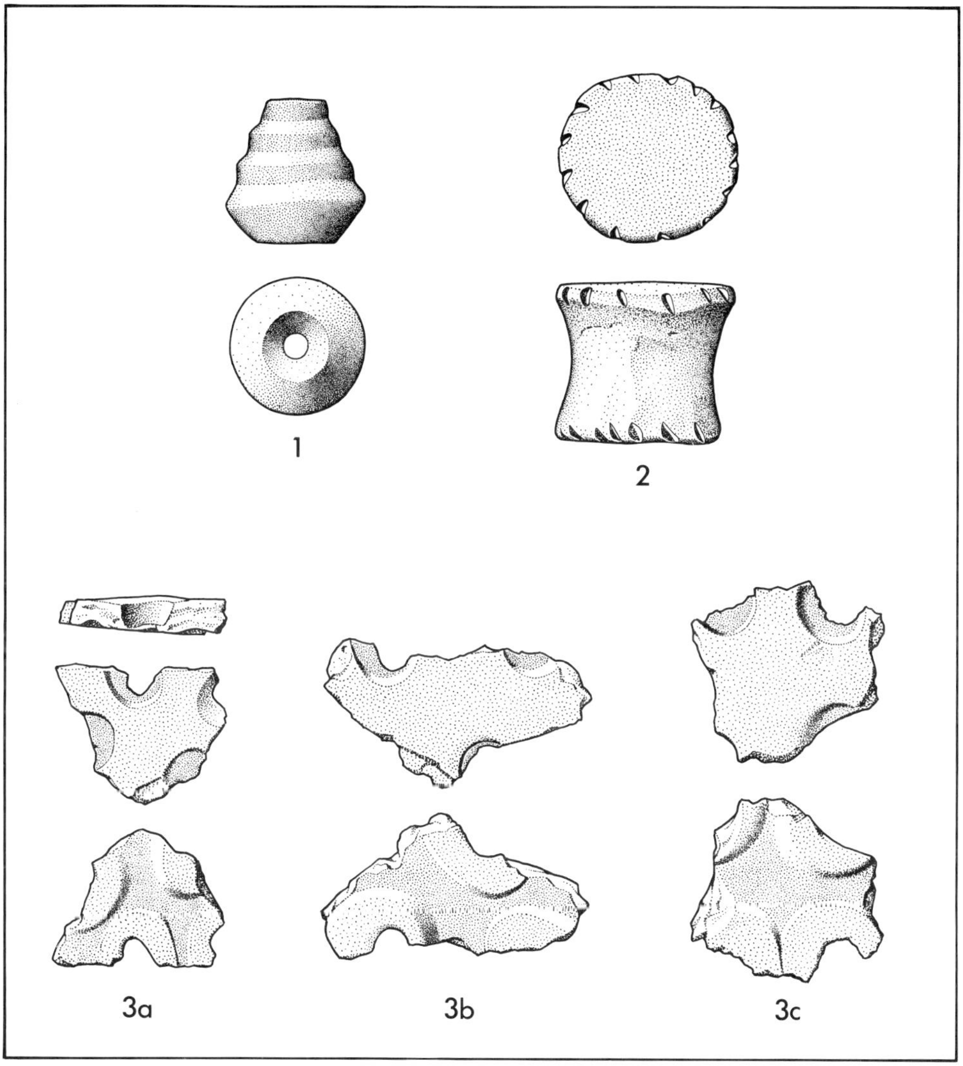

Abb. 67 Freiburg-Hochdorf. »Hinter dem Berg«. Auswahl von hallstattzeitlichen Funden. Maßstab 2:3

fäße mit einfachen, doppelten und dreifachen Kerbreihen im Halsbereich, Fragmente von graphitierten Schalen und rotbemalten Gefäßen sowie Scherben mit Ritz- und Stempelverzierung im Alb-Hegau-Stil. Darunter fanden sich auch weißgrundig-rotbemalte Scherben, die bisher nur im Fundmaterial von Hochdorf angetroffen wurden. Ein doppelkonischer Spinnwirtel aus Ton mit umlaufenden parallelen Riefen verziert (Abb. 67.1), eine Tonspule mit planen, seitlich gekerbten Abschlußscheiben (Abb. 67.2) und die Nadel einer Bronzefibel – vermutlich einer Schlangenfibel – ergänzen die zahlreichen Funde. Zu erwähnen sind 3 Wandscherben (Abb. 67.3), bei denen nicht eindeutig zu erkennen ist, ob die Wandung durchbohrt ist oder ob es runde Eintiefungen sind, die durch wulstartige Verdickungen betont werden. Die Interpretation als Siebgefäß oder als Reste einer Gußform muß deshalb offenbleiben.

Im Südwestteil der Grube wurde ein annähernd runder (2,7 m Dm.) Steinversturz aus mehreren Lagen unterschiedlich großer Steine freigelegt (Abb. 66), der noch 0,25 m hoch erhalten war. Nach Auskunft von W. Engesser (Geologisches Landesamt Baden-Württemberg) stammen die roten Steine aus dem bekannten Steinbruch »Roter Felsen« zwischen Hochdorf und Hugstetten, am Südrand des Nimberges gelegen. Dieser Steinbruch war bereits in der Hallstattzeit bekannt, denn Steine vom »Roten Felsen« wurden für die Steinpackung im hallstattzeitlichen Grabhügel »Bürgle« verwendet, wie W. Engesser nachweisen konnte. Es handelt sich um eisenschüssige, z. T. oolithische Kalksandsteine, die in den Murchisonaeschichten des Dogger (Jura) auftreten. Sie könnten bei der Eisengewinnung (Eisengehalt 20–30 %) eine Rolle gespielt haben; weiterhin wäre auch an eine Verwendung bei der Gewinnung von Färbemittel zu denken. Der Steinbruch wurde bis in die Neuzeit genutzt (Baumaterial für Gebäude der Umgebung) und war von wirtschaftlicher Bedeutung.

Zwischen den Steinen fanden sich dichte Konzentrationen von luftgetrocknetem rotem Lehm, weiterhin Keramikscherben und Tierknochen. An größeren Lehmbrocken konnten parallele Fingerverstrichspuren beobachtet werden. Die erste Vermutung, daß diese Steinsetzung zu einer Herdstelle gehört, erwies sich als unhaltbar, da weder an den Steinen noch auf dem Boden und im Umfeld Spuren von Brandeinwirkungen festgestellt werden konnten. Die zwischen den Steinen liegenden Lehmbrocken deuteten zunächst auf einen auf der Innenseite mit Lehm verkleideten Brennofen hin. Da aber auch der Lehmverputz keine Brandrötung oder Spuren extremer Hitzeeinwirkung aufwies und weder Fehlbrände noch Fragmente verglühter oder verzogener Gefäße angetroffen wurden, ist auch die Funktion als Töpferofen auszuschließen.

Die Ausmaße der rechteckigen Verfärbung würden auch nicht gegen ein Grubenhaus mit Pfostenkonstruktionen (Dach und Seitenwände) sprechen, wobei »Grubenhaus« nicht als Wohngebäude aufgefaßt werden soll. Auffallend war jedoch, daß parallel zur Grubenbegrenzung und innerhalb der Grube, auf der Sohle, keine Pfostenstellungen beobachtet wurden. Geht man davon aus, daß nicht alle Pfosten gleich tief eingegraben waren, hätten sich aufgrund der günstigen Voraussetzungen im Löß doch einige Pfostenlöcher erhalten müssen. Das Fehlen der Pfostenreihen legt nahe, daß die Grube nicht überdacht war. Eine mögliche Wandkonstruktion wäre auch eine auf Schwellbalken errichtete, mit Lehm verkleidete Flechtwerkwand, bei der sich nicht die einzelnen Pfosten nachweisen lassen, sondern lediglich die Verfärbung des Schwellbalkens. Diese zeichnete sich jedoch nicht im Befund ab. Da Hüttenlehm, der auf lehmverstrichene Flechtwerkwände hinweist, nur innerhalb des Steinversturzes, jedoch nicht innerhalb der restlichen Grubenfüllung vorgefunden wurde, gab es vermutlich keine Seitenwände. Eine Nutzung als Wohnraum (Grubenhaus) ist daher auszuschließen; eine Nutzung als Handwerks- oder Wirtschaftsraum kommt wohl eher in Frage. Daß aus Sicherheitsgründen (Feuergefahr) oder wegen extremer Rauchentwicklung bestimmte Handwerke außerhalb des bewohnten Siedlungszentrums ausgeübt wurden, trifft wohl auch für

die Hallstattzeit zu. Hinweise dafür, wo der zugehörige bewohnte Siedlungskern zu vermuten ist, fehlen bisher noch.
Auch wenn die Primärfunktion der Grube nicht zufriedenstellend geklärt ist, läßt sich jedoch die sekundäre Verwendung als Abfallgrube archäologisch nachweisen. Der Zeitraum, in dem sich die Grube mit Siedlungsabfall (Tierknochen, Gefäßreste) verfüllt hat, ist aufgrund der Fundzusammensetzung, die einen repräsentativen Querschnitt gibt, und aufgrund der Gefäßformen, der Machart, der Verzierungsmuster und -techniken in die jüngere Hallstattzeit (6. Jh. v. Chr.) zu datieren.
Die Grabung erfaßte möglicherweise den Randbereich einer Siedlung, die hinsichtlich ihrer topographischen Lage nicht von dem hallstattzeitlichen Siedlungsbild im Breisgau abweicht. Leider konnte im gesamten Grabungsareal trotz günstiger Voraussetzungen nur dieser einzelne Befund beobachtet werden. Das Fehlen weiterer Siedlungsspuren, die Hinweise zur inneren Siedlungsstruktur geben könnten, wird einerseits durch die intensive landwirtschaftliche Nutzung, andererseits auch durch die fortschreitende Erosion bedingt. Wie sehr Siedlungsbefunde in vergleichbaren Lagen diesen Zerstörungsprozessen ausgesetzt sind, wurde durch diese Untersuchung bestätigt. Zum Schluß sei an dieser Stelle all denen gedankt, die auf unterschiedliche Weise an der Grabung beteiligt waren: dem Grabungsteam, dem Vermessungsamt der Stadt Freiburg sowie der Gemeinde Hochdorf für die Hilfestellungen vor Ort.

Jutta Klug

Literaturhinweise
F. Westphal, Der Nimberg bei Freiburg i. Br., Diplomarbeit Freiburg, 1953 – G. Fingerlin, Flurbereinigung und Bodendenkmalpflege (I). Archäol. Nachrichten aus Baden 2, 1969, 14 f. – W. Struck, in: Die Kelten in Baden-Württemberg, 1981, 424 f.

Abschließende Nachuntersuchungen in Fürstengrabhügeln bei Hundersingen, Gemeinde Herbertingen, Kreis Sigmaringen

Seit den ersten Grabungen 1876/77 steht die Gruppe von 4 Großgrabhügeln im Gewann »Gießübel« und im Wald »Talhau« beiderseits der Straße Hundersingen–Binzwangen im Blickpunkt der Landesarchäologie. Erste Zusammenhänge mit der 400 m südwestlich am Westufer der oberen Donau gelegenen Heuneburg kündigten Sondagen im Jahre 1921 an.
Ab 1950 setzten die großflächigen Ausgrabungen des Siedlungsareals auf der Heuneburg ein, die bis zu ihrem vorläufigen Abschluß 1979 die hervorragende Bedeutung dieser Siedlung in der frühen Eisenzeit offenlegten. Ergänzend wurde der bis dahin unangetastete Hügel 4 im »Talhau« von S. Schiek 1954–1963 untersucht. Der Hügel war direkt auf den Resten einer älteren Siedlung errichtet worden. Das Fundmaterial belegte ein gleichzeitiges Bestehen dieser, der Heuneburg vorgelagerten Siedlung mit einem älteren Besiedlungsabschnitt innerhalb der Befestigungen auf der Heuneburg während des 6. Jahrhunderts.
Die intensive Beackerung des Gewannes »Gießübel« drängte zur Untersuchung von Hügel 1 und 2 in mehreren Grabungskampagnen von 1978–1982. Neben Untersuchungen zur Bauweise dieser Großgrabhügel galt das Interesse den nur unter den Schüttungsmassen

erhaltenen Siedlungsstrukturen. Konnte unter Hügel 4 eine Abfolge von mindestens 6 Siedlungsphasen der »Außensiedlung« aufgedeckt werden, waren unter Hügel 1 nur noch die beiden untersten Schichten und unter Hügel 2 Reste der ältesten Siedlung erhalten. In diesen Bereichen waren die jüngeren Schichten nach Aufgabe der Siedlung großflächig abgegraben worden, um das zur Aufschüttung der Hügel notwendige Material zu gewinnen. Mit der Ausgliederung der beiden Hügel aus der landwirtschaftlichen Nutzung und dem Entschluß zur Rekonstruktion dieser Grabdenkmale war die Untersuchung der verbliebenen, ungegrabenen Bereiche von Hügel 2 im letzten wie auch in diesem Jahr verbunden (Abb. 68).

Ein besonderer Dank für hilfreiche Unterstützung gebührt der Gemeinde Herbertingen mit Bürgermeister Abt, der Familie Eberhard als Pächter des Talhofs und E. Gersbach vom Institut für Vor- und Frühgeschichte in Tübingen, der auch in diesem Jahr ein Feldzeichengerät zur Verfügung stellte.

Die Ausgrabung beschränkte sich auf den Nordostbereich von Hügel 2. Von den nahezu vollständig abgegrabenen Siedlungsschichten fanden sich nur die in den anstehenden Boden eingreifenden Strukturen wie Pfostengruben, Zaun- und Traufgräbchen, aber auch Reste einer größeren Grube. Diese waren außerhalb des Hügels nicht mehr vorhanden, da dort der anstehende Boden abgetragen worden war. In diesem Bereich des Hügels konnte wie schon im Jahr zuvor ein radial von der Hügelmitte nach außen laufendes System von Aufschüttungssektoren dokumentiert werden.

Besonderes Interesse galt dem Steinkranz, der den Hügel umgab. Er besaß eine noch bis zu 0,5 m hohe Front aus trocken aufeinander gesetzten Steinen, die jeweils im Abstand von 1,4 bis 1,7 m durch eingeblendete Holzpfosten untergliedert war. Die nur noch in Spuren nachzuweisenden, vierkantigen Pfosten waren zunächst mit bis zu 1 m tiefen Gruben fundamentiert worden. Erst danach wurde das Trockenmauerwerk in den Zwischenräumen aufgeschichtet. Das abschnittsweise Vorgehen bei der Errichtung des Steinkranzes wurde durch den unterschiedlichen Verlauf der Bauniveaus, die Breite der einzelnen Segmente, aber auch durch die Häufung bestimmter verwendeter Gesteinsarten deutlich. Am Nordostrand des Hügels zeigten sich in einem Abstand von 5 m 2 ca. 1 m breite Steinwangen, die am Steinkranz ansetzten und radial zur Hügelmitte hin verliefen. Die Steine waren in einer Lage auf die Hügeloberfläche aufgesetzt worden, die hier einen Steigungswinkel von ca. 25° besaß. Das Abbrechen der Steinwangen nach 1,5 m ist auf die Abtragung der Hügelkuppe in den Jahren 1876/77 zurückzuführen.

Außer der Nachuntersuchung von Hügel 2 wurden nördlich und westlich des Hügelfriedhofs im Gießübel/Talhau einige im Gelände erkennbare Wälle sondiert. Bereits 1977 war ein südlich der Hügel im Gießübel etwa in Ost-West-Richtung verlaufendes Wallstück Gegenstand der Untersuchung (Abb. 68, Schnitte 1–11). Damals bestand der Verdacht, es könnte sich hierbei um Teile einer eingeebneten spätkeltischen Viereckschanze handeln. Bei den festgestellten Dimensionen der Anlage scheidet diese Möglichkeit jedoch aus, da der dem Wall im Norden vorgelagerte Graben (Schnitte 2, 4 und 5) nach etwa 270 m Länge nach Südsüdosten abknickt und noch auf 620 m Länge nachgewiesen ist (Schnitte 6–9). Als 1978 mit einem von Hügel 1 aus nach Westen parallel zur Waldkante verlaufenden Baggerschnitt (Schnitt 12) die Ausdehnung der Außensiedlung abgeklärt werden sollte, kam nahe der Hangkante zum Soppenbachtal ein weiteres Grabenstück zum Vorschein, das östlich von einer markanten Geländerippe begleitet wird. Derartige Geländerippen befinden sich auch im Wald Talhau nördlich von Hügel

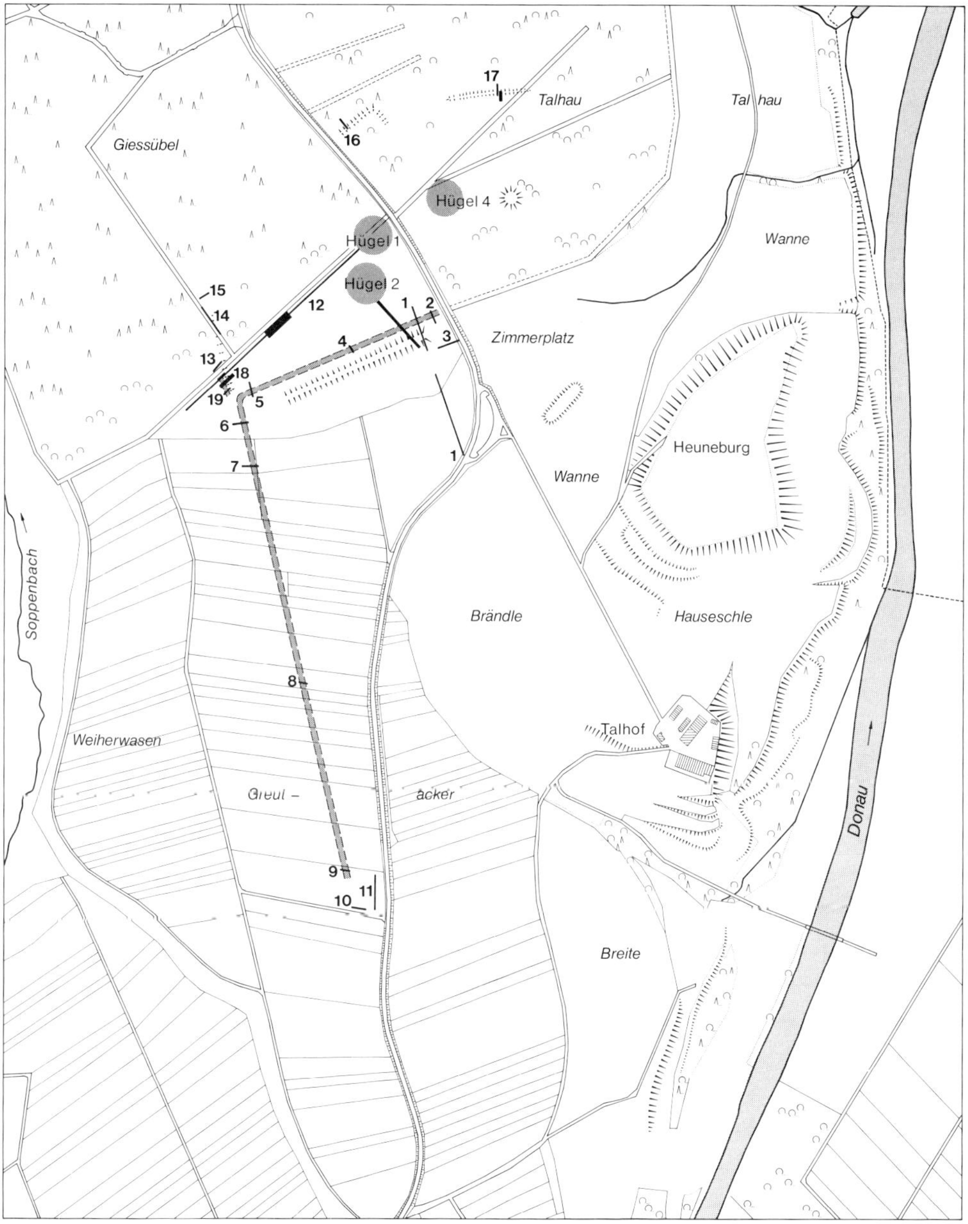

Abb. 68 Herbertingen-Hundersingen. Übersichtsplan über die Grabungen im Bereich der Heuneburg-Außensiedlung

4. Zu klären war deshalb, ob eine durchgehende Verbindung zwischen den einzelnen, unterschiedlich stark verebneten Wallstücken herzustellen sei. In den im Waldgebiet an mehreren Stellen angelegten Baggerschnitten (Schnitte 13–17) konnte jedoch nirgendwo ein den Wallresten vorgelagerter Graben nachgewiesen werden. Deshalb wurde Schnitt 12 im Bereich des Grabens erneut aufgebaggert und dabei das Ende des Grabens getroffen. Da die Wälle im Wald also nicht von einem vorgelagerten Graben begleitet werden, ist ein Zusammenhang der einzelnen Wallstücke nördlich und westlich der Hügel nicht zu erweisen. Die westlich der Straße gelegenen Wälle und Gräben scheinen auch nicht mit der Außensiedlung in Verbindung zu stehen, da Siedlungsspuren jeweils beiderseits von Wall und Graben angetroffen wurden. Aufgrund eines unter einem Wallstück erhalten gebliebenen Schichtrestes (Schnitt 18) kann seine Errichtung frühestens nach Auflassung der Siedlung erfolgt sein.

Gleichzeitig mit der diesjährigen Grabungskampagne wurde die Wiederaufschüttung von Hügel 1 abgeschlossen und die Aufschüttung von Hügel 2 begonnen. Ausgehend von den Grabungsergebnissen wird Hügel 1 von einem Kreisgraben, Hügel 2 hingegen von einer rekonstruierten Mauerfront mit eingeblendeten Pfosten eingefaßt werden. Dieses Vorhaben wird vom »Naturpark Obere Donau« und der Gemeinde Herbertingen finanziert und bereichert den Wanderweg durch die archäologische Landschaft um die Heuneburg.

Sabine Hopert, Jürgen Wörner

Literaturhinweise

L. Sperber, Arch. Ausgr. Bad.-Württ. 1979, 39 ff. – S. Kurz, ebda. 1988, 71 ff. – W. Kimmig, Die Heuneburg an der oberen Donau. Führer zu archäologischen Denkmälern in Baden Württemberg 1, [2]1983.

Zur weiteren Untersuchung im hallstattzeitlichen Grabhügelfeld beim Burrenhof auf Markung Grabenstetten, Kreis Reutlingen

In bewährt guter Zusammenarbeit mit den Volkshochschulen Nürtingen und Reutlingen und dem Flurbereinigungsamt Kirchheim/T. und unterstützt durch die Gemeinde Grabenstetten, den Schwäbischen Heimatbund und den Grundstückspächter erfolgte die weitere Untersuchung im hallstattzeitlichen Grabhügelfriedhof beim Burrenhof. Die Betreuung der VHS-Kurse übernahm wieder eine Gruppe von Studenten der Vor- und Frühgeschichte der Universität Tübingen, und im Kreis der VHS-Teilnehmer kann das Landesdenkmalamt auf engagierte, z. T. über Jahre erfahrene Mitarbeiter zählen. Nach 6 Jahren Grabung sind nun 17 der ursprünglich 25–30 Hügel ergraben. Auf Gemeindegebiet Erkenbrechtsweiler sind die Arbeiten abgeschlossen. Dort vermitteln die wiederaufgeschütteten Hügel einen Eindruck vom ehemaligen Aussehen dieser Grabdenkmäler. Die Grabungstätigkeit konzentriert sich nun auf die Hügel, die auf Markung Grabenstetten im Gewann »Löcher« liegen.

Zwei Hügel wurden im Verlauf der Grabungskampagne 1989 untersucht: Hügel 4 der Zählung Major Steiners bei dessen topographischer Aufnahme 1893 und der wohl bereits damals stark verflachte und deshalb von Steiner nicht verzeichnete Hügel E. Während sich Hügel 4 mit noch etwa 60 cm erhaltener Höhe erkennbar vom leicht gegen Osten geneigten Gelände abhob, zeigte sich Hügel E als geringfügige, gerade noch etwa 25 cm hohe Erhebung. Im Luftbild waren beide als dunkle Flecken im ansonsten braunen Ackerland zu erkennen, und beide Hügelbereiche wiesen Minderwuchs des Getreides bei früh einsetzender Gelbfärbung auf. Auch der feine, in 5-cm-Schritten gezeichnete Schichtlinienplan läßt die schleichende Zerstörung infolge landwirtschaftlicher Nutzung nachvollziehen. Ackergrenzen zeigen sich als tief eingegrabene Furchen, und die sich ergebende Streifung zeichnet die Einschnitte des Pfluges nach (Abb. 69). Eine Ackergrenze zieht mitten über Hügel 4, und bei der Ausgrabung sollte sich erweisen, daß hier im Steinkreis bereits deutliche Lücken klafften.

Bei Hügel E handelte es sich um einen einfachen Erdhügel von etwa 14 m Durchmesser ohne erkennbare Einfassung. Weder Nachbestattungen noch eine zentrale Grablege konnten ermittelt werden. In der Hügelmitte zeigte sich der Boden allerdings mit lehmigem Material fleckig untermischt. Der Hügel scheint also schon im vergangenen Jahrhundert ausgegraben worden zu sein. Aus der abgeflossenen Aufschüttung des Hügels stammen einige hallstattzeitliche Keramikreste.

Im Gegensatz dazu verdeutlichen die an Hügel 4 gewonnenen Ergebnisse erneut, welche Erkenntnismöglichkeiten auch noch ein stark verflachter und »schon ausgegrabener« Grabhügel bieten kann. Den Hügel umgab ein aus örtlichen Jurakalkbrocken aufgesetzter Steinkreis von ca. 70 cm Stärke und etwa 15 m Durchmesser, der knapp unter der Ackeroberfläche zutage trat und teilweise schon durch den Pflug in Mitleidenschaft gezogen war.

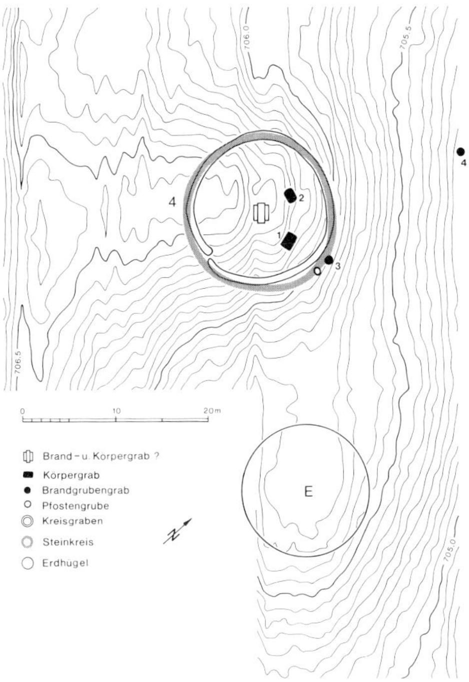

Abb. 69 Grabenstetten. Burrenhof. Hügel 4 und E des Grabhügelfelds beim Burrenhof

Diese Umrandung markierte jedoch erst das jüngste Erscheinungsbild des Grabmonuments. Tatsächlich ließen sich noch 2 vorausgehende Bauzustände feststellen. Angelegt wurde das Grabdenkmal als einfacher Erdhügel, der erst später von einem Kreisgraben von etwa 14 m Durchmesser, rund 80 cm Breite und ursprünglich etwa 40–50 cm Tiefe umgeben wurde. Dies erweist der Grabenaushub, der sich ringsum gegen den Hügelfuß angeschüttet fand.

Nach dem vielfachen Beispiel anderer Grabhügel – auch am Burrenhof – wird der Hügel zuerst ein Brandgrab der älteren Hallstattzeit überwölbt haben. In der Späthallstattzeit dürfte er mit einer oder mehreren zentralen Neubelegungen erneut als Grabdenkmal genutzt worden sein. Die Grabung konnte dies jedoch nicht mehr belegen. Die Hügelmitte erwies sich als restlos von den Grabungen des 19. Jahrhunderts, wohl der von 1893, erfaßt. Zum Zusammenhang der Hügelbegrenzung mit ihren Umgestaltungen und den zentralen Grablegen können deshalb nur Vermutungen angestellt werden. So muß offenbleiben, ob die keramischen Reste, die sich auf der Sohle des Kreisgrabens fanden, aus einer ersten, bei der Neubelegung abgegrabenen Zentralbestattung des Hügels 4 oder von anderer Stelle stammen. Die charakteristisch stempel- und ritzverzierte, dazu graphitbemalte Tonware, Teile von 2 getreppten Schalen, Kegelhalsgefäße und 2 nahezu vollständig erhaltene spitzbodige Schälchen (Abb. 70), lassen wohl ein für die ältere Hallstattzeit typisches Geschirrservice ahnen, denkbar ist aber auch, daß diese

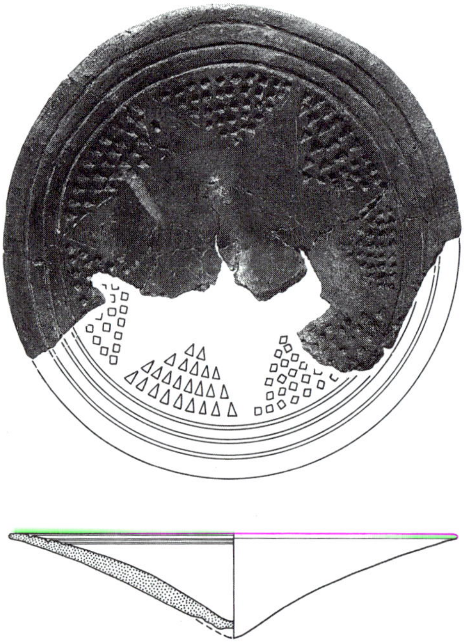

Abb. 70 Grabenstetten. Burrenhof. Spitzbodiges Schälchen aus dem Kreisgraben von Hügel 4. Maßstab 1:2

Keramik kein Grabensemble, sondern Zeugnis des Totengedenkens ist. Sicher ist, daß der Kreisgraben nicht in einem Zug planiert wurde, sondern sich mit eingeschwemmtem Erdmaterial füllte, bevor darüber der Steinkreis angelegt wurde.

Trotz der weit fortgeschrittenen Verebnung ergaben sich in der östlichen Hälfte des Hügels 4 noch die Hinweise auf 2 in den Hügelkörper eingebrachte Nachbestattungen. Erkennbar waren sie allerdings nur noch durch den Umstand, daß verwitternde Steine eine Veränderung des umgebenden Erdreiches bewirken und die entsprechende Verfärbung eine ehemals vorhandene Steinüberdeckung eines Grabes nachvollziehen läßt. Immerhin fand sich im Bereich der so erschlossenen Nachbestattung 1 eine kleine gegossene Bronzepaukenfibel, wie sie für die ausgehende Späthallstattzeit (HaD 2/3) kennzeichnend ist. Aus abgeflossener Hügelschüttung stammt schließlich das Bruchstück einer sog. Schichtaugenperle aus Glas. Solche Perlen kommen in der Spätphase der jüngeren Hallstattzeit (HaD 3) auf und sind besonders während der Frühlatènezeit beliebt. Das Fundstück läßt so möglicherweise eine Geschichte des Hügels 4 bis ins 4. Jahrhundert v. Chr. skizzieren.

Am Ostrand des Hügels, und von dessen jüngerem Steinkreis bereits teilweise überlagert, fand sich ein kleines Brandgrubengrab (Grab 3). Es barg Teile eines unverzierten Kegelhalsgefäßes. Die Grabgrube war mit den Scheiterhaufenresten und darin enthaltenem Leichenbrand angefüllt. Vermutlich ist die Pfostengrube, die nur 1,5 m südlich aufgedeckt werden konnte, mit diesem Begräbnis zu verbinden, und der Pfosten diente vielleicht der oberirdischen Kennzeichnung des Grabes.

Bislang nur selten bekanntgeworden und deshalb in ihrer Bedeutung noch unklar sind Öffnungen in den Kreisgräben. Sollte die etwa 30 cm weite und gleichfalls südlich des Zen-

tralgrabes gelegene Lücke des Kreisgrabens um Hügel 4 ihre Erklärung auch im Grabbrauch finden?
Ganz am Ostrand des Grabungsareals sollte mit einem Suchschnitt der Frage nachgegangen werden, ob sich der 1985 angetroffene spätlatènezeitliche Grabenverlauf weiter nach Westen fortsetzt. Hinweise darauf fanden sich nicht, jedoch ist dieser Sondage die völlig zufällige Entdeckung eines weiteren Brandgrabes der Älteren Hallstattkultur zuzuschreiben (Brandgrab 4). Eine ovale, nordsüdlich orientierte Grabgrube von noch 70 cm Tiefe barg in einer ritzverzierten Kragenrandschüssel den ausgelesenen Leichenbrand, dazu ein kleines Schälchen, ein bronzenes Toilettebesteck und einen Eisengegenstand, zu dessen Bestimmung noch die Restaurierung abgewartet werden muß. Neben der Urne lag eine Bronzenadel, die mit ihrem vasenförmigen Kopf an spätumenfelderzeitliche Formen erinnert.
Auch im vergangenen Jahr konnte aus dem von den Grabhügeln abgeflossenen Boden wieder eine große Zahl jüngerlatènezeitlicher Keramikreste geborgen werden. Sie unterstreichen erneut die noch ungeklärte Bedeutung, die der Grabhügelfriedhof zur Zeit des spätkeltischen Oppidums »Heidengraben« einnahm, das diesen ja in seine Außenanlagen einbezieht. Im Fundmaterial fallen schließlich einige Reste römischer Tonware auf, die ebenfalls noch der Erklärung harren.
Aufs neue haben die Grabungen am Burrenhof gezeigt, welche Informationen ein in der Frühzeit der archäologischen Forschung bereits scheinbar ganz ausgegrabener und durch den Pflug stark in Mitleidenschaft gezogener Grabhügelfriedhof noch geben kann. Auch wenn die Untersuchung der Hügel beim Burrenhof bald abgeschlossen sein wird, verbleiben, wie der zufällige Fund des Brandgrabes 4 vorführt, Informationen noch unbekannter Zahl und noch unbekannten Gewichts dem Schutz des Bodens anvertraut.

Frieder Klein, Joachim Rehmet

Literaturhinweise
F. Fischer, Der Heidengraben bei Grabenstetten. Führer zu archäologischen Denkmälern in Baden-Württemberg 2, 1983, 104 ff. – H. Zürn, Hallstattzeitliche Grabfunde aus Württemberg und Hohenzollern. Forsch u. Ber. z. Vor- u. Frühgesch. in Baden-Württemberg 25, 1987, 63 ff. – J. Rehmet, Arch. Ausgr. Bad.-Württ., 1988, 74 ff.

Die keltische Nekropole im »Lindele« bei Rottenburg a. N., Kreis Tübingen

Mit einer sechsten Grabungskampagne vom 17. April bis 1. September 1989, in deren Verlauf eine Fläche von etwa 250 m² am nordöstlichen Rand des Friedhofes untersucht werden konnte, fand die Ausgrabung und Erforschung des keltischen Gräberfeldes im »Lindele« am nordöstlichen Rand der Stadt Rottenburg und wenig südwestlich der Sülchenkirche einen vorläufigen Abschluß. Bis auf einen Teilbereich am nordöstlichen Rand des Gräberfeldes, der, im Straßenbereich gelegen, 1984 bereits aufgeschottert war, und eine etwa 500 m² große Fläche im Südwesten, einem Obstbaumgrundstück, das derzeit für archäologische Ausgrabungen nicht zur Verfügung steht, konnte das gesamte Gräberfeld flächig unter-

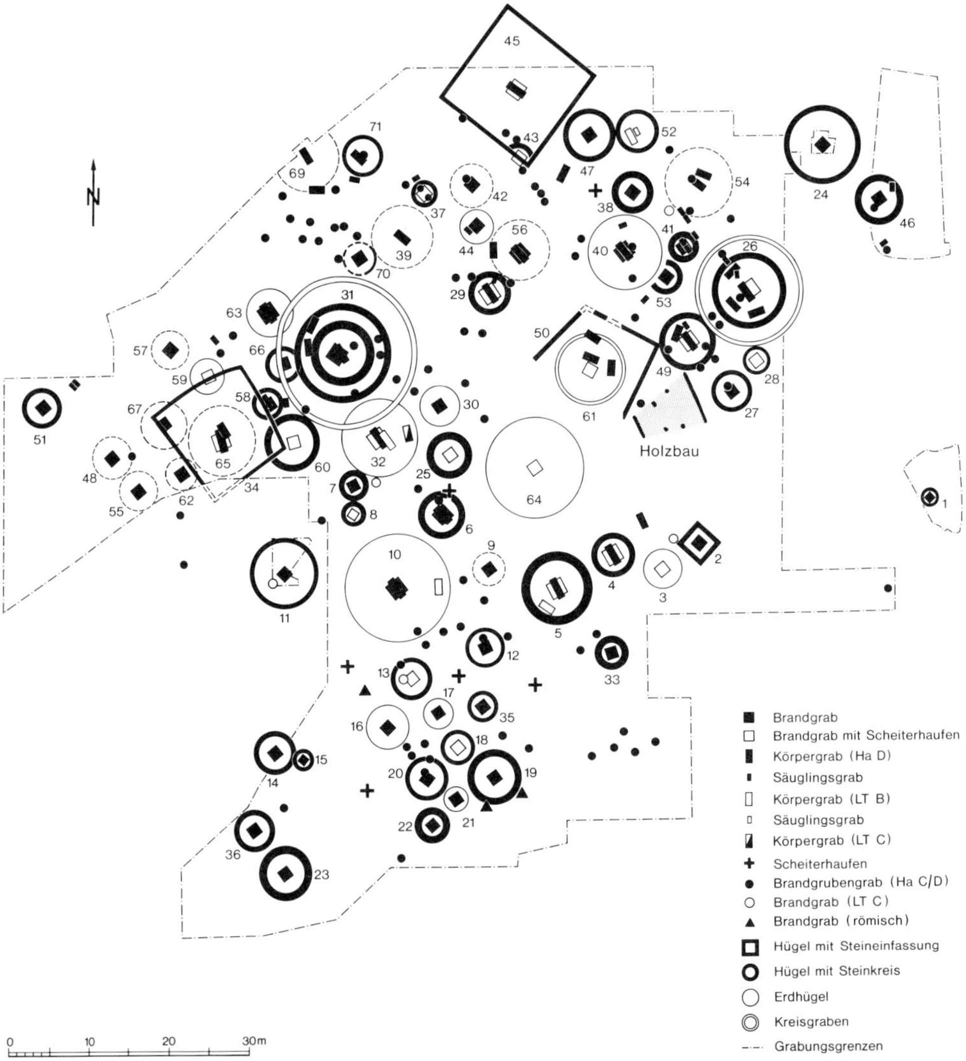

Abb. 71 Rottenburg. Gesamtplan (schematisiert) des Gräberfeldes im »Lindele«. Stand 1989

sucht werden. Es liegt am Fuß eines sanft nach Südosten in die Talaue abfallenden Hanges, seine Länge beträgt etwa 125 m bei einer Breite von etwa 85 m (Abb. 71).

Aufgedeckt wurden insgesamt 71 Grabhügel unterschiedlicher Form und Größe mit zentralen Brandgräbern und, vor allem im nördlichen Teil der Nekropole, jüngeren Körpernachbestattungen sowie 100 kleine Brandgräber, sog. Brandgrubengräber, die unter und zwischen den Hügeln angetroffen wurden. Die ältesten keltischen Gräber gehören in die ältere Hallstattzeit (8./7. Jh. v. Chr.), die jüngsten sind latènezeitlich und in das 3./2. Jahrhundert v. Chr. zu datieren. Die Mehrzahl der Bestattungen gehört in die ältere und jüngere Hallstattzeit. Wenn wir die Nekropole im »Lindele« als Bestattungsplatz einer Siedlung ansehen, können wir damit rechnen, daß während der Hallstattzeit pro Generation maximal 30 bis 40 Personen dort gelebt haben. Keine Hinweise gibt es zur Lage der Siedlung, doch ist davon auszugehen, daß sie in nicht allzu großer Entfernung vom Gräberfeld zu suchen ist und als kleine weilerartige Ansiedlung aus mehreren Häusern bzw. Gehöftgruppen bestanden hat. Erkenntnisse zur Einwohnerstruktur der Siedlung werden von der anthropologischen Untersuchung der Skelettreste aus dem Gräberfeld erwartet. Die wenigen latènezeitlichen Bestattungen lassen den Schluß zu, daß die Siedlung nach der Mitte oder gegen Ende des 5. Jahrhunderts v. Chr. von ihren Bewohnern größtenteils verlassen wurde und im 3. Jahrhundert nicht mehr existiert hat. Daß der Ort des Grabhügelfeldes trotz der in nachkeltischer Zeit verstärkt einsetzenden Bodenerosion und teilweiser Überdeckung nicht in Vergessenheit geriet, belegen 3 römische Brandgräber des 2./3. Jahrhunderts n. Chr., die als jüngste Bestattungen im Friedhofsbezirk aufgedeckt werden konnten.

1989 kamen auf engem Raum 9 Brandgrubengräber zum Vorschein, die zusammen mit weiteren, 1988 aufgedeckten eine auffallende Konzentration dieser Grabformen am nordwestlichen Rand des Gräberfeldes erkennen lassen. Eine Interpretation dieses Befundes wird erst im Rahmen der wissenschaftlichen Gesamtbearbeitung des Gräberfeldes möglich sein. Besonders gut erhalten war Brandgrubengrab 95. Nach Abtragung der deckenden Erdschichten zeichnete sich eine etwa 1,4 m

Abb. 72 Rottenburg. Brandgrubengrab 95 nach der Freilegung

lange und 1 m breite Grube ab, deren Wände teilweise mit Steinen ausgekleidet waren, während der südöstliche Teil eine Steinplattendecke aufwies. Für die Beigaben war am Südostende eine Grube von etwa 80 cm Durchmesser ausgehoben worden (Abb. 72). 7 Gefäße gehören zur Ausstattung: ein Kegelhalsgefäß, 2 kleine Knickwandschalen, ein Becher mit Strichgruppenverzierung im Randbereich, ein Schalchen sowie 2 große Schüsseln, die übereinandergestülpt am Grubenrand lagen (Abb. 73). Wenn auch keine kennzeichnenden Metallbeigaben vorliegen, spricht nichts dagegen, die Funde aus Brandgrubengrab 95 noch in die ältere Hallstattzeit zu datieren.

Insgesamt gesehen haben die Ausgrabungen der letzten Jahre im Neubaugebiet »Lindele-Ost« neue und überaus wichtige vor- und frühgeschichtliche Befunde und Funde erschlossen. Hinzuweisen ist auf eine Freilandstation mittelpaläolithischer Jäger am Nordrand des Baugebietes, wo die ältesten menschlichen Hinterlassenschaften der Region zum Vor-

Abb. 73 Rottenburg. Keramik aus Brandgrubengrab 95

schein kamen, oder auf Siedlungsreste der ältesten seßhaft bäuerlichen Bevölkerung unseres Landes. Beim keltischen Gräberfeld handelt es sich um die größte und am besten erhaltene Nekropole im Regierungsbezirk Tübingen und darüber hinaus, die mit modernen archäologischen Methoden nahezu vollständig ausgegraben werden konnte. Von der wissenschaftlichen Auswertung dürfen weiterführende Erkenntnisse zur Hallstatt- und Latènekultur unseres Raumes erwartet werden wie auch neue Impulse für zukünftige Forschungsarbeiten.
Schließlich sei auf die 3 römischen Brandgräber hingewiesen, die zusammen mit baulichen Befunden, wenn auch bislang noch fragmentarischer Art, zu einem römischen Gutshof gehören. Wenn nicht alles täuscht, handelt es sich um das Anwesen eines Solicius, ein Solicianum also, das, vor den Toren der römischen Stadt Sumelocenna gelegen, namengebend wurde für die mittelalterliche Siedlung Sülchen und den Sülchgau. *Hartmann Reim*

Literaturhinweise

L. Reichardt, Sumelocenna, Sülchen, Ehingen und Rottenburg. Vier Ortsnamen im Bereich der Stadt Rottenburg am Neckar, Beiträge zur Namensforschung 17, 1982, 374 ff. – S. Albert, Zur jungsteinzeitlichen Besiedlung von Rottenburg, Der Sülchgau 29/30, 1985/86, 61 ff. – C. Lauxmann, C.-J. Kind, Arch. Ausgr. Bad.-Württ. 1987, 23 ff. – H. Reim, ebda. 1988, 77 ff.

Ein keltischer Siedlungsplatz am Westrand des Rieses bei Kirchheim-Benzenzimmern, Ostalbkreis

Seit mehreren Jahren beging ein ehrenamtlicher Beauftragter des Landesdenkmalamtes, Emil Büttner aus Kirchheim am Ries, eine immer wieder scharf angepflügte Fundstelle am Ohrenberg bei Benzenzimmern und las dabei ein sehr interessantes Fundensemble auf. Die Funde streuen dabei über ein Areal von etwa 120 × 100 m. Davon liegt ein nahezu vollständiges späthallstattzeitliches Fibelspektrum vor, das über Vogelkopf- und Weidacher Fibeln zu Fibeln nach Frühlatèneschema überleitet. Neben der entsprechenden Keramik, die mit scheibengedrehten Formen, Kammstrich- und Graphittonkeramik bis an die mittlere Latènezeit reicht, fallen besonders die zahlreichen Funde aus tiefblauem Glas – Bruchstücke von Armringen (Abb. 74.6–9) und viele Perlen – auf. Das für eine Flachlandsiedlung reichhaltige und qualitätvolle Fundmaterial stellt die Frage nach der Funktion und Bedeutung die-

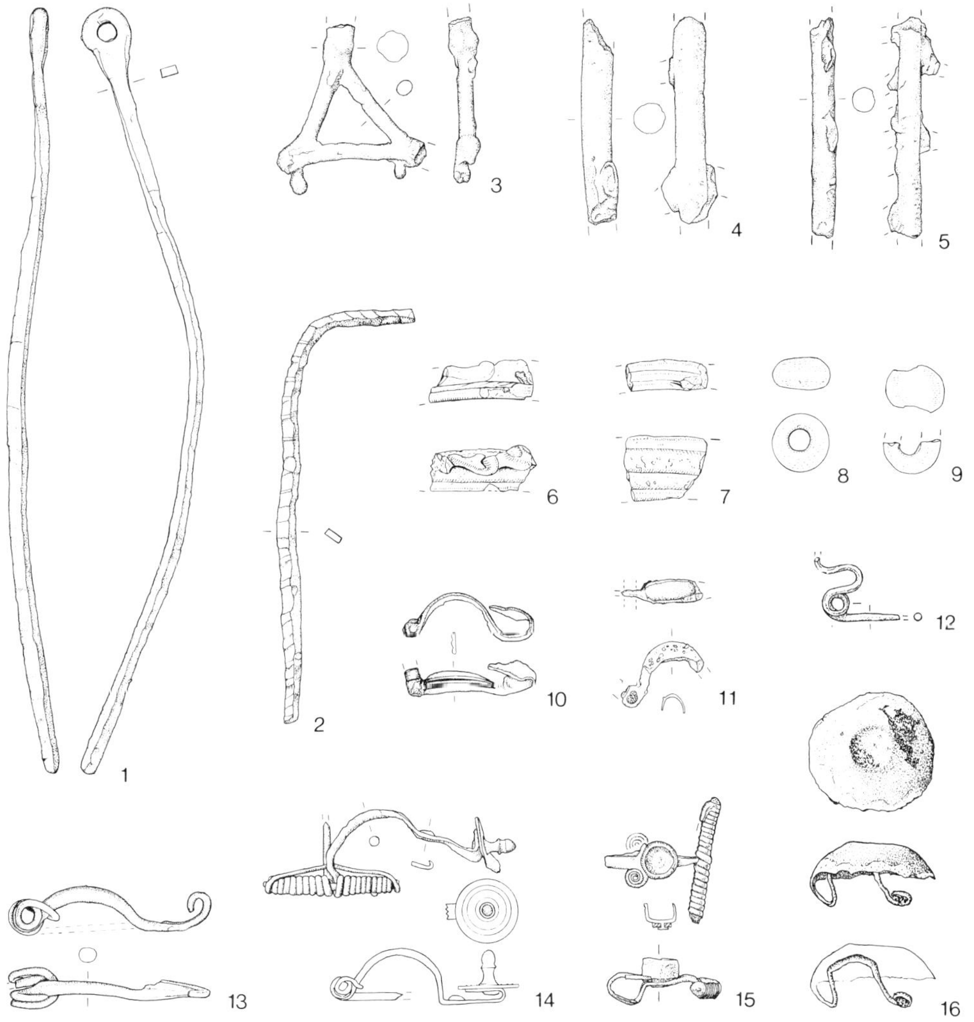

Abb. 74 Kirchheim-Benzenzimmern. Lesefunde und Grabung 1989. Bruchstücke von Armringen und Perlen aus blauem Glas (6–9) und Bronzen, darunter Gußzapfen (4, 5), ein Gußrohling (3) und Halbfabrikate (1, 2). Maßstab 1:2

ses Siedlungsplatzes vom 6. bis einschließlich 2. Jahrhundert v. Chr., zumal er in der Nähe des 5,5 km entfernten Ipf liegt, zu dem von der Kuppe des Ohrenbergs aus Sichtverbindung besteht. Auch im Rahmen der zahlreichen Fundstellen frühkeltischer Zeit im Nördlinger Ries stellen die neuen Funde und Befunde eine wichtige Bereicherung dar.

Die Fundstelle liegt im Gewann »Ohrenberg«, am östlichen Hangfuß des Ohrenbergs (Abb. 75) zwischen 2 sich nach Osten zur Riesebene hin erstreckenden Geländerücken. Der 494 m hohe Ohrenberg ist im Westen einer der Randberge, die sehr weit in die Riesebene nach Osten vorgeschoben sind und die markante Punkte am Rande der Rieslandschaft bilden. Im Westen wird das Siedlungsareal durch den Ohrenberg geschützt und öffnet sich mit weitem Blick nach Osten in die Riesebene. Am östlichen Rand des Gewanns »Ohrenberg« befindet sich heute noch eine Quelle, deren Rinnsal im Seegraben zur Riesebene hin entwässert.

In den vergangenen Jahren wurden immer wieder großflächige, dunkle Erdverfärbungen mit stellenweise zahlreichen Steinen ausgepflügt, und es mußte mit tiefgreifenden Zerstörungen der Befunde gerechnet werden. Deshalb entschloß sich die Archäologische Denkmalpflege, eine Sondagegrabung vom 17. April bis 30. Juni durchzuführen, um die Befundsituation zu klären und mögliche Schutzmaßnahmen einzuleiten. Großen Dank für ihr Entgegenkommen schulden wir Frau Wiedemann und der Familie Friedrich Hahn, die die Ausgrabungen auf ihrem Grundstück ermöglichten. Die Arbeiten wurden darüber hinaus dankenswerterweise von der Gemeinde Kirchheim am Ries mit Herrn Bürgermeister Köhnlein unterstützt.

Im Rahmen der zeitlichen Vorgaben und der Fragestellungen konnte im Zentrum des Lesefundareals nur ein Streifen von 6 m Breite und 40 m Länge mit 240 m^2 Fläche geöffnet werden. Unter dem Ackerhumushorizont wurde eine Kulturschicht aufgedeckt, die im nördlichen, höher gelegenen Teil noch 25–30 cm mächtig, im südlichen Abschnitt gegen die Geländemulde zu jedoch nur noch 10–15 cm hoch erhalten war. In der schwarzen Kulturschicht fanden sich Wandlehm, Keramik, Spinnwirtel, Tierknochen und verschiedene Kleinfunde. Darunter, durchschnittlich 0,4–0,5 m unter der Ackeroberfläche, lag ein stark mit Eisenanreicherungen durchsetzter Staunässeboden, in den zahlreiche kleinere und größere Gruben sowie Gräbchen eingetieft waren.

Die ausgepflügten Steine stammten von letzten Fundamentresten zweier römischer Mauern, deren Rollierungen in die schwarze Kulturschicht eingetieft waren. Die etwa Westnordwest-Ostsüdost orientierten Mauerreste verliefen parallel im Abstand von 10,6 m und wurden durch eine Quermauer verbunden. Die Rollierungen waren 0,6–0,7 m breit und noch 0,3–0,4 m tief erhalten. Verschiedene Funde von Ziegeln und Keramik – darunter Terra sigillata – belegen die zeitliche Einordnung dieser Mauerreste.

In der Kulturschicht konnten trotz sorgfältigem, teilweise schichtweisem Abtrag keine Befunde beobachtet werden. Erst darunter waren in den anstehenden Lehm zahlreiche kleinere und größere Gruben eingetieft. Hervorzuheben ist dabei einmal ein etwa 3,6 × 2,2 m großes Grubenhaus. Das flach eingetiefte Fußbodenniveau war in regelmäßigem Abstand von mehreren rechteckigen Pfostenstellungen umgeben, die zu einem hölzernen Überbau ergänzt werden können. Zum anderen sind es 2 etwa Nordwest-Südost orientierte, parallele Gräbchen, die in 12 m Abstand zueinander verliefen. Sie waren jeweils bis zu 0,6 m breit und 0,2–0,3 m tief; ein dazu rechtwinkliges, schmäleres Gräbchen verband die beiden Grabenfluchten. In dieser umfrie-

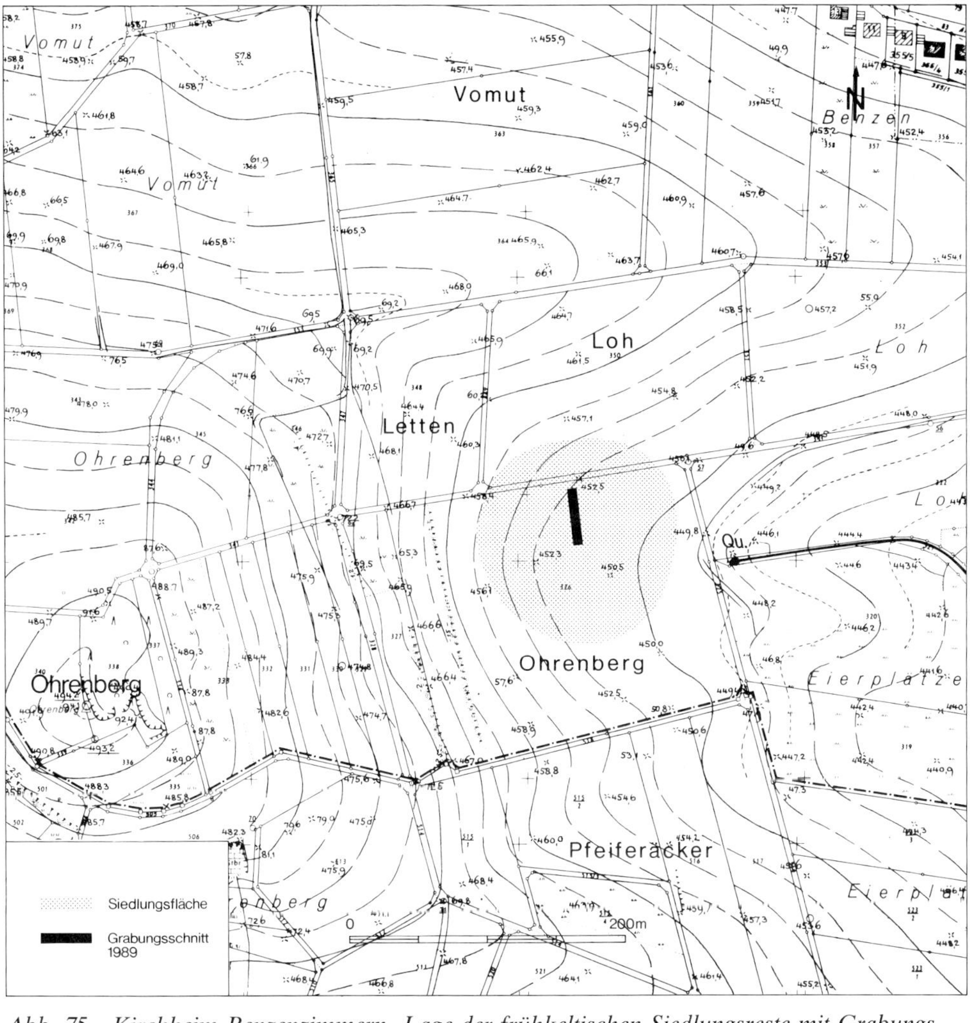

Abb. 75 Kirchheim-Benzenzimmern. Lage der frühkeltischen Siedlungsreste mit Grabungsfläche am Ostabhang des Ohrenbergs

deten Fläche wurden 2 flache Gruben mit starken Konzentrationen von gebranntem Wandlehm mit Rutenabdrücken, vermischt mit Schlacken, Keramik und Bronzefunden, aufgedeckt. Dazwischen befand sich auf dem anstehenden Lehm eine quadratische Kalksteinplattenlage mit 0,8 m Seitenlänge, deren Steine durch Hitzeeinwirkung stark gerötet und gesprungen waren. Die zahlreichen Schlacken aus der Umgebung verstärken den Verdacht, daß es sich um die Reste eines Schmelzofens handeln könnte. Hinzu kommt, daß im Umkreis des durch die Gräbchen markierten Areals 2 Gußtiegelfragmente, 2 Gußzapfen (Abb. 74.4, 5) und verschiedene Gußrohlinge, ein ausgehämmertes Halbfabrikat

(Abb. 74.2) sowie von der Unterkante der Kulturschicht ein Halbfabrikat mit Öse und Hammerspuren (Abb. 74.1) – vielleicht für einen Halsring mit Ösenende – gefunden wurden. Außerdem enthielt die Kulturschicht mehrere Gußtiegelbruchstücke.

Zweifellos handelt es sich hier um den Nachweis einer bronzeverarbeitenden Metallwerkstatt, von der vielleicht die Reste eines Schmelzofens aufgedeckt wurden. Ob die genannten Gräbchen als Wandgräbchen eines Hauses zu interpretieren sind, oder als Zäune oder Ähnliches zur Abgrenzung eines Arbeitsareals, kann aufgrund des kleinen Grabungsausschnitts nicht beurteilt werden. Die zahlreichen Wandlehmstücke belegen jedoch, daß Häuser vorhanden waren.

Aus den Befunden unter der Kulturschicht, vor allem aus dem Grubenhaus und dem angrenzenden Areal der Metallverarbeitung, liegen Drehscheibenware, Graphittonscherben und Keramik mit Besenstrich- und Kammstrichverzierung vor. Im Bereich der Kalksteinplattenlage und der vielen Schlacken und Wandlehmstücke wurden Fibelfragmente und 2 Fibeln nach Frühlatèneschema gefunden. Die Siedlungsreste unter der Kulturschicht datieren diesen Funden zufolge in die frühe und an den Beginn der mittleren Latènezeit (LT B/C).

Von der darüberliegenden Kulturschicht stammt neben Keramik der frühen bis mittleren Latènezeit auch Keramik der späten Hallstattzeit (Ha D). Älteres Fundgut wird ferner durch eine Fußzierfibel (Abb. 74.14) und den Gußrohling eines späthallstattzeitlichen Dreiecksrähmchen mit abgebrochenen Gußzapfen (Abb. 74.3) repräsentiert. Dieser Gußrohling belegt den Bronzeguß und die Metallverarbeitung schon seit der späten Hallstattzeit.

Die in die Kulturschicht eingetieften römischen Mauerreste zeigen, daß diese Schicht in römischer Zeit vorhanden war und nicht erst später aufgeschwemmt wurde. Der schlechte Erhaltungszustand der Fundamentreste weist darauf hin, daß seit römischer Zeit – wahrscheinlich insbesondere in jüngerer Zeit durch landwirtschaftliche Nutzung – ein starker Abtrag der Erdschichten und damit ein großer Substanzverlust der archäologischen Schichten stattgefunden hat. Die Funde und Nachweise der späthallstattzeitlichen Besiedlung müßten dann seit der mittleren Latènezeit aus einem vielleicht nur wenige Meter höher gelegenen Areal der Siedlungsflächen, etwa von den nordwestlich anschließenden Gewannen verlagert worden sein (Abb. 75).

Der kleine Grabungsausschnitt hat einen wichtigen Einblick in sehr interessante Siedlungsreste der Frühlatènezeit mit Nachweisen der Bronzeverarbeitung seit der späten Hallstattzeit gegeben, die ein wertvolles archäologisches Kulturdenkmal darstellen. Wir haben hier eine der seltenen Situationen, daß die Siedlungsbefunde noch von einer schützenden Kulturschicht überdeckt werden. Da die Kulturschicht jedoch scharf angepflügt und insbesondere nach Süden zu der Geländemulde hin schon stark abgetragen ist, wird es nicht mehr lange dauern, bis auch hier die letzten Reste zerstört sein werden.

Nur eine Flächenstillegung und die Umwandlung in Grünland kann einen sicheren Schutz gewähren. Deshalb ist das Landesdenkmalamt zusammen mit der Bezirksstelle für Naturschutz beim Regierungspräsidium Stuttgart und der Gemeinde Kirchheim am Ries bemüht, die Fläche in Gemeindeeigentum überzuführen, dem Landschafts- und Naturschutzgebiet auf der Kuppe des Ohrenbergs anzugliedern und als archäologisches Reservat zu erhalten. *Rüdiger Krause*

Literaturhinweis:

H. P. Uenze, Die Latènezeit im Ries. Führer zu vor- und frühgeschichtlichen Denkmälern 40, 1979, 149 ff.

Vorgeschichtliche Siedlungen, Grabenwerke und Gräber von Bopfingen-Flochberg, Ostalbkreis

Wieder war es das Verdienst der Luftbildarchäologie, daß das Landesdenkmalamt frühzeitig an Planungen für großflächige Überbauungen durch Industrieanlagen beteiligt werden konnte. Im Jahre 1979 entdeckte O. Braasch in der Talaue der Eger, östlich von Bopfingen-Flochberg an der B 29 nach Nördlingen, im Getreide die Bewuchsmerkmale einer Grabenanlage, die er als keltische Viereckschanze ansprach. Im Verlauf der achtziger Jahre wurden dann von der Stadt Bopfingen Planungen für Industrieansiedlungen entlang der B 29 vorgelegt, die bis heute teilweise realisiert wurden und in weiteren Abschnitten fortgeführt werden sollen (Abb. 76). Dabei sind jetzt noch etwa 20 ha nicht überbaut, die, nach neu-

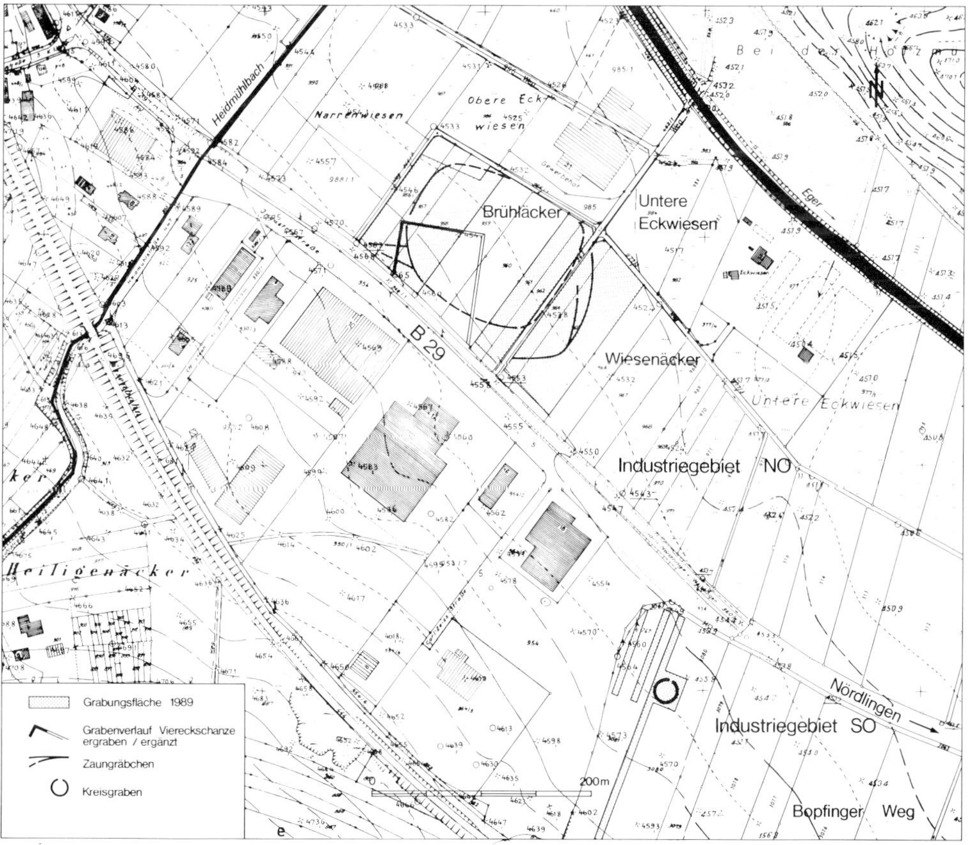

Abb. 76 Bopfingen-Flochberg. Die Industriegebiete im Egertal mit den Grabungsflächen von 1989 und den wichtigsten archäologischen Strukturen

esten Luftbildern von 1989 zu urteilen, reich an archäologischen Fundstellen sind.
Dieser Fundstellenreichtum ist auf die günstige Lage in und am Rande der breiten Talaue der Eger zurückzuführen. Von Bopfingen her weitet sich das Tal der Eger nach Osten hin zum Riesrand. Gleichzeitig bildet das Tal zu Füßen des Ipf und des nahegelegenen Goldbergs einen natürlichen Verkehrsweg von der Donau durch das Ries, den Albtrauf der Ostalb entlang vorbei am Oberlauf der Jagst zur Aalener Bucht und damit das Remstal abwärts zum Neckarland. Dieser in historischer Zeit belegte und wichtige Verkehrsweg spielte mit Sicherheit auch in vorgeschichtlichen Zeiten eine wichtige Rolle.
Die Ausgrabungen wurden 1989 im Industriegebiet Nordost in und im Umfeld der keltischen Viereckschanze begonnen und dabei zwischen Ende April und Mitte November auf etwa 2 ha Fläche der Humus abgebaggert. Hinzu kamen noch Suchschnitte im Industriegebiet Südost mit der Freilegung einer Kreisgrabenanlage im Gewann »Bopfinger Weg« (Abb. 77). Die Arbeiten wurden in großzügiger Weise von der Stadt Bopfingen unterstützt. Wir danken insbesondere Herrn Bürgermeister Göttlicher, Herrn Rapp und Herrn Weidmann mit dem Bauhof für ihr Verständnis und die zahlreichen Hilfestellungen. Die Ausgrabungen wurden dankenswerterweise durch eine Arbeitsbeschaffungsmaßnahme mit 12 Arbeitskräften des Arbeitsamtes Aalen ermöglicht. Für ihre Bemühungen danken wir Herrn Direktor Lenz sowie Herrn Merz, Aalen, und Frau Weber von der Außenstelle in Bopfingen.
Zunächst war es geplant, nur das Areal der Viereckschanze im Gewann »Brühläcker« auszugraben; als dann jedoch bei Baggersuchschnitten im Gewann »Wiesenäcker« in bis zu 150 m Entfernung zur Grabenanlage noch zahlreiche Pfosten- und Gräbchenbefunde zutage kamen, wurde eine große Flächengrabung eingeleitet. Dabei konnten unter dem Ackerhumus im hellen Weißjuraschutt bislang annähernd 3000 Einzelbefunde aufgenommen und untersucht werden. In der Mehrzahl sind dies Pfostengruben, die sich über die gesamten Grabungsflächen in unterschiedlichen Konzentrationen verteilen. Bis jetzt konnten etwa 50 Grundrisse festgestellt werden, die von einfachen, quadratischen Vierpfostenbauten (Speicherbauten) bis zu großen Firstsäulenbauten bis zu 7,5 m Breite und 28 m Länge reichen. Dazu zählen auch 2 Grubenhäuser. Von großem Interesse sind verschiedene kleine und nur noch flache Gräbchen, die große Areale einfrieden (Abb. 76) und als Reste von Zäunen oder Zaunpalisaden interpretiert werden. Sie umfassen mindestens 2 voneinander unabhängige Siedlungsareale, von denen eines in seiner Ausdehnung rekonstruiert werden kann: Als großes Oval mißt es 150 × 120 m und umfaßt damit eine Siedlungsfläche von etwa 1,5 ha (Abb. 76).
Ein wichtiger Faktor für die Siedlungstopographie sind 2 vorgeschichtliche Bachläufe, auf deren Verlauf die Siedlungsstrukturen teilweise klar Bezug nehmen. An der nordwestlichen Seite verläuft das Zaungräbchen der ovalen Siedlungsfläche entlang des Bachbetts und hat eine Unterbrechung, die als Durchgang zum Bach hin gedient haben mag. Bei diesen Wasserläufen handelt es sich um ehemalige, verzweigte Arme des Heidmühlbachs (Abb. 76), der einen heute kaum mehr erkennbaren, flachen Schuttfächer mit wenig gerundetem Weißjuraschutt vom Albtrauf her nach Osten in die vorgeschichtliche Talaue der Eger aufgeschüttet hat. Dies ist heute an der Oberfläche durch Aufsedimentation der Talaue nicht mehr zu erkennen. Es ist vorgesehen, die Geschichte der Talaue durch geologische Bohrungen während der nächsten Grabungskampagne zu erkunden.

Die Siedlungsreste gehören verschiedenen vorgeschichtlichen Perioden seit dem ausgehenden Neolithikum an. Häufigste Fundstücke sind Scherben, die meist aus Pfostengruben stammen und entsprechend klein fragmentiert sind. Im Nordosten des Gewanns »Wiesenäcker« wurden in wahrscheinlich sekundärer Fundlage in Pfostengruben verzierte Scherben von Glockenbechern und der frühen Bronzezeit gefunden. Es sind einmal die in mehreren Zonen mit unterschiedlichen Schraffuren verzierten Scherben der Glockenbecherkultur, zum anderen sind es typische frühbronzezeitliche Zierelemente wie Doppelhalbkreisstempel und punktgefüllte Dreiecke. Eine große Überraschung war in diesem Zusammenhang eine glockenbecherzeitliche Hockerbestattung (Abb. 77) an der Nordwestecke der Viereckschanze in etwa 150 m Entfernung zu diesen Siedlungsnachweisen. Es war eine Nordost(Schädel)-Südwest orientierte Bestattung eines Mannes, vor dessen Brust ein Kleinkind niedergelegt war. Darüber lagen an der Unterkante des Ackerhumus weitere Skelettreste, die zu einer dritten Bestattung gehört haben dürften. Am Unterarm des Mannes wurde das typische Attribut eines Bogenschützen, eine verzierte Armschutzplatte, gefunden. An den Füßen lag ein unverzierter Glockenbecher. Wenige Meter davon entfernt wurde das Fragment einer weiteren Armschutzplatte gefunden, die zu einer bereits zerstörten Bestattung dieser ehemals kleinen Gräbergruppe gehörte.
Ein großer Teil der Siedlungsfunde – und wohl auch der Befunde – ist Keramik der Urnenfelderkultur. Aufgrund ihrer Verteilung in Pfostengruben lassen sich zahlreiche Hausgrundrisse mit großer Wahrscheinlichkeit der ausgehenden Bronzezeit zuweisen. Bemerkenswert ist dabei ein großer Firstpfostenbau mit 28 m Länge und bis zu 7,5 m Breite, der zahlreiche eng gestellte Pfosten an den Wänden aufweist,

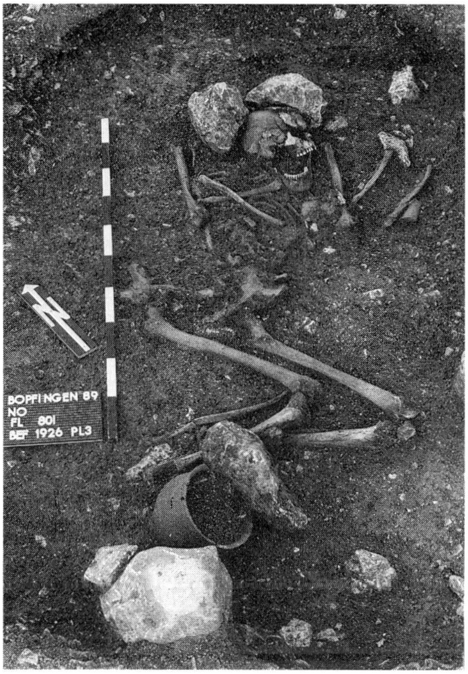

Abb. 77 Bopfingen-Flochberg. Industriegebiet Nordost. Hockerbestattung der Glockenbecherkultur eines Mannes mit einem Kleinkind vor der Brust

während die Firstpfosten in regelmäßigen, aber viel weiteren Abständen standen. Zu mittelneolithischen Häusern bestehen insofern Parallelen, weil die Längsseiten zu den Schmalseiten hin jeweils leicht einbiegen und dem Grundriß einen leicht schiffsförmigen Charakter verleihen. Das Gebäude hat große Ähnlichkeit mit einem 1988 in Straubing-Öberau entdeckten Langbau; beide fallen aus dem Rahmen der bekannten urnenfelderzeitlichen Gebäudetypen.
Ein ebenso großer Anteil der Funde und Befunde ist der Latènezeit zuzuweisen. Einen Verbreitungsschwerpunkt weist frühlatènezeitliche Keramik im westlichen Teil der

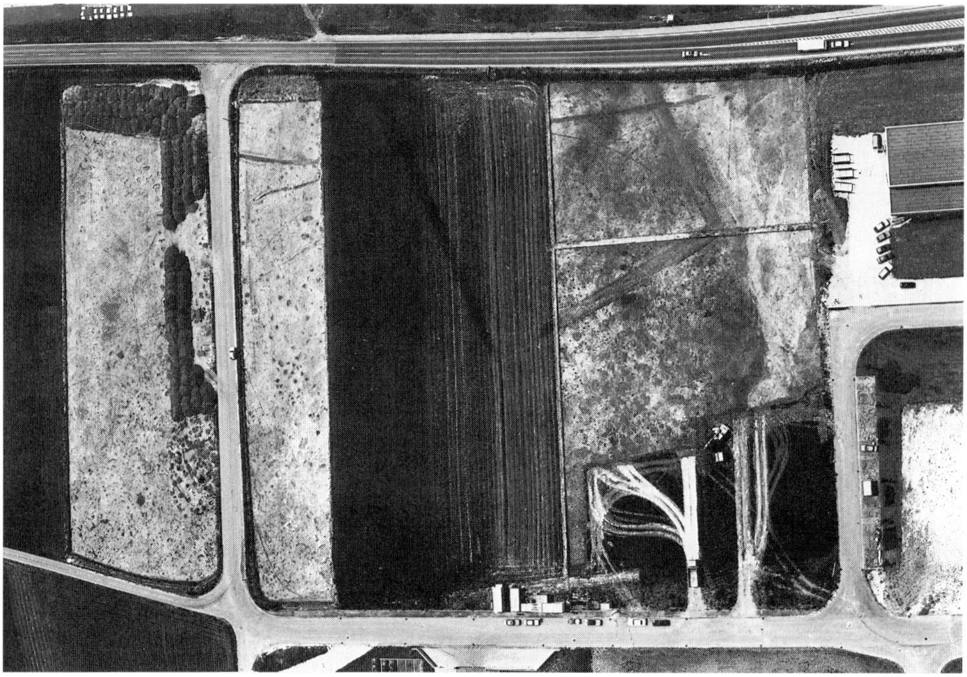

Abb. 78 Bopfingen-Flochberg. Industriegebiet Nordost. Luftaufnahme der Grabungsflächen mit der keltischen Viereckschanze, deren Grabenverlauf in der linken Hälfte als positives Bewuchsmerkmal im Klee zu erkennen ist. Am rechten Rand ist ein Bachlauf (hellgrau) zu erkennen (freigeg. RP Stuttgart 000/70267)

»Brühläcker« in und außerhalb der Viereckschanze auf. Dazu gehören auch 2 Grubenhäuser, die zahlreiche Funde der ausgehenden Frühlatènezeit (LT B) ergeben haben. Verschiedene Beobachtungen weisen darauf hin, daß das große Zaunoval mit ca. 1,5 ha Fläche in diese Zeit gehört haben könnte. Aus Gewann »Wiesenäcker« und dem ergrabenen Teil der Viereckschanze liegen dann jüngerlatènezeitliche Funde vor, zu denen Fragmente von zweiteiligen Mühlen, Drehscheiben-, Graphitton- und Kammstrichkeramik zählen. Zum einen gehören sie zu Siedlungsresten außerhalb der Viereckschanze und zum anderen zu Siedlungsstrukturen, die innerhalb der Grabenanlage vorgefunden wurden. Dazu zählen Hausgrundrisse und vor allem 6 kreisrunde Gruben mit Zugangsrampen, die noch um 1,0 m tief waren und Durchmesser bis 1,5 m besaßen. Es kann sich dabei um ehemals holzverschalte Kellergruben handeln. Das zeitliche Verhältnis der einzelnen jüngerlatènezeitlichen (LT C/D) Befunde zueinander ist noch ungeklärt. Fraglich ist, ob diese Siedlungsnachweise zu einer jüngerlatènezeitlichen Siedlung gehören, die zeitlich vor der Viereckschanze liegt, oder aber zu der Viereckschanze selbst gehören.

Von der Viereckschanze wurde bislang der westliche Teil der Innenfläche mit Graben und der Nordwestecke aufgedeckt (Abb. 78). Der Graben war von der Ackeroberfläche aus noch

1,7 m tief erhalten und knapp 4 m breit. Er hat ein V-förmiges Profil mit gerundeter Sohle. Die Verfüllung besteht aus mehreren Zonen, unter denen eine mächtige Schicht mit sandigen Bachsedimenten besonders auffällt. Die westliche Flanke des Grabens verläuft parallel zum Bachlauf (Abb. 78), von dem durch einen kleinen Kanal Wasser in den Graben der Viereckschanze eingeleitet wurde.

Einen vielleicht wichtigen Hinweis auf die Interpretation der Befunde in der Viereckschanze und in der Frage nach der Bedeutung und Funktion dieser Anlage könnte eine in der Nordwestecke der Grabenverfüllung vorgefundene dünne, aber durchgehende Schicht aus kleinen verbrannten Knochen ergeben, bei denen es sich nach der Durchsicht einer ersten Probe durch M. Kokabi und J. Wahl um Tierknochen handelt.

Schließlich wurden im Industriegebiet Südost im Gewann »Bopfinger Weg« Baggerschnitte angelegt und eine Kreisgrabenanlage freigelegt, die O. Braasch erst im Frühjahr 1989 entdeckt hatte (Abb. 79). In diesem Areal wird 1990 mit einer großflächigen Bebauung durch Industrieanlagen gerechnet, die weitere Flächengrabungen erfordern werden. Bis jetzt konnte außer der Kreisgrabenanlage auch eine römische Straße mit Straßengräben und Resten der Schotterung freigelegt und auf einer kurzen Strecke im Luftbild weiter verfolgt werden. Sie verläuft teilweise parallel und unter der B 29 und dürfte die Verbindung vom Kastell in Oberdorf zum Ries (nach Nördlin-

Abb. 79 Bopfingen-Flochberg. Industriegebiet Südost. Luftaufnahme der Kreisgrabenanlage der mittleren Hallstattzeit. Durchmesser 20 m (freigeg. RP Stuttgart 000/70308)

gen?) hin darstellen. Außerdem lagen in der Umgebung des Kreisgrabens die Reste von zwei Urnenbestattungen der älteren Urnenfelderkultur.
Hinzu kommen weitere Siedlungsreste unbekannten Alters, die die Vielzahl der archäologischen Befunde abrunden. Der Kreisgraben hatte einen Durchmesser von 20 m und wies an der nördlichen Seite eine 1,5 m breite Unterbrechung auf, vor der die Gräben in gerundeten Grabenköpfen endeten. Der Graben besaß eine Breite von etwa 1,5 m und war durchschnittlich 0,7 m tief; seine Sohle war weitgehend eben. Innerhalb der Kreisgrabenfläche konnten keine Befunde beobachtet werden, die auf Gräber oder Bestattungen hindeuten könnten. Vielmehr fanden sich an verschiedenen Stellen in der oberen Grabenverfüllung Scherbenansammlungen, außerdem an zwei Stellen Reste von Brandgräbern mit kalzinierten Knochen und an einer anderen Stelle unverbrannte menschliche Knochen. Die datierbare Keramik gehört der mittleren Hallstattzeit (Ha C) an. Hinweise auf eine ehemalige Hügelschüttung waren nicht vorhanden. Vielleicht handelt es sich um eine Anlage, die vergleichbar mit den Kreisgräben von Königsbrunn und Oberpeiching in Bayerisch-Schwaben ist und im Rahmen des (Toten?-)Kultes allgemein als Kultanlage anzusprechen ist.
Die Ausgrabungen werden 1990 fortgesetzt. Im Mittelpunkt wird dabei die Freilegung der keltischen Viereckschanze stehen sowie die Öffnung weiterer Flächen im Industriegebiet Südost.

Rüdiger Krause

Neue vorgeschichtliche Siedlungsreste von Heidelberg-Wieblingen

Auch im 91. Jahr ihres Bestehens unterstützte die Archäologische Abteilung des Kurpfälzischen Museums die archäologische Denkmalpflege durch Notbergungen, routinemäßige Baustellenbeobachtungen und Fundmeldungen im Stadtgebiet Heidelberg und in den Nachbargemeinden. Bemerkenswerte Funde ergaben sich dabei sowohl durch die regelmäßige Inspektion aller der Stadtverwaltung gemeldeten Bauvorhaben als auch durch die Mitarbeit interessierter Bürger, wofür hier stellvertretend Herrn Manfred Edinger aus Heddesheim und den Herren Marco Gleiter und Johannes Haasemann aus Neckargemünd zu danken ist.
Bei der routinemäßigen archäologischen Überwachung von Baustellen wurden 1989 im Heidelberger Stadtteil Wieblingen 2 neue vorgeschichtliche Fundstellen entdeckt, die Siedlungsreste der Linearbandkeramik, der Latènezeit und der Neckarsweben erbrachten (Abb. 80).
Reste einer Siedlung der älteren Latènezeit wurden auf dem Baugrundstück Veltenhoferstraße 9–11 beobachtet, in dessen Nachbarschaft bereits 1979 und 1980 entsprechende Funde zutage kamen (Abb. 80.1, 2). In den Wänden der bereits vollständig ausgeschachteten Baugrube eines Wohnhauses waren insgesamt 10 Siedlungsgruben angeschnitten, die bis 3,10 m breit und bis 1,8 m tief waren. Alle Anschnitte wurden dokumentiert und auf datierbares Material hin untersucht, doch konnte aus bautechnischen Gründen die Ausdehnung der Gruben nicht vollständig erfaßt werden. Die Datierung ergibt sich aus Randscherben

Abb. 80 Heidelberg-Wieblingen. Neue vorgeschichtliche Siedlungsreste

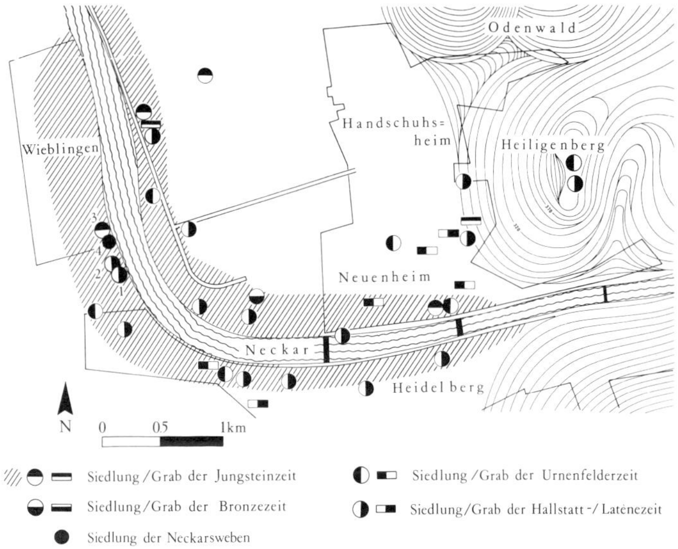

von freihändig geformten Töpfen und Schalen mit einziehendem Rand; Scheibenware wurde nicht beobachtet.

Als fundreicher erwies sich die zweite Baustelle, ca. 220 m nördlich in der Mannheimerstraße 177 (Abb. 80.3, 4). Da bei der Entdekkung die Aushubarbeiten mit dem Radlader noch im Gang waren, konnten 5 Gruben im Planum erfaßt werden. 4 weitere Gruben waren in den Wänden der Baugrube sichtbar – an der Nord- und Ostseite je eine, an der Südseite 2. Die am weitesten vom Neckar entfernte Westseite wies keine Befunde mehr auf, was vielleicht einen Hinweis auf die Ausdehnung der Siedlung bietet. Die Gruben waren von 1,4 m bis über 5,0 m breit und bis 2,5 m tief und zeichneten sich durch ihre humose Verfüllung im gelblichen Lößlehm gut ab. 8 von ihnen enthielten außer Tierknochen, Hüttenlehm und Holzkohle Scherben der Linearbandkeramik, während die neunte neckarswebisches Material erbachte, darunter eine Terrine elbgermanischer Art mit einziehendem Rand und eine für die Datierung wichtige bronzene Scharnierfibel aus claudisch-neronischer Zeit. Unter dem Fundgut der Linearbandkeramik verdient besonders ein großes Vorratsgefäß mit einem doppelten Kranz von Handhaben Beachtung, das infolge seiner guten Erhaltung inzwischen restauriert werden konnte (Abb. 81).

Beide Fundplätze liegen am Rand des Neckar-

Abb. 81 Heidelberg-Wieblingen. Vorratsgefäß der Linearbandkeramik

hochufers, das schon in der älteren Jungsteinzeit von Siedlungen dicht gesäumt war. Zusammen mit den bereits früher beobachteten keltischen Funden vom Bergheimer und Neuenheimer Ufer belegen die Neufunde, daß eine ähnlich dichte Besiedlung auch während der Latènezeit beide Ufer des Neckars von seinem Austritt aus dem Gebirge bis auf die Höhe von Wieblingen hin begleitete. Völlig neu ist der Nachweis einer eigenständigen neckarswebischen Niederlassung außerhalb der römerzeitlichen Siedlungsareale in Neuenheim und Bergheim. Sollte die Datierung in claudisch-neronische Zeit durch weitere Funde erhärtet werden, ergäben sich daraus interessante Fragen zum Verhältnis zwischen diesen Siedlern und den in flavischer Zeit gegründeten Kastellen auf der gegenüberliegenden Neckarseite.

Hans-Peter Kuhnen

Literaturhinweise
B. Heukemes, in: Ph. Filtzinger, D. Planck, B. Cämmerer, Die Römer in Baden-Württemberg, [3]1986, 316 f. – Ders., Arch. Ausgr. Bad.-Württ. 1985, 70 ff. – Bad. Fundberichte Sonderheft 10, 1967, 27 – Staatl. Archivverwaltung Baden-Württemberg (Hrsg.), Die Stadt- und die Landkreise Heidelberg und Mannheim. Amtliche Kreisbeschreibung Bd. I, 1966, 140 u. 146 – E. Gropengießer, Die Spätlatènezeit im Unteren Neckarland und die Suebi Nicretes, Diss. Heidelberg, 1956, 15 ff.

Die Wallanlage auf dem »Kegelriß« bei Ehrenstetten, Gemeinde Ehrenkirchen, Kreis Breisgau-Hochschwarzwald

Die Wallanlage auf dem Kegelriß bei Ehrenstetten ist schon seit den achtziger Jahren des vorigen Jahrhunderts bekannt. Sie liegt in durchschnittlich 450 m NN auf dem Ausläufer eines vom Westrand des Schwarzwaldes zur Ebene herabziehenden Bergrückens zwischen den steil eingeschnittenen Tälern des Ehrenstetter und Norsinger Grundes. Die Anlage liegt im Waldgewann »Fohrenberg-Deichelwald«, wird aber im Volksmund nur als »Kegelriß« bezeichnet; unter diesem Namen ist sie auch in die Literatur eingegangen. Die Datierung der Befestigungsanlage und der von dieser umschlossenen Siedlung kann seit 1982 vor allem aufgrund der zahlreichen Münzfunde als gesichert gelten: Die stadtartige spätkeltische Siedlung, für die der von Caesar geprägte Begriff »oppidum« auch heute noch in der Fachsprache benutzt wird, bestand in den letzten Jahrzehnten des 2. und in der ersten Hälfte des 1. Jahrhunderts v. Chr.

Archäologische Untersuchungen der Befestigung oder der Innenfläche sind bisher nicht erfolgt, erscheinen auch nicht notwendig, da sie geschützt im Hochwald liegt. Im Südosten, wo der gut erhaltene Wall den Bergrücken quert und bergwärts abriegelt, ist allerdings von unbefugter Seite in den fünfziger Jahren ein 2,50 m breiter Schnitt durch die Befestigungsanlage gelegt worden. Unterlagen über diesen Eingriff liegen in den Ortsakten nicht vor. Da die im Gelände noch gut sichtbare Schnittruine immer wieder zu Nachgrabungen verlockte, die zusammen mit der daraufhin einsetzenden Erosion weitere Zerstörungen der Wallsubstanz bewirkten, entschloß sich das Landes-

Abb. 82 Ehrenkirchen-Ehrenstetten. Der verfallene Wallschnitt vor der Verfüllung

denkmalamt, die Wallanlage an dieser Stelle wieder in den ursprünglichen Zustand zu versetzen (Abb. 82).

Eine vor der Verfüllung durchgeführte Untersuchung der Profile des Schnittes erbrachte gleichzeitig neue Erkenntnisse über den inneren Aufbau der Anlage. Die Befestigung, die in reiner Holz-Erde-Technik errichtet war, nutzte an dieser Stelle eine natürliche Geländerippe. Mächtige, im Abstand von 3,40 m in den anstehenen Boden eingegrabene Pfosten, die ursprünglich mit horizontal verlegten Balken oder Bohlen hinterlegt waren, bildeten die Mauerfront. Wahrscheinlich verzapfte, rechtwinklig zur Mauerfront nach innen verlegte Queranker, die sich im Profil als schmale, von Eisenausfällungshorizonten begleitete Sandstreifen abzeichneten, stabilisierten die Frontpfosten zusätzlich. Eine rückwärtige Verzapfung der Queranker ließ sich nicht nachweisen, erscheint aber auch nicht notwendig, da diese von einer mächtigen, von der Front schräg nach innen abfallenden Schüttung aus Lehm und Gneisverwitterungsschutt überdeckt waren (Abb. 83). Die der Mauerfront vorgelagerte leicht abfallende Berme war aus Stabilisierungsgründen regelmäßig getreppt. Der im Osten der Mauer vorgelagerte Graben war in diesem Bereich, in dem die Befestigung schon leicht den Hang abwärts zieht, nur als flacher Materialentnahmegraben ausgeprägt. Mit Graben, Berme, Mauer und Dammschüttung nimmt die Befestigungsanlage eine Breite von insgesamt 23 m ein.

Nach dem von Caesar überlieferten »murus gallicus« ist die hier nachgewiesene Bautechnik die häufigste bei spätlatènezeitlichen Befestigungsanlagen. Eine gute Parallele für diese Konstruktion der Befestigung kennen wir vom nördlichen Abschnittswall der gleichzeitigen Anlage auf dem Limberg bei Sasbach am nördlichen Kaiserstuhlrand.

Rolf Dehn, Gabriele Weber

Literaturhinweise

R. Dehn, Arch. Ausgr. Bad.-Württ. 1983, 100 ff. – Ders., Tarodunum und Kegelriß. Neues zur Spätlatènezeit im Breisgau. Denkmalpflege in Baden-Württemberg 1988, 94 ff.

Abb. 83 Ehrenkirchen-Ehrenstetten. Südprofil des Wallschnittes, im unteren Teil die horizontalen Bänder der Queranker

Untersuchungen im Westkastell von Welzheim, Rems-Murr-Kreis

Als 1988 zwischen der Bahnhof- und der Schorndorfer Straße, südlich des Alenkastells (Westkastell), Neubauten errichtet wurden, fanden Rettungsgrabungen statt, die erstmals Einblick in den Kastellvicus südlich des Lagers gaben. Die diesjährigen Grabungen waren bedingt durch den Bebauungsplan »Westlich der Schorndorfer Straße I«, der im November 1987 von der Stadt Welzheim beschlossen worden war. Vom 29. März bis zum 22. Juni wurden in seinem Geltungsbereich insgesamt 4 Flächen untersucht, um noch offene Fragen der Kastellumwehrung zu klären. Die Grabungsflächen lagen westlich des rechten Seitentors (porta principalis dextra) und der südwestlichen Lagerecke.

Die Kastellmauer selbst war hier im Gegensatz zu der südöstlichen Lagerecke – 1983 ergraben – relativ schlecht erhalten. Es konnten stellenweise nur noch geringe Reste des zweischaligen Fundaments freigelegt werden. Die Fundamentbreite betrug zwischen 1,8 und 2 m. Teilweise war nur noch die Fundamentrollierung vorhanden.

Die Überraschung war groß, als im Schnitt nach Süden insgesamt 3 parallel verlaufende Spitzgräben erfaßt werden konnten; dies um so mehr als aufgrund der Grabungen der Reichslimeskommission unter Oberförster P. Schultz 1895 und den Grabungen im Jahre 1981 die Auffassung bestand, der Wehrgraben sei nur einfach. Der innerste Graben war 5,5–6 m breit und ca. 2,5 m tief. Seine Verfüllung bestand aus auffallend vielen Mauersteinen, die zweifellos von der Kastellmauer stammen. Der mittlere Graben war relativ flach, noch 1,5 m tief und 4,7–5 m breit. Der dritte, südlichste Graben hatte eine Tiefe von noch 2,5 m bei einer Breite von etwa 4,5 m.

Da keine zusammenhängenden Schichten vorhanden waren, bleibt jedoch die Frage offen, ob alle 3 Wehrgräben gleichzeitig bestanden. Die äußeren Gräben 2 und 3 waren, im Gegensatz zu Graben 1, auffallend steril verfüllt, d. h. sie sind wahrscheinlich einer älteren Bauphase zuzuordnen. Mit dem Nachweis von mindestens zeitweise 3 Wehrgräben reiht sich das Westkastell in diejenigen Anlagen am äußeren obergermanischen und rätischen Limes ein, die zumindest in bestimmten Phasen der Kastellnutzung mit einer dreifachen Grabenumwehrung ausgestattet waren. Das Fundmaterial war überaus spärlich und erlaubt für die chronologische Zuordnung der einzelnen Gräben keine konkrete Aussage.

Innerhalb des Kastells, parallel zur Mauer, fand sich im Abstand von ca. 1,8 m eine durchlaufende Pfostenreihe mit nahezu gleichmäßigem Abstand, die es wahrscheinlich macht, daß wir hier Pfostenstellungen einer Holz-Erde-Mauer vorliegen haben. Wenn die Pfosten so gedeutet werden können, ist für das Westkastell eine ältere Holz-Erde-Mauer vorauszusetzen, die später durch die massive Steinmauer, wohl mit einer Erdrampe angeschüttet, ersetzt wurde. Von Innenbauten oder der Lagerringstraße (via sagularis) fanden sich keine Reste.

Parallel zur Grabung im Westkastell fanden Erschließungsmaßnahmen im Neubaugebiet »Mühläcker III«, südlich des Pfaffenaderbachs, statt. Es begrenzt die Anhöhe des Ostkastells nach Süden. Auf dem Gewann »Mühläcker« waren schon 1909 und 1911 römische Töpferöfen entdeckt und teilweise untersucht worden. Im Zusammenhang mit der beabsichtigten Bebauung wurde eine Nachuntersuchung notwendig. Einzelne Abfallgruben mit römischer Keramik, darunter auch Fehlbrände und mehrere Töpferöfen, von denen meist nur noch geringe Reste nachweisbar waren, wurden aufgedeckt. Durchweg handelt es sich um kleinere Öfen mit Zungenmauer. Infolge der intensiven landwirtschaftlichen Nutzung sind ihre Spuren schon weitgehend zerstört. Hier auf der Anhöhe südlich des Ostkastells, außerhalb des eigentlichen Siedlungsareals, befanden sich offenbar mehrere Töpfereien. Allerdings ist über die Struktur und Ausdehnung dieses Töpferbezirkes aufgrund der schlechten Erhaltung keine abschließende Aussage möglich. *Dieter Planck*

Literaturhinweise
A. Mettler und P. Schultz, ORL Abt. B Nr. 45 und 45 A, 1904, 2 ff. – Fundber. aus Schwaben 19, 1911, 128 ff. – D. Planck, Arch. Ausgr. Bad.-Württ. 1983, 178 ff. – R. Krause, ebda. 1988, 188 ff.

Ausgrabungen im Municipium Arae Flaviae – Rottweil 1989

Neben verschiedenen kleineren Beobachtungen mußten 1989 an 3 Stellen im römischen Bereich ausgedehntere Grabungen bzw. Untersuchungen durchgeführt werden. Neben einer Fülle von Details wurden dabei z. T. aufregende neue Erkenntnisse zum Municipium Arae Flaviae und den vorausgehenden Kastellen und ihren Kastellvici gewonnen.

Hochmauren Gebäude M. Im Anschluß an die Untersuchungen 1988 wurden 300 m² südöstlich davon zwischen y 900 und 910 (siehe Gesamtplan des römischen Rottweil) ausgegraben. Unter den insgesamt bis über 1 m mächtigen Siedlungsschichten lagen hier zuunterst die 2 Gräben des Kastells V. Beide waren an der Oberkante des gewachsenen Bodens ca. 6 m breit. Völlig überraschend endete der äußere Graben schon auf y 905 in einem schön gerundeten Grabenkopf (Abb. 84), während der innere Graben unverändert weiter nach Süden lief, wo entsprechend der schon früher ausgegrabenen Befunde das Tor und damit die Grabenunterbrechung erst auf ca. y 890 zu erwarten wäre. Die zur Zeit einzig sinnvolle Erklärung hierfür scheint mir zu sein, daß wir bei Kastell V die in Süddeutschland bisher sehr seltene Torform mit »Titulum« entdeckt haben. Bei dieser Konstruktion wird als Torsicherung ein zusätzliches Grabenstück vor der Grabenunterbrechung angelegt. Dieses Grabenstück liegt in der Torachse und zwingt, einen schrägen Weg zum eigentlichen Tor zu nehmen.

Obwohl bei solchen Anlagen üblicherweise die Grabenunterbrechung etwas größer ausfällt, sind die für Rottweil zu fordernden ca. 30 m doch außergewöhnlich. Dies scheint aber durch die bei der 1988 durchgeführten geophysikalischen Prospektion festgestellten Anomalien bestätigt zu werden.

Ob die relativ flachen, etwas unregelmäßigen Gräbchen, die den westlichen Rand des inneren Kastellgrabens begleiteten, gleichzeitig mit diesem sind, läßt sich nicht sagen. Wahrscheinlich ist jedoch, daß sie jünger sind und damit zu den die verfüllten Gräben der Kastelle IV und V überlagernden zivilen Holzgebäuden gehörten. Diese Bauten, deren Überreste im ganzen Bereich des Steinbaus M gefunden wurden, sind meines Erachtens in der ältesten Phase gleichzeitig mit dem nördlich anschließenden Kastell III errichtet worden und müssen daher zu dessen Kastellvicus ge-

Abb. 84 Rottweil. Gebäude M. Ausgeschälter Kopf des äußeren Grabens des Kastells V mit darüberziehender Trennmauer zwischen dem 4. und 5. Raumkomplex. Deutlich sichtbar ist eine der Reparaturen

rechnet werden. Auch einige der in diesem Jahr gefundenen flachen Gruben und Pfostengräbchen weiter westlich deuten Hausgrundrisse an. Zu dieser Phase gehörten auch offenbar nur relativ kurz benutzte, ca. 0,5 m in den Boden eingelassene Öfen. Von ihnen wurde auch in diesem Jahr einer gefunden (Abb. 85). Da er, wie auch schon die früher Entdeckten, völlig ausgeräumt war, ist seine Funktion schwer bestimmbar. Am ehesten handelt es sich wegen der geringen Brandröte um einen Backofen.

Die über den Holzbaubefunden liegenden Steinmauern gehören nach Umfang, Erhaltung und Komplexität zu einem der faszinierendsten römischen Baukomplexe in Baden-Württemberg (er wird im weiteren in einer Freiburger Dissertation von J. Lauber bearbeitet). Deutlicher als zuvor zeigten sich in der diesjährigen Ausgrabung die Tätigkeiten unserer Vorgänger (vermutlich Mitte des 19. Jh.), die immer entlang einer Schale einer einmal gefundenen Mauer bis zum nächsten Abzweig gruben (Abb. 86), sich dort z. T. quer durch die Mauer arbeiteten, um dann auch diese unter Herausnahme einer Schale weiter zu verfolgen. Von diesen Arbeiten sind uns keine Unterlagen überliefert. Mindestens an 3 Seiten von Straßen umschlossen, nahm der Gebäudekomplex mit ca. 95 × 70 m Ausdehnung praktisch ein ganzes Stadtviertel ein. Endgültig zeigte sich in den Grabungsflächen dieses Jahres, daß er in 5 etwas ungleich breite Streifen oder Parzellen unterteilt war. Sie sind nach Ausweis der teilweise unterschiedlichen Bauart als vermutlich unabhängige Einheiten anzusehen. Merkwürdig war, daß die Trennmauer zwischen den beiden südlichsten Strei-

Abb. 85 Rottweil. Gebäude M. Profil im Inneren des »Freiraums«. Unten ein früher Ofen, darüber Auffüllschicht und Bauhorizont, der von einer Humusschicht (Pfeil) und einer umgestürzten Mauer abgedeckt wird

fen im mittleren Bereich bis in das Fundament hinein mehrfach repariert war (Abb. 84 und Abb. 86, rechts). Auch scheint im hinteren Bereich diese Trennmauer zumindest in einem späten Zustand nicht unbedingt die Parzellengrenze gebildet zu haben, jedenfalls befand sich nur ca. 1,5 m weiter südlich eine zusätzliche, sehr viel weiter nach Osten laufende Mauer (Abb. 86, Mitte). Der dazwischenliegende korridorartige Raum gehörte meines Erachtens eher zum nördlichen Gebäude. Aus diesem Grund, und da zumindest im hinteren Bereich alle Mauern des südlichsten Streifens mit Fugen an die Trennmauer stießen, möchte ich erwägen, ob dieser südliche Bauteil vielleicht erst später errichtet worden war.

Offensichtlich müssen den damaligen Bauleuten die verfüllten ehemaligen Kastellgräben bekannt gewesen sein oder, wahrscheinlicher noch, beim Ausheben der Fundamentgräben, die üblicherweise bis auf den gewachsenen Boden reichten, aufgefallen sein. Denn im Bereich dieser Verfüllungen führten sie – wohl um späteren Setzungen vorzubeugen – die Fundamente fast bis auf die einstmaligen Grabensohlen hinunter (Abb. 86).

Soweit bisher erkennbar, wurde der östliche (hintere) Teil des fünften Gebäudes von einer langen, nördlich eines schmalen Korridors liegenden Raumflucht eingenommen. Die hintersten, schon 1982 ausgegrabenen Räume waren beheizt. Bei den in diesem Jahr untersuchten Räumen fehlten ausgeprägte Fußböden. Allerdings dürften sich über die Fundamentoberkanten und immer wieder verstreut auftretende Herde oder kleine Öfen die verschiedenen Laufniveaus rekonstruieren lassen. Südlich des Korridors lag vielleicht eine Art

Abb. 86 Rottweil. Gebäude M. Hinterer Bereich des 5. Raumkomplexes. Durch alte Grabungen ist bei den Mauern immer eine der beiden Schalen ausgebrochen

Saal (bisher nur teilweise untersucht). Auffällig war, daß der mittlere Bereich, in dem wir nach Art des nördlich anschließenden Baues ein Peristyl erwarteten, anscheinend ohne massive Baustrukturen war. Auf über 22 m Länge fanden sich nämlich, außer einigen wenigen, anscheinend verstreut liegenden, ausgesteinten Pfostenstellungen und kleinen Sokkelsteinen, keinerlei Baubefunde. Dagegen lag über den Planierungen der Holzbauphase eine bis zu 0,4 m mächtige Auffüllschicht, z. T. zweigeteilt, die über weite Bereiche von einer Bauschicht aus Steinsplittern (nahe der randlichen Trennmauer) und Mörtelbatzen, z. T. in regelrechten Flächen, abgeschlossen wurde (Abb. 85).

Besonders auffallend war, daß darüber ein Humushorizont folgte (Abb. 85, Pfeil). Er war von einer umgestürzten Steinmauer überdeckt. Von höheren Teilen dieser Mauer stammen übrigens sehr schön profilierte Konsolsteine (Abb. 87), die evtl. als Auflieger für den Boden eines zweiten Geschosses im vorderen Teil oder für das Dach gedient haben.

Für diesen Humushorizont sind im Moment zwei Interpretationen denkbar: Der mittlere Bereich des südlichen Gebäudes war in römischer Zeit von einem Garten eingenommen. Oder ein einstmals vorhandener Hofbelag wurde in späterer Zeit entfernt; über die Jahrhunderte sammelte sich »Dreck« in den Ruinen, der dann irgendwann von der verstürzten Mauer versiegelt wurde (der Flurname »Hochmauren« weist auf bis weit ins Mittelalter auf-

recht stehende Mauerreste). Der Humus wäre bei dieser Möglichkeit in spätrömischer und frühmittelalterlicher Zeit entstanden.
Im Moment läßt sich allerdings diesbezüglich keine Entscheidung fällen. Deutlich wurden dagegen in diesem Bereich wiederum die Probleme der Erosion, vor allem durch die landwirtschaftliche Nutzung. Von der umgestürzten Mauer war nämlich unter der Pflugkante nur noch die untere Schale erhalten.
Wie schon aus den alten Grabungen bekannt, wurde der oben beschriebene Freiraum durch einen zwischen kleinen Nebenräumen liegenden Vorraum mit anschließendem Korridor erschlossen (die Nebenräume öffneten sich ursprünglich wohl zur Straße hin). Abgesehen von dem fehlenden Peristyl ist damit dieser südlichste Komplex dem im letzten Jahr angedeuteten nördlich anschließenden sehr ähnlich. Soweit ich erkennen kann, ist zur Zeit in Baden-Württemberg nichts Vergleichbares aus den anderen stadtartigen Siedlungen bekannt. Ob sich in diesen eher italischen Bauformen der andersartige Charakter des Municipiums Arae Flaviae ausdrückt?

Hochmauren-Südstadt (Steinwandel). Die Maßnahme des Jahres 1988 fortsetzend, wurde ein weiteres, ca. 140 m² großes Gebiet westlich der Fernstraße nach Vindonissa untersucht. Es lag im hinteren Bereich der mit den Schmalseiten sich auf die römische Straße öffnenden Gebäude, die anscheinend bis zu ca. 30 m lang waren. Wie schon in den Grabungen von A. Rüsch vor 10 Jahren, waren 3 bis 4 Phasen trennbar, von denen die erste eine andere Orientierung aufwies, als die darauffolgenden. In der letzten Phase fanden, ähnlich wie im gegenüberliegenden Areal der Firma Mahle, unregelmäßige, kaum behauene Steine als Unterlagen und Keile für Schwellbalken und senkrechte Pfosten Verwendung. Insgesamt machte die Bebauung östlich und westlich der

Abb. 87 Rottweil. Gebäude M. Konsolstein

römischen Straße einen recht verwandten Eindruck, in beiden Arealen fand sich auch reichhaltig frühes vespasianisches Fundmaterial.
Wegen der relativ begrenzten Fläche ließ sich die Aufteilung der Gebäude nur teilweise erkennen. Deutlich war aber eine durch einen Korridor erschlossene vielgliedrige Anlage in der zweiten Phase. Auffällig ist, daß durch alle Bauabschnitte hindurch die jeweiligen Feuerstellen oder Öfen etwa an der gleichen Stelle gelegen haben. Ich möchte dies als ein weiteres Indiz für die schon früher erschlossene Bauordnung im römischen Rottweil ansehen.
Neben der Eisenverarbeitung, auf die in einem eng umgrenzten Bereich um einen der Öfen gefundene geringe Schlackenmengen und verschiedene Alteisenteile hinweisen, wurde in einem der Räume offenbar dem Spiel gefrönt. Darauf deuteten nicht nur weit über ein Dutzend verstreut aufgefundener Spielsteine aus Keramikbruch, sondern vor allem eine Art Hortfund aus eben solchen Steinen. In einem kleinen Loch im Fußboden waren, wohl in ein Säckchen gesteckt, über 130 durchschnittlich etwa 2 cm große, mehr oder weniger runde Scherben eingegraben worden (Abb. 88).

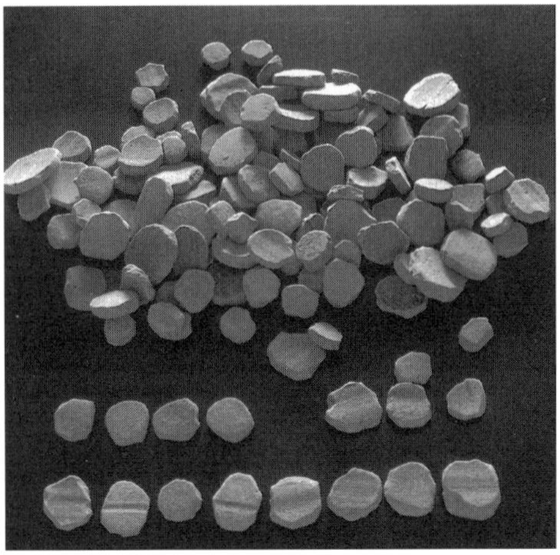

Abb. 88 Rottweil. Steinwandel. Spielsteinfund

Hochmauren – Abhang zur Prim. Schon Anfang der achtziger Jahre äußerte A. Rüsch die Idee, daß sich am Abhang zur Prim ein römisches Theater befunden haben könnte. Es sollte auf einer leicht gekrümmten Mauer mit sehr kräftigen Strebepfeilern etwa bei y 680 aufbauen. Eine Überprüfung dieses fast vollständig beim Bahnbau beseitigen Areals durch Erdwiderstandsmessungen ergab eine ausgeprägte Anomalie, vor allem aber ca. 60 m weiter nördlich eine eben solche zweite Anomalie. Damit ist ein szenisches Theater mit Blick über die Prim sehr wahrscheinlich. In diesem Sinne möchte ich auch zwei schon lange bekannte Inschriften im Museum Rottweil, die jeweils Namen im Genitiv wiedergeben, neu interpretieren. Ich glaube nicht, daß sie als Türbalken Hausbesitzer nennen, sondern vielmehr, daß es sich um Sitzstufen mit Eigentümerbezeichnungen dieses Theaters handelt. In Größe und Schrifttyp gleichen sie nämlich z. B. den in großer Zahl im kultischen Theater Trier-Altbachtal gefundenen Sitzen.

Nikolausfeld – Tuttlinger Straße. Beim Ausbau der Tuttlinger Straße ergaben sich nicht nur bei der Neuanlage der hangseitigen Böschung, sondern auch bei der für uns etwas überraschend durchgeführten Neuschotterung der Straße selbst Einblicke in militärzeitliche Befunde. Neben einigen mittelalterlichen bzw. neuzeitlichen Anlagen – insbesondere sind ein Kalkofen und ein Keller hervorzuheben – zeichneten sich in Profil und Planum sehr deutlich 2 große Spitzgräben im Abstand von 9 m ab. Diese zielten nach Osten auf das 1980 entdeckte Doppelgrabensystem (»Kastell VI«) und waren im Westen vermutlich noch in der Hölderstraße in einem Kabelgraben feststellbar. Sie verliefen damit exakt parallel zur Südfront des Kastells II. Meines Erachtens gehörten sie jedoch nicht zu einem sechsten Kastell in Rottweil, sonderen bildeten die südliche Front des großen Kastells I. Von ihm wissen wir nämlich mittlerweile, daß die Nordostecke eine sehr viel stumpfere, also der Ecke von »Kastell VI« ähnliche Biegung hatte und daß die bisher vorgenommene Ergänzung des Ostgrabens keineswegs zwingend schräg zur Ostseite des Kastells II erfolgen muß. Bei einer Zusammengehörigkeit dieser beiden Ecken wäre das Kastell I demnach etwa 13–14 ha groß gewesen und damit vielleicht sogar noch größer als das mindestens eine halbe Legion fassende Dangstettener Lager.

Ca. 6 m hinter der inneren Grabenspitze lagen 2 Pfostengruppen mit deutlichen, etwa fußgroßen Pfostenspuren im Abstand von 3,3 m zueinander. Eine weitere mutmaßliche Pfostenspur im gleichen Abstand hinter der westlichen Pfostengrube machte deutlich, daß hier in der – wohl als Rasensodenmauer anzusprechenden – Umwehrung ein Turm stand. Nicht ganz klar ist dagegen die Funktion eines ca. 1,2 m breiten Gräbchens mit flacher Sohle, das zwischen innerem Graben und den Pfostengruben verlief. Ganz sicher war es nicht durchgehend, sondern endete etwa auf Höhe der westlichen Pfosten des Turms. Da seine Sohle auf ähnlichem Niveau lag wie das der Pfosten, könnte es vielleicht eine Versteifung der Front der Rasensodenmauer, die hier möglicherweise schadhaft geworden war, aufgenommen haben. *C. Sebastian Sommer*

Literaturhinweise

E. Gose, Der gallo-römische Tempelbezirk im Altbachtal zu Trier, 1972, 102 ff. – A. Rüsch, Die Ausgrabungen im römischen Rottweil, Arch. Nachr. Baden 22, 1979, 36 ff. – A. Rüsch, Arch. Ausgr. Bad.-Württ. 1982, 83 ff.– C. S. Sommer und J. Lauber, ebda. 1988, 91 ff.

Neue Untersuchungen im römischen und mittelalterlichen Ladenburg, Rhein-Neckar-Kreis

Erstmals seit 10 Jahren waren 1989 in Ladenburg keine Großgrabungen durchzuführen. Wegen vieler kleinerer Baumaßnahmen an verschiedenen Stellen im Stadtgebiet waren aber trotzdem 7 beschränkte Untersuchungen nötig geworden. Deren wichtigste Ergebnisse sollen hier vorgestellt werden.

Trajanstraße 16a. Im Eck zwischen Trajan- und Domitianstraße fanden sich, anders als erwartet, nicht mehr die Fortsetzungen der weiter westlich aufgedeckten Steingebäude. Vielmehr wurde dieses Areal einstmals von in Schwell- oder Pfostengräbchenbauweise errichteten Holzgebäuden eingenommen. Sie wiesen eine völlig andere Richtung – genau Ost-West bzw. eventuell Nord-Süd – auf als die erwähnten Steingebäude. Der neuentdeckte Bau war anscheinend mit Ziegeln gedeckt, denn an der Unterkante des alten Pflughorizontes, direkt auf dem gewachsenen Boden aufliegend, waren über die ganze Grabungsfläche große Mengen Dachziegel verteilt (tegulae und imbrices).

Mit dem Gebäude in Zusammenhang stand ein kleiner, in Nord-Süd-Richtung nur ca. 2 m messender Steinkeller (Abb. 89), dessen Zugang außerhalb der Ausgrabung lag. Er war bis auf die letzten 0,8 m ausgebrochen. Ein Verputz ließ sich nicht mehr feststellen. In seiner Verfüllung fanden sich verschiedene Fragmente, die die Gestaltung des darüberliegenden Gebäudes besser erkennen ließen: einerseits mehrere als Sockelsteine verwendete Blöcke, einer mit Zapfloch (Abb. 89), andererseits der Rest einer gedrehten Säule von ca.

Abb. 89 Ladenburg. Trajanstraße 16a. Mit Architekturresten und Dachziegeln verfüllter kleiner Keller innerhalb eines Holzgebäudes

Abb. 90 Ladenburg. Altenwohnheim. Römischer Steinkellerrest außerhalb der Stadtmauer

0,25 m Durchmesser, vielleicht von einer straßenseitigen Portikus. Mit diesen Befunden schließt sich der letzte, bisher relativ befundleere Bereich im Südwesten des ummauerten Stadtgebietes weiter, so daß hier nicht mehr von einer in römischer Zeit unbebauten Fläche auszugehen ist.

Altenwohnheim/Schriesheimer Straße. Auch die Bebauung um die römische Stadtmauer stellt sich immer dichter dar. Im Bereich des neuen Altenwohnheims an der nördlichen Trajanstraße fanden sich wider Erwarten in den Fundamentgräben – leider nur noch schlecht erhaltene – Kellerreste (Abb. 90) und vor allem Überreste einer Hypokaustanlage. Auch weiter nördlich, auf dem Grundstück Schriesheimer Straße 3, wurde eine außergewöhnlich fundreiche Abfallgrube und möglicherweise ein vollständig ausgebrochener Steinkeller entdeckt. Bisher konnte allerdings noch nicht der Frage nachgegangen werden, ob die über diesen Befunden stehenden Gebäude noch während oder gar erst nach der Errichtung der Stadtmauer in Benutzung waren (deren Errichtung vermutet man in der Zeit um 200 n. Chr.), oder ob es sich um ältere Strukturen handelt. Auf jeden Fall ist die Gesamtausdehnung Lopodunums damit auf nunmehr weit über 40 ha gewachsen.

Kirchenstraße 33 und Feuerleitergasse. Auch wenn beide Grabungsstellen mit einem Töpferofen an der Ecke Feuerleitergasse/Sickingenstraße und einem neuen Straßenzug außerhalb der Ostgräben des Kastells I ebenfalls wesentliche Ergänzungen des Bildes der römischen Stadt erbrachten bzw. erwarten lassen (aus zwei Sondierungsschnitten in der Kirchenstraße wird 1990 eine kleine Flächengrabung), so stammen die wesentlichen Befunde hier aus dem Mittelalter. Im Fall der Kirchenstraße fand sich unter den Ostwänden der auf die Metzgergasse mündenden Gebäude ein mehr als 1,5 m tiefes Fundament aus schlecht vermörtelten Bruchsteinen und Bachwacken. Bei ihm handelt es sich vermutlich um die Fortsetzung der in der Kellereigasse entdeckten und in der Gerberstiege durch spätere Grundstücksgrenzen und einen Niveauunterschied so eindrucksvoll markierten ältesten mittelalterlichen Stadtmauer (evtl. spätes 9. oder 10. Jh.).

Bei der Frischwasserverlegung in der Feuerleitergasse zeigte sich dagegen an erwarteter Stelle die spätere Mauer der Stadterweiterung (vor 1199?) als ein 2,35 m breiter, mächtiger Mauerblock (Abb. 91). Auffällig ist, daß diese Mauer hier sehr viel massiver war als ihre Fortsetzung westlich des ehemaligen Heidelberger Tors und in dem noch stehenden Stück im Bischofshof. Auch war in dem davorliegenden, in den oberen Schichten relativ spät verfüllten Graben keine Zwingermauer zu beobachten (allerdings reichte der Aufschluß nicht bis zum gewachsenen Boden). Dagegen zeigten sich in der Verfüllung verschiedene Mauerstücke, die von Bauten, die sich an die Stadtmauer an-

Abb. 91 Ladenburg. Feuerleitergasse. Mittelalterliche Stadtmauer mit davorliegendem, verfülltem Graben mit späteren Fundamenten von Gebäuden, die sich an die Stadtmauer anlehnten

lehnten, stammen dürften (Abb. 91, Vordergrund). Auch von der Stadtseite her waren hier Gebäude bis an die Befestigung errichtet worden.

Weiter im Osten ließ sich sehr deutlich die alte Ostseite der erst in der Neuzeit auf ihre jetzige Breite erweiterten Feuerleitergasse erkennen. In der Flucht der Kanaltrasse fand sich nämlich die Westseite eines mit mindestens einer Nische ausgestatteten mittelalterlichen Kellers. Noch sehr gut war sein mittig sitzender Zugang in Form einer ca. 1 m breiten Treppe erkennbar. Sie hatte ursprünglich – wie heute noch z. B. fast direkt gegenüber in Benutzung – weit in den Straßenraum gereicht und war dort wohl von einer Luke abgedeckt. Mit der Aufgabe des Kellers wurde anscheinend auch das ursprünglich darüberliegende Gebäude zerstört, denn in bzw. auf der Verfüllung des Kellers saß eine neue, allerdings sehr nachlässig ausgeführte Mauer, die z. Z. am ehesten als Fundament der Westwand eines jüngeren, etwas zurückgesetzten Baus zu interpretieren ist.

C. Sebastian Sommer

Literaturhinweise

C. S. Sommer, Arch. Ausgr. Bad.-Württ. 1988, 103 ff. – C. S. Sommer und H. Kaiser, LOPODVNVM – Ladenburg a. N. Archäologische Ausgrabungen 1981–1987, Arch. Inf. 5, 1988.

Zur Fortsetzung der archäologischen Ausgrabung im römischen Rottenburg a. N., Kreis Tübingen

Wie in den Jahren zuvor so wurden auch 1989 die archäologischen Arbeiten im Areal des zu errichtenden Parkgebäudes in der Sprollstraße beim Hotel Martinshof, im Kernbereich der römischen Stadtsiedlung Sumelocenna, bereits im Januar aufgenommen. Die großflächige und systematische archäologische Erforschung des Baugeländes fand ein vorläufiges Ende, als Mitte September mit den Baumaßnahmen für die Zufahrt zur Tiefgarage und den damit verbundenen Ausschachtungsarbeiten im nördlichen Teil des Baugrundstücks begonnen wurde. Im Anschluß an die archäologische Begleitung der Baumaßnahmen im Winter 1990, vor allem der Fundamentierungsarbeiten im Bereich der römischen Gebäudeteile, die konserviert und in das geplante Museum unter dem Parkhaus integriert werden, soll die abschließende archäologische Untersuchung dann fortgeführt werden, wenn unter der Decke des ersten Parkhausgeschosses unabhängig von Bauterminen und Witterung gearbeitet werden kann. Neben Profilschnitten durch die beiden Straßenzüge und verschiedenen kleineren Sondagen zur Abklärung bautechnischer und baugeschichtlicher Fragen wird das Hauptaugenmerk auf die vollständige Freilegung des Peristyls gelegt werden, wo in Bauschuttschichten noch zahlreiche Fragmente von Wandmalereien eingelagert sind und geborgen werden können. 1988 wurde hier die erste figürliche Wandmalerei von Sumelocenna entdeckt, eine etwa 50 cm große, unbekleidete Figur mit wehendem Umhang, eine Leier in Händen haltend.

Der Stadt Rottenburg, im besonderen dem Stadtplanungsamt mit Herrn Dipl.-Ing. H. Keppel an der Spitze, gilt unser Dank für die immer bereitwillig gewährte Unterstützung unseres Grabungsprojektes.

Bis auf die oben angesprochenen Sondagen bauarchäologischer Art und die Freilegung des Peristyls konnte der über 55 m lange Gebäudekomplex im Süden der beiden durch das Grabungsgelände ziehenden Straßen gänzlich aufgedeckt werden. Zusammen mit dem über 32 m langen und 5 m breiten Raum mit innerer Säulenreihe und mehrfarbig bemalten Wänden, es handelt sich um eine öffentliche Latrinenanlage, dürften die Baureste südlich der Straßenkreuzung zu großen öffentlichen Thermen gehört haben (Abb. 92), denen dann auch

Abb. 92 Rottenburg. Blick von Osten auf das Grabungsgelände. In der Bildmitte verlaufen die Querstraße und der an der Straße gelegene langgestreckte Latrinenraum

die 1983 in der Spiegelgasse aufgedeckte Apsis zuzurechnen wäre. Bauliche Veränderungen unterschiedlicher Art, die im 3. Jahrhundert n. Chr. vorgenommen wurden, weisen auf die teilweise Umnutzung des Thermenbaues hin. Diese Maßnahmen können möglicherweise mit der sich im Verlauf des 3. Jahrhunderts immer deutlicher abzeichnenden Bedrohung der Provinzen Obergermanien und Rätien durch die Germanen in Verbindung gebracht werden.

Die Baureste nordöstlich der Straßenkreuzung gehören zu 2 langrechteckigen Gebäuden, die mit ihrer Stirnseite zu der von Südwesten nach Nordosten durch das Grabungsgelände verlaufenden Straße ausgerichtet sind (Abb. 93, Bau A und B). Es handelt sich um sog. Streifenhäuser, von denen das unmittelbar nordöstlich der Querstraße gelegene vollständig untersucht werden konnte (Bau A). Mehrere Bauperioden bzw. Umbauphasen ließen sich feststellen. In der ältesten Periode bestanden die Häuser aus Holz und waren in Fachwerkbauweise errichtet worden. Teile der Wände bzw. der Gefache mit Flechtwerk und Lehmverstrich konnten freigelegt werden. Bau A war etwa 9,5–10 m breit und 25 m lang. Zur Straße hin öffnete sich eine knapp 4 m breite Portikus, von der auch der Zugang zum Haus erfolgte. 3 Sandsteinquader als Fundamente der Holzstützen für ein Pultdach wurden noch angetroffen. Aufgrund späterer Überbauung konnten der Grundriß des Hauses und die Raumaufteilung nicht vollständig erfaßt werden (Abb. 93). Es lassen sich jedoch Parallelen zu Holzbauten der römischen Stadt Bad Wimpfen ziehen, die dort als Holzfachwerkbauten mit Mittelflur bzw. als Mittelflurhäuser bezeichnet werden. Im rückwärtigen Teil von Bau A zeigte sich ein etwa 1,5 m breiter Mittelgang, an den Räume anschlossen, die 4–4,5 m breit und zwischen 2,5 und 4 m tief waren. 5 Feuerstellen, die stets mittig vor einer Wand aufgesetzt waren, können als offene Kamine angesprochen werden. Ein Raum im rückwärtigen Teil von Bau A wies einen Mörtelestrichboden auf, andere Räume, auch der Mittelgang, waren mit Böden aus gestampftem Lehm versehen. Ein Keller ließ sich in Bau A nicht mit Sicherheit nachweisen, möglicherweise lag er an der Stelle des jüngeren Steinkellers. Bei Bau B kann ein Holzkeller im rückwärtigen

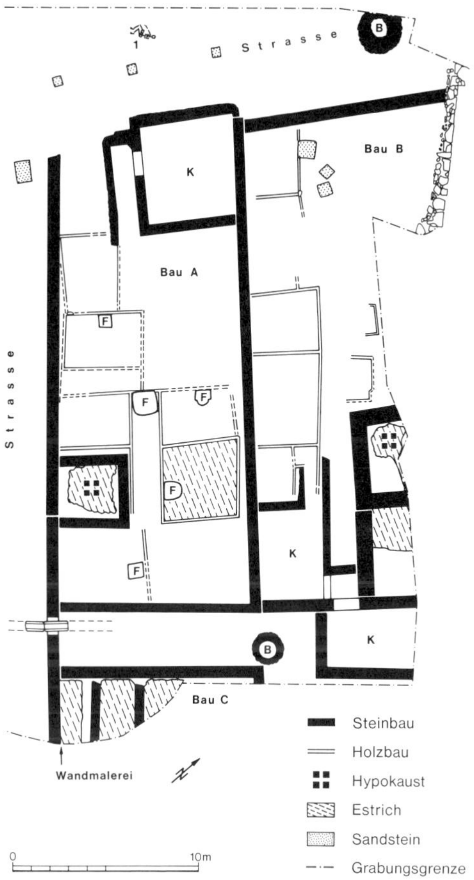

Abb. 93 Rottenburg. Grundrißplan der Streifenhäuser A und B (die jüngsten Steinbauphasen sind nicht eingezeichnet)

Abb. 94 Rottenburg. Blick von Nordwesten auf Bau A

Gebäudeteil vermutet werden, der ebenfalls von einem jüngeren Steinkeller überbaut wurde.

Die Holzbauten A und B, deren Errichtung in das frühe 2. Jahrhundert n. Chr. zu datieren ist, sind einer Brandkatastrophe zum Opfer gefallen wie auch andere Holzbauten, deren Spuren sich im Bereich der Thermen nachweisen ließen. Die Funde aus der bis stellenweise über 30 cm mächtigen Brandschicht weisen darauf hin, daß die Zerstörung nach der Mitte des 2. Jahrhunderts n. Chr. stattgefunden hat. Ob es sich dabei um ein lokales Schadensfeuer handelte, oder ob die Brandkatastrophe überregionale Ereignisse widerspiegelt und möglicherweise mit den Chatten- oder Markomannenkriegen zu Beginn der Regierungszeit Mark Aurels (161–180 n. Chr.) in Verbindung zu bringen ist, kann nach den im Vicus von Sulz a. N. nachgewiesenen Zerstörungen, die in diesen Horizont datiert werden können, durchaus in Erwägung gezogen werden, ist jedoch beim derzeitigen Stand der Fundauswertung noch nicht schlüssig zu beantworten.

Nach der Brandkatastrophe wurden die beiden Holzfachwerkhäuser durch Steinbauten ersetzt (Abb. 93). Die Parzellengrenzen wurden beibehalten, auch die gemeinsame Nutzung der Wand zwischen Bau A und B. Bau A ist 11–11,5 m breit und 25 m lang mit einem Zugang von der Straße. Ein vom Wohnbereich her begehbarer Keller mit 25 m^2 Innenfläche liegt an der Frontseite des Gebäudes (Abb. 94). Im rückwärtigen Teil fand sich ein hypokaustierter Raum. Der Grundriß von Bau B konnte nicht vollständig erfaßt werden. Seine Länge beträgt 25 m, die Breite dürfte der von Bau A entsprochen haben. Kellerräume wie auch ein Raum mit Hypokaust befinden sich im rückwärtigen Gebäudeteil (Abb. 95). Zwischen den Bauten A und B verlief ein etwa 2,8 m breiter Gang, in dem ein Brunnen aufgedeckt werden konnte, der wohl bereits zusammen mit den Holzbauten angelegt wurde. Im Zusammenhang mit dem Ausbau der Streifenhäuser in Stein wurde das Baugelände um über 0,5 m aufgehöht, ebenso die Straßenkörper. Diese Maßnahmen, die sich auch im Bereich

Abb. 95 Rottenburg. Blick von Südwesten auf die rückwärtigen Bereiche der Streifenhäuser A und B

der Thermen nachweisen lassen, sind offenbar Teil von einschneidenden städtebaulichen Veränderungen, die im römischen Rottenburg während der zweiten Hälfte des 2. Jahrhunderts n. Chr. erfolgt sind. Zwar ist es denkbar, daß die Anhebungen der Bauniveaus im Ostteil der römischen Ansiedlung wegen Überschwemmungen des Weggentalbachs erforderlich wurden, begründeter scheint es jedoch, die baulichen und städtebaulichen Veränderungen im Zusammenhang zu sehen mit der Erhebung von Sumelocenna zum Hauptort der Civitas Sumelocennensis. *Hartmann Reim*

Literaturhinweis

H. Reim, Arch. Ausgr. Bad.-Württ. 1988, 99 ff.

Der Kappelhofplatz – Ausgrabungen im ältesten Siedlungsteil Pforzheims

Seit Mai 1989 gräbt die Archäologische Denkmalpflege Karlsruhe mit großzügiger Unterstützung der Stadt Pforzheim auf dem Gelände des Kappelhofplatzes in Pforzheim. Das annähernd 3000 m^2 große Areal soll wieder bebaut werden, so daß archäologische Untersuchungen notwendig wurden, nachdem bereits Grabungen in den fünfziger Jahren im Bereich der benachbarten »Altstädter Kirche« sowie ein Baggerschnitt 1987 am Ostrand des Kappelhofplatzes Reste der mittelalterlichen und römischen Besiedlung zum Vorschein brachten. Sowohl aus den archäologischen als auch aus den historischen und namenskundlichen Quellen ließ sich erkennen, daß der Bereich um die »Altstädter Kirche« als älteste Siedlungsstelle im Weichbild der heutigen Stadt Pforzheim anzusehen ist.
Anfang der fünfziger Jahre konnten beim Bau des Städtischen Krankenhauses ausgedehnte römische Baubefunde von A. Dauber ergraben werden. Ihre Auswertung übernahm im Rahmen einer Freiburger Dissertation K. Kortüm. Die seinerzeit unter permanentem Baggerdruck vorgenommenen Grabungen ließen sich nur kursorisch dokumentieren, so daß den neuen Ausgrabungen am Kappelhofplatz, die jetzt ohne unmittelbaren Zeitdruck durchgeführt werden können, im Hinblick auf umfassendere Aussagen zu Siedlungsstruktur und Gang der Besiedlung besondere Bedeutung zukommt.
Im Mittelalter bildete das Areal den mittleren Teil einer umwehrten Siedlung, deren einstiger Wehranlagenverlauf sich noch bis in die Mitte des 19. Jahrhunderts im Straßenzug der Kappelhof- und der Brühlstraße erkennen ließ. Zu dem Siedlungsbereich gehörte offenbar auch ein Teil der früheren »Insel«, über der sich heute die Inselschule erstreckt.
In diesem Jahr wurde erst die Hälfte des zur Verfügung stehenden Areals archäologisch untersucht. Für endgültige Ergebnisse sind die weiteren Grabungen und die zeitliche Einordnung der Kleinfunde abzuwarten.
Römische Siedlungsphase. Im bis jetzt ergrabenen Areal sind Teile von 3 römischen Steingebäuden zu erkennen (Abb. 96.1–3). Gebäude 1, ein sog. Streifenhaus, war mit seiner Frontseite zur unter der Altstädter Staße verlaufenden Römerstraße hin ausgerichtet (Abb. 97). Reste von bemaltem Wandverputz lassen eine aufwendigere Ausstattung erkennen. Anhand einiger Mauerstoßfugen können

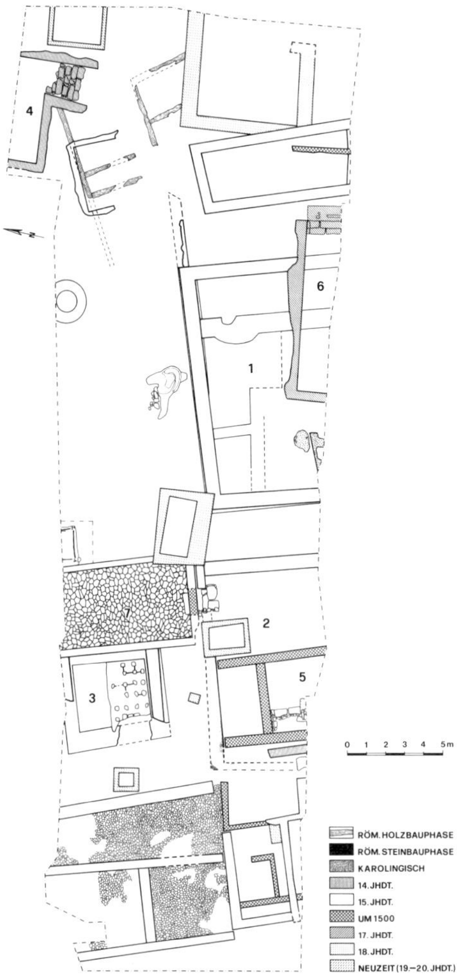

Abb. 96 Pforzheim. Kappelhofplatz. Gesamtplan der aufgedeckten Befunde

mindestens 2 Bauperioden der Anlage festgestellt werden. Zu diesem Gebäude dürfte der Steinbrunnen gehören, der an der Nordgrenze des diesjährigen Grabungsareals freigelegt wurde.

Durch eine kleine Gasse getrennt, erstreckt sich hinter Gebäude 1 das Steingebäude 2, von dem bis jetzt erst der Nordteil ergraben ist. Seine Mauersubstanz ist durch Ausbruchstätigkeit sehr stark in Mitleidenschaft gezogen worden. Vermutlich war Gebäude 2 mit Gebäude 3 durch Mauerzüge verbunden, so daß sich hier auch ein größerer Gebäudekomplex hinter den jetzt noch getrennt geführten Bauten verbergen kann. Gebäude 3 besaß jedenfalls eine Fußbodenheizung (hypocaustum). Die Abdruckstellen der Hypokaustpfeiler auf dem Unterbodenestrich ließen sich noch sehr schön nachweisen, ebenso zahlreiche Ritzlinien, die als Richtungsraster vor Aufstellung der Pfeiler gezogen worden waren. An einer Stelle erkennt man noch den Abdruck eines mit Eisennägeln beschlagenen Schuhes aus römischer Zeit. Nördlich von Gebäude 1 wurde ein kleiner Ofen – vermutlich ein Rennfeuerofen – freigelegt, in dessen Umgebung sich zahlreiche Eisenschlacken fanden.

Außerordentlich interessante Befunde zeichneten sich unter den Steinbauten im Nordostteil der Grabungsfläche ab. Hier konnten die Reste eines Holzfachwerkgebäudes freigelegt werden, was bisher im römischen Pforzheim einmalig ist. Vielleicht handelt es sich sogar um 2 Holzbauphasen, die jeweils einem Brand zum Opfer gefallen sind. Die verbrannten Hüttenlehmreste und Fachwerkteile wurden anschließend planiert und über dem Planierungshorizont schließlich der römische Steinbau errichtet. Die Holzfachwerkbauten sind gegenüber den Steinbauten leicht nach Norden versetzt. Möglicherweise sind hier also Grundstücks- oder Eigentumsveränderungen nach dem Brand in römischer Zeit eingetreten. Einige Holzreste wurden geborgen und dendrochronologisch untersucht.

An den stark durch Brand und Verrottung mitgenommenen Hölzern konnten noch Details der Konstruktion beobachtet werden. Der als Schwellenrahmen ausgelegte Fundamentteil besaß Überblattungen mit viereckigem Zapf-

Abb. 97 Pforzheim. Kappelhofplatz. Blick auf das römische Gebäude

loch, in das Eckständer eingestellt worden waren. Die aufgehenden Wände wurden in Holzfachwerktechnik errichtet, wie die mächtige Hüttenlehmpackung darüber zu erkennen gab.

Das Fundmaterial aus römischer Zeit ist vielfältig. Soweit bisher zu sehen ist, wurden die Holzfachwerkbauten gegen Ende des 1. Jahrhunderts n. Chr. – einige spätsüdgallische Terra-sigillata-Scherben unterstreichen diesen Zeitansatz –, die Steinbauten in der Mitte des 2. Jahrhunderts errichtet. Dies belegen Sigillaten des *SATTO* und des *IANUS*, Heiligenberg. Die römische Siedlungstätigkeit reicht auf jeden Fall noch bis 260 n. Chr., wie späte Rheinzaberner Terra sigillata anzeigt.

Völkerwanderungszeitliche Funde. Während der diesjährigen Grabungskampagne wurden unweit des Grabungsareals Kanalverlegearbeiten in der Brühlstraße durchgeführt. Unmittelbar vor der Kreuzung Brühlstraße/Altstädter Straße konnten dabei in den Profilen des Kanalgrabens 2 römische Brandhorizonte beobachtet und aufgenommen werden. Sie dürften sich mit den Befunden in der Grabungsfläche am Kappelhofplatz parallelisieren lassen. Über der obersten Brandschicht wurde das Profil auf wenige Zentimeter Tiefe aufgegraben, dabei ließen sich einige handgemachte Keramikscherben bergen, die nach Form und Machart aus der Völkerwanderungszeit stammen. Sie dürfen einer frühalamannischen Siedlungstätigkeit zugerechnet werden.

Früh- und hochmittelalterliche Siedlungsphase. Einzelne Streufunde legen bisher eine Siedlungstätigkeit auf dem untersuchten Ge-

Abb. 98 Pforzheim. Kappelhofplatz. Mit Deckel verschlossener Einhenkelkrug (»Nachgeburtstopf«) in situ, 18. Jahrhundert

lände in fränkischer Zeit nahe. Aus einer innerhalb des römischen Gebäudes 1 freigelegten Grube konnte karolingische Keramik, sog. gelbe oberrheinische Drehscheibenware, geborgen werden. Sicherlich in dieser Zeit (8.–10. Jh.) wird auch die religiöse Tradition der »Altstädter Kirche« begründet worden sein. Das Patrozinium, St. Martin, das an der heute evangelischen Kirche haftet, scheint jedenfalls in fränkische Zeit zu weisen. Vielleicht gehören die aufgedeckten Reste aus dieser Epoche bereits einem ersten Hof an, der zur Terminei der Kirche gehörte und später deshalb den Namen »Kappelhof« erhielt.

Die Siedlungstätigkeit bricht danach am Ort nicht mehr ab. Aus dem 13. Jahrhundert stammt beispielsweise der Keller 4, in dessen Inneren sich charakteristische Keramik, darunter Topfscherben mit Linsenböden, sowie ein sehr schönes Schichtenprofil freilegen ließ.

Abb. 99 Pforzheim. Kappelhofplatz. Grabungsübersicht. Im Vordergrund mittelalterliche bis neuzeitliche Straßenpflasterungen

Der Eingang zum Keller erfolgte zunächst offenbar über eine (Holz?-)Rampe, bevor man später die Steintreppe zusammen mit den seitlichen Zungenmauern anfügte.

Spätmittelalterliche und neuzeitliche Siedlungsphase. Kellerbefunde aus dem 14. und 15. Jahrhundert fanden sich in den Gebäuden 5 und 6 bestätigt durch zahlreiche Keramikfunde. Aus Keller 6 kam darüber hinaus eine glasierte Reiterfigur aus Ton zum Vorschein.

Einen eigenartigen Befund stellt Gebäude 7 dar, dessen Boden mit einer Stickung aus Sandsteinbruchstücken versehen worden war. Welche Funktion diese Stickung besaß, läßt sich gegenwärtig noch nicht sagen. Entweder sollte der Untergrund auf diese Art und Weise besonders verfestigt, mit aufwendiger Drainage versehen werden, oder man wollte einfach überschüssiges Steinmaterial beseitigen.

Das aus spätgotischer Zeit stammende Gebäude 7 besaß ebenfalls 2 Bauphasen, wie wiederum an Mauernähten feststellbar war.

Die Wiederbebauung des Kappelhofgeländes nach dem Stadtbrand von 1689 läßt sich an einigen Mauerteilen erkennen. Bei Gebäude 7 wurden überdies mehrere vollständige mit Deckeln verschlossene Einhenkelkannen des frühen 18. Jahrhunderts gefunden, wohl Nachgeburtstöpfe (Abb. 98).

Am Westrand der Grabung erkennt man mehrere Lagen einer Straßenpflasterung (Abb. 99). Die wohl aus dem Mittelalter stammende älteste Straßentrasse wurde noch bis unmittelbar vor dem Zweiten Weltkrieg benutzt, wie die jüngste Lage der Pflastersteine und einiges Fundmaterial zeigen. Westlich der Straße setzen weitere mittelalterliche und neuzeitliche Hausfundamente an, bevor das Gelände von einem tiefen Bodeneingriff, vielleicht dem spätmittelalterlichen Wehrgraben, begrenzt wird.

Die sorgfältige Ausgrabung des Gesamtareals und die Dokumentation der ergrabenen Befunde wird es möglich machen, die Stadtgeschichte von Pforzheims ältestem Siedlungskern in vielen Teilen neu zu schreiben. Auch hier wie in so vielen Städten und Gemeinden unseres Landes wird deutlich, wie wichtig es ist, den Boden archäologisch zu erschließen und auf diesem Wege wichtige Geschichtsquellen zu bergen, die sonst für alle Zeiten verloren wären. *Egon Schallmayer*

Literaturhinweise
A. Dauber, in: Ph. Filtzinger, D. Planck, B. Cämmerer, Die Römer in Baden-Württemberg, ^{3}1986, 477 ff. – E. Schallmayer, Arch. Ausgr. Bad.-Württ. 1986, 142 ff. – M. Braune, B. Nagel, ebda., 280 ff.

Grabungen in der Altstadt von Baden-Baden

Bei der schon seit einigen Jahren in Baden-Baden durchgeführten Altstadtsanierung wurden zahlreiche Gebäude abgerissen. Die dadurch notwendigen Untersuchungen zielten vor allem auf die Freilegung der römischen Fundschichten, die bei vielen, zeitlich schon länger zurückliegenden kleinen Beobachtungen im Bereich der Baden-Badener Altstadt immer wieder angetroffen worden waren. Die Ausgrabungen 1989 erstreckten sich auf 2 Grundstücksparzellen entlang der Gernsbacher Straße, an der in römischer Zeit beidseitig Streifenhäuser standen. In diesem Bereich werden sowohl Wohn- und Geschäftsbauten

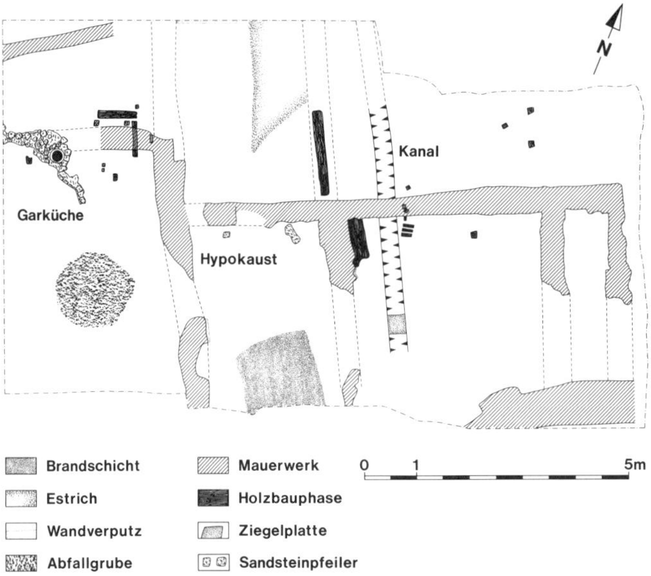

Abb. 100 Baden-Baden. Gernsbacher Straße 13. Gesamtplan der römischen Befunde

als auch zum antiken Bäderbetrieb und dem damit verbundenen Kultbezirk gehörende Bauten vermutet. Insofern kam den aufgedeckten Flächen besondere Bedeutung zu.

Gernsbacher Straße 13. Die Ausgrabung dauerte von Februar bis Juli und beschränkte sich auf die Innenfläche des zu bebauenden Grundstücks, da die Randbereiche durch tief in den Boden eingreifende Kelleranlagen sowie bereits erfolgte geologische Aufschlüsse von archäologischen Resten freigeräumt waren. Schon nach dem Abtragen der obersten Schichten ließen sich umfangreiche Mauerreste aus neuzeitlicher, mittelalterlicher und römischer Zeit neben verschiedenen Hofpflasterungen, Abwasserrinnen, einem Brunnen und weiteren Abfallgruben deutlich erkennen. Die römischen Mauern (Abb. 100) zeichneten sich dabei durch ein mit rötlichem Sand vermischtes Mörtelmauerwerk aus (Abb. 101), die als Folge der zahlreichen mittelalterlichen und neuzeitlichen Baumaßnahmen am Ort häufig ausgebrochen, ja sogar völlig beseitigt waren. Der nur noch fragmentarisch überlieferte Grundriß läßt eine Auswertung der Innenraumgliederung natürlich nur teilweise zu. Immerhin scheint es sich um ein mehrräumiges, großes Gebäude gehandelt zu haben, des-

Abb. 101 Baden-Baden. Gernsbacher Straße 13. Blick auf einen Teil der freigelegten römischen Mauern

sen langrechteckiger, West-Ost gerichteter Baukörper mit seiner Breitseite zur ehemaligen Römerstraße (heute Gernsbacher Straße) hin ausgerichtet war. Die Abmessungen der römischen Mauern ließen sich noch auf einer Breite von 11 m und in Ost-West-Richtung auf einer Länge von 18 m feststellen. Da die äußeren Gebäudefluchten nicht ergraben werden konnten, läßt sich ein weitaus größeres und in seiner Innenraumgliederung viel stärker differenziertes Gebäude annehmen, das dazu im rückwärtigen Teil offensichtlich abgestuft war. Bei mindestens einem Umbau wurde wohl die Innenraumeinteilung geändert. 2 in situ angetroffene Hypokaustpfeiler zeigen, daß zumindest ein Teil des Gebäudes mit Fußbodenheizung versehen war. Aus den verschiedenen Mauerteilen erhält man insgesamt den Eindruck, als seien hier mehrere Hauseinheiten einmal zu einem größeren, vielleicht insulaartigen Komplex zusammengefaßt worden. Die zur Gernsbacher Straße hin weisenden Rechteckräume mögen dabei vielleicht in erster Linie »Geschäftsräume« gewesen sein, während im rückwärtigen Teil und vielleicht in einem anzunehmenden Obergeschoß der Wohnbereich lag. Die aufgedeckten Gebäudeteile lassen sich als Bestandteil eines besseren Wohn- und Geschäftsquartiers im römischen Baden-Baden annehmen. Dafür sprechen zum einen die z. T. sorgfältig ausgeführten Mauern, zum anderen polychrom bemalter Wandverputz, der sich vor allem an der rückwärtigen Ost-West gerichteten und der davon nach Süden zunächst abzweigenden Mauer fand. Auch hier ließen sich 2 zu unterschiedlichen Zeiten aufgebrachte Oberflächenputze feststellen. Im rückwärtigen Teil des Gebäudes ließ sich in einem Raum eine herdartige Einrichtung freilegen (Abb. 102). Über den ganzen Bereich streuten Holzkohlereste und Brandspuren sowie Scherben von mehreren südspanischen Ölamphoren. Zahlreiche Reste eines im Zentrum dieser kleinen Anlage entdeckten doliumartigen Gefäßes, das stärkerem Feuer und großer Hitze ausgesetzt worden war, konnten geborgen werden. In diesem großen Behältnis wurden wohl Nahrungsmittel gegart, wodurch die Anlage als eine Art Garküche anzusprechen ist. Versorgt wurde vielleicht die Laufkundschaft der Geschäfte und Läden entlang der antiken Gernsbacher Straße.

Abb. 102 Baden-Baden. Gernsbacher Straße 13. Blick auf eine herdartige Einrichtung (»Garküche«?) im rückwärtigen Teil des römischen Gebäudes

In den tieferen Schichten der Grabungsfläche wurden zum erstenmal systematisch die Überreste frührömischer Holzbauten aufgenommen. Es handelt sich um die Ecke eines Schwellbalkenrahmens, auf dem ein Haus gegründet war. In den Balken konnten noch die Konturen der rechteckigen Zapflöcher für aufgehende Wandhölzer einer Fachwerkkonstruktion nachgewiesen werden. Im Umfeld ergaben sich die Standorte weiterer Holzpfosten, die von einem mit größeren Zwischenräumen versehenen Gründungsrost stammen dürften. Die dendrochronologische Untersuchung der Hölzer ergab ein Datum von 85/86 n. Chr. Das Holzbauwerk dürfte deshalb im

Zusammenhang mit den großen Militäraktivitäten während der Chattenkriege des Kaisers Domitian entstanden sein. Diese ersten Holzbauten am Ort dienten in ihrer Ausfluchtung den später in Stein gebauten Mauern als Ausrichtung. In den Schichten der Holzstrukturen kam durchweg Fundmaterial der flavisch-trajanischen Zeit zum Vorschein, während in den Schichten der Steinbauten noch Rheinzaberner Terra sigillata aus der ersten Hälfte des 3. Jahrhunderts geborgen werden konnte. Wir haben hier folglich mehrere Siedlungsphasen vorliegen.

Vielleicht schon während der Holzbauphase wurde ein Nord-Süd gerichteter Abwasserkanal angelegt, dessen Wände aus unterschiedlichen Sandsteinquadern und dessen Abdekkung aus Ziegelplatten bestanden. Lediglich im Profil der südlichen Wand der Baugrube wurden die zeitlich unterschiedlichen Schichten von älteren Straßenkörpern unter der heutigen Gernsbacher Straße angeschnitten: Zuunterst eine Steinstickung, die in römische Zeit zu datieren ist; das gleiche gilt für einen ca. 40 cm darüber befindlichen hölzernen Knüppelweg. Höher wurde eine differenzierte Schichtenabfolge beobachtet, die auf Stein- und Bodenplanierungen hinweist und vielleicht schon zur mittelalterlichen und neuzeitlichen Trasse der Gernsbacher Straße gehört.

Gernsbacher Straße 30. Die Baulücke in der Gernsbacher Straße 30 wurde mittels zweier Flächen abgegraben, wobei zu den statisch problematischen Nachbargebäuden hin an 3 Seiten ein Sicherheitsabstand von 1,0 bis 1,50 m eingehalten werden mußte. Aus diesem Grund war die erschlossene Fläche in ihrer Gesamtausdehnung erheblich eingeschränkt, dennoch ließen sich wichtige Befunde und Funde aufnehmen und bergen. Bereits 0,40 m unter heutigem Bodenniveau konnte neben einigen neuzeitlichen Mauerzügen, die sich vor allem zur Gernsbacher Straße hin erstreckten, eine zusammenhängende Brandschicht freigelegt werden, die besonders den rückwärtigen Grundstücksteil einnahm. Es handelte sich um den Brandhorizont des Baden-Badener Stadtbrandes von 1689. Allerdings ließ sich dies an nur wenigen Fundeinschlüssen dieser Zeit festmachen. Das Gros der Funde aus der Brandschicht setzt sich aus römischer Keramik zusammen. Offenbar hat man römische Fundschichten beim Planieren der Brandschicht verwendet, oder aber die Brandschicht entwickelte sich über umgelagerten und jetzt wieder neu umgesetzten römischen Schichten.

Die ersten nach oben hin abgeschlossenen römischen Fundschichten ergaben sich in einer Tiefe von 1 m. In einem planierten, lehmigen Sandboden lagen rechtwinklig aufeinander bezogene Schwellbalken, ihrer ganzen Machart nach vergleichbar mit den in der Gernsbacher Straße 13 freigelegten Exemplaren. Die dendrochronologische Datierung der Stücke läßt auch hier ein Datum 85/86 n. Chr. erkennen. Unterhalb dieses Bodenniveaus ergab sich eine Brandschicht, die sich in den Profilwänden der Fläche sehr gut erkennen ließ. Unterhalb der Brandschicht wiederum fand sich nur 30 cm tiefer eine zusammenhängende Holzbohlen- und Holzbretterkonstruktion, offenbar Teil eines Holzfußbodens, der innerhalb eines auf Holzbalkenschwellen ruhenden Gebäudes, wohl eines Holzfachwerkbaus, lag. Die Hölzer (Eiche und Tanne) wiesen ebenfalls bautechnische Details in Form von Nutrillen und Überblattungen auf. Um das Fußbodenniveau gleichmäßig zu halten, waren vereinzelt Steine unter die Hölzer geschoben. Die aufgedeckten Grundrißteile lassen ein mehrräumiges Gebäude erkennen, dessen Inneres auch teilweise mit einem Mörtelestrich versehen war.

In einem Zwischenplanum, 1,40 m unter heutigem Niveau, konnte neben zahlreichen in den

Boden eingesteckten kleinen Holzpfosten aus roh behauenen Holzstämmchen ein diagonal durch die Fläche verlaufender Abwasserkanal aus Holz freigelegt werden. Daneben ergaben sich bereits in dieser Tiefe einzelne Ansammlungen von Holzabschlägen, die immer deutlicher zutage traten. Schließlich wurde in 1,60–1,70 m Tiefe ein aus zahllosen Holzabschlägen und Holzstücken sowie aus sorgsam nebeneinander gelegten Holzbalken und Holzbrettern zusammengelegter Boden festgestellt. Es drängt sich der Eindruck auf, daß diese Holzreste, die teilweise auch Tannenreisig zu erkennen gaben, zur Trockenlegung des ehemals feuchten Untergrundes ausgebreitet worden waren. Noch während der Grabung trat von allen Seiten Grundwasser in die Fläche ein. Es handelt sich – auch der Schichtenabfolge im Profil nach zu urteilen – um die unterste, d. h. älteste römische Fundschicht am Ort. Dazu paßt in hervorragender Weise, daß die dendrochronologische Datierung einzelner Hölzer aus dieser »Trockenlegungsschicht« und auch einige Balkenteile des ersten Holzbaus den Zeitpunkt der Okkupation des rechten Rheintals durch die Römer, 74/75 n. Chr., errechnen lassen. Wie sich nach einer ersten Befundinterpretation zeigt, scheint die beobachtete römische Brandschicht in die Phase zwischen den beiden Holzbauhorizonten zu gehören. Eine nähere Einordnung wird sich aber erst nach einer Auswertung des umfangreichen Fundmaterials, unter dem besonders zahlreiche südgallische Terra sigillata ins Auge sticht, vornehmen lassen.

Faßt man die Grabungsergebnisse aus den Untersuchungen von 1989 entlang der Gernsbacher Straße zusammen, so läßt sich folgendes sagen: Nach stellenweisem »Trockenlegen« der Oosniederung an dieser Stelle des antiken Siedlungsbereiches durch das Einbringen von Holzresten, Reisig und regelrecht »ausgelegten« Holzbalken und -brettern erfolgte um 74/75 n. Chr. eine erste Holzbebauung. Diese wird – so der Befund in der Gernsbacher Straße 30 – abgebrannt, bevor um 85/86 n. Chr. eine erneute Holzbebauung einsetzt, die ihr Pendant in den Holzresten in der Gernsbacher Straße 13 zu erkennen gibt. Während sich eine Steinbebauung auf dem Areal Gernsbacher Straße 30 – wohl wegen der eingeschränkten Größe der zu untersuchenden Fläche – nicht fassen ließ, erfolgte wohl in der ersten Hälfte des 2. Jahrhunderts die Steinbebauung auf dem Gelände des heutigen Grundstücks Gernsbacher Straße 13. Diese Steinbebauung existierte noch bis ins 3. Jahrhundert und erfuhr wohl in der zweiten Hälfte des 2. Jahrhunderts einen umfassenden Umbau. Das – wie es schien – nahezu gänzliche Fehlen von mittelalterlichen und frühneuzeitlichen Fundmaterialien an beiden Grabungsstellen unterstreicht die Annahme, daß nach dem verheerenden Stadtbrand von 1689 die seinerzeit jüngsten Fundschichten bei Planierungen und Schuttbeseitigungen abgeräumt worden sind.

Egon Schallmayer

Literaturhinweis

E. Schallmayer, Aquae – das römische Baden-Baden. Führer zu arch. Denkmälern in Baden-Württemberg 11, 1989

Ein steinernes Zeugnis römischen Weinbaus in Ettlingen, Landkreis Karlsruhe

Die Ausgrabungen auf dem Gelände eines großen Neubaus an der Ecke Martinsgasse/Johannesgasse in Ettlingen wurden im Frühsommer 1989 beendet. Dank der großzügigen Unterstützung des Museums der Stadt Ettlingen wie auch durch das Entgegenkommen des Bauherrn, der Firma Rettig und Köhler, Ettlingen, konnten nochmals wichtige Teilbefunde sachgerecht dokumentiert werden. Dabei ergab sich unmittelbar auf dem Eckgrundstück des sich über mehrere Altstadtparzellen erstreckenden Grabungsareals ein außerordentlich interessanter Fund, der von H. Rosmanitz und Frau G. Weber M. A., freigelegt wurde.

Es handelt sich um eine reliefverzierte Sandsteinplatte (Abb. 103) in den Abmessungen von 78 × 48 cm. Das Fundstück lag in einem annähernd rechteckigen, durch Brandschutt, Hüttenlehm und Wandverputz gekennzeichneten Areal in nur 0,80 m Tiefe unter heutigem Bodenniveau. Der durch die Hitze verziegelte Wandverputz zeigte geometrische Reliefmuster. Man ist geneigt, an ein kleines, aedicula-ähnliches Gebäude zu denken, das aus Holzfachwerk bestand und dessen Wände mit plastisch bemustertem Wandverputz versehen waren, wodurch offenbar der repräsentative Eindruck der ganzen Anlage verstärkt werden sollte. Das kleine Bauwerk ist einem Brand zum Opfer gefallen.

Das antike Steindenkmal zeigt im Halbrelief 2 in die römische Toga gekleidete, zueinandergekehrte Personen, Mann und Frau. Die Gesichter der Figuren sind leider zerstört. Sie stehen auf einem Sockel zu beiden Seiten eines Weinfasses. Sowohl die Ausführung der Kleidung, vor allem das Faltenrelief, die Gestik der Hände und die dargestellten Attribute lassen eine hervorragende halbplastische Arbeit erkennen. Die linke weibliche Person hält in ihrer linken Hand eine Schale mit Weintrauben, mit der rechten Hand in diese hineingreifend, der rechts dargestellte Mann hat in der rechten Hand ein Rebmesser (falx vinatoria) vor der Brust. Am Rand neben den Köpfen und zwischen den Gesichtern der beiden sind Weintrauben dargestellt. Alles von herausragender Qualität.

Das Ettlinger Relief ist mit seinen vielen optischen Anspielungen sicher im Umfeld des Weinbaus anzusiedeln. Die Art der Darstel-

Abb. 103 Ettlingen. Enten-/Johannesgasse. Sandsteinrelief in Fundlage

lung findet sich zwar vor allem auf gallischen Grabreliefs, doch ergeben sich bei dem Ettlinger Stein keine weiteren Hinweise auf einen Grabzusammenhang. Sowohl das fehlende Grabmaterial als auch die Lage der Fundstelle mitten im römischen Siedlungsgebiet der Siedlung an der Alb widersprechen einer Einordnung des Reliefs in den Grabkult. Die zahlreichen Bezüge zum Weinbau lassen es zu, in den Dargestellten Weinbauern zu sehen. Sollte dies zutreffen, so besäßen wir mit diesem Relief gleichzeitig einen deutlichen Hinweis auf Weinanbau im Ettlinger Gebiet in römischer Zeit.

Egon Schallmayer

Literaturhinweis

D. Lutz u. E. Schallmayer, 1200 Jahre Ettlingen. Archäologie einer Stadt, Arch. Inform. 4, 1988, 40 ff.

Ausgrabungen in den Gewannen »Dornmühle/Weinäcker« auf Gemarkung Wiesloch, Rhein-Neckar-Kreis

Bereits im Jahrbuch 1987 und 1988 war von archäologischen Untersuchungen im Bereich »Dornmühle« berichtet worden. Neben verschiedenen vorgeschichtlichen Befunden wurden dabei vor allem Teile eines anscheinend ausgedehnten römischen Straßenvicus entdeckt. Die Beobachtungen in den von L. Hildebrand angelegten Sondierschnitten gaben dem Landesdenkmalamt Veranlassung, im März 1989 im Gewann »Weinäcker« mit großflächigen Ausgrabungen zu beginnen, mit dem Ziel, das Gelände des hier geplanten Gewerbegebietes vollständig archäologisch zu untersuchen. Dabei traten Funde und Befunde aus mehreren Epochen zutage, die allerdings von unterschiedlicher Wertigkeit sind.

Abermals wurde eine Grube der Linearbandkeramik entdeckt, die vielleicht in Verbindung mit umfangreichen Pfostenstellungen steht, ohne daß dies bisher bewiesen werden konnte. Eine eindeutige stratigraphische Beobachtung zeigte, daß die Pfostenlöcher auf jeden Fall älter sind als die römischen Befunde.

Aus der Urnenfelderzeit sind weitere 4 Brandgräber geborgen worden, so daß ihre Gesamtzahl inzwischen auf 5 angestiegen ist. Ob damit das gesamte Gräberfeld erfaßt wurde, ist wegen des weiten Abstandes zwischen den einzelnen Bestattungen noch unklar. Eine benachbarte Fläche, die aus technischen Gründen vorerst nicht untersucht werden kann, könnte hier weitere Aufschlüsse erbringen. Abtragungen in römischer Zeit und spätere Nutzungen des Geländes hatten die Urnen teilweise erheblich in Mitleidenschaft gezogen. Die zahlreichen Beigefäße ließen sich dennoch größtenteils restaurieren. Metallbeigaben fanden sich nur ausnahmsweise.

Bereits 1988 wurden 3 Körpergräber gefunden, denen sich jetzt die Reste eines weiteren zugesellten. Die Nord-Süd ausgerichtete Bestattung mit Kopf im Norden war im Bereich des Unterkörpers gestört. Die erhaltenen Teile ließen aber die gestreckte Rückenlage des Toten eindeutig erkennen. An beiden Armen trug er schmale Gagatringe, die zusammen mit der Bestattungsrichtung auf die Hallstattzeit deuten. Dies mag auch für die übrigen genannten Körpergräber gelten.

Die umfangreichsten Befunde stammen wie in

Abb. 104 Wiesloch. Die Reste eines Steinkellers zeigen das Maß der Abtragung römischer Befunde vor Beginn der Grabung

den Vorjahren aus der römischen Zeit. Hier hat sich nun endgültig herausgestellt, daß es sich bei dieser Siedlung um einen Straßenvicus von beträchtlicher Ausdehnung handelt, der zu einem großen Teil vom künftigen Gewerbegebiet erfaßt wird. Die dadurch notwendigen großflächigen Grabungen eröffnen einen beträchtlichen Ausschnitt des antiken Ortsplans, der bestimmt wird durch den Verlauf der römischen Fernstraße Basel–Heidelberg. Während das westlich der Trasse gelegene Gelände schon frühzeitig mit Industrieanlagen bebaut wurde, steht das östliche für archäologische Untersuchungen nahezu vollständig zur Verfügung.

Bereits die Sondierungen von 1988 hatten den Nachweis einer Straßenabzweigung in östlicher Richtung ergeben. Nunmehr scheint sich anzudeuten, daß sich die römische Bebauung im wesentlichen an die beiden Trassen hält. Zwar hat die bereits erwähnte frühere Nutzung des Geländes zum Verlust jeglichen aufgehenden Mauerwerks geführt (Abb. 104), doch zeigen die verschiedenen Keller noch recht gut das Planschema des Ortes (Abb. 105). Ein Blick auf den vorläufigen Gesamtplan gibt aber auch zu erkennen, daß offenbar mehrere Bebauungsphasen vorliegen, was durch weitere Beobachtungen bestätigt wird. So sind die Keller 2 und 7 bei Beginn der Grabung nach dem Befund im Planum für Erdkeller gehalten worden. Mit fortschreitender Untersuchung zeigte sich jedoch, daß es sich um Steinkeller handelte, die bereits in römischer Zeit nahezu völlig ausgebrochen worden waren. Das wird durch ihre fast völlige Fundleere unterstrichen.

In 2 Brunnen wurden noch römische Schalungen in situ angetroffen, die für eine dendrochronologische Untersuchung geeignet waren, die vom Botanischen Institut der Universität Stuttgart-Hohenheim, Dr. B. Becker, durchgeführt wurde. Sie erbrachte für den rein holzverschalten Brunnen 4 ein Baudatum von 115 ± 10 n. Chr. und für den Brunnen 3, der in Stein errichtet war, aber eine hölzerne Brunnenstube besaß, das Jahr 191 ± 10 n. Chr. als Baudatum.

Während die Nord-Süd-Straße nur angeschnitten werden konnte, da sie zu wesentlichen Teilen unter der Grenze zu einem bebauten Nachbargrundstück liegt, wurde die Ostabzweigung bisher auf ca. 40 m freigelegt. Ihr Unterbau aus Flußgeröllen war nur lückenhaft erhalten und wurde einseitig auf eine kurze Strecke von einem Graben begleitet. Etwas besser scheint der Zustand eines Teilstücks zu sein, das 1990 untersucht werden soll.

Bereits 1987 hatte L. Hildebrand in Zusammenhang mit dem Fund einer Sandsteinplastik, die einen Stier darstellt, vermutet, hier könnten Anzeichen für den Kult des Mithras vorliegen. Dies hat sich bei den Untersuchungen von 1989 bestätigt. Die Reste eines Ge-

Abb. 105 Wiesloch. Schematischer Übersichtsplan der urnenfelderzeitlichen und römischen Befunde

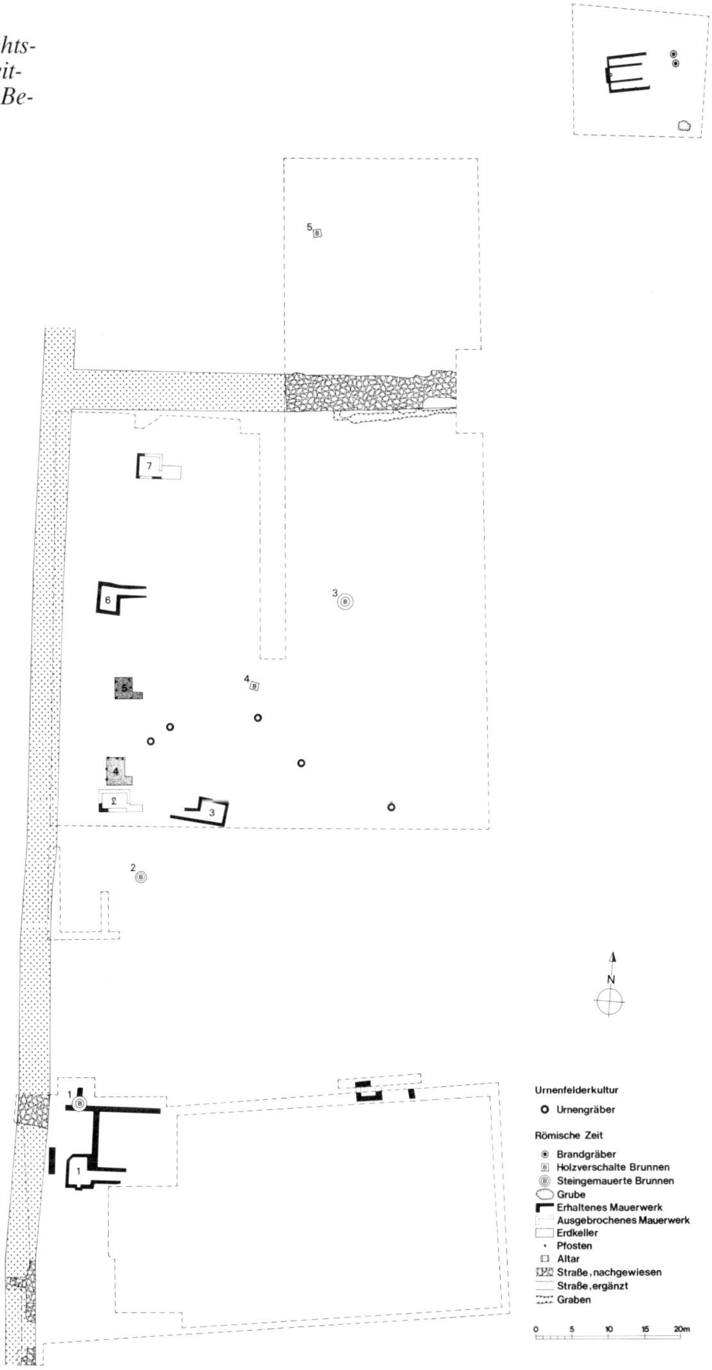

bäudes, das ein wenig abseits der beiden Straßentrassen liegt, lassen die Deutung als Mithräum zu. Es war in den Boden eingetieft und hatte eine Grundfläche von ca. 4,7 × 5,7 m (Abb. 106). Während sich der nach Osten gerichtete Eingang nicht mehr rekonstruieren ließ, war die teilweise gemauerte Westwand noch fast 1,2 m hoch erhalten (Abb. 107). Sie zeigte etwa in halber Höhe einen Rücksprung, oberhalb dessen ursprünglich wohl das Kultbild angebracht war, von dem sich aber keinerlei Spuren mehr fanden. Vor dieser Wand stand in situ ein Weihealtar ohne Inschriftreste, was vermuten läßt, daß die Weihung mit Farbe aufgetragen war. Die sich an der Süd- und Nordwand entlangziehenden Podien waren in einer ersten Bauphase aus Rasensoden errichtet, die sich deutlich abzeichneten und eine Kantenlänge von 45 bis 47 cm (1,5 römische Fuß) erkennen ließen (Abb. 108). Bei einem späteren Umbau wurden die Soden z. T. abgestochen und durch Trockenmauerwerk ersetzt, das von Pfostenstellungen in regelmäßigen Abständen unterbrochen war (Abb.

Abb. 106 Wiesloch. Übersicht über das Mithräum

Abb. 107 Wiesloch. Teil der Westwand des Mithräums, links und rechts des Mauerstücks schlossen in der ersten Bauphase Rasensodenpackungen an

Abb. 108 Wiesloch. Mithräum. Detail der Rasensodenpackung des nördlichen Podiums

Abb. 109 Wiesloch. Mithräum. Nördliches Podium in der zweiten Ausbauphase mit Trockenmauerwerk und dahinterliegender Außenwand mit Pfostenschlitzen

109, 110). In gleicher Technik waren die Süd- und Nordwand wenigstens in ihrem unteren Teil errichtet. Rasensoden als Baumaterial fanden sich auch in der Westwand aus der ersten Bauphase des Gebäudes. Weitere Rückschlüsse auf die Innenausstattung des Raumes waren nicht mehr zu gewinnen.

In 3,5 m Entfernung lagen östlich des Eingangs 2 Brandgräber, die sich durch Münzbeigabe, Öllämpchen und Keramik als römisch zu erkennen gaben. Etwa 5 m östlich der Südostecke des Gebäudes konnte eine Grube untersucht werden, in der vor allem die Reste einer Amphore auffielen, auf denen ein fragmentarischer Pferdeschädel deponiert war. Im Inneren lagen alle paarigen Knochen einer Krähe (Bestimmungen M. Kokabi, LDA), während Schädel, Brustbein und Becken fehlten. Dies könnte mit den verschiedenen Weihegraden des Mithraskultes in Verbindung stehen, deren niedrigster der »corax« (Rabe) war und als dessen Schutzgottheit Merkur fungierte, dem eine Weiheinschrift galt, von der sich Bruchstücke im Inneren des Heiligtums fanden.

Auch vor dem Abschluß der Grabungen kann bereits konstatiert werden, daß der Straßenvicus von Wiesloch eine beträchtliche Ausdehnung gehabt hat, die ihn dem von Stettfeld, Gem. Ubstadt-Weiher, Lkr. Karlsruhe, an die Seite stellt, auch wenn er dessen Fundvielfalt und -reichtum noch nicht erreicht. Offenbar gehören beide in eine Kette von gleichartigen Anlagen an der römischen Fernstraße, die ungefähr eine Tagesreise voneinander entfernt lagen, so daß sie wohl ursprünglich als Rastorte gedacht waren. Sie entwickelten sich jedoch zu kleinen Gewerbe- und Handelszentren, die auch das östliche Hinterland mit seinen zahlreichen römischen Gutshöfen mit Gütern versorgten, die dort nicht an Ort und Stelle erzeugt wurden.

Die Stadt Wiesloch hat die Grabungsarbeiten

Abb. 110 Wiesloch. Mithräum. Detail des Trockenmauerwerks der nördlichen Wand und des davorliegenden Podiums

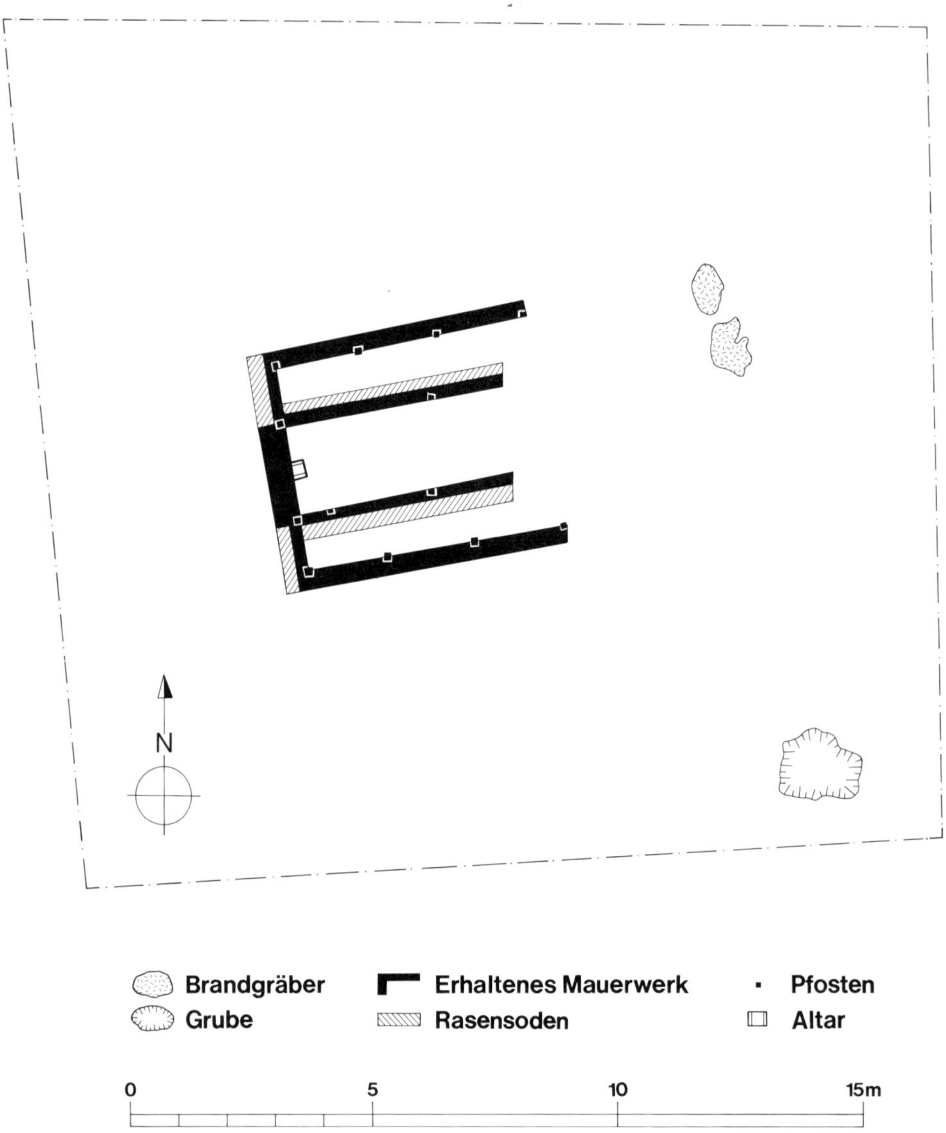

Abb. 111 Wiesloch. Schematisierter Grundriß des Mithräums

mit viel Verständnis begleitet und mehrfach umfangreiche Hilfe geleistet, dafür ist ihr an dieser Stelle Dank zu sagen.

Rolf-Heiner Behrends

Literaturhinweis

L. Hildebrandt, Arch. Ausgr. Bad.-Württ. 1988, 142 ff.

Zum Abschluß der Grabungen im Kastellvicus von Jagsthausen, Landkreis Heilbronn

Nach einer fünfmonatigen und letzten Kampagne konnten die Ausgrabungen am Rande des alten Ortskerns von Jagsthausen beendet und das Gelände an der Hauptstraße für die Bebauung freigegeben werden. Im Verlauf der seit 1987 durchgeführten und insgesamt 15 Monate dauernden Grabungskampagnen wurde ein Areal von etwa 60 × 50–55 m mit einer Fläche von 3100 m² systematisch untersucht. Zusammen mit den Anfang der achtziger Jahre durchgeführten Ausgrabungen im Kastellvicus von Walldürn durch E. Schallmayer, ist es die bislang größte in einem der Lagerdörfer der Kastellorte entlang des obergermanischen Limes in Baden-Württemberg. Die Kampagne in Jagsthausen vom 10. April bis 28. Juli wurde wiederum durch eine Arbeitsbeschaffungsmaßnahme des Arbeitsamts Heilbronn, Außenstelle Bad Friedrichshall, ermöglicht. Letzte wichtige Arbeiten wurden dann noch teilweise mit freiwilligen Helfern bis Ende August durchgeführt. Für die Unterstützung danken wir auch der Gemeinde Jagsthausen mit Herrn Bürgermeister Halter.

Im Anschluß an das 1988 freigelegte Streifenhaus (Gebäude 6) wurden 1989 in 2 langen Flächenschnitten die Grabungen im Westen des Areals an der Bebauungsplangrenze abgeschlossen und die Reste von Gebäude 7 freigelegt (Abb. 112, 114). Da die Arbeiten unter Zeitdruck standen, konnten zum Schluß verschiedene Befundsituationen nicht mehr geklärt werden. Dazu zählt vor allem ein Keller, der südlich von Gebäude 7 in den letzten Grabungstagen noch angegraben wurde und dessen Zusammenhang mit möglichen hölzernen Gebäuderesten unklar blieb. Jedoch zeigte sich auch hier – wie schon weiter im Osten –, daß am Südrand der Grabung die Befunddichte und die Mächtigkeit der Kulturschichten abnahmen. Hinzu kommt, daß in den nördlichen Bereichen der Grabungsflächen entlang der Hauptstraße großflächige Zerstörungen durch neuzeitliche Bebauung (vor allem Keller) angetroffen wurden.

Ein ähnliches Bild ergab sich auch nördlich von Gebäude 7 entlang der Westflanke des Streifenhauses 6. Die erhoffte Fortsetzung der Bebauung nach Westen blieb aus, vielmehr zeigten sich dort römische Planierschichten mit modernen Störungen und wenigen kleinen Gruben- und Gräbchenbefunden. Die antike Parzellierung zwischen dem Streifenhaus 6 und dem neuen Gebäude 7 war nicht so deutlich, wie sie in den Jahren zuvor weiter im Osten in zahlreichen Pfostenstellungen von 2 Zäunen aufgedeckt wurde (Abb. 114). Auf eine Parzellengrenze weisen jedoch auch hier westlich des Streifenhauses 6 die Reste eines Gräbchens mit Pfostenstellungen hin, das als Zaungräbchen gedeutet werden kann. In seiner Verlängerung befindet sich dann auch weiter im Süden die Baulinie zwischen den Gebäuden 5 und 7. Der Abstand zu der nächsten im Osten gelegenen Parzellengrenze beträgt etwa 14 m.

Gebäude 7 (Abb. 112). Mit diesem Komplex wurde das Haus mit den vielfältigsten Raumeinheiten und einer abwechslungsreichen Baugeschichte aufgedeckt. Die Freilegung und die Interpretation der Gebäudereste gestaltete sich schwierig, weil ein großer Teil der Befunde durch neuzeitlichen Steinraub stark zerstört und Mauern oder Estrichböden teilweise nur noch in letzten Resten vorhanden waren. Das Gebäude läßt sich zunächst in 2 Einheiten

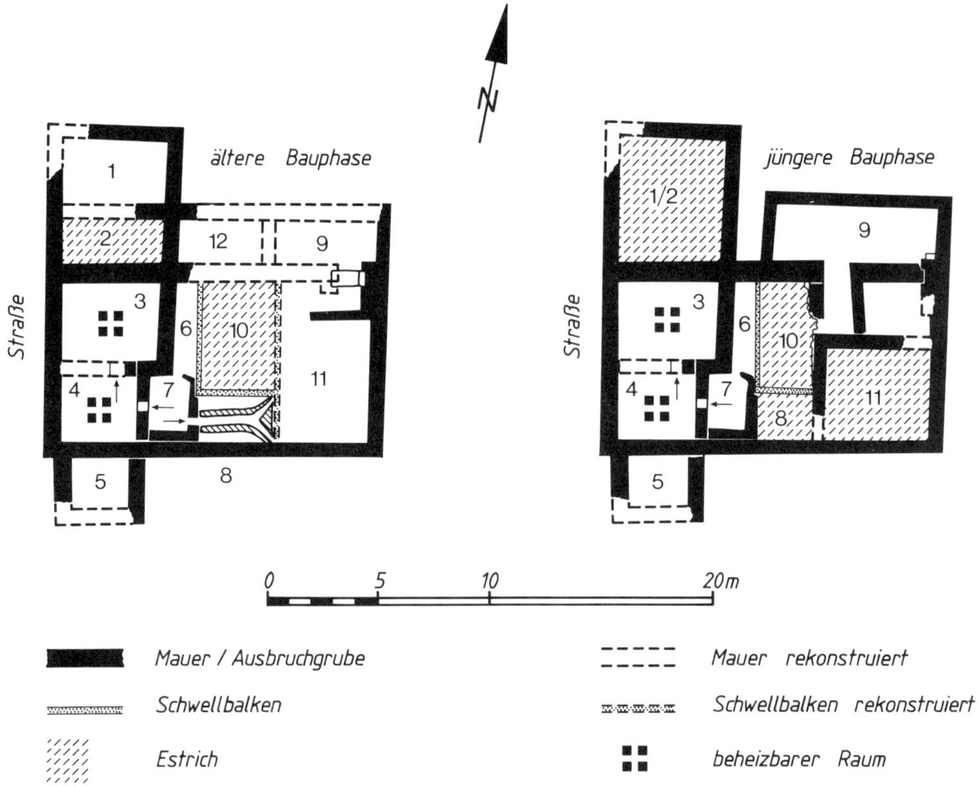

Abb. 112 Jagsthausen. Gebäude 7 mit der schematischen Darstellung des Grundrisses der Erbauungszeit und jüngerer Ausbauphasen

aufteilen: eine Gebäudefront und ein gedrungener rückwärtiger Gebäudeteil. Die lange Gebäudefront und Schauseite des Hauses war nach Westen hin zu einem etwa 3 m breiten Straßenzug (B) orientiert. Es handelte sich um eine kleine Stichstraße, die dieses Gebäude von Norden her von einer wohl ehemaligen Hauptstraßenachse (A) aus erschloß, die im Bereich der heutigen Hauptstraße verlief. Der Straßenbelag bestand aus Kieseln und kleineren, an der Oberfläche stark abgerundeten Kalksteinen, die auf eine lange Benutzungszeit hinweisen.

Die 17,5 m lange Gebäudefront wurde aus 5 verschieden großen Raumeinheiten von 4,1 bis 6,0 m Tiefe gebildet (Räume 1–5), von denen die Räume 1 und 5 im Norden bzw. Süden als risalitartige Eckbauten errichtet waren. 2 der Räume (3, 4) waren mit Fußbodenheizungen und einer (2) mit einem Estrichboden ausgestattet. Diese Raumaufteilung wurde mit Ausnahme der Räume in der Nordostecke beibehalten. Im Zuge einer Neugestaltung der hinteren Gebäudepartie wurde die Mauer zwischen den Räumen 1 und 2 abgetragen, das Bodenniveau planiert und ein großer Raum mit Estrichboden eingefügt.

An die langgezogene Raumzeile der Gebäudefront schloß im rückwärtigen Bereich ein schmälerer, etwa 9,5 m tiefer und 11–11,5 m breiter Komplex mit verschiedenen Räumen an. Ein schmaler Gang (6), der im Süden vor einem Präfurnium (7) endete, trennte die beiden Gebäudeteile. Von hier aus wurden die Räume 3 und 4 und auch der zunächst mit einer Kanalheizung ausgestattete kleine Raum 8 beheizt. Die Unterteilung der weiteren Räume im südlichen Gebäudeteil bestand in der älteren Bauphase aus Fachwerkwänden, die auf Holzschwellen aufgesetzt waren. Im Norden sind Steinmauern zu ergänzen, die im Zuge von Umbauten ausgebrochen und erneuert wurden. Der ältere kleine Keller mit einer Zugangsrampe von Westen wurde vergrößert und erhielt einen neuen Zugang von Süden. Die neuen Kellermauern im Norden und Westen waren jedoch so schwach, daß sie keine tragenden Funktionen gehabt haben können. Wahrscheinlich ruhten die tragenden Teile des Gebäudes hier ohnehin von Anfang an auf der großen Mauer, die von West nach Ost durch das Gebäude verlief. Der Keller war mit einer Holzdecke versehen und wahrscheinlich durch ein weit herabgezogenes Dach geschützt und in den Hofraum integriert.

Der Einbau eines großen Raumes (11) mit Estrichboden in der Südostecke hatte zur Folge, daß die Kanalheizung des Raumes 8 aufgegeben und der Raum selbst sowie Raum 10 verkleinert werden mußten. Das Bodenniveau wurde stark angehoben und mit Resten der Fachwerkwände mit bemalten Wandverputzresten planiert, so daß die Estrichoberfläche auf demselben Niveau wie in Raum 1/2 lag und damit deutlich höher als die Oberflächen der älteren Estrichböden der Räume 2, 8 und 10.

Abb. 113 Jagsthausen. Gebäude 7. Freigelegte Kanalheizung von Raum 8 nach Abnahme der Abdeckplatten und des Estrichbodens

In seiner letzten Ausbauphase bietet das Gebäude mit seinen ursprünglich ohnehin sehr kleinen Räumen von 7 bis höchstens 25 m^2 einen sehr unübersichtlichen und verschachtelten Eindruck. Unklar ist beispielsweise, ob in der jüngeren Bauphase der zweite Kellerzugang nach dem Einbau von Raum 11 überhaupt noch benutzt werden konnte, da die Oberkante des Estrichs zwischen 0,5 und 0,7 m über dem Eingangsniveau der Kellerrampe lag. Es ist naheliegend, daß der Keller nicht mehr von Raum 11 aus, sondern über Raum 10 und die etwa 0,6 m breite Mauerlücke, die durch die verkürzte Mauer der Rampe entstanden ist, zu begehen war. Jedenfalls würde dies dem Gesamteindruck der jüngsten Umbauten nicht widersprechen.

Die beheizbaren sowie die mit Estrichfußböden ausgestatteten Räume und ihre Anordnung zueinander weisen das Gebäude als Wohnhaus aus. Im Bauschutt über den Gebäuderesten und in der erwähnten Planierschicht unter dem Estrich von Raum 11 lagen darüber hinaus zahlreiche Reste bemalten Wandverputzes. Ein interessanter Aspekt zum Verständnis des Gebäudes ergibt sich aus der Interpretation der Kanalheizung in dem kleinen Raum 8, die zur älteren Bauphase gehörte (Abb. 113). Vielleicht war es kein Wohnraum, sondern es kann durchaus in Erwägung gezogen werden, daß es sich um eine Darre gehandelt haben könnte. Damit würde sich die Möglichkeit eröffnen, in diesem Gebäude das Wohnhaus eines Händlers zu vermuten, der hier etwa Früchte oder Nüsse aufbereitete und vor dem Weitertransport lagerte. Die teilweise gewerbliche Nutzung des Gebäudes könnte auch seine Architektur erklären: Im vorderen Trakt an der Straße lagen die teilweise beheizbaren Wohnräume, während sich dann im hinteren Gebäudeteil – durch einen Gang und das Präfurnium getrennt – die Verarbeitungs- und Lagerräume befanden.

Der Gesamtplan von 1987 bis 1989 (*Abb. 114*). In einem ersten schematischen Übersichtsplan sind die Steinbauten mit ihren jüngsten Bauphasen und etwa gleichzeitige Holzbauten dargestellt. Holzbefunde der ältesten Holzbauphase sind nicht eingetragen. Die Lage der Gebäude mit den dazwischenliegenden, unbebauten Flächen macht zunächst einen ungeordneten Eindruck; schließt man jedoch die kurzen geschotterten Straßenstücke, die Baufluchten der einzelnen Gebäude sowie die Holzzäune der Parzellengrenzen mit in die Betrachtungen ein, so erhält man ein Bild regelhafter Bebauungsstrukturen.

Im Norden lag unter der heutigen Hauptstraße von Jagsthausen eine römische Straße A, die, von Westen kommend, wahrscheinlich eine der Hauptstraßenachsen in der römischen Siedlung war. An diese Straße schlossen sich mindestens 3 rund 60 m lange, etwa Nord-Süd orientierte Parzellenstreifen mit unterschiedlichen Breiten (16–17 m, 14–15 m, 12 m) an, die im Westen von der Stichstraße B und im Osten zunächst von den Gebäuden 1 bis 3 begrenzt waren. Wie es sich im Bereich der Bauten 1 bis 3 verhält, ist unklar. Die beiden zur Erschließung der Bebauung vorhandenen Stichstraßen C und D könnten einen Hinweis darauf geben, daß hier entsprechend der von West nach Ost verlaufenden Straßenstücke die Parzellen rechtwinkelig zu den anderen angelegt waren und sich West-Ost orientiert weiter nach Osten erstreckten.

Am südlichen Grabungsrand scheinen die Nord-Süd orientierten Parzellen zu enden. Überträgt man diese Beobachtungen auf den von der Reichslimeskommission erstellten Übersichtsplan, dann ist zu erkennen, daß der rekonstruierte Straßenzug im Norden unter der modernen Hauptstraße parallel zu der bereits im letzten Jahrhundert festgestellten Straße nördlich des Bades verläuft. Zwischen den beiden Straßen besteht ein Abstand von

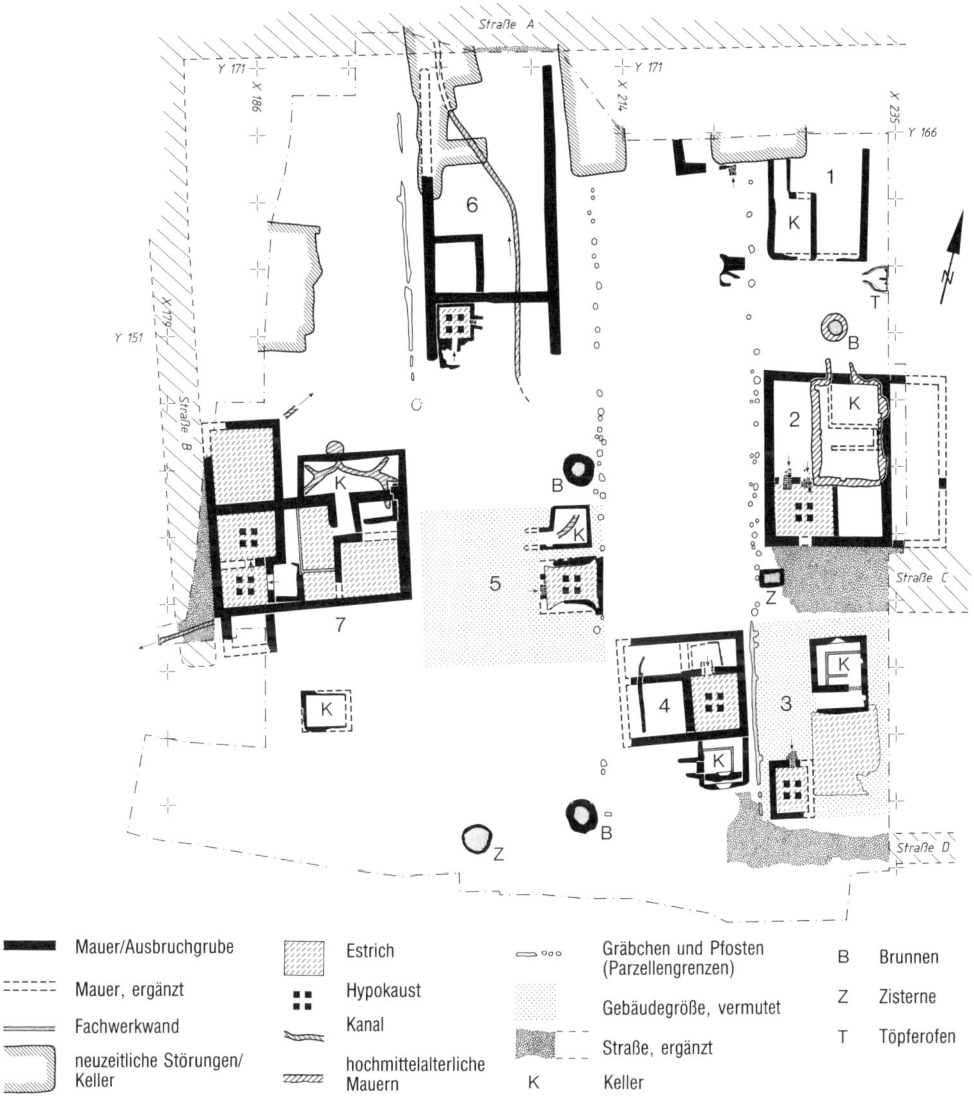

Abb. 114 Jagsthausen. Schematischer Übersichtsplan der Grabungen von 1987 bis 1989 mit Darstellung der Stein- und etwa gleichzeitiger Holzbauten mit ihren jeweils jüngsten Ausbauphasen

etwa 110 bis 120 m, so daß angenommen werden kann, daß sich zwischen den beiden Straßen in 2 Blöcken jeweils 50–60 m lange Parzellen befanden. Das südliche Grabungsende würde dann den Übergang zu der nächsten Parzelleneinheit im Süden markieren.

Die Parzellenstreifen waren mit kleinen Wohnhäusern bebaut, die – wie bereits in den ersten Vorberichten vorgestellt – jeweils mit Hypokaustanlagen, Estrichböden und Kellern ausgestattet waren. Davon weicht lediglich das Streifenhaus 6 ab, das als typische Hausform für die römischen Lagerdörfer gilt.

Der vorgegebene Ausschnitt aus dem Zentrum des römischen Lagerdorfes von Jagsthausen hat wertvolle Aufschlüsse über die Struktur und die Hausformen dieser Siedlung am äußeren Limes erbracht. Auch dank der vergleichsweise sehr guten Erhaltungsbedingungen kommt den Ausgrabungen in Jagsthausen eine wichtige Stellung in der Erforschung der römischen Siedlungen zu. So ist es möglich, ganz unterschiedliche römische Siedlungsausschnitte, etwa von Köngen, Walheim, Bad Wimpfen, Walldürn oder Ladenburg, mit verschiedenen Entstehungs- und Entwicklungsgeschichten im Laufe der römischen Okkupationsgeschichte in Baden-Württemberg zu vergleichen. Die Befunde aus Jagsthausen unterscheiden sich teilweise erheblich von den großen Siedlungsausschnitten aus dem Hinterland des obergermanischen Limes am Neckar, etwa von Köngen, Walheim oder der stadtartigen Siedlung von Bad Wimpfen. Die Gründung dieser Siedlungen am Ende des 1. Jahrhunderts n. Chr. erfolgte im Zusammenhang mit der Errichtung des Neckarlimes; nach Abzug des Militärs um die Mitte des 2. Jahrhunderts entwickelten sich daraus Zentren des Handels, des Handwerks und des öffentlichen Lebens. Nach den Beobachtungen in Jagsthausen zu urteilen, hat es den Anschein, als ob seit der Mitte des 2. bis ins 3. Jahrhundert hinein am äußeren Limes die Bauvorschriften und die Richtlinien in der Anlage der Siedlungen gelockert wurden. Daraus ergeben sich interessante Perspektiven für Vergleiche zwischen den unterschiedlichen Siedlungsformen in Baden-Württemberg. Deshalb sollten in Zukunft besonders in Orten am äußeren Limes wie in Jagsthausen alle Möglichkeiten ausgeschöpft werden, noch freie Flächen vor der Zerstörung der archäologischen Substanz auszugraben und zu erforschen. *Rüdiger Krause*

Literaturhinweise

F. Drexel, Kastell Jagsthausen. ORL B IV Nr. 41 1909 – R. Koch, H. Kaiser, in: Die Römer in Baden-Württemberg, [3]1986, 351 ff. – R. Krause, Arch. Ausgr. Bad.-Württ. 1988, 107 ff. mit Literatur zu den jüngeren Ausgrabungen.

Rheinfelden-Warmbach, Kreis Lörrach – eine römische Siedlungsstelle im Hochrheintal gegenüber von Augusta Raurica

Beim Bau der Bahntrasse Basel–Waldshut wurden 1855 erstmals Mauerfundamente der Gebäude dieser römischen Ansiedlung angeschnitten. 12 Fragmente einer Bronzetüre: Verzierungsbänder mit Palmetten, Blatt- und Eierstäben, gelangten damals in die Großherzogliche Staats-Altertümersammlung, wie der damalige Direktor Ernst Wagner aufführt. Seither wurden immer wieder Lesefunde auf den umgepflügten Äckern nördlich der Bahnlinie geborgen. Die in den letzten Jahren besonders zahlreich ausgepflügten Steine, Mörtelbrocken und Ziegel wiesen auf eine zunehmende Gefährdung durch die landwirtschaftliche Nutzung hin.

Der Fundplatz liegt 600 m von der nächsten römischen Siedlungsstelle (ehemalige Gemarkungsgrenze Herten/Warmbach) entfernt und fügt sich damit nahtlos in das engmaschige Netz der Gutshöfe im rechtsrheinischen Vorland von Augusta Raurica ein.

Zur Klärung des Erhaltungszustandes und des Grundrisses wurde die Arbeitsgruppe Archäologie des Vereins für Heimatgeschichte Grenzach-Wyhlen mit dem Anlegen von Suchschnit-

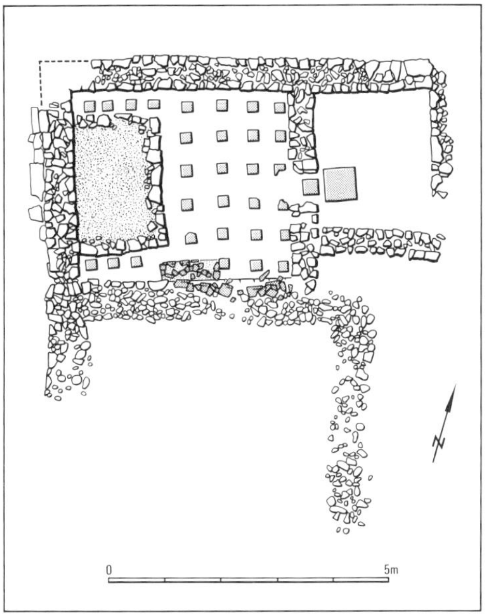

Abb. 115 Rheinfelden-Warmbach. Grundriß des Bades

Abb. 116 Rheinfelden-Warmbach. Der beheizte Raum des Bades mit eingebautem Wannenfundament. Hypokaustpfeiler mit bis zu neun Lagen

ten betraut. Als damit kein klares Ergebnis erzielt werden konnte, wurden die Schnitte zu Flächen erweitert. Dabei zeigte sich, daß ein Teil des Gebäudes unter dem südlich vorbeiführenden geteerten Radweg (Herten-Warmbach) liegt. Da das Gelände südlich des Radweges etwa 0,5 m tiefer liegt, wird das Gebäude vor dieser Geländekante seinen Abschluß gefunden haben. Es handelt sich um ein kleines Badegebäude (Abb. 115), von dem ein Heizraum und ein beheizter Raum mit eingebautem Wannenfundament ergraben wurden (Abb. 116), ein nach Süden anschließender Raum konnte nicht vollständig untersucht werden. Das verwendete Steinmaterial für die Mauerschalen und -füllungen ist Buntsandstein, der in 2,5 km Entfernung bei Degerfelden ansteht, sowie Rheingerölle für die nach Süden ziehenden Fundamente. Auffällig ist, daß Ost- und Südmauer des Heizraums nur eine innere Schale aufweisen, die vor die Wand der Baugrube gesetzt und mit Sandsteinbruch hinterfüllt ist. Zu einem späteren Zeitpunkt wurde, vielleicht aus Gründen der Stabilität, der Südmauer eine ebenfalls einschalige und hinterfüllte Mauer vorgeblendet. Nur diese Mauer ist in Mörtel gesetzt. Beim hypokaustierten Raum ist die Südwand einschalig dem Geröllfundament des südlichen Raumes vorgeblendet, die übrigen Mauern sind zweischalig. Die Westwand weist stellenweise eine Verstärkung auf, an der Innenseite befindet sich hier ein einschaliger Einbau, der mit Kies 50 cm hoch aufgefüllt und nicht hypokaustiert ist. In Verbindung mit dem Hypokaust wird dieser Befund als massives Fundament einer Wasserwanne interpretiert; er ist singulär. Es könnte sich um ein Warm- (caldarium) oder Schwitzbad (sudatorium) handeln. Die Hypokaustpfeiler sind in Lehm gesetzt und noch bis zu 9 Lagen hoch erhalten. Bei 2 Pfeilern weist die Verwendung von in Form geschlagenen Dachziegeln auf Reparaturen hin.

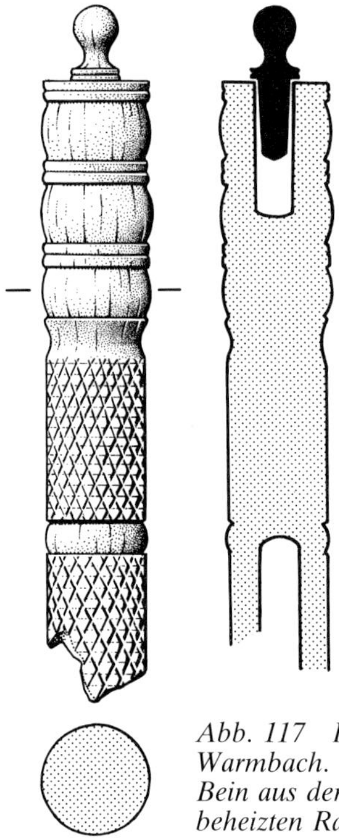

Abb. 117 Rheinfelden-Warmbach. Messergriff aus Bein aus der Ascheschicht im beheizten Raum

Nach dem Einsturz der Pfeiler am Heizkanal – 3 sind lediglich in einer oder 2 Lagen erhalten – ist die Anlage nicht mehr repariert worden. Das Bad wurde im 2. und 3. Jahrhundert benutzt, genauer läßt es sich leider nicht eingrenzen.

Zum Schluß ist es uns ein großes Anliegen, den Anliegern unseren Dank auszusprechen, vor allem Frau Solito und Herrn Hamburger. Für die nächsten Jahre stehen weitere Rettungsgrabungen an, da die römische Siedlungsstelle in der geplanten Trasse der Anbindung der A 98 an das Schweizer Autobahnnetz liegt.

Bernhard Greiner

Literaturhinweise

E. Wagner, Fundstätten und Funde 1, 1908, 160 f. – F. Kuhn, Bad. Fundber. 3, 1935, 428 ff., bes. 432 – G. Fingerlin, Arch. Ausgr. Bad.-Württ. 1984, 140 ff. – E. Richter, Jahresheft d. Ver. für Heimatgeschichte Grenzach-Wyhlen, 1989.

Ein neuer römischer Siedlungsplatz im Wiesental bei Schopfheim, Kreis Lörrach

Das weit in den Südschwarzwald hineinführende Wiesental zwischen Lörrach und Zell hat bisher relativ wenige Fundstellen aus vor- und frühgeschichtlicher Zeit geliefert. Trotzdem gehört es zu den gut erforschten Landschaften, in denen immer wieder engagierte ehrenamtliche Beauftragte des Landesdenkmalamts tätig gewesen sind, beginnend mit dem damaligen Lehrer und späteren Kreisschulrat Friedrich Kuhn, der jahrzehntelang das Tal und die begleitenden Höhen zu Fuß durchstreift und viele wichtige Hinweise gegeben hat. Im Tal selbst hat allerdings die früher stark mäandrierende »Wiese« mit ihren immer wiederkehrenden Hochwassern vieles zerstört, ganz abgesehen davon, daß weite Bereiche des Talgrundes für die menschliche Besiedlung grundsätzlich ungeeignet waren. Trotzdem muß in römischer Zeit eine Straße durch das Tal verlaufen sein, das auch an mehreren Stellen von anderen Straßen gequert wurde, die vom südlichen Oberrheintal zum Hochrheintal führten. Vermutungen über den Verlauf dieser Wiesentalstraße bekamen einen ersten Anhaltspunkt, als vor einigen Jahren, erneut durch einen ehrenamtlichen Mitarbeiter der Denkmalpflege, im Zentrum von Schopfheim bei der alten Pfarrkirche St. Michael die Fundamente eines römischen Gebäudes entdeckt wurden – ein Beispiel für den häufig nachgewiesenen Zusammenhang von römischem Gutshof und frühmittelalterlicher Kirche. Gleichzeitig wurde damit deutlich, daß trotz intensiver Beobachtung gerade auch in den letzten Jahren, vor allem für die römische Zeit, hier erhebliche Forschungslücken bestehen mußten. So war es keine Überraschung, daß weiter talabwärts, noch auf der gleichen Gemarkung, im vergangenen Jahr eine weitere römische Siedlungsstelle entdeckt wurde. Diese Siedlung, über die hier kurz berichtet werden soll, zeichnete sich auf einem Luftbild ab, das den Bereich der geplanten Umgehungsstraße um Schopfheim zeigt und in der Presse abgebildet war. Der ehrenamtliche Mitarbeiter des Landesdenkmalamts G. Waßmer aus Maulburg bemerkte auf diesem Bild regelmäßige Strukturen, die er als Hinweise auf bauliche Reste im Boden deutete. Eine erste Begehung des fraglichen Geländes brachte auch gleich die Bestätigung: In der Nähe der verdächtigen Stellen lagen Steine auf dem Acker, die dort geologisch nichts zu suchen hatten, dazu Bruchstücke römischer Leistenziegel.

Wegen der umfangreichen Straßenbauvorhaben in diesem Bereich entschloß sich das Landesdenkmalamt sofort zu einer Grabung, die

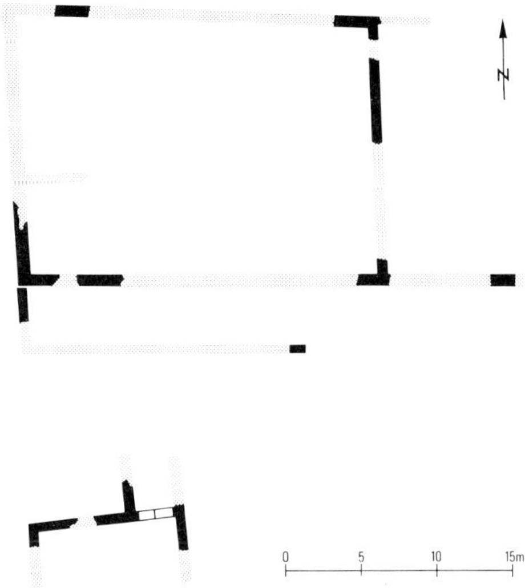

Abb. 118 Schopfheim. »Baselmatten«. Übersichtsplan, Stand 1989

Abb. 119 Schopfheim. »Baselmatten«. Türschwelle mit Einarbeitungen für Angeln und Mittelriegel

auch vom Straßenbauamt Lörrach und von der Stadtverwaltung Schopfheim tatkräftig unterstützt wurde. Schon bald zeigte sich, daß die hier im Boden steckenden Gebäude teilweise nur noch in geringen Resten erhalten waren, daß also mit einer Grabung nicht mehr zugewartet werden durfte, wenn man noch brauchbare Resultate erzielen wollte. Von den Mauern war streckenweise nichts mehr vorhanden. Langes Überpflügen und wahrscheinlich auch gründlicher Steinraub haben dazu geführt, daß man auf den ersten Blick Grundrisse kaum noch erkennen konnte. Fast überall aber waren noch die tief in den Untergrund reichenden Fundamente aus Flußgeröllen vorhanden, so daß in dem ergrabenen Ausschnitt doch noch ein ziemlich klares Bild zu gewinnen war. Danach haben wir es zunächst mit 2 Gebäuden zu tun, einem relativ großen und einem wahrscheinlich kleineren (Abb. 118). Der große Bau war vermutlich ein Wohnhaus. Dafür spricht eine lange, schmale Vorhalle (porticus), wie sie für die Herrenhäuser römischer Gutshöfe charakteristisch ist. Soweit ergraben weicht allerdings der Grundriß von sonst geläufigen Normen ab. Im zweiten Haus, das ebenfalls noch nicht vollständig aufgedeckt werden konnte, ist vielleicht ein Wirtschaftsgebäude zu sehen. Hier fand sich mit einer sauber gearbeiteten Türschwelle (Abb. 119) das am besten erhaltene bauliche Detail dicht unter der heutigen Oberfläche.

Leider geben die relativ spärlichen Funde keine zusätzlichen Hinweise auf die ursprüng-

liche Nutzung dieser beiden Gebäude. Immerhin aber weist das Fragment einer dünnen Wandplatte aus grau-grünem Marmor auf einen gewissen Komfort der Innenausstattung. Ähnliche Platten hat beispielsweise die für unsere Gegend luxuriöse Villa von Grenzach »Steingasse« geliefert. Zu Datierung, Beginn und Ende dieser Siedlung fehlen ebenfalls noch gesicherte Anhaltspunkte.
Schwierigkeiten macht vorerst noch die Interpretation der ergrabenen Befunde. Lag hier einer der Gutshöfe, eine Villa rustica, wie sie kennzeichnend sind für das Leben im ländlichen Raum in römischer Zeit? Wegen der verkehrsgeographischen Lage kommt aber auch noch eine andere Deutung dieser Siedlungsreste in Betracht. Sie liegen genau an der Stelle, an der das Kleine Wiesental in das Haupttal einmündet und es wäre gut vorstellbar, daß hier eine Nebenstraße abzweigte. Auch nach Süden, über den Dinkelberg in Richtung Hochrheintal, ist eine Straßenverbindung möglich, durch römische Fundstellen sogar wahrscheinlich. Die Gebäude mitten im Tal, vielleicht an einer Kreuzung gelegen, könnten daher auch zu einer Straßenstation gehören, wie sie für die Abwicklung des Verkehrs in römischer Zeit in großer Zahl benötigt wurden, ähnlich den Poststationen späterer Jahrhunderte. Die Frage muß vorerst offen bleiben. Von einer Fortsetzung der Grabungen in diesem Jahr erhofft sich die archäologische Denkmalpflege deshalb vor allem eine klare Vorstellung über die ursprüngliche Bedeutung und die Geschichte dieser vergessenen Siedlungsstelle mitten im Wiesental.

Gerhard Fingerlin

Abschluß der Grabungen in Herten, Stadt Rheinfelden, Kreis Lörrach

Die mit Unterbrechungen seit 1987 in Herten durchgeführte Ausgrabung einer ummauerten römischen Ansiedlung (Abb. 120) konnte im vergangenen Jahr großflächig fortgesetzt und zu einem gewissen Abschluß gebracht werden. Dabei galt es zunächst, soweit als möglich die Umfassungsmauer aufzudecken oder wenigstens durch Profilschnitte in ihrem Verlauf zu sichern. Hinderlich waren dabei im Westen ein Bachlauf, im Südosten die Bundesstraße (B 34) und eine Gasleitung, auf die bei der Suche Rücksicht zu nehmen war. Leider blieb deshalb auch das östliche Teilstück der Südmauer unentdeckt, läßt sich aber nach verschiedenen Hinweisen fast metergenau im Gelände festlegen. Umfang und Größe der Anlage sind damit weitgehend geklärt: Es ergab sich ein Umriß in Form zweier unregelmäßiger, zusammengefügter Rechtecke (Winkelform) mit einer größten Länge von 235 m und einer wechselnden Breite von 110, 132 bzw. 85 m. Der mauerumschlossene Innenraum der Anlage läßt sich daraus auf etwa 2,4 ha berechnen.
Der flächigen Untersuchung des inneren Areals standen ebenfalls beträchtliche Hindernisse im Wege, einmal die schon genannte Bundesstraße, dann die Bahnlinie Basel–Konstanz, die sich im Siedlungsbereich mit der Straße kreuzt, und schließlich die Größe des gesamten Innenraumes. Die Nachforschungen mußten sich daher auf allerdings breitangelegte Suchschnitte oder besser Suchflächen beschränken, denen aber mit Sicherheit kein

Abb. 120 Rheinfelden-Herten. »Marker Letten«. Übersichtsplan, Stand 1989. Rasterung: Straße und Bahnlinie

noch so kleiner Steinbau innerhalb des zugänglichen Areals entgangen ist. Von Holzbauten läßt sich dies nicht mit gleicher Sicherheit behaupten, war es bei den früheren Grabungen doch nicht einmal möglich gewesen, die ursprünglich vorhandenen hölzernen Trennwände innerhalb untersuchter Steingebäude nachzuweisen. Das Gesamtbild kann also auch aus diesem Grunde unvollständig sein, ganz zu schweigen von den großen, für uns unzugänglichen Flächen unter und zwischen Bahnkörper und Bundesstraße. Gerade dieser Bereich wäre allerdings für die Gesamtbeurteilung noch aus einem anderen Grunde wichtig. Hier hat in der Vorkriegszeit der damalige Kreispfleger Friedrich Kuhn Spuren einer Straße festgestellt, die in schräger Richtung durch die Anlage gezogen sein muß, sehr wahrscheinlich die rechtsrheinische Talstraße römischer Zeit. Es bleibt nur die Hoffnung, daß die Trasse westlich und östlich der ummauerten Anlage in Zukunft erfaßt und dann auch ihr Verlauf innerhalb des Mauergevierts rekonstruiert werden kann.

Angesichts dieser Einschränkungen und vor einer genauen Auswertung der ergrabenen Befunde und auch des Fundmaterials ist es schwierig, ein Gesamtbild zu zeichnen. Auffällig ist, daß sich mit einer einzigen Ausnahme alle nachgewiesenen Gebäude an die Umfassungsmauer anlehnen, und zwar an die Längsmauer im Norden und Süden. Leider ist das im Winkel der Südmauer liegende und damit eine Ecke bildende Gebäude nur unvollständig erfaßt, so daß eine Deutung des im Süden mit Wandpfeilern versehenen Baus nicht möglich ist (Speicher?). Auch bei den komplizierten, mehrperiodigen Portikusbauten im Winkelbereich der Nordmauer wäre eine Deutung verfrüht. Auf die dort gefundenen Herde und Backöfen wurde schon im letztjährigen Bericht hingewiesen. Ergänzend ist eine größere Menge von Eisenfunden zu erwähnen, auf die noch kurz einzugehen sein wird. Herde befanden sich auch in dem Gebäude, das in die Nordostecke der Anlage eingefügt ist. Einigermaßen sicher zu erklären scheint nur die Funktion eines kleinen quadratischen Baus mit 4 um eine zentrale Grube gestellten Innenpfosten. Wie in Dietikon im Kanton Zürich haben wir hier einen sehr kleinen gallo-römischen Umgangstempel vor uns, wenn auch hier in Herten in der zentralen Opfergrube weder Münzen noch andere Gegenstände gefunden worden sind.

Auffällig bleiben im Gesamtbild die großen unbebauten Flächen, wenn auch abschließend noch einmal auf die Unzugänglichkeit von Teilbereichen und die Schwierigkeiten beim Nachweis von Holzbauten hingewiesen werden muß. Bei so vielen noch offenen Detailfragen bleibt auch der Versuch einer Deutung der ganzen Anlage problematisch. Manches spricht für einen Zusammenhang mit dem Straßenverkehr, was das Fehlen eines wirklich gesicherten Nachweises der Straße besonders bedauerlich macht. Immerhin bleiben aber die schon im letztjährigen Bericht herausgestellte verkehrsgeographische Situation gegenüber der antiken Stadt Augusta Raurica (Augst bei Basel) auf der anderen Rheinseite und die räumliche Nähe des Flußübergangs zu betonen. Andererseits sind aber auch gewisse Ähnlichkeiten mit römischen Gutshöfen nicht zu verkennen, weniger in Form und Struktur der einzelnen Gebäude als im Bild, das die ganze Anlage bietet. Direkte Vergleiche, die eine sichere Aussage ermöglichen würden, liegen allerdings nicht vor.

So bleibt abschließend nur noch ein Blick auf das Fundmaterial zu richten, das allerdings vorerst auch nichts zur siedlungsgeschichtlichen Erklärung beitragen kann. Denn die eisernen Türbänder und Türangeln, Schlüssel, Sense, Sichel, Äxte, Gewichte, Werkzeuge, Küchengeräte und Waffen (Speerspitzen) sind

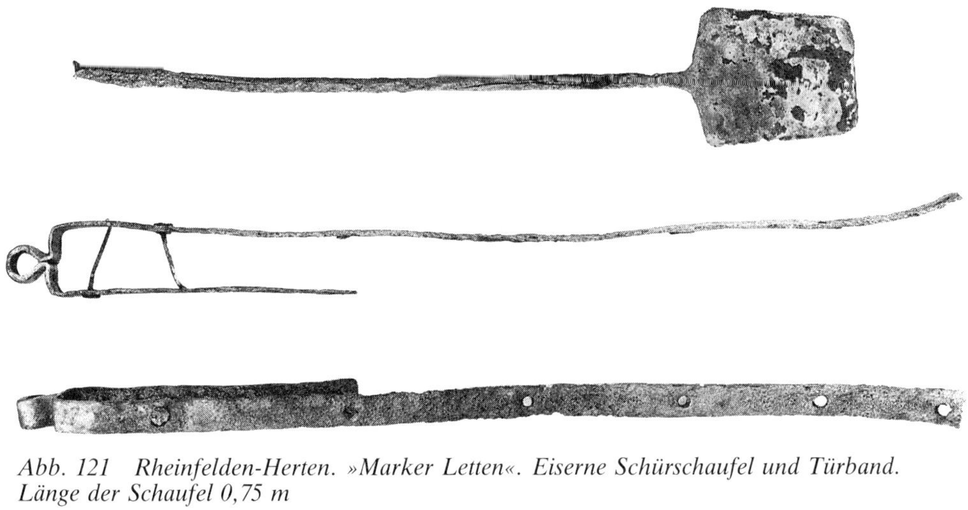

Abb. 121 Rheinfelden-Herten. »Marker Letten«. Eiserne Schürschaufel und Türband. Länge der Schaufel 0,75 m

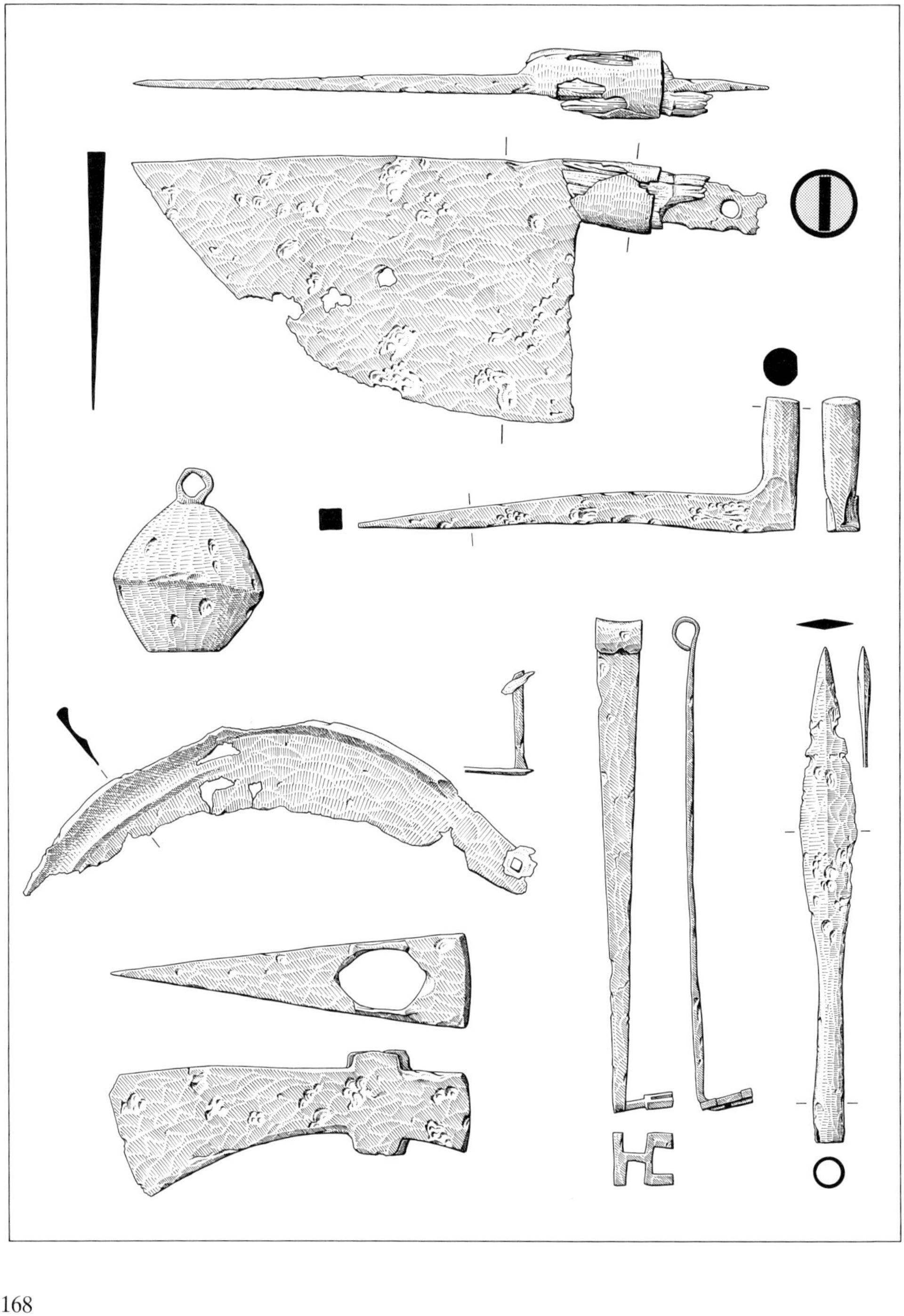

Abb. 122 Rheinfelden-Herten. »Marker Letten«. Waffen und Gerätschaften aus Eisen. Maßstab 1:3

offensichtlich von einem hier arbeitenden Schmied zusammengetragen worden, der das Material für die Herstellung neuer Gerätschaften oder für Reparaturen benötigte (Abb. 121, 122). Eine solche Werkstatt würde im übrigen genauso gut zu einem landwirtschaftlichen Betrieb wie zu einer dem Straßenverkehr dienenden Ansiedlung passen. Erwähnenswert sind diese Funde aber wegen ihrer Zahl und Vielfältigkeit. Bis heute gibt es keinen anderen Platz in der Region, der ein ähnlich großes Sortiment römischer Eisengerätschaften geliefert hätte. Aber auch im Hinblick auf die sehr weitreichende Erfassung des baulichen Bestandes gibt es für die Hertener Anlage im nördlichen Hochrheintal nur wenig Vergleichbares. Es ist daher zu hoffen, daß die weitere Bearbeitung von Baubefund und Fundmaterial doch noch einen überzeugenden Vorschlag für die Deutung dieses interessanten Siedlungsplatzes möglich macht. *Gerhard Fingerlin*

Literaturhinweis

G. Fingerlin, Arch. Ausgr. Bad.-Württ. 1988, 147 ff.

Das römische Bad in Fischbach, Gemeinde Niedereschach, Schwarzwald-Baar-Kreis

Wie sich schon im Verlauf der letztjährigen Grabung deutlich abzeichnete, ist mit dem wieder freigelegten Badegebäude des römischen Gutshofes von Fischbach ein wichtiges archäologisches Denkmal im südbadischen Raum erhalten. Dies bestätigen auch die jüngsten Untersuchungen, zumal die entsprechenden Befunde hinsichtlich der unterschiedlichen Bauphasen über das Bad hinaus für die Gesamtanlage interessante Aufschlüsse liefern (Abb. 124).

Es wurden insgesamt 3 Steinbauphasen beobachtet (Abb. 123). Vom ersten Bau stimmt der Grundriß nur im nordöstlichen Bereich mit der zweiten Bauphase überein. Der Zustand der erhaltenen Fundamente erlaubt keine Aussage über die ursprüngliche Größe oder Funktion des Gebäudes. Sein Standort nahe bei einer Quelle und die Tatsache, daß der nachfolgende Bau eindeutig eine Badeanlage war, spricht für die Nutzung als Bad, auch wenn wegen der geringen Keramikfunde nicht auszuschließen ist, daß dieser Bau eventuell nie vollendet wurde. So fehlen auch wichtige Kriterien für eine Datierung.

Sehr viel besser dagegen ist der Befund der zweiten Bauphase (Abb. 123). Dabei handelt es sich um einen rechteckigen Kernbau, 16 × 10,2 m groß. Die Raumeinheiten entsprechen ihrer Anordnung nach einem selbständigen Villenbad im Blocktyp. Das zweischalige Mauerwerk, im nördlichen Bereich sogar bis zu 1,5 m aufgehend, hat eine durchschnittliche Stärke von 0,6 bis 0,8 m. Überwiegend regelmäßig behauene Buntsandsteine bilden die beiden Mauerschalen, wobei vereinzelt Kalkstein- oder Quelltuffquader mit vermauert sind. Als Füllmaterial dienten zumeist kleinere Bruchsteine und Ziegelbruchstücke. Die Flächen der Außenwände waren größtenteils mit

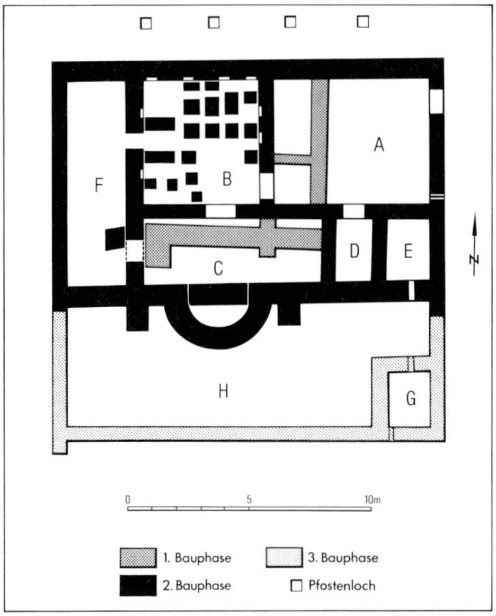

Abb. 123 Niedereschach-Fischbach. Römischer Gutshof, Badegebäude. Schematisierter Grundriß mit den drei verschiedenen Steinbauphasen

einem rötlichen Wandverputz überzogen, der sich in situ noch auf der nördlichen Außenwand erhalten hat. Eine Apsis, seitlich gerahmt von Strebepfeilern, und Mauervorsprünge an den Außenseiten gliedern die talwärts gelegene Südfront, der eine Terrasse vorgelagert war.

Die einzelnen Räume lassen sich durchweg gut bestimmen (Abb. 123). Vom Eingang im Nordosten gelangte man zuerst in den Ankleideraum (apodyterium, A), sicherlich auch hier gleichzeitig Kaltbad. Nach Westen folgt das Laubad (tepidarium, B), bestimmt durch seine zahlreichen, aus Bruchsteinen gemauerten Hypokaustpfeiler und die charakteristisch in den Raum hineingezogenen Mauerschenkel des Heizkanals sowie die die Wände einschneidenden Vertiefungen für die Hohlziegel (tubuli). Vom Tepidarium aus erreichte man das südlich gelegene Warmbad (caldarium, C), ein querrechteckig ausgerichteter Raum mit einer nach Süden vorgelagerten Apsis. Ebenso wie im Tepidarium waren auch hier Hypokaustpfeiler vorhanden gewesen – überwiegend quadratische, davon wenige in situ – und runde Ziegelplatten, die im zerbrochenen Zustand als Lesefunde erhalten waren. Nach Osten schließen sich 2 Räume an, von denen der östliche als Kaltwasserbecken (piscina, E) genutzt wurde. Dies belegen der Wasserablauf in der Südwand und der überwiegend gut erhaltene Ziegelestrich des ursprünglich mit Platten ausgelegten Beckenbodens. Diesem vorgelagert war ein Korridor (D), von dem aus man vermutlich die Piscina (E) erreichte, um schließlich nach Beendigung des Badevorganges durch diesen Trakt in den Ankleideraum (A) zu gelangen. Beheizt wurden sowohl das Tepidarium als auch das Caldarium von dem westlich angrenzenden, langrechteckigen Heizraum (praefurnium, F).

Während der Nutzung des Bades müssen auch einige Renovierungsarbeiten durchgeführt worden sein, über deren zeitliche Abstände nichts bekannt ist. Zahlreiche Fragmente von Wandverputzstücken, über deren farblichen Dekor ein weiterer aufgelegt wurde, mehrere Schichten von Estrichböden im Ankleideraum (A) und in der Piscina (E) sowie bauliche Veränderungen der Ostwand des Ankleideraums sprechen deutlich für jene Abfolge verschiedener Perioden.

Über das ehemalige Aussehen des Bades der zweiten Bauphase kann man dank einiger Befunde einiges aussagen. Im nördlichen Profil fielen u. a. 2 Lagen von gebrochenen Leistenziegeln besonders auf, deren beide Schichten bis auf die Höhe des Präfurniums (F) nach We-

Abb. 124 Niedereschach-Fischbach. Gesamtplan der Steinbauten des römischen Gutshofs im Gewann »Bubenholz« (nach Abschluß der Grabungen 1986 bis 1989)

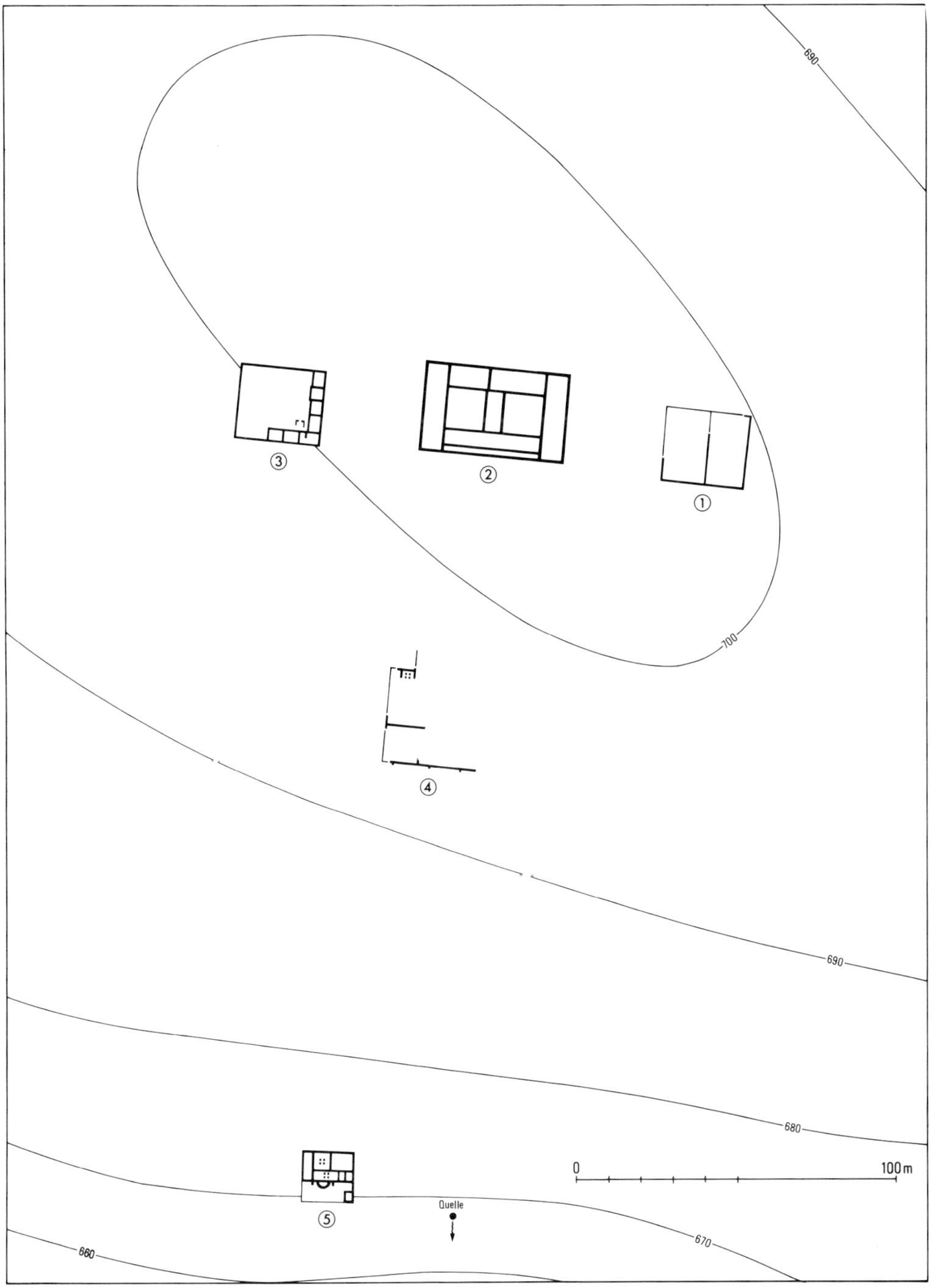
690
700
690
680
670
660
①
②
③
④
⑤
Quelle
0
100 m

sten hin reichen. Gleiches gilt für das westliche Böschungsprofil auf der gesamten Länge des Präfurniums (F). Daraus läßt sich für das Badegebäude ein Nord-Süd ausgerichtetes Satteldach annehmen und im Westen über dem Präfurnium (F) ein Pultdach. Unter den Ziegelschichten im nördlichen Profilschnitt waren 4 nahezu rechteckige Gruben erhalten, in denen ehemals Holzpfosten eingelassen waren (Abb. 123). Diese trugen sicherlich einen offenen Dachvorbau, der sich an der Nordseite des Bades anschloß und schon während der Nutzung aufgegeben worden ist – die Pfostenlöcher tragen eindeutige Spuren einer nachträglichen Planierung.

Eine dritte und sicherlich jüngste Bauphase schließt sich im Süden des Bades an. An den rechteckigen Kernbau ansetzend folgt in der Verlängerung der seitlichen Außenwände je ein Mauerzug, der – wie die Baufugen im Befund nachdrücklich belegen – an die Wandvorlagen der Südwand angrenzt. In der östlichen Verlängerung folgt ein Raum (G), der aufgrund seines Aussehens und auch seiner Lage nach an eine Zisterne erinnert. Zum einen ist in seiner Nordwand ein schmaler Einlaß, der in einer Achse mit dem Wasserablauf der Piscina (E) liegt, zum anderen überzog den Boden des Innenraumes eine dicke Ziegelestrichpackung, die zu den Wänden hin auffallend rund verstrichen war. Entsprechend der östlichen finden wir im Westen eine weitere in den Fundamenten erhaltene Substruktion, die wahrscheinlich das nach Süden stark abfallende Terrain zu sichern hatte. Im Zusammenhang mit dieser Erweiterung wurde die südliche Terrasse (H) neu angelegt, die im Süden von einer niedrigen Trockenmauer begrenzt wurde.

Unter Berücksichtigung des Fundmaterials und insbesondere der verzierten Terra sigillata, die größtenteils um die Wende vom 1. zum 2. Jahrhundert entstanden sein wird, haben wir für die Chronologie der verschiedenen Bauphasen nur wenige Anhaltspunkte. So wäre es denkbar, die Entstehungszeit der ältesten Bauphase noch ins ausgehende 1. Jahrhundert n. Chr. zu datieren, wobei der nachfolgende Kernbau sicherlich im ersten Viertel des 2. Jahrhunderts bereits stand. Die baulichen Veränderungen sowie die Renovierungsarbeiten wurden wohl hauptsächlich im 2. Jahrhundert ausgeführt, ebenso der dritte Bauabschnitt. Nach dem vorliegenden Fundspektrum spricht alles für eine Nutzung der Badeanlage bis zur Mitte des 3. Jahrhunderts. Im Anschluß an die Grabung wurde nach den notwendigen konservatorischen Sicherungsarbeiten das Badegebäude mit einem Schutzdach versehen.

Wie schon kurz erwähnt, ist das Bad Teil einer größeren Gutshofanlage (Abb. 124), von der im Jahre 1985 die zunächst als »villa rustica« bezeichneten, symmetrisch angeordneten Gebäudekomplexe freigelegt werden konnten. (Abb. 124.1–3). Die exponierte Lage des seit dem letzten Jahrhundert schon bekannten Fundplatzes, ein die nähere Umgebung beherrschender Höhenzug, erweckte im Vorfeld der systematischen Begehungen den Eindruck, hier auf die Reste einer militärischen Anlage der Römer gestoßen zu sein, ein Eindruck, der aufgrund eines Ziegelstempels der 11. Claudischen Legion (LEG-XI-CPF) verstärkt wurde. Doch dieser Fund sollte vorerst auch der letzte dieser Art sein. Die jüngsten Untersuchungen in diesem Areal konnten hingegen diese Annahme nicht bestätigen. Eine genaue Betrachtung anhand der verschiedenen Grabungsbefunde ergab vielmehr, daß hier ein in seinen Ausmaßen nicht unbedeutender römischer Gutshof vorliegt. Doch die drei Gebäude (Abb. 124.1–3), deren symmetrische Anordnung noch nicht klar gedeutet ist, ließen eine Interpretation des vermeintlichen Hauptgebäudes kaum zu.

Abb. 125 Niedereschach-Fischbach. Römischer Gutshof, Herrenhaus. Der hypokaustierte Raum von Nordwesten

Die von Roth Ende des letzten Jahrhunderts durch Beobachtungen gewonnenen Erkenntnisse sowie jüngere Begehungen und geomagnetische Vermessungen in einem 50 m tiefer gelegenen kleineren Waldbereich (Abb. 124.4) sprachen für ein weiteres Gebäude. Der durch einige Suchschnitte angegrabene Befund gibt berechtigten Anlaß zu der Vermutung, an dieser Stelle das ehemalige Herrenhaus anzunehmen, das vielleicht ein Areal von 60 × 40 m umfaßte. Festgestellt werden konnten zum einen ein kleinerer Ausschnitt der südlichen Außenfront mit Wandvorlagen, dem sich nach Norden hin weitere Raumeinheiten anschlossen. Im nördlichen Abschnitt konnte zum anderen ein hypokaustierter Raum zur Hälfte freigelegt werden (Abb. 125). Die geborgenen Kleinfunde umfassen ein Zeitspektrum, das von dem des Bades nicht entscheidend abweicht.

Nach diesen Ergebnissen war der Gutshof von Fischbach größer als zunächst angenommen. Sicherlich handelt es sich um eine landwirtschaftliche Domäne, die nur im engeren Umfeld zu Rottweil, dem Municipium Arae Flaviae, gesehen werden kann. So stellt sich die Frage, inwieweit dieser Gutshof mit anderen ähnlich großen Anlagen zu vergleichen ist, besonders im Hinblick auf die symmetrisch zueinander angeordneten Gebäudekomplexe, die hier erstmals auftreten. Von Bedeutung dafür könnte der Fund von Ziegelstempeln der cohors I Flavia Domitiana (COH-I-FPFD) (Abb. 126) sein, die bisher in dieser Schrei-

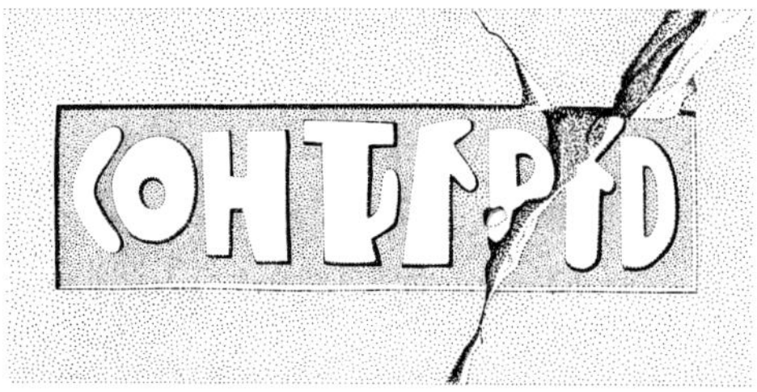

Abb. 126 Niedereschach-Fischbach. Römischer Gutshof. Ziegelstempel der 1. flavischen Kohorte Domitianae. Maßstab 1:2

bung für Rottweil nicht bekannt waren. Sie sind in die Jahre 89–96 n. Chr. zu datieren. Entweder waren die Ziegel, die während der Ausgrabung im Badegebäude sowohl als Lesefunde als auch in situ, allerdings in Zweitverwendung, im Hypokaustbereich des Caldariums (Abb. 123.C) gefunden wurden, als kostbares Baumaterial zu einem späteren Zeitpunkt nach Fischbach gelangt. Oder sie stammen direkt von einem Gebäude, eventuell vom mittleren, auf der Anhöhe des Gutshofs (Abb. 122.2). Dann könnte es sich hier doch, wie in früheren Jahren bereits vermutet, um einen militärischen Posten handeln, der Ende des 1. Jahrhunderts in unserem Gebiet bedeutungslos wurde, so daß die Bausubstanz schließlich in die Gutshofanlage integriert wurde. *Peter Jakobs*

Literaturhinweise

C. Kuntze, H.-O. Wagner, Neue Ausgrabungen im römischen Gutshof von Fischbach. Fundber. aus Baden-Württemberg 13, 1988, 351 ff. – P. Jakobs, Arch. Ausgr. Bad.-Württ. 1988, 150 ff. (mit weiterer Literatur).

Eine römische Villa rustica bei Lomersheim, Stadt Mühlacker, Enzkreis

Am 21. September 1989 wurden beim Ausschachten eines Grabens für den Straßenbau im Gewann »Fronäcker« in Lomersheim an 3 Stellen Mauerfundamente, die anscheinend parallel in Nord-Süd-Richtung verliefen, geschnitten. Sie waren schlecht erhalten und nur durch die Rollierung erkennbar. Etwa 1,50 m nördlich des Grabens konnte eine Ost-West orientierte Mauerflucht festgestellt werden. Diese Mauer war noch 2 Steinlagen hoch erhalten. Im Aushub fanden sich Ziegelbrocken und Scherben von Sigillata und Gebrauchskeramik. Das Landesdenkmalamt verfügte zu dieser Zeit nicht über freie Mitarbeiter, so daß die Rettungsgrabung in dem neu geplanten Industriegebiet vom Heimatmuseum der Stadt Mühlacker durchgeführt wurde. Die Fundstelle ist schon seit längerem bekannt, im Oktober 1961 wurden an dieser Stelle beim Ausschachten eines Grabens römische Fundamente angeschnitten.

Bei dem jetzt aufgedeckten Gebäude handelt es sich um das Wohnhaus eines römischen Gutshofs (villa rustica), das an einem sanft geneigten Hang lag und nach Süden orientiert war. Die Mauern der Anlage sind an den höchsten Stellen noch 2 Steinlagen hoch erhalten, sonst wurden sie bis auf die unterste Fundamentschicht abgetragen. Grundriß und Inneneinteilung des Gebäudes sowie die Abfolge

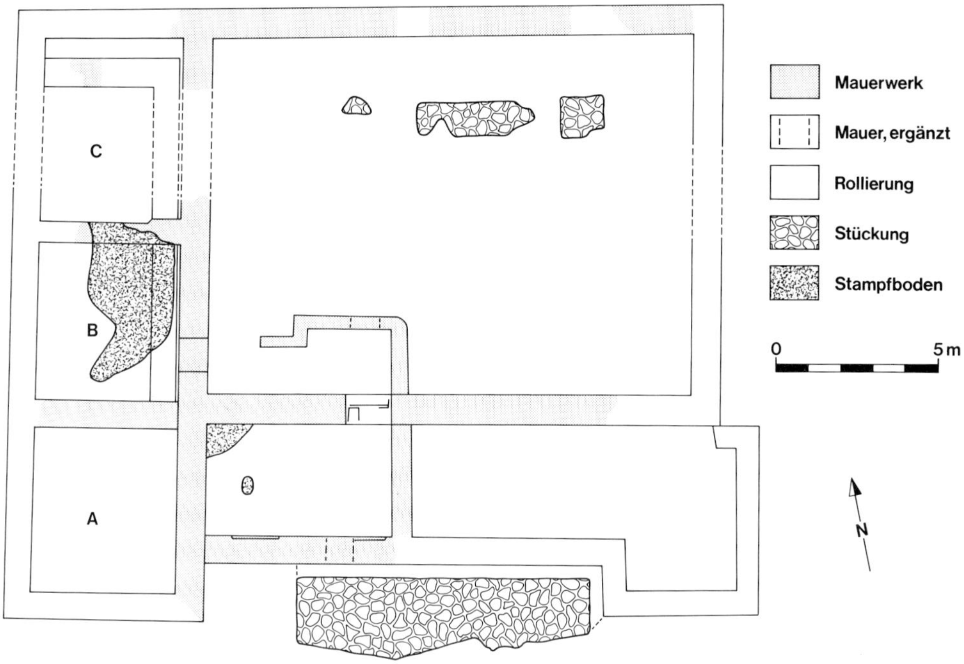

Abb. 127 Mühlacker-Lomersheim. »Fronäcker«. Gesamtplan des freigelegten Hauptgebäudes einer Villa rustica

verschiedener Perioden ließen sich bei den Grabungen festmachen (Abb. 127).

Das älteste Gebäude bildete einen 11 m langen rechteckigen Bau mit den Räumen B und C, der im Süden von der Trennmauer zwischen den Räumen A und B begrenzt wurde. Es war nicht feststellbar, ob eine Verbindung zwischen diesem Bau und der Westaußenmauer des späteren existierte. Die Nord- und Ostmauer dieser ersten Periode wurden später abgetragen, die Südmauer blieb jedoch erhalten und wurde in den neuen größeren Bau eingegliedert. Dieser zweite Bau bildete ein großes Rechteck mit einem vorspringenden Raum im Südwesten. Der 18 × 6 m große Wohntrakt im Westen bestand aus 3 Räumen, der mittlere Raum hatte einen Zugang zu dem großen Hof im Osten. Im Norden dieses Hofes, der 10,50 × 14,50 m maß, waren noch an zwei Stellen spärliche Reste einer Pflasterung zu erkennen. Östlich davon befand sich eine Stickung. An dieser Stelle war der ziemlich sandige Boden mit Holzkohle durchsetzt, hier fanden sich auch Scherben von Gebrauchskeramik und Knochenfragmente, z. T. mit Brandspuren, sowie Amphorenteile und Sigillata. Es ist anzunehmen, daß hier die Feuerstelle gelegen hat.

In einer dritten Phase wurde die Gesamtanlage nach Süden erweitert, damit entsprach der Grundriß demjenigen einer regelrechten Risalitvilla. Eine 12 m lange und 4 m breite Frontportikus wurde entlang der südlichen Hofmauer errichtet sowie ein südöstlicher Risalit, der einen leichten Vorsprung nach Osten bildete, angebaut. Gleichzeitig wurde unter die Portikus direkt östlich des Westrisalits ein 5,80 × 3,35 m großer Keller gebaut. Der Kellerzugang befand sich nördlich davon im Hof, ein paar Stufen, die überwölbt waren. Die 1,45 m breite Tür zum Keller war in die Südmauer des Hofes eingebrochen worden und besaß eine Steinschwelle mit Einkerbungen für den Rahmen. An der Südwand des Kellers konnte man noch die Ansätze zweier Lichtschächte erkennen. Der östliche Schacht war bereits bei den Bodenarbeiten 1961 gestört worden. Reste eines weißen Wandverputzes im Keller weisen teilweise Brandspuren auf. Auch am Boden des Kellers sowie in dessen Eingangsbereich und auf der Schwelle konnten die Reste eines Brandes festgestellt werden, u. a. ein Stück geschmolzenes Fensterglas.

Nach dem Brand wurde der Keller mit Schuttmaterial verfüllt und ein Stampflehmboden, dessen Teile in der Nordwestecke und in der Mitte des Kellers gefunden wurden, angelegt. Im Wohntrakt im Nordwesten wurde die Trennmauer der Räume B und C abgetragen und der neue Raum ebenfalls mit einem Stampflehmboden versehen. Dieser Boden war größtenteils in Raum B erhalten und zog nach Raum C über die abgetragene Trennmauer.

Anfang November ist die Nordhälfte der Anlage mit Schotter überdeckt und die geplante Straße darüber gebaut worden. Die Reste der Ruine wurden wieder zugeschüttet. Das an dieser Stelle geplante Firmengebäude kann durch das großzügige Entgegenkommen des Bauherrn einige Meter nach Süden verlegt werden, so daß auch der Südteil der römischen Anlage im Boden erhalten bleibt. Es ist geplant, den Grundriß nach Abschluß der Straßen- und Firmenbaumaßnahmen im Pflaster kenntlich zu machen.

Abgesehen von spärlichen Funden aus dem Aushub und aus der vermuteten Feuerstelle im Hof stammt das Fundmaterial aus der Verfüllung des Kellers. Vor allem Terra sigillata und Gebrauchskeramik aus der zweiten Hälfte des 2. und dem Anfang des 3. Jahrhunderts konnten geborgen werden. Eine Sigillatascherbe aus dem Aushub des Kellereingangs mit dem Töpferstempel *PRIMITIVUS* weist in die Spätzeit der Rheinzaberner Produktion. Bemerkenswert war ein großer Doppelhenkelkrug mit schmaler Standfläche und rosafarbigem Überzug, Rädchenverzierung und zwei Noppen auf der Schulter. Im Eingangsbereich des Kellers lag die Basis eines Kellertisches. Im Keller selbst konnten darüber hinaus noch Bruchstücke von Hohlziegeln (tubuli) als Hinweis für das Vorhandensein einer Heizungsanlage geborgen werden.

Anhand von Luftbildaufnahmen läßt sich die Existenz von mehreren Nebengebäuden in den Feldern westlich, nördlich und nordöstlich des ausgegrabenen Wohnhauses vermuten. Schon 1961 wurden 2 Mauern im Abstand von 12 und 21 m nördlich der Ruine beobachtet. 2 jetzt angelegte Suchgräben südlich des Westrisalits führten allerdings zu keinem Ergebnis.

Jean-Claude Hugonot

Literaturhinweise

Römer in Württemberg 3, 1932, 342 – Fundber. aus Schwaben N. F. 18/II, 1967, 104.

Ein römisches Mithräum bei Mundelsheim, Kreis Ludwigsburg

Im vergangenen Jahr konnten wir über die Teiluntersuchung eines römischen Gutshofs bei Mundelsheim im Gewann »Steinmäurich«, etwa 1 km nördlich vom Ort, auf der »Ottmarsheimer Höhe«, berichten. Bei Erschließungsarbeiten für das Industriegebiet Besigheim, das von einem Zweckverband, dem mehrere Gemeinden angehören, geplant und erschlossen wurde, fanden sich ausgedehnte Spuren der römischen Siedlung. Schon seit 1925 ist hier eine Villa rustica bekannt, von der im Zusammenhang mit weiteren Erschließungsmaßnahmen auch in diesem Jahr weitere Bauteile untersucht werden mußten.

Vor allen Dingen beim Ausbau der Straßentrasse der Friedrich-Wilhelm-Raiffeisen-Straße wurden zahlreiche Gruben und ein Steinbrunnen aufgedeckt und untersucht. Da im gesamten Gebiet nordwestlich des 1988 aufgedeckten Kellers, der zweifellos zum Hauptgebäude der Villa rustica gehört, starke Geländeveränderungen insbesondere durch die natürliche Erosion aber auch durch eine seit langem systematisch betriebene landwirtschaftliche Nutzung stattfanden, ist die alte Oberfläche schon vollständig abgetragen. Wir dürfen hier mit einem Abtrag seit römischer Zeit von mindestens 1–1,5 m rechnen, so daß weniger tiefgründige Stein- und Holzbauten vollständig zerstört sind. In den untersuchten Gruben fand sich zahlreiches Fundmaterial, das für die chronologische Einordnung der Villa rustica von Bedeutung ist.

In Fläche 45 konnte ein Steinbrunnen freigelegt und bis zu einer Tiefe von 10 m unter dem heutigen Humus untersucht werden. Der heutige Wasserspiegel war bei 317,40 m NN, etwa 2,4 m über der Sohle des Brunnens erreicht. Auf der Sohle fand sich eine hölzerne Brunnenstube mit einer Seitenlänge von 1,1 m. Die dendrochronologische Datierung der Hölzer steht noch aus. In der Brunnenverfüllung sind auffallend wenig Funde zum Vorschein gekommen. Vor allen Dingen im Bereich der Brunnenstube fanden sich verschiedene Fragmente hölzerner Dauben, die zu einem Eimer gehören, sowie organische Reste und verschiedene Holzteile. Die Bodenproben enthielten nach Mitteilung von M. Rösch nur wenig bestimmbares botanisches Material.

Ein zweiter Steinbrunnen wurde in Fläche 28 bei Erschließungsarbeiten geschnitten, eine weitere Untersuchung mußte unterbleiben. Seine lichte Weite betrug ca. 1,1 m. Weiter fanden sich vereinzelte Baubefunde, so in Fläche 31 der untere Teil einer Kanalheizung, die wohl zu einer Getreidedarre zu rekonstruieren ist. Eine T-förmig angelegte Kanalheizung bildet zweifellos den tiefliegenden Teil der Getreidedarre, die eigentliche Außenmauer war nicht mehr vorhanden, sie ist durch die landwirtschaftliche Nutzung zerstört.

Im nördlichen Hofareal kam beim Verlegen der Kanalisation entlang des Neubaugebietes nach Norden (Feldweg Nr. FW 6966) ein kleiner rechteckiger kellerartiger Raum zutage, der in den Flächen 57 und 58, bedingt durch die fortgeschrittenen Bauarbeiten in wenigen Tagen untersucht werden mußte. Das Gebäude besitzt einen rechteckigen Grundriß mit 3,7 m Länge und 3,9 m Breite. Es war in das anstehende Erdreich eingetieft und von einer ca. 1,5 m starken Schwemmlehmschicht überdeckt. Die einschalige Außenmauer hatte an der Süd- und Nordseite je eine rechteckige Öffnung sowie an der Westseite einen mit einem Bogen abgedeckten Einlaß. Die Aussparungen in der Süd- und Nordmauer dienten wohl als Zugang zum eigentlichen Inneren des Bauwerks, der bogenförmig abgedeckte

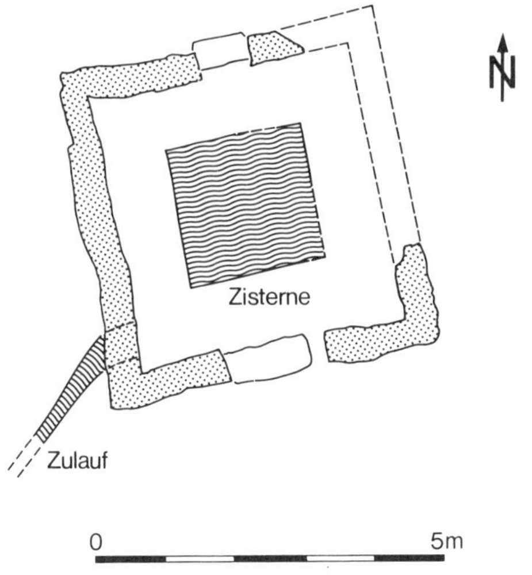

Abb. 128 Mundelsheim. Villa rustica. Brunnenhaus mit Zisterne. Grundriß

nischenartige Eingang bildete, wie eine Untersuchung an der Außenseite klar zeigte, den Zulauf einer schon vor dem Bau des Steingebäudes hier verlegten Wasserzuleitung (Abb. 128, 129), vermutlich in Deichelform. Die Sohle des grabenartigen Befundes war mit blauem Lettenlehm ausgekleidet.

Die Ostmauer wurde leider durch den Bagger weitgehend abgetragen, so daß eine genaue Untersuchung hier nicht erfolgen konnte. Die anderen Mauern waren stellenweise ca. 2 m hoch erhalten. Im Zentrum befand sich eine quadratische holzverschalte Zisterne (Abb. 128) mit einer Seitenlänge von knapp 2 m, die auf der Sohle mit blauem Lettenlehm abgedichtet worden war.

Die dendrochronologische Untersuchung der Hölzer ergab ein Fällungsjahr von 132 ± 10 n. Chr. Da die Waldkante nicht erhalten war, ist mit einem Fällungsjahr frühestens um die Mitte des 2. Jahrhunderts zu rechnen. Bei diesem Bauwerk, das an tiefer Stelle am Nordhang der Villa rustica lag, handelt es sich um ein Brunnenhaus. Die Wasserzuleitung sowie die Zisterne im Zentrum des Bauwerkes sind dafür sichere Beweise. Soweit wir den Baubefund in anderen Gutsanlagen überblicken, sind derartige Brunnenhäuser bisher noch nicht bekannt. Bei den weiteren Bauarbeiten, unmittelbar westlich des 1988 untersuchten Kellers, innerhalb des nordwestlichen Eckrisalits des Hauptgebäudes, kam ein rechteckiger Hypokaustraum, von dem nur noch der unterste Estrichboden und die einschalig errichtete Außenmauer erhalten waren, zutage. Die sehr sorgfältig angelegten Mauern und der gut erhaltene Estrichboden zeugen von einer hohen Qualität der Architektur. Der Raum, der zweifellos mit dem Eckrisaliten in Verbindung stand – die Verbindungsmauern wurden durch die intensive landwirtschaftliche Nutzung schon abgetragen –, stellt wohl eine Erweiterung des westlichen Eckrisaliten dar, ähnlich wie wir es von der Villa rustica bei Großsachsenheim kennen. Die Heizstelle (praefurnium) lag im Westen.

Abb. 129 Mundelsheim. Villa rustica. Blick in das Brunnenhaus. Links die Öffnung für die Wasserleitung

Abb. 130 Mundelsheim. Mithräum. Grundriß

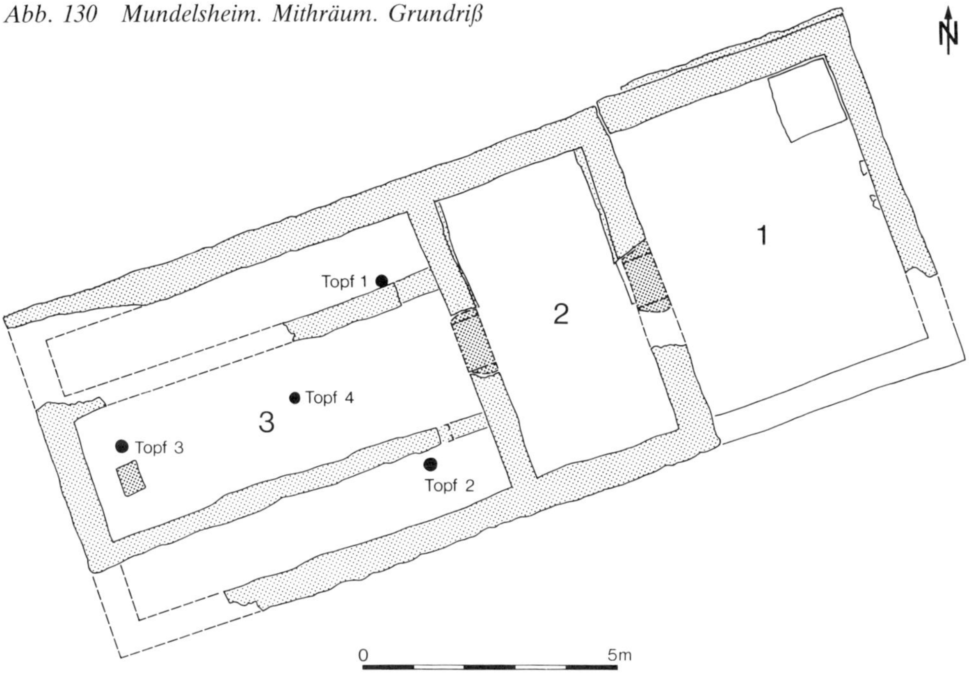

Im Zusammenhang mit der Errichtung des Schutzhauses über dem 1988 ausgegrabenen Keller wurden weitere Baureste nach Osten ermittelt. Es handelt sich hierbei um die letzten Reste der Fundamentrollierung auf der Anhöhe. Diese zeigen, daß die Mauern weitgehend zerstört sind. Eine Nachuntersuchung des Hauptgebäudes ist für 1990 geplant.

Im Zusammenhang mit dem Bau der Bodenseewasserleitung am Südrand des Gewerbe- und Industriegebietes Besigheim im Gewann »Steinäcker« wurde südlich des Feldweges 6778/1, im Bereich der Parzelle Nr. 6936, ein weiteres Bauwerk angeschnitten.

Die vom 22. Mai bis zum 25. Oktober durchgeführte Flächengrabung in diesem Bereich ergab die Grundmauern eines bisher unbekannten Mithräums (Abb. 130). Der Bagger hatte auf einer Länge von 16 m das gesamte Gebäude der Länge nach durchschnitten. Im Aushub und im Anschnitt fanden sich Mauerreste sowie bearbeitete Sandsteine, darunter 2 Türschwellen. Beim Putzen der Grabenprofile zeigten sich weitere bauliche Befunde, unter anderem Mauerwerk aus Muschelkalk und Wandverputz. Besonders überraschend waren zahlreiche bearbeitete Sandsteinfragmente. Die angeschnittenen Mauern ließen den Verdacht aufkommen, daß es sich hierbei um ein Mithräum handeln könnte.

Das Gebäude ist ziemlich genau West-Ost orientiert, 17,6 m lang und 7,2 m breit. Der Eingang liegt im Osten (Abb. 130, Raum 1). Hier sind keine Spuren einer Türschwelle vorhanden, dagegen können 2 in das Mauerwerk eingelassene Steine als Auflage einer ersten Stufe nach unten gedeutet werden. In der Nordostecke des Vorraumes ist ein quadrati-

Abb. 131 Mundelsheim. Mithräum von Osten

sches Fundament mit 1,2 m Seitenlänge eingebaut, dessen Funktion vorerst offenbleiben muß. Der Vorraum, möglicherweise offen und überdacht, zeigt zum eigentlichen Gebäude Baufugen, die auf eine weniger tragfähige Konstruktion des Oberbaues schließen lassen. Von diesem Vorraum betritt man das Gebäude über eine Türschwelle, die vom Bagger aus ihrer ursprünglichen Lage herausgerissen wurde. Sie fand sich im Bauaushub. Die beiden Mauern sind einschalig gegen das anstehende Erdreich gesetzt, so daß man hier schon von einem vertieften Raum sprechen kann. Reste eines Fußbodens ließen sich nicht feststellen, möglicherweise bestand er aus Holzbohlen.

Über eine zweite Türschwelle – ebenfalls vom Bagger aus ihrem Zusammenhang gerissen – betrat man den eigentlichen Kultraum (Abb. 130, Raum 3), einen langrechteckigen, in 3 Bereiche gegliederten Raum. Rechts und links des Mittelganges befinden sich die beiden erhöhten Podien. Die Podiumsmauer war gegen das anstehende Erdreich gesetzt. Der Innenraum war verputzt, Spuren einer einfachen farbigen Farbfassung konnten ermittelt werden. An der Westseite befand sich keine Nische. Etwas aus der Mitte nach Süden versetzt kam auf dem alten Boden des Mittelganges ein rechteckiger Sandstein, wohl der Unterbau des eigentlichen zentralen Kultbildes, zutage. Die Südwest- und die Nordwestecke sind durch Erosion und landwirtschaftliche Nutzung vollständig abgetragen; sie können jedoch sicher rekonstruiert werden.

Ein sehr ungewöhnlicher Befund wurde im eigentlichen Kultraum aufgedeckt (Abb. 130, Raum 3). Rechts und links des Eingangs neben der Stufe auf das Podium war in den anstehenden Boden je ein vollständig erhaltener Topf (1 und 2) mit Tierknochen eingetieft. Nach freundlicher Bestimmung von M. Kokabi fand sich im rechten Topf die rechte Augenpartie eines Rinderschädels, im linken die linke Seite eines Rinderschädels. Ob die Teile zu *einem* Tier gehören, läßt sich nicht sicher ermitteln. Unmittelbar vor dem zentralen Kultbild und im Mittelteil des Ganges fanden sich 2 weitere Töpfe. Topf 3 enthielt Tierknochen von einem Jungschwein und einem Hahn, Topf 4 war leer. Nach einer Analyse des Tongefäßes von Rolf C. A. Rottländer sind hier ebenfalls fetthaltige, wohl tierische Inhalte beigegeben worden. Bei diesen 4 Tontöpfen handelt es sich um Bauopfer, die sicher nicht während einer Kulthandlung hier abgestellt, sondern schon beim Bau an markanter Lage in den anstehenden Boden unter dem wohl hölzernen Fußboden eingegraben worden sind. Unter dem Fundmaterial ist vor allen Dingen Keramik der zweiten Hälfte des 2. und des frühen 3. Jahrhunderts zu erwähnen. Einige fast stempelfrische Denare sind besonders zu nennen (s. S. 356). An Metallfunden kamen ein großes Messer, eine Schöpfkelle sowie eine Lampe aus Eisen in der Südostecke des Vorraums (Abb. 130, Raum 1) zutage.

Abb. 132/133 Mundelsheim. Mithräum. Links Cautes, rechts Cautes oder Cautopates

Im Mittelgang des Kultraumes fanden sich über 200, z. T. kleinste Fragmente verschiedener Götterbilder, die im einzelnen noch nicht näher interpretiert werden können. Mit hoher Wahrscheinlichkeit befinden sich darunter auch zahlreiche Fragmente des zentralen Kultbildes, von dem wir annehmen dürfen, daß auf ihm der den Stier tötende Mithras dargestellt war. Sehr sorgfältig gearbeitete Faltenfragmente deuten auf eine gute künstlerische Arbeit. Unter den besser erhaltenen Teilen ragt ein 0,9 m hoher Pfeiler mit der Darstellung des Cautes hervor (Abb. 132), der allerdings durch den Bagger stark in Mitleidenschaft gezogen wurde. Das Fragment eines zweiten Cautes (Abb. 133) oder Cautopates ist ebenfalls erhalten. Die beiden Begleiter des Mithras, ursprüngliche Personifikationen von Tag und Nacht, Tod und Leben, wurden mit Mithras zur göttlichen Trinität. Besonders herausragend ist die Darstellung eines auf einem Felsenthron sitzenden Merkur (Abb. 134). Das Kultbild ist noch 0,72 m hoch und teilweise halb, teilweise vollplastisch gearbeitet. Spuren

Abb. 134 Mundelsheim. Mithräum. Merkur

der alten Farbfassung sind noch erkennbar. Rechts und links des Einganges standen wohl 2 Altäre. Der vollständig erhaltene Altar (Höhe 0,73 m) mit der Darstellung der Luna (Abb. 135), charakterisiert durch die durchbrochene Mondsichel, bildet das Gegenstück zum Altar mit der Darstellung des Sol, erkennbar an der durchbrochenen Strahlenkrone. Sowohl die Strahlenkrone als auch die Mondsichel konnten von hinten beleuchtet werden, da beide Altäre auf den Rückseiten Aushöhlungen besitzen. Sie sind zweifellos Glanzstücke römischer Skulptur aus dem mittleren Neckarland und bezeugen das Können des hier tätigen Bildhauers. Unter dem übrigen Skulpturenmaterial befinden sich zahlreiche weitere Götterbilder und Teile davon, so etwa eine Löwenpranke und Bruchstücke weiterer Felsendarstellungen, so daß wir nach Abschluß der genauen Sichtung sicherlich einen interessanten Einblick in den hier verehrten Götterhimmel erhalten.

Was die zeitliche Einordnung dieser Villa rustica angeht, so zeigt eine erste Durchsicht des Fundmaterials, daß wir mit der Besiedlung schon in der ersten Hälfte des 2. Jahrhunderts zu rechnen haben. Späte südgallische Terra sigillata aus der Töpferei von Banassac ist noch vertreten. Funde aus der ersten Hälfte des 3. Jahrhunderts zeigen, daß die Anlage bis um die Mitte des 3. Jahrhunderts, vielleicht noch einige Jahre länger bewohnt war.

Abb. 135 Mundelsheim. Mithräum. Altar mit Darstellung der Luna

Mit der in Teilen erfaßten Villa rustica auf der »Ottmarsheimer Höhe«, einer Anhöhe die das mittlere Neckarland beherrscht, haben wir zweifellos eine ungewöhnlich reiche Anlage erfaßt. Nicht nur die z. T. hervorragenden Funde, die schon 1988 unsere besondere Aufmerksamkeit erweckten, sondern auch das stattliche Mithräum und das Brunnenhaus zeugen von der besonderen Stellung dieser Anlage.

Wenn wir auch noch keinen Gesamtüberblick über die Villa rustica haben, so zeigt das erste bekannte Mithräum innerhalb einer solchen Anlage, daß hier ein Gutsherr saß, der über weitreichende Beziehungen und wohl auch über ein großes Vermögen verfügte. Man darf daher gespannt sein, was die weiteren Untersuchungen im Rahmen der Erschließung des Neubaugebietes und die beabsichtigte Freilegung des Hauptgebäudes in den kommenden Jahren erbringen werden.

Nachdem schon am Ende der Grabung 1988 der Zweckverband Industriegebiet Besigheim beschlossen hatte, den Keller mit einem Schutzdach zu sichern und der Öffentlichkeit zugänglich zu machen, will nun die Gemeinde Mundelsheim die Grundmauern des ersten bisher bekannten Mithräums zwischen Schwarzwald und äußerem Limes konservieren lassen und ebenfalls für die Öffentlichkeit zugänglich machen. Damit wird sich auf dieser beherrschenden Anhöhe mit den restaurierten Grundmauern des Mithräums ein hervorragendes Denkmal befinden, das die Religiosität der römischen Zivilbevölkerung im 2. und 3. nachchristlichen Jahrhundert im mittleren Neckarraum zeigt.

Abschließend sei mir gestattet, der Stadt Besigheim, insbesondere Herrn Bürgermeister Grau und Herrn Sausele vom Stadtbauamt in Besigheim für die vorzügliche Zusammenarbeit bei der Erschließung des Neubaugebietes zu danken. Der Gemeinde Mundelsheim, voran Herrn Bürgermeister Wetzel, der die Grabung am Mithräum von Anfang an förderte, sei ebenfalls recht herzlich gedankt. In den Dank mit einbeziehen möchte ich auch den Eigentümer des Grundstückes, Volker Kraft aus Mundelsheim, der zur Untersuchung der in seinem Areal liegenden Baureste sein Einverständnis erteilte. *Dieter Planck*

Literaturhinweis

D. Planck, Arch. Ausgr. Bad.-Württ. 1988, 183 ff.

Ausgrabungen in der »Hofstatt« in Münchingen, Stadt Korntal-Münchingen, Kreis Ludwigsburg

Das »Hofstatt« genannte Gelände nördlich des Ortskerns von Münchingen war seit langer Zeit als archäologische Fundstätte bekannt. Schon 1852 werden in der Beschreibung des Oberamts Leonberg Funde römischen Bauschutts, darunter Ziegel und »Heizröhrenfragmente«, erwähnt. O. Paret betonte 1932, das Fundareal erstrecke sich bis in das südlich angrenzende Gewann »Auf der Stiegel«, doch gebe es wegen der Nutzung als Baumwiesen keine näheren Informationen. Erstaunlicherweise hatte sich an diesem Zustand bis heute nichts geändert, obgleich das Gelände nur 100 m vom alten Ortsrand entfernt ist. Seit dem Jahr 1983 verfolgte die Stadt Korntal-Münchingen den Plan, das naheliegende Areal einer Wohnbebauung zuzuführen. Für die Archäologische Denkmalpflege ergab sich daraus die Notwendigkeit, die Reste aus der römischen Vergangenheit zuvor zu dokumentieren. Die Voraussetzungen für eine Rettungsgrabung erschienen günstig: Man durfte davon ausgehen, daß die Nutzung als Baumwiesen zumindest seit etwa 80 Jahren den Befund vor Schäden durch Erosion und Tiefpflügen bewahrt hatte. Zudem würde es der Umfang des Geländes, etwa 70 × 150 m, zulassen, hier einen römischen Gutsbetrieb zumindest in großen Teilen, wenn nicht sogar vollständig, erfassen zu können. Wie so häufig, liegt der Gutshof am Hang eines Bachtals; hier zieht es sich nach Nordwesten in Richtung zur Glems. Die Neigung des Osthanges weist eine deutliche Geländeschwelle auf.

Im Winter 1988/89 stellten wir durch Sondageschnitte die Lage eines römischen Steingebäudes fest. Die flächenhafte Untersuchung konnte am 27. Februar begonnen werden, sie dauerte bis zum 19. Mai. Im oberen, westlichen Teil des zukünftigen Baugebiets befinden sich als ältester Siedlungsbeleg Abfallgruben aus der Zeit der Bandkeramik. In mittelneolithische oder spätneolithische Zusammenhänge gehört eine Hockerdoppelbestattung mit Tierbeigabe. Leider war das kleine becherartige Tongefäß neben dem zuoberst liegenden Toten unverziert und so schlecht erhalten, daß es sich nicht mehr näher ansprechen läßt. Westlich außerhalb der Grabungsfläche ist eine Siedlung der Urnenfelderkultur seit längerem bekannt.

Die römischen Befunde erstreckten sich von der Geländeschwelle talwärts. Etwa an der Hangkante lag ein großes Steingebäude. Seine Nordfront war 27,60 m lang. Die Breite muß mehr als 15 m betragen haben, konnte aber wegen eines angrenzenden Gartengeländes nicht weiter ermittelt werden. Bedingt durch die Lage an der Hangkante war die Erhaltung schlecht. Aufgrund der Erosion waren die Mauern wohl lange Zeit sichtbar geblieben und dann besonders seit dem Einsetzen des Hausbaus mit Steinen im nahen Münchingen stark ausgebrochen worden. An der Nordostecke befand sich ein unterkellerter Eckrisalit mit 7,8 × 6 m Außenmaßen. An ihn schlossen sich nach Westen ein schmaler, kleiner Raum und ein innen 16,4 m langer und 4 m breiter flurartiger Korridor an. Im Osten hatte man der Außenfront später eine Mauer vorgeblendet und so den Eckrisalit stärker in den Bau einbezogen. Nach Süden abzweigende Mauerausbrüche zeigen, daß wir in dieser Richtung einen Innenhof anzunehmen haben. Ein Fußbodenestrich war bei diesem Gebäude im Erdgeschoß an keiner Stelle mehr erhalten. Beachtung verdient der Keller. Er maß 7,1 × 4 m und wurde über eine 1,24 m breite Holztreppe an der Südwestecke betreten. Die mit rotem Fugenstrich versehenen Kellermauern waren maximal noch 1,70 m hoch ab Estrichniveau erhalten. An der nördlichen Außenwand befanden sich 2 Lichtschächte, demgegenüber hatten die Schmalseiten im Osten und Westen wohl keine Fenster. Die Südwand war zu stark ausgebrochen, um diese Frage entscheiden zu können. Anhand der oberen Breite der Lichtschächte, auf denen noch die fehlenden Fensterlaibungen liegen mußten, läßt sich eine Höhe der Kellerdecke von über 2 m annehmen. Eine halbrunde Nische zum Abstellen von Gegenständen konnte nur noch an der westlichen Kellertreppenwange nachgewiesen werden. Keilsteine, für die Sandstein verwendet wurde, belegen bogenförmige Nischenabschlüsse. Die Kellerverfüllung bestand bis in eine Tiefe von 1,50 m aus lockerem Steinschutt mit wenigen Funden. Auffällig ist, daß kaum brauchbare Quadersteine auftraten. Wir vermuten daher, daß diese Füllung mit dem Ausbruch der Mauern in Verbindung zu bringen ist und verwendbares Steinmaterial ausgelesen

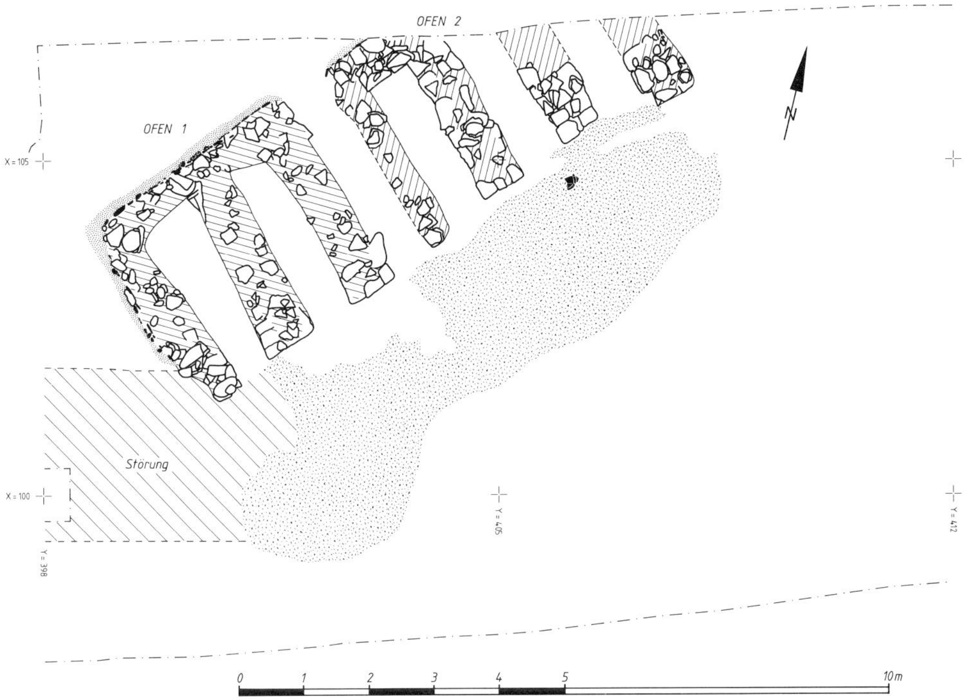

Abb. 136 Korntal-Münchingen. Plan der beiden römischen Kalkbrennöfen

wurde. Unbrauchbar für eine Wiederverwendung waren sowohl Teile eines Steintisches mit kannelierter Säule, Basissockel und Fragmenten der gedrehten runden Tischplatte als auch eine Reliefplastik der Glücksgöttin Fortuna, kenntlich an Füllhorn und Ruder. Unter dieser lockeren Steinfüllschicht folgte bis zur Kellerestrichsohle die ursprüngliche Brandschuttverfüllung mit besonders im Treppenbereich viel Holzkohle. Vor der noch erhaltenen steinernen Türschwelle lag auf der Brandschicht ein Tierskelett, wohl eines Hundes. Die Brandschicht kann anhand eines fast prägefrischen Antoninians Gordians III. (vgl. S. 356) in die Zeit ab 241–243 datiert werden. Der Kellerboden aus gestampftem Lehm mit dünner Sandüberdeckung war übersät mit Eintiefungen von Pfosten, Amphorenstandspuren und flachen Mulden. Vor der Ostwand fanden sich kurze Abdrücke von Brettern. Es besteht kaum ein Zweifel, daß wir bei dem Gebäude, zu dem der Keller gehört, das Hauptwohnhaus des Gutsbetriebs vor uns haben. Es gehört dem bekannten Typ mit Eckrisaliten an.

Recht aufschlußreich waren Reste technischer Anlagen: Nördlich neben dem Hauptgebäude lag ein kleiner Bronzeschmelzofen. Etwa 50 m unterhalb des Baus fanden wir 2 große rechteckige Kalkbrennöfen (Abb. 136) von 3,0 × 1,5 m bzw. 3,0 × 2,5 m Außenabmessungen. Ungewöhnlich erscheint zunächst, daß hier rechteckige und nicht runde Öfen errichtet worden sind. Das römische Alter der Anlage ist jedoch durch Keramik in der Aschen-

Abb. 137 Korntal-Münchingen. Keramik des frühen Mittelalters aus Siedlungsbefunden, unten Fehlbrände aus einer Töpfereiabfallgrube

schicht der Bedienungsgrube vor dem westlichen Ofen, darunter ein vollständiger Teller, gesichert. Der Baubefund erwies sich als kompliziert, da die Öfen aus Muschelkalkstein errichtet worden waren. Das Brenngut, ebenfalls Muschelkalk, hatte sich mit den nach mehrfachen Bränden in ihrer Substanz geschwundenen Ofenwänden verbunden, als der gebrannte Kalk nach Aufgabe der Öfen durch eindringende Nässe gelöscht worden war und abgebunden hatte. Die rechteckige Form der Öfen erklärt sich wohl dadurch, daß hier ein älterer Ziegelofen, von dem wir noch die Lehmwandung feststellen konnten, aufgegeben und umgebaut worden war. Den westlichen Kalkofen hatte man zuerst erbaut. Beide Öfen werden aber wohl geraume Zeit im Wechsel nebeneinanderher benutzt worden sein. Während man den östlichen Ofen vor seiner Aufgabe vollständig ausgeräumt hatte, lagen im westlichen noch Reste der ehemaligen Füllung. Es handelte sich um eine Schicht gelöschten, reinen Kalks mit »Kalkherzen«, die maximal noch in einer Stärke von 0,50 m erhalten war. Die Kalkbrennöfen müssen ursprünglich ein Vielfaches der noch erhaltenen Höhe aufgewiesen haben. Hieraus ergibt sich eine beträchtliche Menge von gebranntem Kalk, bei der Größe sicher einige Tonnen, die hier gewonnen worden sind.

In zahlreichen Baggerschnitten konnten wir im zukünftigen Baugelände keine weiteren Reste römischer Steingebäude und auch keine Hofeinfriedung auffinden. Es muß daher angenommen werden, daß die Anlage sehr groß war und sich über das jetzt noch erforschbare Gelände hinaus erstreckt hat. Deutlich wurde auch, in welch erschreckendem Umfang bereits frühe Erosion und Beackerung, die wohl vor der Anlage der Baumwiesen bestand, in den Befund eingegriffen haben.

Völlig unerwartete Aufschlüsse erbrachte die Grabung schließlich für die nachrömische Zeit: 2 »Grubenhäuser«, von denen das eine in das späte 7. bis frühe 8. Jahrhundert, das andere in das 6. Jahrhundert zu datieren ist. Während der jüngere Befund dem geläufigen Sechspfostentyp angehört, waren bei dem älteren 2 der gegenüberstehenden Eckpfosten zur Mitte der Längswand hin versetzt. Bei beiden Anlagen fiel die beträchtliche Pfostentiefe von rund 0,60 bzw. 0,80 m aus dem üblichen Rahmen. Die Grubenhäuser stellten jedoch nicht den einzigen Befund aus dem frühen Mittelalter dar. Abfallgruben sind ebenso zu erwähnen wie der Rest eines Pfostenbaus, der leider nur unvollständig erfaßt werden konnte. Als wichtig erwies sich eine noch 1,6 m tiefe Grube, die zahlreiche verbrannte Lehmbruchstücke mit Rutenabdrücken, Holzkohle, Asche sowie verbrannte und verzogene Keramik enthielt. Möglicherweise fassen wir hier die Reste eines abgeräumten Töpferofens nebst Inhalt (Abb. 137). Leider gelang es nicht, die Reste des Ofens selbst aufzufinden. Wie Vorkommen älterer gelbtoniger Drehscheibenware belegen, reicht die Siedlung noch mindestens in das 8. Jahrhundert hinein. Sie scheint sich, im Gegensatz zur römischen Bebauung, mehr in Bachnähe zu konzentrieren, einem Bereich, der von modernen Eingriffen im wesentlichen ausgenommen bleibt. Die »Hofstatt« in Münchingen leitet ihren Namen von dieser frühen Ansiedlung her. *Ingo Stork*

Literaturhinweis

O. Paret, Die Römer in Württemberg 3, 1932, 343.

Ein römischer Töpferofen in Gerlingen, Kreis Ludwigsburg

In Gerlingen wurde 1988 im Neubaugebiet Lontelstraße/Mittlere Ringstraße vom ehrenamtlichen Beauftragten W. Schmidt ein römischer Keller festgestellt, dessen Reste in einer zweiwöchigen Notbergung freigelegt werden konnten. Aus diesem durch Baggerarbeiten nahezu vollständig zerstörten Keller konnte nur noch wenig Fundmaterial geborgen werden. Soweit es noch zu beurteilen war, gehörte der Keller zu einem römischen Wohngebäude unbekannter Größenordnung.

Weitere Beobachtungen durch die Archäologische Denkmalpflege führten am 4. April zur Freilegung eines bei Ausschachtungsarbeiten für einen Neubau entdeckten römischen Töpferofens in unmittelbarer Nähe des bereits 1988 erfaßten römischen Kellers. Der Töpferofen befand sich etwa im Zentrum der Baugrube, wenige Meter talwärts des Kellers und war durch die Baumaßnahme bereits gestört. Bruchstücke der Lochtenne fanden sich im Aushub der Baugrube. Da der Nachweis von Töpferöfen in unmittelbarer Nähe von Wohngebäuden immer noch selten ist, bietet sich hier u. a. die Möglichkeit, eine Gleichzeitigkeit zwischen Keller und Ofen zu überprüfen. Der unter erheblichem Zeitdruck und bei ungünstigen Witterungsverhältnissen in 5 Tagen untersuchte Ofen (Abb. 138) lag an einem Südhang und war in den anstehenden Lößlehm eingetieft. Der im Westen gelegene Heizraum (A) zeichnete sich im Planum birnenförmig ab und wies einen Durchmesser von 1,80 m auf. Die Gesamtlänge des Ofens betrug 3,25 m. Die Schüröffnung zeigte talwärts. Erhalten waren der mit Hitzerissen überzogene Boden (A), die mit Lehm verstrichene Wand (B) und die aus dem anstehenden Boden ausgesto-

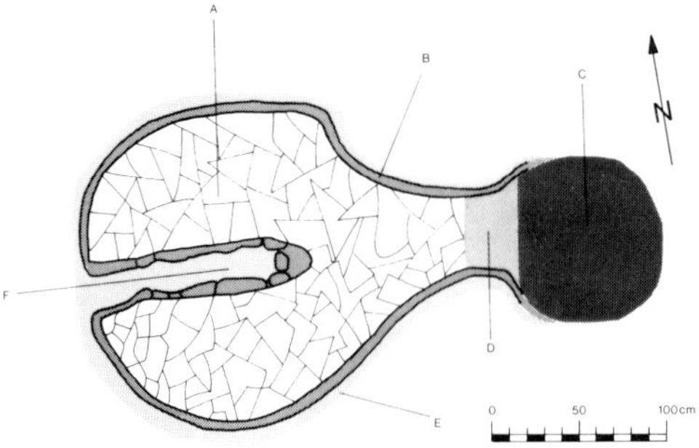

Abb. 138 Gerlingen. Römischer Töpferofen im Planum 2. A Heizraum, B Wandung des Heizraums, C Bedienungsgrube, D Schürkanal, E Hitzerötung, F Zungenmauer

chene Zungenmauer (F). Der trichterförmige Schürkanal (D) und die rechteckige Bedienungsgrube (C) konnten noch bis zu einer Höhe von 10 cm nachgewiesen werden. 2 Bruchstücke der Lochtenne mit komplett erhaltenem Zugloch fanden sich unter den in der Heizraumverfüllung geborgenen Teilen. Der Zuglochdurchmesser beider Fragmente betrug durchschnittlich 5,3 cm. Die Hitze des Ofens hatte den Boden um den Heizraum, den Schürkanal und die angrenzenden Zonen der Bedienungsgrube in einer Stärke von ca. 10 cm rötlich verfärbt (E).

Der Töpferofen zählt zu den mittelgroßen Exemplaren in Baden-Württemberg. Aus dem Ofen wurde ausschließlich Gebrauchskeramik geborgen. Der Hauptteil stammt aus der Heizraumverfüllung, wenige Stücke fanden sich im Schürkanal und in der Bedienungsgrube. An Formen traten Töpfe, Schüsseln, Reibschalen und Becher auf. Fehlbrände ließen sich nicht ermitteln. Die Keramik erlaubt eine Datierung des Ofens wie auch des Kellers in die zweite Hälfte des 2. Jahrhunderts n. Chr.
Einen Hinweis auf die Herkunft des für den Töpfereibetrieb benötigten Wassers lieferte ein ehemals wohl steingefaßter Brunnen, der in einer Entfernung von etwa 10 m zum Ofen lag. Der Durchmesser dieses Brunnens betrug ca. 1,20 m. Aus Zeitgründen konnte er jedoch nur bis zu einer Tiefe von wenig mehr als 1 m unter Planum 1 untersucht werden. Leider wurde kein datierbares Fundmaterial geborgen. Wie jedoch eine Parallele aus Waiblingen-»Bildstöckle« zeigt, kann durchaus davon ausgegangen werden, daß der Brunnen für die Zwecke des Töpfereibetriebes genutzt wurde.

Armin Bauer, Stefan F. Pfahl

Literaturhinweis
O. Paret, Die Römer in Württemberg 3, 1932, 308.

Zum Abschluß der Ausgrabungen in der Villa rustica von Schornbach, Stadt Schorndorf, Rems-Murr-Kreis

Die im Jahr 1988 begonnenen Grabungen des Landesdenkmalamtes in der Villa rustica von Schornbach, Gewann »Schornbacher Straße«, wurden vom 17. Juli bis 8. September in Zusammenarbeit mit der Volkshochschule Schorndorf fortgeführt. Die Kursteilnehmer kamen aus dem gesamten Bundesgebiet; für ihre überaus hilfreiche Mitarbeit sei ihnen herzlich gedankt. Ebenso möchten wir der Volkshochschule Schorndorf für die Organisation der Kurse sowie der Stadt Schorndorf für ihre Unterstützung danken.
Die diesjährige Kampagne hatte das Ziel, den Grundriß des Hauptgebäudes vollständig zu erfassen sowie durch mehrere Suchschnitte Einblicke in das umliegende Hofareal zu erhal-

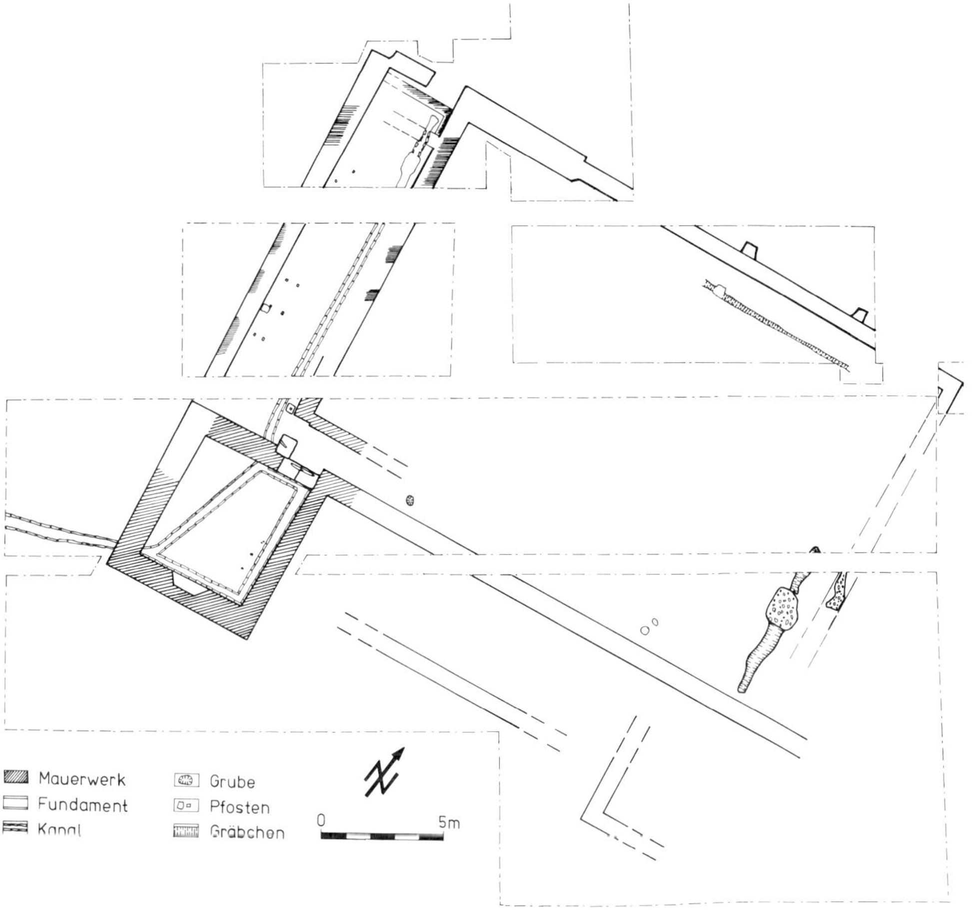

Abb. 139 Schorndorf-Schornbach. Schematisierter Gesamtplan des Hauptgebäudes der Villa rustica

ten. Beim Hauptgebäude (Abb. 139) handelt es sich um einen Risalitbau, dessen nach Süden orientierte Vorderfront eine Länge von ca. 28 m aufweist, während die Tiefe ca. 23,80 m beträgt. Auffallenderweise ist die Rückfront nur ca. 27 m lang, so daß die östliche Außenfront nicht bündig mit dem östlichen Risaliten abschließt. Dieser Grundriß erweckt den Eindruck einer vorgeblendeten Risalitfront, jedoch ergab der Grabungsbefund keinerlei Belege dafür.

Schon im Vorjahr wurde neben Keller I – unter dem Risalit – ein zweiter Keller (II) entlang der westlichen Seitenfront teilweise freigelegt, der in diesem Jahr vollständig ausgegraben werden konnte. Der schlechte Erhaltungszustand des gesamten Gebäudes macht die Deutung des dort angetroffenen Befundes äußerst schwierig. So waren die Mauern bis auf wenige Reste ausgebrochen sowie die Kellerverfüllung vollständig durchwühlt. Bis auf das einstige Kellerbodenniveau fanden sich Reste von

frühneuzeitlicher Keramik. Dennoch gelang es, einen Umbau im Bereich des nördlichen Kellerabschlusses nachzuweisen.
Die ursprüngliche Kellerlänge betrug ca. 13,50 m. Den Abschluß bildete eine ca. 0,50 m breite, schwach fundamentierte Mauer, von der noch Reste des Ansatzes an der östlichen Kellerinnenwand vorgefunden wurden. Nördlich daran anschließend ergab sich somit ein kleiner Raum von ca. 1,40 m Tiefe, der durch einen ca. 1,40 m breiten Eingang von Norden her zugänglich war. Dieser Raum ist wohl als Treppenhaus zu deuten. Da die Rückfront des Gebäudes und auch die seitlichen Kellerwände erst auf Höhe der ursprünglichen Kellerrückwand bis auf das Kellerniveau herab fundamentiert waren, kommt ein Treppenabgang in den Keller nicht in Frage. Es handelt sich demnach um einen Treppenaufgang in das Geschoß über Keller II.
Zu einem späteren Zeitpunkt, der erst nach der abschließenden Bearbeitung des Fundmaterials näher bestimmt werden kann, wurde die ursprüngliche Kellerrückwand abgerissen, der noch bestehende Erdsockel unterhalb des Treppenhauses bis kurz vor die Gebäuderückfront abgegraben und eine Kellerinnenwand vor den anstehenden Keuperlehm geblendet. Die wenigen Reste dieser Vorblendung, die nur noch im Norden und Osten vorhanden waren, ferner die schlechte Erhaltung der Gebäuderückfront erlauben nicht zu entscheiden, ob der rückwärtige Eingang obertägig zugemauert und somit das gesamte Treppenhaus aufgegeben wurde, oder ob das Treppenhaus um einen Kellerabgang erweitert worden ist. Im Innern des Kellers fanden sich keinerlei Hinweise auf eine Treppe oder Rampe. Unklar bleibt vorerst der Grund für diesen Umbau, der keine merkliche Vergrößerung des Kellerraums mit sich brachte. Der Entwässerungskanal entlang der Ostseite des Kellers war größtenteils nur noch als Ausbruchgrube festzustellen, dennoch weist eine Verdickung südlich der ursprünglichen Kellerrückwand auf den Abschluß hin. Im Zuge des Umbaus wurde der Kanal dann bis kurz vor die Vorblendmauer verlängert. Eine Lehmplanierschicht im rückwärtigen Kellerbereich scheint ebenfalls in Zusammenhang mit dem Umbau zu stehen. Wie im Vorjahr wurden auch diesmal wieder Hinweise auf Einbauten (Regale?) innerhalb des Kellers in Form von Pfostenstandspuren beobachtet. Einen weiteren bemerkenswerten Befund zeigte die Nordwestecke des Gebäudes. Dort fällt eine Aussparung des Fundaments sowie die ausschließliche Verwendung von Kalkstein in diesem Bereich auf, während sonst fast ausnahmslos Sandstein als Baumaterial diente. Kalkstein ist druckfester und verwitterungsbeständiger als Sandstein, was seine Verwendung im Eckverband als statisch besonders geforderter Punkt erklären würde, zumal diese Ecke in Hanglage liegt.
Die Rückfront des Gebäudes ist östlich des rückwärtigen Eingangs bis auf eine Länge von ca. 5,50 m breiter fundamentiert (ca. 1,10 m) als im weiteren östlichen Verlauf (ca. 0,70 m), was auf eine besondere statische Anforderung an diesen Bereich hindeutet. Möglicherweise war die große Raumeinheit nördlich der Risalitfront (Innenhof) teilweise überdacht, wofür diese Fundamentverbreiterung spricht. Im gesamten untersuchten Innenbereich fanden sich keine Hinweise auf Stützen. Im weiteren Verlauf der Rückfront wurden 2 Stützpfeiler nachträglich angebracht, denen im Gebäudeinneren ein parallel zur Rückfront verlaufendes Fundamentgräbchen gegenüberlag. Ein ähnliches Gräbchen konnte schon im Vorjahr parallel zur östlichen Seitenfront im selben Abstand nachgewiesen werden. Diese Befunde lassen das Gebäude als Risalitbau mit teilweise überdachtem Innenhof deuten, und es entsteht der Eindruck, daß es sich um einen kombinierten Wohn- und Wirtschaftsbau han-

delt, wofür auch die Größe des Kellers II und die vom Innenhof in den Keller führende Rampe sprechen. Da diese Anlage, im Zusammenhang mit der Vorverlegung des Neckarlimes, nicht vor der Mitte des 2. Jahrhunderts entstanden sein dürfte, erscheint es für die Villenforschung bemerkenswert, daß zu diesem Zeitpunkt das Hauptgebäude dieser Villa rustica als Risalitbau mit teilweise überdachtem Innenhof erbaut wurde und, abgesehen von kleineren Um- bzw. Einbauten, in dieser Form auch bis zum Ende der römischen Besiedlung Bestand hatte.

Die Suchschnitte erbrachten ca. 40 m nordwestlich des Hauptgebäudes die Reste einer Fundamentrollierung, die wohl zu einem Nebengebäude unbekannter Funktion gehörte. Die Länge der Rollierung beträgt ca. 5 m. An beiden Enden scheint das Fundament nach Norden abzuwinkeln, aber durch eine neuzeitlich angelegte Hangkante wurde der Rest dieses Gebäudes unbeobachtet zerstört. Da in dieser Rollierung eindeutig zweitverwendetes Material vorkommt, dürfte dieses Gebäude nicht zu den ersten innerhalb der gesamten Anlage gehört haben.

Schließlich wurde ca. 54 m westlich (hangabwärts) des Hauptgebäudes die westliche Umfassungsmauer auf einer Länge von ca. 40 m nachgewiesen. Sie war von angeschwemmtem Erdreich z. T. bis zu 1,50 m überlagert und deshalb auch noch in bis zu 3 Lagen des aufgehenden Mauerwerks erhalten. Interessant war, daß der Versturz der Mauer eine leichte Hangkante hinunterfiel, die heute obertägig nicht mehr sichtbar ist, da sie durch angeschwemmtes Erdreich im Laufe der Jahrhunderte nivelliert wurde. Diese Hangkante ließ die Umfassungsmauer in römischer Zeit noch höher erscheinen und unterstreicht die hervorragende topographische Lage. Weitere Befunde wurden innerhalb des untersuchten Areals nicht angetroffen. Die Mehrzahl der anzunehmenden Nebengebäude ist wohl südlich des Hauptgebäudes zu suchen. Hinweise hierfür erbrachte der ehrenamtliche Mitarbeiter des Landesdenkmalamtes, Herr R. Zeyher aus Schorndorf.

Das insgesamt spärliche Fundmaterial, das fast ausnahmslos aus der gestörten Kellerverfüllung von Keller II stammt, bestätigt, daß das Hauptgebäude wohl zu Beginn des 3. Jahrhunderts von einem Feuer vernichtet wurde. Bemerkenswert ist der Fund eines bearbeiteten Hirschgeweihstückes, das am ehesten als Weidenhobel zu deuten ist. Eine römische Parallele scheint bislang zu fehlen, aber ein Kupferstich aus der Mitte des 18. Jahrhunderts zeigt Werkzeuge der Korbflechter, unter anderem auch Weidenhobel, zu denen der Fund aus Schornbach auffallende Ähnlichkeiten besitzt. Ein solches Werkzeug paßt in das Bild einer landwirtschaftlichen Siedlung, wurden doch gerade dort Körbe für die Ernte und deren Aufbewahrung häufig benötigt.

Andreas Schaub, Christian Dreier

Literaturhinweise

D. Planck, Schorndorf-Schornbach (Rems-Murr-Kreis), Fundber. aus Baden-Württemberg 12, 1987, 602 – A. Hagendorn, D. Rothacher, Arch. Ausgr. Bad.-Württ. 1988, 171 ff. – W. Gaitzsch, Antike Korb- und Seilerwaren, Schriften des Limesmuseums Aalen 38, 1986, Abb. 11.

Weitere Ausgrabungen im römischen Gutshof Nürtingen-Oberensingen, Kreis Esslingen

Nachdem 1988 in Nürtingen-Oberensingen durch eine Rettungsgrabung des Landesdenkmalamtes Reste eines römischen Gutshofes gesichert worden waren, entschied sich die Stadt Nürtingen, diese zu restaurieren und auch die nicht akut von Baumaßnahmen betroffenen Teile des Haupthauses auf eigene Kosten weiter auszugraben und einer interessierten Öffentlichkeit zugänglich zu machen. Daraufhin wurde vom 24. Juli bis 3. November mit einer unterschiedlichen Anzahl von Mitarbeitern eine Grabungskampagne anberaumt. Die Grabung fand unter sehr günstigen Witterungsbedingungen statt, und die technische Hilfe, die insbesondere vom Tiefbauamt der Stadt Nürtingen geleistet wurde, erleichterte die Arbeit außerordentlich. Besonders hervorzuheben ist die Hilfe des örtlichen ehrenamtlichen Beauftragten des Landesdenkmalamtes, Herrn E. Beck, der tagtäglich mit allen nur möglichen Hilfeleistungen bei der Grabung dabei war und zudem noch an fast allen Mittwochabenden und an allen Sonnabenden mit einem Freundeskreis bei der Grabung mithalf. Die erzielten Ergebnisse sind zu einem Großteil dieser Hilfe zu verdanken. Weiterhin sei dem Schwäbischen Heimatbund unter der Leitung von Herrn H. Binder, Herrn L. Gutekunst und vielen privaten Helfern herzlichst gedankt.

Die Grabung des Jahres 1988 erbrachte ein südliches Nebengebäude (Abb. 140.6), die Südmauer, einen der Eckräume (1) sowie eine südlich angebaute Heizungsanlage (2) und oberflächlich einen Teil des westlichen Hauptgebäudes. Diese Befunde ließen eine Anlage des Eckrisalitentyps vermuten. Die diesjährige Grabung konnte diese Annahme nun bestätigen und sie teilweise differenzieren.

Der ursprüngliche Bau war annähernd quadratisch (Abb. 140.A). Die Südfront maß etwa 21 m, die Westfront 19,15 m (sie weicht um 30° von der Nordrichtung ab).

Die Nord- und Ostmauer sind in ihrer genauen Länge nicht mehr zu ermitteln, jedoch deutet alles auf eine symmetrische Anlage hin. Sie hatte ursprünglich zwei Eckräume (1, 3) im Nordosten und Südosten mit den Ausmaßen 6 m (Nord) und 6,2 m (Süd). Der nördliche Eckraum (3) hatte eine Hypokaustanlage und ist von einer modernen Kanalstörung in zwei Teile zerlegt worden. Die Nordwestecke des Raumes liegt in dem schon 1988 untersuchten Gebiet. Von wo dieser Hypokaustraum allerdings beheizt wurde, ist nicht bekannt, möglicherweise aber von Norden.

Die weitere Unterteilung des Innenraumes, soweit sie 1989 geklärt werden konnte, betrifft eine Kelleranlage (4) und einen weiteren beheizten Raum (5). Der Keller liegt zwischen den beiden Eckräumen, die durch eine Mauer von 7 m Länge miteinander verbunden sind. Ein kleinerer Teil des in den Hang hinein gebauten Raumes ist im Norden nach 2 m abgetrennt worden. Der Grund ist noch unklar, doch ist hier möglicherweise die Kellertreppe zu suchen. Der größere Teil dieses Kellers hatte 3 Nischen in der Westwand, die mittlere war mit Gewölbe versehen. Über diesem Keller muß eine Portikus gewesen sein, von der noch 6 z. T. weiß bemalte Säulen nachgewiesen werden können. Der Fußboden dieser überdachten Terrasse war aus Holz, das in dicken verkohlten Stücken im Keller zutage kam. Die Hauswände müssen rot, grün und ebenfalls weiß angestrichen gewesen sein, nach den Putzfunden im Keller zu urteilen, der selber weiß verputzt war.

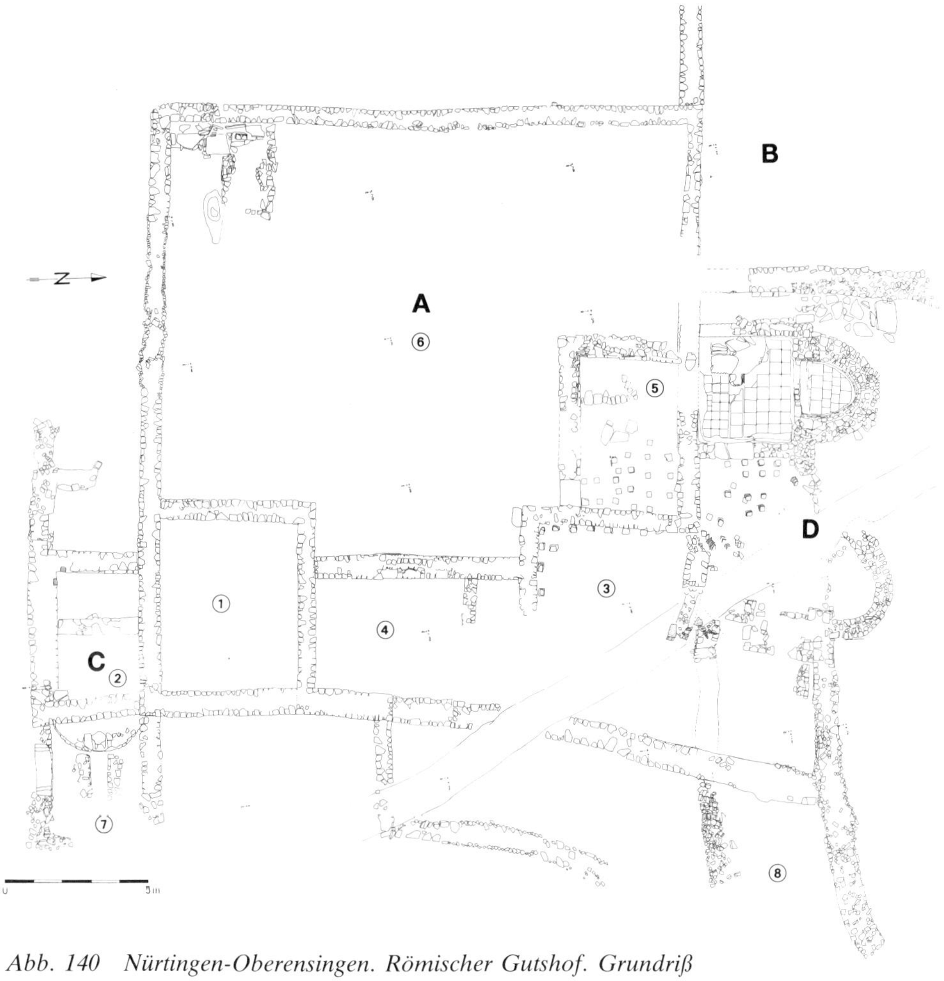

Abb. 140 Nürtingen-Oberensingen. Römischer Gutshof. Grundriß

Der westlich an den nördlichen Eckraum (3) anschließende Raum (5) ist schmaler als der Eckraum und enthielt die Reste einer Hypokaustanlage. Der übrige Innenraum des Gebäudes (6), vermutlich ein Hof, konnte nur bis zur Oberkante einer Brandschicht untersucht werden, die vor allem den Keller, große Teile des westlichen Hofes, den hinteren Hypokaustraum im Norden und die Nordwestecke sowie den nordwestlich dieses Gebäudes liegenden Bereich eines späteren Anbaus (B) betroffen hat.

Der Gutshof liegt auf Mergellinsen und ist mit seinem Westteil schräg zu einer Böschung erbaut worden. Offenbar hat dies schon in der Antike Schwierigkeiten bereitet, denn es scheint so, daß der besonders betroffene Eckraum im Nordosten (3) nach Osten hin abgestuft gegründet wurde und trotzdem Schäden in seinem Heizungssystem erlitt. Man hat dann eine neue Anlage im Süden (C) errichtet und schließlich später im Norden ein weiteres aufwendigeres Bad (D) angebaut, von diesem sind im Kalt- und Laubad die Plattenbeläge noch sehr gut erhalten. Im Rahmen dieser Anbauten wurden weitere kleine Vorräume an den Ostecken (7, 8) errichtet, die den symmetrischen Typ eines Eckrisalitbaus äußerlich offenbar wiederherstellten. Im Nordwesten erfolgte später ein Anbau, dessen Mauern in Richtung Westen und Norden teilweise verfolgt werden konnten. Sein genaues Aussehen war aber noch nicht zu ermitteln. Den Gutshof umgeben wenigstens 3 Nebengebäude und eine Mauer.

Die Keramik besteht hauptsächlich aus Gebrauchsware. Die Ausbeute an Terra sigillata ist relativ gering, jedoch scheinen sich die Herstellungsdaten der Stempel um 150 n. Chr. zu häufen. Es wurden bislang keine gestempelten Ziegel gefunden. Die Münzfunde (Bestimmung L. Gutekunst):

As des Domitianus, 81–96 n. Chr., stark abgenutzt. – Sesterz des Marcus Aurelius, für Lucilla, 164–169, abgegriffen. – Denar des Septimius Severus, Victor AVG, 193–211, prägefrisch. – Denar des Septimius Severus, 193–211, hybrid, Rückseite typisch für Severus Alexander, 222–235, geschwärzt. – Denar des Elagabalus, Antoninus Pius, 218–222, prägefrisch, Prägestätte Antiochia zwischen 218 und 219? – Denar des Elagabalus, für Julia Maesa, 218–222. – Denar, unkenntlich.

Da die späteren Münzen ins dritte Jahrzehnt des 3. Jahrhunderts datieren, ist es möglich, daß der Hof schon infolge des ersten Alamanneneinfalls in den dreißiger Jahren des 3. Jahrhunderts erstmalig aufgegeben wurde. Ein Prunkstück der Ausgrabung ist ein Streufund, der südwestlich des Gebäudes gemacht wurde. Es handelt sich um einen schweren bronzenen Fingerring (Abb. 141), der ehemals mit Gold belegt und mit einem kleinen blauen Stein mit einem eingekerbten Vogel besetzt war. Außerdem kam eine verzinnte ovale Fibel zutage. Die bronzenen und beinernen Kleinfunde sind recht gering an der Zahl, so daß man davon ausgehen muß, daß die damaligen Bewohner einen Großteil ihrer Habe bei Aufgabe des Hofes gerettet haben.

Abb. 141 Nürtingen-Oberensingen. Römischer Gutshof. Bronzener Fingerring

Der Gutshof wurde noch in römischer Zeit grundlegend umgebaut. Eine Maßnahme, die sich in einer oberhalb der Brandschicht angelegten Überdachung ausdrückt, die an den inneren Hypokaustraum (5) angelehnt wurde. Für deren Stützen wurden ein monumentaler radförmiger Stein aus Stubensandstein und ein weiterer flacherer derselben Art verwandt und die Backsteine aus dem angrenzenden Hypokaustraum zu einer Plattform ausgelegt. Zu dieser Phase des Hauses gehört auch eine Feuerstelle im Hof. Schließlich wurde noch eine Störung vom südlichen Hof her über den inneren Hypokaustraum, die angrenzende Badeanlage und dann nach Norden eingebracht. Diese wiederum wurde dann mit römischem Bauschutt verfüllt, wofür sich bislang weder eine genauere Datierung noch eine Erklärung fand.

Susanne Kolbus

Literaturhinweis

D. Planck, Arch. Ausgr. Bad.-Württ. 1988, 187 ff.

Die römische Siedlung Sontheim/»Braike«, Kreis Heidenheim

Die günstigen Witterungsbedingungen im Sommer 1989 waren dem Fortgang der archäologischen Untersuchungen in Sontheim/Brenz ungemein förderlich. Daher konnte die Feldforschung der Abt. für Provinzialrömische Archäologie der Universität Freiburg i. Br. auf mehr als 12 Wochen, vom 26. Juli bis 19. Oktober, ausgedehnt werden. Unser Dank gilt einmal mehr zahlreichen Einrichtungen für die Unterstützung unserer Arbeit. Im Rahmen seiner Forschungsförderung gewährte das Ministerium für Wissenschaft und Kunst beträchtliche finanzielle Mittel überwiegend zur personellen Ausstattung und die Deutsche Forschungsgemeinschaft unterstützte die laufenden Grabungsarbeiten. Sachliche Hilfe erhielten wir von der Universität Freiburg i. Br., der Gemeinde Sontheim/Brenz sowie den Firmen H. Röhm und H. Hebel. Wohlwollendes Interesse und Hilfe wurde uns anläßlich eines Besuches des Staatssekretärs W. Baumhauer, Heidenheim, sowie des Vertreters des Landratsamtes entgegengebracht. Ausdrücklich ist die gute und wirkungsvolle Zusammenarbeit mit den Kollegen der Archäologischen Denkmalpflege in Stuttgart und Freiburg zu vermerken.

Die diesjährige Arbeit galt vier Schwerpunkten:

Straße. Herausgepflügte Steine in größerer Zahl veranlaßten uns, einen Schnitt durch die römische Fernstraße Faimingen–Cannstatt (bzw. Augsburg–Mainz) zu legen. Die Stelle erwies sich trotz weitreichender Zerstörung in den oberen Bereichen für die Entstehungsgeschichte sehr aussagekräftig und ließ noch 4 Bauabschnitte erkennen. Der erste Straßenzug bestand aus einem 3,4 m breiten und ca. 0,2 m aufgeschütteten, flachrunden Erdwall, der seitlich von 2 flachen Gräbchen begleitet war. In einer darauffolgenden Phase wurde südlich anschließend ein 2,6 m breiter, aus Kalksteinfindlingen gestampfter Damm hinzugefügt, der für einspurigen schweren Wagenverkehr ausreichte. In der dritten Phase wurden beide Straßenteile von einem einzigen Unterbau aus Kalkbruchsteinen überdeckt, der eine Breite von insgesamt 5,6 m erreichte. Die eigentliche Deckenschotterung erfolgte durch Kiesauftrag, von dem nur noch letzte Reste nachweisbar waren.

Die ehemalige Höhe der römischen Straße, d. h. die jüngsten Bauzustände, hat sich, durch jahrhundertelange Überpflügung zerstört, nicht mehr nachweisen lassen. Doch durch die mit wachsender Höhe fortschreitende, seitliche Verlagerung der Straßengräben ist die jüngste Breite des Straßenkörpers auf ca. 9 m zu berechnen; mit den Gräben erreichte sie einen Streifen von 18 m.

In den Straßengräben fand sich etwas römische Keramik. Die Bauphasen sind vor allem durch die verwendeten Materialien zu datieren, die gleichzeitig in der Siedlung verwendet wurden. Die einfache Erdtrasse entstand in domitianischer Zeit, die Kalksteinfindlinge verwendete man in den zwanziger Jahren, die Steinbrüche wurden in der Mitte des 2. Jahrhunderts eröffnet.

Speicher (Gebäude R). Im Süden der Anlage erfaßten wir in den Flächen 223 und 238 erstmals die Nordostecke eines ca. 18 × 30 m großen Steingebäudes (Abb. 142), das schon auf den ersten Luftbildern deutlich zutage getreten war. Im Außenbereich von einer massiven Wegschotterung umgeben, bildeten die beiden 1,10 m breiten, zweischaligen Mauerfundamente – Aufgehendes war wie üblich nicht erhalten – eine sauber gesetzte Ecke, die an abschüssigster Stelle vom Fundamentklotz

(1,9 × 1,9 m) eines Stützpfeilers begrenzt wurde. Das Gebäudeinnere durchzog flächig die mörteldurchsetzte Bauschicht, darüber waren in einem bis 0,2 m dicken Auftrag die Reste eines verbrannten Ziegeldaches einplaniert, den eine kräftige Kalksteinschotterung nach oben abschloß.

Dieses Gebäude dürfte nach seinen konstruktiven Merkmalen, zu denen auch Luft(?)-schlitze in der Mauer zählen, ein Speicher gewesen sein. Diesen Eindruck verstärkte das völlige Fehlen von Kulturschutt (Keramik, Knochen). Der Bau gehört offenbar in die jüngste Steinbauphase, wie das zahlreiche, sekundär verwendete Baumaterial zeigt.

Kultbau Q. Die Ostecke dieses Gebäudes war bereits 1988 angeschnitten worden. Die Überraschung war groß, als sich jetzt herausstellte, daß dieses Bauwerk einen – um 45 Grad gedrehten – Nachfolger besaß, der gleichfalls noch zu Betriebszeiten der Gesamtanlage abgerissen worden war, da eine spätere Wegschotterung die Mauerkronen überzog. Das fast quadratische Mauerviereck für einen Fachwerkbau auf Sockelfundament von 0,5 m Dicke maß 12,0 × 12,6 m an den Außenkanten. In 2 Ecken waren noch, im Seitenabstand von jeweils 3 m, Steinauflagen für Holzstützen nachzuweisen; die beiden anderen dürften analog zu ergänzen sein.

Den ersten Bau überlagerte ein zweiter, leicht nach Nordwesten verschobener. Die 0,6 m

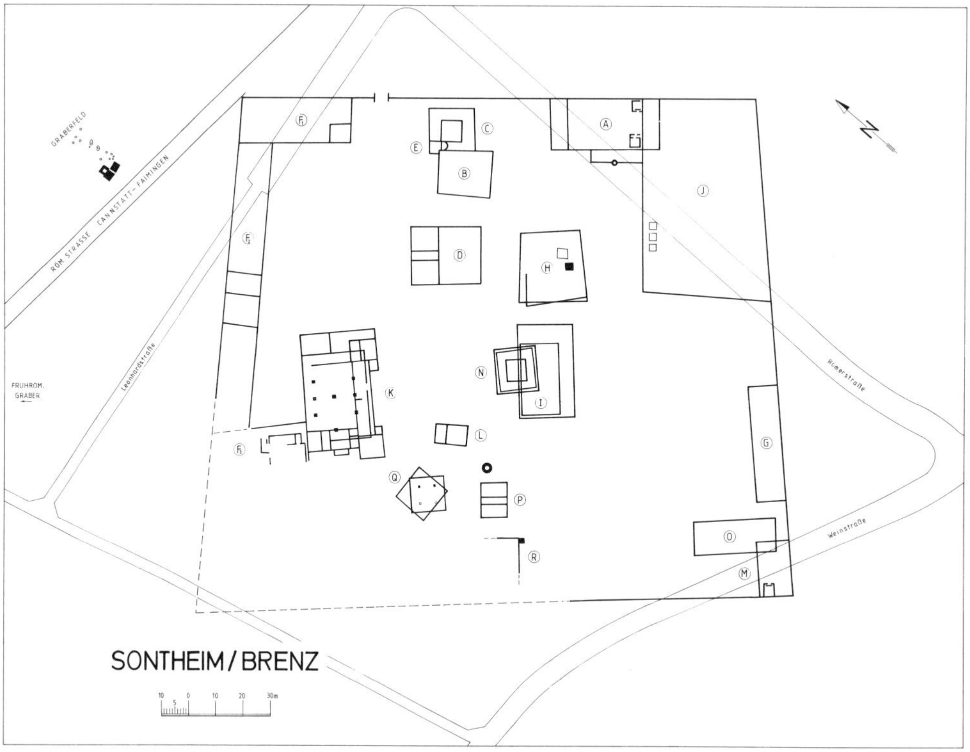

Abb. 142 Sontheim. Grundrißplan der Steinbauten (Stand 1989)

Abb. 143 Sontheim. Blick von Südosten auf Gebäude K mit dahinterliegender Halle F

breiten, in Zweischalentechnik angelegten Mauern umzogen ein fast quadratisches Geviert von 13,0 × 13,3 m Seitenlänge ohne weitere Inneneinteilung. In der Nordecke hatte sich eine kleine, ziegelunterlegte Kalkmischgrube vom Aufbau erhalten. Hinweise auf den Fußbodenbelag ergaben Fragmente von Solnhofener Kalkplatten, die sich im Straßenschotter fanden; nach Ausweis von severischen Münzen gehört dieser zur jüngsten Steinbauphase.

Dieses Bauwerk dürfte aufgrund baulicher Analogien kultischen Zwecken gedient haben; unklar ist im Augenblick noch die wechselnde Ausrichtung: anfangs in Übereinstimmung mit den übrigen Baufluchten, die den Himmelsrichtungen entsprechen, danach eine völlig aus dem Rahmen fallende Drehung, deren Ursache möglicherweise in der Errichtung der südwestlich davon gelegenen Bauwerke zu suchen ist.

Hauptgebäude K. In dieser Kampagne wurden die Grabungsarbeiten am Hauptgebäude (Abb. 142, 143) beendet. Die Erwartungen nach besseren Erhaltungsbedingungen hangaufwärts haben sich erfüllt, leider waren aber auch die spätantiken Steinräuber hier besonders tiefschürfend vorgegangen. An dieser Stelle erhoben sich aufeinanderfolgend ein Gebäudekomplex in reiner Holzarchitektur, ein Fachwerkbau auf Steinunterlagen, die aus Kalkfindlingen errichtet waren, sowie ein Steinbau aus Kalkbruchsteinen, der zu einem späteren Zeitpunkt u. a. um einen vollständigen Gebäudeflügel erweitert worden ist. Die dichte Bebauung des Areals hat zahlreiche

Spuren im Boden hinterlassen; die frühesten blieben daher von einer nachträglichen Beeinträchtigung nicht verschont.
Das erste Bauwerk, nach Ausweis spätflavischer Terra sigillata noch unter Domitian (81–96 n. Chr.) in Zusammenhang mit dem Straßenbau errichtet, gibt sich in Spuren von massiven hölzernen Pfostenständern zu erkennen, die eine Grundfläche von 23,6 m Länge und 14,2 m Tiefe einbeziehen. Deutlich hebt sich über die ganze Breite eine Mittelhalle mit zentraler Feuerstelle und Stampflehmboden heraus. Ihr vorgelagert waren 2, offenbar erst später hinzugefügte Räume mit Estrichböden und Kaminstellen aus Ziegelplatten. Rückwärtig an den Mitteltrakt schloß sich eine weitere Raumeinheit mit denselben Ausmaßen an. Neben Pfostenständerkonstruktionen war auch Schwellbalkenbauweise zu beobachten, was neben anderen Hinweisen unterstreicht, daß dieser erste Holzbau nicht in allen Bereichen gleichzeitig errichtet worden ist, sondern An- und Umbauten erfahren hat.
Das zweite Bauwerk umfaßte ein Rechteck von ca. 23 m Breite und der revidierten Länge von ca. 32 m. Umgrenzt wurde es von einer 0,6 m breiten, aus Kalkfindlingen gemörtelten Mauer, die auf ihrer Oberfläche stellenweise noch einen Glattstrich trug. Diese Mauer, soweit zu beobachten, unterbrach nur auf der Nordostseite zur Straße hin ein 2,7 m breiter, außerhalb der Achse gelegener Eingang. Das Gebäudeinnere war von 3 Reihen Steinsockeln, deren oberste Lagen noch Mörtelspuren zeigten, in 4 Schiffe geteilt. Die beiden äußeren besaßen jeweils dieselbe Breite (3,7 m), ebenso die beiden inneren (7,4 m). Die Steinsockel von 0,9 m Seitenlänge reihen sich parallel zu den 4 Außenmauern und bilden ein Rechteck von 50 × 80 röm. Fuß. Im Schnittpunkt der Diagonalen erhob sich ein einzelner, besonders massiver Sockel von 1,5 m Seitenlänge. Dieses klar gegliederte und mit Estrichböden versehene Bauwerk besaß eine zweiteilige Innenhalle, deren Südosthälfte gleichfalls eine zentrale Feuerstelle aufwies. Der Fachwerkbau auf Steinsockeln wurde von einem Risalitbau abgelöst, der zwar einige der alten Baufluchten aufnahm, aber nicht in dem Sinne, daß die alte Halle stehenblieb und nur die Fassade erneuert wurde, wie wir früher gedacht hatten. Der Fachwerkbau wurde abgerissen und durch einen neuen ersetzt, wobei ein Teil der Sockel in den neuen Fundamenten verschwand.
Für das dritte Gebäude am Platz stand nun im Kalksteinbruch gewonnenes Material zur Verfügung. Nach Ausweis der Funde erfolgte der Neubau um die Mitte des 2. Jahrhunderts. Das Haus, dessen Außenmaße (L. 42,6 m; Br. 12,3 m) den Vorgänger wieder übertrafen, gliederte sich in 2 Risalite mit verbindender Halle und einen Flügeltrakt im Südosten für Wohnzwecke sowie einen ummauerten Innenhof, der in der Nordostecke einen Ausgang besaß. Diesem gegenüber führte eine Rampe in einen Keller von 42 m^2 Grundfläche (6 × 7 m). Dieser Keller war der erste seiner Art, der in Sontheim/»Braike« angetroffen wurde. Die Vorgängerbauten hatten, jedenfalls im überbauten Areal, keine Keller aufzuweisen. Indessen währte auch dieser Bestand nicht lange. Sowohl die Zufüllung des gesamten Kellerraumes mit festgestampftem Lehm als auch die andersartige, sehr flüchtige Mauertechnik (Tuff, Balkeneinzüge) an der Südostwand zeigen deutlich, daß der Keller bereits kurz nach seiner Errichtung zum Problem geriet. Offenbar war der Druck von außen so stark, daß die Südostmauer nach innen nachgab. Die sonst sehr schön und regelmäßig mit Kalkhandquadern hochgezogenen Kellerwände, die durch Abstellbänke, Nischen und schräge Lichtschächte untergliedert waren (Abb. 144), hielten hangwärts nur kurz, ehe sie nach innen einzuwölben begannen, ein Vorgang, der nicht

Abb. 144 Sontheim. Keller im Gebäude K. Links die eingedrückte Außenmauer

ohne Auswirkungen auch auf das aufgehende Mauerwerk bleiben konnte. So enthielt das Fundament einer später eingezogenen Spannmauer im Rollierungsbereich eingeworfenen Mauerschutt, vermischt mit den Resten sehr qualitätvoller Wandmalerei (Abb. 145), die aus den betroffenen Räumen stammen dürfte. Offenbar um das Bauwerk selbst zu halten und der örtlichen Schwierigkeiten Herr zu werden, sah man in der Aufgabe dieses Kellers die bessere Lösung. Zusätzlich wurde im Außenbereich ein sehr tiefer, ausgesteinter Drainagekanal angelegt sowie eine Feuchtigkeitssperre in Form eines Lettenstreifens entlang der ganzen Außenmauer. Ersatz für den aufgegebenen Keller schuf man im anschließenden und an die Westecke von Gebäude K angebauten Flügel F 3 der großen Halle (vgl. Abb. 143). Hier befindet sich ein weiterer großer Keller, dessen hangseitige Längswand nun allerdings nicht wie zuvor gleichzeitig die Außenwand bildete. Diese schützte die 1,2 m breite Westmauer von F 3. Da dieser Gebäudeteil erst oberflächlich sondiert werden konnte, soll die Beschreibung im nächsten Bericht folgen.
Bau K in seiner letzten Gestaltung und größten Ausdehnung (L. 45,9 m; Br. 27,5 m) ist ein zweiflügeliger Risalitbau mit offenem Innenhof. Im Nordostflügel war der größte abgeschlossene Raum des Hauses (64 m^2) ebenso heizbar wie der Südrisalit und die anschließenden Zimmer, von denen das mittlere mit Südalkoven ein Speiseraum (triclinium) gewesen sein könnte. Da sich die Böden dieser Räume

Abb. 145 Sontheim. Wandmalerei aus Gebäude K

nicht erhalten haben, ist über die weitere Ausstattung (Bodenbeläge etc.) wenig zu sagen. Bemalte Putzreste in den Ausbruchgruben der Mauern zeigen, daß auch diese Wände bemalt waren.

Die Aufdeckung des Gebäudes K hat bislang das meiste und chronologisch wichtigste Fundmaterial der Ausgrabung geliefert. Das reichhaltige Fundgut erlaubt nicht nur die Abfolge von Bau K zu datieren, sondern hilft auch die gesamte Anlage in zeitlich feste Stufen einzuteilen. Darüber hinaus ist es zum erstenmal in Baden-Württemberg gelungen, die Entstehungsgeschichte eines solchen Bautypus von seinen Anfängen bis zur Vollendung zu verfolgen. Dem Klassiker dieses Genres, der Villa von Mayen, die Franz Oelmann in 5 Jahren ausgegraben und 1928 veröffentlicht hat, kann nach 60 Jahren Forschung ein Parallelfall aus Süddeutschland zur Seite gestellt werden.

Hans Ulrich Nuber

Literaturhinweise
H. U. Nuber, Arch. Ausgr. Bad.-Württ. 1988, 164 ff. (mit ält. Lit.) – F. Oelmann, Bonner Jahrb. 133, 1928, 51 ff.

Neue Ergebnisse zur Besiedlungsgeschichte des Zähringer Burgbergs, Gemeinde Gundelfingen, Kreis Breisgau-Hochschwarzwald

Von Ende Mai bis Mitte Oktober führte das Institut für Ur- und Frühgeschichte der Universität Freiburg die fünfte Grabungskampagne auf dem Zähringer Burgberg durch. Die Untersuchungen wurden wieder von der Deutschen Forschungsgemeinschaft, der Stadt Freiburg und der Gemeinde Gundelfingen gefördert, wofür herzlich gedankt wird. Wie schon in den letzten Jahren wurde dem regen Interesse der Bevölkerung durch zahlreiche Führungen, insbesondere für Schulklassen, Rechnung getragen. Zu erwähnen sind einige Projektgruppen Freiburger Gymnasien und Realschulen, deren Schüler auf diesem Wege jeweils für mehrere Tage an den Arbeiten beteiligt waren.

Abb. 146 Zähringer Burgberg mit Grabungsflächen 1–3. 1 Tiefbohrungen, 2 Handwerksplätze, 3 Fragmente von Vestlandkesseln, 4 Fläche 7 × 7 m bis zum anstehenden Fels tiefergelegt

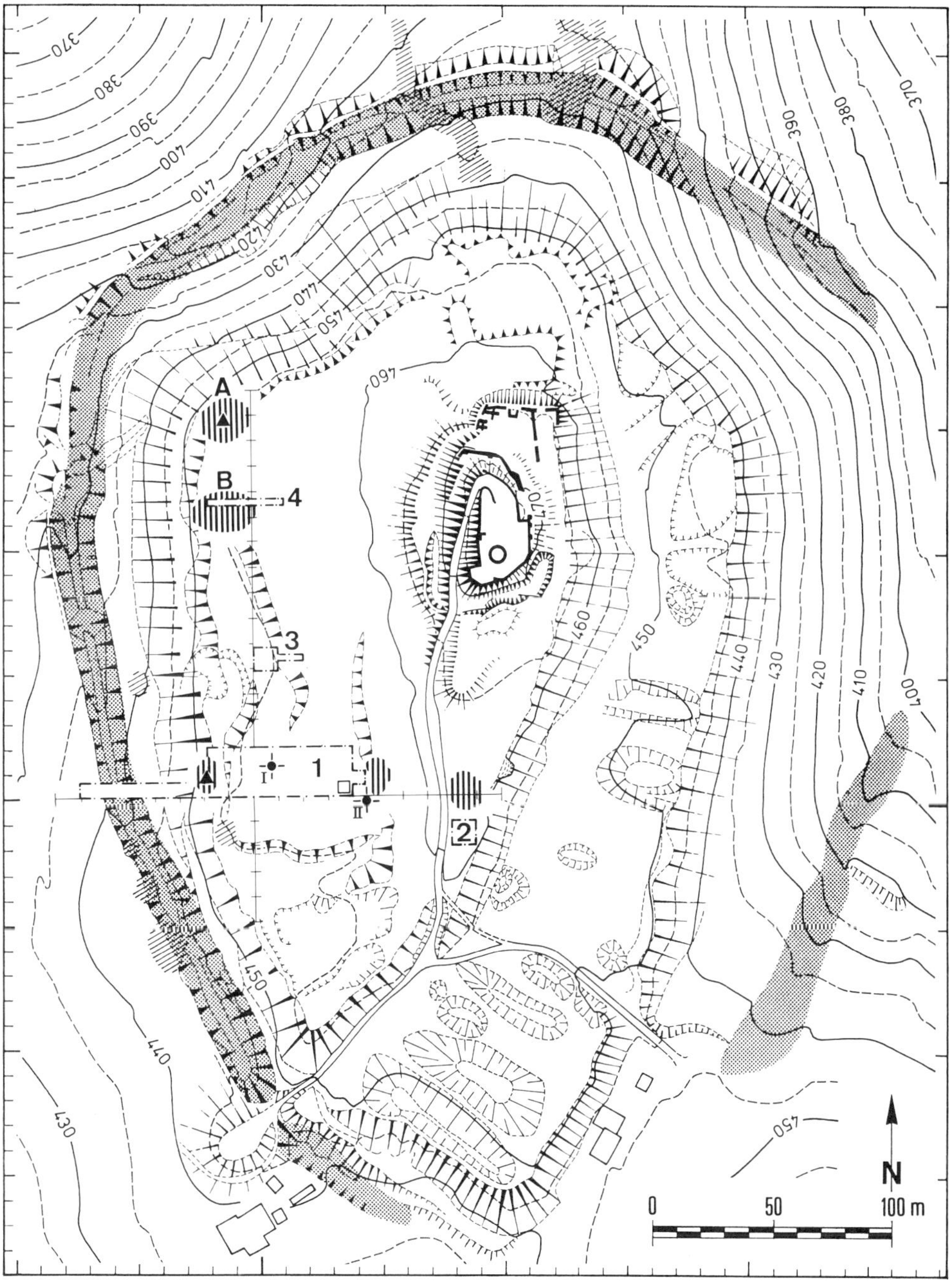

370
380
390
400
410
420
430
440
450
460
470
A
B
1
2
3
4
I
II
N
0
50
100 m

-•- 1 ||||||| 2 ▲ 3 □ 4

Die Ausgrabungen galten in diesem Jahr einerseits der Tieferlegung schon begonnener Grabungsflächen, um an einigen Stellen durch die meterdicken Terrassenstrukturen hindurch die ursprüngliche Bergoberfläche zu erreichen, und andererseits der Untersuchung des umlaufenden breiten Grabens unterhalb der künstlichen Hangversteilung sowie der Vorderfront der Terrassenstrukturen unmittelbar an der Hangkante. In der Zone von der Hangkante bis zur Außenseite des Grabens konnte überall der Fels oder die Oberfläche der natürlichen Gneisverwitterungszone erreicht und damit die Schichtenabfolge geklärt werden, während die Konstruktion der Hangkantenbefestigung unmittelbar in der Frontlinie noch nicht bis zur Basis freigelegt ist. So bleibt vorerst noch ungeklärt, ob die Front des künstlichen Plateaus durch Einbauten nur konstruktiv gesichert war, oder ob sie außerdem noch eine Fortifikation getragen hat.

Im Bereich der Grabungsflächen auf dem Plateau selbst wurde die Basis der Aufschüttungen erreicht: Aufgrund von Tiefbohrungen (TB I und II) und der Auswertung von Phosphatanalysen durch M. Tippmann im Rahmen ihrer Magisterarbeit konnte festgestellt werden, daß in einer Tiefe von 4,90 m (TB I) bzw. 2,50 m (TB II) ein starker Anstieg des Phosphatgehalts im Boden zu verzeichnen ist (Abb. 146 und 147). Es wurde vermutet, daß sich in dieser Tiefe, nach seismischen Messungen wenig oberhalb des gewachsenen Felsens, ein alter Laufhorizont befindet. Dies ist durch die Ausgrabung einer 7 × 7 m großen Fläche im Bereich des Grabungsareals bis zur natürlichen Bergoberfläche bestätigt worden. Es folgt unter der Humusschicht (0,10 m mächtig) und dem karolingisch-alamannischen Fundhorizont (0,60–0,80 cm mächtig) eine nahezu fundleere Aufschüttungsschicht aus großen Gneisbrocken und wenig lockerem, sandig-grusigem Gneisverwitterungsschutt (0,90 bis 1,40 m mächtig). Darunter liegt eine kompakte, stellenweise lehmige, dunkelbraune bis schwarze holzkohlehaltige Kulturschicht (0,40–0,60 m mächtig), die in die Hallstattzeit gehört, denn aus diesem Horizont wurden auf der 49 m^2 großen Fläche mehrere hundert Keramikfragmente geborgen. Außerdem wurde in dieser Schicht eine große Herdstelle aufgedeckt, die nach Mächtigkeit der schwarzen, holzkohlehaltigen Schichten, die vor der Herdstelle liegen und deren Ausräummaterial darstellen, über einen längeren Zeitraum hinweg benutzt worden sein muß. Sowohl die flachen, unbearbeiteten Steine, Unterlage der Herdstelle, als auch das umgebende Verwitterungsmaterial sind tiefrot verziegelt. Die Ofenwand ist aus unbearbeiteten Steinen gebaut, von denen nur noch eine Lage vorhanden ist. Sie waren außen und innen mit Lehm verputzt, der innen ebenfalls verziegelt ist. In der holzkohlereichen Schicht lagen mehrere Dutzend Keramikfragmente, die wohl von zersprungenen Gefäßen stammen, die mit der Asche von der Herdstelle geräumt worden sind. Die Begrenzung einer langovalen Verfärbung durch Steine deutet an, daß der gesamte Befund als »Grubenhaus« angesprochen werden kann, in dessen Südostecke die Herdstelle liegt.

Vergleicht man den Befund in der tiefergelegten Grabungsfläche mit der Phosphatanalyse

Abb. 147 Zähringer Burgberg. Tiefbohrungen I und II mit Phosphatanalysen. 1 grauschwarzer Humus, 2 dunkelgrau-braun kiesiger Boden, 3 graubrauner Boden mit großen Steinen, 4 graubrauner Boden mit kleinen Steinen, 5 dunkelgrau-brauner Boden mit größeren Steinen, 6 hellgrau-brauner Boden mit kleineren Steinen, 7 hellbrauner Boden mit kleineren Steinen, 8 dunkelbraun-schwarzer Boden mit großen Steinen, 9 hellbraun, lehmiger Boden ohne Steine, 10 anstehender Gneis. A fehlt im Bohrkern, TB Tiefbohrung, ppm parts per million, P Phosphor.

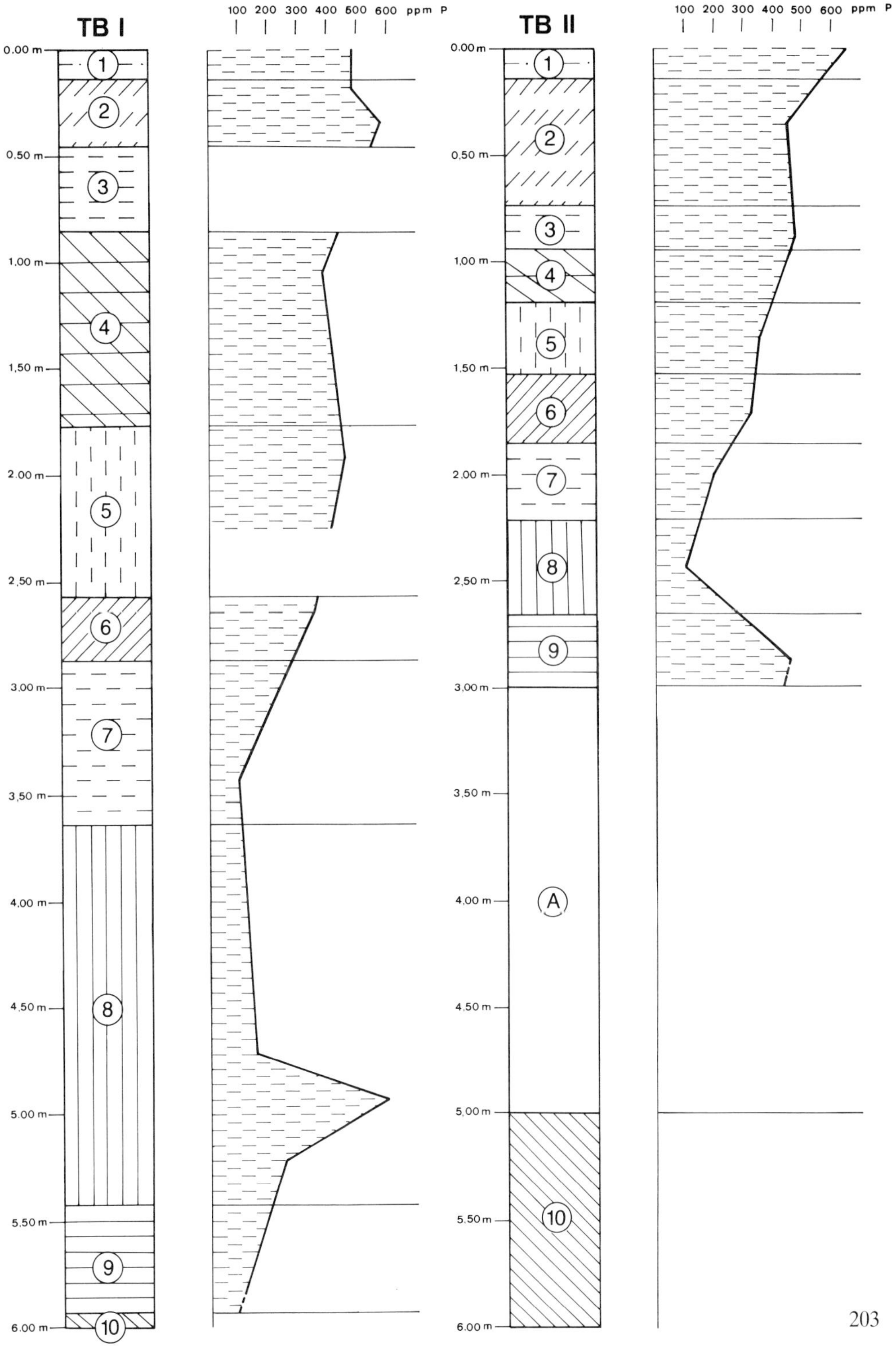
TB I
TB II
100 200 300 400 500 600 ppm P
0,00 m
0,50 m
1,00 m
1,50 m
2,00 m
2,50 m
3,00 m
3,50 m
4,00 m
4,50 m
5,00 m
5,50 m
6,00 m
1
2
3
4
5
6
7
8
9
10
A

der Tiefbohrung I, so kann mit einiger Sicherheit angenommen werden, daß sich die hallstattzeitliche Siedlung über eine größere Fläche erstreckt, vielleicht sogar über die gesamte Westterrasse. Darüber können allerdings nur weitere Grabungen Aufschluß geben. Klar ist jedoch, daß die hallstattzeitliche Siedlung direkt auf der alten Oberfläche über dem gewachsenen Felsen bzw. der Verwitterungsschicht liegt. Da der Fels von der Mitte zur westlichen Terrassenkante im Untergrund nur langsam abfällt, also durchaus siedlungsgünstig war, kann davon ausgegangen werden, daß der Zähringer Burgberg während dieser Siedlungsperiode noch nicht so großflächig terrassiert war, wie sich das heute darstellt, daß vielmehr erst später aus noch unbekannten Gründen der relativ ebene, aber wellig geformte Berggipfel mit den mächtigen Terrassenstrukturen überdeckt wurde, um ein gehobenes, völlig ebenes Plateau zu gewinnen. Die Tiefbohrungen lassen ebenfalls die Aussage zu, daß zwischen dem hallstattzeitlichen und dem frühgeschichtlichen, alamannischen und frühkarolingischen Siedlungshorizont eine nahezu fundleere Aufschüttungsschicht liegt, die beide Phasen deutlich voneinander trennt und die chronologisch dazwischen liegen muß, also irgendwann zwischen später Hallstatt- und früher alamannischer Zeit entstanden ist. Die endgültige Datierung wird aber erst nach der Bearbeitung aller Keramik- und Kleinfunde aus sämtlichen Schichten möglich sein.
In der nördlich gelegenen Grabungsfläche 3 zeigte sich die gleiche Stratigraphie wie schon beschrieben, allerdings kam hier unter der Aufschüttungsschicht kein hallstattzeitliches Material zutage. Auf dem gewachsenen Boden, der sich hier aus mehreren periglazialen Solifluktionsschichten zusammensetzt, zeichnete sich aber eine langovale holzkohlehaltige, schwarze Verfärbung ab, in der ein Steinbeilfragment lag, das der Michelsberger Kultur zugeordnet werden kann. Unter den bis zu 0,80 m mächtigen eiszeitlichen Einschwemmschichten folgt noch eine bis 1,00 m starke Verwitterungsschicht des darunter anstehenden massiven Felsens. Im Profil ist gut zu erkennen, daß der gewachsene Fels eine sehr unruhige Oberfläche hat, die durch die Verwitterungs- und Einschwemmschichten aber weitgehend eingeebnet wurde.
Neben den Ausgrabungen wurden in den letzten Jahren zur Unterstützung der Phoshatprospektion intensive Begehungen auf dem gesamten Plateaubereich durchgeführt. Die genaue Einmessung der Oberflächenfunde soll dabei Rückschlüsse auf Gebiete konzentrierter Besiedlung und auf die Grenzen der frühalamannischen Anlage erlauben. Obwohl diese Arbeiten noch nicht abgeschlossen sind, lassen sich einige Ergebnisse berichten: Den größten Verbreitungsradius nehmen die hochmittelalterlichen Funde ein, die verstreut auf allen Terrassenbereichen zu finden sind. Hufeisen und Hufeisennägel, eiserne Beschläge, bronzene und eiserne Gürtelschnallen, Armbrustbolzen sowie Werkzeuge belegen die verschiedensten Aktivitäten im Umfeld der hochmittelalterlichen Burg. Dagegen kommen eindeutig der frühalamannischen Besiedlungsphase zuzusprechende Funde nur auf der Westterrasse vor und nicht im Osten und Südwesten der Anlage, in den Bereichen, die als noch nicht fertiggestellte Terrassenflächen gedeutet werden. Es sind vor allem Teile spätrömischer Gürtelgarnituren, Bronzegefäßfragmente, Waffen, Werkzeuge sowie Schmuck und kleine Dinge des alltäglichen Lebens, die eine Besiedlung der gesamten Westterrasse belegen. Daneben lassen Stellen mit dichtem Fundaufkommen Besiedlungsschwerpunkte erkennen. Solche Konzentrationen liegen im Süden der Burgruine auf dem eingeebneten Felskamm des Berges, im Osten der Grabungsflächen an der Stufe des oberen Terras-

senniveaus zur tieferliegenden Fläche und im Bereich der Grabungsfläche selbst an der Kante zum westlichen Hangabfall sowie im Norden der Westterrasse, ebenfalls an der Hangkante. Diese Fundanhäufung läßt zwei Konzentrationen erkennen, die von besonderem Interesse sind. Eine große Menge von Altmetall, zerschnittene und zerbrochene Gürtelteile, zerknitterte oder zusammengefaltete Bronzebleche, Gußtropfen, Schlacken, Blei-, Bronze- und Silberbarren läßt die Arbeitsplätze von Buntmetallhandwerkern vermuten, die hier vor allem Altmaterial zur Weiter- und Wiederverarbeitung eingeschmolzen haben. Ein wesentlicher Unterschied im Altmaterial der etwa 20 m auseinander liegenden Handwerksplätze (Abb. 146) liegt darin, daß der eine (A) besonders viel angeschmolzenes Material bringt, der zweite (B) dagegen keines. Der Grund dafür könnte entweder im arbeitstechnischen Ablauf zu suchen sein, oder darin, daß nach einem Brand an diesem Werkplatz 20 m weiter ein neuer Arbeitsplatz entstand. Dies aber bleibt weitgehend Vermutung und müßte durch Grabungen geklärt werden.

Besondere Aufmerksamkeit verdienen aus dem Fundspektrum der Handwerksplätze und dem Grabungsbereich an der westlichen Hangkante (Abb. 146) Fragmente von sog. Vestlandkesseln, 3 verschiedene Henkelattaschen, ein Henkelfragment und ein Randfragment (Abb. 148). Dieser Kesseltyp, dessen Herstellungszentrum wahrscheinlich in Nordgallien zu suchen ist, hat seine Hauptverbreitung im westlichen Skandinavien und kommt außerdem hauptsächlich in England, Nordfrankreich, Belgien und Nordwestdeutschland vor, und hier vor allem als vollständige Gefäße in Depot- und Grabfunden des 4. bis 7. Jahrhunderts wie z. B. im Fürstengrab von Krefeld-Gellep oder im Helmgrab von Gammertingen. Neben diesen Vorkommen zeigen besonders Fragmente aus spätanti-

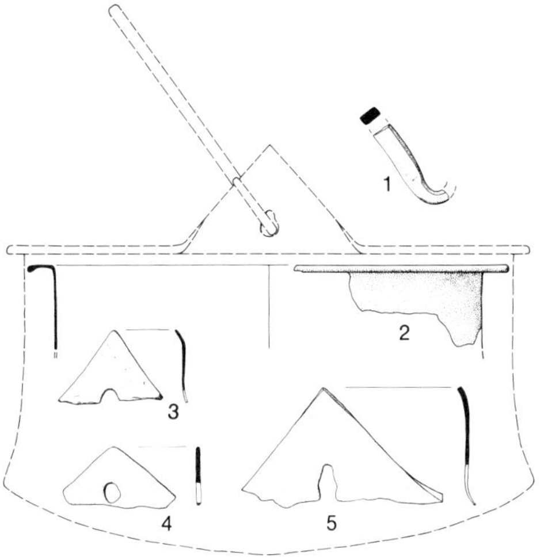

Abb. 148 Zähringer Burgberg. Fragmente von Vestlandkesseln. 1 Henkel, 2 Rand, 3–5 Attaschen. Maßstab 1:4

ken Siedlungen wie auf dem Zähringer Burgberg, dem Runden Berg bei Bad Urach, dem Kügeleskopf bei Offenburg oder dem spätrömischen Kastell bei der mittelalterlichen Burg Sponeck die allgemeine Beliebtheit dieser Kesselform im 5. Jahrhundert sowie ihr häufiges Vorkommen auch in Südwestdeutschland.

Heiko Steuer, Michael Hoeper, Utz Vollmer

Literaturhinweise
H. Steuer, Arch. Ausgr. Bad.-Württ. 1985, 173 ff.; 1986, 186 ff.; 1987, 156 ff. – ders., M. Hoeper, U. Vollmer, Arch. Ausgr. Bad.-Württ. 1988, 203 ff. – H. Steuer, Arch. Korrespondenzblatt 19, 1989, 169 ff. – G. Ekholm, Neues über die Westlandkessel, Trierer Zeitschrift 23, 1954–55, 224 ff. – L. Bakker, Bonner Jahrb. 177, 1977, 605 ff. – K.-J. Gilles, Spätrömische Höhensiedlungen in Eifel und Hunsrück. Trierer Zeitschrift Beiheft 7, 1985, 55 – U. Koch, Der Runde Berg bei Urach Bd. V, 1984, 180 – R. M. Swoboda, Die spätrömische Befestigung Sponeck am Kaiserstuhl, 1986, 77 und Taf. 3.33 – M. H. P. den Boesterd, The Bronze Vessels. Description of the collections in the Rijksmuseum, G. M. Kam at Nijmegen, 1956.

Ein reich ausgestattetes Männergrab aus Böhringen, Gemeinde Dietingen, Kreis Rottweil

Nicht immer ist es möglich, wichtige Funde eines Grabungsjahres gleich im folgenden Jahrbuch vorzustellen, vor allem dann nicht, wenn zeitraubende Restaurierungsarbeiten notwendig sind. Für die Werkstätten des Landesdenkmalamts ist es aber völlig ausgeschlossen, so wünschenswert dies auch wäre, immer »auf dem laufenden« zu sein. So ist hin und wieder ein Nachtrag fällig, wenn sich im Laufe der Bearbeitung ein interessanter und landesgeschichtlich wichtiger Fundkomplex herausstellt.

Fraglos ist dies der Fall bei einem frühgeschichtlichen Grab aus Böhringen, das schon 1987 geborgen wurde. Wieder einmal war es ein ehrenamtlicher Mitarbeiter, A. Danner aus Oberndorf, der diesen wichtigen Fundplatz bei Baggerarbeiten entdeckte und die ersten Notmaßnahmen durchführte, bevor dann das Landesdenkmalamt insgesamt 7 gefährdete Gräber untersuchen konnte. Leider war dies nur der Rest eines ursprünglich wohl größeren Bestattungsplatzes, der schon früheren Straßenbaumaßnahmen zum Opfer gefallen ist. Zwar wurden damals menschliche Skelettreste bemerkt, doch brachte man diese Funde mit dem Dreißigjährigen Krieg in Verbindung und sprach von »Schwedengräbern« an dieser Stelle. Dabei hätte schon der Flurname »Löhrwiesen« einen Hinweis geben können, denn die Bezeichnung »Löhr« oder »Lehr« ist häufig mit frühgeschichtlichen Gräbern verbunden (beispielsweise »Auf der Lehr« in Schwenningen).

Unter den gar nicht oder nur spärlich mit Beigaben versehenen Gräbern nimmt Grab 5 eine besondere Stellung ein. Dem hier bestatteten, mit 1,80 m für seine Zeit ungewöhnlich großen Mann waren sein kurzes, einschneidiges Hiebschwert (Sax), der zugehörige Gürtel, ein Messer und ein Rasiermesser beigegeben worden. Vom Waffengurt haben sich allerdings nur die zahlreichen Metallbeschläge erhalten, die eine sog. »vielteilige« Garnitur bilden (Abb. 149). Dabei hingen von einem um den Körper gelegten Hauptgurt mehrere kleine Nebenriemen herab, die mit längeren oder kürzeren Metallbeschlägen (Riemenzungen) endeten. Der Hauptgurt selbst besaß eine Schnalle und eine übermäßig lange Riemenzunge, die vorne in Körpermitte einen besonderen Akzent setzte. Alle Beschläge sind aus Eisen geschmiedet und mit dünnem Silberblech belegt (plattiert). In diese Folie wurden nach dem Aufhämmern sehr feine Ornamente eingeschnitten, hauptsächlich Rosetten, Leiterbänder und Wabenmuster. In die so entstandene schwarz-silbern kontrastierende Oberfläche setzte man kleine Rundeln aus rotem Almandin (Halbedelstein), teilweise als Mittelpunkte der fein gestrichelten Rosetten, teilweise aufgereiht am Rand.

Die Ornamentik dieser Gürtelbeschläge ist kennzeichnend für die allerspäteste Reihengräberzeit, war also Mode bei der letzten noch auf den alten »heidnischen« Plätzen bestatteten Generation. Eine Generation zuvor waren es noch die bewegten Muster des germanischen Tierornaments gewesen, die auf solchen Beschlägen dominierten. Jetzt herrscht ein starres, geometrisches Muster vor, das einen radikalen Wandel des Geschmacks in der ausgehenden Merowingerzeit anzeigt. Auch in der Frauentracht dieser Zeit, vor allem bei den Fibeln (Gewandschließen) zeigen sich die gleichen Tendenzen.

Diese Feststellung beschränkt sich allerdings auf die Angehörigen einer sozialen Schicht,

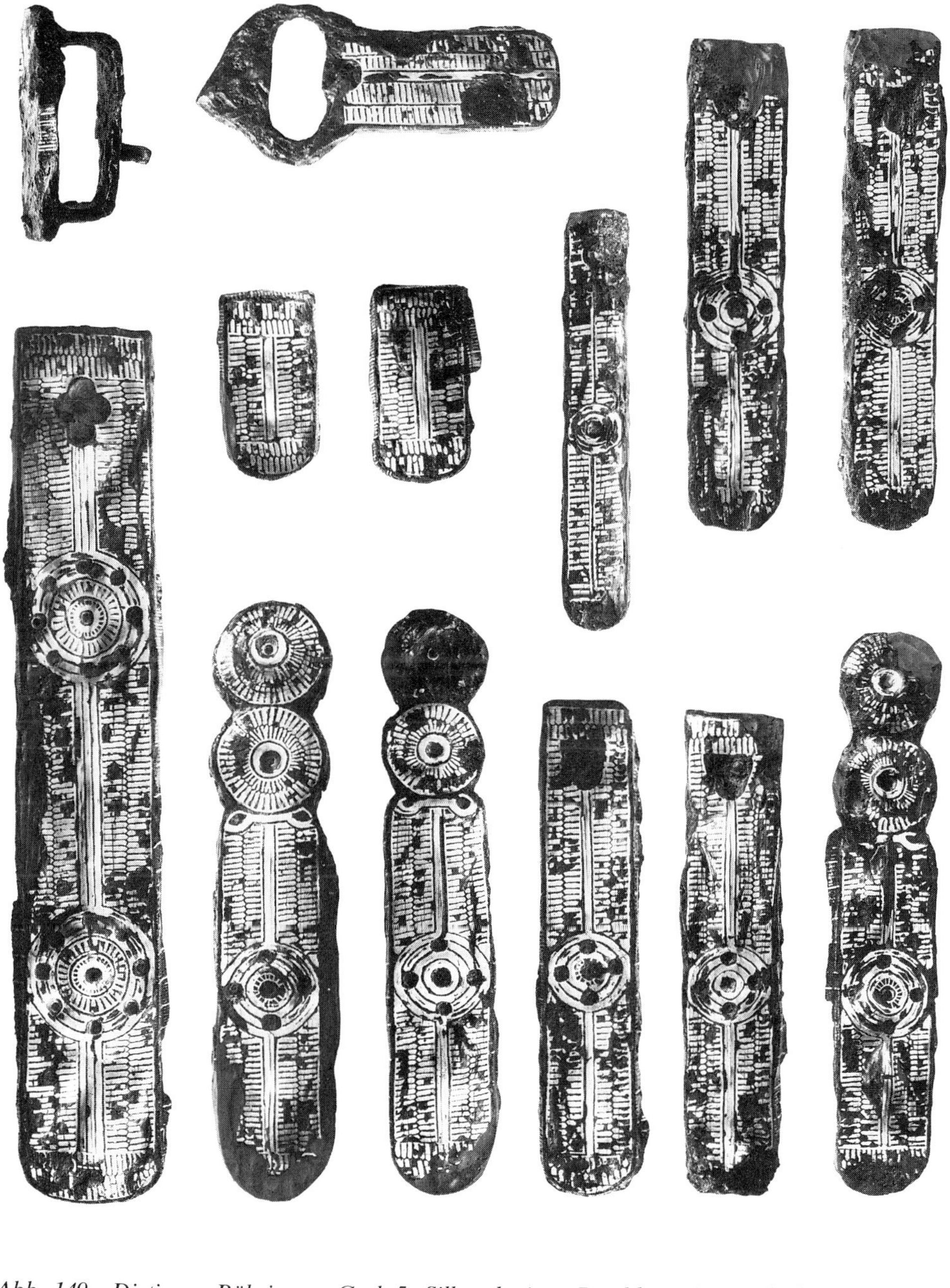

Abb. 149 Dietingen-Böhringen. Grab 5. Silberplattierte Beschläge einer vielteiligen Gürtelgarnitur (Auswahl). Maßstab 2:3

die sich diese kostbare Tracht- und Waffenausstattung leisten konnte, stellt doch ein solcher silberbeschlagener Gürtel einen beträchtlichen Wert dar. Der Mann aus Grab 5 in Böhringen gehörte also sicher nicht in kleinbäuerliches Milieu. Er war aber auch kein Angehöriger des Adels, da sonst seine Ausstattung reichhaltiger ausgefallen wäre. Allerdings ist das Grabinventar wegen einer Störung im Fußbereich nicht vollständig überliefert. So bleibt vor allem die Frage offen, ob ursprünglich noch ein oder zwei Sporen beigegeben waren, ob also der »glänzend« bewaffnete Mann auch beritten war. Bei einem Adligen dieser Zeit wäre das als selbstverständlich vorauszusetzen. Sicher gehen wir nicht fehl, wenn wir hier von einem wohlhabenden, großbäuerlichen Grundbesitzer sprechen. Es sind allerdings Fälle bekannt, in denen sich aus solchen Familien früher Ortsadel entwickelt hat.

Für den 1270 zum erstenmal in einer Urkunde genannten Ort Böhringen bedeutet die Entdeckung eines zugehörigen merowingerzeitlichen Gräberfeldes eine beträchtliche »Verlängerung« seiner überschaubaren Geschichte. Der Ort hat mit Sicherheit im 7. Jahrhundert n. Chr. schon bestanden. Allerdings spricht der auf -ingen endende Name für ein noch älteres Gründungsdatum, für das aber bislang die archäologischen Beweise fehlen. Es erscheint aber durchaus denkbar, daß an anderer Stelle der Gemarkung noch ein weiterer Bestattungsplatz liegt, der diese Zeugnisse ältester Ortsgeschichte enthält und in Zukunft vielleicht auch freigeben wird.

Gerhard Fingerlin

Alamannische Gräber aus Renningen, Kreis Böblingen

Mitte Juni 1989 erhielt die Archäologische Denkmalpflege von ihrem ehrenamtlichen Mitarbeiter K. Maier, Malmsheim, die Nachricht, daß etwa 200 m östlich der Renninger Kirche nach dem Humusabtrag auf einer Fläche von ca. 20 × 12 m etliche Verfärbungen zu sehen seien, bei denen es sich wohl um Grubenhäuser handle. Es stellte sich jedoch schnell heraus, daß diese ihrerseits kleinere, längsrechteckige Befunde schnitten, die eindeutig als Grabgruben angesprochen werden konnten. Da das Bauvorhaben drängte, wurde in aller Eile eine Bergungsmannschaft aus Mitarbeitern der Referate Vor- und Frühgeschichte sowie Archäologie des Mittelalters zusammengestellt, die noch einige freiwillige Helfer tatkräftig unterstützten.

Dank des Entgegenkommens der Stadt, welche die entstandene Bauverzögerung verantwortete, konnten in den folgenden Tagen insgesamt 7 Gräber geborgen werden. In Anbetracht der Kürze der Zeit wurde aus wissenschaftlichen Gründen das Hauptaugenmerk der Rettungsgrabung auf die Bestattungen gelegt. Die Grubenhäuser, die karolingische bis hochmittelalterliche Funde enthielten, konnten leider nicht eingehender untersucht werden. Wie es sich herausstellte, handelt es sich um Gräber mit z. T. äußerst qualitätvollen Beigaben der zweiten Hälfte des 5. Jahrhunderts. Da die Stadt Renningen 1991 zur 800-Jahr-Feier eine Ausstellung dieser Funde plant, zu der auch ein Katalog erscheinen soll, wird hier mit einer Ausnahme auf eine nähere Besprechung dieser Gegenstände verzichtet. Eine besondere Überraschung stellte ein Pferdegrab dar; hier hatte man, anders als in der späteren Merowingerzeit, den Kopf vor der Bestattung nicht abgetrennt. Eine Röntgenaufnahme zeigt, daß das Tier mit einer kostbaren, silberspiraltauschierten Trense niedergelegt wurde. Unter den Funden der übrigen 6 Gräber ragen besonders eine Gürtelschnalle, ein Fingerring und 9 Bügelfibeln aus Silber sowie Bernsteinperlen und eine Wadenbindengarnitur hervor.

Das einzige Gefäß aus den 7 Bestattungen, ein Krug (Abb. 150), sei wegen seiner großen Bedeutung für die Keramikforschung bereits an dieser Stelle etwas eingehender behandelt. Seine Fundlage erlaubt keine eindeutige Zuweisung zu Grab 6, an dessen Westende es angetroffen wurde. Die Position über dem eigentlichen Grabniveau hinter dem Kopf läßt die Möglichkeit offen, daß es zu einer weiteren, etwas höher und außerhalb der Baugrube gelegenen Bestattung gehört haben könnte. Die Wichtigkeit des Kruges resultiert daraus, daß er in einem Kontext des späteren 5. Jahrhunderts geborgen wurde. Er verlängert damit die Reihe von scheibengedrehten Krügen der älteren Merowingerzeit, für die eine Entstehung in einer (?) Töpferei auf alamannischem Boden anzunehmen ist. Mit etlichen Stücken aus früh, d. h. noch in der zweiten Hälfte des 5. Jahrhunderts oder um 500 einsetzenden Nekropolen (z. B. Heilbronn / Brauerei Cluß, Hemmingen, Sindelfingen, Ulm, Unterthürheim), bei denen jedoch nur selten Grabzusammenhänge beobachtet und gut dokumentiert werden konnten, verbindet den Renninger Fund die deutlich vom Hals abgesetzte Mündung, der von diesem Absatz ausgehende Henkel, in einigen Fällen die gerillte Halszone und der Absatz im Schulterbereich. Von der Mehrzahl unterscheidet er sich durch die 4 oberhalb der größten Weite eingeglätteten Zickzackbänder.

Könnte man schon aufgrund der Gefäßform

Abb. 150 Renningen. Glättverzierter Krug, 5. Jahrhundert

zweifeln, ob eine Herleitung des Kruges aus einer westlich-spätrömischen Tradition möglich sei, wie das bei einem beträchtlichen Teil des übrigen scheibengedrehten Geschirrs im 5. Jahrhundert sicher der Fall ist, so gibt der Glättdekor einen untrüglichen Hinweis auf andere, östliche Wurzeln. Im weiteren Donauraum (Ungarn, Österreich, Tschechoslowakei) erscheinen seit dem späten 4. Jahrhundert Gefäße mit eingeglätteten Ornamenten, die ihrerseits auf Einflüsse aus dem Schwarzmeergebiet zurückgehen. In der Zeit nach 400, wahrscheinlich wohl ab dem zweiten Drittel des 5. Jahrhunderts, findet man in dem umschriebenen Gebiet dann feintonige Henkelgefäße, die sich in Form und Dekor als Vorbilder von Krügen der Renninger Art zu erkennen geben.

Die Vermittlung der einglättverzierten Keramik nach Westen erfolgte zweifellos im Rahmen jener gewaltigen Verschiebungen von

Stämmen aus den innerasiatischen Steppen und aus Südosteuropa im Osten bis nach Spanien und Nordafrika im Westen, die der Epoche den Namen Völkerwanderungszeit einbrachten. Dank mehrerer älterer Funde in Südwestdeutschland kann man vermuten, daß die Kenntnis des Glättdekors durch originale Erzeugnisse östlicher Werkstätten in die Gegenden an Rhein und Neckar gelangt sein muß. Ein in den sechziger Jahren aus einem Herrenberger Reihengräberfeld geborgener Einzelfund, ein Henkelgefäß mit eingeglättetem Tannenzweigmuster ohne Herkunftsnachweis im Württembergischen Landesmuseum Stuttgart oder ein Krug aus einem Einzelgrab des 5. Jahrhunderts in Edingen, Rhein-Neckar-Kreis, dürften weit östlich ihrer Auffindungsorte hergestellt worden sein.

Die von donauländischen Vorbildern abhängige, letztlich aber zweifellos heimische Entstehung des Renninger Kruges ist an seiner mit Einglättornamentik eigentlich kaum zu vereinbarenden Rauhwandigkeit abzulesen. Hätte man das Gefäß nicht intakt, sondern zerscherbt in einem Siedlungszusammenhang angetroffen, wäre aufgrund der Quarzmagerung eine Zuweisung zur sog. rauhwandigen Drehscheibenware spätrömischer (»Mayener«) Art sicherlich zumindest erwogen worden. Die Mehrzahl der oben genannten formal vergleichbaren Stücke ohne Glättornamentik aus süddeutschen Gräberfeldern zählt zu den rauhwandigen Krügen.

Das Renninger Fundstück nimmt bei der Beurteilung der Keramikentwicklung in den Gegenden südlich des Mains während der zweiten Hälfte des 5. Jahrhunderts also eine wichtige Stellung ein. Auf ihm treten die östlichen Anregungen, denen letztlich eine ganze Gruppe von Krügen ihre Entstehung verdankt, durch die Kombination von Form und Glättdekor viel deutlicher als bisher zutage. Gleichzeitig verrät die Rauhwandigkeit seine Bindungen an westliche Töpfereitraditionen.

Der Blick auf die datierbaren Stücke dieser Gruppierung aus Gräbern und – sehr viel seltener – Siedlungen (z. B. dem Runden Berg bei Bad Urach) lehrt, daß alle spätestens im frühen 6. Jahrhundert zwischen nördlichem Oberrhein und oberer Donau in den Boden kamen. Die Produktion endete somit in einer Zeit, in der sich im Nordteil Südwestdeutschlands erhebliche Veränderungen abspielten. Es stellt sich daher die Frage, ob die Töpfereien, die solche Krüge produzierten, von den Vorgängen in den Jahren 496/497 (Niederlage der Alamannen in der Schlacht von Tolbiacum) und 506 (fränkische Okkupation des nördlichen Teils des alamannischen Stammesgebietes) in Mitleidenschaft gezogen wurden und daraufhin ihre Tätigkeit einstellten. Als Hinweis auf die Lage einer Werkstatt im Heilbronner Umland wird man werten dürfen, daß eines der Gefäße aus dem Gräberfeld auf dem Heilbronner Rosenberg (Brauerei Cluß) schon in der ersten Veröffentlichung zu Beginn des Jahrhunderts von A. Schliz als Fehlbrand bezeichnet wurde.

Susanne Arnold, Uwe Gross

Literaturhinweis

J. Tejral, Spätrömische und völkerwanderungszeitliche Drehscheibenware in Mähren. Arch. Austriaca 69, 1985, 105 ff.

Neues zum fränkischen Gräberfeld in Heddesheim, Rhein-Neckar-Kreis

Ein erster Hinweis auf einen Reihengräberfriedhof in der Gemarkung Heddesheim ergab sich bereits vor 1870, als am nördlichen Ortsrand eine silbertauschierte eiserne Scheibenfibel der Merowingerzeit gefunden wurde. Mit der Erschließung des Neubaugebietes nördlich bzw. östlich der Viernheimer Straße kamen anfangs der fünfziger Jahre die ersten Grabfunde zum Vorschein, die aber nicht gemeldet wurden (Abb. 151). Mündlichen Erkundigungen zufolge legte man in der Folgezeit mindestens 30, z. T. beigabenführende Gräber frei. Lediglich 8 von ihnen wurden 1957 beim Bau eines Wohnhauses in der Beethovenstraße 22 fachgerecht ausgegraben und zuständigkeitshalber dem Reiß-Museum Mannheim überstellt, in dessen Neubau sie heute zu sehen sind.

Obwohl das Landesdenkmalamt deshalb das Gräberfeld bereits 1987 in seinen Entwurf für die neue Liste schutzwürdiger Bodendenkmäler aufgenommen hatte, bestand die Gefährdung durch unkontrollierte Überbauung fort: Als Ende letzten Jahres zur Erweiterung des betreffenden Wohnhauses in der Beethovenstraße 22 eine Baugrube ausgehoben wurde, fand der Hauseigentümer im Aushub weitere Reste merowingerzeitlicher Gräber. Dies wurde im Herbst 1989 dem aus Heddesheim stammenden Grabungstechniker des Kurpfälzischen Museums Heidelberg bekannt, der daraufhin die Funde übernehmen und dem Landesdenkmalamt melden konnte.

Bedeutsamster Fund ist ein gut erhaltenes Perlrandbecken (Abb. 152) von 25 cm Durchmesser aus verzinntem Bronzeblech mit einem massiv gegossenen, ursprünglich angelöteten Standring aus einer bleihaltigen Legierung. Dazu kommen ein komplett erhaltener, 5,5 cm hoher bauchiger Becher aus entfärbtem Glas (Abb. 153), dessen Bauch durch Glasfadenauflagen verziert ist, ein zierlicher stempelverzierter Knickwandtopf sowie 3 Eisenteile, darunter ein 11 cm langes Messer

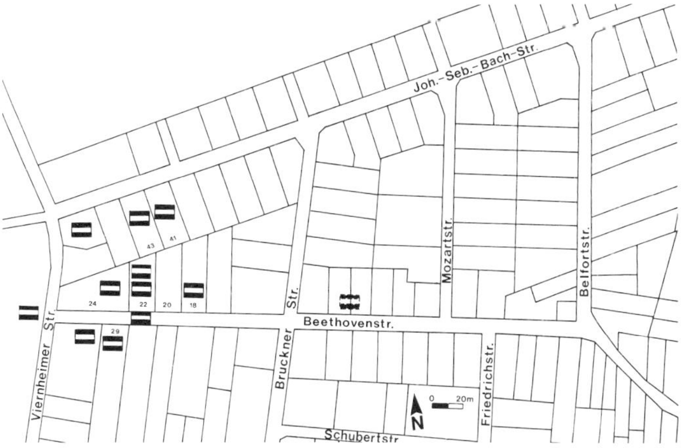

Abb. 151 Heddesheim. Reihengräberfeld der Merowingerzeit im Neubaugebiet nördlich der Ortsmitte

Abb. 152 Heddesheim. Fränkisches Gräberfeld. Bronzenes Perlrandbecken
Abb. 153 Heddesheim. Fränkisches Gräberfeld. Glasbecher

und eine 17,5 cm lange Schere. Das zugehörige Skelettmaterial umfaßte Reste von mindestens 3 Individuen, darunter ein Kind. Weitere Beigaben und Einzelheiten der Fundumstände wurden nicht beobachtet, doch könnte eine auffällige ovale Korrosionsspur auf dem Boden des Bronzebeckens auf weitere Beigaben hinweisen. Erhärtet wird diese Vermutung durch die Tatsache, daß Bronzebecken und Glasbecher in fränkischen Gräbern der Zeit um 600 n. Chr. begüterten Personen vorbehalten blieben und meist mit anderen erlesenen Beigaben vergesellschaftet waren.

Trotz der zerrissenen Überlieferung dokumentieren die neuen Funde, daß in dem fränkischen Reihengräberfeld des nach 917 erstmalig genannten »Heteneheim« auch eine örtliche Oberschicht bestattete, möglicherweise ein im Ort ansässiges Adelsgeschlecht der Merowingerzeit. *Hans-Peter Kuhnen*

Literaturhinweise

Staatl. Archivverwaltung Baden-Württemberg (Hrsg.), Die Stadt- und die Landkreise Heidelberg und Mannheim. Amtliche Kreisbeschreibung Bd. III, 1970, 487 ff. – Badische Fundberichte Sonderheft 10, 1967, 20.

Die frühmittelalterliche Siedlung zum Gräberfeld bei Lauchheim, Ostalbkreis

Der Kenntnisstand der Archäologie zur Lebensweise der Alamannen, aber auch aller übrigen germanischen Stämme während der Merowingerzeit, beruht in aller Regel auf Gräbern und ganzen Friedhöfen. Soweit Siedlungsausschnitte erforscht sind, geben sie zumeist nur Teile der Struktur der Wohnplätze preis. Der Idealfall – ein Gräberfeld mit der zugehörigen Siedlung kann weitgehend untersucht und so exemplarisch Einblick in das Leben des frühen Mittelalters in seiner Gesamtheit gewonnen werden – schien bis vor kurzem noch gänzlich außerhalb realer Möglichkeiten zu liegen.

Die Gründe hierfür sind vielfältig. Soweit Ansiedlungen über das Mittelalter hinaus bis heute weiterbestehen, sind sowohl die entfernter gelegenen Friedhöfe als auch vor allem aber die älteren Siedlungsstrukturen den Bauansprüchen späterer Generationen zum Opfer gefallen. Intensive landwirtschaftliche Nutzung, Änderung bisheriger Bewirtschaftungsweisen und Bodenerosion führten und führen zum weiteren Verlust der Objekte. Es ist daher nicht erstaunlich, daß wir die Gräberfelder weitaus besser kennen als die Siedlungsplätze, denn die unspektakulären Erdverfärbungen, die von Holzbauten zurückbleiben, werden bei Baumaßnahmen leichter übersehen als Skelette und Grabbeigaben.

Vor diesem Hintergrund wird es verständlich, warum man sich seit der Entdeckung des bedeutenden Gräberfelds (vgl. S. 217) bei Lauchheim Gedanken über die Lage der zugehörigen Siedlung machte. Die heutige Stadt Lauchheim kam dafür nicht in Frage, da das Ortszentrum mehr als 1200 m vom Friedhof entfernt liegt. Gewisses Augenmerk richtete sich auf das Gewann »Mittelhofen«, 200 m nordöstlich vom Gräberfeld, dessen Name auf einen alten Ort hinweist. Eine Reihe von Untersuchungen hat gezeigt, daß die Siedlungen in der Regel zu Füßen der Friedhöfe auf Niederterrassen von Bächen oder Flüssen liegen. Auch bei Lauchheim war daher das Dorf unweit der Nekropole auf der Niederterrasse der Jagst zu vermuten. Das hier gelegene Gewann »Mittelhofen« war lange vor der Entdeckung des Gräberfelds mit einem abgegangenen mittelalterlichen Ort in Verbindung gebracht worden. Nun sind -hofen-Orte im allgemeinen späte Gründungen ab dem 7. Jahrhundert, d. h. der Ortsname paßt nicht zu Größe, Struktur und zu vermutendem früherem Beginn des Bestattungsplatzes. Hingegen entsprächen die geringe Entfernung und die Lagebezüge von Siedlung und Gräberfeld durchaus den in der Merowingerzeit weithin üblichen Verhältnissen (Abb. 154). Orts- und Flurnamen können im Lauf der Zeit Änderungen erfahren haben, etwa wenn sie an neue Verhältnisse angepaßt wurden.

Der bevorstehende Neubau der B 29, Umgehung Lauchheim, sowie ein zu erweiterndes Industriegebiet erforderten im Gewann »Mittelhofen« dringende Klärung durch den Einsatz von Prospektionsmethoden. Aber erst durch im Straßentrassenverlauf angelegte Baggerschnitte kamen dann tatsächlich die ersten Grundrisse von Holzhäusern in den Gewannen »Mittelhofen« und »Breite« zutage. Sie liegen in nur 200 m Entfernung talwärts des Gräberfelds auf der schwach nach Norden geneigten Niederterrasse der Jagst. Es wurde umgehend mit der notwendigen, großflächigen Rettungsgrabung der frühmittelalterlichen Siedlung begonnen. Sie umfaßte vorrangig ein Areal von ca. 80 × 80 m, in dem wir bereits jetzt 12 gut ansprechbare Hallenhäuser in Holzbautechnik nachweisen konnten, deren Zahl sich bei detaillierterer Auswertung sicher noch erhöhen wird. Hinzu kommen Wirtschaftsbauten, darunter 16 sog. Grubenhäuser. Insgesamt konnten wir bisher 1500 Einzelbefunde erfassen. Erwartungsgemäß gehören nicht alle davon in die Merowingerzeit, vielmehr wurde hier bis in die Zeit um 1200 gesiedelt, so daß ein beträchtlicher Teil der Anlagen jünger ist. Die eingetieften Objekte wie Pfostengruben und Gräbchen zeichneten sich gut im erodierten hellen Weißjuraschotter ab. Eine Kulturschicht war allerdings nicht mehr festzustellen. Sie ist längst Erosion und Beackerung zum Opfer gefallen. Bodenbedingt ließen sich die Holzpfosten selbst auch mitunter klar von den Pfostengruben unterscheiden.

Die ergrabenen Befunde erstrecken sich bis unmittelbar an die heutige Niederterrassenkante auf der der Mittelhofer Weg verläuft. Es gibt Hinweise, daß in einzelnen Bereichen

Abb. 154 Lauchheim. Luftbild der frühmittelalterlichen Siedlung, im Hintergrund rechts neben den Fabrikgebäuden das Gräberfeld (freigeg. RP Stuttgart 000/70666)

auch in der heutigen Bachtalaue der Jagst noch mit Siedlungsbefunden gerechnet werden muß. Baggerschnitte und Luftbilder lassen bereits jetzt eine beträchtliche Ausdehnung der Siedlungsfläche erkennen. Die in diesem Jahr untersuchten Baubefunde stellen daher nur einen, noch dazu willkürlichen Ausschnitt der Gesamtanlage dar.

Schon eine oberflächliche Betrachtung des Grabungsausschnitts zeigt, daß die aufgedeckten Bauten sicher nicht alle gleichzeitig bestanden haben können. In diesem Siedlungsteil lagen die Gehöftplätze wohl von Anbeginn an fest, so daß Neubauten innerhalb des zur Verfügung stehenden Areals errichtet werden mußten.

Im Südwesten der Untersuchungsfläche lösten mindestens 3 Hallenhäuser einander ab. Man bemühte sich, das neue Bauernhaus auch innerhalb des Hofgeländes an etwa gleicher Stelle wieder zu errichten. Die Gründe hierfür sind offenkundig: Nachdem nicht alle Gebäude einer Hofstelle gleichzeitig baufällig werden, mußte der Platz im verfügbaren Hofraum möglichst gleich beibehalten werden. Innerhalb der Hofanlage nahmen bis zu 26 m

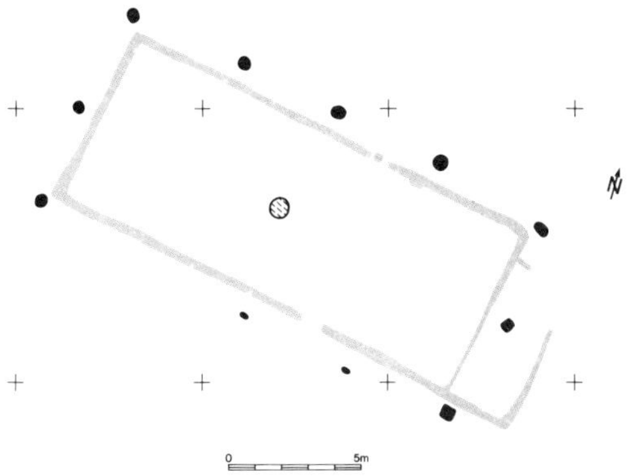

Abb. 155 Lauchheim. Plan eines Hauses mit Wandgräbchen und ausgestellten Pfosten; die südlichen Pfostengruben wurden erst im zweiten Planum sichtbar und sind daher schmaler

lange Hallenhäuser die wichtigste Stelle ein. Sie dienten wie andernorts auch wohl als Wohn-Stall-Häuser, d. h. Mensch und Tier (Rinder) waren unter einem Dach, jedoch durch eine Zwischenwand getrennt, untergebracht. Im wesentlichen trafen wir 2 verschiedene Bauformen der Wohnhäuser (Abb. 155 und 156) an: zum einen einschiffige Pfostenbauten, zum anderen einschiffige Häuser mit Wandgräbchen. In diese waren teils Pfosten gestellt, teils werden in ihnen auch Schwellbalken verlegt gewesen sein, die sich aber nicht mehr nachweisen ließen. Nachdem in der gesamten Grabungsfläche fast kein Hüttenlehm gefunden wurde, nehmen wir an, daß die Wände in der Regel nicht aus lehmverstrichenem Flechtwerk, sondern aus Holzbohlen und Brettern bestanden haben. In 2 Fällen waren an östlichen Schmalseiten der Gebäude Anbauten festzustellen. Sie können als Windfang mit Vordach oder auch als Schopf gedient haben. In den Häusern befanden sich Reste der Herdstellen und daneben häufig Aschengruben. Soweit derzeit ersichtlich, sind alle Häuser mit den Schmalseiten einheitlich west-östlich ausgerichtet. Auch ihre Breiten sind erstaunlich gleichförmig und liegen bei 7 m. Diese einheitliche Breite ist sicher aus langer Erfahrung mit stabilen Holzverbindungen von Ständern einschiffiger Häuser erwachsen und nähert sich wohl nicht zufällig Fußmaßen.

Wir begegnen ihr auch an einem bemerkenswerten Bau, der, einen Anbau eingerechnet, 20×7,1 m Außenmaße erreicht (Abb. 155). In den Gräbchen dieses Hauses fanden sich nur einzelne Spuren eingestellter Pfosten, so daß wohl mit einer Schwellbalken oder Bohlenwandkonstruktion zu rechnen ist. Auffallend sind hier aber im Abstand von nur maximal 0,50 m außen neben den Gräbchen eingetiefte Pfostengruben, deren südliche Reihe wegen der darüberliegenden Störung durch einen jüngeren Befund erst im zweiten Planum erfaßt wurde. Weil sich die Pfosten deutlich auf die Gräbchen des Hauses beziehen, erscheint es höchst unwahrscheinlich, daß hier zwei zufällig genau ineinander liegende Grundrisse verschiedener Häuser vorliegen. Auch spricht der weite Abstand der Pfostenständergruben (8 m), der sonst in der Siedlung bisher nicht begegnet, dagegen. Bei der geringen Distanz der Pfosten von der durch das Gräbchen markierten Wand kann man auch nicht von Mehrschiffigkeit sprechen. Meines Erachtens ist hier ein Haus mit Außenstützen zu rekonstruieren. Leider erlaubte es der Befund nicht, eine Schrägneigung der Pfosten nach innen sicher zu erweisen. Sie ist aber aus konstruktiven Gründen zu vermuten. Bauten dieser Art sind nördlich der Mittelgebirge durchaus geläufig, aber bisher aus Süddeutschland nicht bekannt. Der hier vorgestellte Hausbefund ist der älteste Bau an dieser Stelle. Er wird von einem etwa gleich großen in Bohlen- oder Schwellbalkentechnik errichteten Haus und einem noch jüngeren Pfostenbau abgelöst. Alle drei aufeinander folgenden

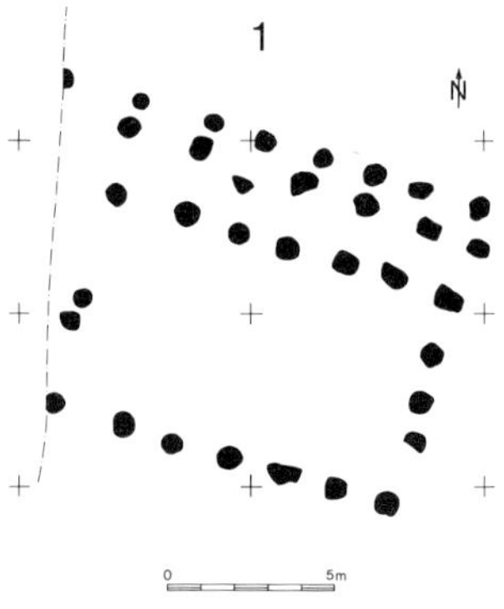

Abb. 156 Lauchheim. Pläne verschiedener Häuser. 1 Pfostenbau mit ungewöhnlich großen Pfostengruben und im Norden angebautem Seitenschiff, 2 einfacher einschiffiger Pfostenbau von 26 m Länge, 3 Haus mit Wandgräbchen und Pfosten

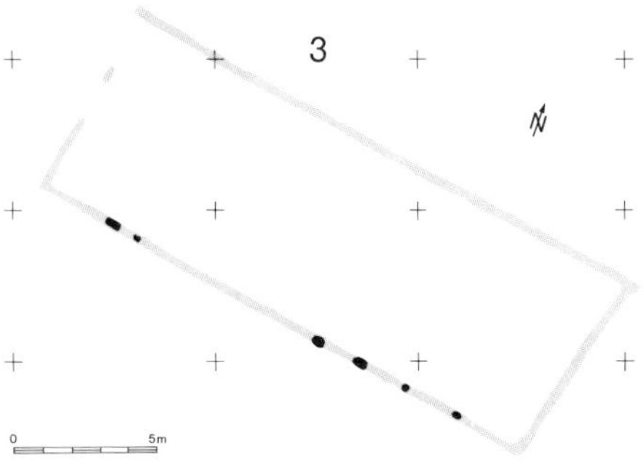

Bauten waren Wohnhäuser, vermutlich von ein und derselben Bauernfamilie errichtet.

Bisher weist nur ein einziges, ungewöhnlich massiv gebautes Pfostenhaus Mehrschiffigkeit auf. Einem 7,2 m breiten Hauptschiff ist nördlich ein 2,5 m breites Seitenschiff vorgelagert (Abb. 156. 1), das vermutlich nachträglich angebaut wurde. Es wurde einmal durch Einstellen zusätzlicher Pfosten erneuert. Der aus dem üblichen Rahmen fallende Befund konnte bislang noch nicht vollständig untersucht werden. Im Gewann »Mittelhofen« liegen somit zwar gleichartige Bauten vor, sie beinhalten aber

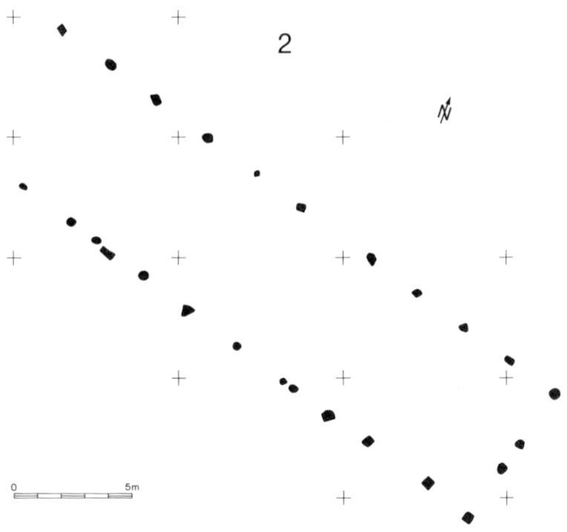

gänzlich verschiedene Konstruktionsmerkmale. Daher können hier sowohl für die Geschichte des frühmittelalterlichen Holzbaus wie auch für die Struktur der Siedlung wichtige Aufschlüsse gewonnen werden.

In den Hofarealen lagen Grubenhäuser, kleine rechteckige Anlagen von häufig 3×4 m Seitenlänge, die in den Boden eingetieft waren. Das Dach wurde zumeist von 3 Pfosten an den Schmalseiten getragen. Daneben treten aber auch größere Grubenhäuser mit mehr Pfosten in abweichender Anordnung und kleinere Objekte mit weniger Pfosten auf. In den meisten Fällen dienten diese eingetieften kleinen Hütten der Textilherstellung, einer Arbeit, die ausschließlich von Frauen ausgeübt wurde. In dem feuchten und kühlen Klima dieser Räume ließ sich besonders Wolle gut verarbeiten. Immer wieder finden sich in ihnen Webgewichte aus Ton, aber auch Spinnwirtel und Nähnadeln. Wohl zu jedem Hof hat mindestens eine solche Hütte gehört. Bislang noch nicht rekonstruierbar sind weitere zum Hof gehörige Bauten wie Kleinviehställe und Speicher. Bemerkenswert erscheinen uns Schmiedeöfen, in denen sich Eisenschlacken fanden. Die Eisenverarbeitung dürfte am Ort einige Bedeutung ge-

habt haben. Von Hofeinfriedungen, wie sie in allen germanischen Stammesrechten eine große Rolle spielen, konnten bisher nur geringe Teile ergraben bzw. sicher gedeutet werden.
Wie die Adelsgrabfunde erweisen, befinden wir uns hier zudem noch an einem im 7. Jahrhundert wichtigen Ort. Wirtschaftliche wie militärische Bedeutung hatte sicherlich die Fernstraße, die das Remstal mit dem Ries, letztlich das Rheinland mit dem Donauraum verband. Während sie für die römische Zeit und das Mittelalter belegt ist, kann ihre Existenz im Frühmittelalter nur indirekt erschlossen werden. Der Fernweg, der nach der Engstelle des Albvorland-Abstiegs auf der Niederterrasse verlaufen sein muß, berührt fast zwangsläufig das Areal der Wüstung. Vielleicht geht der Mittelhofer Weg, der weiter nach Westerhofen führt, auf diese Trasse zurück. Im Bereich von Mittelhofen gab es eine Furt über die Jagst. Es wäre daher nach den Auswirkungen einer Straße auf die Struktur der daran gelegenen Siedlung zu fragen. In Überlegungen zur wirtschaftlichen Situation sollten auch die Bohnerzvorkommen auf der Albhochfläche mit einbezogen werden. Durch Erosion verlagerte Erzknollen finden sich sowohl in der Siedlung als auch im Gräberfeld.
Die im Gräberfeld faßbare Christianisierung wirft die Frage nach der Existenz einer rechtlich wie auch immer gearteten Kirche auf. Diese dürfte in der Siedlung gelegen haben, falls sie nicht auf der Anhöhe der heutigen Kapfenburg stand. Nach der Aufgabe der Beigabensitte und der Verlegung des Gräberfelds zu einem Kirchhof in der Zeit um 700 ist das Dorf selbst die einzige Quelle für siedlungsgeschichtliche Aussagen. Archäologisch faßbare Geschichte kann also bis zur Aufgabe von »Mittelhofen« fortgeschrieben werden. Auch die Gründe, die zur Wüstwerdung führten, können unter Umständen ermittelt werden. Die große Ausdehnung der Siedlungsfläche läßt vermuten, daß hier im Lauf der Zeit Verschiebungen stattgefunden haben, die exemplarisch nachvollziehbar wären. Eine spät überlieferte Lauchheimer Sage berichtet, daß der Ort ursprünglich an der Stätte von »Mittelhofen« gelegen habe. Die in den nächsten Jahren notwendigen Untersuchungen können viele dieser Fragen klären. *Ingo Stork*

Zum Stand der Grabungen im merowingischen Gräberfeld bei Lauchheim, Ostalbkreis

1989 mußten die wegen einer bevorstehenden Industriebebauung notwendigen großflächigen Ausgrabungen im Gräberfeld bei Lauchheim weiter fortgeführt werden. Infolge der Entdeckung und Teiluntersuchung der zugehörigen Siedlung (vgl. S. 212) konnte dieses Jahr weniger gegraben werden. Ziel war eine noch bestehende Flächenlücke zu schließen und einen durch eine geplante Leitungsverlegung akut gefährdeten Friedhofsteil zu dokumentieren. Damit kann bei einem heutigen Bestand von 576 Gräbern nun erstmals ein zusammenhängender Plan des ergrabenen Teils der Nekropole vorgestellt werden (Abb. 157). Im Norden, Süden und Osten sind die Grenzen der Belegung nachgewiesen. Im Westen er-

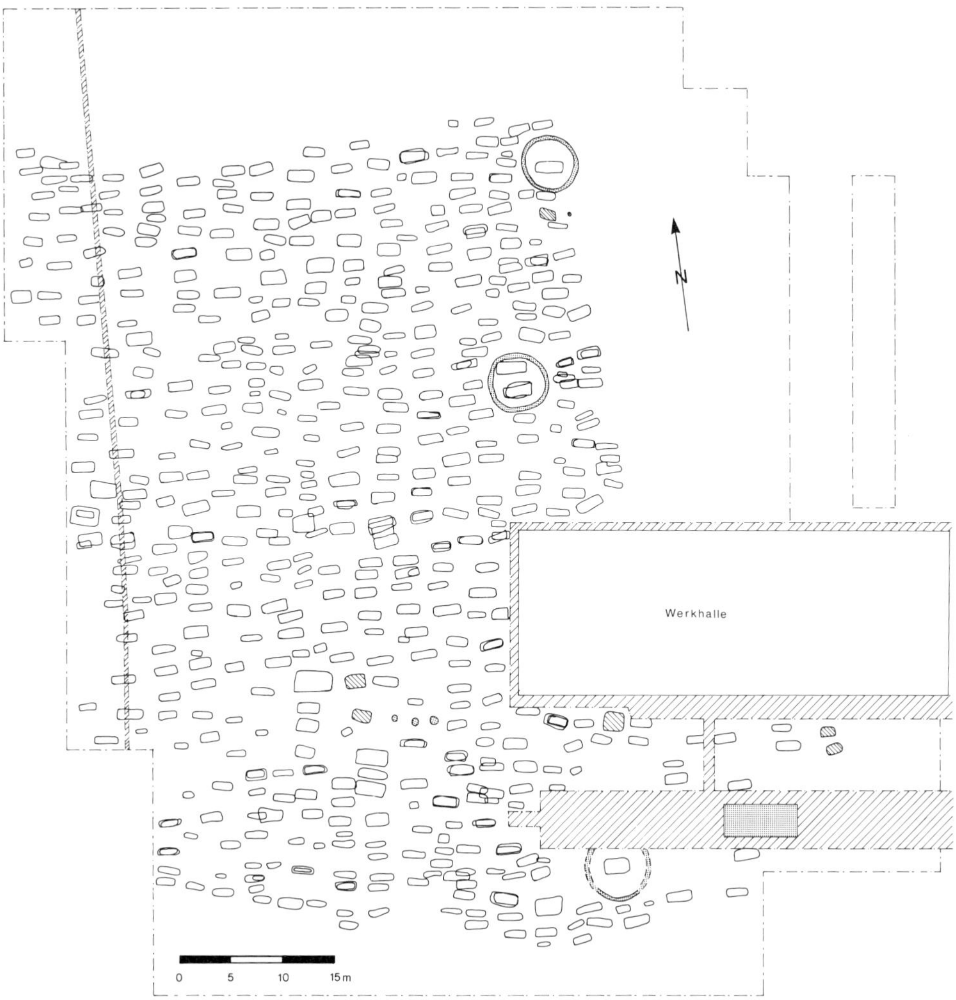

Abb. 157 Lauchheim. Gesamtplan des bis einschließlich 1989 ergrabenen Friedhofsausschnitts. Pfosten, Kreisgräben und Lage des ersten Grabes gerastert, Pferdegräber und Störungen unterschiedlich schraffiert

streckt sich das Gräberfeld, wie Sondageschnitte gezeigt haben, noch auf eine Länge von rund 100 m. Der sehr große Friedhof umfaßt insgesamt schätzungsweise 1200–1500 Bestattungen. Nekropolen dieser Größenordnung sind im ostalamannischen Bereich zwar erschließbar, jedoch meist gestört bzw. können nicht untersucht werden. In Lauchheim beschränken sich die Verluste auf einen Kanalerschließungsgraben, dessen Anlage zur Entdeckung des Friedhofs führte. Eine kleinere Teilfläche des Gräberfelds liegt unversehrt, aber unzugänglich unter dem Betonboden einer Werkshalle. Wenngleich diese Fläche gerade einen wichtigen Teil – die Gräber der abgesetzt bestattenden, adeligen Bevölkerung des späten 7. Jahrhunderts – betrifft, ist sie doch, gemessen an dem noch erhaltenen Teil gering. Gerade an solch großen Friedhöfen kann eine Reihe wichtiger Fragen, etwa die nach dem Werden der Siedlungsgemeinschaft, ihrer gesellschaftlichen Struktur und Entwicklung, exemplarisch geklärt werden. Die Nekropole ist damit eine höchst bedeutsame archäologische Quelle zur Erforschung der frühen Landesgeschichte vom 5. bis zum späten 7. Jahrhundert. Nicht die Auffindung herausragender Fundobjekte oder Gräber steht also im Vordergrund, sondern vielmehr die Kenntnis des Friedhofs als Ganzes.

Der im Plan (Abb. 157) dargestellte, bisher ergrabene Ausschnitt weist bemerkenswerte Eigentümlichkeiten auf. Die Nord- und Ostgrenze der Belegung verläuft über Strecken von rund 50 bzw. 40 m völlig geradlinig und ist ähnlich wie in Kirchheim am Ries nach den Himmelsrichtungen ausgerichtet. Sicherlich gab es eine flachgegründete, im Hanggelände nicht mehr nachweisbare oberirdische Umhegung, etwa einen Zaun oder eine Hecke. Nachdem der gesamte nordöstliche Friedhofsbereich etappenweise ab der Zeit um 600 belegt worden ist, fassen wir hier wohl eine planmäßige Gräberfelderweiterung. Außergewöhnlich deutlich treten in Lauchheim die Gräberreihungen hervor. Ganz entsprechend dem Kirchheimer Befund liegt an der Südostecke eine Gräbergruppe, die sich nicht an die Friedhofsbegrenzung hält und als herausragend reich zu bezeichnen ist. Für die dort in der zweiten Hälfte des 7. Jahrhunderts Bestatteten war das festgelegte Areal also nicht verbindlich, vielmehr begrub man sie getrennt von der übrigen Dorfbevölkerung. Eine Reihe weiterer Indizien belegt, daß hier eine Grablege des Adels und nicht nur ungewöhnlich reicher Personen vorliegt. Kreisgräben, zu denen sicherlich Grabhügelaufschüttungen gehörten, umschlossen die Bestattungen sehr wohlhabender Männer. Sie befinden sich sowohl innerhalb der separierten Gräbergruppe (Grab 38) als auch außerhalb davon am Ostrand der Nekropole. Die hier Beigesetzten waren mit der Anlage dieser Grabhügel gegenüber der restlichen Bevölkerung bevorrechtet. Im Bereich der Hügel sind die Grabreihungen unterbrochen bzw. gekrümmt, was darauf hinweist, daß die Monumente zunächst aufgeschüttet worden waren und erst später um sie herum bestattet wurde. Die Sitte, Kreisgräben anzulegen, beschränkt sich in Lauchheim auf das zweite Drittel des 7. Jahrhunderts. Doch auch schon vorher hat es Aufhöhungen über bestimmten Grablegen gegeben, die über das Volumen des Aushubs, der bei den Ausschachtungen zum Bau hölzerner Grabkammern anfällt, hinausgehen. Dies läßt sich indirekt aus kreisförmigen Freiräumen um bestimmte Gräber erschließen. Besonders deutlich wird dies an einem großen Holzkammergrab westlich zweier Pferdebestattungen. Die 3,3 × 1,7 m große Grabkammer erwies sich leider als stark beraubt. Ein erwachsener Mann sowie vielleicht auch noch ein Kind waren hier beigesetzt worden. Die wenigen verbliebenen Beigaben, u. a. ein Teil eines Goldblattkreuzes, eine Schnalle vom Pferdegeschirr und eine Bronzeglocke, die ihre nächste Entsprechung in Grab 3c von Niederstotzingen besitzt, bezeugen den ungewöhnlichen Reichtum des hier Bestatteten. Östlich des Grabes, und diesem zweifellos zuzuordnen, lagen in einer separaten Grabgrube 2 enthauptete Pferde (Abb. 158). Die Beigabe von Reitpferden ist im westlichen merowingischen Kulturkreis auf herausragend reiche Bestattungen beschränkt; sie unterstreicht hier somit den einstigen Rang des Verstorbenen.

Abb. 158 Lauchheim. Doppelbestattung zweier enthaupteter Reitpferde, die dem Adelsgrab 458 zuzuordnen sind

Südlich dieses Grabes, ursprünglich wohl in dessen Überhügelung mit einbezogen, fanden wir 2 weitere, außerordentlich reich ausgestattete, unberaubte Gräber. Die sich überlappenden Grabgruben waren erst in einer Tiefe von 1,25 m unter heutiger Oberfläche voneinander zu trennen. Möglicherweise ist dies auf eine Vermischung des Erdmaterials bei einem erfolglosen Beraubungsversuch zurückzuführen. Beide Gräber lagen auf auffallend gleichem Niveau, 1,40 m unter der bestehenden Oberfläche. Dies kann auf Zufall beruhen, denn die nördliche Bestattung, Grab 441, ist wohl zuerst angelegt worden. Sie liegt unmittelbar neben dem beraubten Kammergrab. Maximal 40 cm über dem Skelett zeichneten sich die Reste eines Holzeinbaus von noch ca. 1,90 × 1,05 m Größe ab. An der östlichen Schmalseite waren Steine, wohl zur Verkeilung, eingebracht worden. Vermutlich auf der Holzabdeckung stand an der Südostecke eine mediterrane Griffschale der Form 2 nach J. Werner, darin ein Kamm.

War nach der Art der Grablege hier die Bestattung eines Erwachsenen zu vermuten, so stellten wir bei der Freilegung überrascht fest, daß hier ein ca. vierjähriger Knabe (vorläufige Bestimmung J. Wahl) beerdigt worden war. Herausragend ist vor allem seine Waffenausstattung: In einer mit Bronzebeschlägen verzierten Scheide steckte ein Kindersax mit immerhin etwa 30 cm langer Klinge, das an einem vielteiligen Gürtel getragen wurde. Zu Füßen des Kleinen lag eine Kinderaxt, die mit 16 cm Länge ebenfalls ungewöhnlich groß ist. Ein Pfeil und eine kindgerechte Lanze mit 20 cm langer Spitze vervollständigen die »Angriffswaffen«. Demgegenüber besitzt die »Schutzwaffe«, der Schild, von dem sich der eiserne Schildbuckel erhalten hatte, größere Ausmaße; er dürfte von dem Vierjährigen schwerlich gehalten worden sein. Ein Messerpaar, eine Fleischbeigabe und ein großes Tongefäß unbekannten Inhalts runden dieses herausragende Grabinventar ab, das mit Ausnahme von Langschwert (Spatha) und Pferdegeschirr alles enthält, was auch einem vornehmen Erwachsenen angestanden hätte.

Südlich neben diesem Grab befand sich auf gleichem Niveau eine weitere, unversehrte Kinderbestattung. In der 2,10 × 1 m großen Grabgrube ließen sich ebenfalls noch Reste eines Holzeinbaus von mehr als 1,7 m Länge und 0,70 m Breite nachweisen. Auch dieses unversehrte Grab 450 barg eine Kinderbestattung. Dem etwa sechs- bis achtjährigen Knaben (vorläufige Bestimmung J. Wahl) war eine vollständige Waffenausstattung: Spatha, Sax mit bronzebeschlagener Scheide und Messerfutteral, Lanze, 2 Pfeile und ein Schild beige-

Abb. 159 Lauchheim. Aus vier Teilen gearbeitetes Goldblattkreuz aus dem Grab eines sechs- bis achtjährigen Knaben. Länge des senkrechten Kreuzbalkens 6,6 cm, Gewicht 1,3 g

geben worden. Im Gegensatz zu den Waffen des Vierjährigen weisen die des Älteren, mit Ausnahme der Lanzenspitze, die für Erwachsene üblichen Größen auf. Sie können von dem Knaben also zu Lebzeiten kaum getragen, geschweige denn geführt worden sein. Pferdezaumzeug, das 0,50 m südlich des Toten niedergelegt worden war, sowie eine zu diesem Grab gehörende Pferdebestattung in separater Grabgrube östlich davon belegen, daß das Kind ein Pferd reiten durfte. Sehr ungewöhnlich ist eine vielteilige Gürtelgarnitur aus Weißmetall oder Silber mit eingravierten Kreuzen, die wahrscheinlich aus Italien stammt. Dies und ein Goldblattkreuz, das in der üblichen Lage auf dem Schädel am Oberkiefer gefunden wurde, belegen das Christentum des jungen Toten (Abb. 159). Schon die Grabinventare sind als ungewöhnlich reich zu werten. Die Tatsache aber, daß hier zwei Knaben prunkvoll zu Grabe getragen worden sind, verleiht den Lauchheimer Befunden eine neue Dimension. Wie 1974 eine Zusammenstellung I. Ottingers gezeigt hat, ist Waffenbeigabe bei Kindern an sich schon außergewöhnlich. Bisher werden die beiden Lauchheimer Gräber nur von wenigen der reichsten fränkischen Kinderbestattungen übertroffen. So fand sich eine Spatha bisher nur noch in dem Grab eines sechsjährigen merowingischen Prinzen unter dem Kölner Dom, hinter dessen Grabinventar das Lauchheimer freilich deutlich zurückbleibt. Wir meinen daher, hier zu Recht von Adelsgräbern sprechen zu können.

Zu dieser Gräbergruppe gehört auch das bereits 1986 ausgegrabene Frauengrab 66, das unmittelbar neben dem Knabengrab 450 lag und in etwa gleicher Zeit, um 600 angelegt wurde. Es liegt nahe, eine wie auch immer geartete Verwandtschaft der ab Ende des 6. und in der ersten Hälfte des 7. Jahrhunderts Bestatteten zu vermuten, was detaillierte anthropologische Untersuchungen klären könnten.

Unmittelbar östlich der beschriebenen Gräbergruppe stellten wir einen weiteren bemerkenswerten Befund fest: eine Reihe von 3 mächtigen, bis zu 0,80 m breiten und durchschnittlich 0,60 m tiefen Pfostengruben, die auf eine Holzkonstruktion hindeuten (Abb. 160). Die Entfernung der äußeren Pfostengruben beträgt 4,4 m. Weitere Pfostenstellungen waren nachweislich nicht vorhanden. Es fällt jedoch auf, daß die Friedhofsbelegung hier einen deutlichen Freiraum beläßt, den wir uns überbaut vorstellen könnten. Die Pfosten wären dann m. E. am ehesten als Firstträger eines Baus zu deuten. Nachdem keine weiteren Bauspuren aufgefunden wurden und sie auch nicht durch jüngere Grabgruben verschwunden sein können, läge hier eine bisher einmalige Konstruktion vor. Holzbauten in Gräberfeldern können verschiedene Funktion besessen haben. Neben einfachen, häufig als Kirchen gedeuteten Räumen ist vor allem an Memorialbauten über herausgehobenen Gräbern zu erinnern; letzteres dürfte auch hier der Fall sein. Südlich der Pfostenreihe lag unter einer beigabenarmen Nachbestattung ein reiches Frauengrab. Das herausragendste Fundstück ist ohne Zweifel eine aus 2 Goldblechen gepreßte Scheibenfibel von 3,8 cm Durchmesser, die auf beiden Seiten ein byzantinisches Münzvorbild (vgl. S. 355) nachahmt. Das in Trachtlage auf der Brustmitte unterhalb des Halses aufgefundene Stück ist ein wohl für die Trägerin eigens gefertigtes Unikat. Die Beifunde, u. a. 3 Goldanhänger und Glasperlen, sprechen für eine Grablege zu Anfang des 7. Jahrhunderts. Nördlich der Pfostenreihe befand sich die Bestattung eines ca. dreijährigen Knaben, dem ein großes Messer als Kindersax beigegeben war. Die unverzierte eiserne Gürtelschnalle eines Erwachsenen stammt von einer dreiteiligen Gürtelgarnitur und legt eine Bestattung im ersten Drittel des 7. Jahrhunderts nahe.

Die Grabungen der nächsten Jahre werden mit Sicherheit Aufschlüsse über die Anfänge der Friedhofsbelegung und damit über die Entstehung, Wesen und Werden der merowingerzeitlichen Bevölkerung geben. Aufschlüsse, die hier maßgeblich von den Befunden in der zugehörigen Siedlung ergänzt und erweitert werden.

Abschließend ist es uns eine angenehme

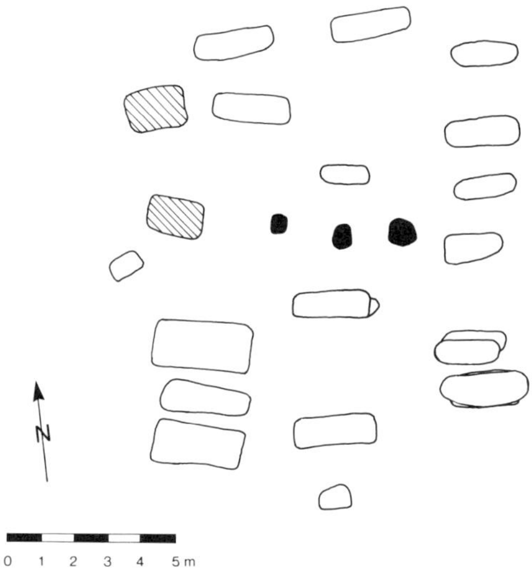

Abb. 160 Lauchheim. Detailausschnitt des Gräberfeldplans mit Pfostengruben eines Holzbaus bei Grab 437

Pflicht, sowohl der Stadt Lauchheim als auch dem Arbeitsamt Aalen und seiner Außenstelle Bopfingen für die Unterstützung und Förderung unserer Arbeit zu danken. *Ingo Stork*

Literaturhinweise
I. Stork, Arch. Ausgr. Bad.-Württ. 1988, 215 ff. – Ders. Ellwanger Jahrb. 32, 1987–1988, 9 ff. (jeweils mit weiteren Hinweisen).

Bergbaureste im nördlichen Schwarzwald-Baar-Kreis

Bei der Betrachtung der Karte X.10 im Historischen Atlas Baden-Württemberg, »Gewinnung von Bodenrohstoffen im Schwarzwald. Bergbau«, gewinnt man den Eindruck, daß im Gegensatz zum südlichen und nördlichen Schwarzwald im mittleren Schwarzwald und im daran anschließenden Bereich der Baar, im Norden des Schwarzwald-Baar-Kreises, kein Bergbau betrieben worden sei. Einzig das ehemalige Brauneisenstein-Bergwerk am Uhu-Felsen in Villingen ist hier eingezeichnet. Bei der Listenerfassung der Kulturdenkmale der

Archäologie des Mittelalters in diesem Bereich konnte nun eine größere Zahl von Bergbauresten festgestellt werden.
Von Süden her zieht das Gangrevier Eisenbach–Vöhrenbach–Unterkirnach in den zu betrachtenden Raum. Hier sind Eisen- und Manganerze, in geringem Maße auch weitere Erze und Fluß-, Schwer- und Quarzspat anzutreffen.
Abbauspuren in Gestalt von Mundlöchern und Schürfpingen sind südlich unterhalb des Areals der Burg Roggenbach in Unterkirnach, am Uhu-Felsen (Villingen-Schwenningen) und am Kesselberg (St. Georgen, Ortsteil Oberkirnach) gut erhalten. Hierzu zählt möglicherweise auch eine pingenartige Formation am Schloßberg in Oberkirnach. Am Nordhang des Kesselberges zeugt auch eine Abraumhalde von ehemals groß angelegten Bergbauaktivitäten. Südöstlich dieser Halde befindet sich im Wald eine Reihe von in den Hang eingearbeiteten Plateaus, die als mit dem Bergbau in Zusammenhang stehende Arbeitsplätze interpretiert werden können. Mehrere zugemauerte Mundlöcher sind am erwähnten Uhu-Felsen zu beobachten (Abb. 161).
Zwei in den letzten Jahren zufällig angetroffene Stollen gehören möglicherweise zu dem gleichen Gangrevier. Neben dem Kellerhäusle in Stockburg (St. Georgen) war nach starken Regenfällen ein Stollen eingebrochen. Die Stelle ist heute zugedeckt. Augenzeugen des Ereignisses berichten, daß der im Querschnitt 2 × 1 m messende Stollen auf 6 m erhalten war; andere Zeugen teilten mit, daß das Ende im Nordwesten nicht sichtbar gewesen sei.
Der zweite Stollen wurde südlich des ehemaligen Ortskerns von Buchenberg (Gem. Königsfeld) bei Ausschachtungen für einen Neubau festgestellt. Der etwa in Nord-Süd-Richtung verlaufende Stollen ist 70 m lang und ca. 1 m breit. Die Stollenhöhe betrug ca. 2 m. Während die Fortsetzung des Stollens nach Norden

Abb. 161 Villingen-Schwenningen. Vermauertes Mundloch am Brauneisenstein-Bergwerk am Uhu-Felsen

verschüttet war, endete er im Süden stumpf. Anscheinend hatte man hier den Vortrieb eingestellt, da man nicht fündig geworden war.
Weiterhin findet sich in dem zu betrachtenden Gebiet eine Reihe von Gewannamen, die auf Bergbau hinweist, so z. B. im Süden von St. Georgen im östlichen Röhlingsbachtal: Bärloch, Krumpenloch, Spechtloch, Moosloch, Aspengrund, Wolfsgrund, Halden. Auch das südöstlich davon im Brigachtal gelegene Gewann »Gropper« (Grube) weist auf ehemaligen Bergbau hin.
Der Bergbau in diesem Gangrevier ist seit dem 15. Jahrhundert schriftlich belegt. Doch ist davon auszugehen, daß das Erz schon wesentlich früher abgebaut worden ist. So liegt das Bergwerksareal Uhu-Felsen nur etwa 200 m ent-

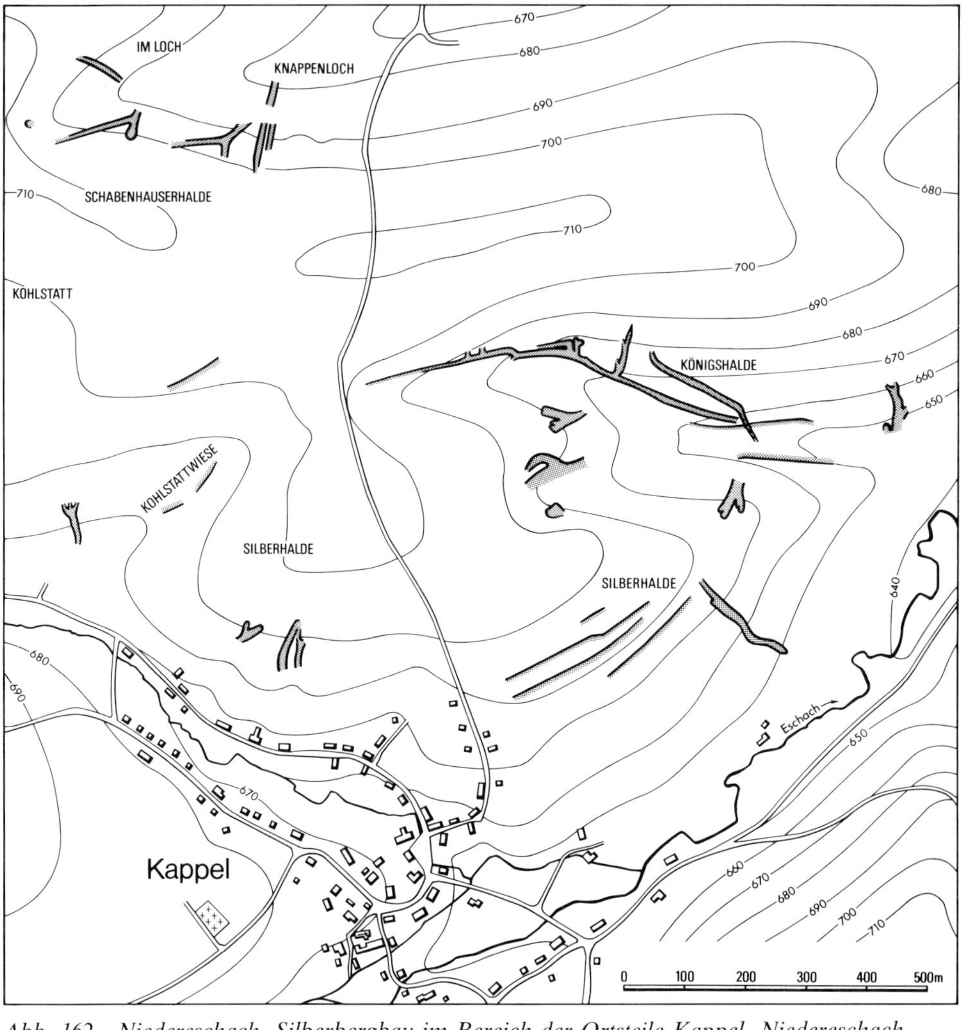

Abb. 162 Niedereschach. Silberbergbau im Bereich der Ortsteile Kappel, Niedereschach, Schabenhausen

fernt von der hallstattzeitlichen Befestigung auf dem Kapf bei Villingen. Im frühen Mittelalter wurde der Platz abermals befestigt. Es ist anzunehmen, daß diese Befestigungen in Zusammenhang mit dem Abbau des Erzes stehen. Eine Blüte erlebte der Bergbau im 17. und 18. Jahrhundert, endete jedoch allgemein im letzten Jahrhundert. In einer Grube in Eisenbach war man noch bis in die vierziger Jahre dieses Jahrhunderts tätig. Grund für die Aufgabe des Bergbaues war die mangelnde Konkurrenzfähigkeit auf dem Markt, die auch durch die schlechten Verkehrsverbindungen bedingt war.

Spuren anderer Bergbauaktivitäten finden sich in den Ortsteilen Kappel, Niedereschach und Schabenhausen der Gemeinde Niedereschach. Dort ist das Areal des Staatswaldes Distrikt II, »Mailänder«, in Teilbereichen nahezu vollständig von Schürfpingen durchzogen. Auch die Gewannamen »Im Loch«, »Knappenloch«, »Kohlstatt«, »Silberhalde« und »Königshalde« beziehen sich auf den Bergbau (Abb. 162). Die Stadt Rottweil hat hier im 16. und 17. Jahrhundert Silberbergbau betrieben. Nur weil das Areal bewaldet und so einer landwirtschaftlichen Nutzung entzogen war, haben sich die obertägigen Spuren so gut erhalten. Im vergangenen Jahr wurden auf Initiative eines Fördervereins zwei Stollen wieder begehbar gemacht.

Ein Holzschnitt aus dem Bergbaubuch »De re metallica libri XII« von Georg Agricola aus dem Jahr 1556 vermittelt einen Eindruck, wie der Bergbau in Niedereschach betrieben wurde (Abb. 163). Im Tagebau ging man den erzführenden Schichten nach, so daß sich schließlich ein unsystematisch erscheinendes Gewirr von Gängen ergab.

An verschiedenen anderen Stellen, so z. B. in Mönchweiler, im Gewann »Neubrunnen«, und östlich anschließend im Bereich Obereschach (Stadt Villingen-Schwenningen), finden sich von Menschenhand geschaffene Vertiefungen im Oberflächenrelief, bei denen es sich möglicherweise ebenfalls um Schürfpingen handelt. Diese Unsicherheiten bei der Identifizierung von Geländeformationen als Bergbaureste zeigen deutlich, wie gering unser Wissen über den historischen Bergbau in Teilen des Landes ist. Sowohl weitere systematische Geländebegehungen als auch eine enge

Abb. 163 Frühneuzeitlicher Bergbau. Nach G. Agricola, De re metallica libri XII, 1556

Verklammerung der Auswertung von Schriftquellen mit den Beobachtungen vor Ort sind unabdingbar, um diese historischen Quellen erfassen und schützen zu können. Gerade die »weißen Flecken« in der vorhandenen Kartierung der Bergbauaktivitäten in Bereichen, die sich geologisch nicht unterscheiden von den dicht mit Bergbauresten belegten Gebieten, sollten besonders aufmerksam untersucht werden. *Michael Schmaedecke*

Literaturhinweise
Historischer Atlas von Baden-Württemberg, Karte X.10, Gewinnung von Bodenrohstoffen im Schwarzwald. Bergbau. bearb. v. R. Metz, hrsg. v. d. Komm. f. gesch. Landeskunde in Baden-Württemberg, 1983 – M. Bliedtner, M. Martin, Erz- und Minerallagerstätten des Mittleren Schwarzwaldes 1986, 705 ff. – W. Hecht, Ein Rottweiler Silberbergbauversuch am Nordrand der Baar. Schriftenr. d. Ver. f. Gesch. u. Naturgesch. d. Baar i. Donaueschingen 30, 1974, 154 ff.

Zum Fortgang der montanarchäologischen Untersuchungen im südlichen Schwarzwald

Die dritte Kampagne 1989 des von der Volkswagen-Stiftung im Rahmen des Schwerpunktes »Archäometallurgie« geförderten Projektes »Zur Frühgeschichte des Erzbergbaus und der Verhüttung im südlichen Schwarzwald« galt archäologischen Ausgrabungen in Revieren mit unterschiedlicher Zeitstellung der Rohstoffgewinnung und unterschiedlichen Ausgangserzen. Parallel dazu wurden die Prospektionen fortgesetzt, weitere mittelalterliche Verhüttungs- und Abbauplätze registriert sowie Erz- und Schlackenfunde von den Grabungsplätzen archäometallurgisch untersucht. Die Arbeiten werden vom Institut für Ur- und Frühgeschichte der Universität Freiburg in Zusammenarbeit mit dem Geologischen Landesamt Baden-Württemberg in Freiburg (Dr. H. Maus) und dem Forschungsinstitut für Edelmetalle und Metallchemie in Schwäbisch Gmünd (Prof. Dr. C. Raub, Dipl.-Ing. D. Ott) durchgeführt. Aufgabe der Auswertung werden nun die Rekonstruktion der Abbauverfahren, Aufbereitungs- und Weiterverarbeitungsanlagen sowie der metallurgischen Prozesse sein. Nicht zuletzt gilt es, Art und Umfang der Umweltveränderung durch den jahrhundertelangen Bergbau zu erschließen, dessen Auswirkungen bis heute faßbar sind. *Heiko Steuer, Gert Goldenberg, Ulrich Zimmermann, Andreas Brunn*

Bergbau auf Hämatit in Münstertal-Rammelsbach, Kreis Breisgau-Hochschwarzwald

Im Frühjahr 1989 konnte ein Fundplatz (N. Kindler, Freiburg) montanarchäologisch untersucht werden, dessen Entstehung auf die Gewinnung von Hämatit zurückzuführen ist. Die Fundstelle liegt im hinteren Bereich des Rammelsbachtals im südlichen Münstertal.

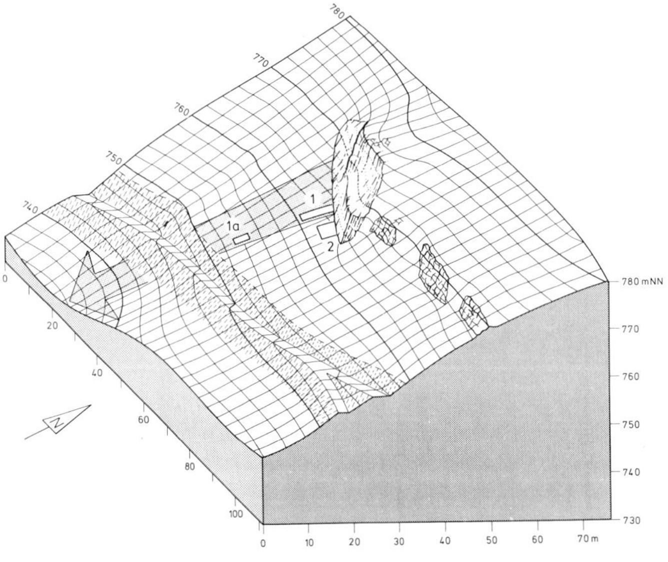

Abb. 164 Münstertal. Rammelsbach. Grabung A. Geländetopographie mit Felswand, Lage der Testschnitte und Fundstreuung an der heutigen Oberfläche

An einem mit Tannenhochwald bewachsenen Steilhang des Schloßberges markiert eine 120°–140° streichende Felsgruppe mit stellenweise schroff abfallenden Felswänden den Verlauf einer durch das Auftreten von Quarz, Schwerspat und Hämatit charakterisierten Vererzungszone. Diese ist über mehrere Kilometer sowohl in Richtung Sulzbachtal als auch in Richtung auf den Belchen verfolgbar. Bedingt durch die starke Verkieselung ragt einer der Felsen als verwitterungsresistenter Block mit bis zu 12 m hohen Wänden aus dem umgebenden Gneis auf (Abb. 164). Hier, am Felsfuß, sind nach Säuberung der Oberfläche an mehreren Stellen rundgeklopfte, leicht unterschnittene Vertiefungen als Überreste eines ehemaligen Bergbaus erkennbar. Im oberen Teil der Felswand befindet sich eine etwa 8 m breite Mulde, aus der größere Felspartien abgetragen zu sein scheinen. Oberhalb des Felsens flacht das Gelände auf 5 m ab, bevor es wieder steil zum Schloßbergkamm ansteigt. Der hier vorkommende Hämatit (Fe_2O_3), der für die frühen Bergleute offensichtlich von besonderem Interesse war, ist einerseits feinverteilt als Pigment in hornsteinartigem Quarz anzutreffen, andererseits in Form von dünnen Kluftbelägen und Nestern, die sich leicht zu einem intensiv rot färbenden Pulver zerreiben lassen. Das vorliegende Material ist als Pigment oder Schmuckstein nutzbar, kann jedoch auch zu metallischem Eisen verarbeitet werden.

Die Begehungen erbrachten auf einer Länge von 150 m unterhalb der Felsgruppe zahlreiche Bruchstücke von vorwiegend quarzitischen Geröllschlägeln und einen Silexabschlag, jedoch keine Keramikscherben. Oberhalb der Felsen fehlen Geröllbruchstücke völlig. Eine deutliche Anhäufung der Oberflächenfunde ist direkt unterhalb der Felsmulde auf einer Breite von etwa 10 m zu verzeichnen. Daß an dieser Stelle nicht nur am Fuß der Wand, sondern auch in der Wand selbst abgebaut wurde, ergibt sich aus einem Quarzitfund auf einem kleinen, moosbewachsenen Felsvorsprung in 4 m Höhe.

Die 3 kleinen Testschnitte wurden im Bereich der Oberflächenfundhäufung unterhalb der Felsmulde sowie auf einer kleinen Verebnungsfläche am Felsfuß angesetzt (Abb. 164). Es zeigte sich, daß der anstehende Gneis, der unterhalb der vererzten Felswand mit einer Neigung von 30° steil in das Rammelsbachtal abfällt, von einer 25–40 cm mächtigen Halde aus Bergbau- und Hangschutt überdeckt ist (Schnitt 1). Die Humusbedeckung ist nur 3–5 cm mächtig. Das Erdreich zwischen dem Haldenmaterial ist intensiv rot gefärbt, enthält viel Holzkohleflitter und birgt im Bereich der Schnitte 1/1a eine Vielzahl von Quarzitbruchstücken, deren Menge und Größe pro Quadratmeter hangabwärts zunimmt. In einer 10 cm breiten Felsspalte, die als Kluft den Übergang zwischen Gneis und senkrecht aufsteigender, vererzter Felswand markiert, lag direkt unterhalb eines kleinen, rundgeklopften Abbauortes ein fast vollständig erhaltener Quarzitschlägel mit Abnutzungsspuren.

In Schnitt 2 fanden sich dagegen nur sehr wenige Bruchstücke von Geröllschlägeln. Aus der Humusschicht stammen 2 kleine Silexabschlage von gelbbrauner bzw. weißer Farbe und eine daumennagelgroße dunkelbraun-unglasierte Wandungsscherbe mit erodierten Bruchkanten. In den darunterliegenden Schuttschichten konnte in einer Tiefe von 0,3 bis 0,4 m unter heutiger Oberfläche eine annähernd halbkreisförmige Holzkohleanreicherung direkt an der aufsteigenden Felswand freigelegt werden (Abb. 165). Gneis- und Gangbrocken, einige mit Brandspuren, liegen gehäuft in diesem Bereich. Der anstehende Gneis bildet hier ein etwa 4 m breites Plateau. Der Befund deutet auf einen ehemaligen Lagerplatz mit Feuerstelle.

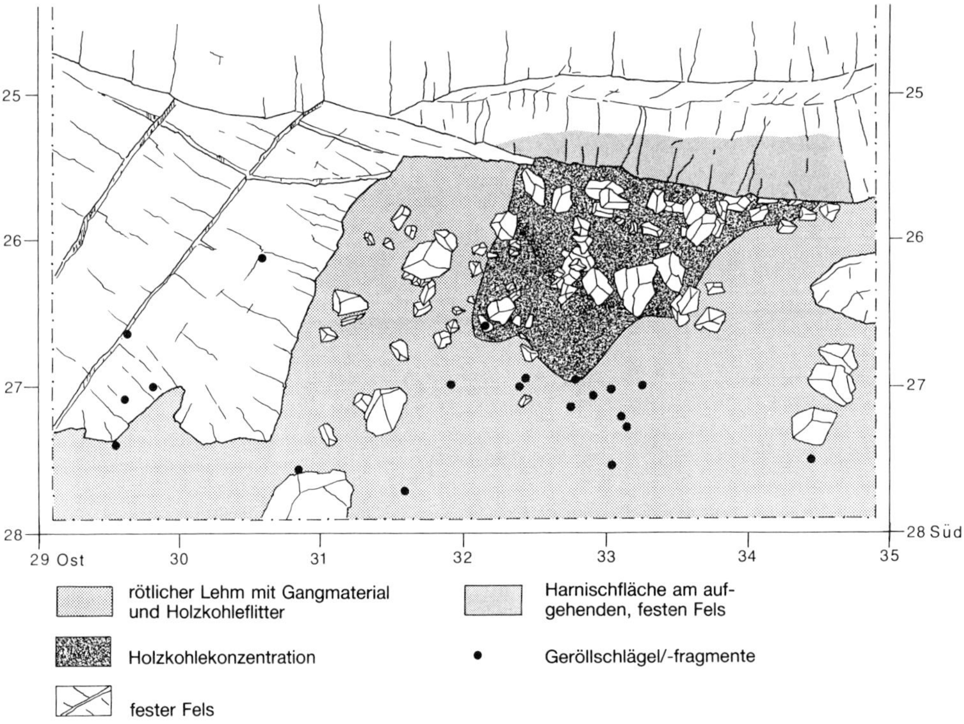

Abb. 165 Münstertal. Rammelsbach, Grabung A. Schnitt 2 mit Holzkohlekonzentration und Verteilung der Quarzitbruchstücke

Die Verteilung der Grabungsfunde zeigt, daß ein größerer Abbau auf halber Höhe der Felswand stattgefunden hat. In diesem Bereich ist die Wand um mehrere Meter zurückverlegt worden, um den begehrten Rohstoff zu gewinnen. Für den Abbau wurden hauptsächlich alpine Rheingerölle aus quarzitischem Material eingesetzt (80%), dazu Steine aus der näheren Umgebung (Granit, Porphyr u. a.) sowie einige verkieselte Stücke aus der Vererzungszone. Die mehr oder weniger vollständig erhaltenen, langovalen bis massig-gedrungenen Geröllschlägel weisen zweiseitige Schlag- und Abnutzungsspuren auf (Abb. 166). Daß viele der aufgefundenen Schlägel ehemals geschäftet waren, zeigen sowohl natürliche Einbuchtungen im Mittelbereich einiger Gerölle als auch umlaufende Aufrauhungen oder umlaufend eingepickte Rillen; am häufigsten sind an gegenüberliegenden Geröllseiten eingearbeitete Kerben – bis zu 4 Stück –, die einer Schäftung besseren Halt bieten. Das Gewicht dieses »Gezähes« schwankt zwischen 480 g (10 cm langes, weißes Quarzitgeröll ohne Schäftungsspuren) und 2300 g (massiger Rillenschlägel aus grauem Quarzit). Aus dem berechneten Durchschnittsgewicht eines Schlägels (1,2 kg), dem Gesamtgewicht der Grabungsfunde und der hangabwärts, unterhalb der Felswand festgestellten Fundkonzentra-

Abb. 166 Münstertal. Rammelsbach, Grabung A. Geröllschlägel, z. T. mit Schäftungsspuren

tion läßt sich eine Größenordnung für die Anzahl der vermutlich sukzessive verwendeten Geröllschlägel von mehreren 1000 Stück ermitteln.

Mit einem Eisengehalt von 70 Prozent ist Hämatit prinzipiell ein gut geeignetes Ausgangsmaterial zur Herstellung von metallischem Eisen. In Rammelsbach kommen für eine Eisengewinnung die Anreicherungen von fast reinem Hämatit in Nestern und in Form von Kluftbelägen in Frage. Die Vorkommen sind allerdings sehr klein, vergleicht man sie mit den Eisenerzvorkommen in der Vorbergzone des Schwarzwaldes (Bohnerze, Doggererze), die weitaus einfacher abzubauen und zu verhütten sind. Entsprechend zahlreich sind dort auch die archäologischen Befunde, die Abbau und Verhüttung seit vorrömischer Zeit belegen. In Rammelsbach dagegen fehlen jegliche Hinweise auf einen Abbau des Hämatits zur Eisenherstellung. Es wird vielmehr dessen intensiv rot färbende Eigenschaft, dessen mögliche Anwendung als Poliermittel oder als Schmuckstein gewesen sein, die den Menschen ehemals bewegt hat, solche Hämatitvorkommen aufzuspüren und abzubauen. Für Rammelsbach wird man annehmen dürfen, daß der Platz kurzfristig und saisonal, aber insgesamt über einen längeren Zeitraum hinweg immer wieder aufgesucht wurde, um das Vorkommen auszubeuten. Das mitgebrachte Gezähe in Form von Geröllschlägeln stammt zum überwiegenden Teil aus den Schotterbänken der Rheinebene, von der aus der Platz über das Sulzbachtal und über die Kammwege leicht zu erreichen ist.

Der Bergbau auf rote Farbpigmente (Ocker, Rötel, Hämatit) gehört in Europa und in Afrika nachweislich zu den ältesten Bergbauaktivitäten der Menschheit; erwähnt sei hier nur der rund 60 000 Jahre alte Pingenbergbau auf Rötel in Lovas/Ungarn. Die religiös-kultische Bedeutung roter Farbstoffe ist aus Gräbern zu schließen, in denen entweder Hämatitstücke beigegeben waren oder der Leichnam komplett mit Rötel oder Hämatit bedeckt wurde; solche Bestattungsrituale sind in Europa vom Mittelpaläolithikum bis zur Bronzezeit bekannt. Auch jungpaläolithische Höhlenmalereien sind u. a. mittels Hämatit als Pigment ausgeführt worden. Wohl eher profanästhetischen Zwecken diente die kunstvolle Rotbemalung mit Hämatit auf hallstattzeitlicher Keramik.

Der Hämatitbergbau in Rammelsbach läßt sich chronologisch bisher nicht genau einordnen, da sich die Holzkohleproben noch in der Bearbeitung (Radiokarbonbestimmungen) befinden. Dennoch kann eine urgeschichtliche Zeitstellung als sicher gelten und eine vormetallzeitliche Einordnung mit einiger Wahrscheinlichkeit angenommen werden. Durch die formal ähnlichen, z. T. identischen Quarzitgeröllschlägel ist eine technisch-funktionale Vergleichsmöglichkeit der Rammelsbach-Funde mit denen des Silexbergbaus von Kleinkems am südlichen Oberrhein gegeben, wo um 4000 v. Chr. die Jaspishorizonte der Malmkalke ausgebeutet wurden.

Mit diesem vermutlichen Mindestalter wirft der Bergbau in Rammelsbach ein neues Licht auf den Beginn der (saisonalen) Besiedlung und der montanistischen Aktivitäten im Schwarzwald.

Gert Goldenberg, Ulrich Zimmermann

Literaturhinweise

G. Goldenberg, H. Steuer, U. Zimmermann, Arch. Ausgr. Bad.-Württ. 1988, 194 ff. – H. C. Koukouli-Chrysanthaki, G. Weisgerber (u. a.), Prähistorischer und junger Bergbau auf Eisenpigmente auf Thasos, In: G. A. Wagner, G. Weisgerber (Hrsg.), Antike Edel- und Buntmetallgewinnung auf Thasos, 1988, 241 ff. – E. Schmid, Der jungsteinzeitliche Bergbau auf Silex bei Kleinkems, Baden-Württemberg (D 1), 5000 Jahre Feuersteinbergbau, 1980, 141 ff.

Mittelalterlicher Kupferbergbau und Kupferverhüttung in Münstertal-Süßenbrunn, Kreis Breisgau-Hochschwarzwald

Das etwa 20 km südlich von Freiburg gelegene und sich nach Westen in die Rheinebene öffnende Münstertal weist außerordentlich zahlreiche, heute noch im Gelände erkennbare Bergbauspuren auf; die historischen Quellen bezüglich eines mittelalterlichen Bergbaus auf Blei und Silber reichen zurück bis in das Jahr 1028 (Kropbach, Steinbrunnen).

Ein im Frühjahr 1989 entdeckter Schlackenplatz (N. Kindler, Freiburg) in dem kleinen, südwestlich der Ortschaft Münstertal gelegenen Tal Süßenbrunn wurde in das Prospektions- und Grabungsprogramm aufgenommen. Der Fundplatz (TK 25 Staufen 8112, 340822 R/530062 H) liegt in unmittelbarer Nähe eines etwa 1700 m langen, zwischen 0° und 20° streichenden, steil einfallenden Erzgangs, der sich anhand einzelner Gangausbisse, Schürf-, Stollen- und Schachtpingen im Gelände verfolgen läßt. Er ist durch die Mineralparagenese Quarz-Eisenspat-Schwerspat mit Kupferkies charakterisiert.

Das Gelände ist gekennzeichnet durch einen von Südwest nach Nordost abfallenden Steilhang mit einem größeren Schuttkegel, kleineren Einebnungen und Mulden (Abb. 167); in direkter Nachbarschaft des Platzes befindet sich ein Quellaustritt. Zwischen dieser Quelle und dem oberflächlich eingeebneten Schuttkegel verläuft eine anfänglich etwa 3 m breite Vertiefung gegen den Hang zu, deren Fortsetzung hangaufwärts wegen eines modernen Wegebaues nicht mehr verfolgt werden kann; in der Verlängerung dieser Vertiefung ist oberhalb des Holzabfuhrweges eine Mulde von etwa 12 m Breite zu erkennen. Das Gelände ist mit einem etwa 100 Jahre alten Nadel-Laub-Mischwald bewachsen; auf der hier besonders interessierenden Einebnung auf dem Schuttkegel sind die normalerweise senkrecht in das Erdreich abtiefenden Pfahl- bzw. Herzwurzeln von Weißtanne und Buche auffallenderweise parallel zur heutigen Oberfläche gewachsen. Begehungen erbrachten auf der Böschung des Schuttkegels zahlreiche Schlacken und auf der Einebnung oberhalb der Böschung einige mittelalterliche Wandungsscherben. Das Ergebnis einer Magnetfeldmessung auf der terrassenartigen Fläche – eine ausgeprägte positive Anomalie – deutet auf einen durch starke Hitzeeinwirkung beeinflußten Untergrund.

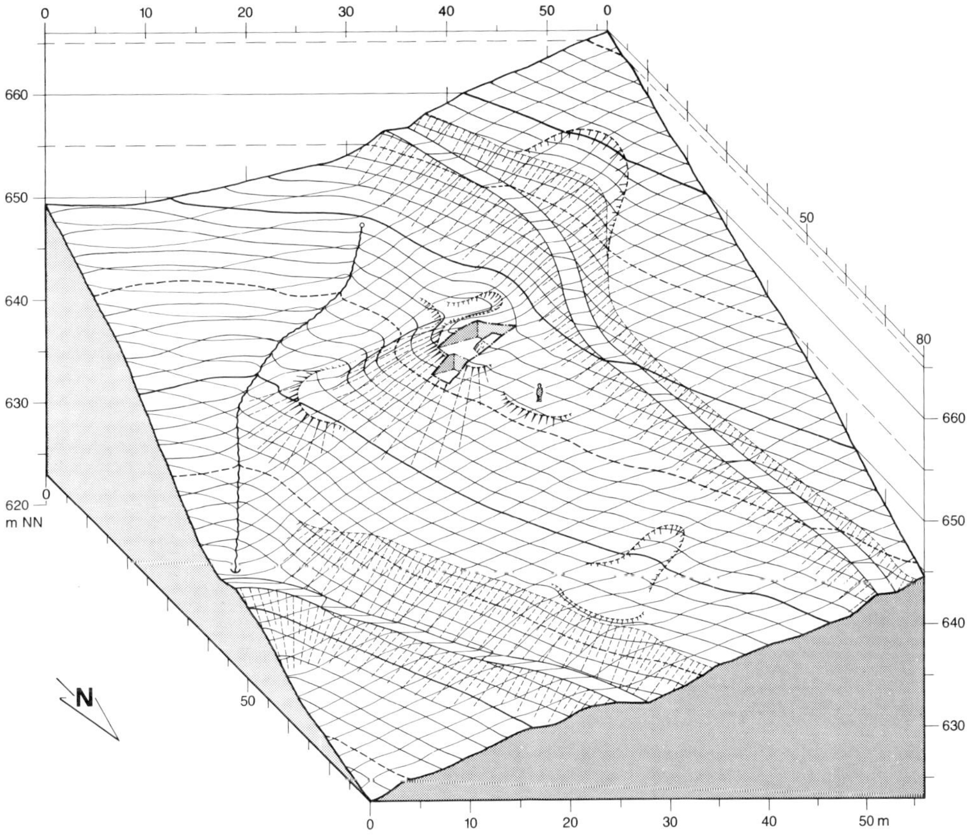

Abb. 167 Münstertal. Süßenbrunn, Grabung A. Topographie des Geländes mit Schuttkegeln, Bergbauhalden und Bachverlauf

Gleich zu Beginn der Testgrabung zeigte sich, daß der Schuttkegel das Ergebnis von mehreren Arbeitsprozessen aus dem Montanbereich ist (Abb. 168). Unter einem schwach ausgeprägten, humosen Oberboden und einem zum Hang hin rund 35 cm mächtigen, hangabwärts dagegen ausdünnenden Hangschutthorizont fand sich eine schwarze Holzkohlenlage mit Schlacken, Kupfererzbrocken (Kupferkies, $CuFeS_2$), Tierknochen, größeren Holzstücken und mit etwa 50 mittelalterlichen Keramikscherben von mindestens 4 verschiedenen Gefäßen. Großflächig, aber nicht durchgehend wird die untere Begrenzung dieser Schicht von einem durch Hitzeeinwirkung leicht verhärteten, intensiv rot verfärbten Bodensubstrat gebildet (Abb. 169). Die Verfärbung ist entsprechend der magnetischen Anomalie hauptsächlich im Nordwestteil des Schnittes zu beobachten. Hier sind kantige Gneisbrocken konzentriert. Neben dieser Steinanhäufung zeichnete sich ein 25 cm in tiefere Schichten eingelassenes, rundes (Durchmesser 0,5 m) und rundbodiges Holzgefäß ab, das mit kleinstückigem

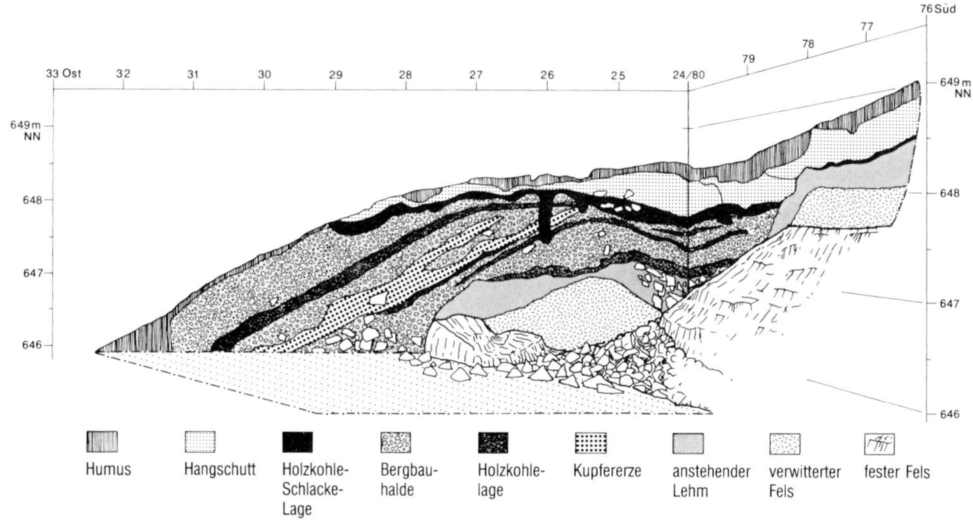

Abb. 168 Münstertal. Süßenbrunn, Grabung A. Verlauf der Schichten am Nord- und Westprofil mit dem verfüllten Eingang eines Verhaus

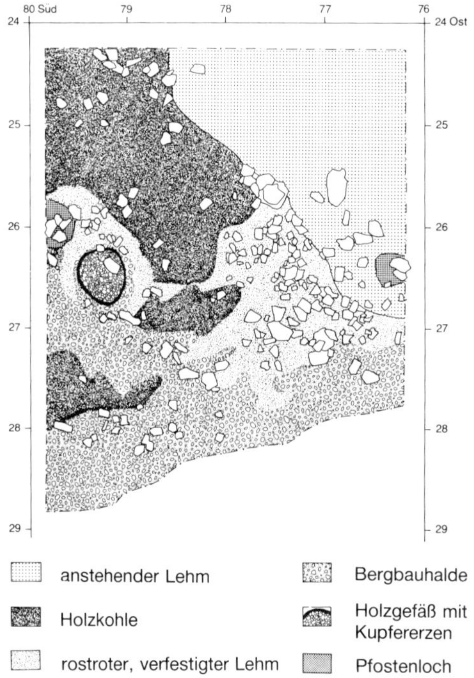

Abb. 169 Münstertal. Süßenbrunn, Grabung A. Planum bei 647,90 mNN mit dem Verhüttungsbefund aus dem 11. Jahrhundert

Erz – einer Mischung aus Kupferkies, Quarz, Brauneisen, Eisenspat, Schwerspat und Malachit/Azurit – gefüllt war. Am Süd- und am Nordprofil des Testschnittes fanden sich in dieser Tiefe zwei Pfostenlöcher mit Verkeilsteinen. Der Abstand zwischen diesen Pfosten beträgt 3,5 m. Am Südprofil war es ein etwa 30jähriger Erlenrundling.

Unter diesem weitgehend horizontal verlaufenden Befund befinden sich hangabwärts abfallende Haldenlagen aus Gneisschutt und Gangmaterial, mehrere Holzkohleschichten (ohne weitere Beifunde) sowie eine Schicht, die reich an Kupfererzen ist und durch grüne Ausblühungen von Kupfersekundärmineralen auffällt. Im nördlichen Teil des Testschnittes befindet sich der verwitterte und darunter der fest anstehende Gneis bereits 0,5 bzw. 1 m unter heutiger Oberfläche. Es handelt sich hierbei um eine natürliche Felsnase, die offensichtlich zur Einrichtung einer Arbeitsplattform aus Haldenmaterial genutzt wurde.

In der Südwestecke des Testschnittes konnte ab einer Tiefe von 2,5 m ein mit groben Gneis- und Gangbrocken verfüllter Abbau kleinräumig freigelegt werden. Dieser Verhau, an 2 Seiten von senkrecht abfallenden Gneiswänden begrenzt, ist nur etwa 0,7 m breit und streicht mit 50° in Richtung auf die südwestlich oberhalb liegende, von dem Holzabfuhrweg überlagerte Geländemulde. Tiefe und weiterer Verlauf dieses Erzabbaus konnten – aus Sicherheitsgründen – noch nicht untersucht werden; die Grabung wurde an dieser Stelle in 3 m Tiefe vorerst eingestellt.

Die relative Chronologie und die Entstehung des Ensembles scheinen damit weitgehend geklärt: Eine an der ehemaligen Oberfläche erkennbare Vererzung mit sulfidischen und oxidisch-carbonatischen Kupfererzen (Kupferkies, Malachit, Azurit) wird im Tagebau ausgebeutet. Der zurückgelassene Verhau und der verbliebene Felsvorsprung dienen später für die Ablagerung des Abraums aus einem größeren Tage- oder oberflächennahen Untertagebau, der südwestlich des Testschnittes als Rinne mit hangaufwärts anschließender Geländemulde erkennbar ist (Abb. 167). Der Erzabbau ist vermutlich auch durch Feuersetzen erfolgt, wodurch die immer wieder auftretenden Holzkohleschichten zwischen den Haldenlagen zu erklären sind. Wiederum später wird auf einer künstlich geschaffenen Arbeitsplattform, die – darauf deuten die Pfostenlöcher – möglicherweise überdacht war, gefördertes Kupfererz weiterverarbeitet. Die Keramik (Abb. 170) datiert dieses letztgenannte Stadium der Entstehungsgeschichte des Ensembles in das 11. Jahrhundert n. Chr.

Aus dieser Schicht des 11. Jahrhunderts wurden im Bereich des Testschnittes 21 kg Schlakkenabfälle geborgen. Die gesamte Schlackenproduktion dürfte bei mehreren 100 kg liegen. Die metallurgischen Abfallprodukte (Abb. 171) lassen sich grob in 3 Gruppen unterteilen:

Fließschlacken (60,5%), heterogen zusammengesetzte, unvollständig aufgeschmolzene Schlacken (38,5%) und Teile von gebranntem, einseitig verschlacktem Lehm (1%). Daneben sind Einzelfunde von massivem, bläulichschwarzem Kupferstein und einem Tropfen Rohkupfer zu nennen. Die verschiedenen Schlackentypen lassen sich wie folgt beschreiben:

Abb. 170 Münstertal. Süßenbrunn, Grabung A. Keramik des 11./12. Jahrhunderts aus dem Verhüttungsbefund

Abb. 171 Münstertal. Süßenbrunn, Grabung A. Schlackenrückstände aus der Kupferverhüttung

1. Die meist plattig ausgebildeten, kleinstückig und scharfkantig zersprungenen Fließschlacken (Dicke zwischen wenigen mm und einigen cm) zeigen glatte Oberflächen mit Fließwülsten, die von der geringen Viskosität der ehemaligen Schmelze ebenso zeugen wie einzelne Schlackentröpfchen und -fäden. Die Unterseiten sind stets knotig-narbig ausgebildet. Die graugrünen bis dunkelgrauen Schlacken sind relativ homogen aufgebaut und haben ein Raumgewicht von durchschnittlich 3,2 g/cm^3; grüne Ausblühungen von Kupfermineralen sind selten. Unter dem Mikroskop – im anpolierten Dünnschliff – ist eine Grundmasse aus Fayalit (Fe_2SiO_4) und Glas zu erkennen, mit vereinzelten Blasen sowie zahlreichen Einschlüssen winziger Kupfer- und Kupfersulfidtröpfchen. In randlichen Bereichen zeigen sich beim Ausfließen aufgenommene Bruchstücke von Quarz und Feldspat.

2. Die bis zu faustgroßen, heterogen zusammengesetzten Schlacken sind unförmig ausgebildet und meist von grauschwarzer Farbe. Sie enthalten neben unregelmäßig geformten Blasenhohlräumen zahlreiche Einschlüsse von unaufgeschmolzenen Gesteinsbruchstücken und Holzkohle. Häufig sind grüne Ausblühungen von sekundären Kupfermineralen zu beobachten. Im Dünnschliff erkennt man neben schaumig aufgeblähten Bereichen solche mit gutem Aufschmelzungsgrad aus Fayalit und Glas, die von zahllosen Magnetitkristallen und Kupfertröpfchen durchsetzt sind. Hier treten auch größere Einschlüsse von verschiedenen Kupfersulfidphasen (Kupferstein) und metallischem Kupfer auf. In den zahlreichen Blasenhohlräumen und im Innern von Holzkohleresten zeigen sich grüne Kupfersulfate und rotes Kupferoxid. Eingeschlossene Quarzkörner sind teilweise in Christobalit (Hochtemperaturmodifikation von Quarz) umgewandelt.

3. Die wenigen aufgefundenen Stücke aus grau gebranntem, mit Quarz und Feldspat grobgemagertem Lehm, sind plattig ausgebildet, bis zu 3 cm dick und einseitig verschlackt. Im Dünnschliff wird die äußere, noch Quarz- und Feldspatkörner enthaltende, gebrannte Lehmmasse erkennbar, die stellenweise parallele Einregelungen von einem Auftragevorgang aufweist. Nach innen zu löst sich der Feldspat rasch auf, es bildet sich ein schaumiges Glas, in dem nur der Quarz erhalten bleibt, bis schließlich auf der Innenseite eine fast vollständige Verschlackung eingetreten ist. In eines der Fundstücke sind größere Mengen an metallischem Kupfer eingesickert, die von rotem Kupferoxid (Cuprit, CuO_2) begleitet werden. Ob die oben beschriebenen, verschiedenartigen Schlacken aus einem einzigen metallurgischen Prozeß hervorgegangen sind oder unterschiedliche Verfahrensschritte repräsentieren, ist noch ungeklärt. Normalerweise ist für die Verhüttung von sulfidischen Kupfererzen ein mehrstufiger Prozeß mit mehreren Röst- und Schmelzdurchgängen erforderlich. Bei der teilweisen Entschwefelung und Aufoxidierung des Kupferkieses ($CuFeS_2$) während des Röstvorganges, der im offenen Feuer bei Temperaturen unter 800 °C abläuft, entstehen eisenarme Kupfersulfide sowie Eisen- und Kupferoxide. Im Schmelzgang, dem Quarz als Zuschlag beigegeben werden muß, wird bei leicht reduzierenden Verhältnissen aus SiO_2 und FeO eine gut zu verflüssigende Fayalitschlacke (Fe_2SiO_4, Raumgewicht 3,5–3,7 g/cm^3) gebildet. Aus dieser trennt sich der entstandene Kupferstein (Kupfersulfide) aufgrund seines höheren spezifischen Gewichts (4–6 g/cm^3) leicht ab und sammelt sich am Boden der Ofenmulde. Dieser Kupferstein kann in einem weiteren Schritt unter oxidierenden Verhältnissen zu Rohkupfer weiterverarbeitet werden.

Die Ergebnisse der Grabung zeigen, daß im 11. Jahrhundert auf der Terrasse eine Aufbereitung und Verhüttung der geförderten Erze bis zum Kupferstein, wahrscheinlich auch bis zum Rohkupfer, stattgefunden hat. In einem Holztrog wurde eine Mischung aus Kupferkies, Quarz, Brauneisen, Eisenspat, Schwerspat und Malachit/Azurit als vorbereitete Charge für einen Verhüttungsdurchgang zwischengelagert. Diese vollständig aus Teilen des Erzganges bestehende Mischung hat eine für den Schmelzvorgang ideale Zusammensetzung; neben Kupferkies als metallieferndem Rohstoff dienen Eisenerze und Quarz als Flußmittel bzw. Schlackenbildner. Wahrscheinlich erleichterten die wohl nur geringen zur Verfügung stehenden Mengen an oxidisch-carbonatischen Kupfererzen (Malachit/Azurit) die Prozeßführung und verbesserten die Ausbeute. Ein Hochtemperaturprozeß fand im Bereich der dadurch intensiv rot verfärbten Fläche mit Steinanhäufung statt. Die dabei anfallenden Schlackenabfälle wurden hangabwärts geschüttet. Das Auftreten von fayalitischen Fließschlacken läßt erkennen, daß bei einem vermutlich mehrstufigen Verhüttungsvorgang Temperaturen von über 1100 °C erreicht worden sind (Schmelztemperatur von Fayalitschlacke um 1150 °C). Zusammen mit den gebrannten und einseitig verschlackten Lehmteilen deutet dies auf die Verwendung einer Herd- oder Ofenkonstruktion, die im Bereich der vorgefundenen Steinkonzentration gelegen hat, jedoch vollständig abgetragen wurde.

Durch die Verhüttungsvorgänge entstanden in der entsprechenden Schicht des 11. Jahrhunderts hohe Schwermetallkonzentrationen; ein analysierter Kupfergehalt von 2,4% in der Holzkohle-Schlacken-Lage wirkt sich auf das Wachstum der Baumwurzeln derart aus, daß Weißtanne und Buche mit ihrem Wurzelwerk auf der Oberfläche bleiben und die vergiftete Bodenschicht meiden.

Der archäometallurgisch untersuchte Verhüttungsplatz in Münstertal-Süßenbrunn belegt den bisher ältesten bekannten Bergbau auf Kupfer – mit gleichzeitiger Verhüttung – im südlichen Schwarzwald.

Ulrich Zimmermann, Gert Goldenberg

Literaturhinweise
A. Hauptmann, 5000 Jahre Kupfer in Oman, Bd. 1. Die Entwicklung der Kupfermetallurgie vom 3. Jahrtausend bis zur Neuzeit. Der Anschnitt, Beiheft 4 (1985). – R. Metz, M. Richter, H. Schürenberg, Die Blei-Zink-Erzgänge des Schwarzwaldes. Beihefte Geolog. Jahrb. 29, 1957. – H. Moesta, Erze und Metalle – ihre Kulturgeschichte im Experiment (1986).

Bergbauarchäologische Untersuchungen in Prinzbach, Gemeinde Biberach, Ortenaukreis

Der kleine Ort Prinzbach liegt etwa 60 km nördlich von Freiburg in einem Südwest-Nordost verlaufenden Seitentälchen des Kinzigtales. Von einem ehemaligen Bergbaugeschehen in und um Prinzbach zeugen im Gelände heute nur noch wenige Pingen und Halden sowie weitere topographische Unregelmäßigkeiten, die vermutlich mit einem früheren Erzabbau in Zusammenhang stehen. Die historische Quellenlage zeigt jedoch, daß die mittelalterliche Ansiedlung auf das Auffinden, Abbauen und Verarbeiten von Blei-/Silbervorkommen in diesem Tal mit dem namengebenden Prinzbach zurückgeht.

Bereits im Jahre 1257 werden aus »Brusbach« große Silbervorkommen gemeldet; 1262 konnte es sich ein »civis in Brunssebach« leisten, dem Bischof von Straßburg eine Summe von 230 Mark Silber (knapp 54 kg) zu leihen. Diese Erwähnung in einer Urkunde des Straßburger Domkopialbuches – leider nur als Regest aus dem 17. Jahrhundert erhalten – läßt die Bedeutung Prinzbachs im 13. Jahrhundert erahnen; denn es ist ausdrücklich von einem »civis«, einem Bürger, die Rede, was darauf schließen läßt, daß Prinzbach zu dieser Zeit bereits Stadtrechte besaß. Ein Hinweis auf die

Wirtschaftskraft Prinzbachs ergibt sich aus der Höhe der verliehenen Summe, deren beachtlicher Wert beispielsweise durch den Preis eines steinernen Hauses im Köln des 13. Jahrhunderts, nämlich 30 Mark Silber, abschätzbar wird. Als weitere Vergleichsmöglichkeit sei die Reichssteuerliste von 1241 angeführt, nach der Frankfurt/M. als Stadt mit dem höchsten Steuersatz 280 Mark Silber pro Jahr zu entrichten hatte. Das »sigillum civitatis in Brünsebach«, mit dem eine Urkunde von 1284 besiegelt gewesen sein soll, deutet ebenfalls auf den besonderen Status Prinzbachs; denn nur eine Stadt mit freien Bürgern war im 13. Jahrhundert berechtigt, ein Siegel zu führen. Während die Schriftquellen dann bis in das 19. Jahrhundert hinein von mehreren erneuten Versuchen berichten, die Silbervorkommen Prinzbachs auszubeuten, ist den Güterverzeichnissen der Herrschaft Geroldseck zu entnehmen, daß bereits 1493 bzw. 1496 Prinzbach nur noch aus drei bewohnten Hofstätten bestand.

Der Prinzbacher Gangzug beginnt etwa 500 m südlich der heutigen Ortschaft und läßt sich über eine Strecke von 3,5 km nach Nordnordosten bis zur Kinzig kurz vor Biberach verfolgen. Die Mineralisation setzt in Ganggraniten und Gneisen des Grundgebirges auf und ist durch das Auftreten von Quarz, Schwerspat, Fahlerz, Bleiglanz, Pyrit, Zinkblende, Kupferkies und Eisenspat gekennzeichnet; Fahlerz und Bleiglanz sind die Silberlieferanten.

Ab Januar 1989 sind in und um Prinzbach (Abb. 172) intensive Prospektionsarbeiten durchgeführt worden; das Studium der Flurkarten aus dem 19. Jahrhundert, Befragungen und Begehungen erbrachten über 70 bisher nicht bekannte Oberflächenfundplätze mit vorwiegend mittelalterlicher und nur sehr wenig frühneuzeitlicher Siedlungskeramik. Ausgeprägte Schlackenansammlungen konnten nicht lokalisiert werden, wohl aber die im Osten und im Südosten Prinzbachs konzentrierten Bergbauhalden. Die Mehrzahl der Keramikfundplätze liegt im westlichen und südwestlichen Teil des mittelalterlichen Ortskernes.

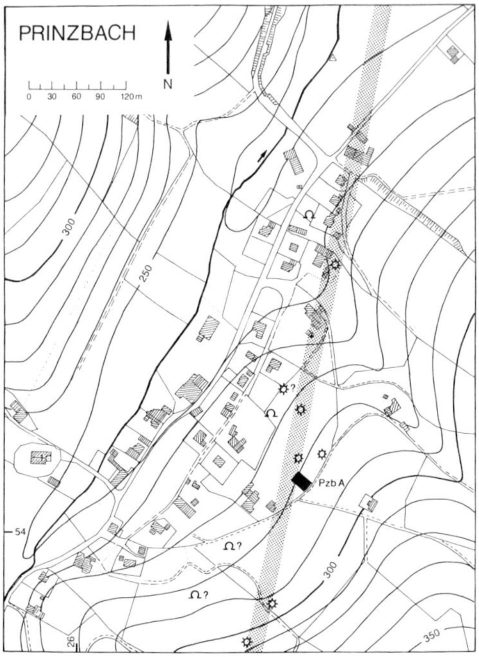

Abb. 172 Biberach-Prinzbach. Grabung A. Heutige Bebauung, Lage der noch bekannten Pingen und Stollenmundlöcher sowie vermutlicher Verlauf des Erzganges durch den mittelalterlichen Ortskern; Wege und Flurgrenzen markieren den halbkreisförmigen Verlauf der ehemaligen Stadtmauer

Die Testgrabung 1989 liegt am höchsten Punkt (284, 50 mNN) des durch die ehemalige Stadtmauer eingegrenzten Siedlungsgebiets auf einem leicht nach Nordwesten abfallenden und durch 2 Terrassenstufen gegliederten Weidegelände (Abb. 173). Dieses Areal befindet sich bereits im Bereich der Erzabbaue oberhalb des mittelalterlichen Stadtkernes. Durch eine Magnetfeldmessung konnte anhand einer ausge-

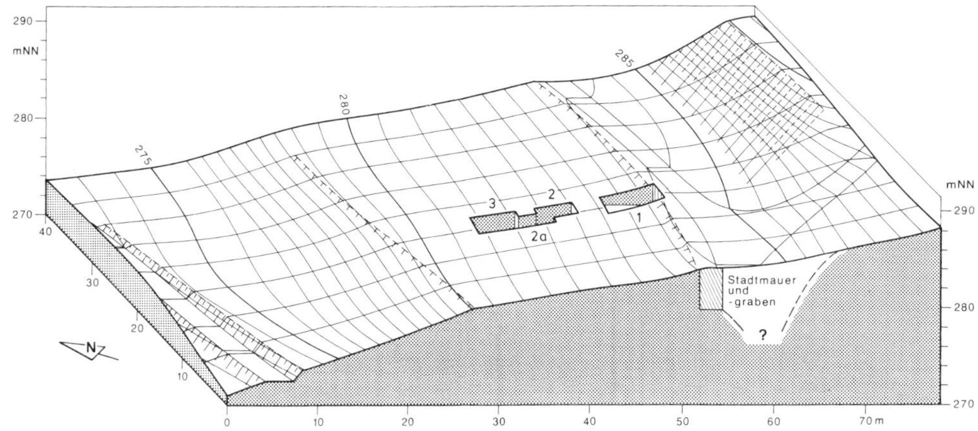

Abb. 173 Biberach-Prinzbach. Grabung A. Topographie des Grabungsgeländes sowie Lage der Testschnitte mit Stadtmauer und -graben

Abb. 174 Biberach-Prinzbach. Grabung A. Schnitt 3 mit dem verfüllten Bergbauschacht

prägten Positivanomalie die Lage einer größeren, heute mit Schutt verfüllten und eingeebneten Pinge etwa 30 m nordnordwestlich der Grabung erfaßt werden. Eine kleinräumige negative Anomalie auf der oberen Terrassenstufe wurde in die Sondage einbezogen. Die Ausrichtung der 3 in Reihe liegenden Testschnitte ist der Hangneigung angepaßt; die zuoberst gelegene Sondage sollte die Innenfront der ehemaligen Stadtmauer, deren Verlauf durch mangelnde Oberflächenvegetation kenntlich ist, erfassen. Der Außenbereich der Stadtmauer und der vorgelagerte Graben sind hier verfüllt, asphaltiert und nicht zu untersuchen. 40 m nordnordöstlich der Grabung – ebenfalls auf jetzigem Grünland – sackt nach Aussagen des Besitzers das Erdreich auf einer Fläche von 1 × 1 m in unregelmäßigem Abstand nach; hier handelt es sich vermutlich um einen ehemaligen Schacht. Östlich der Grabung, etwa 20 m entfernt, jenseits des jetzt verfüllten Stadtgrabens und damit außerhalb des ehemaligen Stadtgebietes, steigt das Gelände auf einer Länge von 50 bis 60 m steil um etwa 7 m an. Im Verlaufe der Grabungen 1989 wurden hier, auf dem oberen Geländevorsprung und auf der Verfüllung des Grabens, 2 Schneckenbohrungen bis auf 7,5 m Tiefe abgeteuft, um den Verlauf des Festgesteins im Untergrund zu erkunden. Auf diese Weise konnten jedoch weder der Grund des Grabens noch der feste Fels auf dem oberen Plateau erfaßt werden.

Als ältester Befund konnte in Schnitt 3 der Einstieg zu einem Schacht 2 m tief freigelegt werden (Abb. 174). Dieser ist senkrecht und mit rundovalem Querschnitt (Durchmesser 2,20 m) in den anstehenden braunen Solifluktionslehm und in die Verwitterungszone des darunterliegenden Festgesteins eingetieft. Während der Untersuchung 1989 – an dieser Stelle aus Sicherheitsgründen in einer Tiefe von 3,80 m unter heutiger Oberfläche eingestellt – konnten die Abteuftechnik am festen Fels sowie der weitere Verlauf des Schachtes nicht untersucht werden. Eine Bohrung erbrachte hier weiterhin Verfüllmaterial bis 2 m unter letztem Planumsniveau bei 277,30 mNN. In der Verfüllung des Schachtes mit Bergbauschutt fand sich 2,8 m unter heutiger Oberfläche eine kleine, runde Tonschale, die, wie Schmauchspuren auf der Innenseite zeigen, als Öllampe gedient hat. Bei der Verfüllung des Schachtes wurde sukzessive auch das umliegende Gelände um rund 2 m erhöht. Die Halde setzt sich zusammen aus zahlreichen, steil abfallenden Schüttungslagen, die z. T. aus größeren Gneisbrocken (bis 25 cm Kantenlänge), z. T. aus feinerem Gesteinsschutt mit auffallend wenig Gangmaterial bestehen. Aufgrund der Schüttrichtung der Haldenlagen in diesem Bereich läßt sich die Lage mindestens eines weiteren Schachtes östlich der Grabung rekonstruieren. Die Halde wurde später eingeebnet. Auf der nunmehr annähernd horizontalen und mindestens 15 m^2 großen Fläche muß ein heftiges Feuer gebrannt haben, das zu einer Verfestigung und Rotfärbung des darunterliegenden Materials geführt hat. Auf dieser Brandschicht fand sich reichlich Holzkohle, jedoch keine Schlacke, so daß ein Verhüttungsvorgang an dieser Stelle ausgeschlossen werden kann. In einer höhergelegenen, jüngeren Schicht, die Haldenmaterial, sehr viel Holzkohle und Keramik (u. a. zahlreiche Bruchstücke von Ofenkacheln) enthält, fand sich einlagig gesetztes, 0,4 m breites Trockenmauerwerk. Freigelegt werden konnte ein 3,5 m langes, Ost-West verlaufendes Teilstück mit einem rechtwinkeligen Eckverband an seinem westlichen Ende und einer kurzen Fortsetzung nach Süd. Es besteht aus nur wenig bearbeiteten Gneis- und Granitbrocken (Kantenlänge bis 0,3 m); letztere sind quer zum Mauerverlauf gelegt, während kleinere, in Reihe gesetzte Steine die Fronten bilden. Ob

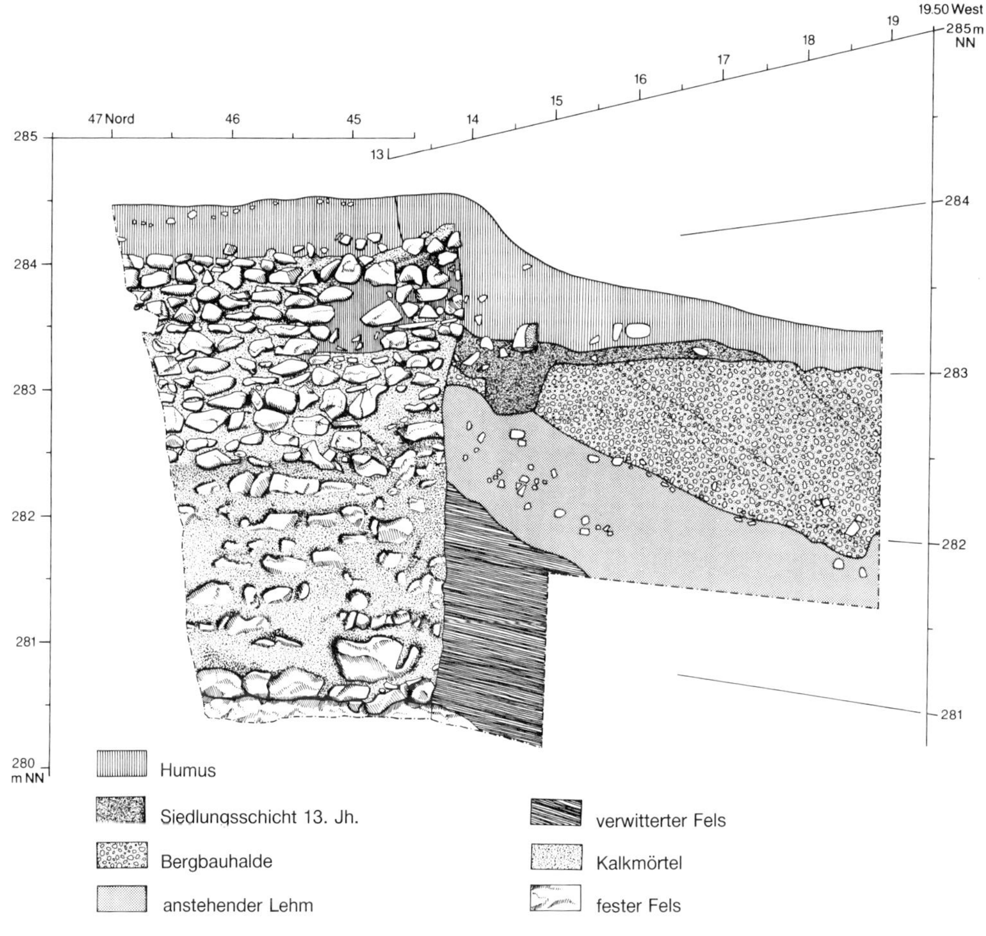

Abb. 175 Biberach-Prinzbach. Grabung A. Stadtmauer mit Verlauf der Schichten am Südprofil

es sich hierbei um das Steinfundament eines Holzhauses oder um eine Steinsetzung mit technisch-bergbaulicher Funktion handelt, kann vorerst nicht entschieden werden.

Im Osten des Testschnittes 1 konnte erwartungsgemäß ein Teilstück der Stadtmauer bis zur Fundamentbasis freigelegt werden. Sie ist aufgebaut aus unregelmäßigen, mit Mörtel verkitteten Blöcken (kleinkörniger, heller Ganggranit), die in Horizontallagen übereinander gesetzt sind, ohne daß beim Bau auf einen geregelten Mauerverband mit versetzten Stoßfugen geachtet worden wäre (Abb. 175). Im oberen Viertel des Mauerstücks sind Mauerfugen und Steinformate erkennbar; im unteren Bereich ist der Mörtel dagegen flächig erhalten. Die Mauer wurde auf anstehendem Gneis gesetzt. Die Stratigraphie der Erdschichten in Schnitt 1 läßt jedoch erkennen, daß, um diesen Gneis zu erreichen, bis in eine Tiefe von 2,5 m unter damaliger Oberfläche ebenfalls anstehende, sterile Bodenhorizonte (brauner Solifluktionslehm und Verwitterungszonen des Gneises) und eine Haldenschicht abgetragen werden mußten. Hieraus ergibt sich für die an dieser Stelle noch 3,6 m hohe Mauer ein Fundamentbereich von 2,6 m. Eine Baugrube für das Mauerfundament fehlt, d. h. die Mauer ist vom Graben aus auf einen Felsabsatz und an ein dafür vorbereitetes, senkrechtes Bodenprofil gesetzt. Zwischenräume wurden mit Mörtel verfüllt, wodurch gleichzeitig eine verputzartige Wandbedekkung entstand. Aus der Schicht, die die eingeebnete Halde abdeckt, konnte neben Mörtelresten und Versturzsteinen aus der Stadtmauer Fundmaterial – Knochen, Eisenteile (dabei auch ein sog. Fimmel), Holzkohle, Gangmaterial, Schlacken, Fragment eines Silberpfennigs, Bronzebeschläge, Keramik – in größeren Mengen geborgen werden. Die Haldenlagen hingegen enthielten keine Schlacken und nur wenige Keramikscherben. Über die Mächtigkeit der Mauer sind keine genauen Angaben möglich; nach Beobachtungen anläßlich von Baggerarbeiten in den siebziger Jahren ist sie direkt oberhalb des Fundamentes 3 m dick und in Schalenbauweise errichtet. Bodenradarmessungen im Bereich der diesjährigen Grabung (Firma BGUR, Dr. P. Levin, Sasbachwalden; Dicke 2,5 m, Zweischalenmauer) bestätigen diese Angaben.

Die Keramik (rund 3000 Scherben) stammt größtenteils aus den holzkohlehaltigen Schichten oberhalb der Haldenlagen und unter dem rezenten Humushorizont. Während neuzeitliche Ware kaum vertreten ist, ist die Masse der Gefäßkeramik jüngere Drehscheibenware des ausgehenden 12. und des 13. Jahrhunderts. Das Formenspektrum reicht von Töpfen, Schüsseln, Tüllengefässen, Bügelkannen bis zu Ofenkacheln. Die Ware ist meist grautonig, seltener oxidierend beigebraun und rot gebrannt und zeigt eine sandig-rauhe Oberfläche. Leistenränder sind vorherrschend, daneben sind Ansätze zu einer Karniesrandbildung erkennbar; die Töpfe sind oft durch umlaufende Riefen, Rollrädchenmuster, seltener durch Wellenlinien auf Umbruch und Bauch verziert und haben z. T. einen Linsenboden. Die grautonigen Topfdeckel sind mittig zu einer oft recht großen Handhabe gewölbt. Auffallend ist die Vielzahl der kleinen, flachen Schälchen, die aufgrund der innenseitigen Schmauchspuren wohl als Öllampen anzusprechen sind. Das gesamte Keramikspektrum entspricht dem romanischen Inventar der nahegelegenen Burg Lützelhardt bei Lahr. Der Datierung dienen auch 2 bronzene Schnallen mit Ecknoppen und mit Perlstab (Abb. 176) aus der zweiten Hälfte des 13. Jahrhunderts und ein Silberpfennig elsässischer Provenienz aus dem 13. Jahrhundert. Anhaltspunkte für Besiedlung oder bergbauliche Tätigkeiten ab der Mitte des 14. Jahrhunderts ergeben sich aus dem Fundmaterial nicht. Für die Geschichte Prinzbachs ergibt sich in der Zusammenschau der Befunde, daß – zumindest im Bereich der Grabung von 1989 – im 12. und 13. Jahrhundert ein intensiver Bergbau auf Blei-/Silbererze stattgefunden hat, und zwar sowohl im Tage- als auch im Untertagebau. Die Abbaue wurden dann mit Bergbauschutt verfüllt, das umliegende Gelände mit Abraum aufgehöht und die dadurch entstandene Haldenlandschaft z. T. wieder planiert und als Arbeitsplattform bzw. als Siedlungsfläche genutzt.

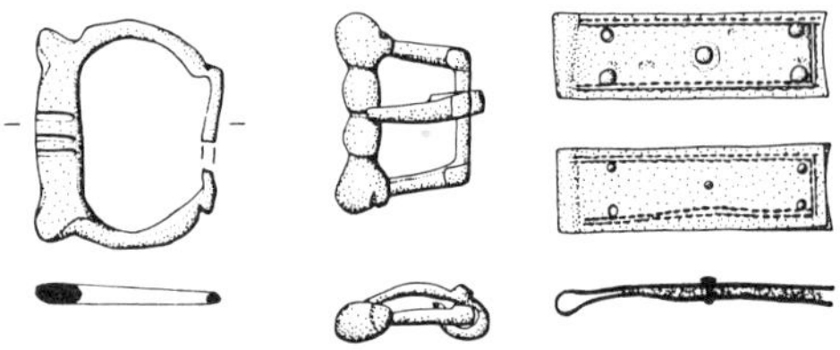

Abb. 176 Biberach-Prinzbach. Grabung A. Bronzeschnallen und -beschläge. Maßstab 1:2

Für die Datierung der älteren Erzabbaue müssen die Ergebnisse der Radiokarbonmessungen abgewartet werden. Auf den Einebnungen sind Klaube-, Poch- und vermutlich auch Röstarbeiten (Brandschicht) durchgeführt worden; letztere Tätigkeit wird sich allerdings erst nach Abschluß der Bodenanalysen endgültig belegen lassen. Eine Erzverhüttung, die größere Schlackenmengen hinterlassen hätte, ist eher auf der Talsohle und in Bachnähe zu suchen.

Nach einer ersten Bergbauphase wurde im 13. Jahrhundert die Stadtmauer erbaut. Mit einem 2,6 m tiefen Fundament – gesetzt auf festen Fels – und mit einer unteren Breite von 2,5 bis 3 m ist sie von größeren Ausmaßen als vermutet; sie wird insgesamt 9–10 m hoch gewesen sein. Der Fels, auf dem die Mauer steht, muß nur wenige Meter südöstlich der Mauer fast senkrecht abgetragen worden sein; denn die Sohle des Stadtgrabens konnte bei den Bohrungen nicht erfaßt werden. Da der Grabenverlauf an dieser Stelle der Streichrichtung des Prinzbacher Gangzuges entspricht, könnte es sich also auch um einen Erztagebau, um einen Verhau handeln, der später als Stadtgraben genutzt worden ist. Dies würde auch den jüngeren Untertagebau im 13. Jahrhundert von einem befestigten Stadtbereich aus erklären, da tiefere Bereiche des Erzganges durch Schacht- und Stollenbau leichter und sicherer als in einem Verhau zu erreichen sind. Auch die ungünstige Lage der Stadtmauer an einem ansteigenden und nur wenige Meter entfernt die Höhe der Mauer erreichenden Vorgelände findet eine Erklärung in der Tiefe des »Stadtgrabens«.

Die eigentliche Blütezeit des Bergbaues in Prinzbach, nämlich die Zeit des Wohlstandes und der Erwirtschaftung der Geldmittel für den Bau einer repräsentativen Stadtmauer mit Unter- und Riesentor, wäre damit um mindestens den Zeitraum vorzuverlegen, der für das Abteufen eines größeren Verhaus nötig ist. Weitere montanarchäologische Untersuchungen zur Genese und zur Datierung des Stadtgrabens könnten damit auch den Beginn des Bergbaus im Prinzbachtal klären helfen. Der Niedergang und das Ende der Bergbaustadt Prinzbach, das in seiner Bedeutung für die mittelalterliche Bergbaugeschichte in Zentraleuropa nur mit dem sächsischen Treppenhauer bei Sachsenburg zu vergleichen ist, fällt dagegen bereits in das 14. Jahrhundert, also eher als die historischen Quellen vermuten lassen.

Ulrich Zimmermann, Gert Goldenberg, Andreas Brunn

Literaturhinweise

H. Ammann, R. Metz, Die Bergstadt Prinzbach im Schwarzwald, Alemannisches Jahrbuch, 1956, 283 ff. – G. Goldenberg, H. Steuer, U. Zimmermann, Arch. Ausgr. Bad.-Württ. 1988, 194 ff. – K. Hammel, Burgruine Lützelhardt bei Seelbach, Badische Fundberichte 19, 1951, 87 ff. – E. Schallmayer, U. Gross, Die mittelalterlichen und neuzeitlichen Befunde und Funde der Grabungen auf dem Gelände des Domhofes in Ladenburg, Rhein-Neckar-Kreis, 1980 und 1981, Forschungen und Berichte des Mittelalters 8, 1983, 79 ff. – W. Schwabenitzky, Die mittelalterliche Bergbausiedlung auf dem Treppenhauer bei Sachsenburg (Kr. Hainichen), Arbeits- und Forschungsber. zur sächsischen Bodendenkmalpflege 32, 1988, 237 ff.

Die vor- und frühgeschichtliche Eisengewinnung und -verarbeitung auf der östlichen Schwäbischen Alb

Seit dem Sommer 1989 führt das Landesdenkmalamt ein Forschungsvorhaben durch, das die archäologischen Relikte der Eisengewinnung in den Landschaften Härtsfeld und Albuch östlich und westlich des Kocher-Brenz-Tales zum Gegenstand hat. Das Projekt ist auf zwei Jahre begrenzt und wird von der Volkswagenstiftung im Rahmen des Schwerpunkts Archäometallurgie gefördert. Neben dem Landesdenkmalamt sind das Zollerninstitut des Deutschen Bergbaumuseums in Bochum, das Botanische Institut der Universität Hohenheim, das Geographische Institut der Universität Tübingen sowie die Zweigstelle des Geologischen Landesamtes in Stuttgart beteiligt. Das Forschungsteam besteht aus je einem Archäologen, Botaniker, Geographen und Mineralogen.

Aus der Schwäbischen Alb kennt man verschiedene Typen von Erzlagerstätten. Stuferz oder Doggererz nennt man ein oolithisches Brauneisenerz, das in mehreren unterschiedlich mächtigen Flözen angetroffen wird, die in den Braunjura Beta eingebettet sind und am Albtrauf auskeilen. Dort konnte das Erz z. B. bei Aalen, Wasseralfingen und Geislingen a. d. St. in einem steinbruchartigen Tagebau sowie im Laufe einer immer intensiveren Nutzung im Untertagebau gewonnen werden. Als Bohnerz bezeichnet man Konkretionen aus Brauneisenerz in Form von braunen, schalig aufgebauten Kügelchen unterschiedlicher Größe. Diese Konkretionen haben sich im Gefolge der Verwitterung der Weißjuraschichten gebildet, wobei der Prozeß, der zur Entstehung der Lagerstätten führte, im einzelnen noch nicht geklärt ist. Das Bohnerz findet man eingelagert in alte Verwitterungslehme, die sich vielfach auf der Hochfläche der Alb erhalten haben, wo es stellenweise in den Hohlformen des verkarsteten Reliefs zu abbauwürdigen Vorkommen angereichert ist. Schließlich treten im Westteil des Untersuchungsgebiets in den sog. Feuersteinlehmen in Schichten abgelagerte Eisenkonkretionen auf, die bisher kaum Beachtung gefunden haben. Dieses im Bereich eines schwankenden Grundwasserspiegels entstandene Brauneisenerz wurde, wie Abbauspuren im Bereich seines Vorkommens beweisen, genau wie auch das Bohnerz in einfachen Schürfgruben gefördert.

Die ältesten schriftlichen Zeugnisse zur Erzgewinnung im Bereich der östlichen Schwäbischen Alb stammen aus dem 14. Jahrhundert. Im 16. Jahrhundert nahm der Bergbau einen großen Aufschwung, was zur Errichtung mehrerer Hochöfen im Kocher- und Brenztal führte. Nachdem die Erzgewinnung im 19. Jahrhundert ihren Höhepunkt erreicht hatte, wurde die Förderung von Bohnerz zu Beginn unseres Jahrhunderts ganz eingestellt, während die Flöze des Braunjura verschiedentlich bis in die sechziger Jahre abgebaut wurden.

Bohnerz ist verhältnismäßig leicht zu finden. Sowohl Bohnerz als auch die erwähnten schichtigen Eisenkonkretionen kann man ohne technischen Aufwand in einfachster Handarbeit fördern. Es ist daher recht wahrscheinlich, daß diese Rohstoffe bereits in vor- und frühgeschichtlicher Zeit genutzt wurden. Aus diesem Grund gilt gerade der Hochfläche der Alb, auf die das Vorkommen dieser Erze beschränkt ist, das besondere Interesse des Projekts. Als Ansatzpunkt sowohl der archäologischen als auch der geographisch-geologischen Forschungen bieten sich die zahlreichen Schürfgrubenfelder an, die sich in den Wäldern und manchmal auch in Wiesen- und Ödland erhalten haben. Sicher sind viele dieser Plätze auf die spätmittelalterlichen und neuzeitlichen Unternehmungen zur Eisengewinnung zurückzuführen. Wir hoffen jedoch, durch Begehungen im Umfeld der Abbauspuren die dazugehörigen Verhüttungsplätze zu finden und durch Funde näher zu datieren. Diese Vorgehensweise gründet sich auf mehrere Prämissen. In vor- und frühgeschichtlicher Zeit und bis ins hohe Mittelalter erfolgte die Rennfeuerverhüttung in unmittelbarer Nähe zu den Erzvorkommen. Diese Regel findet man dort, wo entsprechende Forschungen durchgeführt wurden, immer wieder bestätigt. Auch in unserem Arbeitsgebiet gibt es konkrete Hinweise auf vor- und frühgeschichtliche wie auch mittelalterliche Rennfeuerverhüttung in unmittelbarer Nähe der Abbauspuren. Ab dem späten Mittelalter wurde das Erz dann nicht mehr an Ort und Stelle verhüttet, sondern in die Täler geschafft, wo die Blasebälge der Hochöfen und die Hämmer zur Weiterverarbeitung mit Wasserkraft betrieben werden konnten. Soweit man das aus den vorhandenen Quellen ablesen kann, war dies in der östlichen Schwäbischen Alb ab dem 14. Jahrhundert, also seit dem Einsetzen der schriftlichen Überlieferung, der Fall. Treffen diese Voraussetzungen zu – und davon darf man zunächst einmal ausgehen –, dann können alle Schlakkenfunde auf der Hochfläche der Alb, soweit sie nicht sekundär dorthin verschleppt worden sind, von vorneherein auf Verhüttungstätigkeiten zurückgeführt werden, die älter als die frühesten schriftlichen Nachrichten sind. Es ist bereits eine Anzahl von Fundstellen bekannt, die im Zuge von Ausgrabungen oder durch aufmerksame Helfer entdeckt wurde. Besonders günstige Stellen sollen durch Sondagen oder auch größere Ausgrabungen näher untersucht werden. Dazu gehören eine Ausgrabung in Heidenheim-Großkuchen, die dieses Jahr durchgeführt wurde, sowie eine weitere bei Essingen im Ostalbkreis, die für nächstes Jahr geplant ist. Insbesondere besteht die Hoffnung, daß in situ erhaltene Verhüttungseinrichtungen aufgedeckt werden. Bislang liegen für metallurgische Untersuchungen fast nur Eisenschlacken vor, die zwar oft aus systematischen Ausgrabungen stammen, zumeist jedoch in keinen eindeutigen Zusammenhang mit einem Befund gebracht werden können. Das bisher interessanteste Einzelobjekt ist wohl eine Rennfeuerluppe aus Unterkochen (Abb. 177). Ein wichtiges Anliegen der geplanten Ausgrabungen ist es, weitere metallurgische Überreste zu bergen, die mit archäologisch dokumentierten Verhüttungseinrichtungen in einen klaren Zusammenhang gebracht werden können, um auf diese Weise optimale Voraussetzungen für die metallurgischen Untersuchungen zu schaffen.

Abb. 177 Aalen-Unterkochen. Rennfeuerluppe

Von grundlegender Bedeutung gerade auch in Verbindung mit den metallurgischen Untersuchungen von Dr. A. Hauptmann vom Bergbaumuseum in Bochum ist die Erkundung der Lagerstätten. Hierfür ist wiederum die Aufnahme der Schürfgrubenfelder Voraussetzung. Davon ausgehend werden Entstehungsweise, Ergiebigkeit und Qualität der Erze erforscht. Hinsichtlich siedlungsgeschichtlicher Fragestellungen sind die botanischen Untersuchungen von Dr. Smettan von besonderer Wichtigkeit. Diese sollen anhand von Pollenprofilen die Vegetationsgeschichte des Untersuchungsgebietes klären und so Phasen besonders starken Holzeinschlags und damit besonders intensiver Verhüttung aufzeigen. Bislang steht ein Pollenprofil von der Rauhen Wiese bei Bartholomä zur Verfügung, das den Zeitraum vom Neolithikum bis heute umfaßt. Die Auswertung ist noch nicht abgeschlossen, doch scheint das Profil für die angesprochene Fragestellung Antworten zu bieten. Die mehr punktuellen Ergebnisse, die durch Ausgrabungen gewonnen werden, können so auf ihre Gültigkeit in einem größeren Gebiet überprüft werden.

Heidenheim-Großkuchen. Großkuchen liegt auf dem Härtsfeld nördlich der ausgedehnten Bohnerzvorkommen um die Ortschaften Nattheim, Fleinheim und Oggenhausen. Die Umgebung weist trotz der ungünstigen Siedlungsverhältnisse eine außerordentliche Konzentration von Grabhügeln und Viereckschanzen auf. Allein aus Großkuchen sind 3 alamannische Friedhöfe bekannt. Am nordwestlichen Ortsrand wurden in den Jahren 1976–1978 und 1986 hallstattzeitliche, römische und alamannische Siedlungsreste aufgedeckt. Zahlreiche Rennfeuerschlacken sowie Befunde, die am ehesten als Schmiedeplätze gedeutet werden können, geben Hinweise auf Eisengewinnung und -verarbeitung.

1986 wurde ca. 700 m nördlich von Großkuchen im Gewann »Eisenbrunnen« ein gemauerter Brunnen freigelegt, der, bevor er zu Beginn unseres Jahrhunderts verfüllt worden war, mit zur Wasserversorgung des Ortes diente. Dabei wurden 2 große hallstattzeitliche Gruben festgestellt, die offensichtlich als Wasserreservoir dienten. In der unmittelbaren Umgebung fanden sich darüber hinaus Rennfeuerschlacken. Zusammengenommen schien alles auf einen zentralen Platz zum Waschen und Verhütten von Bohnerz hinzudeuten. Da der Wasserverband Egau im Zuge seines Härtsfelder Maßnahmenprogramms wasserbauliche Maßnahmen am Eisenbrunnen plant, wurde die Fundstelle von August bis Oktober 1989 ausgegraben. Frau Rohmer vom Wasserwirtschaftsamt Ellwangen, Herrn Hitzler vom Wasserverband Egau sowie Herrn Kienzler, Ortsvorsteher von Großkuchen, sind wir für ihre tatkräftige Unterstützung sehr zu Dank verpflichtet.

Im Bereich des Eisenbrunnens dehnte sich über eine Fläche von 40 × 30 m eine mit Holzkohle und Scherben durchsetzte Kulturschicht aus, die durch zahlreiche Drainagen und 2 1986 angelegte Baggerschnitte gestört war. Die Kulturschicht keilte an den Rändern, wo sie dem gewachsenen Zementmergel auflag, aus. Zum Zentrum hin zog sie in die beiden schon erwähnten Gruben, deren Sohle ca. 4 m unter der heutigen Oberfläche lag. Ab etwa

Abb. 178 Heidenheim-Großkuchen. Brunnen mit Holzverschalung

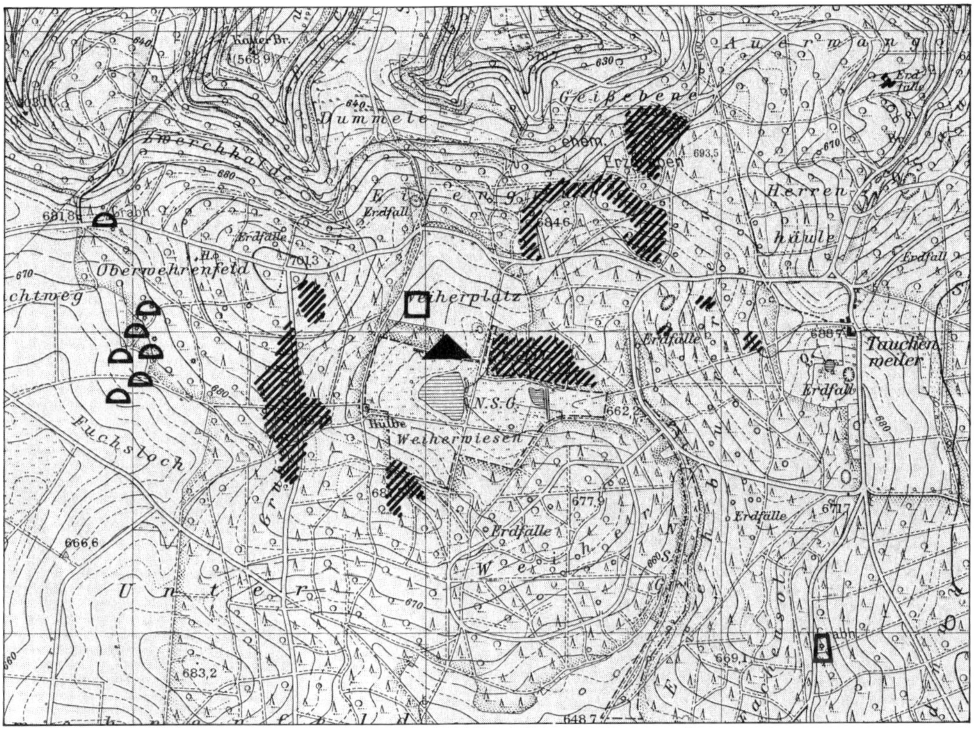

eisenzeitliche und römische Lesefunde, Schlackenfunde

Erdwerk, vermutlich römisch

Schürfgrubenfelder

bronze- und hallstattzeitliche Grabhügel

Rennfeuerofen der Grabung im Jahr 1896

Abb. 179 Essingen, »Weiherwiesen« und Umgebung. Ausschnitt aus der TK 1:25 000 Blatt 7226 (genehmigt vom Landesvermessungsamt Az. 5.11./591)

3 m Tiefe strömte ständig Wasser nach. Die südliche der beiden Gruben, etwa 7 × 10 m groß, war offenbar in einem Zuge verfüllt worden. Auf der Sohle fanden sich hallstattzeitliche Scherben. Aus der Verfüllung wurden einige Holzproben geborgen, deren dendrochronologische Bearbeitung noch nicht abgeschlossen ist. Die südliche der beiden Gruben hatte einen Durchmesser von bis zu 5 m. Am Rand- und im Sohlbereich wurden ebenfalls hallstattzeitliche Scherben geborgen. Innerhalb dieses Befundes lagen weitere, ineinandergeschachtelte jüngere Gruben. Am jüngsten ist ein randlich in den Gesamtkomplex eingetiefter Brunnen mit guterhaltener Holzverschalung (Abb. 178). Die dendrochronologische Bestimmung der für die Verschalung verwendeten Spaltbohlen ergab, daß der Brunnen im 8. Jahrhundert n. Chr. errichtet worden ist. Neben hallstattzeitlichen Scherben liegen auch latènezeitliche Scherben und Fibelfragmente sowie einige römische Scherben

vor. Zusammen mit der dendrochronologischen Datierung deuten diese Funde auf eine kontinuierliche Nutzung des Platzes als Wasserstelle. Eine flächige Untersuchung südlich und westlich des Eisenbrunnens ergab keine weiteren Befunde. Weitere Siedlungsstrukturen könnten allenfalls in den nördlich anschließenden Äckern verborgen liegen. Wahrscheinlich versorgte der Platz jedoch bereits in vorgeschichtlicher Zeit die Bevölkerung der im Ortsbereich von Großkuchen ausgegrabenen Siedlung mit einem Teil des benötigten Wassers.

Leider erbrachten die Ausgrabungen keine Befunde zur Eisengewinnung. Wie sich herausstellte, sind die im Humus enthaltenen Eisenschlacken zusammen mit Material zur Bodenverbesserung angefahren worden. Dieses Material stammt aus dem Areal der mehrfach erwähnten hallstattzeitlichen und alamannischen Siedlung in Großkuchen. Es besteht jedoch nach wie vor die Möglichkeit, daß der Platz der Bohnerzwäsche diente. Hier soll die Untersuchung der Tonmineralien aus den Sedimenten, die die Verfüllung der Gruben bildeten, Klarheit bringen. Bei zukünftigen Forschungen in Großkuchen ist das Schwergewicht auf die Suche nach den Verhüttungseinrichtungen zu legen, die mit Sicherheit vorauszusetzen sind.

Essingen, »Weiherwiesen«, Ostalbkreis. Besonders vielversprechend ist der Fundort Essingen »Weiherwiesen«, der etwa 3,5 km südlich der Gemeinde Essingen auf dem Albuch liegt. Die Fundstelle befindet sich auf einer von Wald umgebenen Flur, die heute z. T. von Essingen aus landwirtschaftlich genutzt wird, z. T. unter Naturschutz steht und brach liegt (Abb. 179). Dort kann man Scherben aus der Eisenzeit und aus römischer Zeit auflesen. Zusammen mit den Scherben finden sich Eisenschlacken, darunter bemerkenswert große Brocken mit anhaftenden Resten der Schmelzofenwandung. Mehrere geomagnetische Prospektionen ergaben Anomalien, die z. T. auf Verhüttungstätigkeit zurückgeführt werden können. Es besteht kein Zweifel, daß hier ein Verhüttungsplatz im Boden verborgen liegt, der durch den Pflug stark gefährdet ist. In der unmittelbaren Umgebung der Fundstelle wie auch in ihrem weiteren Umkreis liegen zahlreiche Pingen, die beim Schürfen nach Eisenerz entstanden sind. Die Suche nach Erz im Raum Essingen ist für das frühe 16. und das späte 18. Jahrhundert urkundlich bezeugt. Der Abbau war dort jedoch unbedeutend, so daß man davon ausgehen kann, daß sich ältere Spuren erhalten haben, die nicht überprägt sind. Etwa 1,5 km südöstlich der Fundstelle wurde bereits 1896 ein Rennfeuerofen, der wohl in das hohe Mittelalter zu datieren ist, ausgegraben. Weiterhin wurde bei Luftprospektion im nördlichen Bereich der Fundstelle ein rechteckiges Erdwerk entdeckt, das möglicherweise ebenfalls in Beziehung zu dem Verhüttungsplatz steht. Es ist geplant, an der Fundstelle Essingen »Weiherwiesen« im Sommer 1990 Ausgrabungen durchzuführen. *Martin Kempa*

Literaturhinweise

H.-G. Bayer, Zur frühen Eisenerzeugung aus der Schwäbischen Alb. Blätter des Schwäbischen Albvereins 3–4, 1988, 200 ff. – J. Biel, Arch. Ausgr. Bad.-Württ. 1986, 184 ff. – P. Groschopf, Die Eisenerze der Ostalb. Aalener Jahrb. 1980, 13 ff. – D. Planck, Eisen in der Vor- und Frühgeschichte Baden-Württembergs, Jahrb. des Heimat- und Altertumsvereins Heidenheim 1985–86, 48 ff. – ders., Arch. Ausgr. 1978, 86 ff. – W. Scheuthle, Eine vorgeschichtliche Eisenschmelzhütte auf dem Albuch. Fundber. Schwaben 5, 1897, 28 ff. – M. Thier, Geschichte der Schwäbischen Hüttenwerke. Ein Beitrag zur württembergischen Wirtschaftsgeschichte, 1965.

Ausgrabungen an einem frühmittelalterlichen Schmelzplatz in Kippenheim, Ortenaukreis

Im Rahmen einer Dissertation über die Geologie und Montangeschichte des südbadischen Eisenerzbergbaus, die vom Geologischen Institut der Universität Freiburg vergeben wurde, wurden im Frühjahr und Herbst 1989 mit Hilfe der Archäologischen Denkmalpflege, Außenstelle Freiburg, Probegrabungen an einem durch Lesefunde des ehrenamtlichen Mitarbeiters Naudascher bekannt gewordenen Schlackenplatz vorgenommen. Sie sollten Erhaltungszustand, Tiefenlage und Zerstörungsgrad durch die landwirtschaftliche Nutzung feststellen. Des weiteren sollten Schlacken und Erze für naturwissenschaftliche Untersuchungen aus gesicherten Befunden entnommen werden. Falls möglich sollten darüber hinaus Kriterien für eine zeitliche Einordnung der Anlage gefunden werden.

Der für die Grabung ausgewählte Verhüttungsplatz gehört zu einer Gruppe von Schmelzplätzen in der südlichen Ortenau, an denen ein auffallender, sonst unbekannter Schlackentyp mit sehr glasreichen Schlacken vorkommt. Das Hauptverbreitungsgebiet der Plätze liegt zwischen Orschweier und Kippenheim. Zusammen mit der ungewohnten Schlacke finden sich an allen Fundstellen Erzplatten aus dem Braunen Jura, die 5–10 km südöstlich am Kahlenberg und Rötelberg bei Ringsheim vorkommen. Eine weitere Gemeinsamkeit der Plätze stellt die großflächige Verbreitung von Streuschlacken auf Arealen von bis 60×60 m im zentralen Bereich dar, womit eine relativ große Produktivität dokumentiert wird. Alle Einzelbeobachtungen sowie die Lage aller Fundpunkte im durch Tiefpflügen extremer Zerstörung ausgesetzten Maisanbaugebiet gaben den Anlaß der archäologischen Untersuchung von wenigstens einem Schmelzplatz in Kippenheim, Gewann »Breite«, auf Flurstück Nr. 8517 und 8518. Das Grabungsareal befindet sich östlich eines begradigten Wasserlaufs in Hanglage eines Lößhügels.

Nach Sondagebohrungen wurde ein Kernbereich festgestellt, in dem neben Schlacken eine bis 70 cm tiefe Schicht mit Verziegelungen auftrat. Die daraufhin gezielt betriebene Ausgrabung im Frühjahr konnte leider keinen direkten Bezug der bis nußgroßen Verziegelungen zu einer Verhüttungsaktivität bestätigen. Das vorgefundene Keramikspektrum vom 2. bis zum 13. Jahrhundert ergab keine genauere zeitliche Einordnung. Durch Planierung, Erosion und Landwirtschaft war der Befund zu stark gestört. Weitere Bohrungen im Anschluß an die Grabung erbrachten einen Bereich, in dem tieferreichende Strukturen bis maximal 1,60 m Tiefe zu finden waren. Diese wurden in einer zweiten Grabungskampagne im Oktober und November freigelegt und untersucht.

Abb. 180 Kippenheim. Profilschnitt durch eine kleine rechteckige Grube mit flachem Boden und steilen Grubenwänden. Die Grube ist mit Rückständen aus einem Schmelzprozeß verfüllt

Zum Vorschein kamen ovale bis rechteckige Gruben mit Seitenlängen deutlich unter 2 m und mit steilen Grubenwänden und flachen Böden (Abb. 180), die mit sehr viel Schlacken, Erzen und Holzkohle verfüllt waren. Sie überlagerten teilweise unregelmäßige Gruben ähnlicher Größe mit Einschwemmschichtung.
Im Zentrum der Grabungsfläche lag eine ca. 3 × 4 m große rechteckige, 1,60 m tiefe Grube mit steilen Wänden und flachem Boden mit Stampflehmauftrag. Größe und Form lassen an ein frühmittelalterliches Grubenhaus denken. In diese große Grube wurden nach der teilweisen Verfüllung 2 kleinere, rechteckige bis ovale Gruben eingetieft. In der einen fanden sich große grobbehauene Buntsandsteinbrocken und ungeschmolzene Erzplatten. Die andere war mit Fragmenten von durch Hitze zermürbten Buntsandsteinfragmenten, unter Hitzeeinwirkung zerborstenen Erzplatten und daraus hervorgegangenen glasigen Schlacken mit allen Übergangsformen verfüllt, seltener fanden sich Holzkohle und verziegelte Lehmfetzen (Abb. 181).
An die große Grube schloß sich an der Südostseite eine kreisrunde Grube mit einem Durchmesser von 1,20 m an. Die fast senkrechten Grubenwände waren seitlich mit einem teilweise erhaltenen dünnen Lehmauftrag verkleidet, der Boden leicht konkav eingetieft. Sie war verfüllt mit größeren, teilweise Hitze ausgesetzten Buntsandsteinfragmenten und Erzbrocken mit fließenden Übergängen zu einer sehr glasreichen Schlacke. Auch an den Buntsandsteinen haftete mitunter Schlacke. Aschehaltiger Lehm mit Holzkohlebröckchen füllte lose die Zwischenräume aus. Dies deutet auf einen Ofenstandort hin, doch läßt das Fehlen einer Einbrennzone rund um den Befund noch keine eindeutige Interpretation zu; ein Verhüttungsofen hat sich wahrscheinlich zumindestens in der Nähe befunden.
Die Datierung der Verhüttungsphase erwies

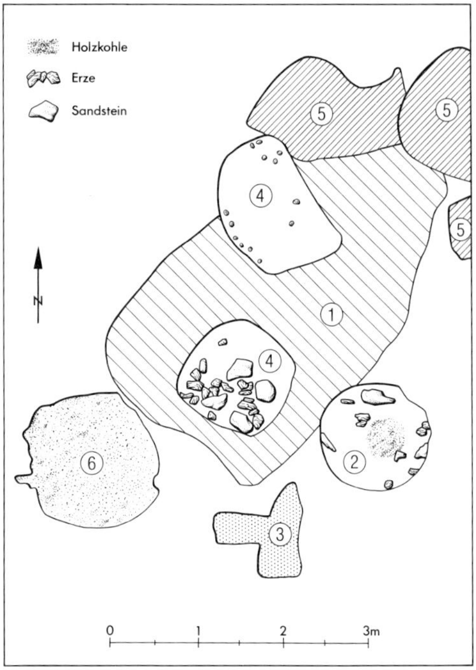

Abb. 181 Kippenheim. 1 große Grube (Grubenhaus?), 2 kreisrunde Grube, 3 kleine Grube mit flachem Boden, 4 zwei rechteckige Gruben, 5 mehrere unregelmäßige Gruben mit Einschwemmschichtung, 6 Pfostenstellung?

sich als recht kompliziert, da sich erst im Laufe der Grabung herausstellte, daß im gesamten Grabungsareal ab einer bestimmten Tiefe vermutlich eine Anschwemmschicht ansteht, in der viel römische Keramik gefunden werden konnte. Diese Keramik gelangte – über Aushub der Gruben, Tiergänge, Tiefpflügen etc. – nahezu in sämtliche Befunde und täuschte ein anderes Alter als das tatsächliche vor.
Der Fund von Keramik aus dem 9. Jahrhundert zusammen mit Schmelzofenfragmenten und zahlreicher Schlacke aus der kreisrunden Grube weit unter dem Pflugbereich macht diese Zeitstellung für das Ende des Betriebes

wahrscheinlich, der Beginn muß irgendwann nach Verlassen des noch nicht genau datierten Grubenhauses gelegen haben.
Über die Art und Größe des Ofens lassen sich bislang nur Vermutungen anstellen, einigermaßen gesichert ist die Bauweise aus Stein. Die Lage des Ofens an einem Lößhügel macht die Verwendung von Wasserkraft zum Betrieb von Blasebalgen unwahrscheinlich. Der Ofentyp ist am ehesten als Rennofen zu bezeichnen. Auch über das gewonnene Metall läßt sich noch nichts Sicheres aussagen, lediglich daß »Ringsheimer Erze« zahlreich am Verhüttungsprozeß beteiligt waren, in Frage käme aber neben Eisen- unter Umständen sogar Kupfergewinnung. Dies muß noch durch chemische und mineralogische Untersuchungen festgestellt werden. *Guntram Gassmann*

Archäologische Untersuchungen auf dem Grafenberg, Gemeinde Grafenberg, Kreis Reutlingen

Die Gemeinde Grafenberg liegt am Fuße eines gleichnamigen Vulkankegels von 463 m Höhe, auf dem die Forstkarte von Andreas Kieser von 1687 die Überreste einer in Stein ausgebauten Burg deutlich zeigt (Abb. 182). Auf der 1596 erstellten Karte von Georg Gadner ist von einer Burg an dieser Stelle jedoch nichts zu erkennen. Die Durchsicht der Schriftquellen und Lagerbücher durch A. Schmauder, ergab ebenfalls keine Hinweise auf eine Burg. Dagegen fand W. Müller, Zuffenhausen, 1936 in einer »Tuffgrube« auf der Nordseite des Berges Scherben der Hallstattkultur, die hier eine Höhensiedlung belegen.
Im Rahmen eines Kurses der Volkshochschule Grafenberg wurde im August das Profil dieser Tuffgrube freigelegt, um die Frage nach dem Vorhandensein einer Burg zu klären. Dies wurde von der Gemeindeverwaltung Grafenberg tatkräftig unterstützt.
In dem 27 m langen, etwa Nord-Süd verlaufenden Profil an der Westwand der Grube sind der eigentliche Vulkanschlot, sein Rand und die ihn umgebenden, aus höheren geologischen Schichten stammenden Weißjurablöcke deutlich zu sehen. Diese und nicht etwa der Vulkantuff wurden in dem Steinbruch abgebaut. Die Geologie wurde bereits 1895 von W. Branco recht detailliert beschrieben.
Auf dem Plateau des Berges und vor allem an seinem Rand waren die Schichten sehr stark gestört und durchwühlt. Bis in eine Tiefe von 1,5 m fanden sich neuzeitliche Scherben und Dachziegel. Eindeutige Mauerreste oder behauene Mauersteine waren nicht vorhanden. Dagegen zog sich durch fast das gesamte Profil knapp über dem anstehenden Fels eine ca. 10 cm starke humose Schicht mit Scherben der Hallstattzeit. Diese Schicht war auf der Bergoberfläche selbst allerdings nicht erhalten. Unterhalb der steilsten Bergkuppe waren die Schichten fundleer. In gestörten Bereichen wurden eine Silexspitze aus Kreidefeuerstein sowie eine Scherbe, die wohl der Michelsberger Kultur zuzuweisen ist, gefunden. Die hallstattzeitliche Besiedlung konnte bestätigt werden. Es handelt sich um eine Höhensiedlung, wie sie am Nordrand der Schwäbischen Alb häufig anzutreffen ist. Mittelalterlich sind lediglich 2 Bodenscherben. Auffallend umfangreich ist dagegen das neuzeitliche Fundmaterial. Es gehört in das 17. bis 19. Jahrhundert

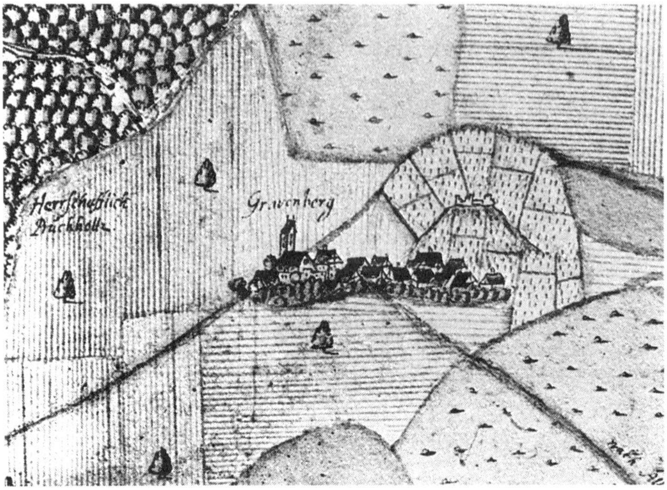

Abb. 182 Grafenberg. Kiesersche Forstkarte von 1687 mit Darstellung einer Burgruine auf dem Grafenberg

und ist damit jünger als die Kiesersche Darstellung. Es könnte als Verfüllung früherer Steinbrüche auf den Berg gebracht worden sein. Die kurze und wenig umfangreiche archäologische Untersuchung, bei der bewußt auf größere Eingriffe in die erhaltene Substanz verzichtet wurde, konnte eine Steinbebauung des Berges nicht nachweisen. Unterhalb seines Gipfels verläuft ein deutlich ausgeprägter künstlicher Absatz, der bislang als Befestigungsgraben gedeutet wurde. Bohrungen haben jedoch gezeigt, daß es sich lediglich um eine Wegführung handelt. In Anbetracht der archäologischen und archivalischen Situation erscheint es deshalb sehr fraglich, ob die Darstellung Kiesers korrekt war.

Jörg Biel, Doris Schmid

Literaturhinweise

W. Branco, Jahresh. d. Ver. f. vaterl. Naturkunde in Württemberg 1894, 505 ff.; 1895, 1 ff. – Fundber. aus Schwaben NF 9, 1938, 51 – A. Kieser, Alt-Württemberg in Ortsansichten und Landkarten 1680–1687. Hrsg. von H. M. Maurer und S. Schiek, 1985 – A. Schmauder, Grafenberg. Vom altwürttembergischen Bauern- und Händlerdorf zur modernen Wohngemeinde, 1989.

Eine Sondage in der »Unteren Burg« in Hardheim, Neckar-Odenwald-Kreis

Im März und April wurde im Bereich des »Steinernen Turms« in Hardheim zur Vorbereitung größerer städtebaulicher Veränderungen ein Suchschnitt angelegt, um die bislang in ihrer Ausdehnung unbekannten Reste der »Unteren Burg« zu ermitteln und damit die Grundlage für weitere denkmalpflegerische Überlegungen zu schaffen.

Bereits der kleine ergrabene, 10 × 3 m messende Ausschnitt ließ Rückschlüsse auf Art und Größe der Burg zu, die bisher neben dem als letztem Zeugnis aufrecht stehenden Bergfried nur aus Schriftquellen bekannt war, und gewährte damit einen zusätzlichen Einblick in die Geschichte Hardheims. Unter dem bis 1 m mächtigen Schutthorizont eines neuzeitlichen Anwesens fanden sich Planierschichten, die spärliche Keramikfunde ins 17. und 18. Jahrhundert datieren. Bei den nach unten folgenden verschiedenen Einschwemmhorizonten, die auf einer mächtigen, graulehmigen Schicht auflagen, handelt es sich um Ablagerungen des ehemals wasserführenden Burggrabens. Er war bis zu 2 m unter dem heutigen Oberflächenniveau auf den anstehenden Sandstein eingetieft.

Westlich des Bergfrieds wurde Nord-Süd verlaufend ein Teilstück der äußeren Umfassungsmauer der Burg angeschnitten. Die ca. 1 m breite, aus groben Bruchsteinen etwa lagenhaft errichtete und gut vermörtelte zweischalige Mauer war teilweise noch bis zu 8 Lagen hoch erhalten. Nach Norden schloß ein vermutlich runder Eckturm an, der wohl die Nordwestecke der Anlage bildete. Der Befund bestätigt bis zu einem gewissen Grad die Annahme, daß sich der Burggrundriß im bis ca. 1980 bestehenden Ortsplan erhalten hat. Demnach handelt es sich vermutlich um eine rechteckig geschlossene Wasserburg, der eventuell noch ein Wirtschaftshof als Vorburg beigefügt war.

Die im Graben gefundene Keramik wies mit nur sehr wenigen Scherben auf die Frühphase der Anlage in romanischer Zeit. Die Hauptfundmasse fällt in die Zeit nach 1444, als die erstmals 1326 als wertheimisches bzw. würzburgisches Lehen nachweisbare Burg bereits zerstört oder geschleift war. Die Mehrzahl der in die erste Hälfte des 16. Jahrhunderts zu datierenden Funde stammt aus einem unmittelbar bei der Umfassungsmauer angeschnittenen Abfallhaufen. Wie Keramik und große Mengen von Speiseresten, die sich oft noch in den Gefäßen befanden, unschwer erkennen ließen, muß der Abfall aus einer in unmittelbarer Nachbarschaft gelegenen Küche stammen. Vielleicht läßt sich damit das Vogthaus der Hardheimer Cent fassen, das nach 1444 an den Steinernen Turm angebaut worden sein soll, womit auch die weitere Benutzung der angeblich zerstörten Burg erklärbar wird.

Auf einigen der Hardheimer Gefäße findet sich die für die frühneuzeitliche Keramik Frankens typische Weißbemalung. Sie ist meist auf einen einfachen oder doppelten Zierstrich auf der Gefäßschulter beschränkt. Dagegen weisen die verschiedenen Topfformen deutliche Analogien zur Keramik des Neckarmündungsgebietes auf. Daraus ergibt sich die überregionale Bedeutung der Hardheimer Funde als Mittler zwischen den genannten Gebieten.

Oxidierend gebrannte Ware bildet den Schwerpunkt der Keramik, während reduzierend gebranntes Material in geringerem Maße vorhanden war. Grüne und braune Glasuren finden sich oft an kleineren Gefäßen, die Masse der Haushaltsware hingegen blieb unglasiert. Sie besteht aus Küchengeschirr wie Pfannen, Henkeltöpfe und Deckel und aus Tischgeschirr wie Schüsseln und Flaschen. Neben den wenigen Glasurflecken zeigen sie typische, recht schlichte Dekorationen auf Schulter und Bauchzone oder plastische Fingertupfen am Flaschenhenkel. Den größten Anteil am Formenbestand haben die weiträumig verbreiteten Keramiktöpfe mit Leisten- oder Wulstrand.

Eine Kuriosität stellt ein fast vollständig erhaltenes, oxidierend gebranntes Räuchergefäß dar. Es diente vermutlich dem Aromatisieren von Wohnräumen in der Burg. Weitere Besonderheiten im Fundbestand sind eine Gürtelschnalle und ein Messer, das aus einem Holzgriff mit floral ornamentiertem Goldbeschlag und einer eisernen Klinge besteht. Eine verhältnismäßig große Anzahl von Ofenkacheln, Hohlglas sowie Metall- und Holzgegenstände runden das Fundspektrum ab.

Achim Wendt, Viola Eigenbrodt

Literaturhinweise

Die Kunstdenkmäler des Großherzogtums Baden, Amtsbezirke Buchen und Adelsheim, bearb. von A. von Oechelhaeuser, 1901, 51 ff. – J. Prailes, Die Einführung der Reformation in Hardheim, 1905. – J. Rapp, Hardheim. Bausteine zu seiner Geschichte, Heft 1, 1930; Heft 2, 1932; Heft 3, 1937 – H. Neumaier, Reformation und Gegenreformation im Bauland, 1978.

Neues zur Burg Reichenstein in Neckargemünd, Rhein-Neckar-Kreis

Etwa 200 m südlich der mittelalterlichen Stadtmauer von Neckargemünd liegt auf einem Sporn zwischen Neckar und Elsenz die Ruine der Ministerialenburg Reichenstein. Ihr Terrain wurde durch Steinbruch- und Terrassierungsarbeiten seit dem 19. Jahrhundert nachhaltig verändert, ohne daß je baugeschichtliche oder archäologische Befunde festgehalten wurden. Als 1989 ein Teil des Burgplateaus gesprengt werden mußte, um Platz für einen Wasserhochbehälter zu schaffen, gelang es den Neckargemünder Studenten Marco Gleiter und Johannes Haasemann in Zusammenarbeit mit der Archäologischen Abteilung des Kurpfälzischen Museums Heidelberg, an der Sprengstelle ein Profil aufzunehmen und eine größere Anzahl Funde aufzusammeln.

Das 14 m lange Profil (Abb. 183) reichte von der östlichen zur westlichen Ringmauer quer über den Burghof. Der anstehende Buntsandstein war in diesem Bereich stark klüftig und ging nach oben hin in einen lockeren Verwitterungshorizont über. Auf diesen folgten ohne klare Grenzen 2 jeweils 0,2–0,3 m mächtige Schuttschichten unterschiedlicher Beschaffenheit, die außer Sandsteintrümmern und Bruchstücken von Mönch-Nonne-Ziegeln zahlreiche Fragmente von Hüttenlehm enthielten. Darüber folgte der stark durchwurzelte, ebenfalls ca. 0,3 m mächtige Oberflächenhumus. Ungestörte Ablagerungen aus der Zeit vor dem Verfall der Burg wurden lediglich am Ostrand des Profils beobachtet, wo eine wohl künstliche Abtrennung zwischen dem Fundament der Ringmauer und dem anstehenden Fels mit einer fundleeren Schicht stark mörtelhaltigen, verfestigten Bauschutts verfüllt worden war. Außerdem fand sich eine auffallende Konzentration von Bruchsteinen und Mörtel etwa in Profilmitte unmittelbar auf dem gewachsenen Fels, doch konnte infolge der starken Verwühlung gerade in diesem Bereich nicht mehr festgestellt werden, ob es sich dabei um die Mauer eines Nebengebäudes gehandelt hatte.

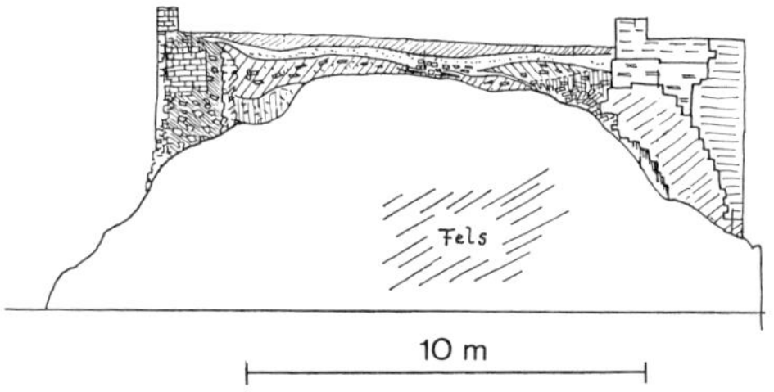

Abb. 183 Neckargemünd. Burgruine Reichenstein. Profil durch den Burghof zwischen östlicher (links) und westlicher Ringmauer.

Das im Aushub des Sprenglochs und auf dem Osthang unmittelbar vor der Ringmauer aufgelesene Fundgut umfaßt mehrere hundert Scherben vorwiegend der jüngeren grauen, aber auch der gelben Drehscheibenware. Unter den Gefäßformen dominieren neben Becherkacheln Kochtöpfe mit Leistenrand. Karniesränder erscheinen in geringerer Zahl; linsenförmige und flache Standböden sind in etwa gleich häufig. Dazu kommen Deckel mit Knauf und Wulstrand, Bügelkannen, Fußbecher mit massivem hohem Fuß und solche mit flacher Standplatte. Frühsteinzeug und eine nach Art der Pingsdorfer Keramik rot bemalte weißtonige Ware sind durch einzelne Scherben vertreten, ebenso 2 Becher mit Vierpaßmündung. Beachtenswert sind schließlich die relativ zahlreichen Wächterhörner, besonders aber die Glasfunde, unter denen sich Fragmente eines emailbemalten und eines nuppenverzierten Bechers finden.

Nur im Innenraum der Burg fanden sich einige wenige glasierte Scherben. Damit gehört die Masse des Fundgutes in die Zeit zwischen spätem 12. und 14. Jahrhundert n. Chr. und entspricht in ihrer Zusammensetzung einem älteren Fundkomplex, der 1934 unter ungeklärten Umständen auf der Burg geborgen und später dem Kurpfälzischen Museum überstellt wurde. Demnach deckt sich die Zeitstellung des Fundspektrums mit der nach den urkundlichen Erwähnungen angenommenen Auflassung der Burg nicht wesentlich nach 1353; auch die aus historischen Erwägungen angenommene Entstehung der Burg vor 1286, wohl Anfang des 13. Jahrhunderts, wird durch das Fundgut bestätigt. Ob die beiden einander überlagernden Schuttschichten in Verbindung mit dem verziegelten Wandbewurf und den zahlreichen sekundär verbrannten Dachziegeln auf eine Zerstörung der Burg durch Feuer hindeuten, müßte durch eine fachgerechte Ausgrabung in dem noch unversehrten Teil des Burgplateaus geklärt werden.

Hans-Peter Kuhnen

Literaturhinweise
A. von Oechelhaeuser, Die Kunstdenkmäler des Amtsbezirks Heidelberg (Kreis Heidelberg), 1913, 580 ff. – Staatl. Archivverwaltung Baden-Württemberg (Hrsg.), Die Stadt- und die Landkreise Heidelberg und Mannheim. Amtliche Kreisbeschreibung. Bd. II, 734 f.

Archäologische Untersuchungen im Heilig-Kreuz-Münster in Rottweil

Bei der Modernisierung und Erweiterung der Heizungsanlage im Heilig-Kreuz-Münster führte das Landesdenkmalamt baubegleitend und unterstützt von der Pfarrgemeinde archäologische Untersuchungen durch. Sie beschränkten sich ausschließlich auf die insgesamt 10 Heizschächte, soweit diese nicht auf bereits bestehenden Störungen verlegt wurden. Bereits im Zuge der grundlegenden Renovierung der Kirche 1912–1914 unter C. Cades waren in Chor und Langhaus Fundamente von Vorgängerbauten festgestellt und in einem Plan aufgezeichnet worden, dessen Original allerdings verschollen ist. Bislang sind die Befunde nur in der ungedruckten Dissertation von C. Meckseper 1969 ausführlicher behandelt worden.

Die ersten urkundlichen Belege für die Stadt-

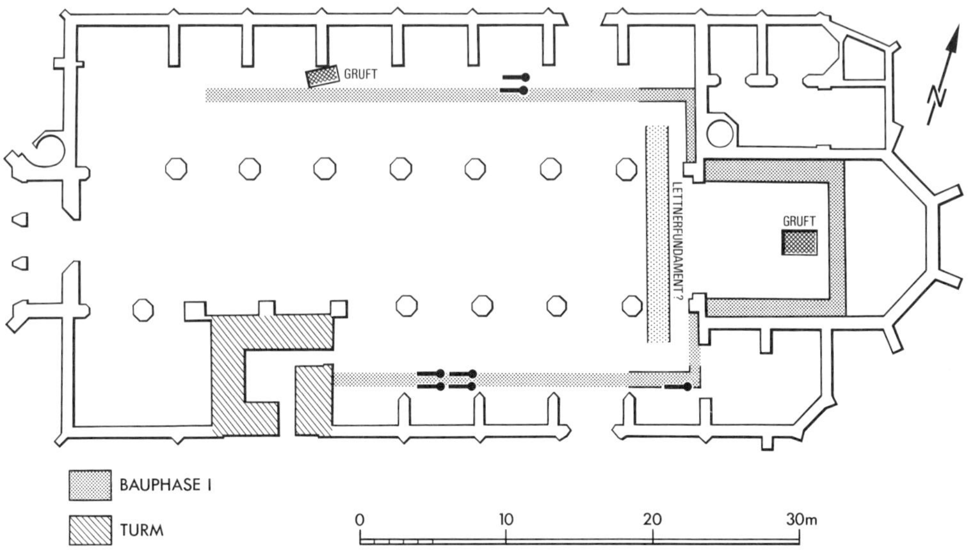

Abb. 184 Rottweil. Heilig-Kreuz-Münster. Grundriß mit Bauperioden

kirche stammen aus dem ausgehenden 13. Jahrhundert. Nachrichten über Bautätigkeit an der Kirche liegen aus dem 15. Jahrhundert und später vor. Ältester sichtbarer Bauteil ist der aus dem Südseitenschiff aufragende Turm, der noch spätromanische Bauformen aufweist. Langhaus und Chor sind spätgotisch, die Langhausgewölbe wurden zwischen 1497 und 1535 errichtet. Eine grundlegende gotisierende Erneuerung erfuhr die Kirche 1840–1843 durch C. v. Heideloff. Jüngste zurückliegende Baumaßnahme war die liturgische Neugestaltung des Chores 1973, bei der ebenfalls einige baugeschichtliche Untersuchungen vorgenommen wurden.

Die Baugestalt der Heilig-Kreuz-Kirche vor ihrer Erneuerung im ausgehenden Mittelalter läßt sich aufgrund der verschiedenen Untersuchungen wenigstens in großen Zügen darstellen. Die durch den spätgotischen Neubau weitgehend ersetzte Kirche besaß einen annähernd quadratischen Chor von ca. 7×8,5 m. Seine über 1,5 m starken Seitenfundamente liegen unmittelbar innerhalb der Vorchorwände des heutigen Baus, die Ostwand vor den Stufen zum Hochchor. Das Bodenniveau lag ungefähr 0,7 m tiefer als das heutige.

Die Breite des heutigen Mittelschiffs entspricht der des Vorgängerbaus. Die Arkadenpfeiler ruhen offenbar auf den älteren Streifenfundamenten. Die Seitenschiffbreite ist durch die 1912/14 festgestellte Nordostecke des nördlichen Seitenschiffs bereits bekannt gewesen. Sie wurde durch die Ausbruchgrube der Südostecke des südlichen Seitenschiffs bei den jüngsten Untersuchungen bestätigt. Über die ursprüngliche Länge des Langhauses sind keine sicheren Aussagen möglich. Vor dem Chorbogen in der Mitte der ersten Arkade fanden sich die Fundamente eines Lettners, über dessen Existenz in der spätmittelalterlichen Kirche keine sicheren Nachrichten vorliegen. Es war jedoch nicht zu klären, ob bereits im Vorgängerbau ein Lettner bestand. Im Mittelgang fand sich etwa 0,3 m unter dem heutigen Niveau der Plattenbelag des spätgotischen Baus, der offenbar erst 1912/14 auf sein heutiges Niveau angehoben wurde.

Obwohl die Ausgrabungen für die Heizschächte in den Seitenschiffen in der Flucht der Außenwände des Vorgängerbaus liegen, fanden sich hier weder Fundamentreste, noch deren Ausbruchsgruben, da der Boden hier durch spätere Bestattungen gründlich durchwühlt worden war. Soweit es nicht möglich war, die Skelette durch geringfügige Planänderungen zu schonen, wurden sie geborgen, um anthropologisch untersucht zu werden. Eine vorläufige kurze Diagnose von J. Wahl wird nachfolgend mitgeteilt.

Im nördlichen Seitenschiff auf Höhe der dritten Seitenkapelle wurde eine aus Backsteinen gemauerte und mit einem Gewölbe geschlossene Gruft mit einer Bestattung angetroffen. Eine weitere Gruft (ca. 2,5 x 1,4 m, Scheitelhöhe 1,7 m) unmittelbar am Fuß des Pfeilers zwischen fünfter und sechster Kapelle war aus Bruchsteinen gemauert und mit einem »falschen« Gewölbe versehen. An einer Schmalseite waren zahlreiche Schädel und sonstige Skeletteile sorgfältig aufgeschichtet. Durch den rundbogigen Zugang an der Schmalseite im Westen war sie teilweise mit Erdreich verfüllt. Ein Loch in der Decke, eine Bierflasche und der anstoßende Betonboden zeigten, daß diese Gruft 1912/14 bereits entdeckt worden war. Eine ähnlich gebaute, jedoch sorgfältiger ausgeführte Kammer war damals auch in der Mitte des Vorchors entdeckt worden. Sie wurde bei der Chorerneuerung 1973 nochmals freigelegt. Über ihre Entstehungszeit und eigentliche Zweckbestimmung sind keine sicheren Aussagen möglich. Eine weitere vergleichbare Gruft fand sich auch 1981 im Langhaus der Kapellenkirche in Rottweil. Für alle drei Anlagen ist eine Entstehung im ausgehenden Mittelalter zu vermuten.

Als eigentümlicher Einzelfund ist aus der Verfüllung über der bereits erwähnten Backsteingruft eine vergrabene Schildkröte zu erwähnen, die von M. Kokabi bestimmt wurde.

Peter Schmidt-Thomé, Peter Häusser

Zoologische und anthropologische Funde

Die aus dem Heilig-Kreuz-Münster in Rottweil geborgene Schildkröte ist aufgrund ihres kräftig gewölbten Rückenpanzers (Carapax) zweifelsfrei als eine Landschildkröte anzusprechen. In Europa leben drei Arten von Landschildkröten: Die Griechische Landschildkröte (*Testudo hermanni*), die Maurische Landschildkröte (*Testudo graeca*) und die Breitrandschildkröte (*Testudo marginata*). Das mir vorliegende Exemplar weist einen geteilten Supracaudalschild auf. Dieses Merkmal spricht für die Griechische Landschildkröte. Die europäischen Landschildkröten sind Tiere des warmen, trockenen Biotops. Sie kommen nur in Südeuropa vor.

Bemerkenswert bei der Schildkröte aus dem Münster ist, daß an ihr noch alle Extremitäten sowie der Schwanz anhaften. Der Kopf war eingezogen und steckt immer noch im Panzer. Die schuppige Haut und die Schildplatten sind noch gänzlich vorhanden. Man kann das Tier als mumifiziert bezeichnen. Wie es scheint, handelt es sich um die Überreste einer eingegangenen Schildkröte. Ob nun das Tier sich zur Winterruhe im Boden eingegraben hat und letztlich auch dort gestorben ist, oder von Menschenhand an dem Fundplatz niedergelegt wurde, bleibt ungeklärt.

Mostefa Kokabi

Die aus dem Heilig-Kreuz-Münster in Rottweil geborgenen menschlichen Knochenreste wurden zunächst einer vorläufigen Begutachtung unterzogen. Die genaueren Untersuchungsergebnisse sollen später im Rahmen der

Gesamtpublikation mitgeteilt werden. Im einzelnen liegen folgende Komplexe vor: Fd. Nr. 1, aus verworfenem Auffüllungsmaterial. Pathologisch deformierter Schädel (Turmschädel) eines Erwachsenen. – Fd. Nr. 2, aus gestörter Auffüllung. Unterkiefer eines älteren Erwachsenen mit nahezu vollständigem Zahnverlust noch zu Lebenszeiten. – Fd. Nr. 3, Befund 3/10. Rechtes Schienbein mit verheilter Fraktur in der rückwärtigen Schafthälfte. – Fd. Nr. 4, aus dem Verfüllungsmaterial. Rechtes Schlüsselbein eines Erwachsenen von mittlerer Robustizität und diverse andere Streuknochen. – Fd. Nr. 5, ehemals Lettnerbereich. Unvollständiges Skelett eines etwa 40(–50)jährigen, ca. 1,70 m großen Mannes, wohl aus höherer Sozialschicht. – Fd. Nr. 6, südliches Seitenschiff. Unvollständige Skelettreste von 2 verschiedenen Individuen. Ein etwa 40jähriger Mann von relativ graziler und schlanker Gestalt, ca. 1,65 m groß; ein erwachsener Mann mit robustem und kräftigem Knochenbau, Körperhöhe 1,70 m.

Jochen Wahl

Literaturhinweise
A. Steinhauser, Die Heilig-Kreuz-Kirche in Rottweil, 1939 – C. Meckseper, Rottweil. Untersuchungen zur Stadtbaugeschichte im Mittelalter, Diss. Stuttgart 1969 (ungedruckt), 159 ff. – E. Schmidt, Die Ausgrabungen im Hl.-Kreuz-Münster im Spätsommer 1973, Rottweiler Heimatblätter 1976 Nr. 4 (Beilage zum »Schwarzwälder Volksfreund«).

Neue Ergebnisse zur Baugeschichte der St.-Martins-Kirche in Staufen, Kreis Breisgau-Hochschwarzwald

Bei der Innenrestaurierung der Martinskirche in Staufen im Herbst 1989 wurde auch eine neue Heizungsanlage eingebaut. Dies war Anlaß, in den Bereichen, die durch die künftigen Heizungsschächte berührt wurden, archäologische Untersuchungen durchzuführen. Diese lieferten Erkenntnisse über die mittelalterliche Baugeschichte der Kirche, die gegenüber der bisherigen Überlieferung ein völlig neues Bild bieten.

Die Anfänge der Martinskirche dürften bis in das frühe Mittelalter zurückreichen. Um 770 n. Chr. ist der Ort erstmals als »villa staufen in pago brisigowe« im Codex Laureshammensis erwähnt. 1139 ist erstmals von der Staufener Kirche zusammen mit denen von Ehrenstetten, Offnadingen und Ambringen als Filiale der Mittelpunktspfarrei Kirchhofen die Rede. 1275 wird ein »Plebanus« für Staufen genannt. 1336 taucht erstmals die Bezeichnung »sant Martins Kilchun« auf. Die ersten Baunachrichten beginnen 1485, als nach einer Stiftung der Gräfin Ehrentrud von Werdenberg geb. von Staufen die Kirche St. Martin in ihrer heutigen Gestalt neu erbaut wurde. Sie wurde Erbbegräbnisstätte für die Burgherren von Staufen, deren Geschlecht in männlicher Linie 1602 erlosch. 1690, als in Staufen französische Truppen lagerten, wurde die Kirche fahrlässig von der im Turm lagernden Wache in Brand gesteckt. Sie, das Pfarrhaus und etwa 50 Bürgerhäuser wurden zerstört. Erst 1698 begannen die Wiederherstellungsarbeiten an der Kirche und dauerten bis 1702. Grundlegende Renovierungen fanden 1870 und 1956 statt.

Die heutige Martinskirche ist ein spätgotischer Bau mit dreischiffigem basilikalem Langhaus und einem gewölbten Chor, dessen Niveau

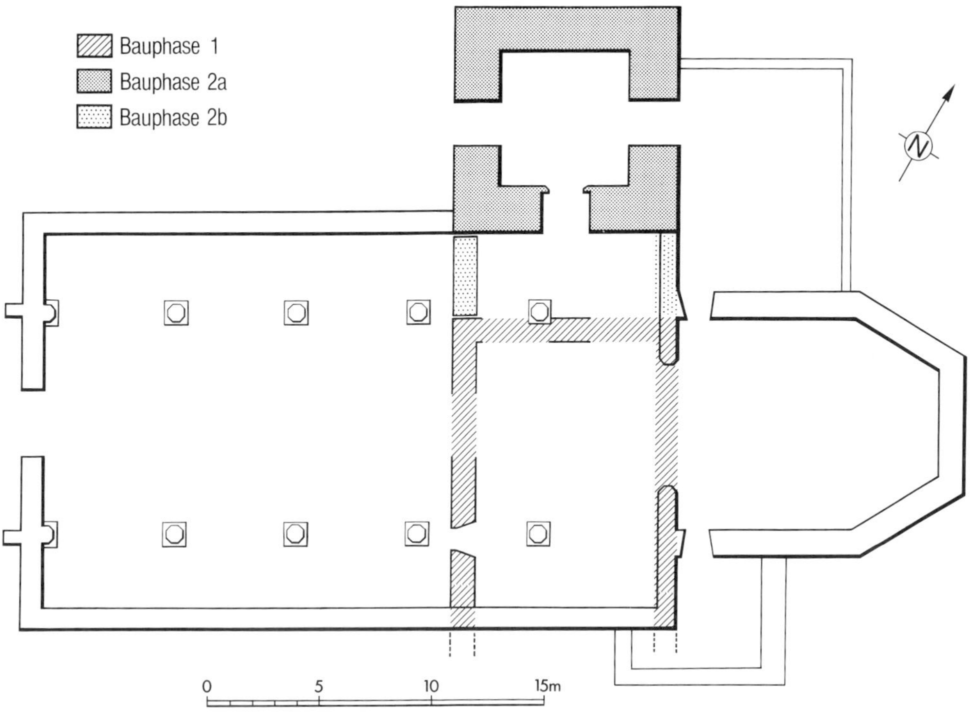

Abb. 185 Staufen. Pfarrkirche St. Martin. Übersichtsplan mit Baubefunden

stark über das Langhausniveau angehoben ist. Auffallend ist, daß die Kirche nicht geostet ist. Der Chor zeigt nach Nordosten, der Haupteingang ins Mittelschiff liegt südwestlich. Der mächtige Turm ist seitlich im Nordwesten an das linke Seitenschiff angelehnt. (Um bei der folgenden Beschreibung eine Orientierung des Lesers zu erleichtern wird hier ausnahmsweise auf die Angabe von Himmelsrichtungen verzichtet.)

Die bisherige lokale Geschichtsschreibung ging davon aus, daß ein mittelalterlicher Vorgängerbau der heutigen Kirche entweder rechtwinklig zu dieser gelegen habe und den Turm als Chorturm oder Eingangsturm benützte, oder daß der Vorgängerbau parallel zur heutigen Kirche im Anschluß an den Turm errichtet war. Die archäologischen Untersuchungen ergaben folgendes Bild: Faßbar sind 3 wichtige Bauphasen der mittelalterlichen Martinskirche. Unter den ältesten Bau- und Bodenniveaus, die eindeutig einer der Vorgängerkirchen zuzuweisen sind, fand sich ein noch früherer Baurest, ein fragmentiertes Fundament mit anschließendem Pflaster, das keinen Bezug zu den späteren Kirchenbauten erkennen ließ. Im Zusammenhang mit diesem Befund lassen einige Fragmente römischer Leistenziegel vermuten, daß es sich bei diesen Bauresten um Spuren einer römischen Bebauung handelt. Staufen wäre damit ein weiteres Beispiel im Markgräflerland, wo eine frühmittelalterliche Bebauung römische Siedlungsreste aufgreift (z. B. Blansingen, Britzingen, Fischingen oder Müllheim). Bei Bauphase 1 des Kirchengebäudes handelt es sich um das Schiff eines quer zur heutigen Kirche verlaufenden Baus, für den ein seitlicher Eingang in der einen Längswand gesichert ist. Fundament und Mauer sind ca. 1 m breit. Die eine Längswand verläuft zwischen erstem und zweitem Stützenpaar der spätgotischen Kirche, während die andere Längswand dem Verlauf der Seitenschiffabschlußwände bzw. der Flucht des Chorbogens entspricht. Das Kirchenschiff war ca. 8 m breit. Die Chorpartie dieses ersten nachweisbaren Kirchengebäudes liegt außerhalb des rechten Seitenschiffs der heutigen Kirche in der Johannesgasse.

In Bauphase 2 wird offensichtlich der Plan gefaßt, den Kirchenraum auf der dem Chor gegenüberliegenden Seite zu verlängern und mit einem Fassadenturm zu versehen. Dieser ist heute noch erhalten. Seine Fundamente trennt eine deutliche Fuge von den Fundamenten der heutigen Seitenschiffwand. Auch das Fundamentmauerwerk zwischen Turm und dem älteren Kirchenmauerwerk trennen Fugen von beiden Bauteilen, so daß man diese Erweiterung in 2 Phasen unterteilen darf. Die Verlängerung der Vorgängerkirche beträgt ca. 4,7 m, entspricht also etwa der Breite des heutigen Seitenschiffs. Spätestens zu diesem Zeitpunkt erhielt die Vorgängerkirche ihren Haupteingang durch den Turm. Die heutige Verbindungstür zwischen Seitenschiff und Turmerdgeschoß läßt deutlich den Türanschlag erkennen. Die ehemals portalartige Öffnung wurde nachträglich verkleinert. Das Turmerdgeschoß besaß zur Erbauungszeit 2 spitzbogige schmale Eingangsarkaden in den Seitenwänden, die ohne Türverschluß ins Freie führten. In den Ecken des Turmraumes sind abgeschlagene Gewölbeansätze zu erkennen. Desgleichen in der Portalleibung Reste einer Profilierung. Nach den kunstgeschichtlichen Merkmalen läßt sich das Turmerdgeschoß mit einiger Vorsicht in die Wende des 13. zum 14. Jahrhundert datieren. In Staufen wäre also ein weiteres Beispiel einer Kirche mit Fassadenturm entdeckt, die bei dörflichen und städtischen Pfarrkirchen im südlichen Oberrheingebiet offensichtlich beliebt waren (Freiburger Münster, ehem. Pfarrkirche St. Nikolaus in der Freiburger Neuburg, Pfarrkirche von Schliengen usw.).

Keiner der Bauphasen eindeutig zuzuordnen sind größere Flächen von Tonfliesenfußböden im Inneren der älteren Kirche. Ein älterer Boden bestand aus diagonal verlegten rechteckigen Tonfliesen im Fischgrätverband. Er wurde später durch einen Belag aus quadratischen Tonplatten, die parallel zu den Wänden verliefen, teils ausgebessert, teils ersetzt. Offensichtlich besaßen nur Teile des Kircheninneren diesen Tonfliesenbelag. Möglicherweise waren die Bereiche vom Kirchengestühl ohne festen Boden, nur mit Holzpodesten ausgestattet.

An den Resten des aufgehenden Mauerwerks der einen Längswand waren bis dicht über den Fußbodenbelag Putzreste mit Farbspuren erhalten. Eine dritte Bauphase markiert der heutige Kirchenbau. Die alte Kirche wurde offensichtlich bis auf Teile der einen Längswand, die in die Stirnwände der beiden Seitenschiffe integriert worden sind, abgerissen. Nur der ehemalige Eingangsturm blieb in seinem vollen Umfang erhalten. Warum der vergleichsweise riesige Neubau errichtet wurde, ist nicht bekannt.

Bei der Erneuerung des Chorfußbodens wiesen mehrere Einsenkungen des Erdreichs darauf hin, daß sich hier eine größere Anzahl von Bestattungen befindet. Vermutlich handelt es sich hierbei um die Grablege der Herren von Staufen, die sich bis 1485 in der nahegelegenen Klosterkirche von St. Trudpert im Münstertal

befunden hatte. Da hier keine weiteren baulichen Eingriffe vorgenommen wurden, blieb dieser Bereich von den Untersuchungen ausgespart.
In den Untersuchungsbereichen im Langhaus wurden mehrere menschliche Bestattungen angetroffen, auf die hier nicht näher eingegangen werden kann.

Gerhard Wesselkamp, Peter Schmidt-Thomé

Literaturhinweis

Die Kunstdenkmäler des Großherzogtums Baden, Hrsg. F. X. Kraus, Band 6, 1904, 463, ff.

Untersuchungen im Kreuzgang des ehemaligen Benediktinerklosters Murrhardt, Rems-Murr-Kreis

Das Benediktinerkloster in Murrhardt ist spätestens seit Anfang des 9. Jahrhunderts belegt. Die von G. P. Fehring und R. Schweizer 1973 in der Klosterkirche durchgeführten Ausgrabungen wiesen römische Bebauung nach, des weiteren fanden sich Reste der karolingischen Kirche, und für das Hochmittelalter ließen sich umfangreiche Baumaßnahmen nachweisen. Die Kirche in ihrer heutigen Form stammt überwiegend aus dem 15. Jahrhundert, von der Klausur sind das Refektorium im Südflügel sowie ein weiteres Gebäude in der Südostecke erhalten. Hinweise auf den ehemaligen Kreuzgang hatten 1963 von B. Cichy angelegte Suchschlitze ergeben. 1976 wurde der gesamte Altstadtbereich Murrhardts einschließlich des Klosters und der oberhalb gelegenen Walterichskirche als Grabungsschutzgebiet ausgewiesen.
Seit mehreren Jahren bereits plant die Kirchengemeinde Murrhardt, das ehemalige Refektorium des Klosters als Gemeindehaus zu nutzen. Dem dafür notwendigen Erweiterungsbau stimmte das Landesdenkmalamt zu. Anfang 1989 schien die Finanzierung geklärt, und dem Landesdenkmalamt war es möglich, noch im Sommer eine dreimonatige Grabung durchzuführen. Hierbei wurde nur ein kleiner Ausschnitt der Klausur untersucht, man beschränkte sich auf die Baugrube (Abb. 186). Eingeschränkt wurde die Aussagekraft der Be-

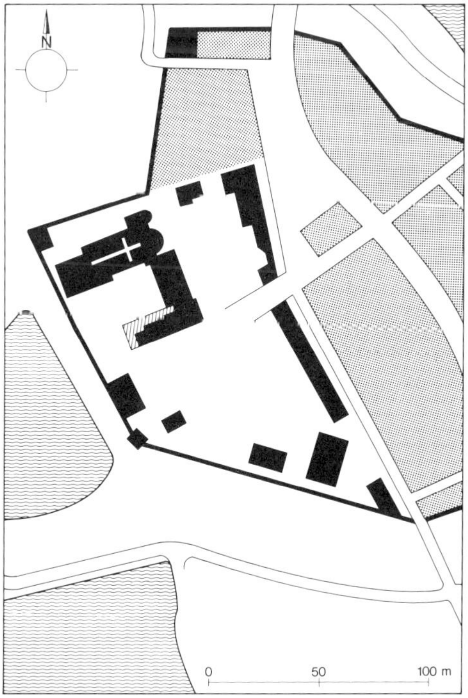

Abb. 186 Murrhardt. Alte Abtei. Lageplan

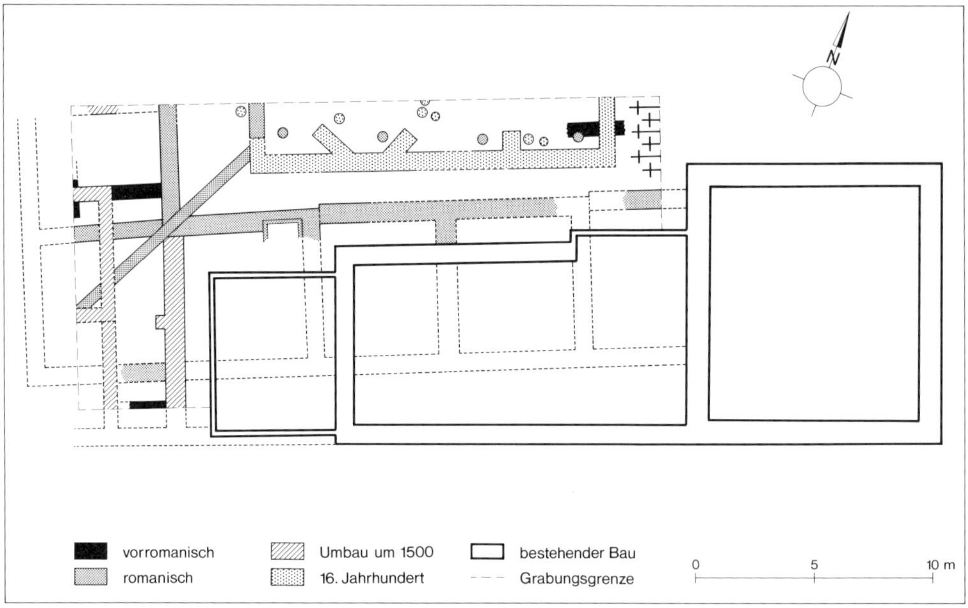

Abb. 187 Murrhardt. Alte Abtei. Plan der Grabungsbefunde

funde durch eine Planiermaßnahme des 17. Jahrhunderts – wohl nach der endgültigen Aufgabe des Klosters 1648 –, bei der die Kreuzgangmauern bis auf die untersten Fundamentlagen mitsamt den zugehörigen Schichten entfernt worden waren. Lediglich das Westflügelgebäude war von dieser Planierung nicht betroffen. Zudem wurde die untersuchte Fläche von mehreren Abwasserleitungen zerschnitten.

Bei den ältesten angetroffenen Befunden handelt es sich um 4 Kalksteinmauern, die jeweils nur in ihrer letzten Fundamentlage erhalten sind und von denen innerhalb des kleinen untersuchten Ausschnittes nur so wenig Reste erfaßt worden sind, daß sie in keinen aussagefähigen Zusammenhang gebracht werden konnten (Abb. 187). Aufgrund der stratigraphischen Verhältnisse sind sie in vorromanische Zeit zu datieren.

Besser ließ sich das Aussehen der romanischen Klausur fassen. Fundamentreste und Mauerausbruchgruben zeichneten den Verlauf der Nordmauer des ehemaligen Südflügelgebäudes nach. Vorsprünge im Fundamentverlauf und 2 Mauerabknicke nach Süden könnten Hinweise auf eine Raumgliederung des Südflügels sein. Eine Mauerausbruchgrube, die den zugehörigen Nutzungshorizont nach 5 m südlich abschließt, bietet einen Anhaltspunkt für die Breite des Gebäudetraktes. Relikte einer Nutzung fanden sich nur im Südwestraum, in dessen Nordostecke eine Nische in die Mauer eingesetzt war (Innenmaß ca. 1×0,6 m), deren vom anstehenden Boden gebildete Sohle gut 0,3 m unter Fundamentunterkante der entsprechenden Mauern lag. Der im westlichen Bereich erhaltene Nutzungshorizont wies Konzentrationen von Holzkohle und großflächige Anziegelungen auf, die als

Abb. 188 Murrhardt. Grabung Alte Abtei. Kreuzgangmauer mit romanischen Spolien

Hinweise auf einen Ofen gewertet wurden, was dadurch bekräftigt wurde, daß im Fundmaterial der darüberliegenden Schicht zahlreiche Ofenkacheln des 14. Jahrhunderts enthalten waren. Im nördlich anschließenden Raum des Westflügels fanden sich keine Hinweise auf eine Nutzung.

Der zugehörige Kreuzgang ist anhand der im Fundament des gotischen Kreuzgangs wiederverwendeten Bauplastik zu fassen (Abb. 188). Hinweise auf seinen Verlauf geben zum einen Reste der Fundamentmauer des westlichen Kreuzgangsflügels, zum anderen ein Abwasserkanal, der von der ehemals südwestlichen Kreuzgangecke diagonal zum westlichen Schnittende zog und vielleicht in Zusammenhang mit der Entwässerung des Kreuzgangdachs stand. Für den weiteren Verlauf im Süden wäre die Rekonstruktion eines hölzernen Kreuzgangs möglich. Reste des östlichen Kreuzgangflügels könnten im gotischen Mauerwerk aufgegangen sein.

Im Ostflügel wurden mehrere Bestattungen angetroffen, die aber – teils durch spätere Bestattungen, teils durch eine jüngere Bauschuttgrube sowie durch Abwasserkanäle – großteils gestört waren.

Bei den aufgefundenen Spolien handelt es sich neben profilierten Pilasterbasen auch um das Fragment eines mit Palmetten verzierten Würfelkapitells. Dieses entspricht sowohl stilistisch als auch in der Größe (15×15×13 cm) den im Murrhardter Schweizer-Museum ausgestellten Kapitellen, die von den Kreuzgangarkaden des Klosters stammen sollen. Sie sind zeitlich ähnlich anzusetzen wie die Bauplastik der nördlich der Klosterkirche angebauten Walterichskapelle, also um 1220/30.

Daß dieser Gebäudekomplex innerhalb des erfaßten Ausschnitts ohne wesentliche Veränderungen bis in das 14. Jahrhundert hinein Bestand hatte, wird durch das Fundmaterial nahegelegt. Eine Umbauphase wird im untersuchten Bereich erst um 1500 greifbar und dies wiederum nur im südwestlichen Raum. Dieser erhält eine neue Ostmauer, die an der Südwestecke des Kreuzgangs ansetzt. Entlang dieser Mauer zieht sich ein knapp 2 m breiter »Flur«, durch den die beiden westlich anschließenden Räumlichkeiten erschlossen worden sein könnten. Diese nur in ihren östlichsten Teilen angeschnittenen Räume von je 4 m Breite hatten Holzfußböden. Auf eine Beheizbarkeit verweisen zahlreiche Ofenkachelfragmente des 16. Jahrhunderts. Es fanden sich keine Hinweise auf die Nutzung des nördlich anschließenden Bereichs des Westflügelgebäudes. Dieser archäologisch erfaßte Umbau ist gut mit der historischen Überlieferung in Einklang zu bringen, die neben Baumaßnahmen im 15. Jahrhundert von der desolaten Finanzlage des Klosters 1501 berichten.

Im 16. Jahrhundert wurde der Westtrakt der Klausur aufgegeben, wobei die Ostmauer des obengenannten Umbaus weiterhin als Westabschluß des Südflügels diente, und auch die alte Ostmauer im nördlich anschließenden Bereich

Abb. 189 Murrhardt. Grabung Alte Abtei. Deckelfragment eines Falkengefäßes aus Fayence, 16. Jahrhundert

wird die Klausur nach wie vor gegen außen abgeschirmt haben. In den gleichen Zeitraum fällt der Neubau des Kreuzgangs, der sich mit seiner aus mächtigen Schilfsandsteinen gesetzten südlichen Fundamentmauer erhalten hat, die sich durch ihre Spolien als dem Vorgängerbau entstammend ausweist. Hier fanden sich 3 Strebepfeilerfundamente, die auf eine geplante Überwölbung des südlichen Kreuzgangflügels hinweisen. 2 dieser Fundamente ließen wegen ihrer Schrägstellung an eine Brunnenkapelle denken, doch schließt der Gesamtbefund eine solche Anlage – etwa in Form eines Oktogons – aus. Eine andere Funktion war diesen Fundamenten innerhalb des Kreuzgangs nicht zuzuweisen. Möglich wäre vielleicht die Rekonstruktion eines Obergeschosses, in dem ein einzelner gewölbter Raum durchaus eine solche Konstruktion begründen könnte.

Zu diesem Kreuzgang hat sich in Resten ein Plattenboden erhalten, der bei den Planiermaßnahmen des späten 17. Jahrhunderts auf die bis heute erhaltene Breite von 2 m zurückgenommen wurde. Mindestens eine der im Ostflügel angetroffenen Bestattungen gehört dieser Zeit an. Diese Baumaßnahmen könnten zusammenpassen mit der historisch überlieferten Nachricht, daß 1548–1552 durch Brand zerstörte Gebäude – namentlich das Dormitorium und zwei Scheuern – wiederaufgebaut wurden.

Eine Anbindung der hier dargestellten Befunde an die noch bestehenden Gebäude kann erst nach Durchführung der für Anfang nächsten Jahres vorgesehenen Bauuntersuchung erfolgen. *Ulrike Plate*

Literaturhinweise

G. Fritz, Kloster Murrhardt im Früh- und Hochmittelalter. Eine Abtei und der Adel an Murr und Kocher, Forsch. Württ. Franken 18, 1982. – G. Fritz, Stadt und Kloster Murrhardt im Spätmittelalter und in der Reformationszeit, Forsch. Württ. Franken 34, 1990 – A. Schahl, Die Kunstdenkmäler des Rems-Murr-Kreises (Die Kunstdenkm. Baden-Württ. 1983), 551 ff. – G. P. Fehring u. R. Schweizer, Murrhardt, ehem. Klosterkirche – vorläufige Zusammenfassung der bisherigen Grabungsergebnisse am 27. 9. 1973. (MS, Landesdenkmalamt)

Beobachtungen im Klosterhof von Maulbronn, Enzkreis

Kloster Maulbronn gehört zu den eindrucksvollsten Zeugnissen des Mittelalters in Baden-Württemberg. Von dem 1138 im benachbarten Eckenweiher (heute Stadt Mühlacker) gegründeten und um 1147/48 an den heutigen Standort verlegten Kloster blieben vor allem die gesamten hoch- und spätmittelalterlichen Klausurgebäude erhalten. Daneben stehen im Klosterhof noch wesentliche Teile der mittelalterlichen Wirtschaftsbauten, wenn auch vielfach in den veränderten Formen des jeweiligen Wiederaufbaus nach den Beschädigungen des 17. und 18. Jahrhunderts.

Die Forschung hat sich seit dem 19. Jahrhundert auf die Klausurgebäude konzentriert, ohne daß es nach der Bearbeitung für das Kunstdenkmälerinventar durch E. Paulus vor ziemlich genau 100 Jahren zu einer diesen Namen verdienenden neuen Gesamtdarstellung gekommen wäre. Die übrigen, innerhalb der inneren Klosterumfriedung gelegenen Wirtschaftsbauten und ihre Entwicklung werden, wenn überhaupt, meist recht summarisch behandelt.

Seit ca. 10 Jahren bemühen sich die Hochbauverwaltung und das Landesdenkmalamt bei jeweils anstehenden Reparaturen und baulichen Veränderungen durch verbesserte Dokumentation und bauarchäologische Untersuchungen das Wissen um die Geschichte des Klosters zu vermehren. So ergab sich aus der Absicht der Staatlichen Bau- und Liegenschaftsverwaltung, im Maulbronner Klosterbereich ein Fernwärmenetz zu errichten, das durch einzelne Stränge des zu sanierenden städtischen Wasserleitungssystems erweitert wird, für die Archäologische Denkmalpflege die Notwendigkeit, alle auszuhebenden Gräben auf mögliche Funde und Baureste aus der Klosterzeit zu beobachten. Dies erschien trotz des Zeitdrucks und der eingeschränkten Beobachtungsmöglichkeiten, die eine Baustellenüberwachung gegenüber einer regulären Grabung immer bietet, deshalb besonders nötig, weil es gerade über die mittelalterliche und frühneuzeitliche Bebauung und Nutzung des weiten Hofes kaum Anhaltspunkte gibt. Auch im Hinblick auf Überlegungen zur Neugestaltung des gesamten Hofes ist dies von Bedeutung, da nur so Vorgaben für eine den Bestand archäologischer Zeugnisse schonende Planung erarbeitet werden können. Das zu erstellende Leitungsnetz erlaubte es deshalb erstmals, in größerem Umfang Aufschlüsse über den Wirtschaftsteil des Klosters zu erhalten.

Nachdem inzwischen 3 Hauptstränge ausgehoben und untersucht wurden, erscheint es möglich und sinnvoll, einen ersten Überblick zu geben, wenngleich bei der Fortsetzung der Arbeiten im kommenden Jahr modifizierende Ergebnisse zu erwarten sind.

Über weite Strecken des Hofes, vor allem in der Mitte und im Nordosten, waren kaum Benutzungshorizonte zu beobachten; allenfalls innerhalb eingetiefter Räume ließen sich ältere Vorgänge erkennen. Man mußte den Eindruck gewinnen, daß in jüngerer Zeit (vermutlich zusammen mit einer teilweisen Pflasterung im 19. Jahrhundert) die Oberfläche des Hofes mit Ausnahme des Westteils planiert wurde. Aus diesem Grunde war auch die Ausbeute an Funden aus den meisten Profilen sehr bescheiden. Dagegen zeichneten sich – vor allem in den Trümmern eingetiefter Räume – verschiedentlich Brandspuren ab, die überwiegend von den Kriegshandlungen des 17. und 18. Jahrhunderts herrühren werden. Hierauf weist auch die Tatsache, daß auf dem Plan J. M. Spaeths von 1761 noch einige Bauten verzeichnet sind, die inzwischen fehlen.

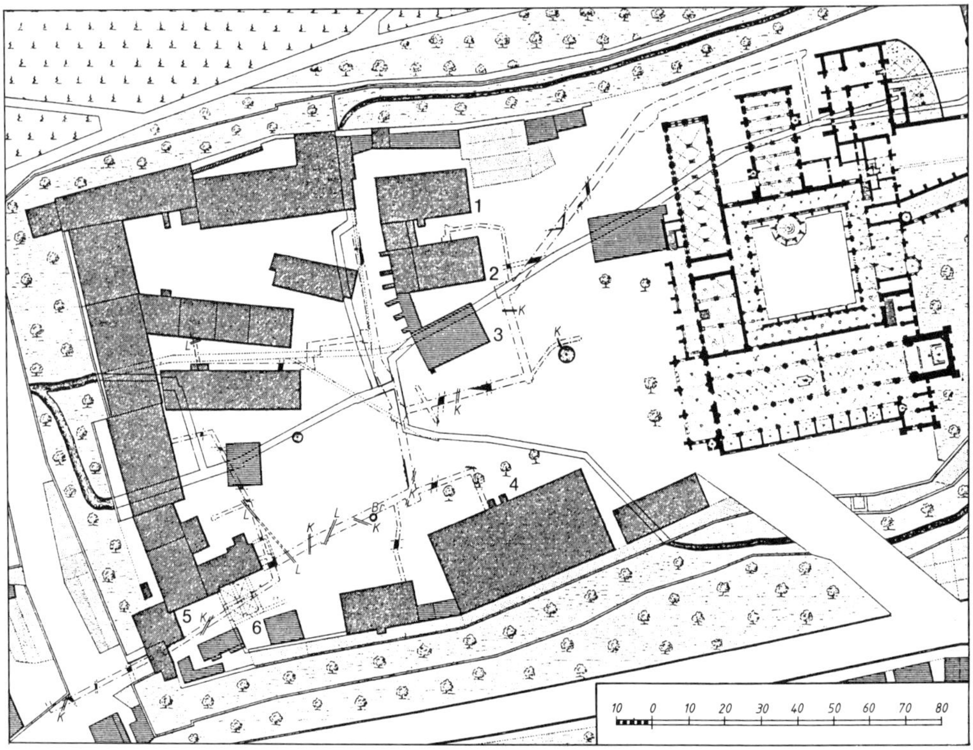

Abb. 190 Maulbronn. Lageplan des Klosters nach E. Paulus mit Eintragung der Gräben und Befunde 1988/89. Strichpunktierte Linien deuten die Beobachtungsgrenzen an. K Kanal, L Leitung

Die Bauspuren konzentrierten sich im Westen des heutigen Hofes und in dessen Mitte sowie im Norden unmittelbar westlich der Klausur (Abb. 190). Am auffälligsten war dabei die bereits früher festgestellte, von der Westflanke des Gebäudes Klosterhof 22 (auf dem Plan Nr. 1–3) nach Süden zum Fruchtkasten ziehende, ca. 1,2 m mächtige Mauer (Abb. 190, zwischen Geb. 3 und 4). Sie könnte – vorsichtig gesprochen – Teil einer älteren, in dieser Funktion bereits früh aufgegebenen Umfassungsmauer gewesen sein, für deren Errichtung wir zur Zeit noch keine Anhaltspunkte haben, die möglicherweise aber mit zur Frühzeit der Anlage gehört. Angelehnt an diese Mauer, die als Bauwerk bis in die beginnende Neuzeit erhalten blieb, waren vermutlich mehrere Gebäude, deren Fundamente sich östlich von ihr und nördlich des Fruchtkastens (Abb. 190.4) fanden und die die nördlich anschließende Reihe (Abb. 190.1–3) fortgesetzt haben dürften. Die Spuren eines oder mehrerer Gebäude waren besonders unmittelbar nördlich des Fruchtkastens recht intensiv, was darauf hinweist, daß dieser Teil des Klosterhofs bereits vor seiner Errichtung bebaut war. Auf diese Weise läßt sich vielleicht der Umfang einer älteren Ummauerung erschließen, deren

Umfang wesentlich geringer war und mit einiger Wahrscheinlichkeit nicht alle zum Kloster gehörenden Bauten einschloß. Ob die weiter nordöstlich vor der Klausur angetroffenen Reste von mindestens 2 weiteren Gebäuden ebenfalls in die Frühzeit gehören, kann derzeit noch nicht entschieden werden. Da in diesem Teil zumindest 2 weitere Häuser bis ins 18./19. Jahrhundert standen, ist auch eine spätere Entstehung nicht auszuschließen.

Im westlichen Hofteil konnten nur relativ bescheidene Bauspuren entdeckt werden, obwohl die Voraussetzungen hier günstiger waren. Am deutlichsten anzusprechen war ein nach Osten vorspringender Anbau an das Frühmesserhaus, der nicht sehr viel jünger als dieses selbst sein dürfte und, wie es scheint, noch im Mittelalter wieder abgebrochen wurde (Abb. 190, östlich Geb. 5). Weitere Fundamentteile kamen nördlich dieser Stelle zum Vorschein, bei denen es sich um Teile von Gebäuden handeln kann, die noch auf den Plänen von Spaeth und Paulus verzeichnet sind. Von einem inneren Tor, das Paulus annimmt (Abb. 190, 6), konnte nichts entdeckt werden, sei es, daß es nie bestand, sei es, daß es durch nachfolgende Leitungen zerstört worden war. Außer den genannten Bauspuren gab es bislang keine Anhaltspunkte für eine dichtere Bebauung des Klosterhofes, der damit wohl von Anfang an in der heutigen, großzügigen Form konzipiert worden war.

Wichtigster Befund waren verschiedene Spuren eines Frischwasserversorgungsnetzes, das möglicherweise von Anfang an mit einem Abwassersystem verbunden war und zumindest in seinen Ansätzen in die Frühzeit des Klosters gehören dürfte. Rückgrat und Kern des ganzen Systems bildet der Salzachkanal, der das Klosterareal von Osten nach Westen durchzieht und sich etwa in der Mitte des Hofes mit dem von Südosten kommenden, ebenfalls verdolten Wannenbach vereinigt. Das seit der Bearbeitung von E. Paulus im 19. Jahrhundert bekannte Netz unterirdischer Kanäle konnte teilweise präzisiert und in seinem Umfang und Aufbau vor allem im Bereich südwestlich vom Gebäude Klosterhof 22 ergänzt werden (Abb. 190, 191). Es besteht aus einem gemauerten Kanal, auf dessen Boden Steinplatten verlegt wurden, zwischen die in regelmäßigen Abständen quer zur Fließrichtung heute verschwundene Hölzer eingelegt wurden (Abb. 191). Die Wände waren aus sorgfältig zugerichteten Sandsteinquadern lagenweise aufgemauert. Den oberen Abschluß bildete ein aus Bruchsteinen aufgesetztes Tonnengewölbe. Die eingelegten Querhölzer dienten vermutlich der Verringerung der Fließgeschwindigkeit des Wassers bei der Einmündung des Wannenbachs, um bei Hochwasser Rückstaus zu mildern.

Die eigentliche Frischwasserversorgung, deren Quelle wir noch nicht kennen, bestand aus Bleiröhren, die in Steinrinnen verlegt, mit Lehm und Ziegelsplit verdämmt und mit Platten abgedeckt waren (Abb. 190.L). Obwohl die Schriftquellen verschiedentlich von Wasserleitungen bei den Zisterziensern berichten, ist dies eine der wenigen Fundstellen in Deutschland, an denen es tatsächlich gelungen ist, eine zu entdecken. In Hirsau zum Beispiel fand man nur noch die Steine der Ummantelung der Leitungen, während die Röhren wegen ihres hohen Materialwertes später entfernt worden waren. Ob ein nordwestlich des Fruchtkastens angetroffener Brunnen von diesen Leitungen gespeist oder, was näher liegt, erst später errichtet wurde, konnte in diesem Zusammenhang nicht geklärt werden. Ein zweiter dürfte sich vor der heutigen Gaststätte »Zur Klosterschmiede« befunden haben. Aus den wenigen Fragmenten lassen sich leider noch keine Rückschlüsse auf das gesamte Röhrennetz ziehen, das ziemlich umfangreich gewesen zu sein scheint.

Abb. 191 Maulbronn. Blick in den heute stillgelegten und teilweise verfüllten Teil des Salzachkanals mit der Einmündung des Wannenbaches und Spuren von Querhölzern im Vordergrund

In unmittelbarem Zusammenhang mit den Frischwasserleitungen stehen vermutlich einige kleine Kanäle (Abb. 190.K). Sie bestehen meist aus grob zugerichteten Bruchsteinen, die vielfach ohne Mörtel teils in den anstehenden Untergrund, teils auf Bodenplatten verlegt und mit plattig zugerichteten Steinen abgedeckt wurden. In zumindest einem Fall ist die Einmündung in den Salzachkanal gesichert, bei den anderen ist es vom Gefälle her zu vermuten. Es hat den Anschein, als handle es sich bei den kleinen Kanälen, die weitgehend fundleer sind, um die Überläufe von Laufbrunnen. Die spärlichen Beobachtungsmöglichkeiten erlauben noch keine Datierung.

Als jüngstes Element vor der heutigen Wasserversorgung sind noch die Spuren einiger Holzteuchel zu erwähnen. *Dietrich Lutz*

Literaturhinweise

Beschreibung des Oberamtes Maulbronn, 1870, 128 ff. – E. Paulus, Die Kunst- und Altertums-Denkmale im Königreich Württemberg. Neckarkreis, 1889, 408 ff. – ders., Die Cisterzienser-Abtei Maulbronn, [3]1889 – M. Bull-Reichenmiller, Die Klostergemarkung Maulbronn von Johann Michael Spaeth 1761, Beiwort zur Karte I, 4 des Hist. Atlasses von Baden-Württemberg, 1975 – Kloster Maulbronn 1178–1978 (Hrsg. von Seminarephorat Maulbronn und Landesdenkmalamt Baden-Württemberg), 1978, 69 ff. – G. Frank, Das Zisterzienserkloster Maulbronn. Die Baugeschichte der Klausur von den Anfängen bis zur Säkularisation, Ungedr. Diss. Freiburg 1989 (mit ält. Lit). – ders., Die Cisterzienser-Abtei Maulbronn, [3]1989.

Erzherzogin Anna von Österreich auf einer Ofenkachel im Kloster Bebenhausen, Stadt Tübingen

Im Zusammenhang mit den seit 1986 laufenden archäologischen Ausgrabungen im Kloster Bebenhausen wurden 1989 bauarchäologische Untersuchungen im Untergeschoß des Klausurwestflügels durchgeführt. Hier sind bisher unerforschte Teile der Heizanlage erhalten, mit der das darübergelegene, ursprünglich nicht beheizbare Refektorium der Laienbrüder zu einem heizbaren Speisesaal für die Mönche, dem sog. Winterrefektorium umgebaut wurde. Heute noch zugänglich ist ein über eine steile, gewendelte Treppe von außen erschlossener Kellerraum von 3,20 × 2,70 m Innenmaßen, der ein flaches Gewölbe von 2,50 m Scheitelhöhe aufweist (Abb. 192). Die östliche Begrenzungswand dieses Raumes enthält, heute vermauert, die ehemalige Schüröffnung eines Ofens. Darüber befindet sich eine weitere, erheblich kleinere Öffnung, die mittels eines in einem Falz laufenden Schiebers verschließbar war. Weitgehend zerstört, jedoch nach den vorhandenen Resten eindeutig erkennbar, ist außerdem ein darüber angeordneter Abzug, der aus Backsteinen gemauert war und mit einer schachtartig nach oben führenden Öffnung im Gewölbe zusammenhängt, die vom heutigen Fußboden des Winterrefektoriums überdeckt wird, jedoch vor der Renovierung dieses Teils der Klosteranlage 1864 dort noch sichtbar war.

Die Lage dieser Öffnung innerhalb des Winterrefektoriums und die fehlenden Spuren einer Verrußung in der Abzugsanlage belegen, daß es sich nicht um einen Kamin, sondern um einen Heißluftkanal von einer Heizquelle im Untergeschoß in das darüberliegende Winterrefektorium gehandelt haben muß. Der noch vorhandene Kellerraum war Bedienungsraum für diese Heizquelle. Im Zusammenhang der 1987 ergrabenen Steinofenspeicherheizung unter dem Parlatorium im Ostflügel der Klausur lag die Annahme nahe, daß hier eine Anlage in gleicher Konstruktionsweise errichtet wurde und so eine langlebige Tradition dieses heiztechnischen Prinzips zu belegen war, denn die Heizung unter dem Parlatorium ist der Zeit vor 1200 zuzuweisen, während der Einbau einer Wärmequelle im Winterrefektorium im Zusammenhang mit dessen spätmittelalterlicher Umgestaltung im ersten Viertel des 16. Jahrhunderts erfolgte.

Der Ofen (*Abb. 193*). Nach Öffnung der vermauerten Ofentür und Untersuchung der unmittelbar anschließenden Bereiche trat jedoch ein unerwarteter Befund zutage. Hinter der als Ofenwand erkennbaren östlichen Begrenzungswand des noch erhaltenen Untergeschoßraumes befand sich ein mit einem Sand-

Abb. 192 Tübingen. Kloster Bebenhausen. Die Heizanlage unter dem Winterrefektorium. Bedienungsraum mit Ofenwand und Heißluftabzug

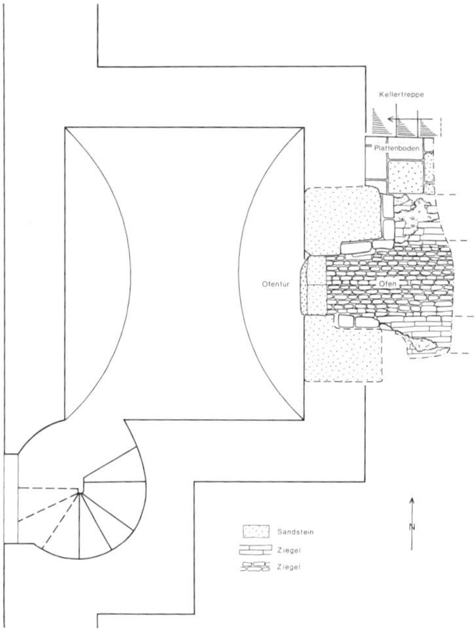

Abb. 193 Tübingen. Kloster Bebenhausen. Die Heizanlage unter dem Winterrefektorium. Maßstab 1:84

steinplattenboden versehener und verputzter Keller, der über eine Treppe zugänglich war. Es dürfte sich dabei um das bisher unbekannte »cellarium« handeln, für dessen Vorhandensein unter dem Klausur-Westflügel Hinweise aus Schriftquellen vorliegen. In diesen Raum wurde die Heizung für das Winterrefektorium eingebaut. Dazu zog man die heute den Restkeller begrenzende Ostwand ein und gestaltete ihn zum Bedienungsraum eines großen, dahintergelegenen Ofens um. Teile des Ofensockels, der aus Backsteinen gemauerten Feuerung von 1,80 m Gesamtbreite und des Ofenabbruchschutts konnten erfaßt werden. Die aus dem Schutt geborgenen Fragmente von Blattkacheln belegen eindeutig, daß es sich um einen Kachelofen handelte. Man wählte also eine andere, gegenüber der Steinofenspeicherheizung »fortschrittlichere« Heiztechnik. Die im Kachelofen erzeugte Heißluft wurde über den Abzug und den Schacht im Boden in das Winterrefektorium geleitet. Ob sie hier direkt in den Raum austrat, oder, was wegen der besseren Ausnutzung der erzeugten Heizenergie wahrscheinlicher ist, durch Abstrahlung über einen zweiten Kachelofen abgegeben wurde, läßt sich nicht mehr klären, da weder am Bau selbst noch in den schriftlichen Quellen entsprechende Hinweise zu gewinnen sind. Daß man auch in anderen Klöstern im Spätmittelalter diese Art der Raumbeheizung wählte, belegen die vor einigen Jahren ergrabenen Reste eines sehr ähnlichen Ofens im Dominikanerinnenkloster Steinheim/Murr. Gegenüber der Steinofenspeicherheizung hatte sie den Vorteil, daß man mit ihr kontinuierlich Wärme erzeugen konnte, außerdem gewann man zusätzlich einen beheizten Untergeschoßraum, der im Klosterhaushalt vielfältig nutzbar war. Der Ofen wurde zu einem vorläufig nicht näher bestimmbaren Zeitpunkt in nachklösterlicher Zeit abgerissen und der Keller verfüllt.

Die Ofenkacheln (*Abb. 194*). Bei den zum Ofen gehörigen Kachelfragmenten handelt es sich um Bruchstücke unglasierter Blattkacheln, die in oxidierender Brennatmosphäre sehr hart gebrannt wurden und eine einheitliche gelbe Farbe aufweisen. Mehrfach auftretende dunkelgrüne Glasurflecke auf Kachelhals- und -blattbruchstücken belegen, daß sie zusammen mit glasierten Kacheln hergestellt worden sind. Sie lassen sich 2 verschiedenen Typen zuordnen.

Beim einen, der durch mehrere Stücke vertreten ist, handelt es sich um Kacheln von 18,5 cm Seitenlänge, deren Blatt durch ein mit mehrfach profiliertem Rand abgesetztes und durch konzentrisch umlaufende Wulste gegliedertes Medaillon verziert ist. In den Zwickeln zwischen dem Medaillon- und Kachelrand findet sich ein Ziermotiv aus gezackten Blättern.

Vom zweiten Typ läßt sich nur eine, mit 17,5 cm Seitenlänge geringfügig kleinere Kachel nachweisen. Sie zeigt wiederum ein Medaillon, dessen profilierter Rand durch einen Kranz von lappenförmigen Blättern verziert wird. In den Zwickeln findet sich ein Blütenmotiv, im Medaillon das Brustbild einer vornehmen Dame im Profil, nach links gewendet. Sie trägt ein nur noch in Ansätzen erhaltenes, fein gefälteltes Gewand mit hohem Stehkragen, eine kunstvolle, von einem Haarnetz gehaltene Frisur und einen mit einem Band umwundenen Kranz. Bei der Gestaltung des Gesichts fallen die markante Nase, das ausgeprägte Kinn und die vollen Züge auf. Die Darstellung ist von hoher Qualität, und muß, wie die Schärfe aller Linien und Grate zeigt, von einem frisch geschnittenen Model abgeformt worden sein.

Es handelt sich um eine Porträt-Medaillonkachel, ein Typ, der sich häufig bei Renaissanceöfen findet, wobei in der ersten Hälfte des 16. Jahrhunderts die Darstellung fürstlicher Persönlichkeiten besonders beliebt war. Auch die Dame auf der Bebenhäuser Kachel läßt sich als solche identifizieren. Der Vergleich mit sonstigen Bildnissen (Abb. 195) zeigt eindeutig, daß es sich um die Erzherzogin Anna von Österreich handelt, die Gemahlin des Erzherzogs und späteren Königs und Kaisers Ferdinand. Besonders ähnlich sind Darstellungen auf Schaumünzen des Erzherzogspaares von 1523/24, wo die Gesichtszüge, die Frisur und der Kranz als Kopfschmuck mit dem Porträt auf der Kachel übereinstimmen. Da Ferdinand und Anna häufiger auf Ofenkacheln abgebildet wurden, so z. B. auf einem 1545/50 zu datierenden Kachelpaar von einem Ofen in der Prälatur des Klosters Blaubeuren (heute im WLM) oder den neugefundenen Kacheln aus dem Wirtshaus »Zum Dreikönig« in Kirchheim/Teck (vgl. S. 351), kann mit hoher Wahrscheinlichkeit angenommen werden, daß als

Abb. 194 Tübingen. Kloster Bebenhausen. Ofenkachel aus dem Kachelofen unter dem Winterrefektorium mit Porträt der Erzherzogin Anna von Österreich

Gegenstück eine Kachel mit dem Bildnis des Erzherzogs vorhanden war, auch wenn sich in dem sehr kleinen Teil des untersuchten Ofenschutts keine zuweisbaren Fragmente fanden.

Erzherzog Ferdinand und Bebenhausen. Der Fund einer Darstellung der habsburgischen Erzherzogin auf einem Ofen im Kloster Bebenhausen belegt nun in eindrücklicher Weise die Aussagekraft von Überresten aus dem Boden als Quelle für historische Aussagen, denn das Bildprogramm des Kachelofens war sicher nicht zufällig gewählt. Es steht vielmehr in Zusammenhang mit den besonders engen Beziehungen des Klosters unter seinem letzten katholischen Abt Johannes von Fridingen zum Erzherzog während der Zeit von dessen Regentschaft über Württemberg nach der Vertreibung Herzog Ulrichs von 1519 bis 1534. Es lassen sich mehrere Aufenthalte Ferdinands im Kloster belegen, so etwa 1530 auf der Reise zur Königswahl nach Köln oder 1526, wo er zu

Abb. 195 Tübingen. Kloster Bebenhausen. Porträtdarstellungen Annas von Österreich. a Medaille, 1523, b Holzschnitt, 1528

»Bußübungen« im Kloster weilte. Eine aus diesem Anlaß angebrachte Inschrift in einem wohl von ihm benutzten Raum im Obergeschoß des Klausur-Ostflügels rühmt ihn als ». . .pius, justus, clemens, prudens. . .«, also fromm, gerecht, mild und klug. Die Abbildung seiner Gemahlin und wohl sicher auch seiner Person auf einem Kachelofen im Kloster ist ein weiterer Beleg für die besondere Wertschätzung, die der Erzherzog hier genoß.

Die aufgezeigten Beziehungen des Erzherzogs zu Bebenhausen ermöglichen es aber auch, die Entstehungszeit der Kachel sehr eng einzugrenzen. Vor der Übergabe des Herzogtums an den Schwäbischen Bund bzw. Kaiser Karl V. im Jahr 1519 sind solche nicht nachweisbar. Wenige Monate nach der Rückkehr Ulrichs im Mai 1534 starb der hochbetagte Abt Johannes; wiederum wenig später begannen die Wirren der Reformation, und erst mit der Einsetzung des ersten evangelischen Abts 1560 kam es wieder zu stabilen Verhältnissen im Kloster. Der Ofen, zu dem die Porträtkachel gehörte, dürfte also mit hoher Wahrscheinlichkeit zwischen 1519 und 1534 entstanden sein. Leider ist die Überlieferung eines Fertigstellungsdatums für das Winterrefektorium im Jahr 1520 zweifelhaft und kann daher auch für den Ofen im Untergeschoß nicht als gesichert gelten. Die Übereinstimmung des Porträts mit den 1523/24 geprägten Medaillen bestätigt diese Überlegungen und weist die Kachel eher in einen früheren als späteren Zeitraum innerhalb dieser Spanne.

Das Kloster Bebenhausen als Produzent von Ofenkacheln. Aus dem Kachelfund läßt sich jedoch noch ein weiteres, für die Wirtschaftsgeschichte des Klosters wichtiges Ergebnis ableiten. Sämtliche geborgenen Kachelfragmente sind »roh«, sie haben weder eine Glasur noch einen Graphitüberzug. Angesichts der großen Zahl bekannter Ofenkacheln der Renaissance, die stets eine oft mehrfarbige Glasur oder eine Graphitierung aufweisen, und auch der Qualität der Porträtdarstellung kann mit Sicherheit davon ausgegangen werden, daß die aufgefundenen Kachelbruchstücke ursprünglich nicht für eine Verwendung in diesem Zustand gedacht waren. Sie müssen vielmehr nach dem ersten Brand, dem sog. »Schrühbrand«, nicht mehr weiterverarbeitet worden sein. Daraus folgt zum einen, daß die Kacheln aus klostereigener Produktion stammen, denn ein Erwerb von Halbfabrikaten von außerhalb erscheint kaum denkbar. Daß das Kloster über eine leistungsfähige Ziegelhütte verfügte, als deren Produkte seit jeher die an verschiedenen Stellen im Kloster, vor allem im Dormitorium verlegten, verzierten Bodenfliesen angesehen werden, ist bekannt. Ganz offensichtlich war das Spektrum keramischer Erzeugnisse, die man in klostereigenen Werkstätten produzierte, erheblich breiter und umfaßte auch die Herstellung von Öfen. Die Verwendung der nicht fertiggestellten Kacheln für den Ofen unter dem Winterrefektorium läßt sich wohl nur so erklären, daß sie aus einer Serie stammen müssen, die für einen Prunkofen in einer der Räumlichkeiten des Klosters vorgesehen war. Möglicherweise war bei einem Teil der Kacheln der erste Brand mißglückt und die Serie nicht mehr vollständig. Die noch brauchbaren Stücke verwendete man als Baumaterial für den Ofen unter dem Winterrefektorium, der einem rein funktionalen Zweck diente und keinen formalen Ansprüchen zu genügen hatte. Es wäre reizvoll zu wissen, ob der Ofen mit der Darstellung des Erzherzogpaars für das Winterrefektorium selbst konzipiert war, und ob er, mit den möglicherweise mehrfarbig glasierten Kacheln, von deren ästhetischem Reiz uns die Blaubeurener Stücke eine Vorstellung vermitteln, auch tatsächlich dort zur Aufstellung kam.

Barbara Scholkmann

Literaturhinweise

B. Scholkmann, Arch. Ausgr. Bad.-Württ. 1987, 200 ff. – J. Sydow: Die Zisterzienserabtei Bebenhausen, Germania sacra, N F 16, 1984 – M. Köhler, Die Bau- und Kunstgeschichte des ehemaligen Zisterzienserklosters Bebenhausen bei Tübingen. Der Klausurbereich, Diss. masch. Freiburg, 1989.

Neue Grabungsbefunde der abgegangenen Siedlung Sülchen auf Gemarkung Rottenburg, Kreis Tübingen

Kennzeichnend bei Untersuchungen mittelalterlicher Wüstungen, deren Siedlungsfläche nach dem Wüstfallen landwirtschaftlich genutzt wurde, ist offenbar, daß historische Nutzungshorizonte nicht erhalten sind. Die Kulturschichten sind derart umgesetzt, daß kaum noch Strukturen ablesbar sind. Spuren der Bebauung zeigen sich meist erst als Verfärbungen im gewachsenen Boden, wodurch Rekonstruktion und zeitliche Einordnung, insbesondere der ebenerdigen Holzpfostenbauten erheblich erschwert werden. Diese Probleme zeigten sich auch in den früheren Grabungskampagnen im Bereich der Wüstung Sülchen. Doch die archäologische Untersuchung eines Baugrundstücks im Sommer 1989 ergab ein völlig anderes Bild. Unter einer bis zu 60 cm starken Humus- und Schwemmlehmüberdeckung wurde nicht nur eine historische Oberfläche freigelegt, es fand sich sogar eine Abfolge von 4 mittelalterlichen Nutzungshorizonten, die in einem Schichtpaket von über

2 m Mächtigkeit erhalten waren. Die Bauparzelle befand sich im Bereich einer mittelalterlichen Senkenregion, die schon früher bei der Untersuchung benachbarter Grundstücke und Straßen festgestellt wurde, doch ergaben sich bei diesen Untersuchungen so gut wie keine Baubefunde. Eine erste, jedoch nur sehr unvollständige Sichtung des keramischen Fundmaterials während der Grabung läßt vermuten, daß die Siedlungstätigkeit sich von der späten Merowingerzeit bis ins 13. Jahrhundert erstreckt, eine exaktere zeitliche Zuordnung der einzelnen mittelalterlichen Oberflächen und die Dauer der einzelnen Siedlungsphasen kann jedoch erst nach Abschluß der Fundauswertung erfolgen.

Eindrucksvoll zeigt das Nordprofil der Baugrube die unterschiedlichen Niveaus der Siedlungshorizonte mit ihrem Nebeneinander von Pfostengruben der ebenerdigen Bebauung und eingetieften Grubenhäusern. Die obersten, nicht völlig ungestörten mittelalterlichen Kulturschichten wurden unter einer nach Osten schwächer werdenden Deckschicht freigelegt. In einer Tiefe von etwa 0,5 m zeigte sich der jüngste erhaltene Siedlungshorizont, der sich durch ein 1,3 m eingetieftes Grubenhaus nachweisen ließ. Es schneidet ein älteres Grubenhaus, das von einer ungefähr 0,5 m tiefer liegenden Oberfläche aus 0,8 m tief abgegraben wurde. Ein weiteres, noch älteres Siedlungsniveau zeichnet sich 30 cm tiefer ab; auch dieses läßt sich wieder durch ein Grubenhaus belegen, dessen Eintiefung mit 0,5 m weit geringer ist als das der jüngeren Epochen.

Zu dieser Siedlungsphase gehört offenbar auch eine Straße, die im Westteil der Baugrube in einer Tiefe von 1,8 m freigelegt werden konnte. Sie war 2,8 m breit und wurde aus kleineren Bruchsteinen und Schottern aufgebaut; jedoch ist der Straßenaufbau mit 20 cm nicht sonderlich stark. Randlich wurde die nahezu Nord-Süd verlaufende Straße von größeren, grob behauenen Bruchsteinen eingefaßt. Vermutlich war der Weg nicht lange in Gebrauch, denn er weist weder Anzeichen einer Abnutzung noch Karrenspuren auf. Damit wurde jedoch noch nicht der älteste Siedlungshorizont angeschnitten. Die Straße überlagert ein nur gering eingetieftes Grubenhaus und andere Baustrukturen, die auf ein ehemaliges Oberflächenniveau in etwa 2,1 m Tiefe hinweisen. Keramikfunde aus diesem Kulturhorizont machen eine merowingerzeitliche Bebauung wahrscheinlich, doch muß zur Absicherung dieser Datierung das gesamte Fundmaterial noch abschließend systematisch gesichtet werden.

Abb. 196 Rottenburg. Wüstung Sülchen. Keller des 13. Jahrhunderts. Blick auf die Südwand mit einem römischen Säulenfragment

Doch nicht nur die mächtige, stark differenzierte Kulturschichtenfolge war ausgesprochen ungewöhnlich und für Untersuchungen in Wüstungsarealen äußerst überraschend, auch ein Baubefund der jüngsten Siedlungsphase unterschied sich stark von den sonst üblichen Baustrukturen. Aus Steinsetzungen, die annä-

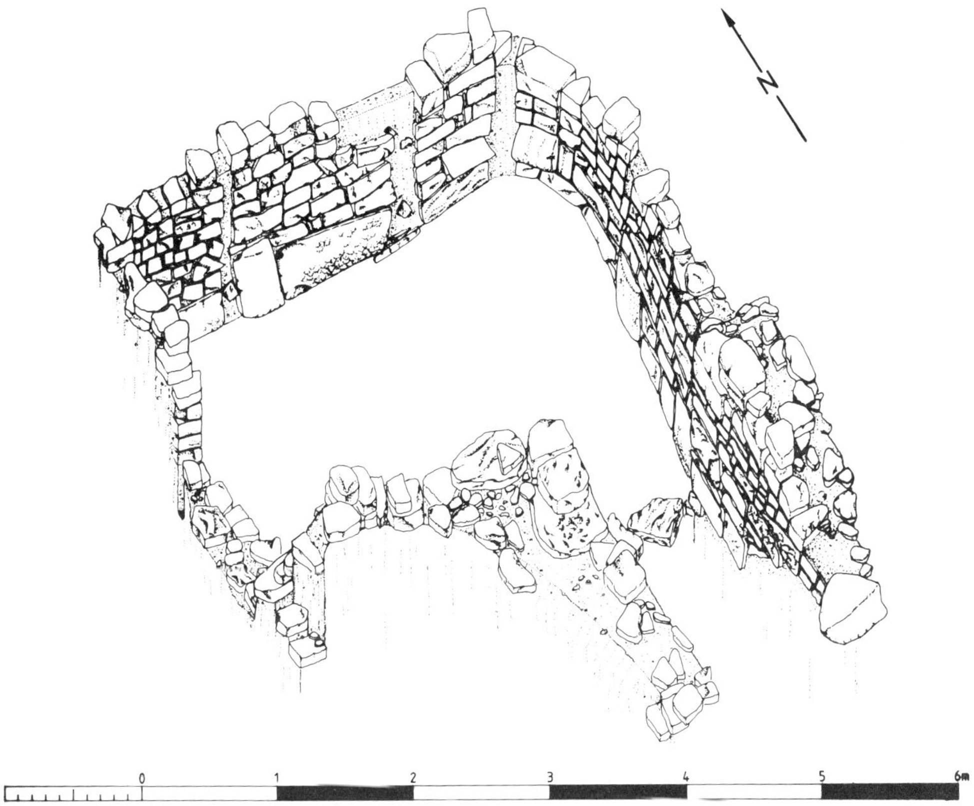

Abb. 197 Rottenburg. Wüstung Sülchen. Perspektivische Zeichnung des Kellers aus dem 13. Jahrhundert

hernd in der Mitte der Baugrube angeschnitten wurden, ergab sich beim weiteren Abgraben ein Keller (Abb. 196), der von einschalig aufgebauten Trockenmauern aus Kalk- und Kalksandsteinquadern ausgekleidet war. Die Kellerwände waren noch bis maximal 1,5 m hoch erhalten und aus Quadern unterschiedlichster Größe aufgebaut. Neben einem kleinteiligen Steinmaterial fanden auch ausgesprochen große, sorgfältig behauene Quader und Säulenfragmente Verwendung; sie waren insbesondere in den unteren Mauerpartien zu finden. Gerade die Einbindung von Teilen römischer Bauplastik belegt, daß das Material zum Bau der Trockenmauern wohl ausschließlich von römischen Ruinen stammte. Auffällig war auch die Mauertechnik. In unregelmäßigen Abständen wiesen die Wände senkrechte Aussparungen von etwa 10 cm Breite auf, die meist bis zur Kellersohle herabreichten. Eine eingehende Untersuchung ergab, daß in diesen Aussparungen ursprünglich Hölzer eingefügt waren, die offenbar zu einer Deckenkonstruktion gehörten. Dadurch zeigten die Kellerwände das Bild einer Pfostenschlitzmauer.
Der Keller, ein annähernd rechteckiger Raum

mit z. T. abgerundeten Ecken, war vergleichsweise klein. Er maß 3,5 m von Ost nach West und 2,7 m in Nord-Süd-Richtung, zeigte also keine wesentlich anderen Abmessungen als die älteren Grubenhäuser. Der Zugang lag an der Südseite. Nur geringfügig vorspringend setzte nahezu in Verlängerung der Ostwand ein 2,5 m langer und etwa 1,2 m breiter Kellerhals an, der von schräg ansteigenden Mauerwangen flankiert wurde. Der rampenartige Zugang ließ keine Anzeichen von Stufen erkennen. Vermutlich war jedoch ursprünglich eine Holztreppe vorhanden, von der sich aber keine Spuren erhalten haben. Im Bereich der Kellertür lag quer eine Steinreihe, auf der offensichtlich einmal eine 20 cm breite und 10 cm hohe Holzschwelle lag, die in Aussparungen der Ostwand und der gegenüberliegenden Ecke der westlichen Mauerwange und in die Südwand eingefügt war. In die Mauerrücksprünge unmittelbar vor dem Kellerhals war ein hölzerner Türrahmen eingepaßt worden, der auf der Schwelle aufsaß.
Weder der Befund noch das Fundmaterial geben einen Hinweis auf die ehemalige Nutzung des Kellers. Zwar konnte aus der Verfüllung des Raumes eine Vielzahl von Becherkachelfragmenten des 13. Jahrhunderts geborgen werden, doch kann daraus noch nicht unbedingt auf die Existenz eines Ofens im Keller geschlossen werden. Sicher ist indessen, daß er noch im 13. Jahrhundert aufgegeben wurde.
Vermutlich ist der Keller nur Teil eines umfangreicheren Gebäudes. Darauf könnte auch die auffällig größere Mauerstärke der Südwand hinweisen, die unschwer einem Fachwerkbau als Schwellfundament gedient haben kann. Noch läßt sich nicht eindeutig feststellen, ob einige der Pfostengruben, die der gleichen Siedlungsperiode zugeordnet werden können, auch in einem baulichen Zusammenhang mit dem Keller stehen. Da aufgrund der relativ starken Überdeckung die archäologischen Befunde nur im Bereich der Baumaßnahme selbst gefährdet waren, beschränkte sich die Untersuchung auch nur auf diesen Teil des Grundstückes. So kann nicht ausgeschlossen werden, daß weitere Strukturen, die zu diesem Gebäude gehören, außerhalb der Untersuchungsfläche noch erhalten sind.

Erhard Schmidt

Frühmittelalterliche Siedlungsspuren in Wiesloch, Rhein-Neckar-Kreis

1976 bestätigte die Auffindung eines Töpferofens der karolingisch-ottonischen Zeit auf dem Grundstück Kurpfalzstraße 54 die Existenz einer frühmittelalterlichen Siedlung am Westrand der heutigen Stadt Wiesloch, die sich schon einige Jahre zuvor angedeutet hatte. Nach Aussage von Anwohnern wurden nämlich bereits 1963 beim Bau des Hauses Kurpfalzstraße 46 »helltonige Keramikbruchstücke schubkarrenweise abgefahren«. Möglicherweise handelte es sich auch in den sechziger Jahren schon um Töpfereireste; eindeutige Verfärbungen oder Baubefunde sollen allerdings nicht aufgedeckt worden sein. Leider unterblieben bei den Neubauten in der Folgezeit bis 1976 archäologische Untersuchungen, da die zuständigen Stellen des Landesdenkmalamtes in Karlsruhe nicht informiert waren.

Abb. 198 Wiesloch. Kurpfalzstraße 44. Frühmittelalterliche Keramikfunde

Auch nur durch Zufall wurden im Frühjahr 1989 Ausschachtungsarbeiten für ein Bauvorhaben auf dem letzten noch unbebauten Grundstück in der Kurpfalzstraße 44 beobachtet. Trotz schon erfolgter, fast vollständiger Abbaggerung konnten aber glücklicherweise noch 2 Feuerstellen sowie ein Grubenhaus dokumentiert werden.

Bei den Feuerstellen handelte es sich um ovale Gruben von 50 bis 80 cm Durchmesser mit stark angeziegelten Böden. Sie enthielten lediglich sog. ältere, gelbtonige Drehscheibenware des 8. bis frühen 9. Jahrhunderts, aber noch nicht die aus dem Ofen von 1976 bekannte Wieslocher Variante dieser Ware. Das bei den Baggerarbeiten teilweise zerstörte Grubenhaus war 3,2 m breit und ursprünglich mindestens 0,55 m tief. In den unteren Schichten dieses eingetieften Gebäudes, durch Funde mehrerer Spinnwirtel (Abb. 198.12) wohl als Webhütte ausgewiesen, begegneten wiederum rollstempelverzierte (Abb. 198.7, 9–11) und scharf geriefte Scherben aus der Frühphase der älteren, gelbtonigen Drehscheibenware. Daneben trat eine bisher für jünger gehaltene dunkle, glimmerhaltige Drehscheibenkeramik mit Linsenböden auf (Abb. 198.1–5). Erst in der überdeckenden Siedlungsschicht wurden neben weiteren ornamentierten Fragmenten (Abb. 198.17–19) auch Spuren der Wieslocher Ware greifbar (Abb. 198.20–23). Diese Schicht enthielt Knochen von Rind, Pferd, Schwein und Schaf oder Ziege sowie Schmiedeschlacken. Die kürzlich dokumentierten Befunde sind also z. T. älter als der 1976 untersuchte Töpferofen. Daß in unmittelbarer Nähe der Produktionsstätte nicht erst im 8. bis frühen 9. Jahrhundert Menschen wohnten, geht aus einigen Funden rauhwandiger Drehscheibenware hervor (Abb. 198.13–16), die bereits in die Merowingerzeit datieren. Sie sind damit gleich alt wie nahegelegene Reihengräber, die im weiteren Bereich des Wieslocher Bahnhofs frühmittelalterliche Siedlungsaktivitäten bezeugen.

Das Fehlen von lokaler Keramik im Grubenhaus und in den Feuerstellen bestätigte in der Kurpfalzstraße 44 nun erstmals auch unmittelbar am Produktionsort selbst die 1983 vorgeschlagene Datierung der Wieslocher Ware ins 9. bis 10. Jahrhundert. Sie wird gestützt durch weitere Beobachtungen der jüngsten Zeit aus der Nachbarschaft. Im Wieslocher Gewann »Tuchbleiche« konnte ein Radiokarbondatum von 980 ± 20 für eine Schicht mit einschlägigen Funden ermittelt werden (Probe HD 10692). Bei Grabungen nahe der nur etwa 700 m von der Kurpfalzstraße entfernten Dornmühle traf man in einem alten Leimbachbett Holzkohlelagen an, bei denen es sich wahrscheinlich um verschwemmte Reste der Töpferei handelt. Sie ergaben ein Radiokarbondatum von 890 +70/−100. Im benachbarten Leimen wurde Wieslocher Keramik über einem Straßenpflaster festgestellt, das durch verzierte ältere, gelbtonige Drehscheibenware ins 8. bis frühe 9. Jahrhundert datiert werden muß.

Die in Wiesloch hergestellte Ausprägung der älteren, gelbtonigen Drehscheibenware der jüngeren Karolinger- und Ottonenzeit ist durch ihr charakteristisches Erscheinungsbild leicht zu erkennen; sie kann daher helfen, Antworten auf Fragen nach Geschirrhandel und -verbreitung im ausgehenden Frühmittelalter zu geben. Man findet sie im weiteren Neckarmündungsbereich und am nördlichen Oberrhein, nach Osten hin dringt sie noch über den Kraichgau hinaus ganz vereinzelt bis an die untere Jagst vor. Dies entspricht den Erwartungen, da ihre Vorkommen im wesentlichen mit den Besitzungen zusammenfallen, für die Wiesloch im Rahmen der Lorscher Grundherrschaft eine Art Unterzentrum darstellte. Die einzige bisher in Südwestdeutschland bekannte Töpferei der älteren, gelbtonigen Drehscheibenware lag sicherlich nicht zufällig unmittelbar neben jenem Platz (»Wezzinloh« zum Jahre 801), für den das Kloster an der hessischen Bergstraße 965 eines der ersten Marktprivilegien auf deutschem Boden überhaupt erhielt! Hier wird man Erzeugnisse der Wieslocher Ware sowohl direkt abgesetzt als auch den Transport an andere Orte der Lorscher Grundherrschaft ohne eigene Produktionseinrichtungen organisiert haben. Die archäologischen Beobachtungen zusammen mit schriftlichen Quellen sind demnach an Orten wie Wiesloch in besonderem Maße geeignet, präzisere Aussagen zur mittelalterlichen Wirtschaftsführung zu machen.

Die Kosten der Notbergung trug dankenswerterweise wiederum die Stadtverwaltung Wiesloch. Die beiden Radiokarbondatierungen führten das Institut für Umweltphysik der Universität Heidelberg bzw. das Niedersächsische Landesamt für Bodenforschung auf Vermittlung von Herrn Dr. M. Löscher, Sandhausen, durch.

Ludwig Hildebrandt, Uwe Gross

Literaturhinweise

B. Heukemes, U. Gross, Ein Töpferofen der »älteren, gelbtonigen Drehscheibenware« aus Wiesloch, Rhein-Neckar-Kreis, Forsch.u.Ber.Arch.MA 8, 1983, 301 ff. – L. Hildebrandt, Der mittelalterliche Blei-, Zink-, Silber-, Bergbau im nordwestlichen Kraichgau südlich von Heidelberg. Archäometallurgie der Alten Welt, Der Anschnitt, Beih.7, 1989, 241 ff.

Weitere Untersuchungen im Bereich der Wüstung Reistingen, Stadt Herrenberg, Kreis Böblingen

Die südwestlich der Stadt Herrenberg gelegene Wüstung Reistingen ist dem Landesdenkmalamt seit Jahren bekannt und ist aufgrund ihres Alters (erste Erwähnung, zusammen mit der ebenfalls auf Herrenberger Markung liegenden Wüstung Mühlhausen im Jahr 775 in einer Lorscher Urkunde) ein lohnendes Objekt der mittelalterlichen Siedlungsarchäologie. Als die Stadt Herrenberg das neue Baugebiet »Im Seele« südlich der Reistinger Straße, an einem Südhang gelegen, auswies, schien das die letzte Möglichkeit, Aufschlüsse über diese Wüstung zu erhalten, zumal das Gelände nördlich der Straße, eine von einem Bach durchflossene Niederung, bereits in den siebziger Jahren überbaut worden war und das Landesdenkmalamt zu diesem Zeitpunkt nur einige sporadische Untersuchungen machen konnte. Der Siedlungskern ist mit einiger Sicherheit dort zu lokalisieren.

Entgegen der früheren Annahme, daß Reistingen keine eigene Kirche hatte, bewies eine neue Durchsicht der Urkunden das Gegenteil (Codex Hirsaugiensis Fol. 58 b, vor 1160). 1360 ist eine Stiftung an die Altäre der Heiligen Nereus, Achilleus und Pankratius (Patrozinien, die auf ein sehr hohes Alter schließen lassen) in der Kapelle zu Reistingen bezeugt, 1430 gibt es noch einen Kaplan zu Reistingen. Leider konnten bis heute keine Spuren der Kirche nachgewiesen werden, die wahrscheinlich im vermuteten Siedlungskern stand und somit in bereits überbautem Gebiet.

Die diesjährige großflächige Untersuchung ergab eine Fülle von Siedlungsbefunden (Abb. 199) entlang des Südhangs, wobei die Hangkuppe von Bebauung frei blieb. Erstaunlich war die Ausdehnung der Besiedlung, die auf eine beträchtliche Größe des wüst gewordenen Ortes schließen läßt. Pfostenstellungen ebenerdiger Gebäude fanden sich zwar in großer Zahl, jedoch ist bis jetzt kein einziger Grundriß zu rekonstruieren. Ursache dafür könnte die auch an anderen Befunden festzustellende Hangerosion sein. So enttäuschend die Ergebnisse hier waren, so interessant stellten sich die Überreste der Grubenhäuser dar. Wie üblich waren diese in die Erde eingetieft und wiesen in der Regel je einen Pfosten an jeder Ecke und an den beiden Schmalseiten je einen Firstständer auf. Eine Überraschung erbrachte bereits das erste untersuchte Objekt dieser Gattung: Ein zunächst in »klassischer« Art errichtetes Grubenhaus wurde wohl in späterer Zeit verändert, und zwar dergestalt, daß an der Hangseite eine Bruchsteinmauer eingebracht wurde. Auf diese schien mit der Zeit jedoch ein nicht geringer Druck einzuwirken, der dann von einer großen, gegen die Mauer gestellten Steinplatte und einem Keilstein abgefangen wurde.

Für die mittelalterliche Hausforschung äußerst bemerkenswert war ein anderes Grubenhaus: Hier bestand die Konstruktion nicht aus den 4 üblichen Eck- und 2 Firstpfosten, sondern es fand sich jeweils an den Schmalseiten des Gebäudes eine durchgehende Palisadenreihe aus jeweils 11 Hölzern, die alle etwa 30–40 cm in den Boden des Grubenhauses eingetieft waren. Aufgrund dieser Bauweise waren weitere Pfosten wohl nicht mehr notwendig, zumindest konnten keine darauf hinweisenden Spuren festgestellt werden.

33 Webgewichte, die sich am Boden dieses Grubenhauses fanden, verraten die einst dort ausgeübte handwerkliche Tätigkeit. Ein weiteres Gebäude dieser Art ist ebenfalls als Webhaus anzusprechen; die dort geborgenen Ge-

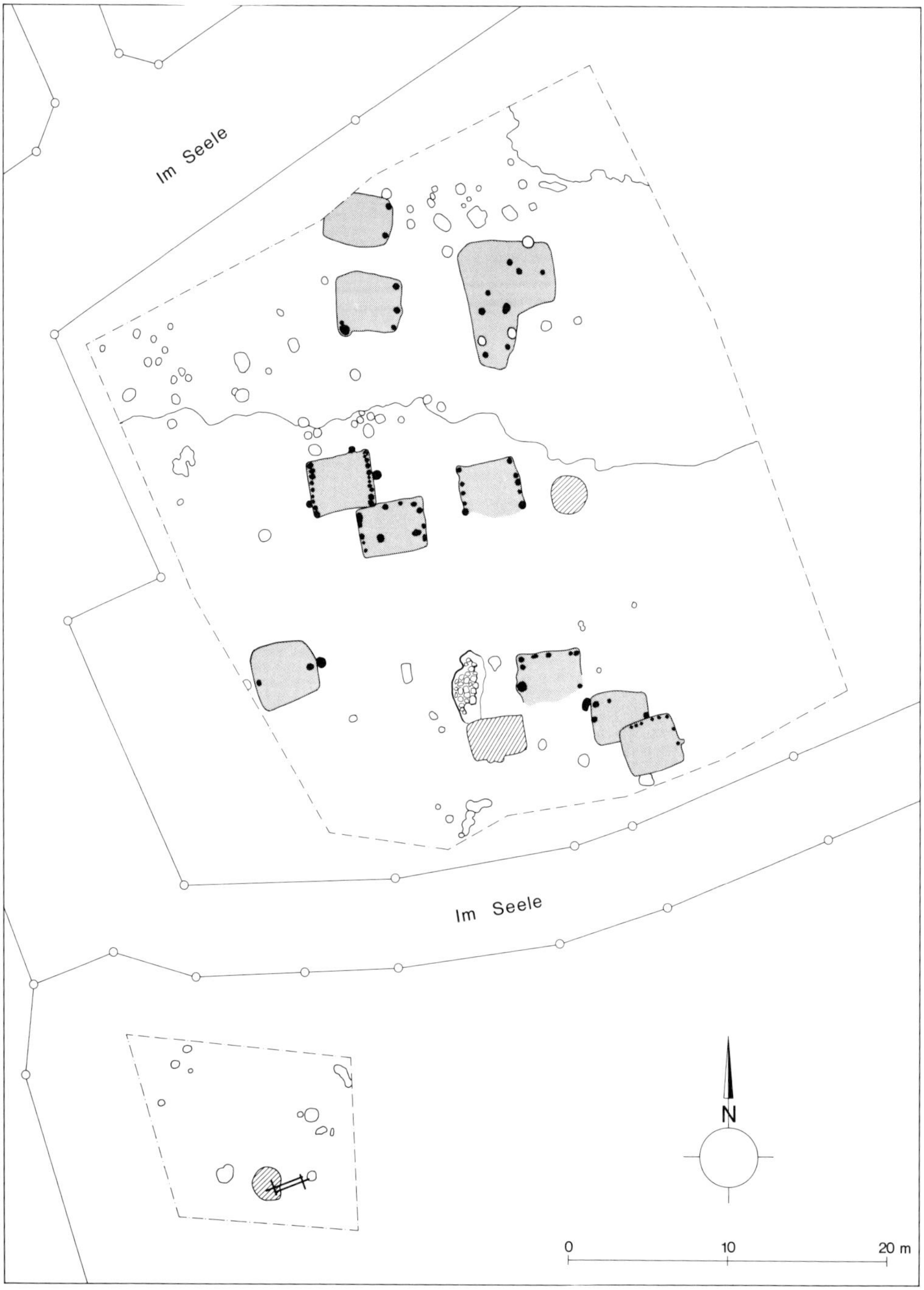
Im Seele
Im Seele
N
0
10
20 m

wichte sprechen ebenso dafür wie die z. T. noch nachweisbaren, leicht eingetieften Spuren des Webrahmens. Metallverarbeitendes Handwerk läßt sich durch den Befund eines Rennofens nachweisen; auch sprechen dafür etliche, an verschiedenen Stellen geborgene Schlackebrocken.

Ob sich z. B. Hofeinheiten nachweisen lassen, kann zum jetzigen Zeitpunkt noch nicht zweifelsfrei beantwortet werden.

Für eine Siedlungsgrabung sehr ungewöhnlich ist eine Doppelbestattung, die inmitten von Bebauungsspuren freigelegt werden konnte. Es handelt sich dabei um ein Paar, wobei der Mann (etwa 25–30 Jahre, ca. 1,80 m groß) über der Frau (etwa 20 Jahre, 1,60–1,65 m groß) beerdigt wurde. Ist diese Art der Bestattung schon bemerkenswert, so macht die Tatsache, daß die Frau auf dem Bauch liegend bestattet wurde, diesen Befund noch interessanter. Hier wurden also mehrere Arten von Sonderbestattungen vereint.

Obwohl, wie eingangs erwähnt, die Siedlung Reistingen bereits in der zweiten Hälfte des 8. Jahrhunderts urkundlich bezeugt ist, traf man während der Grabungskampagne in keinem Abschnitt auf Befunde, die sich in die frühe Phase des Bestehens dieses Ortes datieren lassen. Wie die Periodisierung der Befunde der diesjährigen Untersuchung zeigt (dies war mit Hilfe von U. Gross bereits jetzt möglich), datiert die Keramik (sie macht den Großteil des Fundguts aus) etwa von der karolingisch-ottonischen Periode bis zum Ende des 12. Jahrhunderts. Auffallend ist, daß die Keramik am Ende des 12. Jahrhunderts schlagartig abbricht. In diesem Zusammenhang müßte die Frage nach dem Zeitpunkt der Stadtgründung von Herrenberg neu gestellt werden, da man bisher annahm, daß diese um die Mitte des 13. Jahrhunderts erfolgte. Sie basiert auf einer Urkunde von 1265, in der ein Schultheiß von Herrenberg erwähnt ist. Da dieses Datum jedoch lediglich einen Terminus ante quem darstellt und mangelnde schriftliche Überlieferungen auch andernorts hinreichend bekannt sind, wäre eine »Vorverlegung« der Stadtgründung um etwa ein halbes Jahrhundert wohl gerechtfertigt. Daß die Siedlung Reistingen jedoch bereits in merowingischer Zeit bestand, das beweist das Fragment eines Knickwandtopfes, der aber aus einem späteren Fundkomplex stammt (Abb. 200).

Susanne Arnold

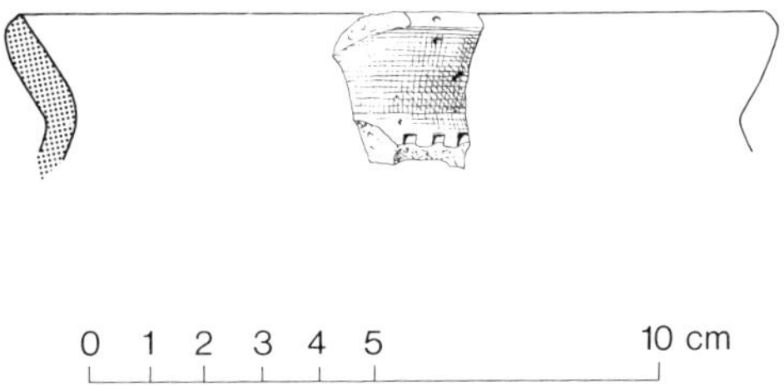

Abb. 200 Herrenberg. Wüstung Reistingen. Fragment eines spätmerowingischen Knickwandtopfs aus einem späteren Fundkomplex

Abb. 199 Herrenberg. Wüstung Reistingen. Ausschnitt der diesjährigen Untersuchung

Mittelalterliche Siedlungsbefunde in Leonberg, Kreis Böblingen

Das Gewann »Ezach« liegt im Nordwesten von Leonberg, am nordwestlichen Rand des Stadtteils Eltingen. Im Gebiet um Eltingen sind 3 in den Quellen bezeugte, abgegangene Siedlungen bekannt: Uffenhausen, Niederhofen und Ezach. Während Uffenhausen und Niederhofen nur durch Quellen und Lesefunde bekannt sind, konnte jetzt in Ezach eine Besiedlung im frühen und hohen Mittelalter archäologisch nachgewiesen werden.
Seit 1988 wurden in Ezach, das schon vor Jahren als Neubaugebiet ausgewiesen wurde, wiederholt mittelalterliche Siedlungsspuren beobachtet und durch Notgrabungen von E. Bernt dokumentiert, wobei meist nur noch wenige Befundreste vom Bagger verschont geblieben waren. Weitere Bauvorhaben in diesem Gebiet bedingten 2 Grabungskampagnen. Eine weitere Grabung ist für das Frühjahr 1990 geplant, bei der die letzten freien Grundstücke in diesem Baugebiet untersucht werden sollen. Es wurde bis jetzt eine nicht zusammenhängende Fläche von ca. 1500 m^2 untersucht.
Wie auch bei anderen wüst gewordenen Siedlungen, die anschließend beackert wurden, lassen sich hier keine Nutzungshorizonte feststellen. Die Siedlungsbefunde waren erst erkennbar, nachdem eine ca. 30–40 cm starke Humusschicht bis zum gewachsenen Boden (Keuper) abgetragen war. Die Befunde können somit keiner ungestörten und auch datierbaren Kulturschicht zugeordnet werden. Aus den im Frühjahr aufgedeckten Siedlungsbefunden (Abb. 201) lassen sich 3 Bautypen herauslesen; ebenerdige Pfostenbauten (1), Grubenhäuser mit Eckständern (2) und ein Grubenhaus ohne Pfostenständerkonstruktion (3).
Im westlichen Teil der ausgegrabenen Fläche ist ein Nord-Süd-gerichteter, ebenerdiger Pfostenbau mit mittlerer Stützreihe ergraben worden, dessen Länge ca. 11 m und dessen Breite 7,5 m beträgt. An der nördlichen Schmalseite war noch ein Wandgräbchen, z. T. mit Steckenlöchern, erkennbar. Die Datierung dieses Baus ist schwierig, da kein Nutzungshorizont mit datierbaren Funden faßbar war und aus den Pfostengruben nur sehr wenig Keramik geborgen werden konnte. Er dürfte zeitlich aber wohl den noch zu besprechenden Grubenhäusern zuzuordnen sein. Diese reihen sich sichelförmig von Nordosten nach Südwesten um diesen Pfostenbau, überschneiden sich weder mit ihm noch untereinander und sind alle Ost-West gerichtet. Lediglich Grubenhaus 3 fällt durch seine Konstruktion und Datierung aus dem gezeigten Zusammenhang. Diese Grube ist rundoval mit einem Durchmesser von ca. 3,80 m und ca. 0,80 m tief in den gewachsenen Boden eingetieft. Sie weist keine Pfostenständer auf, lediglich auf dem Grubengrund waren einige Steckenlöcher erkennbar. Die aus dieser Grube geborgene Keramik kann zeitlich etwas früher angesetzt werden als die übrigen Fundstücke dieser Grabung, möglicherweise in das 9./10. Jahrhundert. Die übrigen 3 Grubenhäuser sind durchschnittlich 3×4 m groß und ca. 0,80 m in den gewachsenen Boden eingetieft, wobei die am Rand der Grube stehengelassenen Gesteinsbänke eventuell in eine Nutzung miteinbezogen wurden, wie zahlreiche Abnutzungsspuren vermuten lassen. Diese rechteckigen Grubenhäuser hatten 4 Eckpfosten, z. T. waren auch noch Firstpfosten feststellbar. Die aus diesen Bauten geborgene Keramik weist ins 10. bis 13. Jahrhundert. Diese keramischen Funde und auch zahlreiche Tierknochen lassen jedoch keine Rückschlüsse auf einen etwaigen Verwendungszweck zu.
In einem auf einem anderen Baugrundstück

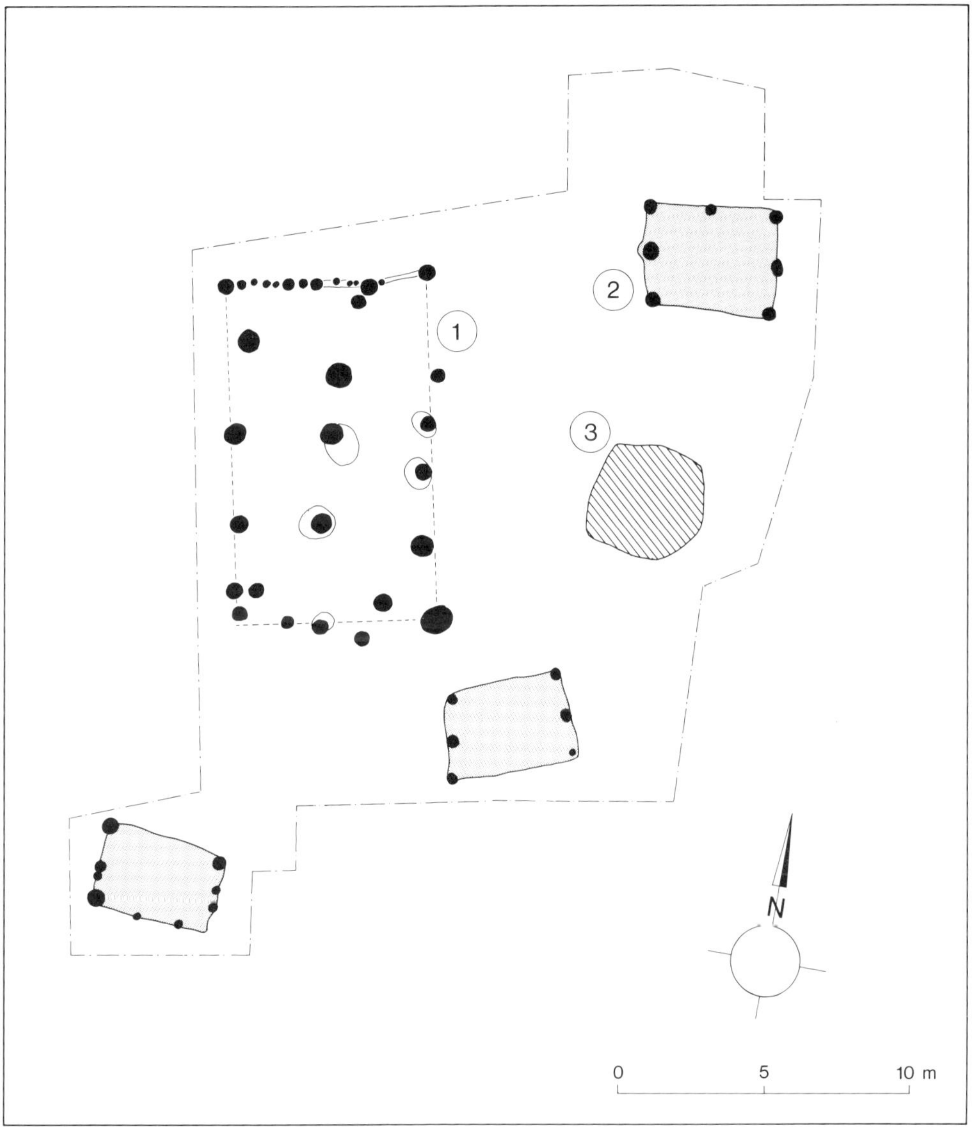

Abb. 201 Leonberg. Wüstung Ezach. Übersichtsplan der Grabungskampagne Frühjahr 1989

teilweise geborgenen Grubenhaus mit Eckständern wurde neben Keramik des 10. bis 12. Jahrhunderts und einem Webgewicht ein rundes, getriebenes Bronzeblech mit einem Durchmesser von 3 cm gefunden, wahrscheinlich Auflage einer runden Scheibenfibel (Abb.

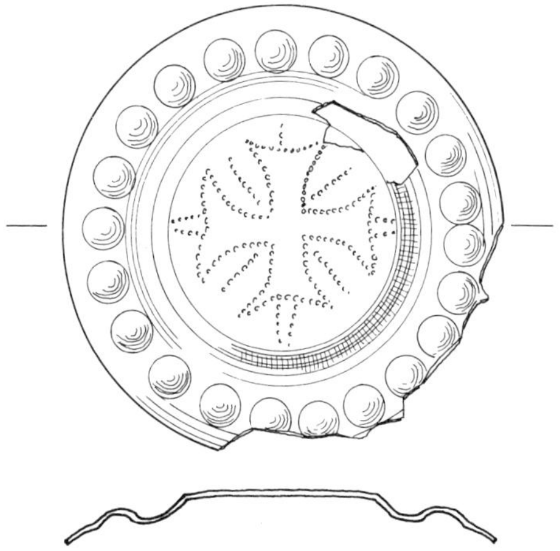

Abb. 202 Leonberg. Wüstung Ezach. Fibelfragment, 10./11. Jahrhundert. Maßstab 1,75:1

202). Es hat eine 0,7 cm breite Randzone, die mit kleinen Perlbuckeln verziert ist, und ein erhöhtes Mittelfeld, das ein gleichschenkliges Kreuz trägt, dessen Arme in stilisierten Blüten (?) enden. Diese ziselierte Kreuzverzierung erinnert an Fibeln, die J. Giesler in den Horizont Köttlach II (2. Hälfte 10.–Mitte 11. Jh.) datiert. Unsere Fibel unterscheidet sich vom Köttlacher Horizont dadurch, daß sie nicht gegossen, sondern getrieben ist. Der zeitliche Rahmen, 10./11. Jahrhundert, wäre aber durchaus denkbar.

Die Grabungskampagne im Herbst 1989 erbrachte zahlreiche Pfostenlöcher, die sich aber nicht zu Hausgrundrissen rekonstruieren lassen, und einen Komplex von mindestens 4 sich teilweise überschneidenden Gruben. Die keramischen Funde datieren ins 10.–13. Jahrhundert.

Dorothee Wisskirchen

Literaturhinweis

J. Giesler, Zur Archäologie des Ostalpenraumes vom 8. bis 11. Jahrhundert, Arch. Korrespondenzblatt 10, 1980, 85 ff.

Nochmals zur Wüstung Vöhingen auf Gemarkung Schwieberdingen, Kreis Ludwigsburg

Bereits 1985 konnte eine Fundkollektion aus der Wüstung Vöhingen vorgestellt werden, die die Existenz dieser vielleicht bereits 779 erstmals genannten mittelalterlichen Siedlung von der Merowingerzeit bis ins beginnende Spätmittelalter dokumentierte. Ein durch intensive ackerbauliche Nutzung in jüngster Zeit stark vermehrter Fundanfall, der die immer bedrohlicheren Eingriffe in die noch vorhandene archäologische Substanz eindringlich unter Beweis stellt, ist Anlaß, hier nochmals auf diesen Platz einzugehen.

Die von den ehrenamtlichen Mitarbeitern der Archäologischen Denkmalpflege im Kreis Ludwigsburg, W. Schmidt und B. Jaskorski, Ditzingen, im Frühjahr 1989 aufgesammelten Scherben ergänzen das bisherige Bild in erfreulicher Weise (Abb. 203). Mit den vorliegenden Materialien ist nun besonders die bislang schwach vertretene Frühzeit der Siedlung sehr viel besser faßbar.

Von den aus zahlreichen Reihengräbern des fränkisch-alamannischen Raumes gut bekannten, feintonigen und geglätteten Knickwandtöpfen sind 2 Wandscherben (2, 3) vorhanden, die größere trägt einen Rollstempeldekor aus kleinen Rechtecken und Andreaskreuzen. Unter der in merowingischer Zeit auch in

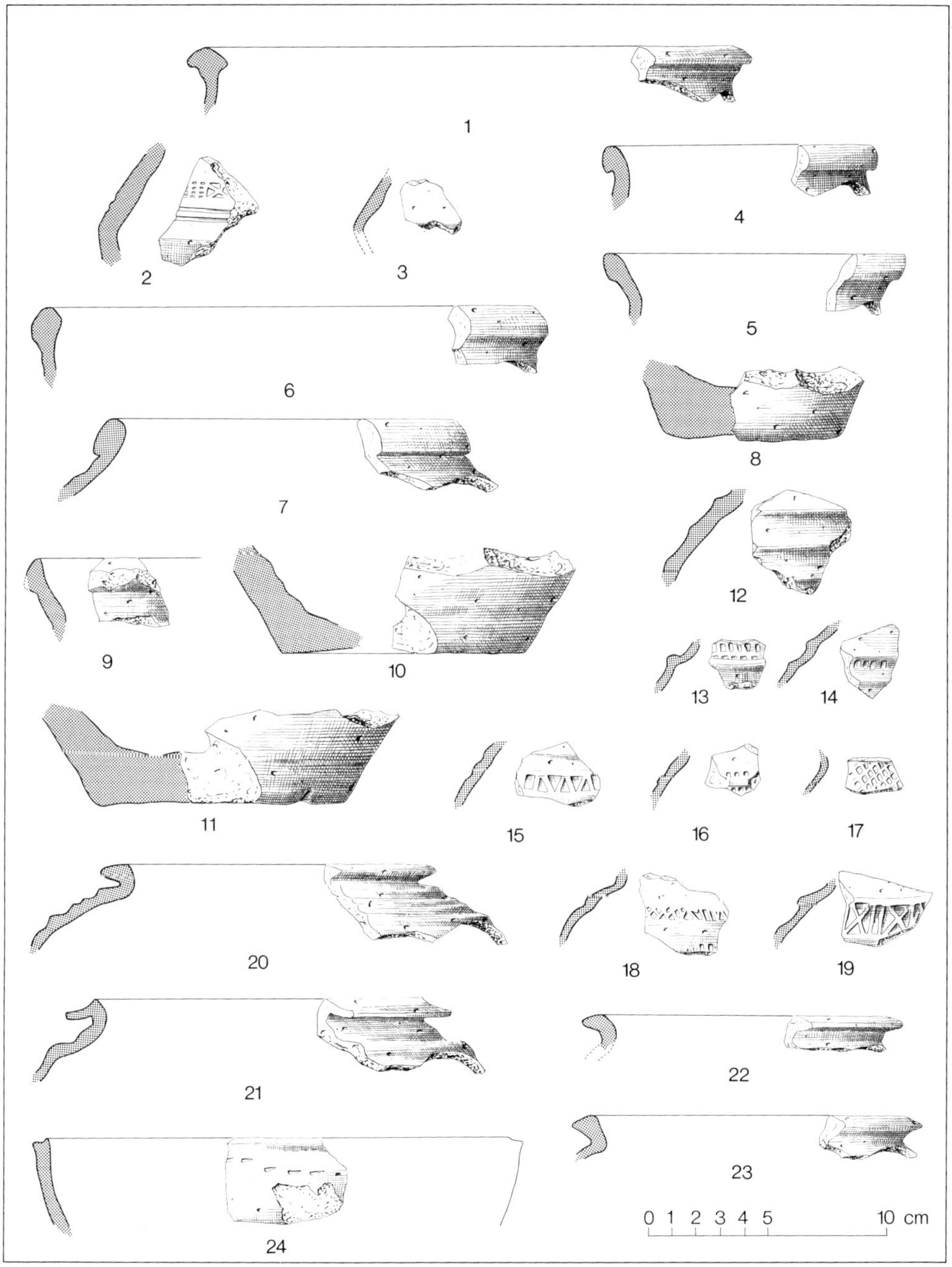

Abb. 203 Schwieberdingen. Keramikfunde aus der Wüstung Vöhingen

Vöhingen im Geschirrbestand dominierenden rauhwandigen Drehscheibenware verdient ein Fragment (1) besondere Beachtung. Das oxidierend rot gebrannte Randstück steht nach außen und innen stark über. Dies und der stattliche Durchmesser von 22 cm erlauben, es mit Schüsseln in Verbindung zu bringen, die bislang nur im fränkischen Rheinland angetroffen wurden. Gemeinsam mit dem schon 1985 abgebildeten Henkel weist dieser Neufund nachdrücklich auf das 6. Jahrhundert als Zeit des Siedlungsbeginns. Die übrigen Stücke der rauhwandigen Drehscheibenware – zumindest die Ränder – stammen alle von sog. Wölbwandtöpfen (4–7, 9). Unter ihnen sticht ein Fragment durch seinen weit ausladenden Schulteransatz und den gelben Brand hervor (7). Es zählt damit zu den spätesten Ausprägungen der rauhwandigen Ware des Mittelneckargebietes, bei der im Verlauf des 8. Jahrhunderts deutliche Angleichungstendenzen an die ältere, gelbtonige Drehscheibenware des Oberrhein-Kraichgau-Raums bemerkbar wird.

Einige Funde gelbtoniger Drehscheibenware veranschaulichen die starken Einflüsse aus dem (Nord-)Westen im frühkarolingischen Fundgut Vöhingens. Während im Bericht von 1985 schon einige wenige Fragmente des 8. bis frühen 9. Jahrhunderts vorzustellen waren, kann man nun mit einer größeren Anzahl von rollrädchenverzierten (13–19) und geriefien Scherben (12, 20, 21) aufwarten. Außer den engen Rechteck- (13, 14, 16) und Gittermustern (17) trifft man auch auf großteilige Andreaskreuz- (19) und gegenständige Dreiecksmotive (15); daneben kommt auch einmal Kompositdekor vor (18). Den mittlerweile also recht beträchtlichen Anteil von rollstempelverzierter und geriefter älterer, gelbtoniger Drehscheibenware hat Vöhingen mit anderen Siedlungen gemein, die sich nördlich der fränkisch-alamannischen Grenze reihen: Vaihingen/Enz, Flacht, Renningen und Ditzingen. Bei einigen (Renningen, Ditzingen) deuten die spärlichen Schriftquellen des ersten Jahrtausends auf eine schon früh erfolgte grundherrschaftliche Anbindung an den Oberrheinraum, was den archäologischen Befund zu erklären vermag.

Aus der Fülle der Keramikfunde des 9.–13./14. Jahrhunderts, die bis auf geringe Ausnahmen denen von 1985 entsprechen, sei nur ein Fragment hervorgehoben, da es sich um das Randstück einer der sehr seltenen Schalen oder Schüsseln der älteren, gelbtonigen Drehscheibenware handelt (24). Im Gegensatz zu den wenigen Vergleichsstücken wurde hier auf der Wandung eine Verzierung aus flachen, dreiecksförmigen Einstichen angebracht, wie sie sonst nur auf (Kannen-?)Rändern dieser Ware in der zweiten Hälfte des 11. und der ersten Hälfte des 12. Jahrhunderts auftritt.

Dank der sorgfältigen, nach Parzellen getrennten Aufsammelweise ist es möglich, innerhalb des größeren Areals der Wüstung (Gewannbezeichnungen: Vöhinger Kirchle, Vöhinger Seite, Vöhinger Grund) den ältesten Siedlungskern genau zu bestimmen. Die besprochenen Fundmaterialien des frühen Mittelalters konzentrieren sich eindeutig im Bereich »Vöhinger Kirchle«, wo die Überreste der 1353 erstmalig erwähnten Sergius- und Bacchuskirche auf Luftbildern noch gut zu erkennen sind.

Für das kommende Jahr plant die Archäologische Denkmalpflege eine Grabung in Vöhingen, um die letzten Spuren einer der wenigen genau lokalisierten und bis heute gänzlich unüberbauten mittelalterlichen Siedlungen Nordwürttembergs vor ihrer endgültigen Vernichtung zu dokumentieren. *Uwe Gross*

Literaturhinweis
U. Gross, Arch. Ausgr. Bad.-Württ. 1985, 198 ff.

Pflanzenfunde aus einem mittelalterlichen Dorf in Renningen, Kreis Böblingen

In den Jahren 1977 und 1988 führte das Landesdenkmalamt im Gewann Neuwiesenäcker in Renningen eine Notgrabung im Bereich einer frühalamannischen bis hochmittelalterlichen Siedlung durch. Aus mehreren Grubenhäusern und Brunnen wurden dabei Erdproben zur Untersuchung auf Pflanzenreste entnommen. Die weitere Bearbeitung erfolgte im Labor für Archäobotanik des Landesdenkmalamtes in Hemmenhofen. Von den zahlreichen Proben erwies sich leider eine ganze Reihe als fundleer, und ein weiterer Teil war sehr arm an Pflanzenresten, doch blieben immerhin einige fundreiche Proben übrig, die Aussagen über Ernährungsweise, Landwirtschaft und Umweltbedingungen einer ländlichen Siedlung des Mittelalters im Bereich des unteren Gäus ermöglichen.

Mit Grubenhäusern und Brunnen liegen 2 Befundsituationen vor, die sich in ihren Überlieferungsbedingungen für Pflanzenreste grundsätzlich unterscheiden. Brunnensedimente mit Feuchterhaltung lagen nur in einem Fall vor. Es handelte sich dabei um einen Brunnen aus Fläche 9, der im 9. oder 10. Jahrhundert verfüllt wurde. Die übrigen Brunnensedimente ohne Feuchterhaltung und die Grubenhausfüllungen sind etwa 200 Jahre älter und wurden etwa zwischen dem späten 7. und dem späten 8. Jahrhundert gebildet (freundliche mündliche Auskunft von I. Stork). Frühmittelalterliche Grubenhäuser waren nach Ansicht vieler Archäologen kleine, separate, in den Boden eingetiefte Gebäude, die teils als Speicher dienten, teils als Werkstätten, vor allem für Textilverarbeitung.

Aus den botanischen Untersuchungen ihrer Verfüllungen erhofft man sich weitere Hinweise auf die Funktion und die Nutzungsart dieser merkwürdigen Bauten. Leider ist diese Hoffnung derzeit eher trügerisch, denn bei den Füllungen der Grubenhäuser handelt es sich in der Regel um umgelagertes Material an sekundärer Lagerstätte, genaugenommen um Reste der früheren Kulturschichten bzw. des Gehhorizontes aus dem Siedlungsbereich, der nach Auflassen und Zerfall der Grubenhäuser in die Gruben gelangte und diese verfüllte. Somit gehören die Pflanzenreste aus solchen Grubenhausverfüllungen nicht zum Inventar der früheren Häuser und haben auch nichts mit deren Funktion zu tun, sondern sie spiegeln irgendwelche Aktivitäten und Strukturen aus dem gesamten Siedlungsbereich wider und sind zusätzlich durch die Erhaltungsbedingungen in durchlüfteten Böden in ihrer Zusammensetzung beeinflußt. In Mineralbodensiedlungen wird nämlich organische Substanz durch Mikroorganismen abgebaut, und es bleiben nur verkohlte Teile übrig. Man kann davon ausgehen, daß in mittelalterlichen Siedlungen die hygienischen Bedingungen und die Reinlichkeit der Gassen und Hofplätze nicht unbedingt das Hauptaugenmerk der Bevölkerung war, sondern daß das Siedlungsareal zumindest stellenweise eher einem großen Komposthaufen glich. Während sich in den prähistorischen Feuchtbodensiedlungen dieser Kompost original erhalten hat, wurde er in den Mineralbodensiedlungen soweit reduziert, daß nur mineralisches oder verkohltes Material übrig blieb. Solches Material liegt nun in den Füllungen der Grubenhäuser vor. Das Einfüllen geschah entweder durch die Bewohner oder aber, und das dürfte die Regel gewesen sein, durch Schwerkraft und Witterung, vor allem durch das Regenwasser. Dabei wurde das Material beim Einfüllen gut durchmischt und stellt gewissermaßen eine Stichprobe des gesamten, in der Siedlung lagernden Schutts und Unrats dar. Deshalb sind solche Streufunde aus Grubenfüllungen, die aus umgelagerten Kulturschichten bestehen, was die Pflanzenspektren anbetrifft, repräsentativer als Vorratsfunde.

Die geschilderte Situation ist eigentlich der Normalfall und gilt beispielsweise auch für die frühmittelalterlichen Siedlungen von Mengen, Kreis Breisgau-Hochschwarzwald, und Mühlheim/Stetten, Kreis Tuttlingen. Die vielleicht bisher einzige Ausnahme im Land ist das Grubenhaus von Ditzingen – Bauernstraße, Kreis Ludwigsburg, wo offenbar tatsächlich ein verkohlter Vorrat in situ im Grubenhaus liegen blieb. Hier wäre jedoch noch zu klären, ob dieses Grubenhaus nicht ein Obergeschoß hatte und beim Einstürzen des Gebäudes die Füllung des Obergeschosses in die Grube gelangte. Die Theorie einer Nutzung der Grubenhäuser als Kornspeicher drängt sich dem gesunden Menschenverstand nämlich nicht unbedingt auf, denn in einem feuchten, kühlen Keller lagert man heutzutage vielleicht Obst, Kartoffeln, Konserven oder Wein, dagegen kein Getreide. Dieses würde man wohl eher auf einem zwar kühlen, aber trockenen und gut durchlüfteten Speicher aufbewahren. Festzuhalten bleibt, daß bisherige botanische Beobachtungen von mittelalterlichen Grubenhäusern keine zwingenden Hinweise auf die Funktion dieser Gebäude liefern konnten.

Dennoch ist die Untersuchung dieser Grubenhausfüllungen sinnvoll, und die Ergebnisse verraten uns wie hier in Renningen doch einiges über die damaligen Lebensverhältnisse. Es sind z. B. eine Reihe von Getreidearten nachgewiesen, die hier angebaut und eingelagert wurden und die Grundlage der Nahrungsversorgung bildeten. Legen wir die Stetigkeit zugrunde, so ist an erster Stelle Saathafer (*Avena sativa*) zu nennen, gefolgt von Saatweizen (*Triticum aestivum*), Roggen (*Secale cereale*), mehrzeiliger Gerste (*Hordeum vulgare*) und Dinkel (*Triticum spelta*). Daneben wurde noch Einkorn (*Triticum monococcum*) gefunden. Da es nur selten auftritt, wurde es vermutlich nicht gezielt angebaut, sondern war lediglich als Beimengung oder Unkraut in den Getreidefeldern enthalten. An weiteren angebauten Pflanzen wurden der Kulturlein (*Linum usitatissimum*) sowie Linse (*Lens culinaris*) und Erbse (*Pisum sativum*) gefunden.

In den Grubenhäusern fanden sich außer den Kulturpflanzen nur wenige Wildpflanzen. Insgesamt sind in Renningen jedoch Wildpflanzen viel häufiger als Kulturpflanzen. Sie erlauben Aussagen über den Lebensraum in der Siedlung und rund um die Siedlung. Aufgrund der geschilderten Bildungsbedingungen der Grubenhäuser haben wir in den hier gefundenen Wildpflanzen nicht einen einzelnen, sondern eine ganze Reihe unterschiedlicher Standorte repräsentiert. Man muß versuchen, aus den Standortbedingungen der gefundenen Pflanzen den Lebensraum mit seinen unterschiedlichen Standorten zu rekonstruieren. Relativ leicht fällt dies bei den Ackerunkräutern, die im großen und ganzen recht klare ökologische Bedingungen anzeigen. Von den nachgewiesenen Halmfruchtunkräutern war die rauhhaarige Wicke (*Vicia hirsuta*) am häufigsten; daneben wurden noch das Saatlabkraut (*Galium spurium*), der Gezähnte Feldsalat (*Valerianella dentata*), die Kornblume (*Centaurea cyanus*), die Viersamige Wicke (*Vicia tetrasperma*), der Flughafer (*Avena fatua*) und der Acker-Steinsame (*Lithospermum arvense*) nachgewiesen. Vermutlich ebenfalls auf den Äckern wuchsen die Hundspetersilie (*Aethusa canapium*) und der Erdrauch (*Fumaria officinalis*). Die übrigen, normalerweise zu den Hackfruchtunkräutern zählenden Arten Weißer Gänsefuß (*Chenopodium album), Hybridgänsefuß (Chenopodium hybridum*),

Einjähriges Bingelkraut (*Mercurialis annua*), Melde (*Atriplex sp.*) und Kleine Brennessel (*Urtica urens*) könnten ebenso, und in diesem Fall wegen ihrer hohen Nährstoffansprüche mit größerer Wahrscheinlichkeit, auch als Pioniervegetation auf nährstoffreichen Ruderalstandorten im Siedlungsbereich gewachsen sein. Die Ackerunkräuter verraten uns etwas über die Standortbedingungen der Felder. Diese lagen demnach auf frischen Böden mit mittlerer Nährstoffversorgung. Was die Bodenreaktion anbetrifft, so ist mit *Vicia tetrasperma* nur ein Säurezeiger dabei, allerdings einer, der auch auf neutralen Böden vorkommen kann. Die anderen Arten zeigen eher mittlere bis gute Basenversorgung und eher kalkhaltige Böden an. Bei einem Blick auf die Geologische Karte verwundert das nicht, steht doch im Südwesten und im Norden von Renningen auf größeren Flächen Lößlehm an, der sicherlich schon damals bevorzugt ackerbaulich genutzt wurde, und der trotz oberflächlicher Entkalkung fruchtbare und gut zu bearbeitende Böden liefert. Die Siedlung Neuwiesenäcker befindet sich im Bereich der Lößlehmdecke westlich von Renningen. Nur wenig westlich verläuft die Grenze Muschelkalk/Keuper. Dadurch stehen in der Umgebung sehr unterschiedliche geologische Substrate an. Vor allem östlich von Renningen sind dies Lettenkohle, Gipskeuper, Schilfsandstein, Bunte Mergel und Stubensandstein des Keupers, überwiegend im Westen und Süden Trigonodusdolomit und Nodosusschichten des Hauptmuschelkalks. Besonders die Nodosusschichten liefern für Ackerbau gut geeignete Böden. Die Böden auf Trigonodusdolomit sind relativ flachgründig und skelettreich, die auf Lettenkohle, Gipskeuper und Bunten Mergeln sehr schwer und eher für Grünland geeignet. Die Böden auf Keupersandstein eignen sich am ehesten für Wald und sind auch heute noch meist damit bestockt.

Während die Ackerunkräuter wohl mit dem Erntegut in die Siedlung gelangt sind, wuchsen andere Pflanzen in dieser selbst. Auf unbefestigten Wegen und Hofplätzen im Siedlungsbereich stellten sich Trittgesellschaften ein, die hier durch Vogelknöterich (*Polygonum aviculare* und *P. aequale*), Einjähriges Rispengras (*Poa annua*), Kriechenden Hahnenfuß (*Ranunculus repens*) und Großen Wegerich (*Plantago major*) belegt sind. Renningen liegt am Rankenbach, einem Zufluß der Würm. Die Talaue ist mit alluvialen Sedimenten ausgefüllt, auf denen sich Anmoorgleye gebildet haben. Im Siedlungsbereich dürften diese Feuchtstandorte stark eutrophiert, teilweise sogar regelrecht verschmutzt worden sein. So konnten sich Zweizahn-Schlammufergesellschaften ausbilden, die hier dokumentiert sind durch die Sumpfkresse (*Rorippa palustris*), und den Gift-Hahnenfuß (*Ranunculus sceleratus*).

Die Talaue war wohl spätestens in ottonischer Zeit weitgehend entwaldet und wurde als nasses Grünland (Streuwiesen) genutzt. Das ist belegt durch die Kuckucks-Lichtnelke (*Lychnis flos-cuculi*), die Glanzfrüchtige Binse (*Juncus acutiflorus*) sowie – etwas weniger nasse Verhältnisse anzeigend – den Wiesen-Sauerampfer (*Rumex acetosa*). Außerhalb der Aue gab es vermutlich an Hängen auf Keuper und Hauptmuschelkalk ebenfalls Grünland. Die Informationen darüber haben wir wieder aus den älteren Grubenhäusern. Brunnen haben grundsätzlich andere Überlieferungsbedingungen als Grubenhäuser, sofern sie in den Grundwasserbereich reichen, wo die ständige Wassersättigung einen mikrobiellen Abbau organischer Substanz verhindert. Auch bei Brunnen hat normalerweise das darin enthaltene Material mit seinen Pflanzenresten mit der Funktion nichts zu tun, denn solange der Brunnen in Funktion war, war man sicher bemüht, ihn peinlichst sauber zu halten und erst nachdem die Funktion beendet war, wurde der Brunnen entweder zufällig durch Einsturz und Einschwemmung oder absichtlich durch sekundäre Verwendung als Latrine oder als Abfallgrube verfüllt.

Von den Brunnen kommen wir zurück zum trockenen Grünland, wo mit dem Mittleren Wegerich (*Plantago media*), dem echten Labkraut (*Galium cf. verum*), dem Taubenkropf-Leimkraut (*Silene vulgaris*), dem Wilden Majoran (*Origanum vulgare*) und dem Spitzwegerich (*Plantago lanceolata*) lauter Arten vorliegen, die eher trockene, nährstoffarme Verhältnisse anzeigen, die für keinen hohen Pflegegrad und eher gegen Düngung sprechen und die teilweise auch in Säumen vorkommen können. Das alles weist auf Magerrasen hin, die vielleicht teilweise mit einzelnen Gehölzgruppen durchsetzt waren, so daß eine steppenheideartige Landschaft entstand. Die genannten Arten stammen von Kalkmagerrasen. Kalkreiche Standorte wären im Bereich der Bunten Mergel oder des Muschelkalks zu suchen. Daneben haben wir mit der Heidelbeere (*Vaccinium myrtillus*), dem Kleinen Sauerampfer (*Rumex acetosella*), dem Echten Ehrenpreis (*Veronica officinalis*) und der Bleichen Segge (*Carex pallescens*) Arten saurer, nährstoffarmer Böden nachgewiesen, die auch im Unterwuchs lichter Gehölze vorkommen, typisch für Heiden, und auf Waldweide, Heiden und Bodenvermagerung im Bereich des Schilf- und Stubensandsteins hinweisen.

Feuchterhaltung lag nur in dem Brunnen aus karolingisch-ottonischer Zeit in Fläche 9 vor. Er wurde nach seiner Auflassung offenbar nicht systematisch, sondern eher nur zufällig als Latrine genutzt und dann vor allem mit Schutt aus der unmittelbaren Umgebung verfüllt. Die Umgebung des Brunnens war anscheinend nicht gepflegt und auch nicht regelmäßig begangen. Deshalb nehmen Pflanzen ausdauernder Ruderalfluren hier eine Sonderstellung ein. So sind allein 3000 Samen der Großen Brennessel (*Urtica dioica*) gefunden worden. An weiteren Ruderalpflanzen erscheinen das Bilsenkraut (*Hyoscyamus niger*), der Andorn-Löwenschwanz (*Leonurus marrubiastrum*), der Stumpfblättrige Ampfer (*Rumex obtusifolius*), der Gewöhnliche Beifuß (*Artemisia vulgaris*), der Zwergholunder (*Sambucus ebulus*), die Eselsdistel (*Onopordum acanthium*), der Bittersüße Nachtschatten (*Solanum dulcamara*) und die Nesselseide (*Cuscuta europea*), ein Vollschmarotzer, der bevorzugt auf Brennessel parasitiert. Von diesen Pflanzen kommen Bilsenkraut und Eselsdistel auf trockenen Böden vor, die übrigen auf frischen bis nassen Böden, hier also eher in Bachnähe. Alle waren bis vor wenigen Jahrzehnten in Dörfern verbreitet. Inzwischen sind sie der Dorfsanierung zum Opfer gefallen und entsprechend selten geworden. Besonders herausgehoben werden müssen diesbezüglich Bilsenkraut, Eselsdistel und Andorn-Löwenschwanz. Das Bilsenkraut, Bestandteil der berüchtigten Hexensalbe, wurde auf dem Meßtischblatt Weil der Stadt nach 1945 nicht mehr gefunden. In der Roten Liste gilt es für Baden-Württemberg als stark gefährdet. Auch die Eselsdistel ist heute ziemlich selten, wenngleich sie nach 1945 auf dem Meßtischblatt Weil der Stadt noch gefunden wurde. Sie gilt in der Roten Liste als gefährdet. Nicht in der Roten Liste aufgeführt ist der Andorn-Löwenschwanz, weil er in neuerer Zeit im Land gar nicht vorkam. Seine nächsten, in den vergangenen Jahrzehnten gemeldeten Vorkommen liegen am Main und im nördlichen Oberrheingebiet. Während Willerding für das Bilsenkraut eine ganze Reihe von Funden in Mitteleuropa seit dem Spätneolithikum erwähnt, sind es bei der Eselsdistel ganze fünf, nämlich in Griechenland aus der Bronzezeit, in Polen aus der Hallstattzeit, in Großbritannien aus der Römischen Kaiserzeit, sowie in der Tsche-

choslowakei und wiederum in Polen aus dem frühen bzw. späten Mittelalter. Der Löwenschwanz-Andorn wurde bisher überhaupt noch nicht nachgewiesen.
Die sporadische Nutzung des aufgelassenen Brunnens als Latrine zeigt, mit welchen Wildobstarten die Dorfbewohner ihren Speisezettel bereicherten. Zu nennen wären die Walderdbeere (*Fragaria vesca*), der Schwarze Holunder (*Sambucus nigra*), der Traubenholunder (*Sambucus racemosa*), die Hagebutte (*Rosa canina-Typ*), die Himbeere (*Rubus idaeus*), die Schlehe (*Prunus spinosa*), der Holzapfel (*Malus sylvestris*), die Eberesche (*Sorbus aucuparia*), die Brombeere (*Rubus fruticosus*) und die Haselnuß (*Corylus avellana*). Der Nachweis von Kulturobst fehlt dagegen, und dies deutet an, daß noch in ottonischer Zeit die Obstkultur auf die Klöster und vielleicht auf Burgen und Städte beschränkt war, während man auf dem flachen Lande seinen Vitaminbedarf mit Wildgewachsenem aus Wäldern und Gebüschen deckte.

Manfred Rösch

Literaturhinweise
M. Rösch, Arch. Ausgr. Bad.-Württ. 1987, 164 f.; 1988, 211 f. – A. Schmidt, Erläuterungen zu Blatt 7219 Weil der Stadt, Geol. Karte v. Bad.-Württ. 1:25 000, ²1961 – M. Sillmann, Die verkohlten Pflanzenreste aus einem mittelalterlichen Grubenhaus in Ditzingen, 12. Jahrhundert, Diplomarbeit Univ. Hohenheim 1989 – I. Storck, Arch. Ausgr. Bad.-Württ. 1988, 224 ff. – U. Willerding, Zur Geschichte der Unkräuter Mitteleuropas, 1986.

Sondierung bei der Villa Duttenhofer im Bereich der ehemaligen Hochbrücktorvorstadt von Rottweil

Anlaß für die Sondierung, die mit Unterstützung des Tiefbauamtes der Stadt Rottweil durchgeführt wurde, war das Projekt einer Tiefgarage in diesem Bereich.
Die im 19. Jahrhundert entstandene Duttenhofersche Villa nimmt Teile der ehemaligen Hochbrücktorvorstadt ein, die während der kriegerischen Auseinandersetzungen im Jahr 1643 geschleift wurde. Die 1280 erstmals genannte, aber vermutlich schon zu Beginn des 13. Jahrhunderts errichtete Hochbrücke war der einzige Zugang zur Rottweiler Kernstadt von Süden her, die an dieser Stelle durch einen nahezu schluchtartigen Einschnitt in den über dem Neckar aufragenden Muschelkalkrücken geschützt war. Einem Brückenkopf vergleichbar, lag die Hochbrücktorvorstadt auf der gegenüberliegenden Seite, und in der Kontrolle und Sicherung der Zufahrtswege dürfte ihre ursprüngliche Funktion zu suchen sein. Hier befanden sich offenbar auch feuergefährliche Gewerbe, denn später werden eine Ziegelhütte und wiederholt Schmiede genannt. Die 1564 entstandene Pürschgerichtskarte des David Rötlin vermittelt uns noch ein sehr detailgetreues Bild vom Aussehen der kleinsten der Rottweiler Vorstädte, wenige Jahrzehnte vor ihrer Zerstörung (Abb. 204). Im Bildausschnitt kann man auf der linken Seite die östliche Mauer der Vorstadt mit dazugehörigem Trockengraben erkennen. Überreste dieser Befestigungsanlagen waren anscheinend noch zu Beginn des letzten Jahrhunderts sichtbar. Eingriffe in jüngerer Zeit hatten das Gelände aber so nachhaltig verändert, daß der Sondierungsschnitt vor allem Umfang und Verlauf

Abb. 204 Rottweil. Die Hochbrücktorvorstadt von Norden auf der Pürschgerichtskarte von 1564

möglicherweise vorhandener Bausubstanz klären sollte. Der Suchschnitt erfaßte den stadtseitigen Teil des im Dreißigjährigen Krieg verfüllten Trockengrabens, der zahlreiche Fragmente überwiegend frühneuzeitlicher Gefäßkeramik enthielt. Bemerkenswert war immerhin das Fehlen von Brandschutt als Indiz für eine gewaltsame Zerstörung. Knapp 1 m unter der heutigen Oberfläche, und offenbar erst durch die Fundamente von Nebengebäuden der Villa Duttenhofer gestört, hatte sich die innere, etwa 1,4 m breite Futtermauer des Grabens hervorragend erhalten (Abb. 205). Überwiegend aus mittelgroßen Kalkbruchsteinen und Dolomit gemauert, war sie direkt gegen den nahezu lotrecht abgestochenen bzw. herausgeschlagenen gewachsenen Untergrund gesetzt worden. Reste eines vermutlich großflächigen Kalkverputzes waren noch im oberen Bereich erhalten. Grobgequaderte Blöcke bildeten die unterste Lage, die nur geringfügig unter das Niveau der Grabensohle reichte. Da das Gelände in jüngerer Zeit bis zur Höhe des anstehenden Lößlehms abgetieft worden ist, läßt sich die frühere Grabentiefe nur ungefähr mit etwa 4 m veranschlagen. Die Gesamtbreite war nicht zu ermitteln.

Neben diesem Befund konnte überraschenderweise auch das Vorhandensein eines älteren Verteidigungsgrabens innerhalb der ehemaligen Stadtmauer nachgewiesen werden. Er war mit ungefähr 2 m Tiefe unter dem Niveau der heutigen Oberfläche flacher als der spätere Trockengraben und wies im Gegensatz zu diesem abgeschrägte Böschungen und eine erheblich schmalere Sohle auf. Möglicherweise ist die Hochbrücktorvorstadt im Zusammenhang mit dem späteren Ausbau ihrer Verteidigungsanlagen auch in südlicher Richtung hin erweitert worden, da ein voneinander abweichender Verlauf deutlich zu erkennen war. Im Bereich der Sondierung wurde exakt der Überschneidungsbereich des älteren Grabens und der jüngeren Mauer mit Graben erfaßt. Funde aus der Verfüllung des älteren Grabens erlauben es, den ungefähren Zeitpunkt des steinernen Ausbaus der Befestigung einzugrenzen. Es handelt sich zwar nur um wenige, aber doch aussagekräftige Scherben, die eine Entstehungszeit um 1300 nahelegen, wobei ein Großteil der ansonsten noch geborgenen Keramik durchaus älteren Datums ist. Im übrigen setzt für diesen Zeitpunkt auch die urkundliche Überlieferung zu einer Wohnbebauung in der Hochbrücktorvorstadt ein. Leider läßt sich bislang nicht ermitteln, wann die erste Befestigung errichtet worden ist und die früheste Besiedlung einsetzte. Im Zusammenhang mit der topographischen Situation erscheint nun eine zeitgleiche

Abb. 205 Rottweil. Blick von Osten auf die stadtseitige Futtermauer des Verteidigungsgrabens der Hochbrücktorvorstadt

Entstehung mit der wohl gegen Ende des 12. Jahrhunderts erfolgten Stadtgründung nicht ganz abwegig.

Aufgrund der geschilderten Befundlage haben sich im Aufgehenden keine Spuren der Befestigung mehr erhalten. Wie die Pürschgerichtskarte zeigt, hat die spätmittelalterliche Mauer auf der inneren Futtermauer des Grabens gestanden. Sie dürfte eine Palisadenwand oder einen Wall in Holz-Erde-Bauweise entlang dem älteren Graben abgelöst haben, wie sie noch bis weit in hochmittelalterliche Zeit in zahlreichen Städten bezeugt sind. In der jüngeren Stadtgeschichtsforschung ist die Existenz einer der Rottweiler Stadtmauer vorausgehenden, nichtsteinernen Verteidigungsanlage bislang bestritten worden, da keinerlei Aufschlüsse dazu vorlagen. Der Befund auf dem Gelände der Villa Duttenhofer regt in diesem Zusammenhang zumindest Überlegungen hinsichtlich der daraus gezogenen Folgerungen für die Gründungsphase der Stadt Rottweil an.

Christian Gildhoff

Literaturhinweise
C. von Langen, Beiträge zur Geschichte der Stadt Rottweil am Neckar, 1821 – C. Meckseper, Rottweil. Untersuchungen zur Stadtbaugeschichte im Hochmittelalter I. II. Phil. Diss. zugl. Habil. (Stuttgart 1969/70) – A. Steinhauser, Die Rottweiler Stadtbefestigung bis zum Dreißigjährigen Krieg, 1976 – W. Hecht, Rottweil vor 400 Jahren. Die Rottweiler Pürschgerichtskarte des David Rötlin von 1564 in Einzelansichten, 1987.

Grabung am Königshofweg in Rottweil

Nach nunmehr 10 Jahren stand erstmals wieder der Rottweiler Königshof im Mittelpunkt einer archäologischen Untersuchung. Zwischen 1975 und 1979 legte Lothar Klappauf ca. 8000 m² der im Jahre 771 erstmals genannten Siedlung frei. Wie schon seinerzeit war es auch dieses Mal die Überbauung vormals landwirtschaftlich genutzter Flächen, die eine vorherige Dokumentation von weiteren knapp 1000 m² erforderten. Ein zusätzliches Interesse erweckte eine sich im Luftbild deutlich abzeichnende, streifenförmige Verfärbung, die als möglicher Mauerzug gedeutet worden war. Dieser ließ sich jedoch, um es vorwegzunehmen, im archäologischen Befund nicht nachweisen.

Vom Sitz alamannischer Grafen über den »Vorort« des schwäbischen Herzogtums bis zur frühstädtischen Siedlung, die als Ausgangspunkt für die 2 km nordwestlich gelegene Gründungsstadt Rottweil diente, machte der Königshof einen vielfältigen Wandel durch. Die wenigen Aufenthalte deutscher Könige wie die Karls III., Ludwigs IV. oder Heinrichs III. können allenfalls ein schlaglichtartiges Bild des Platzes entwerfen, dessen Geschichte im wesentlichen wohl nur durch die Archäologie weiter erhellt zu werden vermag. Um so bedauerlicher ist es, daß von den ursprünglichen 32 ha seit Anfang dieses Jahrhunderts der weitaus größte Teil einer modernen Wohnbebauung zum Opfer fiel, ohne daß es möglich war, auch nur einen nennenswerten Bruchteil davon zu dokumentieren. Bis heute kann man Äußerungen von Anwohnern hören, daß beim Bau ihres Hauses ebenfalls »viele Scherben« zum Vorschein gekommen wären.

Das Areal liegt auf dem nach Südosten hin abfallenden Hang, südwestlich der in den siebziger Jahren durchgeführten Grabungen (Abb. 206). Die Humusdecke wurde größtenteils maschinell abgeschoben, da aufgrund des langjährigen Einsatzes schweren landwirtschaftlichen Gerätes nahezu sämtliche Spuren der mittelalterlichen Oberfläche zerstört worden waren. Hingegen zeichneten sich die archäologischen Befunde dann recht gut im gelbbraunen Lößlehm ab.

Der Übersichtsplan (Abb. 207) zeigt die Fülle von Gruben, Brunnenschächten und Pfostenlöchern. Nur in 2 Fällen läßt sich bei letzteren eine zusammenhängende Baustruktur erkennen. Im nördlichen Rand des Grabungsareals fielen mehrere, hinsichtlich ihrer Größe und Tiefe sehr ähnliche Pfostengruben auf (1). Sie erlauben es, unter Vorbehalt, ein mindestens 8–12 m langes, in Nordwest-Südost-Richtung stehendes Haus zu rekonstruieren, ohne daß sich jedoch die vollständigen Abmessungen ermitteln ließen.

Ein weiter südlich gelegener Bau (2) ist etwas problematischer, da hier nur sehr flache Pfostenlöcher erhalten waren. Mit mindestens 2×4 m ist es deutlich kleiner. Auffällig ist aber eine durchaus gleiche Ausrichtung beider Gebäude. Im allgemeinen waren Überschneidungen von Befunden eher die Ausnahme. Gerade in der Innenfläche des vermuteten großen Pfostenbaues fallen 2 sich überlagernde Eintiefungen auf. Bei der älteren von beiden handelt es sich um ein flaches, rechteckiges

Abb. 206 Rottweil. Arae Flaviae – Königshof – hochmittelalterliche Gründungsstadt. 1 Grabung Königshof 1975–1979, 2 Grabung Königshof 1989, 3 Sondage Hochbrücktorvorstadt, 4 Grabung Heilig-Kreuz-Münster, 5 (schraffiert) Bereich des römischen Municipium Arae Flaviae, 6 Verlauf der römischen Straßen

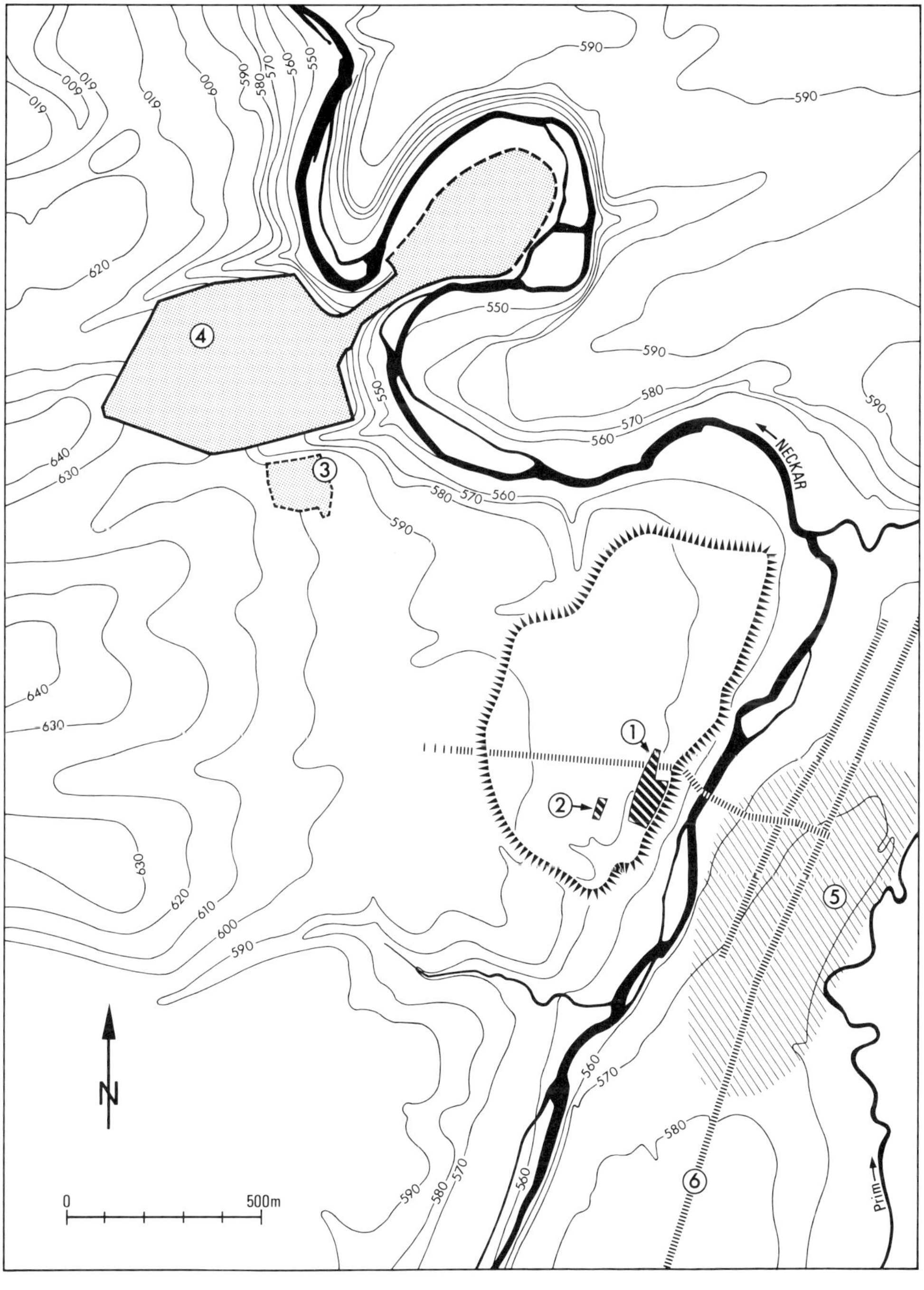
NECKAR
Prim
0
500m
1
2
3
4
5
6

Grubenhaus mit 4 innenständigen Eckpfosten (3), das von einer weiteren Grube geschnitten wurde (4). Sonstige Überschneidungen konnten nur noch in einem einzigen Fall sicher dokumentiert werden.
Eindeutige Nutzungsspuren hatten sich nur in einer Grube erhalten (5). Vielleicht war es ein Brand gewesen, der den Besitzer eines mit Nahrungsmitteln gefüllten Topfes an der rechtzeitigen Bergung gehindert hatte. (Abb. 208).
In 2 weiteren Fällen deutete die sehr sorgfältige, rechteckige und über 2 m tiefe Ausschachtung ebenfalls auf Vorratseinrichtungen hin (6, 7). Da eine Zugangskonstruktion nicht zu erkennen war, sind die Gruben vermutlich über Holzleitern betreten worden. Wohl ebenfalls der Vorratshaltung diente eine nahezu kreisrunde, in einer Grube trocken gemauerte und ca. 1 m hohe Konstruktion (8), deren Boden mit feinem Kies ausgestreut war.
Generell waren Spuren einer Bedachung oder auch von Einbauten nur selten vorhanden. Aufgrund der allgemeinen Befundlage waren sie entweder nur sehr schwach ausgeprägt oder der konstruktive Zusammenhang blieb zweifelhaft. Eine Flechtwerkwandung konnte lediglich in einem Fall sicher angenommen werden (9).
Einen der auffälligsten Befunde stellte eine mindestens 3 m tiefe, kreisrunde und sich nach unten verjüngende Zisterne dar (10), die durch den Hochterrassenschotter hindurch bis in den wasserundurchlässigen Muschelkalk gehauen worden war. Für die Deutung als Wasserspeicher spricht neben der trichterförmigen Öffnung der Umstand, daß offenbar auch Zuleitungsgräben bestanden hatten. Bereits Klappauf hatte 1975–1979 verschiedentlich ähnliche Befunde beobachten können, was sicherlich auf die örtlichen Gegebenheiten zurückzuführen ist, die die Anlage grundwasserführender Brunnen nicht überall erlauben. Die Zisternensohle war etwa 0,5 m hoch mit Brandschutt verfüllt, unter dem sich auch Fragmente stark verkohlter Bretter befanden. Ob sie Reste einer Innenkonstruktion waren, ist unsicher. Deutliche Brandspuren waren schon bei den früher ergrabenen Zisternen zu erkennen. Denkbar wäre aber auch, daß es sich um die Überreste einer hölzernen Brüstung gehandelt hatte.
Auf eine kellerähnliche Konstruktion sei abschließend noch aufmerksam gemacht (11). Bei einer Tiefe von etwa 1 m fiel an der westlichen Wand eine in den anstehenden Lehm gehauene Abtreppung auf. Der vermutliche Keller war massiv mit Bruchsteinen verfüllt worden, die ein aufgehendes Mauerwerk zumindest in Betracht ziehen lassen. Hingegen ist eine steinerne Auskleidung der Eintiefung selbst mit Sicherheit auszuschließen. Aus diesem Befund stammte die einzige Münze, ein Basler Pfennig Bischof Bertolds II., der nach 1255 geprägt worden ist.
Damit ist auch schon ungefähr der zeitliche Rahmen angedeutet, in den die beschriebenen Befunde gehören. Die Hauptmasse der Gefäßkeramik stammt aus dem 12. und 13. Jahrhundert; die wenigen älteren Stücke sind in der Regel mit jüngeren Scherben vergesellschaftet. Ofenkacheln liegen offenbar nur aus dem 12. Jahrhundert vor. In dieses Bild paßt auch die Art der angetroffenen Baubefunde. Ein Vergleich mit den Ergebnissen der von Klappauf durchgeführten Grabung zeigt, daß echte Grubenhäuser mit Innenpfosten (z. B. Abb. 207) dort einer eher älteren Phase angehörten und später kaum noch anzutreffen sind. Hingegen nimmt die Zahl der pfostenlosen Bauten zu, und ebenso werden Keller gebräuchlicher. Die relativ lockere Form der Bebauung läßt auf nicht mehr als ein oder zwei Siedlungsperioden schließen, wofür auch das vollständige Fehlen älterer Befunde spricht. Nach der von Lothar Klappauf herausgearbeiteten Sied-

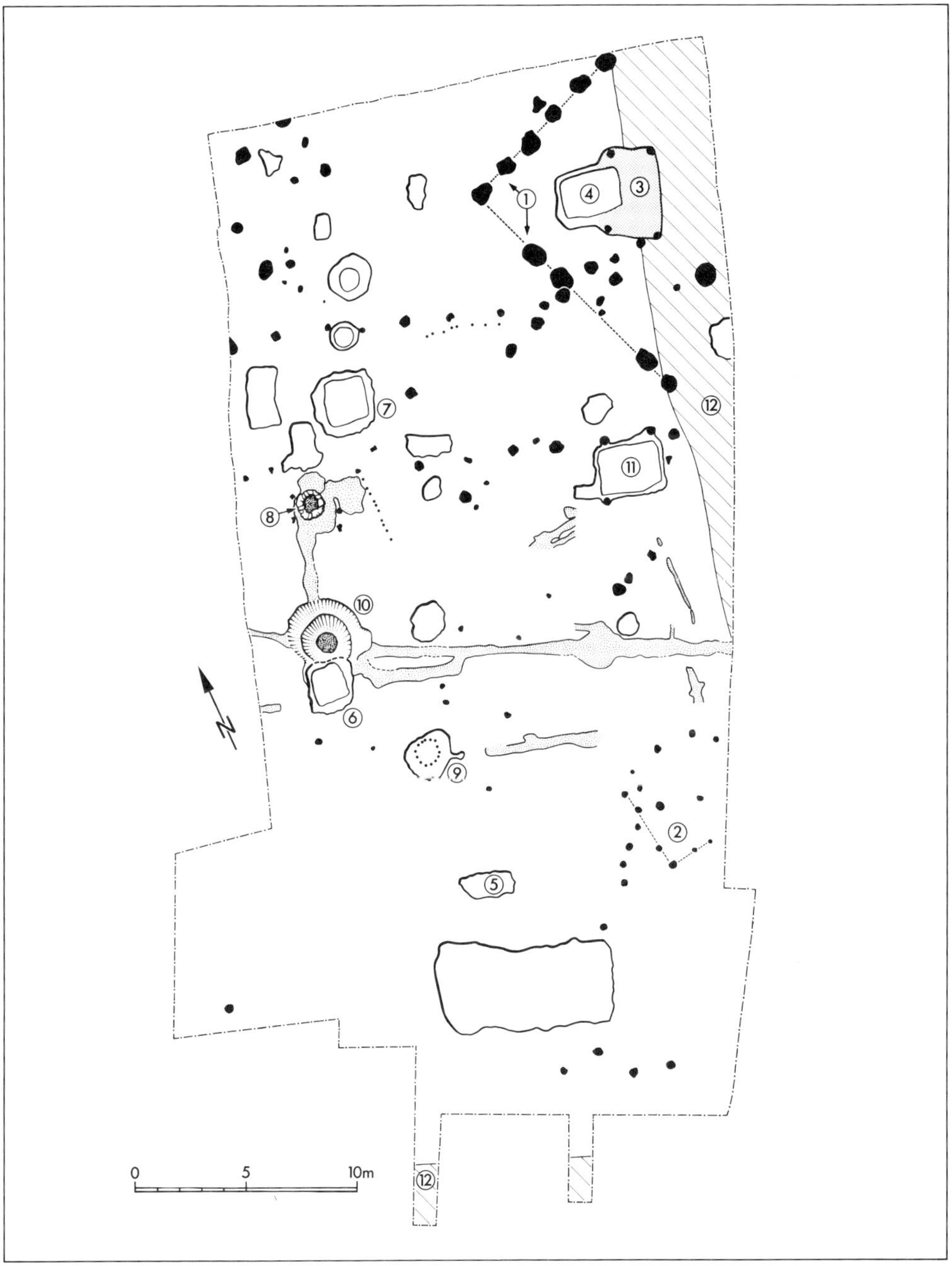

Abb. 207 Rottweil. Königshof. Gesamtplan 1989

lungsabfolge ist bereits im 8. Jahrhundert ein Schwerpunkt zu erkennen. In der Folgezeit nimmt offenbar die Bedeutung zu, wie in der urkundlichen Nennung des Platzes als königlicher Hof und Mittelpunkt von Königsgut deutlich wird. Archäologisch läßt sich an anderen Stellen die Errichtung repräsentativer Steinbauten nachweisen. Ab dem 11. Jahrhundert ist denn eine Ausweitung der Besiedlung und möglicherweise auch die Umwallung des Geländes erfolgt. Zu dieser Ausbauperiode, die bis in das 13. Jahrhundert hinein anhält, gehören auch die Befunde der Grabung 1989. Allerdings wird angesichts der Nähe beider Grabungsareale die Bedeutung der von Klappauf herausgestellten Frühphase doch etwas relativiert, die unter Umständen nur einen kleinen Bereich erfaßt hatte, wie sich jetzt zeigte.

Vielleicht eine größere Feuersbrunst deutet die Verfüllung mehrerer Gruben mit Brandschutt an. Sie muß sich, soweit dies eine erste Durchsicht der Funde erlaubt, wohl im 12. Jahrhundert ereignet haben. Jedoch läßt die Keramik dieser Periode bislang keine genauere Untergliederung zu, so daß es sich durchaus auch um mehrere, kurz aufeinander folgende Brände gehandelt haben kann.

Ebenso läßt sich vor einer eingehenderen Behandlung der Keramik der Zeitraum der Siedlungsaufgabe nicht weiter präzisieren. Seit dem 13. Jahrhundert verliert der Königshof zunehmend an Bedeutung gegenüber der aufstrebenden Reichsstadt Rottweil neckarabwärts. Ein starkes Nachlassen der Siedlungstätigkeit hier und eine ebensolche Zunahme dort findet seinen Niederschlag sowohl in den Boden- als auch in den Schriftzeugnissen. Eine völlige Unterbrechung der Hausbebauung findet allerdings nicht statt. So fällt in nachmittelalterliche Zeit etwa die Wegbefestigung, die am östlichen und wahrscheinlich auch am südlichen Rand der Grabungsfläche verlief (12).

Abb. 208 Rottweil. Königshof. Vorratsgrube

Hier handelte es sich möglicherweise um sehr frühe Vorläufer des heutigen Königshofweges und der Vogtstraße. *Christian Gildhoff*

Literaturhinweis:
L. Klappauf, Rottweil. Untersuchungen zur Frühgeschichte der Stadt aufgrund der Ausgrabungen 1975 bis 1979 im Bereich des ehemaligen »Königshofes«, 1–3. Phil.Diss (Freiburg 1980) – ders., Zu den Ergebnissen der Grabungen 1975–1979 im Gebiet des ehemaligen Königshofes von Rottweil am Neckar, Arch. Korrbl. 12, 1980, 399 ff – Deutsche Königspfalzen 3. Veröff. Max-Planck-Inst. Gesch. 11/3, 1979, 211 ff. – F. Quarthal (Hrsg.), Zwischen Schwarzwald und Schwäbischer Alb. Das Land am oberen Neckar, 1984.

Archäologische Ausgrabungen im Stadtgebiet von Villingen, Stadt Villingen-Schwenningen, Schwarzwald-Baar-Kreis

Mehrere Baumaßnahmen im Stadtgebiet Villingens waren Anlaß für archäologische Sondierungen, die in 2 Bereichen, auf dem Münsterplatz und dem Areal des geplanten Rietzentrums, aufgrund der Befundsituation großflächige Ausgrabungen notwendig machten.

Münsterplatz. Der Münsterplatz in Villingen war in der mittelalterlichen Stadt eine der wenigen Freiflächen. Folgt man den bisherigen Untersuchungen zur Stadtentwicklung Villingens, so war das Areal von annähernd 5000 m^2 schon im »Gründungsschema des 12. Jahrhunderts« von der Bebauung ausgenommen und als Standort für das Münster vorgesehen. Die Neuanlage des Platzes, verbunden mit umfangreichen Kanalisationsarbeiten, drohte die archäologische Substanz in großem Umfang zu zerstören. Lediglich im Bereich südlich des Münsterchores konnten noch nahezu ungestörte Schichten angetroffen werden, deren Untersuchung die Struktur des Platzes klären helfen sollte.

Von einer homogenen Planierschicht überdeckt, haben sich nur wenige mittelalterliche Befunde erhalten. Bemerkenswert ist vor allem die Ausbruchgrube einer ca. 1 m breiten Mauer, deren Flucht auf eine Länge von 27 m gesichert werden konnte. Die nur flach fundamentierte Mauer verlief im Abstand von 11 m parallel zur heutigen Südfassade des Münsters und bog im stumpfen Winkel zum Münsterchor, nach Nordosten, ab. Dieser Befund schließt an die Beobachtungen bei der Ausgrabung des Villinger Münsters an: Unter dem heutigen Bau wurde eine mehrphasige Vorbebauung festgestellt, Bau I war eine ca. 33,5 m lange und 14 m breite Saalkirche mit einer gestelzten runden Apsis und 2 Nebenapsiden im Osten. Im Abstand von 5 m wurde östlich des Chores eine zu dieser Bauphase gehörige in Nord-Süd-Richtung verlaufende Mauer freigelegt, die in unserer Mauer eine Fortsetzung findet. Die Datierung von Bau I in das frühe 12. Jahrhundert gibt zugleich einen Datierungshinweis für die als Kirchhofmauer zu deutende Baustruktur.

An die Ecke dieser Mauer schloß sich in Ost-West-Richtung eine Reihe von Pfosten mit einem Durchmesser von ca. 10 cm an, die auf einer Strecke von 12 m auf einer Flucht lagen. Die Pfosten weisen zueinander einen Abstand von ungefähr 30 cm auf, sie sind als der Rest eines Staketenzaunes zu deuten, der nördlich von einer stark komprimierten, verschmutzten Lehmschicht begleitet wird. Dieser 40 cm breite Streifen scheint den Verlauf eines ehemaligen Weges anzugeben, der aufgrund der wenigen Keramikfunde ins 13. Jahrhundert zu datieren ist.

Obwohl die angetroffenen Befunde wegen des geringen Fundanfalls kaum präzise zu datieren sind, machen sie doch deutlich, daß der Villinger Münsterplatz im Verlauf des 12. und 13. Jahrhunderts parzelliert war. Die Frage, wann er seinen Platzcharakter erhielt, ist in erster Linie durch Bauuntersuchungen der angrenzenden Gebäude zu beantworten, offensichtlich erfolgte diese Umstrukturierung im 13./14. Jahrhundert, als neben dem Bau des gotischen Münsters um 1300 auch öffentliche Bauten wie das Alte Rathaus (erbaut 1293–1306) hier erstellt wurden.

Rietzentrum. Von Februar bis Mitte Mai 1989 mußten an der Rietstraße 27–31, bedingt durch den Bau eines Hotels, des sog. Rietzentrums, ca. 600 m^2 im Rahmen einer Notbergung archäologisch untersucht werden. Die Gesamtfläche sollte zweigeschossig unterkellert werden. Die Baumaßnahme ermöglichte zum erstenmal eine großflächige Ausgrabung an der ehemaligen Marktstraße Villingens, die zwar unter einem starken Zeitdruck stand, aber dennoch bemerkenswerte Ergebnisse erbrachte.

Während die Fläche des Grundstückes Rietgasse 31 weitgehend gestört war, im Haus befand sich ein ehemaliger Luftschutzraum und das Hofareal war durch Bodeneingriffe einer früheren Autowerkstatt stark in Mitleidenschaft gezogen worden, haben sich auf dem Rest der Fläche nahezu ungestörte Schichten erhalten. Die Störung des westlichen Bereiches ist um so schmerzlicher, da sich hier der Pfleghof des Klosters St. Katharinental zu Dießenhofen, am 17. Oktober 1314 erstmals urkundlich erwähnt, befand. Zur Baugeschichte dieses imposanten Gebäudes mit einer Breite von 17,4 m konnte leider nichts beigetragen werden, im Innern fanden sich lediglich 2 Latrinengruben einer Vorbebauung, die durch das ausschließliche Vorkommen von Keramik der älteren Albware ins 12. Jahrhundert zu datieren sind.

Weit komplexer waren die Beobachtungen auf den Grundstücken 27 und 29, die ursprünglich eine Parzelle bildeten. Als Kern des Areals wurde der rückwärtige Bereich eines Gebäudes erfaßt, das straßenseitig von der bestehenden Bebauung überlagert war. Das giebelständige Haus war 6 m breit und besaß ein nur leicht in den anstehenden Kies eingetieftes 0,9 m breites Fundament aus Kalksteinen. In der Südostecke lag, ungewöhnlich für Villingen, ein 0,5 m eingetiefter Kellerraum von 2,5 m Breite. In der Südwestecke befand sich eine Herdstelle. Dieser Bereich des Hauses muß Küchen- und Vorratstrakt gewesen sein. Im Hofbereich waren 7 kreisrunde Latrinengruben mit Faschinenaussteifung angelegt, die

Abb. 209 Villingen-Schwenningen. Rietzentrum. Westwand der Latrine des Gasthauses »zue der Moerin« mit Baufugen zwischen Gebäude, Unterfangung und Latrine

einander ablösten, sie datieren vom Übergang des 12. zum 13. bis ins 14. Jahrhundert. Aus derselben Zeit stammen 2 nahezu quadratische Grubenhäuser mit einer Seitenlänge von 2,5 m; in einem Fall haben sich 4 Pfosten an den Ecken erhalten.

Im 14. Jahrhundert wurde an die Südostecke des Hauses eine gemauerte Latrine angebaut, ihre lichten Maße waren $5{,}0 \times 2{,}3$ m, sie war 1,5 m tief. Vor Baubeginn wurde die Südostecke des Hauses unterfangen und anschließend die rechteckige Latrine aus großformatigen Sandsteinen erbaut (Abb. 209). Die 17 m^3 Latrinenfüllung waren in Schichten zu trennen und lieferten ein umfangreiches Material. Sie enthielt neben Keramik, darunter zahlreiche vollständig erhaltene Töpfe und Grapen, auch viele Gläser, Schaffhauser Becher, Krautstrünke und Flaschen, und weitere Kleinfunde. Nach erster Durchsicht wird der Komplex ins 14. bis 16. Jahrhundert datiert. Eine genauere Datierung ist nach der dendrochronologischen Untersuchung der Hölzer aus der Latrinenfüllung möglich.

Diese Latrine erscheint wegen ihrer Größe und des Fundspektrums für einen normalen Haushalt ungewöhnlich, man wird daher nicht fehlen, sie dem Gasthaus »zue der Moerin« zuzuschreiben, das am 23. Oktober 1526 erstmals an diesem Platz urkundlich erwähnt ist. Gregorius Pictorius beschreibt im Jahre 1560 erneut die Lage dieses Gasthauses in seinem Badenfahrtbüchlein. *Bertram Jenisch*

Literaturhinweise

T. Keilhack, Das Münster Unseren Lieben Frau zu Villingen. Jahresheft des Geschichts- und Heimatvereins Villingen 5, 1980, 24 ff. – G. Pictorius, Badenfahrtbüchlein (1560), Nachdruck Freiburg, 1980 – H.-J. Wollasch, Inventar über die Bestände des Stadtarchivs Villingen, 1970/71.

Archäologische Untersuchungen in der Altstadt von Freiburg i. Br.

Die 1988 begonnene Ausgrabung im Bereich Gauchstraße/Unterlinden, 8 Parzellen umfassend, wurde im ersten Abschnitt planmäßig abgeschlossen. Dabei konnte auch der Straßenbereich der Gauchstraße einbezogen werden. Die Untersuchungen im Eckgrundstück Gauchstraße/Rotteckring, die zunächst weitere 4 Parzellen betreffen, sind noch nicht beendet und müssen 1990 fortgesetzt werden. Beide Grundstücke werden nach den Kriegszerstörungen jetzt erstmals wieder überbaut und dabei mit einer mehrgeschossigen Tiefgarage unterkellert. Die Grabungen und die Auswertungsarbeiten sind auch 1989 mit einer Arbeitsbeschaffungsmaßnahme des Arbeitsamts Freiburg gefördert worden.

Vielfältige archäologische Befunde erlauben es, die Geschichte dieses Stadtquartiers vom Zweiten Weltkrieg bis zurück ins hohe Mittelalter zu erschließen. Die notwendige Auswertung der Keramikfunde, der paläobotanischen Reste und der schriftlichen Quellen hat bereits begonnen. Im folgenden sollen nur einige Überlegungen zu hochmittelalterlichen Siedlungs- und Baustrukturen vorgestellt werden, die aufgrund der Auswertung der Stratigraphie, der Baubefunde und einer ersten Durchsicht der Keramik erarbeitet sind. Sie beziehen sich auf das große Gelände zwischen Gauchstraße und Unterlinden.

Älter als alle Bauten auf den ergrabenen Grundstücken war die Anlage der Gauchstraße selbst. Sie verlief seit dem 12. Jahrhundert in den bis 1945 existierenden Baulinien; erst beim Wiederaufbau erhielt sie ihre heutige Breite. Der erste Straßenbelag aus sehr fest gestampftem Kies wurde auf eine planierte Lehmschicht aufgebracht und liegt 1,50 m unter dem heutigen Niveau. Die »vorstädtische« Geländeoberfläche, ein sehr feuchter Auelehm, war vor dem Bau der Straße großflächig bis auf den in geringer Tiefe anstehenden Kies abgetragen worden.

Das älteste Gebäude im Norden der Gauchstraße rechnete bereits mit einer Erhöhung des Straßenniveaus um ca. 1,20 m. Dabei war etwa um 1200 lockerer, partiell mit reichlich Abfall vermengter Kies aufgeschüttet worden; das Straßenpflaster lag wohl etwa in Höhe der heutigen Straße und war wie alle spät- und nachmittelalterlichen Pflasterungen nicht mehr erhalten. Auch das »Bächle« in der Gauchstraße ist erst mit der Rinne des 19. Jahrhunderts faßbar geworden. Die Parzellenstruktur zeigt, daß das angrenzende Gebiet nicht mehr in der Frühzeit der Stadtwerdung Freiburgs bebaut wurde. Das erste Haus stand unmittelbar an der Straße, auf einer dreiseitig ummauerten, schmalen Parzelle von 6,75 m Breite und insgesamt 22 m Länge. Das Grundstück reicht genau bis zur Mitte zwischen Gauchstraße und Unterlinden.

Diese Grundstücksstruktur steht in deutlichem Gegensatz zu den älteren Freiburger Häusern vor allem im Bereich Salzstraße/Oberlinden, die abgerückt von der Straße in einem hofartigen Gelände standen. Erst seit dem 13. Jahrhundert wurde diese lockere Bauweise an der Straßenseite »städtisch« verdichtet – eine Entwicklung, die auch für die älteren Städte Basel, Zürich und Konstanz charakteristisch ist. Die Bebauung des Gauchstraßengebiets setzt demgegenüber eine kleinräumige Parzellierung und den Wechsel hin zu straßenseitigen Häusern voraus. Straßenbau und Parzellenvermessung, also öffentliche Infrastruktur- und Ordnungsmaßnahmen, gingen hier der Bebauung voraus. Die Straße hat mehrere Generationen lang durch ein nur teilweise bebautes Stadtviertel geführt: Erst um 1400 waren die Häuserreihen geschlossen.

Die zweite Baumaßnahme auf dem ergrabenen Gelände war die Ummauerung des 4 Parzellen umfassenden Eckgrundstücks Merianstraße/Unterlinden (Haus »zum Hasengarten«). Der Verlauf der Hofmauer zeigt deutlich die schmalen Parzellen, die hier für ein großes, erst nachmittelalterlich kleinteilig bebautes Hofgelände zusammengefaßt wurden. Das Haus »zum Hasengarten« selbst lag außerhalb der Baugrube, dieser Bereich ist bereits in den fünfziger Jahren vollständig neu bebaut worden.

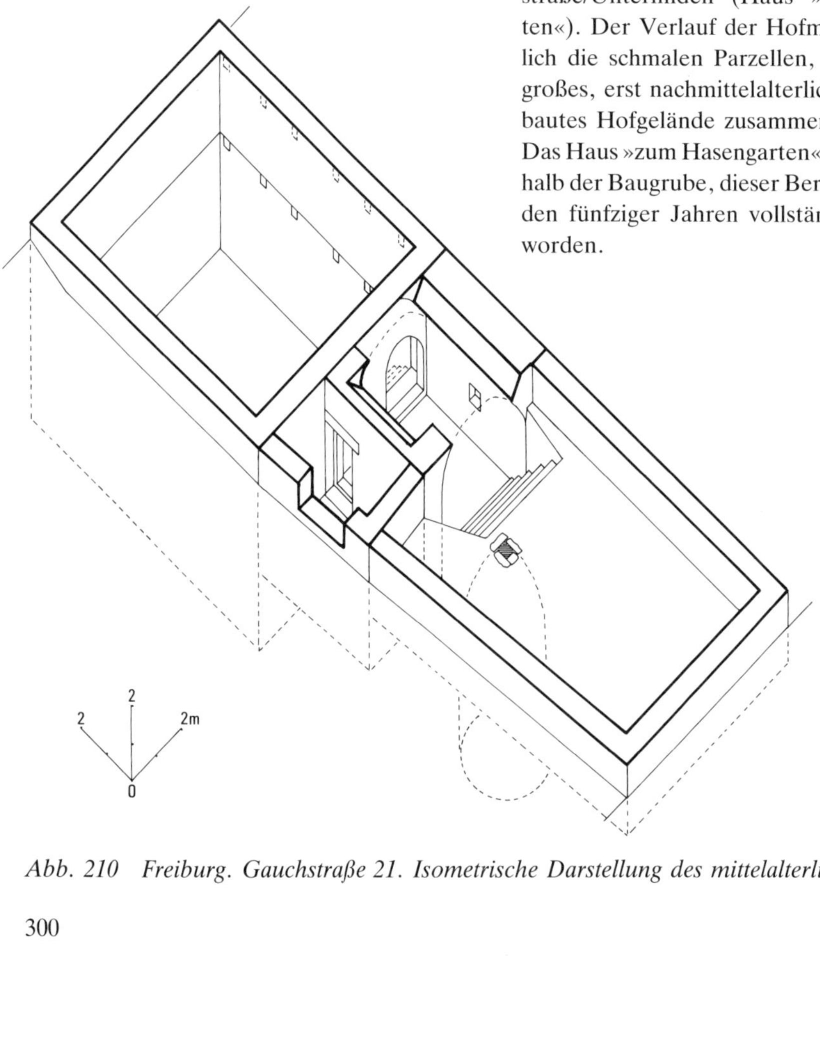

Abb. 210 Freiburg. Gauchstraße 21. Isometrische Darstellung des mittelalterlichen Hauses

Die anderen 3 Grundstücke an der Gauchstraße sind erst allmählich im 13. Jahrhundert bebaut worden. Wegen der Neubauten des 19. Jahrhunderts waren hier nur die Hofplanierungen und Latrinen erhalten. Zumindest ein Haus war auffallenderweise nicht unterkellert. Schon im späten 15. Jahrhundert sind die Häuser an der Gauchstraße abgebrochen und bis ins 19. Jahrhundert nicht wiederaufgebaut worden. Hier wird archäologisch erstmals ein spätmittelalterlicher »Wüstungsprozeß« innerhalb der Stadt greifbar, der bislang nur in Schriftquellen überliefert war. Auf dem Grundstück Gauchstraße 21 konnte deshalb der Kellerbereich eines hochmittelalterlichen Hauses (Abb. 210) ohne jüngere Umbauten untersucht werden. Seine Baugestalt ist bemerkenswert und für Freiburg charakteristisch. Zum ersten Zustand gehort der straßenseitige, 7,30 × 6,75 m große zweigeschossige, balkengedeckte Keller der Zeit um 1200. Er muß vom Erdgeschoß aus zugänglich gewesen sein. Eine rundbogige Tür, deren Schwelle 1,10 m unter dem oberen und 1,25 m über dem unteren Kellerboden lag, führte in einen 3,25 × 3,50 m großen, offenen Vorkeller, aus dem eine steinerne Treppe in ganzer Breite auf das 2,40 m höhere Hofniveau führte. Der Vorkeller lag unter einem wohl hölzernen Anbau, der schon bald von einem massiven Baukörper mit Quaderfassade ersetzt wurde. Der Vorkeller wurde dabei mit einem Tonnengewölbe überspannt, das sich in ganzer Breite der Treppe öffnete. Der Anlaß für eine so aufwendige Bauform ist noch unklar und muß wohl in der (repräsentativen?) Funktion eines der oberen Geschosse gesucht werden. Bei einem dritten Umbau ist in den verbliebenen Zwickel ein Treppenabgang zum Vorkeller eingefügt worden. Erst damals hat der Hof wohl einen eigenen Ausgang zum Nachbargrundstück erhalten.

In Freiburg ist dieser dreiteilige Haustyp mit doppelgeschossigem Tiefkeller im Vorderhaus, einem oft tonnengewölbten Vorkeller im Anbau und einem schmalen Treppenhaus im 13. Jahrhundert in vielen Variationen nachzuweisen. Er ist planeinheitlich gebaut oder (wie hier) durch Umbauten entstanden. Im kommenden Jahr muß die Grabung im Anschlußbereich des Gauchstraßen-Quartiers an Stadtmauer und Predigertor fortgesetzt werden.

Seit Beginn der Grabung an der Gauchstraße 1988 wurden die Untersuchungen auch durch eine systematische und intensive Erforschung der geborgenen Keramik begleitet. Zusammen mit der Keramik aus 3 weiteren Grabungen und einer Anzahl kleinerer Sondagen im Stadtgebiet Freiburgs dient das Fundmaterial als Basis für eine längst überfällige Aufarbeitung und Datierung der mittelalterlichen und frühneuzeitlichen Geschirrkeramik am südlichen Oberrhein. Eine parallel zur Ausgrabung stattfindende Keramikuntersuchung liefert für eine später folgende Gesamtauswertung der Freiburger Stadtgrabungen bereits frühzeitig eine weitere Diskussions- und Datierungsgrundlage.

Das sich bisher abzeichnende Formen- und Warenspektrum der Freiburger hochmittelalterlichen Keramik deutet auf engen Kontakt zu Basel hin, setzt sich hingegen in wesentlichen Punkten zur Straßburger Keramik ab. Festzustellen ist das bereits seit L. Berger (Ausgrabungen am Petersberg in Basel, 1963) bekannte Festhalten an tradierten Formen, allerdings werden diese älteren Formen stets von neu hinzutretenden ergänzt und bilden ab dem 13. Jahrhundert bereits eine beträchtliche Formenvarianz. Bemalte Ware, für Straßburg typisch und auch in Basel bekannt, fehlt in Freiburg bislang gänzlich. Hingegen scheint sich sehr frühzeitig der Geschmack der Keramikverbraucher hin zu glasierter Ware gewandt zu haben. Grautonige, hart gebrannte Ware mit grüner Bleiglasur findet sich schon in Zusam-

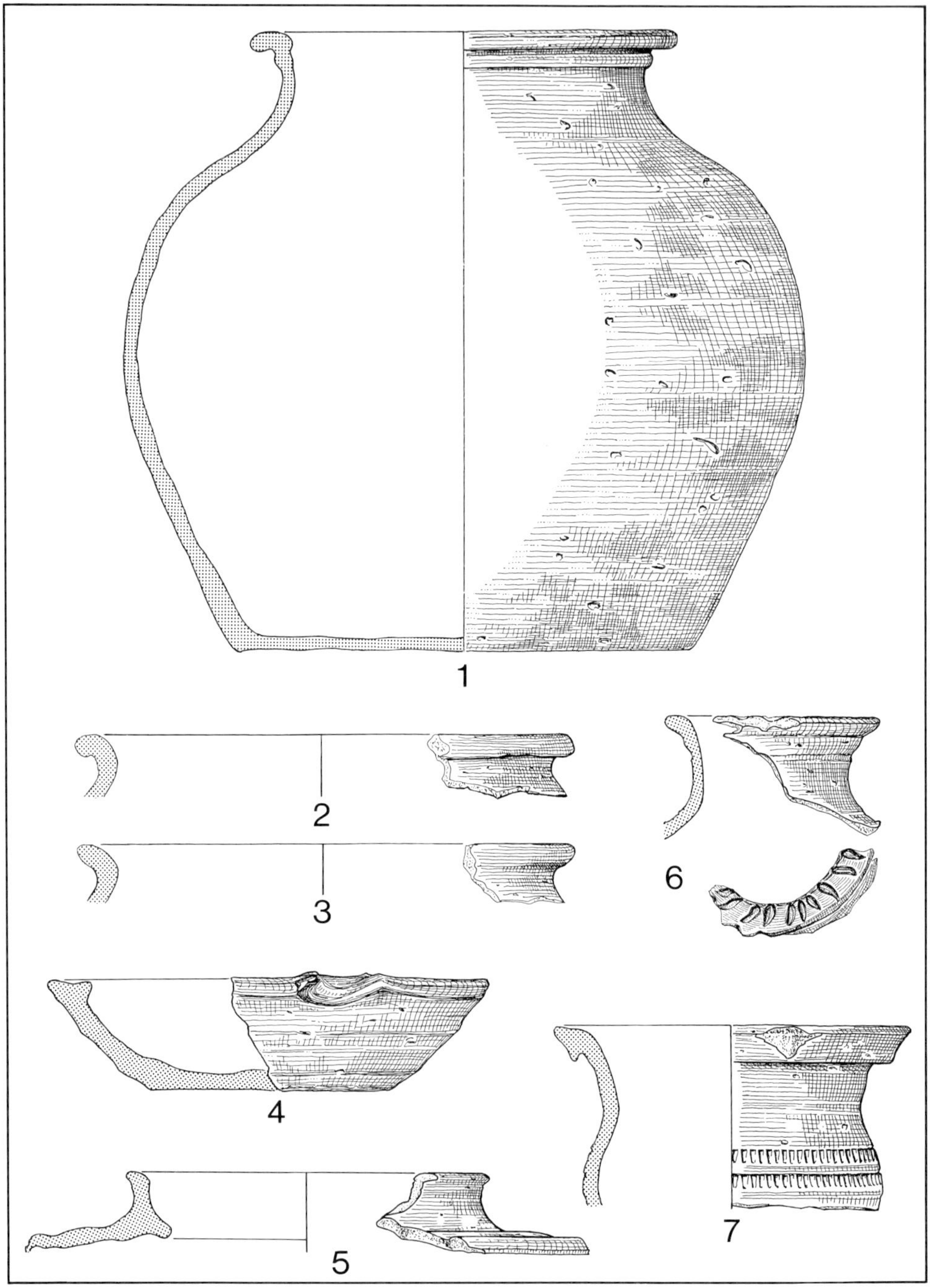
1
2
3
4
5
6
7

Abb. 211 Freiburg. Gauchstraße. Keramik des 12.–14. Jahrhunderts. 1–3 Funde aus der ältesten Kulturschicht, 4–7 Funde aus den Aufschüttungen der ersten Bauzeit und aus dem Abbruchschutt des Hauses Gauchstraße 21. Maßstab 1:2

menhang mit den älteren Baubefunden. Rottonige, nur innen glasierte Ware ergänzt sie und löst sie später vollständig ab. Das auch bei der glasierten Ware auffallende Festhalten an überkommenen Formen läßt gegenwärtig noch keine abschließenden Aussagen über den Zeitpunkt der Glasureinführung bei der Geschirrkeramik in Freiburg zu. Allerdings kann bereits jetzt als gesichert gelten, daß die Glasur ihren festen Platz im Repertoire der Freiburger Keramik noch vor 1284 hatte, jenem Jahr, für das die Annalen des Colmarer Dominikanerklosters den Tod eines Töpfers verzeichnen, der Glasuren herstellen konnte.

Matthias Untermann, Stephan Kaltwasser

Literaturhinweise

M. Untermann, Arch. Ausgr. Bad.-Württ. 1988, 296 ff. –, L. Schmidt, Denkmalpfl. in Baden-Württemberg 14, 1985, 112 ff.

Stadtarchäologie in Konstanz

Das Jahr 1989 war gekennzeichnet von Grabungen, die im Zuge der durch die Städtebauförderung unterstützten Stadterneuerung notwendig wurden (Abb. 212). An erster Stelle zu nennen sind die Straßengrabungen im Bereich der Brotlaube und Marktstätte, die im Fruhjahr 1989 einsetzten und bis 1991 andauern werden. Veranlaßt wurden diese durch die notwendige Neuverlegung bzw. Sanierung der Kanalisation.

Anstoß und Auslöser für diese langfristigen Grabungen in Brotlaube und Marktstätte waren die von B. Becker, Hohenheim, 1989 erarbeiteten dendrochronologischen Untersuchungsergebnisse der Hölzer, die im Zuge der bereits 1987/88 durchgeführten Straßengrabungen in der Salmannsweilergasse, Hohenhausgasse und Zollernstraße geborgen worden waren.

Noch im ersten Vorbericht über diese Grabung 1987 war davon ausgegangen worden, daß es sich bei den damals als »Caissons« angesprochenen, durch die schmalen Kanaltrassen nur ausschnitthaft erfaßten Holzbefunden um Hilfskonstruktionen für die Auffüllungsmaßnahmen des 13. Jahrhunderts an der Ostseite der Stadt handeln würde. Inzwischen ist zweifelsfrei gesichert, daß dort – abgedeckt und verfüllt mit Planiergut des 13. Jahrhunderts – wesentlich ältere Befunde erfaßt worden waren. Eine neuerliche Durchsicht und vor allem die dendrochronologische Datierung der Baubefunde läßt erkennen, daß damals keineswegs »Auffüllcaissons« ergraben wurden, sondern hölzerne Hafenstege des ausgehenden 9. und 10. Jahrhunderts, die in Ausschnitten in den Kanaltrassen erfaßt worden sind.

Angesichts des Kenntnisstandes um die Stadtentwicklung von Konstanz waren derartige Befunde seinerzeit nicht erwartet worden; der erwarteten Befundqualität angepaßt war in der Grabungsvereinbarung mit der Stadt zugestanden worden, daß die Profilaufnahmen und punktuellen vertiefenden Untersuchungen von D. Berti und Th. Kohler, Zürich, baubegleitend durchgeführt würden. Der so entstan-

KONSTANZ
LINKSRHEINISCHE ALTSTADT
RHEIN
Pulverturm
Rheintorturm
Untere Laube
auf der Insel
Münster
Stadtgarten
Stephansplatz
Lutherkirche
Fischmarkt
Kaiserbrunnen
Obere Laube
Hafenturm
Hafen
Neugasse
Dreifaltigkeitskirche
Bahnhofstr
Bahnhof
Schnetztor
Bodanplatz
Schiffswerft
SCHWEIZ
0m 50 100 200 300 400 500m
1
2
3

dene enorme Zeitdruck machte – retrospektiv angesichts der Befundqualität unabdingbar notwendige – gezielte und längerfristige Grabungen unmöglich. Zugleich ist diese Tatsache jedoch ein exzellentes Beispiel dafür, welcher Gefährdung gerade die früh- und hochmittelalterlichen Befunde von vor dem 13. Jahrhundert in unseren Städten ausgesetzt sind. Die Konstanzer Stadttopographie der Zeit vor dem 13. Jahrhundert ist durch den Stadtumbau dieser Zeit so vollständig verändert und überlagert, daß, abgesehen von den früh- und hochmittelalterlichen Kirchenbauten nichts an die frühstädtische Topographie erinnert, geschweige denn, daß schriftliche Nachrichten in archäologische Zielsetzungen und Fragestellungen umzusetzen wären. »Klassische« archäologische Prospektionsmethoden wie kontinuierliche Begehungen sind in den versiegelten Städten nicht durchzuführen; die naturwissenschaftlichen Prospektionsmethoden sind den innerstädtischen Bedingungen noch nicht ausreichend angepaßt, so daß nur der Zufall auf die Spur derartig wichtiger vor- und frühstädtischer Befunde führt. Sie sind damit in ihrem Erhalt hochgradig gefährdet.

Eine vollständige Vorlage der Grabungsprofile aus Salmannsweiler-, Hohenhausgasse und Zollernstraße, die über Strecken bis zu 200 m aufgenommen wurden, ist angesichts der Planlängen nicht möglich. Repräsentativ sei daher die Profilteilstrecke entlang der Oberen Salmannsweilergasse (zwischen Haus Nr. 22 und 30) angesprochen, in der zugleich die ottonischen Holzbefunde am besten erhalten sind.

In regelmäßigen Abständen von 1,0–1,5 m fanden sich dort z. T. behauene Eichenpfosten, die durchweg seitlich eingetiefte Vertikalnuten aufwiesen. Die Zwischenräume waren mit darin eingeschobenen Horizontaldielen geschlossen. Diese Konstruktionen müssen zumindest teilweise freigestanden haben, da sich gelegentlich schräg über die Dielen aufgelegte und eingeblattete Querstreben nachweisen ließen (Abb. 213). Diese »wandartig« ausgebildete, gassenparallel verlaufende Konstruktion hatte sich in der oberen Salmannsweilergasse auf einer Länge von fast 20 m erhalten. Da einzelne der Pfosten jedoch zusätzlich rechtwinklig zur erhaltenen Verbretterung eingebrachte Vertikalnuten aufwiesen, ist davon auszugehen, daß darin ebenfalls ehedem rechtwinklig zum Gassenverlauf führende Dielen eingelassen waren. Möglicherweise waren diese bereits 1927 bei der Erstverlegung der Kanaltrasse beseitigt worden – zumindest berichtet die Konstanzer Zeitung für dieses Jahr vom Fund von Hölzern in der unteren Salmannsweilergasse.

Offenkundig sind hier durch die Sumpf- bzw. Flachwasserzone des Bodensees in größere, mit Schiffen befahrbare Tiefen hinausführende Holzstege angeschnitten worden. In der oberen Salmannsweilergasse wurde in der

Abb. 213 Konstanz. Salmannsweilergasse. Detail der Holzkonstruktion

Abb. 212 Konstanz. Übersicht über die Grabungen 1989. 1 Brotlaube, Marktstätte, 2 Pfalzgarten, 3 Wessenbergstraße-Katzgasse

Abb. 214 Konstanz. Brotlaube. Blick auf das Westprofil

schmalen Kanaltrasse nur eine Außenseite erfaßt. Bereits 1985 weiter östlich vor dem Haus Salmannsweilergasse 12 angetroffene, analoge Konstruktionen könnten möglicherweise die gegenüberliegende Seite markieren.

Die Datierung der Teilstrecke in der Salmannsweilergasse weist nach den vorliegenden Daten in das letzte Drittel des 10. Jahrhunderts und fügt sich damit gut zu einer auf dem Hintergrund der archäologischen Nachrichten jetzt deutbaren Nachricht einer »Brücke« in der Vita des hl. Konrad von Konstanz. In der weiter landeinwärts, unmittelbar an der Grenze zum Altsiedelland liegenden Hohenhausgasse konnte allerdings in Resten eine offenkundig noch ältere Bauphase erfaßt werden. Die bislang ermittelten Daten der 4 ältesten Hölzer liegen zwischen 877 und 890 (ohne Waldkante)!

Auf diesem Hintergrund konnte im Rahmen einer Grabungsvereinbarung mit der hälftig die Grabung finanzierenden Stadt Konstanz für die Brotlaube und die Marktstätte ein längerfristiger archäologischer Vorlauf ausgehandelt werden. Allerdings wird bereits jetzt deutlich, daß in der Brotlaube keine ottonischen Befunde angetroffen werden konnten. Dort handelt es sich um Auffüllungen des beginnenden Spätmittelalters (Abb. 214). Die zur Stabilisierung des Auffüllgutes errichteten Holzzäune bzw. deren Bohlenverstärkungen werden künftig präzisere dendrochronologische Datierungen liefern.

Der Platz der östlichen Marktstätte, auf dem 2 Schnitte im Herbst 1989 angelegt wurden, wurde nach den ersten Erkenntnissen erst in der ersten Hälfte des 14. Jahrhunderts vollständig aufgefüllt. Inzwischen lassen sich auch im Vergleich der verschiedenen Grabungen im Auffülland des 13. und 14. Jahrhunderts verschiedene »Auffüllstrategien« erkennen. Der Fischmarkt und sein Umfeld erbrachten Sand- und Müllplanierungen, die Marktstätte scheint großflächig mit Bauschutt aufgefüllt worden zu sein, vor allem mit Brandschutt ganzer Häuser, da sich große Teile von Kachelofenwandungen mit in situ befindlichen Becherkacheln, zahllose Hohlziegel mit deutlichen Brandspuren, ja sogar Teile des verbrannten Hausrates wie völlig zerschmolzene Nuppenbecher und sekundär gebrannte Keramik nachweisen ließen.

In die Frühzeit von Konstanz führten hingegen die Grabungen im sog. Pfalzgarten auf dem Münsterhügel (Abb. 212). Die bestehenden Kanaltrassen bedurften einer Erneuerung, zugleich sollte der Grasbewuchs durch eine Pflasterung ersetzt werden. War ursprünglich geplant, nur die Profile der Kanaltrassen zu dokumentieren, so erwies es sich angesichts der bis knapp unter die Oberfläche reichenden Befunde als notwendig, in einem Teilbereich eine flächige Untersuchung durchzuführen (Abb. 215). Zugleich bot diese systematische Grabung die Möglichkeit, die in den Profilen angetroffenen Aufschlüsse chronologisch zu »verankern«.

Wie zu erwarten, schnitt das in Nord-Süd-Richtung den Pfalzgarten kreuzende Hauptprofil den bereits 1879 (Hirsch), 1898 (Beyerle) und 1932 (Beck, Revellio) angeschnittenen Spitzgraben, dessen römische Zeitstellung

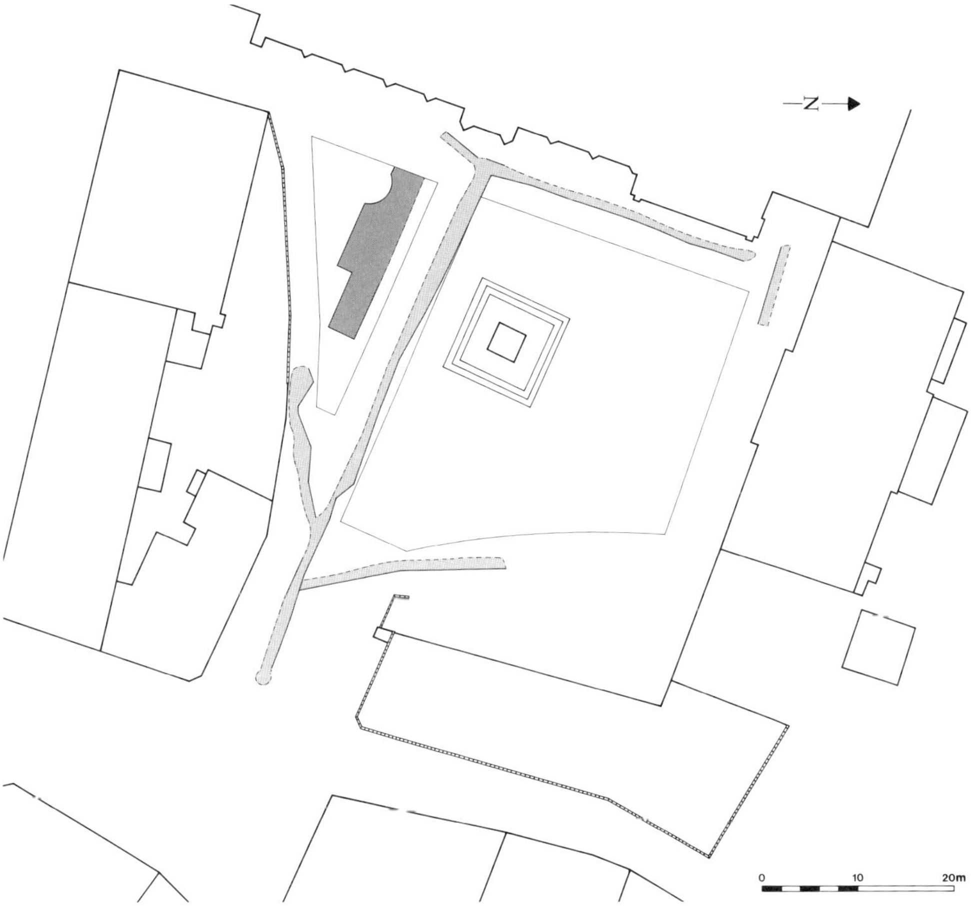

Abb. 215 Konstanz. Pfalzgarten. Gesamtplan der aufgenommenen Profilstrecken der Kanalgräben sowie der Grabungsfläche

zweifelsfrei feststeht und damit eine neue Bewertung der bislang in Zweifel gezogenen älteren Befunde erlaubt, deren Bearbeitung zur Zeit erfolgt. Nördlich des den Pfalzgarten in West-Ost-Richtung kreuzenden Spitzgrabens konnte direkt unter der heutigen Oberfläche (Abb. 216) ein dickes römisches Schichtenpaket vornehmlich des 2./3. Jahrhunderts mit zahlreichen Baubefunden angetroffen werden. Zwar ließen sich Hausbefunde nicht rekonstruieren, eine Holzbebauung ist jedoch durch zahlreiche übereinander bzw. parallelliegende Schwellgräbchen bzw. Pfostengrubenreihen belegt (Abb. 217). Diese Siedlungsbefunde überlagern eine mächtige Planierschicht, die aus umgesetztem Ton mit Einschlüssen von Hüttenlehm besteht. (Abb. 216). Es könnte sich hier um die Überreste eines verschliffenen Walles handeln.

Dieser älteste römische Befund deckt nochmals ältere Siedlungsbefunde ab, die sich über Keramik wie Münzen in die Spätlatènezeit datieren ließen. Nach den Bestimmungen von H. Brem und U. Klein handelt es sich dabei

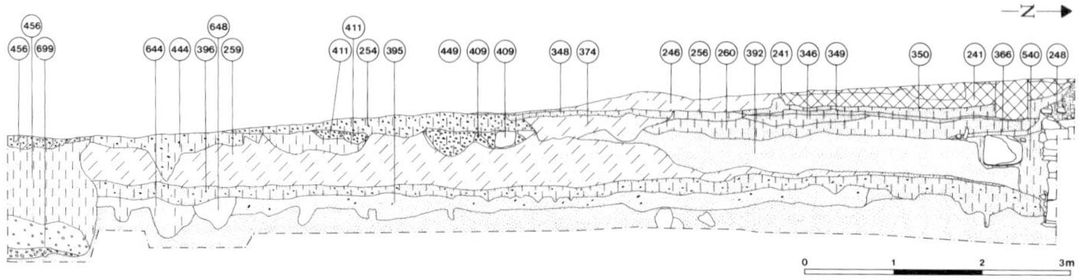

Abb. 216 Konstanz. Pfalzgarten. Ausschnitt des Westprofils des Grabungsschnitts

um eine Silberprägung vom Typ Schönaich sowie 3 Potinprägungen vom Typ Zürich, Alte Börse.

Die jüngsten spätlatènezeitlichen Befunde, gut konserviert unter den römischen Deckschichten, sind Nord-Süd und West-Ost streichende Hakenpflugspuren im hellen Münstersand. Sie waren in die stratigraphisch älteren, ins ausgehende 2. bzw. in die erste Hälfte 1. Jahrhunderts v. Chr. datierenden Siedlungsbefunde eingegraben. Aufgrund der kleinen Grabungsschnitte lassen sich jedoch die Pfostenbefunde dieses kleinen Siedlungsausschnitts nicht zu vollständigen Grundrissen ergänzen. Einzig ein Schwellbalkenbau konnte mit 2 Gebäudeecken sicher erfaßt werden (Abb. 218.1). Der feinsandige gewachsene Boden gab darüber hinaus interessante konstruktive Details preis. Die Schwellbalken waren nämlich nicht direkt in den Grund verlegt worden. Kleine vierkantig behauene Holzpflöcke unterfingen die Schwellen in regelmäßigen Abständen und hatten möglicherweise angesichts des nach Süden abschüssigen Geländes die Aufgabe, ein einigermaßen lotrechtes Verlegen der Schwellen zu ermöglichen.

Die angesichts der Nähe zu der Kathedralkirche mit Spannung erwarteten mittelalterlichen Befunde blieben aus. Einzig eine große, neuzeitliche Glockengußgrube hatte sich erhalten sowie eine Nord-Süd streichende Wackenmauer, von der nur die unterste, nicht gemörtelte Wackenlage bzw. die Ausbruchgrube überliefert war (Abb. 219). Mangels zugehöriger Bau- oder Nutzungsschichten ist eine gesicherte Datierung nicht möglich. Eine mittelalterliche Zeitstellung ist sehr wahrscheinlich; angesichts der verbauten, großen Wacken und

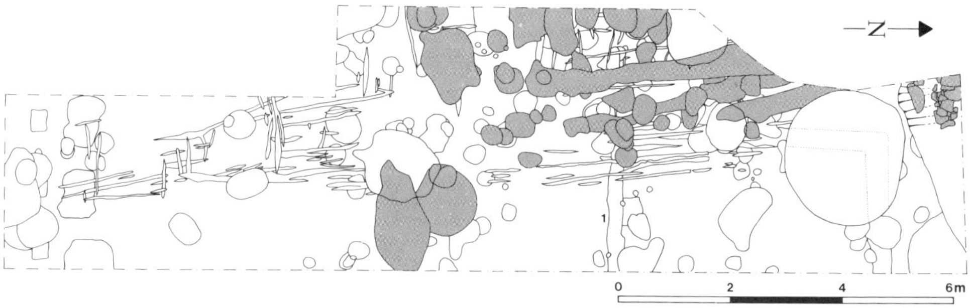

Abb. 217 Konstanz. Pfalzgarten. Gesamtplan der römischen Befunde innerhalb des Grabungsschnittes

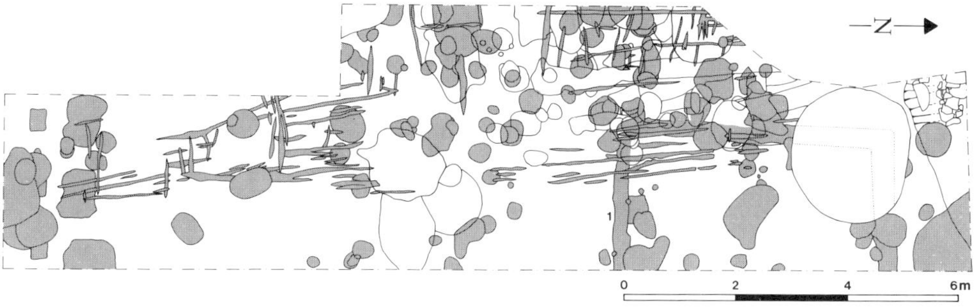

Abb. 218 Konstanz. Pfalzgarten. Gesamtplan der spätlatènezeitlichen Befunde innerhalb des Grabungsschnittes

des völligen Fehlens von Bruchsteinmaterial ist eine Datierung vor dem 13. Jahrhundert anzunehmen. Eine gesicherte Funktionsbestimmung ist daher noch nicht möglich; die Zuweisung zu einem hochmittelalterlichen profanen Steinbau ist angesichts der Mauerstärke auszuschließen. Es könnte sich um das Fundament der Ummauerung der Bischofsburg handeln. Dennoch ist das Fehlen spätantiker wie mittelalterlicher Schichten ein wichtiger Hinweis zur Rekonstruktion der Veränderungen des ursprünglichen Reliefs des Konstanzer Münsterhügels. Der Negativbefund belegt nämlich keineswegs eine Siedlungslücke, vielmehr dürfte es sich hier um das Ergebnis von Abplanierungen handeln, die vorgenommen wurden, um den ursprunglich auch nach Westen wesentlich steiler abfallenden Münsterhügel zu nivellieren. Bei den Grabungen im Bereich der nur wenig westlich anschließenden Liegenschaften Katzgasse 3–9 (Abb. 212) wurde nämlich beobachtet, daß der gewachsene Boden erheblich, d. h. bis über 4 m unter der heutigen Oberfläche liegt. Zugleich fand sich in den mittelalterlichen Auffüllschichten immer wieder römisches Fundmaterial. Immerhin denkbar ist, daß dieses »Altmaterial« im Zuge der Kappung des Münsterhügels an dessen alter, steil abfallender Westflanke an der heutigen Katzgasse anplaniert wurde.

Judith Oexle

Literaturhinweis

J. Oexle, Zur Siedlungsgeschichte des Konstanzer Stadthügels, Freiburger Diözesanarchiv 109, 1989, 7 ff.

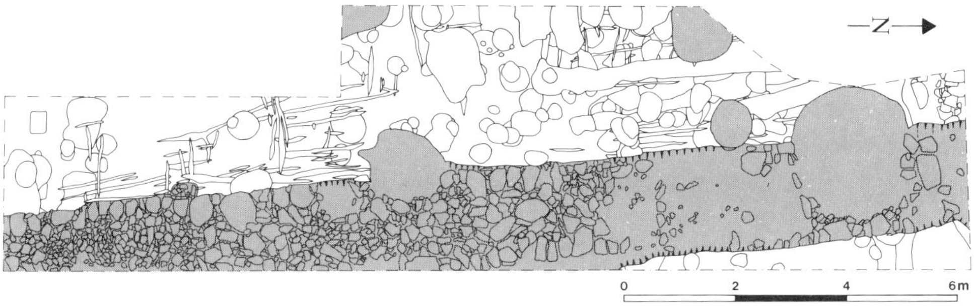

Abb. 219 Konstanz. Pfalzgarten. Gesamtplan der mittelalterlichen Befunde

Zur Auswertung der spätmittelalterlichen Metallfunde aus Konstanz – Methode und Stand der Bearbeitung

Bei den Ausgrabungen am Konstanzer Fischmarkt kamen zwischen 1984 und 1986 etwa 5000 Objekte aus Eisen, Blei, Zinn, Kupfer und Edelmetall zutage. Die Gegenstände entstammen einer dicken Planierschicht, die entstand, als Bürger und Handwerker der Stadt vom Ende des 13. bis zum Ende des 15. Jahrhunderts ihre Abfälle hier deponierten. Auf diese Weise knüpften die Stadtbürger an die von den Salemer Mönchen unternommenen, umfangreichen Aufschüttungsarbeiten für den direkt benachbarten Salemer Stadthof an. Die Ergebnisse wurden ab 1984 in den Archäologischen Ausgrabungen alljährlich mitgeteilt. Die Metallfunde aus den aufplanierten Abfallschichten am Fischmarkt dokumentieren eine breite Palette von Gebrauchsgegenständen aus Metall – von Trachtbestandteilen wie Schnallen bis hin zu Werkzeugen. Sie sind damit Spiegel des bürgerlichen Alltags im spätmittelalterlichen Konstanz. Neben den Artefakten machen aber auch die »echten« Werkstattabfälle (z. B. Schlacken) aus den metallverarbeitenden Betrieben der Stadt einen erheblichen Teil des Fundspektrums aus.

Im August 1989 wurde von der Verfasserin mit der Auswertung der obengenannten Metallobjekte und Abfälle begonnen. Die erste Aufgabe des Forschungsprojektes, das insgesamt 2 Jahre dauern soll, ist die Erstellung eines Katalogs der verschiedenen Fundkategorien. Dieser Weg wurde eingeschlagen, weil es durch die Kombination von stratigraphischen und typologischen Informationen der einzelnen Objekte möglich sein wird, eine umfassende und detaillierte Übersicht über die Metallgeräte der spätmittelalterlichen Bürgerkultur zu erstellen. Mit der Publikation eines solchen Katalogs wird eine Lücke geschlossen werden können: Bis jetzt fehlt nämlich ein brauchbares Handbuch der spätmittelalterlichen Metallgegenstände aus dem süddeutschen Gebiet, wie wir es bespielsweise aus Amsterdam oder London kennen.

Das Hauptziel der Forschung ist jedoch die Rekonstruktion der Herstellungsverfahren anhand der Artefakte und Abfälle. Ein detailliertes Studium der Bearbeitungsspuren sowie metallurgische Untersuchungen sind in diesem Zusammenhang vorgesehen. Außerdem werden auch die Aussagen der Schrift- und Bildquellen berücksichtigt. Die letzte Phase des Forschungsprojektes wird sich schließlich auf das Verhältnis von Mensch und Umwelt in der spätmittelalterlichen Stadt konzentrieren. Im Mittelpunkt steht dabei die Frage nach den Auswirkungen der metallverarbeitenden Betriebe auf das gesellschaftliche und ökologi-

Abb. 220 Konstanz. Fischmarkt. Maria mit Kind, Zinn (gegossen). Höhe 3,8 cm

sche Gefüge der Stadt. Die Forschungsarbeit wird finanziell unterstützt von der Gottlieb-Daimler- und Carl-Benz-Stiftung, die im Rahmen ihres Projektes »Forschungsarbeit im Ausland« mit dem inhaltlichen Ziel der Klärung der Wechselbeziehungen zwischen Mensch, Technik und Umwelt der Bearbeiterin ein Forschungsstipendium bewilligt hat.

Aus der Bestandsaufnahme als erstem Arbeitsschritt ergab sich, daß die Konstanzer Metallfunde ein breites Fundspektrum darstellen, das insgesamt einen guten Einblick in den bürgerlichen Alltag der städtischen Gesellschaft vermittelt. An dieser Stelle ist noch einmal zu erwähnen, daß Konstanz im Spätmittelalter zu den reichsten Städten Oberdeutschlands gerechnet werden kann. Die Metallobjekte entstammen den verschiedensten Lebensbereichen: Handel, Gewerbe, der persönlichen Lebenssphäre sowie der Religionsausübung (Abb. 220–222).

So dokumentieren beispielsweise zahlreiche Tuchplomben (Abb. 222) den Handel in Konstanz. Das Tuch wurde mit einem doppelgelaschten Bleisiegel mit der Darstellung des Konstanzer Stadtwappens versehen und u. a. zu den eigenen Messehäusern in Frankreich transportiert. Dieser Fernhandel war einer der

Abb. 221 Konstanz. Fischmarkt. Hirsch, aus Zinn/Blei gegossen. Höhe 5,5 cm

Abb. 222 Konstanz. Fischmarkt. Tuchplombe aus Blei mit eingeprägtem Wappen (Dm 21 mm), rechts mit eingeritzter Inschrift (Dm 34 mm)

wichtigsten Pfeiler der wirtschaftlichen Blüte in Konstanz und ist auch durch die Schriftquellen, die ab dem 13. Jahrhundert von den exportierten „tela de Constantia" berichten, gut belegt. Des weiteren bezeugen auch Münzen, Schreibstifte für Wachstäfelchen und das Fragment einer Faltwaage das kaufmännische Leben und belegen die Geschäftstüchtigkeit Konstanzer Kaufleute.

Das metallverarbeitende Gewerbe selbst ist im gesamten Fundspektrum vielfach vertreten. Selbstverständlich sind schon die Metallfunde an sich die besten Zeugnisse der Anwesenheit von metallverarbeitenden Werkstätten verschiedener Art. Aber der Fund von Schlacken wirft sogar die Frage auf, ob nicht gar Eisenerz, zumindest z. T., in der Nähe vom Fischmarkt verarbeitet wurde. Dagegen läßt der Fund von einigen Eisenbarren vermuten, daß Eisen in dieser Form aus dem Umland importiert wurde. Weitere Forschungen auf diesem Gebiet sind jedoch notwendig.

Aus den übrigen Funden läßt sich die Tätigkeit sowohl von Grob- als auch von Feinschmieden erkennen. So weit sich dies bis jetzt aus den Funden ergibt, stellten die Konstanzer Grobschmiede Hufeisen, Werkzeuge (Hämmer, Pfrieme, Meißel usw.) und Bauzubehör (Nägel, Mauerhaken, Scharniere, Beschläge usw.) her. Zugleich bestätigen diese Objekte natürlich auch die erhebliche Bautätigkeit im spätmittelalterlichen Konstanz. Spuren der Tätigkeit von Feinschmieden sind im Fundspektrum besonders zahlreich vertreten. Objekte wie Schnallen, Kästchenbeschläge, Pilgerzeichen, Tuchplomben und Schmuck dokumentieren, daß in den Konstanzer Metallwerkstätten die verschiedensten Herstellungsverfahren angewandt wurden, so die Herstellung von Legierungen, Veredelung von Oberflächen und Metallguß. Vielfach vertreten sind Legierungen wie Bronze, Messing und Zinn/Blei (vor allem für Pilgerzeichen). Die Veredelung von Eisengegenständen mit einer dünnen Zinnschicht kommt häufig vor. Edelmetalle wie Silber und Gold werden seltener verwendet.

Die Frage, ob und inwieweit die spezialisierte Produktherstellung nachweisbar ist, wird hoffentlich auch mit Hilfe von Schrift- und vielleicht auch Bildquellen beantwortet werden können. Für verschiedene mittelalterliche Städte spiegeln sich solche Arbeitsteilungen in den Schriftquellen wider. Die niederländische Stadt 's Hertogenbosch (Den Bosch) war z. B. im Spätmittelalter ein bekanntes Herstellungs- und Exportzentrum von Metallprodukten. Die Schriftquellen erwähnen dort die Anwesenheit u. a. von Messer- und Waffenschmieden, Nadelmachern, Goldschmieden und Kesselmachern. Die Metallfunde vom Fischmarkt lassen dergleichen funktionelle Trennungen auch für Konstanz erwarten. Der Fund von zahlreichen Messern, Nadeln, Schlössern und Schlüsseln läßt auf jeden Fall spezialisierte Messerschmiede, Nadelmacher und Schlosser vermuten.

Dieser kurze Bericht reflektiert die erste Phase der Durcharbeitung der Konstanzer Metallfunde. Mit der zweiten Phase der Forschung wird erst im Laufe des Jahres 1990 angefangen werden. Über die Fortschritte und den Stand der Forschung wird zu gegebener Zeit berichtet werden.

Monica Alkemade

Literaturhinweise
J. Baart et al, Opgravingen in Amsterdam, 1977 – H. L. Janssen (Hrsg.), Van Bos tot Stad, opgravingen in 's Hertogenbosch, 1983 – London Museum, Medieval Catalogue, 1954 – J. Oexle, Arch. Ausgr. Bad.-Württ. 1987, 355 ff.

Stadtarchäologie in Ulm

Auch 1989 wurden die bereits 1987 auf dem Ulmer Münsterplatz begonnenen Grabungen fortgesetzt, die die Neubebauung des Ulmer Münsterplatzes mit dem Bürgerhaus vorbereiten. Nachdem bereits 1988 die Grabungen vor dem Neuen Bau abgeschlossen worden waren und im selben Jahr mit den Untersuchungen auf dem eigentlichen Münsterplatz begonnen worden war, konnten dort 1989 weitere Teilbereiche der zukünftigen Kellerfläche des Bürgerhauses freigelegt werden (vgl. S. 79). Dabei wurde das für 1989 angestrebte »Planziel«, nämlich drei Viertel der Gesamtfläche archäologisch untersucht zu haben, nicht erreicht (Abb. 224). Die Ursache dafür lag in unerwarteten Problemen der Neubaurealisierung, die die notwendige Freiräumung des Geländes von der bisherigen baulichen Nutzung durch den Verkehrspavillon verhinderten.

Um so enger wurde der Zeitrahmen für die archäologische Untersuchung im Bereich der Ulmer Rosengasse gesetzt (vgl. S. 322). Insgesamt 18 Monate stehen dort für die Freilegung von insgesamt 5000 m² Fläche zur Verfügung! Diese Größenordnung gibt einen Vorgeschmack dessen, was in den kommenden Jahren in Ulm an archäologischen Grabungen ansteht. Im Vordergrund steht dabei die Neue Straße (Abb. 223) mit projektiertem Tunnel und Tiefgaragenbauten, die insgesamt 30000 m² archäologisch höchst relevanten Stadtbodens zerstören werden. Immerhin konnte erreicht werden, daß ab 1991 50 Prozent der betroffenen Fläche parallel zu den Neubauarbeiten sachgerecht untersucht werden können: der Bereich zwischen Blau und der Einmündung der Kramgasse, in dem archäologische Quellen zur ältesten Ulmer Stadtgeschichte zu erwarten sind – der Pfalz nämlich – die zugehörige früh- und hochmittelalterliche Vorstadt (suburbia) sowie die darüber entstehende staufische Stadt.

Die archäologische Präsenz in einer Stadt erlaubt neben der Realisierung von Großprojekten dann auch immer wieder die Durchführung von Rettungsgrabungen, die bei zufälligen Entdeckungen von Baustellen notwendig werden. Neben zahlreichen kleineren Maßnahmen sei vor allem die Rettungsgrabung in der Frauenstraße 12–14 hervorgehoben (Abb. 223). In der schon fast vollständig ausgehobenen Baugrube mit einer Gesamtfläche von rund 800 m² wurden im Dezember 1989 mehrere hochmittelalterliche Grubenhäuser, der staufische Stadtgraben sowie eine spätmittelalterliche Latrine entdeckt und ergraben; die Arbeiten können voraussichtlich im Februar 1990 abgeschlossen werden. Die Fülle von anstehenden Rettungsgrabungen zwingt jedoch nicht nur in der Auswahl der zu untersuchenden Areale, sondern auch in der archäologischen Vorgehensweise selbst, Schwerpunkte zu setzen. Am Ulmer Münsterplatz bedeutete dies beispielsweise, daß bei bislang rund 600 geborgenen spätmittelalterlichen Bestattungen auf deren Untersuchung in den breiten Stegbereichen zwischen den einzelnen Schnitten verzichtet und die Stege mit Hilfe des Baggers bis auf die präurbanen, hochmittelalterlichen Befundniveaus abgetieft wurden. Auch in der Frauenstraße wurden die noch erhaltenen spätmittelalterlichen Restbefunde beseitigt, um den ältesten, wiederum hochmittelalterlichen Befundhorizont in ausreichender Qualität ergraben zu können. Diese Entscheidungen wurden »pragmatisch«, d. h. nach den örtlichen Möglichkeiten und Notwendigkeiten getroffen. Eine breitere inhaltliche Absicherung derartiger Vorgehensweisen und damit eine Diskussion um die inhaltliche Schwer-

Abb. 223 Ulm. Münsterplatz. Übersichtsplan über die Grabungen 1989 sowie der Grabungsvorhaben 1990/91. 1 Münsterplatz, 2 Neuer Bau, 3 Rosengasse, 4 Neue Straße, 5 Frauenstraße 12–14, 6 Schwörhausgasse 7–8, 7 Fischergasse 35–39

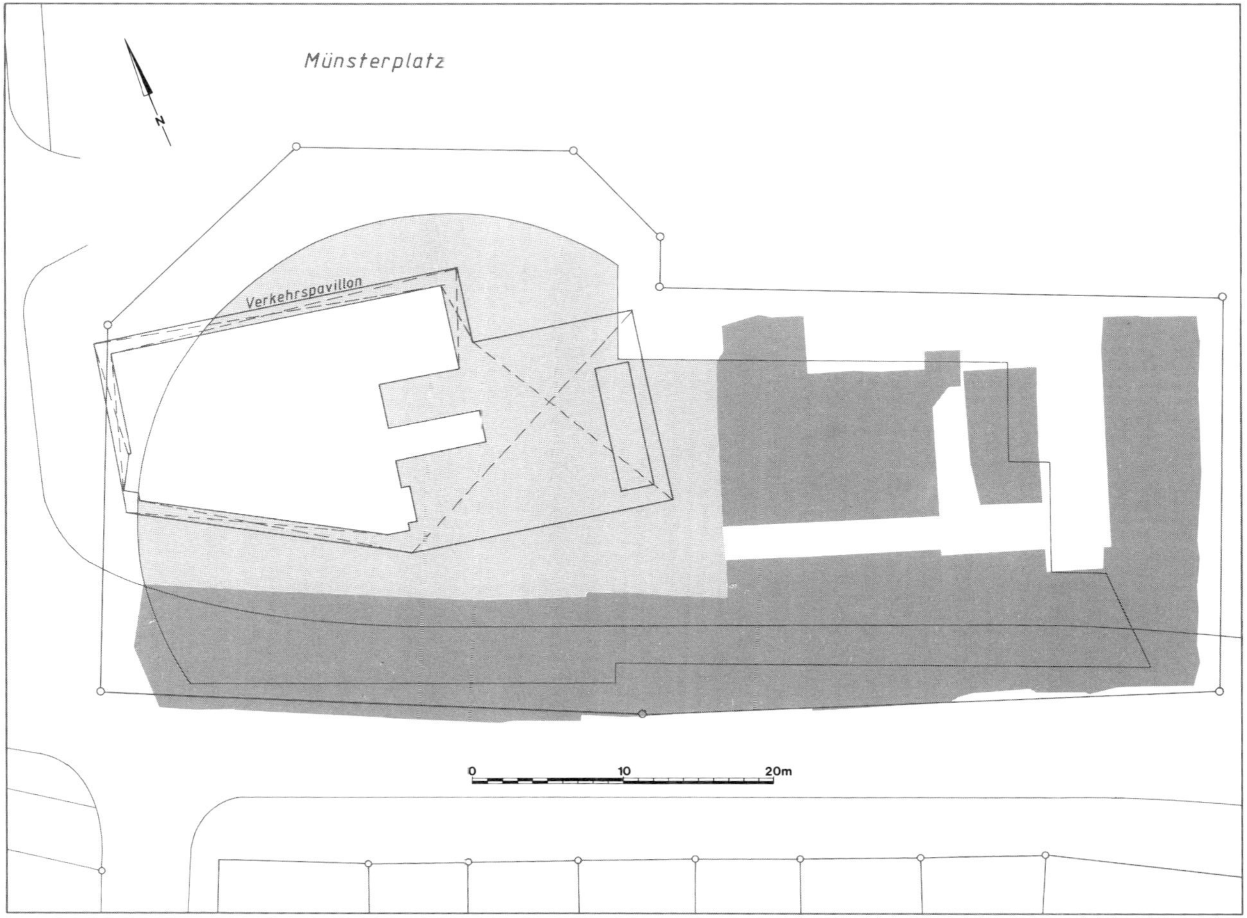

Abb. 224 Ulm. Münsterplatz. Übersichtsplan über die Grabungsflächen 1988/89 (dunkelgrau) sowie die Restflächen (hellgrau)

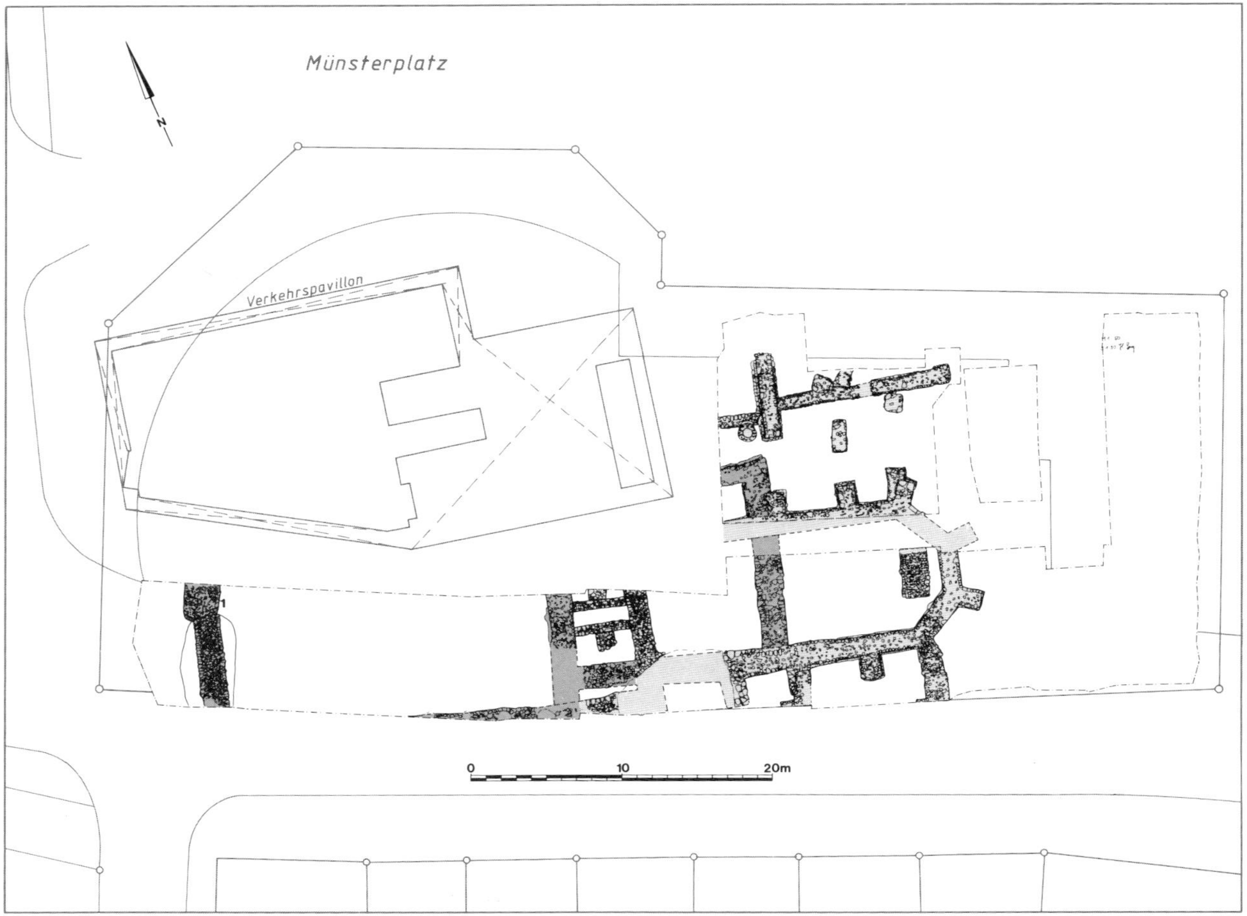

Abb. 225 Ulm. Münsterplatz. Übersichtsplan über die spätmittelalterlichen Baubefunde. Hellgrau die gotische Umbauphase der Barfüßerkirche sowie die zugehörigen Baubefunde des Konvents, dunkel gerastert der spätromanische Kirchenbau

punktbildung der Stadtarchäologie nicht nur im Rahmen einzelner Städte, sondern im Gesamtrahmen aller mittelalterlicher Städte des Landes Baden-Württemberg wird jedoch zukünftig unabdingbar sein. Dabei kann sich diese nicht auf die Belange der Mittelalterarchäologie beschränken. Gerade in Ulm belegen vorgeschichtliche Lesefunde im Stadtgebiet, daß dort mit neolithischen bzw. bronzezeitlichen Befunden zu rechnen ist, was jüngst durch eine exzellent erhaltene Bestattung der Glockenbecherkultur auf dem Ulmer Münsterplatz unterstrichen wurde (vgl. S. 79).

Die diesjährigen Grabungsergebnisse vom Ulmer Münsterplatz erlauben, die im vergangenen Jahr vorgelegten Befunde erheblich zu präzisieren und erstmals Phasenpläne der angetroffenen Siedlungsbefunde vorzulegen. Fast vollständig erfaßt ist der polygonal geschnittene Chor der gotischen Kirche, der um 1300 dem bestehenden spätromanischen Kirchenbau angefügt worden war (Abb. 225). In Teilbereichen erfaßt wurde der zugehörige, steinerne Konventbau mit jüngeren Ein- und Umbauten, die bereits der Neuzeit angehören und durch den stark kalkhaltigen, weißen Mörtel gut von den spätmittelalterlichen Befunden zu trennen sind. Eine Rekonstruktion und eine sichere Datierung der nördlich des Chors angetroffenen Ausschnitte der ältesten Konventbauten ist mangels zugehöriger Bau- und Nutzungshorizonte noch nicht möglich; die Ausbildung des Fundamentmauerwerks und der verwendete stark sandhaltige Versatzmörtel finden sich jedoch auch am gotischen Chorfundament wieder und geben somit Datierungsanhalte.

Völlig unbekannt ist jedoch bislang die Klausur, die zum ältesten Kirchenbau der Franziskaner gehört, der 1229 gegründet worden sein soll, ein Datum, das von Peter Graf jedoch jüngst aufgrund der unsicheren Gmünder Überlieferung angezweifelt wurde. Immerhin liefert der archäologische Befund bereits eine gute Vorstellung vom Grundriß der spätromanischen Klosterkirche (Abb. 225). Gut erkennbar ist der Rechteckchor sowie die Südmauer des westlich anschließenden Kirchenschiffes, das, nach Osten geringfügig verlängert, bis zum Abbruch im 19. Jahrhundert Bestand hatte. Die Baufugen zwischen den gotischen An- und Umbauten und dem spätromanischen Kernbau lassen sich sehr gut erkennen, da sich das spätromanische Mauerwerk durch einen charakteristischen, ährenartig verlegten Kalksteinverband auszeichnet, der in den unteren Lagen z. T. als Trockenmauerwerk ausgebildet ist.

Bemerkenswert ist ferner, daß es zum Jahresende 1989 gelang, den Westabschluß der spätromanischen Kirche freizulegen. Dabei zeigte sich, daß das Kirchenfundament gegen einen älteren Fundamentzug stößt (und diesen überbaut), der sich angesichts einer Breite von knapp 2 m unschwer als Rest der staufischen Stadtmauer zu erkennen gibt (Abb. 225.1). Damit bestätigt sich die urkundlich überlieferte Lage des Franziskanerklosters an der Stadtmauer, an der die Franziskaner auch einen Turm unterhalten mußten. Zugleich liegt damit die älteste staufische Stadtmauer Ulms in diesem Bereich deutlich weiter »stadteinwärts«, als dies aufgrund der Ergebnisse der Sondierung vor dem Neuen Bau 1985 angenommen worden war. Erneut zu diskutieren sein wird daher auch das Lageverhältnis des Löwentors zu diesem Stadtmauerzug.

Für die Stadtgeschichte Ulms von herausragender Bedeutung sind aber vor allem die unter der kirchlichen Bebauung des 13. Jahrhunderts angetroffenen, profanen Baubefunde (Abb. 226). In den Grabungsflächen konnten bislang 14 gesicherte Hausgrundrisse freigelegt werden. Darunter befinden sich die bereits bekannten Grubenhäuser mit den charakteristischen Firstpfostenstellungen. Davon he-

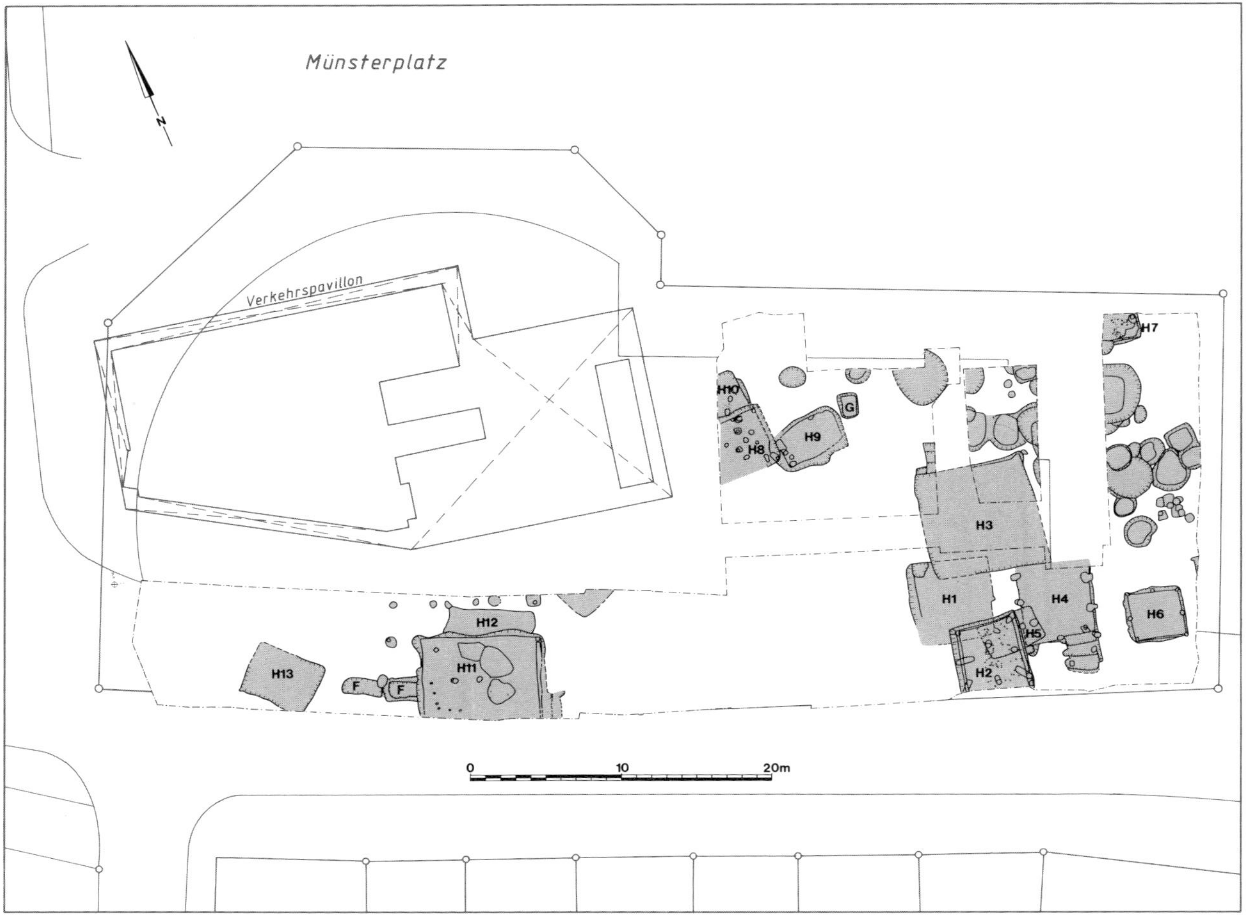

Abb. 226 Ulm. Münsterplatz. Übersichtsplan der hochmittelalterlichen Hausbefunde

Abb. 227 Ulm. Münsterplatz. Gesamtaufnahme von Haus 4

ben sich deutlich größere, rechteckig geschnittene Hausgrundrisse ab, deren Eintiefung bei bis zu 1,5 m liegt und die gelegentlich einen außenliegenden Treppenzugang aufweisen. Das hölzerne Tragwerkgerüst läßt sich über die erhaltenen Pfostengruben – normalerweise 6 bis 8 Standgruben – erfassen; einen besonderen Hinweis verdient die Tatsache, daß die Pfosten bei diesen größeren Rechteckhäusern hälftig in das umgebende, anstehende Erdreich eingegraben waren und mithin nur mit der Hälfte des Pfostenrundes in das Hausinnere hineinragten (Abb. 227).

Stratigraphisch dem letzten profanen Siedlungshorizont vor dem Kirchenbau zuzuordnen ist dann der Haustyp der »großen eingetieften Häuser« (Abb. 226, Häuser 3 und 11). Sie zeichnen sich durch eine Seitenlänge bis zu 8 m aus. Anstelle der üblichen Pfostenkonstruktion ließ sich bei Haus 11 eine verblattete Rähmkonstruktion nachweisen: Im fetten Lehm hatte sich der Abdruck der Ecküberblattung wie des zugehörigen Zapfens erhalten. Unter konstruktionsgeschichtlichen Gesichtspunkten dürfte damit ein Verbindungsglied zwischen den frühen Fachwerkbauten und den im aufgehenden Bestand nicht mehr erhaltenen hochmittelalterlichen Pfostenkonstruktion erfaßt sein.

Die Brandschuttverfüllung dieser beiden Häuser zeigt im Vergleich zu den anderen, älteren Haustypen weitere charakteristische Unterschiede. Nur hier finden sich tönerne Dachziegel ebenso wie frühe Becherkacheln, die eine Kachelofenheizung dieser Häuser und damit eine für diese Zeit charakteristisch »städti-

Abb. 228 Ulm. Münsterplatz. Gußform

sche« Ausstattung belegen. Die Datierung dieser Häuser in die zweite Hälfte des 12. Jahrhunderts bzw. die Zeit um 1200 fügt sich zum archäologischen Befund. Zeitgleiche, konstruktiv analoge und vergleichbar ausgestattete Hausbefunde sind z. B. aus den Grabungen an der Lübecker Alfstraße/Fischstraße bekannt und dort dendrochronologisch in das letzte Viertel des 12. Jahrhunderts datiert. Möglicherweise sind die Ulmer Befunde entsprechend ihren Lübecker Parallelen mehrgeschossig zu rekonstruieren.

Größere Probleme bereitet die Feindatierung der älteren Hausbefunde in Ulm. Beim augenblicklichen Kenntnisstand der Ulmer Keramik ist bislang nur eine grobe Einordnung in das ausgehende 11. und das 12. Jahrhundert möglich. Unter dem Kleinfundmaterial aus diesen Hausbefunden heben sich jedoch beispielsweise Gußformen (Abb. 228) hervor, die im Kontext der »großen eingetieften Häuser« nicht vorkommen. Zu diesen Hinweisen auf frühstädtische handwerkliche Tätigkeit könnten sich auch mehrere Ofenanlagen fügen, die stratigraphisch dem älteren Besiedlungshorizont zuzuweisen sind.

Gleichfalls nur stratigraphisch datierbar sind dann die ältesten mittelalterlichen Befunde (Abb. 229) auf dem Ulmer Münsterplatz. Mit bislang 40 Beisetzungen von Männern, Frauen und Kindern konnte ein größerer Ausschnitt eines Gräberfeldes ergraben werden. Die Beisetzungen sind durchweg orientiert und beigabenlos, gelegentlich ließen sich Spuren von Särgen nachweisen. Sie werden geschnitten von den jüngeren Siedlungsbefunden des ausgehenden 11./12. Jahrhunderts und sind damit älter als diese. Ihre völlige Beigabenlosigkeit legt eine Einordnung nach dem Ende der Reihengräberzeit nahe, so daß als Terminus post quem das beginnende 8. Jahrhundert zu gelten hat. Diese Bestattungen liefern nun zugleich einen Terminus ante quem für einen Sohlgraben, den sie offenkundig berücksichtigen und der bislang keinerlei Fundmaterial geliefert hat. Angesichts der Nähe zur urkundlich erstmals 854 erwähnten Pfalz liegt es nahe, in dieser Anlage eine zu diesem Palatium gehörige Befestigungsanlage zu vermuten. Eine methodisch einwandfreie Argumentation verlangt jedoch den Hinweis darauf, daß – wiewohl nicht wahrscheinlich – nicht mit letzter Sicherheit auszuschließen ist, daß sich darin eine vorgeschichtliche Anlage verbirgt.

Die eigentliche Auswertung der Grabungsbefunde vom Ulmer Münsterplatz steht noch aus. Bereits jetzt ist jedoch klar, daß die Diskussion um die frühe Topographie der staufischen Stadt und ihrer vorstädtischen Wurzeln – also der Pfalz und ihrer Umgebung – mit neuen Argumenten und veränderten Fragestellungen zu führen ist. Exemplarisch sei dies am Beispiel des vermutlich hochmittelalterlichen Friedhofsausschnitts festgemacht, zu dem eigentlich zwingend eine Kirche zu erwarten ist. Insbesondere die Grabungen auf dem östlichen Münsterplatz, die im Zuge der archäologischen Untersuchung der Neuen Straße anstehen, lassen manche Überraschung erwarten. *Judith Oexle*

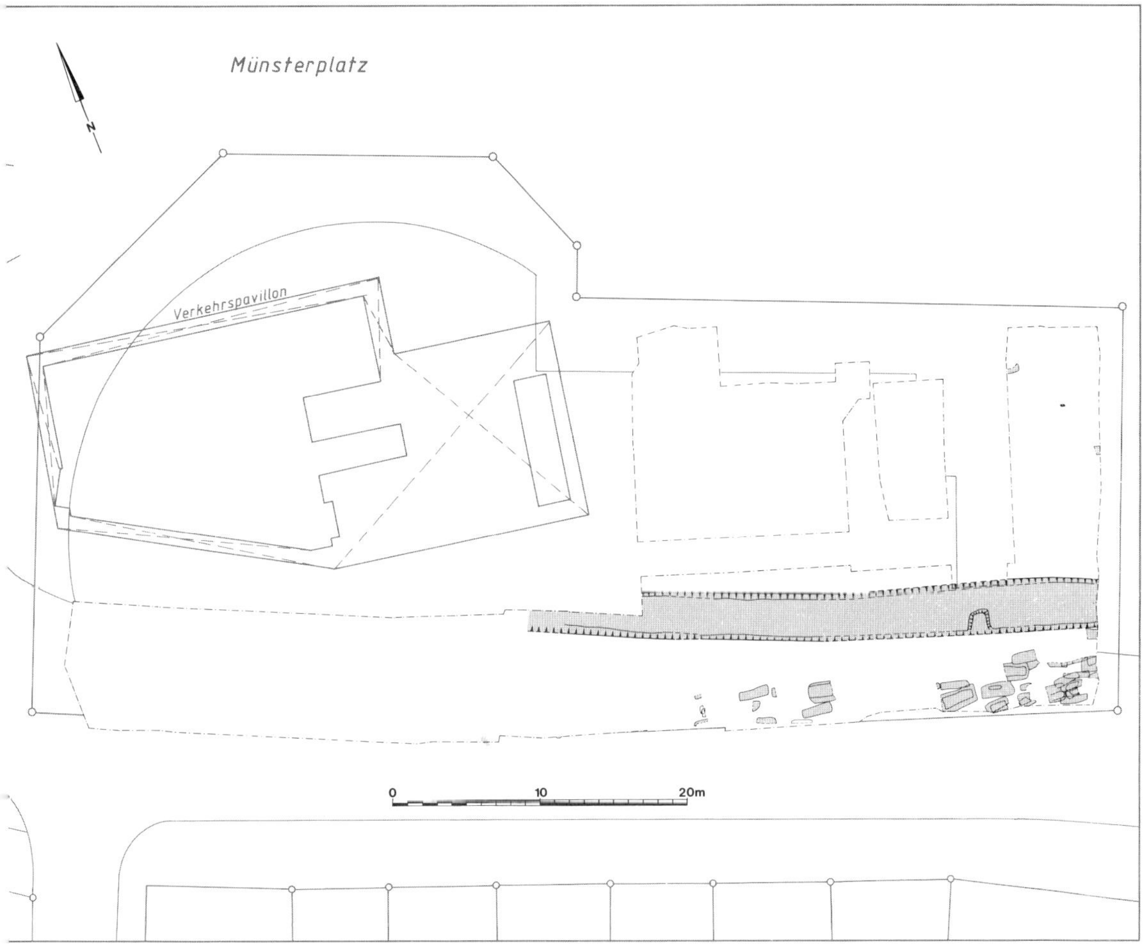

Abb. 229 Ulm. Münsterplatz. Übersichtsplan über die ältesten mittelalterlichen Befunde (Sohlgraben und Gräberfeld)

Literaturhinweise
E. Schmidt, Arch. Ausgr. Bad.-Württ. 1986, 249 ff. – J. Oexle, ebda. 1988, 312 ff. – M. Schefold, Zur Baugeschichte der Ulmer Barfüsserkirche, B11WGK N.F. 35, 1931, 207 ff. – G. P. Fehring, Domus lignea cum caminata. Hölzerne, turmartige Kemenaten des späten 12. Jahrhunderts in Lübeck und ihre Stellung in der Architekturgeschichte, Hammaburg N. F. 9, 1989, 271 ff.

Grabungen in der Rosengasse in Ulm

In der Rosengasse lebten und arbeiteten bis zur weitgehenden Zerstörung im Dezember 1944 vor allem Handwerker mit ihren Familien. Es spricht bisher nichts dagegen, daß diese dem Kleinbürgertum zuzuordnende soziale Schicht bereits bald nach der Erschließung im Zuge der spätmittelalterlichen Stadterweiterung ansässig war. Die Bezeichnung »Schermars« oder »Schermeierhof« für den westlichen Teil des Grabungsareals mag dagegen eine andere Deutung zulassen, denn der Name ist auf das Patriziergeschlecht der Schermar zurückzuführen, die ihren Sitz jedoch im Stadtzentrum hatten. Wenn hier Gebäude oder Grundstücke nach ihnen benannt wurden, so kann dies wahrscheinlich auf entsprechende Besitzverhältnisse zurückgeführt werden. Die Erschließungszeit des Quartiers ist nicht zuletzt wegen der wenig prominenten Bevölkerung mittels historischer Quellen nur unscharf zu fassen. Die das Grabungsareal im Norden begrenzende Stadtmauer wird ab 1340 in verteidigungsfähigem Zustand gewesen sein, während die Rosengasse selbst 1401 erstmals erwähnt wird. Auf dem ältesten Grundrißplan der Stadt Ulm, dem »Fädelesplan« von 1575, erscheint das Gebiet bereits vollständig erschlossen in der bis heute beibehaltenen Struktur.

Das Grabungsareal liegt zwischen mittelalterlicher Kernstadt und der nördlich gelegenen Pfarrkirche »ennet feldes«. Daraus ergeben sich die durch die Grabung zu klärenden Fragen: In erster Linie geht es um den Nachweis mittelalterlicher präurbaner Siedlungsaktivitäten, wie sie z. B. auf dem 200 m entfernt liegenden Ulmer Kreuz seit dem 10. Jahrhundert nachgewiesen wurden. Ferner ist die Entwicklung eines in dieser Größenordnung durch archäologische Untersuchungen noch nicht erfaßten spätmittelalterlichen Quartiers von Interesse (Abb. 230).

Im westlichen Grabungsabschnitt sind seit Juni 1989 die Grundrisse der 1944 zerstörten Gebäude freigelegt worden (Abb. 231). Dabei zeigte sich überraschenderweise, daß diese keineswegs vollständig unterkellert waren und somit große Bereiche, die sich zudem über den gesamten Grabungsabschnitt verteilen, von Eingrabungen verschont und unzerstört erhalten blieben. Hier traten zahlreiche Gruben unterschiedlicher Größe auf, die offensichtlich zur Gewinnung von sandigem Lehm bis zu 1,50 m tief niedergegraben wurden. Ihre ungefähre Zeitstellung in das 12./13. Jahrhundert ergibt sich aus wenigen und kleinen Bruchstücken mittelalterlicher Keramik der Verfüllungen sowie aus der Überlagerung mit keramikführenden Gruben des Spätmittelalters. Da Hinweise auf Gebäude bislang noch fehlen, ist als früheste Nutzung die Lehmgewinnung für noch nicht erkennbare Zwecke anzunehmen.

Über den Verfüllungen der Entnahmegruben entwickelte sich ein mehrere Dezimeter mächtiger humoser Boden, der wahrscheinlich auf die langjährige und intensive Nutzung als Gartenland vor den Toren der Stadt zurückzuführen ist.

Außer den Gruben hinterließen die geschilderten Aktivitäten keine nennenswerte Spuren. Ab dem 14. Jahrhundert ist dann ein Wandel zu verzeichnen, der sich zunächst in der fundreichen Verfüllung von Gruben andeutet (Abb. 232) und sich später in den Resten von Kellern, Brunnen und Latrinen niederschlägt. Zweifelsohne ist hier die Erschließung nach der Fertigstellung der neuen Stadtmauer ab

Abb. 230 Ulm. Rosengasse. Ausschnitt aus dem Katasterplan 1910

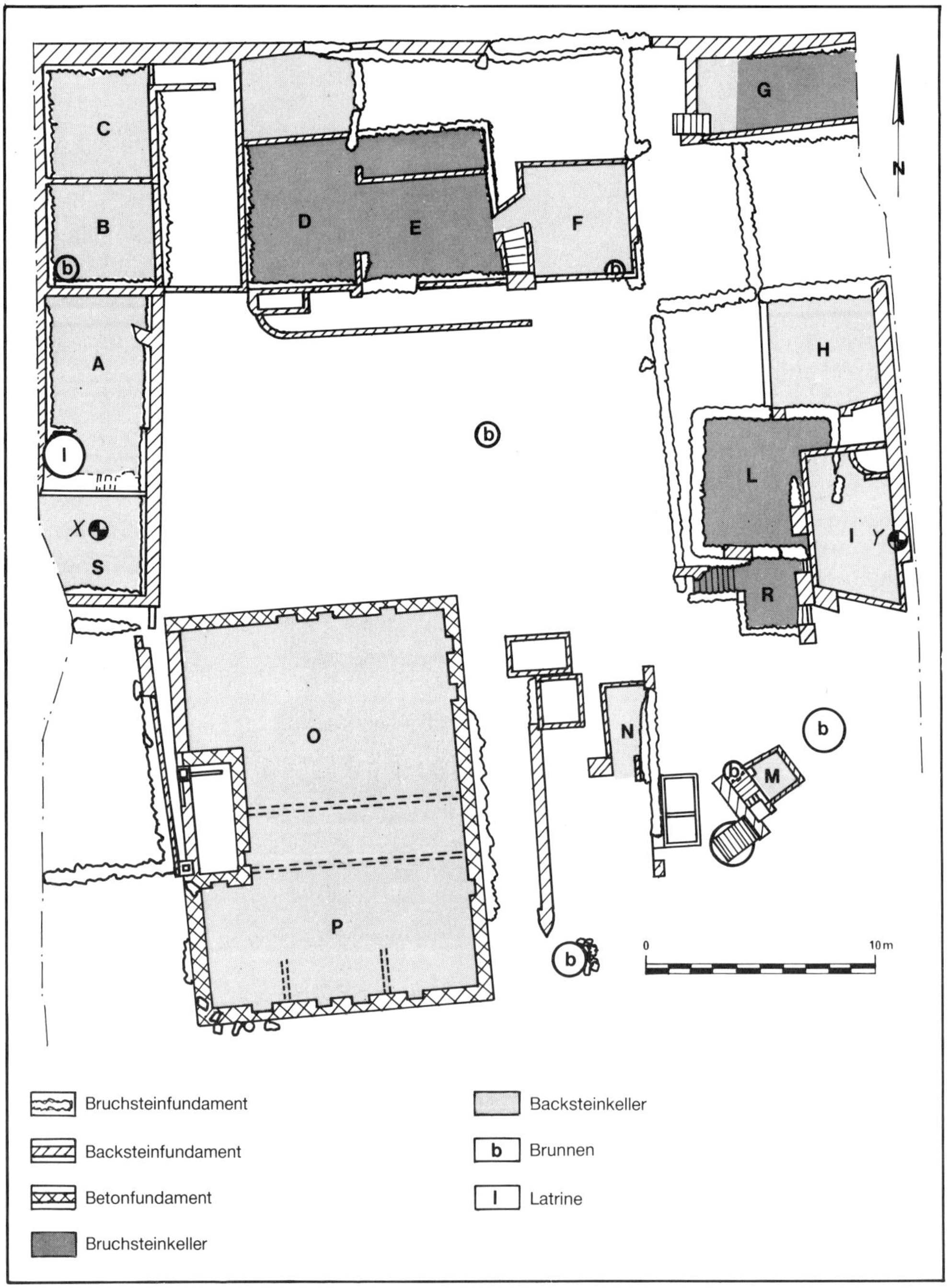
C
B
b
A
I
X
S
D
E
F
G
N
H
L
I
Y
R
O
P
N
M
0
10 m
Bruchsteinfundament
Backsteinfundament
Betonfundament
Bruchsteinkeller
Backsteinkeller
b Brunnen
I Latrine

Abb. 232 Ulm. Rosengasse. Bügelkanne, Höhe 33 cm

etwa 1350 ablesbar. Die Art der Bebauung ist bis zum Ende des 15. Jahrhunderts unklar. Möglicherweise reichen die als Reste der ältesten Gebäude festgestellten flachgedeckten Keller mit Lesebruchsteinwänden bis in die Gründungszeit zurück. Durch den aufgegebenen Keller L und den angebauten Keller R ergibt sich lediglich ein Terminus ante quem von um 1500 (Abb. 231), da sie außer mit Bauschutt auch mit Hausrat verfüllt wurden. So kamen hier neben Bruchstücken von Gebrauchskeramik auch zahlreiche Reste verschiedener Schüssel-, Nischen- und Blattkacheln zum Vorschein, deren Reliefzier den genannten Zeitraum nahelegen (Abb. 233). Die Bauzeit des teilweise in den verfüllten Keller L gesetzten Kellers I läßt sich in das 16. Jahrhundert datieren. Die Verfüllung eines Brunnens in der Nordostecke barg außer wenigen Stükken glasierter Gebrauchskeramik und Resten von Trinkgläsern auch das Fragment eines mehrfarbig glasierten, mit Blattranken- und Blütenapplikationen verzierten Kruges der zweiten Hälfte des 16. Jahrhunderts (Abb. 234).

Aus der Abfolge der Keller L und I ist zu schließen, daß Backsteinkeller seit dem ausgehenden 15. Jahrhundert die Bruchsteinkeller ablösen bzw. mit Backsteineinbauten und -gewölben zu rechnen ist. Überträgt man dieses Ergebnis auf die bislang freigelegten Kellerbefunde, so stehen 3 spätmittelalterliche Bruchsteinkeller 11 jüngeren Backsteinkellern gegenüber (Abb. 231). Da bis auf Rosengasse 29

Abb. 231 Ulm. Rosengasse. Übersichtsplan über die Mauerbefunde; Phasenplan

Abb. 233 Ulm. Rosengasse. Blattkacheln aus der Verfüllung des Kellers L; rechts Mariae Verkündigung, links Blütendekor

Abb. 234 Ulm. Rosengasse. Keller I. Krug, Nachthafen (Höhe 18 cm), Nuppenbecherglas und Stielglas aus Brunnenverfüllung

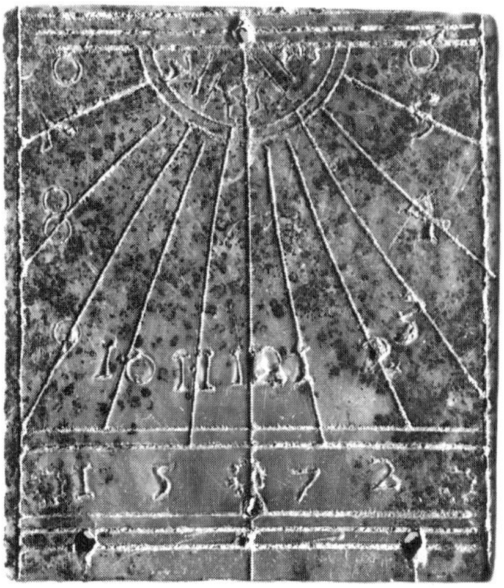

Abb. 235 Ulm. Rosengasse. Horizontalplatte einer Taschensonnenuhr, Höhe 3 cm

alle übrigen Gebäude Bruchsteinfundamente aufweisen und damit wahrscheinlich spätmittelalterlichen Ursprungs sind, spiegeln sich hier neben einer Verdichtung der Bebauung in der frühen Neuzeit auch nachträgliche Um- und Einbauten wider.
Unter den bisherigen Funden verdient ein Stück besondere Erwähnung, nicht weil es für die zeitliche oder funktionale Einordnung einzelner Befunde von Bedeutung ist, sondern weil es so ausgefallen ist, daß es aus dem Rahmen des zumeist mehr oder weniger unansehnlichen Fundgutes fällt. Es handelt sich um die 3 cm große elfenbeinerne Horizontalplatte einer Taschensonnenuhr, auf die neben den Zeitstrahlen und Tierkreiszeichen auch die Jahreszahl 1573 eingraviert wurde (Abb. 235). Aufgeklappt ermöglichte sie dem Besitzer bei ausreichendem Sonnenschein und der Kenntnis der geographischen Lage des Standpunktes eine exaktere Zeitbestimmung als es die meisten zeitgleichen mechanischen Taschenuhren vermochten.
Wie die Überbauung ausgesehen haben könnte, vermitteln neben wenigen faßbaren vorkriegszeitlichen Zeichnungen auch die im November 1989 abgerissenen mehrstöckigen Fachwerkhäuser Frauengraben 42 und Rosengasse 33 und 35. Alle 3 Gebäude wiesen bis in die Dachstühle angeblattete Fachwerkbindungen auf, die für das ausgehende Mittelalter typisch sind. Damit ergibt sich die seltene Möglichkeit des Vergleichs und der Ergänzung von Bauaufnahmen mit Grabungsbefunden für die auch auf die Grundrisse dieser Häuser voranschreitende Grabung. *Thomas Westphalen*

Ausgrabungen auf dem Grundstück des Denkendorfer Pfleghofs in Esslingen am Neckar

Am Anfang mittelalterarchäologischer Forschung in Baden-Württemberg standen die Ausgrabungen in der Stadtkirche St. Dionysius, die sowohl in ihrer Durchführung als auch in der projektierten wissenschaftlichen Auswertung ein hohes Maß forscherischen Anspruchs dokumentieren und einen Qualitätsstandard darstellten, der die Tätigkeit der Mittelalterarchäologie über viele Jahre entscheidend mitbestimmte. Parallel zu den Grabungen wurden bei Baumaßnahmen zahlreiche Befunderhebungen durchgeführt, die belegen, daß das Interesse in den sechziger Jahren über das hinausging, was man vereinfachend als

»Kirchenarchäologie« bezeichnete. Ein Überblick über die Tätigkeit dieser und besonders auch der nachfolgenden Jahre zeigt jedoch ebenso deutlich, daß es in der Phase raschen Wirtschaftswachstums nicht gelungen ist, mit archäologischen Maßnahmen angemessen auf die städtischen Sanierungs- und Veränderungsprozesse zu reagieren.

Das öffentliche Verständnis für die archäologischen Belange in heute dicht besiedelten und ständigen Veränderungsprozessen unterworfenen Bereichen hat in den zurückliegenden Jahren spürbar zugenommen. Dies ist nicht zuletzt auch ein Verdienst der Zielstrebigkeit, mit der sich der Aufgabenbereich Stadtarchäologie innerhalb der Archäologischen Denkmalpflege etabliert hat. Seit dem Ende der siebziger Jahre nimmt die archäologische Tätigkeit in Städten ständig zu, und es wird einem wissenschaftlichen Nachholbedürfnis entsprochen, auf das die Mittelalterarchäologie seit Anfang der siebziger Jahre immer wieder hingewiesen hat.

In jenen Städten, die den Zweiten Weltkrieg ohne flächenhafte Zerstörung überdauert haben, scheint auf den ersten Blick die Gefährdung archäologischer Quellensubstanz weniger bedrohlich als in jenen kriegszerstörten Städten, in denen Nachkriegsbebauung großflächig durch tief in den Boden eingreifende Neubauten ersetzt wird, wie wir es derzeit in Ulm erleben. Jedoch auch in Städten wie Esslingen, die über einen namhaften historischen Hausbestand verfügen, werden die archäologischen Quellen nicht durch ihre historische Bauumgebung gleichsam geschützt, es ist vielmehr ein Veränderungsprozeß zu beobachten, der langsam und fast unmerklich vonstatten geht, im Endresultat jedoch zu erheblichem Verlust archäologischer Quellen führt: Die Sanierung bestehender Häuser mit dem Absenken der alten Niveaus und Neuanlage von Kel-

Abb. 236 Esslingen. Oberer Metzgerbach 14–18. Die Anpassung historischer Bauten an neue Nutzungsanforderungen macht tiefe Eingriffe in die Substanz unvermeidbar

Abb. 237 Esslingen. Oberer Metzgerbach 14–18. Nutzungsverdichtung führt zu Eingriffen in die Parzelle. Die Wandung der Baugrube läßt eine Hausgrube des frühen Mittelalters erkennen

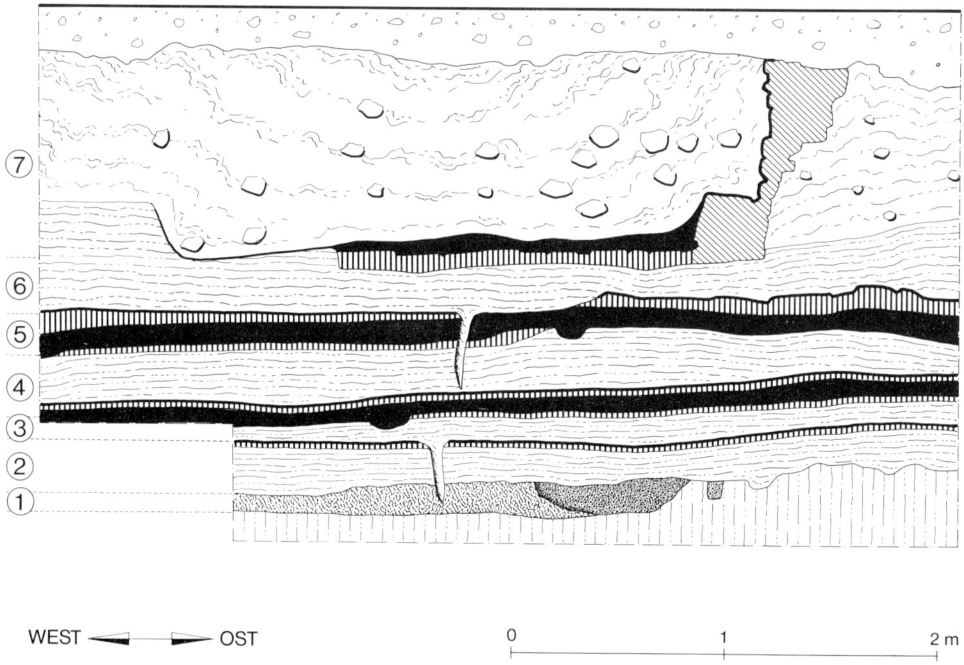

Abb. 238 Esslingen. Denkendorfer Pfleghof. Schema des Nordprofils. 1 älteste Kulturschicht, 2 Planierung mit Einschlüssen von Hüttenlehm und Nutzungshorizont, 3 Planierung mit aufliegendem Holzschwellenbau, 4 Brandzerstörung des Hauses, Planierung mit aufliegendem Holzschwellenbau, 5 Abbruchhorizont, 6 Aufplanierung, 7 eingetieftes Haus des 14.(?) Jahrhunderts

lern und die intensivere Grundstücksausnutzung durch bauliche Verdichtungsprozesse führen – in kleinen Schritten – zu großflächigem Verlust historischen Bodens.

Dies zeigt sich auch sehr deutlich in Esslingen, wo bei der Sanierung eines Hauses im Oberen Metzgerbach eher zufällig Befunde beobachtet werden konnten, die eine frühmittelalterliche Besiedlung dieses Bereichs der Stadt Esslingen belegen (Abb. 236 u. 237).

Als das Landesdenkmalamt um Stellungnahme zu einem Baugesuch gebeten wurde, das die flächige, mit einer Tiefgarage verbundene Bebauung der hinter dem Denkendorfer Pfleghof gelegenen Baulücken vorsah, wurden Probegrabungen begonnen, die auf einer Fläche von rund 80 m^2 die archäologische Bedeutung der betroffenen Parzellen grundsätzlich klären sollten. Ausschlaggebend für diese Entscheidung war nicht zuletzt die Bebauungsgeschichte, die sich bis in das 18. Jahrhundert zurückverfolgen läßt und an dieser Stelle lediglich untergeordnete, nicht in den Untergrund eingreifende Nutzung belegt – Gärten, Werkstätten, einen Tanzsaal –, so daß gute archäologische Erhaltungsbedingungen zu erwarten waren.

Diese Einschätzung bestätigte sich in glücklicher Weise, als eine dichte stratigraphische Befundabfolge festgestellt werden konnte, die über die Bebauungsgeschichte seit etwa der Mitte des 12. Jahrhunderts Aufschlüsse ermöglicht, ein Befund, der für die Klärung der Siedlungsentwicklung Esslingens vom frühen bis zum hohen Mittelalter von Bedeutung ist. Insgesamt wurden 7 Siedlungsabschnitte festgestellt, die dem 12. und 13. Jahrhundert zuzurechnen sind und damit eine enge stratigraphische Abfolge darstellen, die auch bei den Datierungsproblemen von Fundmaterialien von Nutzen ist und Anhaltspunkte bietet, die über den Grabungsort Esslingen hinaus von Bedeutung ist (Abb. 238).

Zwei Siedlungsphasen wurden nur in der Schichtenabfolge faßbar, ohne daß sie mit Baubefunden verknüpft werden können. Erfaßt wurden zuunterst kleine Eintiefungen in den anstehenden Boden und Brandhorizonte, die von einer Planierung abgedeckt wurden, die mit angeglühtem Hüttenlehm durchsetzt war. Dies deutet auf eine brandzerstörte Fachwerkbebauung hin, von der selbst im Untersuchungsbereich keine Reste erfaßt werden konnten.

Über dieser Planierung lagen die Reste eines Holzschwellenbaus, der nach einem Brand einmal erneuert wurde. Jünger als dieses Haus, jedoch den stratigraphischen Bezügen zufolge wenigstens teilweise gemeinsam mit ihm bestehend, fand sich ein weiterer Holzschwellenbau (Abb. 239 und Umschlagbild), von dem noch so viel Substanz erhalten war, daß B. Lohrum und B. Bleyer eine dendrochronologische Datierung vornehmen konnten, die das Datum 1192 erbrachte. Nur kurze Zeit darauf wurde dieses Haus nach Norden hin erweitert, anscheinend bis zur Parzellengrenze, die durch Reste eines Flechtwerkzauns erkennbar war. Dieser aufgrund der geologischen Situation im Regierungsbezirk Stuttgart bisher singuläre Befund ermöglichte nicht nur

Abb. 239 Esslingen. Denkendorfer Pfleghof. Ecke des Holzgebäudes in Schnitt 1 von Nordwesten

eine ungewöhnlich genaue Datierung der siedlungsgeschichtlichen Situation im hochmittelalterlichen »Wachstumsring« Esslingens, sie eröffnete darüber hinaus die Möglichkeit, das Fundmaterial der unter dem Haus liegenden Kulturschichten mit den zum Haus gehörenden und den nachfolgenden in Beziehung zu setzen.

Noch im 13. Jahrhundert wurden die erwähnten Holzbauten teils durch neue, in ihrer Lage abweichende Häuser ersetzt, verbunden mit einer baulichen Nutzungsverdichtung. Ebenfalls hinzu trat ein Brunnen, und darüber hinaus wichtig ist die Beobachtung, daß sich die Parzellenbegrenzungen teils zu ändern, teils zu verfestigen scheinen, eine Beobachtung die sich aufgrund des kleinräumigen Befundausschnitts bisher nur ansatzweise erkennen und beurteilen läßt. Die bauliche Entwicklung endet mit der Errichtung eines in die archäologischen Schichten des 13. Jahrhunderts tief eingreifenden Hauses an der Milchstraße zu einem nur ungefähr dem 14. Jahrhundert zuweisbaren Zeitpunkt, das jedoch bereits im 18. Jahrhundert abgängig war, als der erste Stadtplan Esslingens erstellt wurde. (*H. S.*)

Die günstigen stratigraphischen Verhältnisse – im Zusammenwirken mit den dendrochronologischen Datierungen der Holzgebäude – werden es am Denkendorfer Pfleghof wie an kaum einer anderen Stelle ermöglichen, eine Feingliederung für die Keramik der zweiten Hälfte des 12. und des 13. Jahrhunderts zu erarbeiten. Dies hat nicht nur für den mittleren Neckarraum, sondern auch daran anschließende Regionen – etwa die Schwäbische Alb – Bedeutung, da im Fundgut etliche Warenarten auswärtiger Provenienz enthalten sind.
Für die Ermittlung des Beginns der Siedlungstätigkeit im untersuchten Bereich ist relevant, daß keine sog. ältere, gelbtonige Drehscheibenware des Typs Jagstfeld mehr vorkommt, die nach den Fundverhältnissen in der benachbarten Stadtpfarrkirche St. Dionysius auch in Esslingen bis um die Mitte des 12. Jahrhunderts im Umlauf gewesen sein muß. Eine eng verwandte, gleichfalls gelbtonige Drehscheibenware mit abweichenden Randbildungen (»gelbe, quarzgemagerte Ware«), für die bereits andernorts ein Fortdauern über die Zeit um 1150 hinaus vermutet wurde, ist dagegen zahlreich im Fundgut vertreten (Abb. 240.1, 2). Von größter Wichtigkeit ist die Schichtenabfolge im Denkendorfer Pfleghof für die Beurteilung der rotbemalten Feinware. Hier bestätigt sich durch das Vorkommen ihrer Erzeugnisse von den ältesten Befunden an, die etliche Jahrzehnte vor 1192 liegen müssen, daß die Produktion dieser Qualitätskeramik in Buoch bei Waiblingen bald in der zweiten Hälfte des 12. Jahrhunderts einsetzte. Die schon in Marbach, Steinheim a. d. Murr und weiteren Grabungsorten der letzten Jahre beobachtete Abfolge von Doppelhenkel- zu Bügelhenkelkannen (Abb. 240.3–6) ist am Material des Denkendorfer Pfleghofes im Detail zu studieren. Mit der Ablösung der Doppelhenkel- durch die Bügelkanne macht sich dann die Hinwendung zu dem für die Buocher Feinware so charakteristischen Gitterdekor bemerkbar. Bei den Bügelkannen wiederum wird im Laufe der Zeit eine Weiterentwicklung der anfangs schlichten Ränder (Abb. 240.5) hin zu außen abgesetzten und/oder innen gekehlten Ausbildungen (Abb. 240.6) faßbar.
Bei der »nachgedrehten« Keramik fällt besonders auf, daß mit der sog. älteren Albware (Abb. 240.7, 8) eine Keramikart auftritt, die bislang im engeren Esslinger Umland kaum bezeugt war. Daß die Stücke nicht der auf der namengebenden Alb vorherrschenden kalkgemagerten Variante angehören, paßt zur Lage des Fundortes Esslingen im Albvorland, wo bis hinauf zur Enz im Norden meist sandgemagerte Ausführungen dominieren. Die Stratigraphie im Denkendorfer Pfleghof unterstützt nachhaltig jene Auffassungen, denen zufolge ältere Albware noch nach der Mitte des 12. Jahrhunderts hergestellt worden sein muß. Gegenüber der Albware herrschen bis ins 13. Jahrhundert hinein »nachgedrehte« Gefäße mit profilierten Leistenrändern und meist glatten, seltener gerillten Oberflächen vor (Abb. 240.9–13), wie sie auch sonst entlang des mittleren Neckars geläufig sind. Die frühesten Karniesrandgefäße mit wellig profilierten Schulterpartien als typische Vertreter der gotischen Keramik kommen gegen Mitte des 13. Jahrhunderts auf. Damit stehen die Feststellungen der sechziger Jahre am Fundmaterial aus der Dionysiuskirche ebenso in Einklang wie Beobachtungen, die man an Münzschatzbehältern im gesamten süddeutschen Raum machen kann.
Von noch größerer Bedeutung als die kurz geschilderten Keramikfunde sind einige der nicht

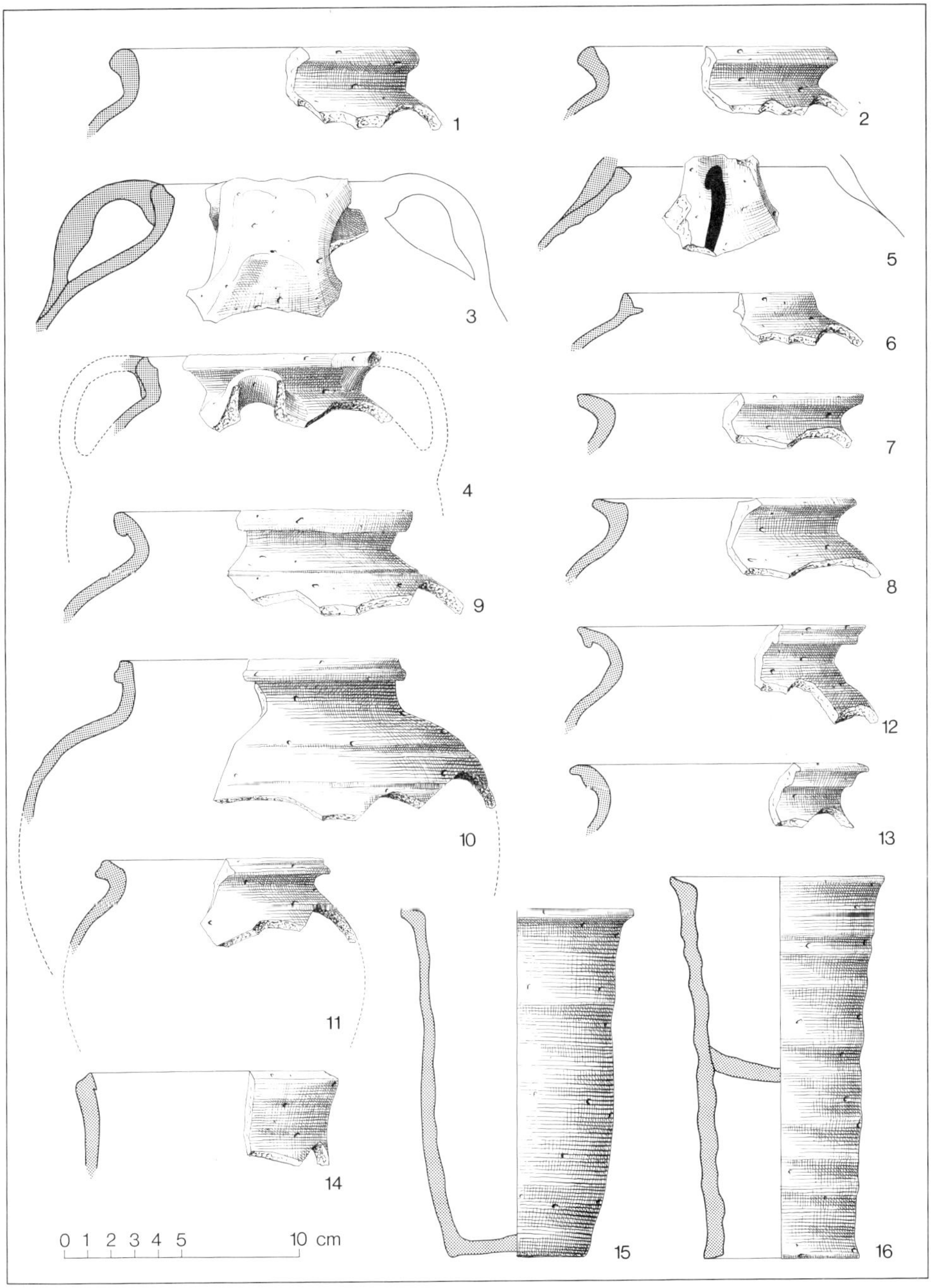

Abb. 240 Esslingen. Denkendorfer Pfleghof. Keramikfunde

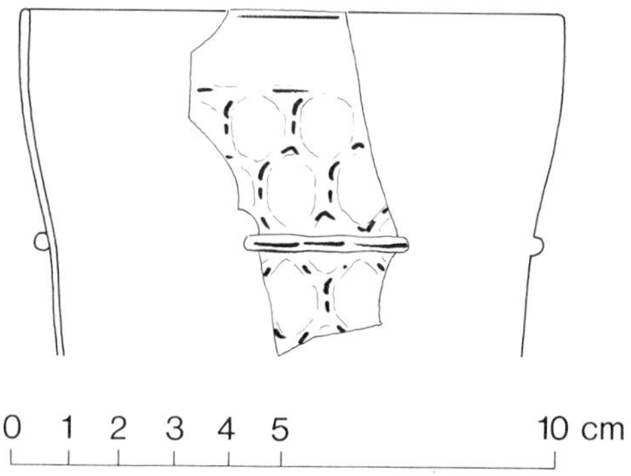

Abb. 241 Esslingen. Denkendorfer Pfleghof. Fragment eines modelgeblasenen Glases mit blauem Halsfaden

allzu zahlreichen Glasfragmente. Abgesehen davon, daß die frühesten farblosen Nuppenbecher, die teilweise einen blauen Halsfaden besessen haben dürften, aufgrund der beiliegenden Keramik im Denkendorfer Pfleghof wohl schon etwas vor der Mitte des 13. Jahrhunderts anzusetzen sind, gewährt das Fundmaterial dieses Platzes noch tiefere Einblicke in die bisher weitgehend unbekannte Geschichte des hochmittelalterlichen Hohlglases. Aus dem Benutzungshorizont des um 1192 erbauten Hauses, mithin aus der Zeit vor oder um 1200, stammen beispielsweise mehrere Fragmente eines grünlichen Glases mit blauer Fadenauflage (Abb. 241). Das becherartige Gefäß mit dem modelgeblasenen Rautendekor steht im 12./13. Jahrhundert bisher einzigartig da; ohne den sicheren Fundkontext würde man es wohl 300 Jahre später ansetzen! Gemeinsam mit weiteren Gläsern, zu denen neben den schon erwähnten Nuppen- auch farblose Rippenbecher und honiggelbe Flaschen mit Fadenauflagen sowie doppelkonische Flaschen sehr geringer Qualität gehören, und dem in großen Mengen angetroffenen Tafelgeschirr der rotbemalten Feinware und früher Ofenkeramik (Abb. 240.14–16) zeugt es von einem Lebensstandard, der auf kaum einer Burg der näheren oder weiteren Umgebung übertroffen worden sein dürfte. *(U. G.)*

Hartmut Schäfer, Uwe Gross

Hochmittelalterliche Keller mit Spaltbohlenwänden aus dem Kornhaus in Tübingen

Bei den archäologischen Untersuchungen im Kornhaus in Tübingen konnten Reste von 2 kellerartig eingetieften Räumen ausgegraben werden, deren Wände aus Holzbohlen bestanden und die zur ältesten Siedlungsphase zählten. Zwar läßt sich der Gesamtumfang der Keller noch nicht ermitteln, da die Baubefunde sich nach Süden über die Grenzen des bestehenden Gebäudes hinaus in die Straße erstrecken, doch waren Freilegungen so weit möglich, daß die Konstruktion greifbar wurde. Vom hochmittelalterlichen Nutzungsniveau aus wurden die Räume etwa 1,3 m mit annähernd senkrechten Wänden in den Schwemmlehm des Ammertales eingetieft und mit einer Holzkonstruktion ausgekleidet. Aufgrund des hohen Grundwasserstandes haben sich die Bauhölzer in beträchtlichem Umfang erhalten, so daß auch Einzelheiten der Konstruktion ablesbar waren. Beiden Kellern war gemeinsam, daß die Umfassungswände aus starken Eichenbohlen bestanden, die senkrecht in

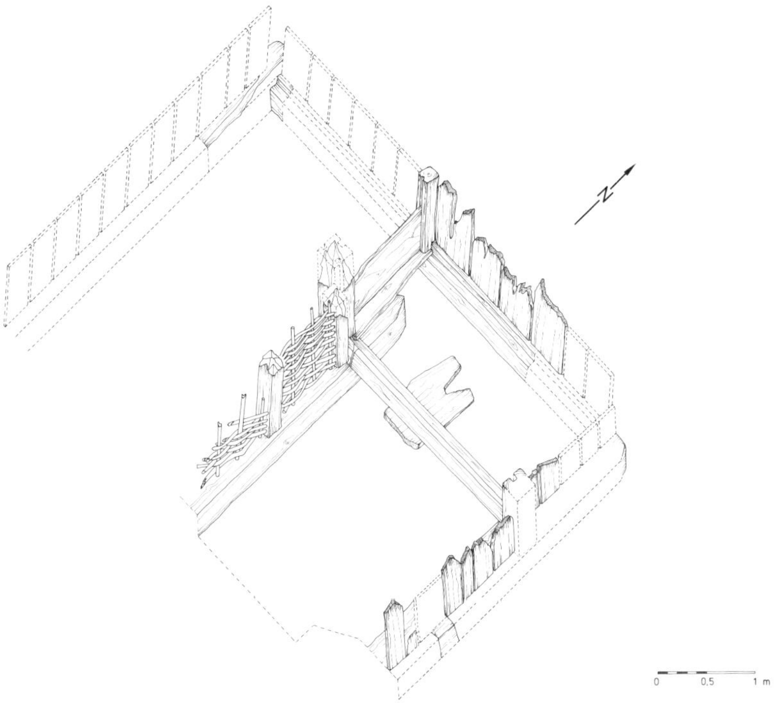

Abb. 242 Tübingen. Kornhaus. Isometrische Darstellung des westlichen Kellers

kräftige Schwellen eingelassen waren. Doch im Detail konnten erhebliche Konstruktionsunterschiede festgestellt werden, wobei der westlich gelegene Raum eine sorgfaltigere und wesentlich exaktere Bauweise erkennen ließ. Da er in den Archäologischen Ausgrabungen 1987 schon ausführlich beschrieben wurde, soll hier nur sein Konstruktionsprinzip (Abb. 242) umrissen werden, ohne auf weitere Einzelheiten einzugehen.

Zumindest an 3 Seiten war der Raum von wuchtigen, nur grob bearbeiteten Eichenschwellen begrenzt, die alle in gleichem Niveau auf dem Boden auflagen und in die 4 cm starke Bohlen senkrecht dicht an dicht eingenutet waren. Die Randschwellen waren weder verkämmt noch verplattet, sie berührten sich nicht einmal. Doch sprachen einige Anzeichen dafür, daß Eckständer im Winkel zwischen die Schwellen eingepaßt und mit Steinen verkeilt waren. Der in einem Umfang von 5 × 5 m erfaßte Raum wurde nahezu in seiner Mitte von einer Nord-Süd verlaufenden Wand unterteilt, deren Schwelle jedoch die Nordwand des Kellers nicht erreichte. In ihr waren Vierkantständer eingezapft, zwischen die eine Flechtwand eingefügt worden war, die durch Staken stabilisiert wurde. Da die Trennwand nur in geringer Höhe erhalten war, konnte nicht mehr festgestellt werden, ob die Ständer mit Riegeln verbunden waren. Doch läßt die Wand die Prinzipien des Fachwerkbaus deutlich erkennen. Hingegen sind die Außenwände der Stabbauweise stark angenähert.

Knapp 7 m östlich und erheblich nach Süden verschoben wurden Reste eines zweiten holzverkleideten Kellers mit wesentlich einfacherem Grundriß freigelegt. Seine östliche Begrenzung lag direkt unter dem Fundament der Kornhausostwand; er erstreckte sich von dort 5,6 m nach Westen. Der Keller konnte indessen nur in einer Breite von etwa 1,5 m bis hin zur Südwand des bestehenden Gebäudes untersucht werden, der weitaus größte Teil des Raumes erstreckt sich in die anschließende Gasse und muß einer späteren Untersuchung vorbehalten bleiben. Doch erlaubt auch dieser beschränkte Ausschnitt Aussagen zur Bauweise des Kellers, die sich in ihrer Konstruktion erheblich von der des westlich gelegenen unterscheidet. Am deutlichsten wird dieser Unterschied in der Anordnung der Schwellen. Zwar wird auch hier der Raum von bis zu 30 cm breiten und maximal 40 cm starken Schwellen begrenzt, die in ihrer Mitte mit einer Längsnut versehen sind, doch liegen die Schwellen nicht in einer Ebene auf dem Kellerboden auf. Vielmehr ziehen die Schwellen der Ost- und Westwand unter die nördliche Schwelle; zwischen ihrer Unterkante und dem Kellerboden war der anstehende Schwemmlehm belassen worden. In die kräftigen Längsnuten der Schwellen wurden starke, unten einseitig abgeschrägte Spaltbohlen gesteckt, die eine äußerst stabile Wand ergaben (Abb. 243). In der Nordwestecke stießen die Spaltbohlenwände unmittelbar gegeneinander, ohne daß die Eckverbindung durch einen zusätzlichen Ständer verstärkt worden wäre. Auch die Ostwand endete offenbar nicht in einem Eckständer, auch wenn 40 cm vor dem Schwellenende 2 schwächere Ständer, die relativ dicht nebeneinander standen, in die Längsnut eingepaßt worden waren. Offenbar setzte sich erst südlich von ihnen die Spaltbohlenwand weiter fort.
Auch wenn die Spaltbohlenwände kräftig genug ausgelegt waren, um die weitere Konstruktion des Gebäudes zu tragen, so wurde doch 3 m von der Westwand entfernt eine Stützenreihe eingebracht, offensichtlich um einen Unterzug der Deckenkonstruktion abzufangen. Auf den Kellerboden wurde ein Sohlholz gelegt, auf das in unregelmäßigen Abständen Ständer gestellt waren. Der erste Ständer wurde unmittelbar an die Schwelle der Nordwand geschoben, und der geringe Zwischenraum zwischen Ständer und Schwelle zusätzlich mit einem Stein verkeilt. Vermutlich sollte durch diese Maßnahme auch die an dieser Stelle unterteilte und aufgekämmte Schwelle an einem Ausweichen gehindert werden. Nur 20 cm vom Ständer entfernt wurde der nächste aufgestellt, ein weiterer folgte in einem Abstand von 70 cm. Auffällig war, daß keiner der Ständer in das liegende Holz eingezapft worden war; sie waren alle lediglich zwischen das Sohlholz und den Unterzug der Dekkenkonstruktion eingespannt.
Ein weiteres von Nord nach Süd verlaufendes Schwellholz wurde nur 90 cm von der Westwand entfernt eingebracht und endete 50 cm

Abb. 243 Tübingen. Kornhaus. Schwelle mit Spaltbohlenwand

vor der Nordwand. Es lag auch höher als die Schwellen der seitlichen Kellerwände und das Sohlholz der mittleren Stützenreihe, im Niveau vergleichbar der nördlichen Schwelle. 40 cm von ihrem Ende entfernt trug sie einen Vierkantständer, der im Gegensatz zu den anderen Ständern jedoch eingezapft war. Die Position dieser Schwelle dicht vor der Westwand, ihr höheres Niveau und der Wechsel in der Konstruktionsart lassen eine spätere Reparatur vermuten, doch erst eine dendrochronologische Untersuchung der Hölzer kann hier zu einer eindeutigen Aussage führen.

Die Nutzung der beiden eingetieften Räume war offensichtlich wegen der eindringenden Feuchtigkeit problematisch. Mehrfach versuchte man, den Boden mit sterilen Tonschichten abzudichten, doch wohl nur mit geringem Erfolg. Jedenfalls wurden die Keller aufgegeben und bis annährend auf das hochmittelalterliche Außenniveau angefüllt. Über die verfüllten Gruben wurde ein neuer Boden gelegt; querliegende Holzbalken dienten einem Dielenboden als Unterleghölzer. Dies könnte dafür sprechen, daß die eingetieften Räume nur einen Teil der ursprünglichen Gebäude darstellten und als Keller in größeren Bauten angelegt worden waren. Sicher ist jedoch, daß der große Stadtbrand von 1280 die Bebauung, zu der auch die aufgelassenen Kellerräume gehörten, völlig zerstörte.

Die reine Stabbauweise des östlichen Kellers mutet wesentlich antiquierter an als die Konstruktion des westlichen eingetieften Raumes mit seinem Wechsel von Stab- und Fachwerkbauweise. Dieser Eindruck wird noch durch die primitivere Bauart verstärkt, die insbesondere in der Anordnung der Schwellen zum Ausdruck kommt. Eine unterschiedliche Nutzung kann allerdings auch zu unterschiedlichen Anforderungen an die Konstruktion führen. Leider ergaben die Untersuchungen keinerlei Hinweise auf die Nutzung der Kellerräume, so daß diese These nicht weiter verfolgt werden kann.

Erhard Schmidt

Literaturhinweis

E. Schmidt, Arch. Ausgr. Bad.-Württ. 1987, 272 ff.

Archäologische Ausgrabungen in Schwäbisch Gmünd, Ostalbkreis

In der Altstadt von Schwäbisch Gmünd, unweit vom Münster und der Brandstatt, liegt das Grundstück Klösterlestr. 2. Ein Brand zerstörte das Wohn- und Geschäftshaus. Im hinteren Teil des Grundstückes kam ein in großen Teilen erhaltener, hochmittelalterlicher Keller zum Vorschein. Eine geplante Neubebauung machte archäologische Untersuchungen notwendig.

Nachdem der Keller 1987 steingerecht aufgemessen und archäologisch untersucht worden war, lag der Schwerpunkt der diesjährigen Kampagne in seinem Außenbereich. Es gelang, an der Nordmauer des Kellers den ursprünglichen, von einer jüngeren Kellerhalsmauer zugesetzten Eingang freizulegen. Gleichzeitig ließ sich die Baugrube des Kellers ermitteln, die nur an der Nordseite vorhanden ist, was den Schluß nahelegt, daß der Keller von Norden her in und gegen den gewachsenen Boden eingetieft worden ist.

Der gut erhaltene rundbogige Südeingang

Abb. 244 Schwäbisch Gmünd. Klösterlestraße 2. Südlicher Kellereingang mit Kanalisationsrinnen

(Abb. 244) hatte ursprünglich ebenfalls einen Kellerhals, von dem aber nur noch die Westmauer im unteren Bereich vorhanden, ansonsten wie die Ostmauer als Ausbruch in der Kelleraußenwand erkennbar war.
Weiterhin wurden die Reste von 2 Kanalisationsrinnen aufgedeckt, die sich von der südlichen Grundstückshälfte bis in den Keller verfolgen ließen und als Zu- bzw. Ableitung gedient haben. Sie waren aus unvermörtelten, grob gearbeiteten Kalksteinen in den gewachsenen Boden gesetzt, mit einer Plattenabdekkung versehen und mit Lehm abgedichtet. Der von der Klösterlestraße kommende Zulauf hatte unterschiedliches Gefälle und führte unter der Türschwelle hindurch in den Keller, wo er sich gabelte; die Ablagerungen in beiden Rinnen enthielten jedoch ausschließlich neuzeitliche Funde.
Östlich des Südeingangs fand sich eine an die Außenmauer ziehende Brandschicht, die mit Hohlziegeln und Gebrauchskeramik stark durchsetzt war. Bei der Keramik handelt es sich um rotbemalte Feinware und um graue, jüngere Drehscheibenware (nach Lobbedey). Besonders hervorzuheben sind Knopf- und Napfdeckel, die Stich- und Stempelverzierung aufweisen.
Westlich des Südeingangs wurden zahlreiche Pfostenstellungen ergraben, die wohl zu einem Grubenhaus gehört haben könnten; diese Interpretation legen auch ein Laufhorizont und die Reste eines Schwellbalkens nahe, die sich direkt oberhalb des gewachsenen Bodens fanden. Der »Innenraum« war mit mehreren Lagen verziegelten Lehms verfüllt. Die übrige Fläche des Grundstücks, zur Klösterlestraße hin, konnte nur teilweise untersucht werden. Schon nach geringer Tiefe zeigten sich neuzeitliche Befunde. Neben Mauerfundamenten und Balkenresten eines Fußbodenunterzuges konnten auch die Fundamente eines Hinterlader-Kachelofens aufgedeckt werden.
Wie schon bei der Grabung an der Brandstatt im Jahre 1987 zeigen die Befunde neben einem Grubenhaus auch einen repräsentativen Wohnbau auf, der in diesem Fall in die Nachfolgebauten integriert war. *Holger Fries*

Literaturhinweise
M. Untermann, Arch. Ausgr. Bad.-Württ. 1987, 276 ff. – H. Schäfer, Arch. Ausgr. 1988, 290 ff.

Bauarchäologische Untersuchungen im ehemaligen Badhaus von Wangen im Allgäu, Kreis Ravensburg

In der Stadterweiterung des 14. Jahrhunderts gelegen, grenzt das ehemalige Badhaus von Wangen unmittelbar an die Stadtmauer, die gleichzeitig die Rückwand der Badstube bildete. Günstig für die Anlage des Bades wirkte sich aus, daß unmittelbar hinter der Stadtmauer die Argen fließt, in die das Abwasser eingeleitet werden konnte. In Schriftquellen wird das »Obere Bad«, offensichtlich ein Vorgänger des bestehenden Badhauses, erstmals 1409 erwähnt. Zunächst privat betrieben, erwirbt die Stadt 1588 die Badstube und ein angrenzendes Gebäude. Noch im gleichen Jahr werden die Häuser abgebrochen und 1589 auf beiden Grundstücken ein neues und wesentlich umfangreicheres Badegebäude im heute noch erhaltenen Umfang errichtet. 1619 brach im Bad ein Feuer aus, doch wird über den Umfang des Schadens nichts berichtet. Ende des 17. Jahrhunderts wird der Badebetrieb in Wangen aufgegeben und das Gebäude in der Folgezeit als Armenhaus, ab 1910 auch als Wanderarbeitsstätte genutzt.

Trotz der mehrfach wechselnden Nutzung hat sich der Baubestand überraschend gut erhalten. Zwar wurden Öfen und Kessel entfernt, aber die Anlage nicht völlig zerstört. Der originale Backsteinboden ist mit seiner Abflußrinne ebenso erhalten wie das von 4 Säulen getragene Kreuzgewölbe der Badestube (Abb. 245). Der gute Erhaltungszustand war ausschlaggebend für den Entschluß der Stadt Wangen, das Badhaus zu sanieren, den Bestand zu sichern, eventuell zu ergänzen, um Architektur und Ausstattung eines mittelalterlichen Badhauses ablesbar zu machen. Dazu waren exakte Bestandserhebungen erforderlich, ergänzt durch archäologische Untersuchungen in Teilbereichen des Gebäudes. Schwerpunkt der Grabungen (Abb. 246) waren die heutige Eingangshalle – der ehemalige Heizraum – und die Räume im westlichen Gebäudeteil. In der Badstube mußte sich die Untersuchung auf kleine, eng begrenzte Bereiche beschränken, in denen der spätmittelalterliche Backsteinboden gestört war, und auf Teile des nördlichen Seitenraumes, in dem dieser Bodenbelag völlig fehlte. Bei diesen Vorgaben verstand es sich von selbst, daß nicht alle Fragen der Bauentwicklung des Badhauses geklärt werden konnten.

Abgesehen von einigen Pfostengruben und einer Feuerstelle, die in den anstehenden Schwemmsand eingetieft waren und wegen fehlender Funde zeitlich nicht eingeordnet werden können, weisen alle freigelegten Baubefunde in die Zeit nach der Stadterweiterung. Unklar ist noch, ob die ältesten Spuren der Be-

Abb. 245 Wangen. Badhaus. Die überwölbte Badstube

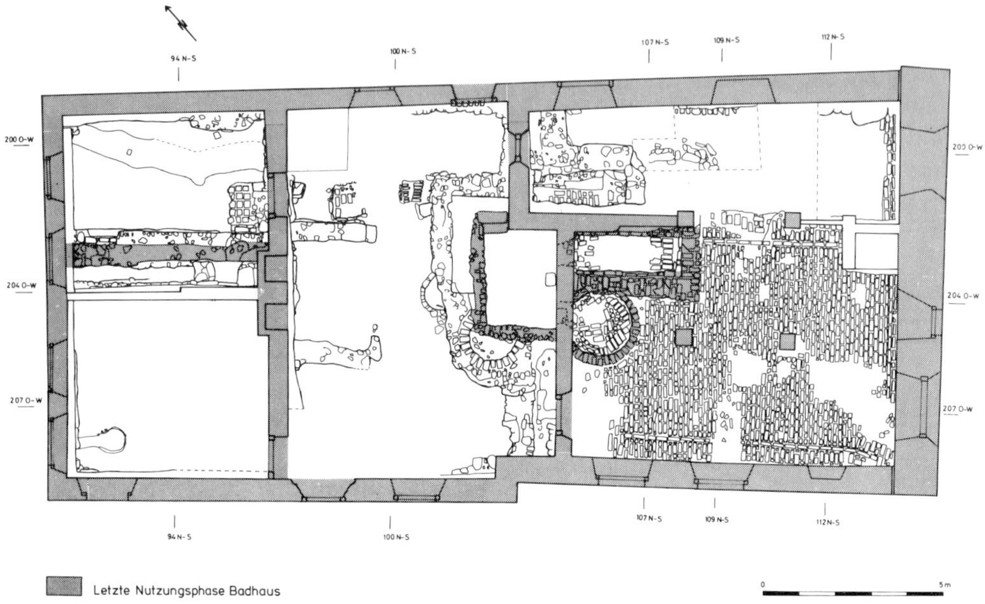

Abb. 246 Wangen. Badhaus. Grabungsgesamtplan

bauung, die vor allem in den westlichen Räumen freigelegt werden konnten, schon im Zusammenhang mit einem Badegebäude zu sehen sind. Reste eines massiven Baukörpers, der sich nach Norden über den Umfang des bestehenden Gebäudes hinaus erstreckt, dienen dem heutigen Badhaus im Westen und teilweise auch im Süden als Fundament. Die Mauern dieser ersten Bauphase sind nur gering fundiert, die Wände weisen einen Wandputz auf, der mit einer Putzkante das Niveau des zugehörigen Fußbodens nachzeichnet. Der Bau war zumindest einmal in Ost-West-Richtung unterteilt und der nördliche Raum mit einem Kalkestrichboden auf einer kompakten Schotterlage ausgestattet. An die Trennwand angebaut war eine rechteckige Ofenplatte, die mit quadratischen Tonplatten ausgelegt und mit großen Feldsteinen eingefaßt war. Nur knapp 1,5 m weiter im Westen fand sich eine weitere rechteckige Ofenplatte; die Konstruktion der Öfen war nahezu identisch. Noch kann nicht eindeutig festgestellt werden, ob die Öfen auch gleichzeitig angelegt wurden, da die stratigraphischen Zusammenhänge von späteren Baumaßnahmen stark gestört sind.

Zu einem späteren Zeitpunkt wurde offenbar im östlichen Teil des Gebäudes ein eingetiefter Raum angelegt, der jedoch nur noch in Rudimenten vorhanden war. Reste einer Treppe aus hochkant gelegten Backsteinen müssen wohl mit dem tieferliegenden Befund im nördlichen Vorraum der Backstube in Verbindung gebracht werden, ebenso wohl auch das Fundament eines kreisförmigen, kleinen Ofens aus Backsteinen, der südlich der Treppe freigelegt wurde. Er könnte Bestandteil eines Bades gewesen sein, möglicherweise des ältesten in Schriftquellen genannten Badhauses. Seine östliche Begrenzung ist nicht eindeutig nachzuweisen; die Badstube indessen dürfte sich dann im Südwestteil des heutigen Gebäudes befunden haben, während der nördlich anschließende Raum mit dem rechteckigen Ofen, der durch eine schmale Tür mit der Badestube verbunden war, als Wärmeraum gedient haben mag.

Die folgende Bauphase setzt den Abbruch des ältesten Badhauses voraus. Teilweise unter Einbeziehung von Resten der Vorgängerbebauung entsteht ein neues Gebäude, das sich möglicherweise schon bis zur Stadtmauer hin ausdehnte. Es wird mit einem eingetieften Heizraum versehen, der mit einschalig aufgebauten, verputzten Mauern aus Schottern und Backsteinen eingefaßt war. Von ihm aus wurde ein runder, aus Backsteinen aufgebauter Ofen beheizt, der südlich an den Heizraum anschloß. An seiner Ostseite geht er in eine Mauer über, die zur Südwand des bestehenden Gebäudes führte und in ihrer Funktion noch nicht zufriedenstellend geklärt ist. Eine Wand zwischen dem Ofen, und damit der Warmwasserzubereitung, und der eigentlichen Badstube erscheint wenig sinnvoll. So kann nicht völlig ausgeschlossen werden, daß mit ihr Reste der ehemaligen Ostwand erhalten sind, daß das Gebäude gar nicht bis an die Stadtmauer reichte.

Stellen sich bei dieser Bauphase noch Fragen nach Gebäudeumfang und Raumaufteilung, so ist dies für die letzte Nutzungsphase des Badhauses unschwer nachzuvollziehen. Das langgestreckte Gebäude wird quer in 3 unterschiedlich breite Bereiche geteilt, die auch unterschiedlich genutzt wurden. Im Mittelteil des Hauses wird – gegenüber der älteren Bauphase leicht versetzt – ein eingetiefter Heizraum angelegt, von dem aus die Öfen der Badstube bedient werden (Abb. 247). Dieser Raum war zugleich auch Eingangshalle. Der Zugang erfolgte von Norden, eine weitere Tür befand sich möglicherweise auch im Süden anstelle des heutigen Eingangs. In einer größeren, mit einem Korbbogen geschlossenen flachen

Abb. 247 Wangen. Badhaus. Der Heizraum mit Resten älterer Ofenanlagen

Nische neben der Tür befand sich in der Südwand ein kleines rechteckiges Fenster mit Holzlaibung und hölzernem Sturz. Weitere Fensteröffnungen waren nicht vorhanden.

Vom Heizraum aus erfolgte der Zugang zu zwei Räumen, die im Westteil des Hauses lagen. Der nördliche, etwas schmälere Raum war durch eine breite Arkade mit dem Heizraum verbunden, der südliche, offenbar die Wärmstube, durch eine Tür mit flachem Korbbogen. Dieser Raum scheint auch wesentlich aufwendiger ausgestattet gewesen zu sein; die Bohlenbalkendecke unterstreicht diese Aussage. Den Raum belichteten ursprünglich 3 Fenster in der Westwand – bei späteren Umbaumaßnahmen wurde das nördliche geschlossen –, ein weiteres befand sich in der Südwand. Hier konnten auch 2 große Wandnischen freigelegt werden, die mit ihren flachen Bögen dem Erscheinungsbild der Fenster entsprachen. In der Nordostecke des Raumes war die Fundierung eines großen, rechteckigen Ofens erhalten, der an die Trennwand angebaut war.

Mit seiner Hilfe wurde die Wärmstube beheizt.
Der nördliche Raum war wesentlich schlichter. In der Westwand wies er 2 Fenster auf, die in ihrer Konstruktion und Abmessung völlig denen des Wärmeraums entsprachen. Ein weiteres, wesentlich kleineres Fenster wurde auf der Nordseite entdeckt. Der Raum war offensichtlich nur mit einer einfachen Holzdecke versehen. Hinweise auf einen Ofen konnten nicht festgestellt werden, dafür fanden sich aber Spuren einer Deichelleitung, durch die das Bad mit Frischwasser versorgt wurde. Der Raum mag als Garderobe oder ähnliches gedient haben; soweit nachweisbar gab es keine Verbindungstür zum Wärmeraum.
Im östlichen Teil des Gebäudes lag die eigentliche Badestube. Durch eine schmale Tür im Norden trat man von der Eingangshalle in einen kleinen, überwölbten Vorraum, der vom südlich anschließenden Bad durch eine Backsteinmauer und im Osten wohl durch eine leichtere Trennwand abgeteilt war. Neben der Tür war in der Wand eine Lichtnische erhalten; in der Nordwand ein von einem flachen Bogen überspanntes Fenster. An die Trennwand zum Vorraum lehnt sich im Bad ein rechteckiger Ofen, der in seinem rückwärtigen Teil einen hohen, gewölbten Ofenaufbau, im vorderen offenbar eine Wärmebank aufwies. Südlich befand sich der runde Ofen mit dem Kessel für die Warmwasserbereitung. Die Badstube war in ihrer letzten Nutzungsphase mit einem flachen Backsteingewölbe überspannt, das auf 4 Säulen ruhte, die aus Ziegeln aufgebaut waren. Gurtbögen aus Formziegeln betonen die Architektur. Der Boden war mit Backsteinen ausgelegt, die weitgehend noch in ihrer Originallage erhalten waren. Vor der Südwand war eine Abflußrinne vorhanden, die das Abwasser durch die Wand nach außen leitete.
Die Badstube erhielt ursprünglich von 3 relativ kleinen Fenstern in der Südwand Licht, die in größeren Nischen mit Korbbögen saßen, später aber verändert oder auch geschlossen wurden. Die Nische des mittleren Fensters reichte jedoch bis zum Boden und war beidseitig mit einer gemauerten Sitzbank versehen. Bei späteren Veränderungen wurde diese Nische geschlossen und das Fenster vergrößert, ein weiteres in die Ostwand, in die Stadtmauer des 14. Jahrhunderts eingebrochen. Auch die Nordwand erhielt ein Fenster, das heute jedoch zugemauert ist.
Unmittelbar neben der Südwand befand sich ursprünglich eine weitere Tür, die durch den Heizraum in den gegenüberliegenden Wärmeraum führte. Von ihr sind jedoch nur die südliche Laibung und der Ansatz des Türbogens erhalten, der Rest wurde ebenso wie eine Lichtnische durch einen späteren Türdurchbruch zerstört.
Es wird nun Aufgabe der Sanierung sein müssen, den hervorragenden Baubefund sorgsam zu sichern und jede Ergänzung kritisch zu überprüfen, um die Architektur dieses spätmittelalterlichen Badhauses zu bewahren.

Erhard Schmidt

Literaturhinweis
K.-Fr. Eisele und R. Falk, 400 Jahre altes Badgebäude in Wangen im Allgäu. Eine Dokumentation zur Jahresausstellung 1989 des Stadtarchivs Wangen i. A.

Baugeschichtliche Beobachtungen im Gebäude Marktstraße 40 in Ravensburg

Die Marktstraße in Ravensburg, die Hauptachse der stauferzeitlichen Stadtanlage, stand schon verschiedentlich im Blickpunkt der mittelalterarchäologischen Stadtforschung. Im Sanierungsgebiet »Oberstadt« konnten mehrfach bei Umbaumaßnahmen einzelner Gebäude Baubefunde beobachtet werden, die wichtige Mosaiksteine zur Kenntnis der Stadtwerdung von Ravensburg abgaben und Rückschlüsse auf die Bedeutung der hochmittelalterlichen Stadt erlaubten. Im Bewußtsein dieser stadtgeschichtlich bedeutsamen Situation wurde hier im Vorfeld der Baumaßnahmen eine umfassende Bestandserhebung in Form möglichst exakter Grund und Aufrißaufmaße durchgeführt, die einer erhaltenden Erneuerung der im Kern meist mittelalterlichen Bebauung als Grundlage dienen sollte. Doch im Konflikt zwischen der Beachtung baustatischer Normen, verbunden mit Anforderungen einer modernen Nutzung mit höchsten Komfortansprüchen einerseits und dem empfindlichen mittelalterlichen Baugefüge andererseits, war es häufig unmöglich, eine substanzerhaltende Erneuerung des historischen Baubestandes konsequent zu verwirklichen.

Das Gebäude Marktstraße 40, in unmittelbarer Nähe des Obertores gelegen, weist in seinem Grundriß (Abb. 248) Eigenheiten auf, die den Sanierungsträger veranlaßten, die Archäologische Denkmalpflege noch vor Baubeginn in die Voruntersuchung einzubeziehen. Im rückwärtigen Teil des Hauses zeichnete sich ein nahezu quadratischer Raum von etwa 6×6,5 m ab, dessen massive 0,85 m breite Mauern im krassen Gegensatz zu den schwachen Fachwerkkonstruktionen der übrigen Wände standen. Lediglich die westliche Umfassungsmauer des Gebäudes hat eine vergleichbare Wandstärke. Der massive, turmartige Raum war nicht nur im Erdgeschoß vorhanden, er war auch im ersten Obergeschoß ablesbar, wenn auch durch eingezogene Zwischenwände stark verändert. Hinzu kam noch eine Unterkellerung in voller Geschoßhöhe, so daß der massive Bauteil eine Gesamthöhe von über 8 m aufweist. Der ursprünglich flach gedeckte Keller war mit einem Tonnengewölbe aus Backsteinen geschlossen.

Für archäologische Untersuchungen stand der Bereich unmittelbar vor dem Turm zur Verfügung, da dort die Anlage eines Aufzugs geplant war. Sie sollten Informationen zur Entstehung und Datierung des massiven Bauteiles liefern. Unter dem modernen Bodenbelag wurde eine Folge von Fußböden und Nutzungshorizonten freigelegt, die jedoch alle jünger als der Turm waren, gegen dessen Mauer sie anzogen. Ältere Schichten waren nicht erhalten. Offenbar wurde das Niveau vor dem Turm im Mittelalter wesentlich tiefer gelegt. Doch konnte der Nachweis erbracht werden, daß die massive Westwand des Gebäudes jünger war als der Turm, da die unteren Laufhorizonte, die noch gegen den Turm anliefen, durch deren Fundamentgrube abgeschnitten wurden.

Das Fundmaterial, Buntmetalle und Schlakken, und die Strukturen, die vor dem Turm freigelegt werden konnten, weisen auf ein metallverarbeitendes Handwerk im Spätmittelalter hin. Dies bestätigen auch Schriftquellen; für das Gebäude läßt sich eine Schmiedegerechtigkeit seit der Mitte des 16. Jahrhunderts in Archivalien nachweisen. Genannt werden Hufschmiede, Schlosser, Waffen- und mehrfach auch Kupferschmiede.

Da aufgrund der Grabungsergebnisse kein

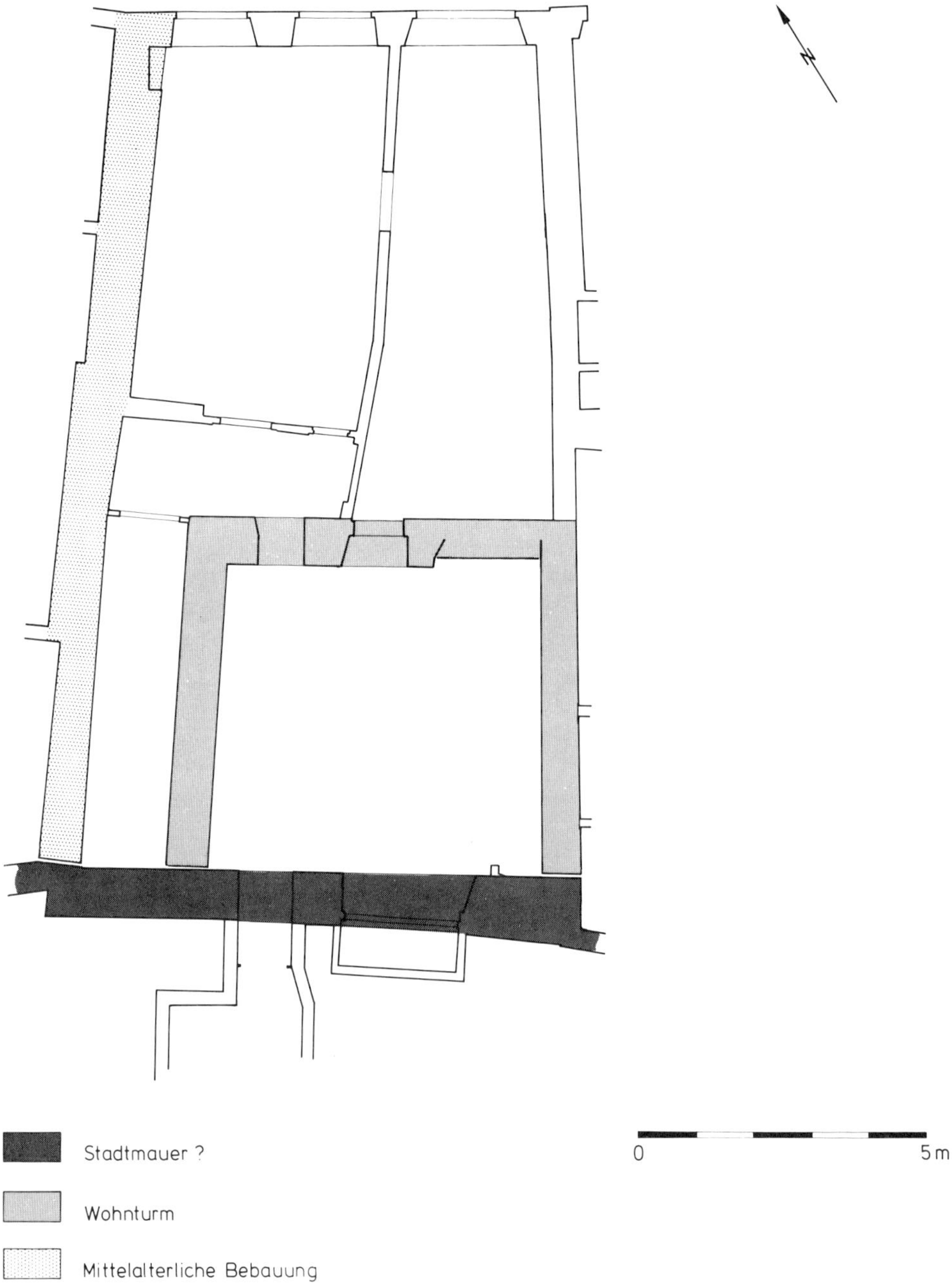

Abb. 248 Ravensburg. Marktstraße 40. Grundriß des Gebäudes

Aufschluß zur Entstehung und Datierung des massiven Bauteils möglich war, sollte versucht werden, über das aufgehende Mauerwerk zu einer Aussage zu gelangen. Nachdem die modernen Dämmplatten, mit denen die Wände des Turmes verkleidet waren, entfernt waren, zeigte sich das verputzte mittelalterliche Mauerwerk unter einer dicken Kalkschlämme. Nur in Teilbereichen fehlte der Putz, hier trat die Struktur der nahezu reinen Wackenmauer zutage. Ein Fischgrätmuster war indessen nur in Ansätzen ablesbar. Lediglich die äußere nordwestliche Turmecke war nicht aus Schottern errichtet, hier waren große Tuffsteinquader verwendet worden. Ob auch die Nordostecke des Turmes einen entsprechenden Befund aufweist, konnte nicht festgestellt werden, da dort die Umfassungsmauer des bestehenden Gebäudes bündig anschloß.

Eine eingehende Untersuchung ergab, daß der Turm an die südliche Mauer des Gebäudes Marktstraße 40 angebaut worden ist. Deutliche Fugen, die sich in allen Geschossen zeigten, trennen ihn von der Südwand. Doch der wichtigste Befund wurde an der Nordwand im ersten Obergeschoß freigelegt (Abb. 249). Etwa 1,5 m von der Ostwand entfernt zeigten sich Reste einer Türöffnung, die ein später eingebrochener Zugang weitgehend zerstört hatte. Erhalten ist der östliche Teil der verputzten Türlaibung mit einem Bogenansatz, der sich wohl zu einer rundbogigen Türöffnung ergänzen läßt. Diese Tür war der ursprüngliche Turmzugang; sein Erdgeschoß besaß zunächst keine Mauerdurchbrüche. Neben der ehemaligen Tür konnte im Obergeschoß ein trapezförmiges, zugemauertes Fenster festgestellt werden, bei dem Holzbretter Sturz, Laibung und Sohlbank bildeten. Nach Aufgabe des Fensters, vermutlich als der Turm in das spätere Gebäude integriert wurde, nutzte man die Öffnung von der Rauminnenseite als Nische, in die ein Regal eingepaßt wurde.

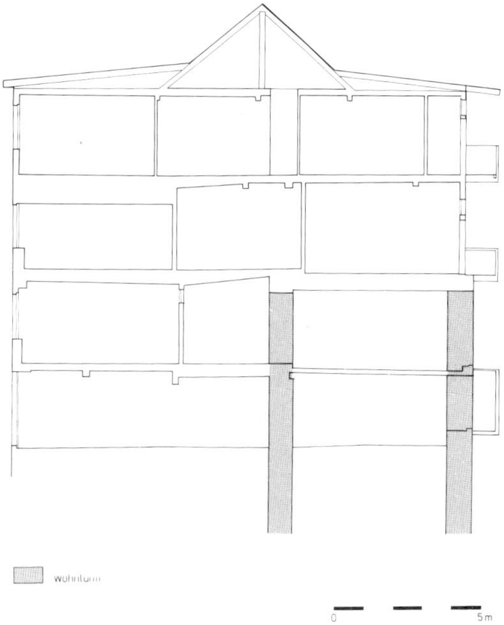

Abb. 249 Ravensburg. Marktstraße 40. Baubefunde in der Nordwand des Turmes

Mauerstruktur und Stärke, Höhe des Bauwerks sowie die Baubefunde im Obergeschoß verdeutlichen, daß im Gebäude Marktstraße 40 in Ravensburg im Kern ein hochmittelalterlicher »Wohnturm« erhalten ist (Abb. 250). Er wurde gegen eine ältere Mauer

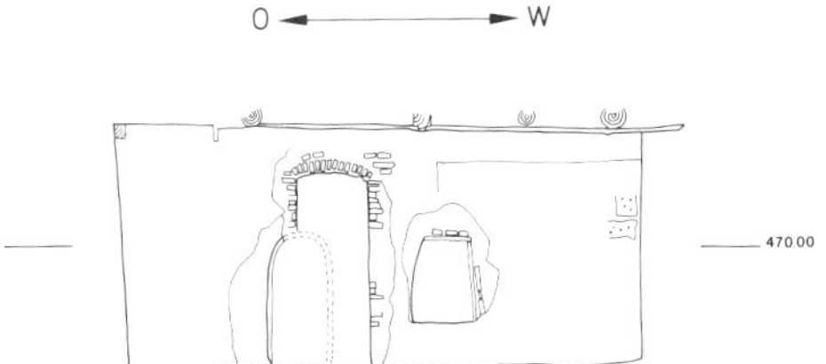

Abb. 250 Ravensburg. Marktstraße 40. Schnitt durch den Wohnturm, 1. Obergeschoß

gebaut, die sich deutlich erkennbar ursprünglich weiter nach Osten und Westen fortsetzte. Aufgrund der topographischen Situation kann es sich bei dieser Mauer nur um eine Stadtmauer gehandelt haben, um die älteste Stadtmauer der stauferzeitlichen Stadtanlage, die aber innerhalb der späteren Ummauerung verlief. Vermutlich war der Wohnturm nur 2 Geschosse hoch massiv gebaut, ein weiteres Geschoß könnte als Fachwerkaufbau vorhanden gewesen sein. Vergleichbare Beispiele finden sich in Pfullendorf; dort sind mehrfach Wohntürme mit Fachwerkaufsatz an die Stadtmauer angebaut worden.
Parallel zu den bauarchäologischen Erhebungen wurden auch dendrochronologische Untersuchungen durchgeführt. Mehrere Probenserien wurden genommen, die eine recht einheitliche Datierung ergaben. Sowohl im Obergeschoß als auch im Erdgeschoß können die originalen Bauhölzer in das Jahr 1315 datiert werden. Dabei zeigte sich, daß die einzigen Hölzer, die vermutlich noch zum älteren Baubestand des Wohnturmes zählten, nicht datierbar waren. Danach wurde 1315 das Gebäude Marktstraße 40 im heutigen Umfang erbaut und der ältere Wohnturm aufgegeben. Die massiven Überreste wurden in die Bebauung integriert. Weder die archäologische Sondierung, noch die dendrochronologische Untersuchung erbrachten eine eindeutige Datierung des Turms. Doch muß aufgrund der gesamten Befundsituation davon ausgegangen werden, daß der Wohnturm im 12. Jahrhundert entstand, unmittelbar nach der ersten Ummauerung der staufischen Stadtanlage.

Erhard Schmidt

Stadtarchäologische Untersuchungen in Mengen, Kreis Sigmaringen

Tal Josaphat. Die archäologische Ausgrabung im »Tal Josaphat« wurde nach eineinhalbjähriger Arbeitszeit fristgemäß im November 1989 abgeschlossen. Das gesamte Areal der geplanten Tiefgarage, insgesamt über 1600 m^2, konnte untersucht werden. Über den archäologischen Befund waren die im Brandkataster überlieferten Grundrisse der 1819 abgegangenen Bebauung im wesentlichen – teilweise bis ins Detail – nachvollziehbar. Es ergaben sich jedoch auch einige Unstimmigkeiten, die hauptsächlich auf Ungenauigkeiten des damaligen Meßverfahrens zurückzuführen sein dürften. Wie erwartet, waren die 1819 abgebrannten Gebäude nicht gleichzeitig errichtet worden. Offensichtlich gab es mindestens eine ältere Steinbauphase, deren Fundamente bei der jüngeren Steinbauphase teilweise wiederverwendet wurden, und die bereits die gleiche Straßenführung aufwies.
Von 18 Häusern beider Bauphasen waren wenigstens 9 teilunterkellert (Abb. 251). Dabei fiel auf, daß die Verfüllung der Keller nicht gleichbedeutend mit einer Auflassung der Gebäude sein muß. Sie ist wahrscheinlich in Zusammenhang mit einer mehrfachen Veränderung des Grundwasserspiegels zu sehen: Der Versuch, in einen der Keller auf höherem Niveau einen neuen Fußboden einzubringen und die Sohltiefe der 10 Brunnen, die nur unwesentlich unter den Nutzungshorizonten der Keller liegt, stützen diese Annahme.
Die Brunnenverfüllungen enthielten sehr große Mengen an Fundmaterial. Aus einem

der Brunnen stammt beispielsweise ein größerer Satz gut erhaltener frühneuzeitlicher Schüsseln, aus einem anderen eine Enghalsflasche, der nur die Tülle fehlt (Abb. 252). Ein dritter Brunnen erbrachte über 6000 Fundstücke, u. a. ein qualitätvolles Püppchen (Abb. 253) und einen gotischen Kachelmodel, auf dem ein Storch oder Fischreiher abgebildet ist, der einen Krebs (?) im Schnabel hält.

Ähnlich fundreich waren die Kellerverfüllschichten. Besonders erwähnenswert ist ein Röllchen silberner Heller in den Resten eines Lederbeutels (vgl. S. 357); es lag, eingebacken in die unterste Verfüllschicht, unmittelbar auf einem Kellerfußboden.

Zu den Steinbauphasen gehören neben einer Anzahl Gruben unbekannter Funktion 2 herausragende neuzeitliche Befunde. Eine kreisrunde Grube mit 2,6 m Durchmesser und noch 0,6 m Tiefe war mit gelbem Lehm abgedichtet und ihre Wände mit einem Ring aus dünnen Birkenhalbstämmen versteift worden. Nach Osten schloß sich ein 3 m langes und 2 m breites, mit Holzstecken begrenztes Rechteck an, das – wie auch die Grube – vorwiegend mit pflanzlichen Resten verfüllt war. Hornzapfen und zahlreiche Lederreste waren in das organische Material eingebettet. Die naheliegende Interpretation der Anlage als Teil einer Gerberei wird dadurch gestützt, daß noch 1795 ein Rotgerber das unmittelbar westlich der Grube gelegene Haus besaß.

Stark modern gestört waren die Reste eines zweiteiligen Töpferofens mit einem Feuerungsraum, in dem auch Kalk gebrannt worden war, und einer größeren, mit Backsteinen ausgelegten Brennkammer. Glasurspritzer auf den Backsteinen und das Fundmaterial in der darüberliegenden Schuttschicht – u. a. Modelfragmente, Kacheln mit Schrühbrand, Glasurproben und Brennhilfen – beweisen, daß hier um 1500 wohl vorwiegend Ofenkacheln hergestellt wurden.

Abb. 251 Mengen. Tal Josaphat. Keller der jüngeren Steinbauphase mit Holztreppe schneidet einen älteren Keller

Abb. 252 Mengen. Tal Josaphat. Enghalsflasche aus einem Brunnen

Abb. 253 Mengen. Tal Josaphat. Tonpüppchen des späten 14./frühen 15. Jahrhunderts

Gleichzeitig mit der/den älteren Steinbauphase(n) bestanden einige Holzbauten und 2 Erdkeller ohne Steineinbauten. Sie waren in humose Kulturschichten eingetieft, die sich bis zum 13. Jahrhundert gebildet hatten. Diese Kulturschichten überdeckten ältere Baubefunde, zahlreiche Pfostengruben und wenige Wandgräbchen von Holzbauten sowie 14 Grubenhäuser. Während sich im Westen des Grabungsareals eine fast einheitliche Ausrichtung der Holzbauten und Grubenhäuser abzeichnete, waren die Pfostengruben im östlichen Drittel so zahlreich, daß Aussagen zu Hausgrundrissen ohne wissenschaftliche Auswertung nicht möglich sind. Jedenfalls dürfte die Befundsituation auf mehrere Holzbauphasen zurückzuführen sein.

Zwei Grubenhäuser in der Osthälfte des Grabungsareals wichen in der Ausrichtung ihrer Längsachsen von den anderen ab. Während die Verfüllungen und die Fußböden der übrigen Grubenhäuser übereinstimmend Scherben gelbtoniger Drehscheibenware und älterer Albware enthielten, wurden in einem der beiden abweichenden Grubenhäuser ausschließlich gelbtonige Drehscheibenware, im anderen wenige Scherben rauhwandiger Drehscheibenware Donzdorfer Art gefunden. Somit konnten, wie erhofft, in der Nähe der St.-Martins-Kirche Besiedlungsspuren aus der vermutlichen Gründungszeit der Kirche nachgewiesen werden.

Neben weiteren frühmittelalterlichen Scherben fanden sich in Pfostengruben und als Streufunde in den humosen Schichten zahlreiche Fragmente römischer Leistenziegel, etwas Terra sigillata und prähistorische Scherben. Das vorgeschichtliche Fundmaterial kann überwiegend in die Spätbronze-/Urnenfelderzeit datiert werden, ungefähr in die Zeit der bekannten Mengener Wagengräber. Ältestes Fundstück ist eine wahrscheinlich mittelneolithische kantenretuschierte Silexklinge mit Sichelglanz.

Östlicher und Westlicher Stadtgraben. Bereits 1988 waren bei einer Baumaßnahme am Östlichen Stadtgraben u. a. die Reste des Stadtmauerfundaments und eines Turmfundaments sowie Spuren einer »vorstädtischen« Besiedlung in zeitlichem und räumlichem Sinn beobachtet worden. Der Fortgang der Baumaßnahme ermöglichte es 1989, einen Querschnitt durch den Zwinger, die Zwingermauer und den Ansatz des Stadtgrabens zu dokumentieren. Weitere Aufschlüsse über den Stadtgraben dürfte der geplante Bau einer Tiefgarage im unmittelbar angrenzenden Bereich erbringen.

Ein Neubau am Westlichen Stadtgraben auf ei-

nem kleinen, stark modern gestörten Grundstück ergab auch dort, bei minimalem Aufwand, einen Einblick in die archäologische Befundsituation.
Im nördlichen und im südlichen Profil der Baugrube waren Keller mittelalterlicher Häuser angeschnitten worden, die unmittelbar an die Innenseite der Stadtmauer angebaut waren. Keramik aus dem Fußboden des nördlichen Kellers ist in das 15. Jahrhundert zu datieren. Die Stadtmauer war in dunkle humose Lehmschichten eingetieft, wie sie in vergleichbarer Art auch am Östlichen Stadtgraben und im Tal Josaphat beobachtet worden waren. Wie an den beiden anderen Fundorten enthielten diese Kulturschichten einige kalkspatgemagerte Scherbchen des 11. bis 13. Jahrhunderts, aber auch einen rollstempelverzierten Scherben des 6./7. Jahrhunderts. Mehrere Pfostengruben und ein Sohlgräbchen (?) bewiesen, daß auch hier die Besiedlung vor der Befestigung der Stadt im (späten?) 13. Jahrhundert über die spätere Stadtgrenze hinausreichte.
Die Ergebnisse der beiden Baustellenbeobachtungen ergänzen in überraschender Weise das bei der archäologischen Ausgrabung im Stadtzentrum gewonnene Bild von der Besiedlungsgeschichte Mengens.

Beate Schmid

Literaturhinweise

W. Bleicher, Das alte Mengen, 1988 – E. Schmidt. Arch. Ausgr. Bad.-Württ. 1987, 296 ff. – B. Schmid, ebda. 1988, 298 ff.

Stadtarchäologie in Kirchheim unter Teck – Grabungen und Notbergungen 1989

Im Laufe des Jahres 1989 konnten eine Ausgrabung (Dreikönigstraße 9, 9A), eine größere Fundbergung (Turmstraße 2, 2A) und 4 kleinere (Kornstraße 1, Klosterbereich, Schlößle im Freihof, Ötlinger Tor) durchgeführt werden. Diese Arbeiten waren nur dank des unermüdlichen Einsatzes einiger erfahrener Helfer möglich, denen hier ausdrücklich gedankt wird. Im folgenden sollen erste, für die Stadtgeschichte wichtige Ergebnisse vorgestellt werden.
Anfang März wurde im Bereich des ehemaligen Frauenklosters – jetzt Finanzamt – ein 0,5 m breiter und 0,6 m tiefer Graben für ein Starkstromkabel ausgehoben. 2 m nördlich der Nordwestecke des Hauses Alleenstraße 118 konnten erstmals ältere Keramikreste aus dem Bereich des ehemaligen Kirchheimer Frauenklosters geborgen werden. Neben einer Anzahl rottoniger, auf weißer Engobe grün glasierter Schüsselkachelreste, einzelnen rottonigen und wenigen schwarztonigen Gefäßresten fielen die Fragmente von 2 oder 3 größeren, helltonigen Töpfen mit Karniesrand auf. Der Scherben ist hellgrau, der Ton äußerst fein und die Gefäßoberfläche mit schräglaufenden dreieckigen Leisten verziert, die an ihrem oberen Ende Fingertupfen aufweisen. Diese Art von Keramik ist in Kirchheim bisher nur aus der Verfüllung des Brunnens in der Sofienstraße, in einigen Stücken aus dem Keller des ehemaligen Gebäudes Turmstraße 2 sowie aus der Grube mit den Kachelofenresten auf demselben Gelände bekannt. Zwischen den Keramikresten lag Schutt einer Dachdeckung, die aus halbrunden Tonziegeln und Schieferplat-

ten bestanden haben muß. Der im ehemaligen Klosterareal entdeckte Schutt dürfte aus der ersten Hälfte des 16. Jahrhunderts und aus dem zentralen Bereich des Klosters stammen (1525 Plünderung des Klosters, 1538 Abriß der Klosterkirche). Ob der nur knapp unter der heutigen Oberfläche liegende Schutt sich noch in Originallage befindet oder beim Bau des Kellers des benachbarten Hauses umgelagert wurde, konnte nicht geklärt werden.

Eine größere Notbergung unter erschwerten äußeren Bedingungen während der Aushubarbeiten erforderten die Baumaßnahmen auf dem Grundstück Turmstraße 2/2A unmittelbar hinter der ehemaligen Stadtmauer im Bereich des alten Jesinger Torviertels. Die Untersuchungen konnten nur in Verbindung mit den Baggerarbeiten vorgenommen werden.

Im Norden des 24 m langen und 12 m breiten Baugeländes, dessen gesamte Fläche vor dem Abriß ein Nord-Süd orientiertes Gebäude einnahm, konnte der Boden eines noch vorhandenen, kleinen Gewölbekellers teilweise untersucht werden. Er war 7,65 m lang und 4,65 m breit. 4 m von seiner Ostwand entfernt war im Gewölbe eine Baufuge deutlich zu erkennen. Der Keller war in späterer Zeit offenbar verlängert worden, eine Umbaumaßnahme, die in Kirchheim in vielen Gewölbekellern beobachtet werden kann. Die älteste Keramik des Laufhorizontes, darunter eine Wandungsscherbe mit einer aufgelegten, schräg verlaufenden dreieckigen Leiste, datiert in das Ende des 15. oder die erste Hälfte des 16. Jahrhunderts. Demnach könnte der ältere Teil des Kellers noch im 15. Jahrhundert erbaut worden sein und dürfte zu einem schmalen Ost-West gerichteten Gebäude gehört haben.

Neben diesem Keller wurde ein noch vor dem Stadtbrand von 1690 zugeschütteter Keller ohne Gewölbe von 3,5 × ca. 4,2 m entdeckt. Das ehemals darüber stehende Gebäude dürfte also ebenfalls schmal und Ost-West gerichtet gewesen sein. In dem Verfüllungsschutt des Kellers wurden eine große Menge grünliches Fensterglas und entfärbte Butzenglasscheiben beobachtet, teilweise auf größeren Flächen dicht gepackt. Glasfunde dieser Art sind in der Kirchheimer Innenstadt schon mehrfach beobachtet worden, so daß in vorstadtbrandzeitlichen Gebäuden bei Glasfenstern vielerorts Butzenfensterscheiben angenommen werden können. Unter den zahlreichen Glasgefäßresten dieses Kellers konnten als jüngste Stücke sog. Warzenbecher festgestellt werden. Sie machen eine Auffüllung des Kellers um die Mitte des 17. Jahrhunderts wahrscheinlich. Eine größere Menge grün glasierter quadratischer Ofenkacheln mit einer Seitenlänge von ca. 17 cm waren ebenfalls im Fundgut, darunter mehrere Stücke mit den Porträts eines Fürstenpaares. Unter den vielen Gefäßresten war die Entdeckung eines Krugfragmentes des 17. Jahrhunderts aus Raeren im Rheinland eine Besonderheit. Es handelt sich erst um das zweite Steinzeugfragment aus dem Rheinland, das in der Kirchheimer Innenstadt gefunden worden ist, doch schon jetzt läßt sich die Verfüllung wohl als Renovierungsschutt aus einem Haus höherer sozialer Schicht bestimmen.

Eine rechteckige Grube von 3,5 m Länge (Nord-Süd) und gut 2 m Breite, die sich 6 m südlich des oben beschriebenen Kellers im Bereich des Grundstückes Turmstraße 2A befand, konnte in ihrer Funktion bisher nicht bestimmt werden. Eine Mauer als Begrenzung war nur noch an der schmalen Südseite feststellbar. Die Grube reichte bis 2,65 m unter die heutige Oberfläche und enthielt wichtige Funde.

Besonders erwähnenswert ist eine große Anzahl von Fragmenten eines Kachelofens. Die meisten Kacheln sind unverziert und auf weißer Engobe grün glasiert. Rechteckige oder quadratische Kachelfragmente haben eine

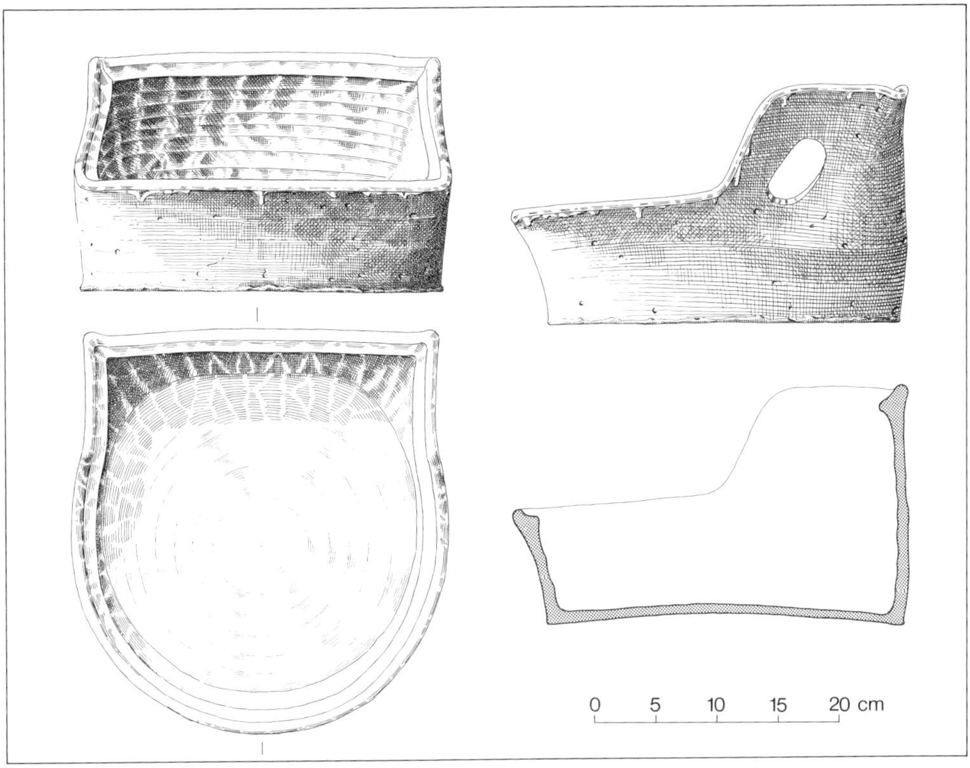

Abb. 254 Kirchheim unter Teck. Turmstraße 2A. Grün glasiertes Handwaschbecken, Ende 15./Anfang 16. Jahrhundert

sog. Diamantenquaderung, die in 2 verschiedenen Größen vorkommt. Sie sind wohl dem Ober- bzw. Unterbau des Ofens zuzuordnen. Ein Kachelfragment zeigt einen Ritter zu Pferde nach links; ein Motiv, das zum Beispiel in fast identischer Form aus dem Schwarzenburgfund von Waldkirch bei Freiburg bekannt ist. Von der Bekrönung des Ofens sind mehrere Exemplare vollständig gefunden worden, sog. Kranzkacheln, die oben spitz ausgezogen sind und eine Maske mit Ranken zeigen, die vom Mund der Maske ausgehen. Von der Bekrönung des Ofens stammen ferner kleine glasierte Tonplatten mit Zinnen und gotischem Maßwerk. Der Ofen dürfte am Ende des 15. Jahrhunderts entstanden sein. In der Grubenverfüllung fand sich außerdem viel Keramikbruch von Vorratsgefäßen aus roten oder hellen Tonen, z. T. mit auf den Schultern horizontal umlaufenden roten Streifen. Schwarztonige Ware ist in dem Komplex ausgesprochen selten. Nur eine kleine Kanne »Kirchheimer Art« mit einem Henkel mit randlichen Fingertupfen konnte annähernd vollständig zusammengesetzt werden. Herausragend war ferner ein grün glasiertes Handwaschbecken, das vollständig zusammengesetzt werden konnte (Abb. 254).

Als Zeitpunkt der Verfüllung der Grube kommt der vorhandenen Keramik entsprechend frühestens die zweite Hälfte des 16. Jahrhunderts in Frage. Ebenso dürfte auch hier als Herkunft ein Haus höherer sozialer Schicht (Adel?) in Frage kommen. Möglicherweise stammt der Schutt aus einem in der Nähe befindlichen Adelssitz, dem alten Oberamtsgebäude, das 1618 im Besitz derer von Remchingen war.

Die bedeutendste Fundstelle lag im Kirchheimer Stadtviertel »Heidenschaft«, zwischen der Dreikönig- und der Sofienstraße, westlich neben der ehemaligen Gaststätte Dreikönig. Hier sollten die Grundstücke Dreikönigstraße 9, 9A und Sofienstraße 8, insgesamt 23 m lang und 9 m breit, vollständig neu überbaut werden. Da Teile des Grundstückes nicht unterkellert waren, wurde in der Zeit von Mai bis September eine Notgrabung durchgeführt.

In der Mitte des Grundstücks wurde ein kleiner, nahezu quadratischer Keller von 4,5 m Seitenlänge mit einer späteren Erweiterung von 2 m Breite und 1 m Tiefe im Norden entdeckt. Er war noch vor dem Stadtbrand 1690 zugefüllt worden und enthält hervorragende Fundstücke. Die Verfüllung dieses Kellers, zwischen 1660 und 1690, kann sehr genau datiert werden, da knapp über dem Boden der Kellererweiterung ein Nürnberger Rechenpfennig aus der Zeit nach 1660 entdeckt wurde. Der Boden des ursprünglichen Kellers war mit einem 10 cm dicken Lehmauftrag abgedeckt, der Funde aus der ersten Hälfte des 16. Jahrhunderts enthielt. Damit kann auch seine Entstehungszeit abgeschätzt werden. Die Verfüllung dieses Kellers enthielt neben viel Keramik – darunter einzelne Kannen und eine größere Anzahl buntglasierter Schüsseln mit Fiedermuster – ausgesprochen viel Glas. Die Glasfunde, farbiges Glas, Stiele von Hohlbalustergläsern mit Löwenmaske, Spechter und viele Fragmente von Warzenbechern, sind in ihrem Spektrum – bis auf die Warzenbecher – durchaus den Gläsern des 17. Jahrhunderts aus Ulm, Neuer Bau, Latrine, vergleichbar.

Besondere Beachtung verdienen aber die in dieser Verfüllung entdeckten, graphitierten Ofenkacheln der Renaissancezeit, vor allem Porträtmedaillons und Architekturkacheln, von denen größere Mengen gefunden wurden (Abb. 255). Wahrscheinlich gehören sie alle zu einem Ofen. Der besondere Reiz dieses Fundes liegt natürlich in der Bestimmung der Porträts und vielleicht auch des Bildprogrammes dieses Ofens, was aber noch nicht abschließend gelungen ist. Nach den ersten Vergleichen lassen sich möglicherweise König Ferdinand und seine Frau Anna von Böhmen und Ungarn (Abb. 255.a, b) sowie Herzog Ulrich von Württemberg und seine Frau Sabina von Bayern (Abb. 255.c, d) identifizieren. Die Bestimmung des zweiten Paares als württembergisches Herrscherpaar wird unterstützt durch die Feststellung, daß gerade dieses Paar in identischen, verkleinerten Abbildungen auf grünglasierten Ofenkacheln in Kirchheim u. T. weit verbreitet war. In fast jedem verfüllten Keller, vor allem in denen mit Stadtbrandschutt von 1690, werden verbrannte Fragmente dieser grünglasierten Kacheln gefunden.

Als Entstehungszeit des großen, graphitierten Kachelofens kommt nur die Zeit nach der Rückkehr Herzog Ulrichs ab 1534 in Frage. Herzog Ulrich, der sich in Kirchheim immer besonderer Beliebtheit erfreuen konnte und die Stadt ab 1538 zur Landesfestung ausbauen ließ, dürfte mit diesem Ofen ein besonderes Denkmal gesetzt worden sein, ein Ofen, der wahrscheinlich eine Lebensdauer von ungefähr 130 Jahren erreicht hat.

Zu diesem Ofen gehörten möglicherweise auch die vielen Gesimsteile und die Kacheln mit immer nur der gleichen Architekturszene, ein an einem Geländer angeketteter Affe in

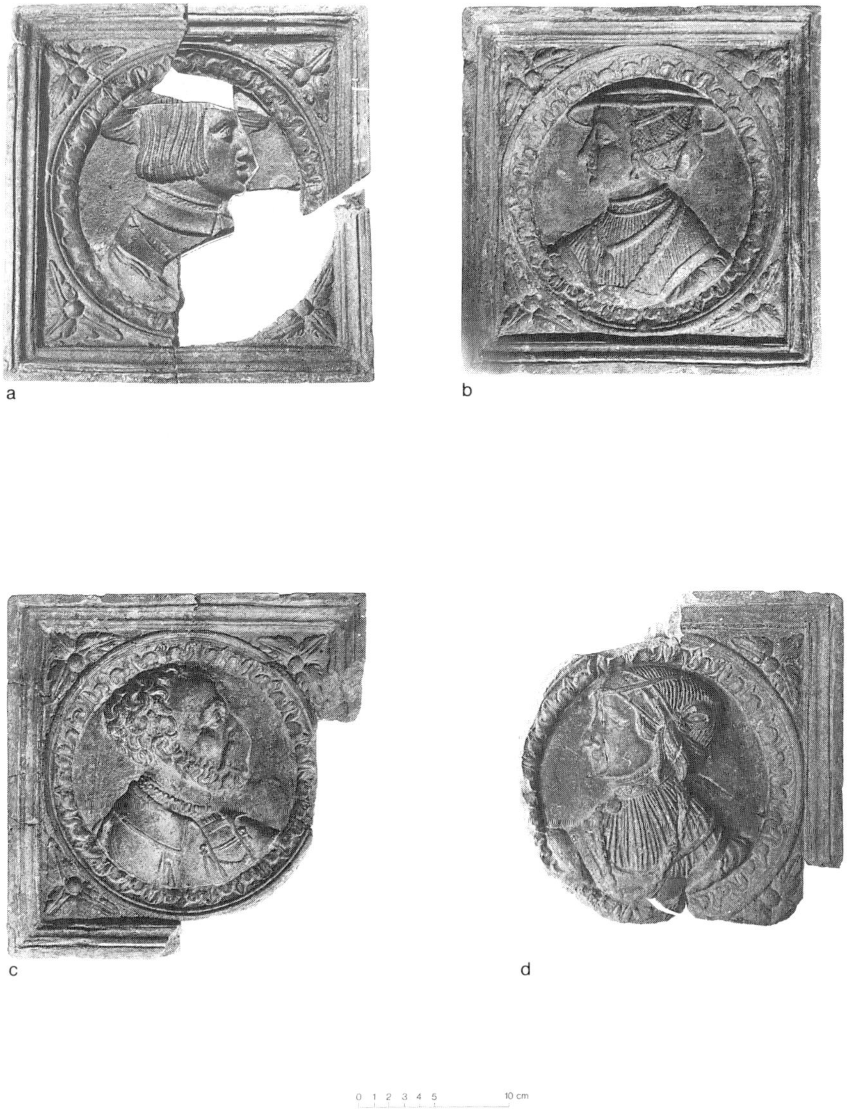

Abb. 255 Kirchheim unter Teck. Dreikönigstraße 9/9A. Teile eines graphitierten Kachelofens mit Fürstenporträts, 1. Hälfte 16. Jahrhundert. a König Ferdinand I. (Rekonstruktion aus verschiedenen Kachelstücken), b Anna von Böhmen und Ungarn, c Herzog Ulrich von Württemberg, d Sabina von Bayern

einem Palast, der in einen Spiegel schaut und dem im hinteren Bildteil ein gut gekleideter Mann zuschaut. Dargestellt ist hier wahrscheinlich die höfische Untugend der Eitelkeit. Weitere Themen der Kacheln entstammen dem Neuen Testament oder sind weitere Porträts, z. T. sicher Allegorien. Eine abschließende Beurteilung dieses Ofenkachelfundes wird allerdings einer späteren, gründlichen Behandlung dieses Fundkomplexes vorbehalten sein, wobei hier aber durchaus schon angedeutet werden soll, daß zwischen diesem Fundkomplex und dem alten Gasthof Dreikönig ein Zusammenhang bestehen kann. Weitere wichtige Kachelfunde dieser Fundstelle sind Fragmente mehrfarbig glasierter Ofenkacheln, die sowohl in der beschriebenen Kellerverfüllung als auch in einer ca. 9 m weiter südlich festgestellten Stadtbrandverfüllung über einem Gewölbekeller entdeckt wurden. Diese Fundstelle hat auch einen außerordentlich interessanten Komplex barocker Gebrauchs- und Tischkeramik erbracht, darunter einen mit der Jahreszahl 1717 gekennzeichneten Spruchteller: »Lieb nur mich allein oder lass sein.« Zu aller Überraschung lag in diesem Fundkomplex der »Heidenschaft« am Rande eines Haufens größerer Bach- oder Flußkiesel der Kopf einer kleinen Sandsteinstatue aus der Zeit um 1470/80, die wohl als Bischof angesprochen werden kann.

Rainer Laskowski

Fundmünzen aus Württemberg

Die Zahl der 1989 dem Münzkabinett des Württembergischen Landesmuseums zur Bearbeitung neu vorgelegten Fundmünzen war relativ gering. So konnte nach Maßgabe der dafür zur Verfügung stehenden Zeit auch die Reinigung und Bestimmung verschiedener Fundkomplexe aus den Vorjahren fortgesetzt werden.

Das bedeutendste Fundstück war als eigentlich nicht-numismatischer, aber in seinen Darstellungen von Münzbildern abhängiger Gegenstand eine goldene Preßblech-Scheibenfibel aus dem alamannischen Gräberfeld von Lauchheim (Ostalbkreis) (Abb. 256.a). Die Fibel, die einen Durchmesser von 3,8 cm hat und 7,44 g wiegt, ist aus 2 getrennt gepreßten Scheiben zusammengesetzt. Sie sind geradezu nahtlos miteinander verbunden. Die Vorderseite zeigt die von vorne gesehene Darstellung eines thronenden gekrönten Herrschers mit einer Art Globus und einem in Blättern endenden Zepter. Auf der Rückseite erscheint ein nach rechts gerichtetes barhäuptiges Brustbild mit Diadem, vor dem im Feld ein zepterartiger Stab angebracht ist. Außerdem trägt die Rückseite die ebenfalls aus Gold bestehende Befestigungs- und Haltelasche der nur noch in Teilen erhaltenen kupfernen oder bronzenen Nadel. Beide Seiten weisen eine nicht lesbare »Umschrift« aus buchstabenähnlichen Zeichen auf, die jeweils unten von der bildlichen Darstellung unterbrochen wird. Eine Fibel dieser Art scheint bisher so gut wie unbekannt. Entfernt vergleichbar ist ein Stück aus Bronzeblech, das in Eichstetten (Kreis Breisgau-Hochschwarzwald) zutage kam und eine ebenfalls von vorne gesehene Darstellung der thronenden Roma zeigt. Daß die Bilder der Lauch-

Abb. 256 Lauchheim. a goldene Preßblech-Scheibenfibel aus dem alamannischen Gräberfeld mit möglichen Vorbildern des Justinian I. (1, 3, 4) und des Phocas (2); b württembergischer Kreuzer von 1783 aus dem Aushub. Maßstab 1:1

heimer Fibel jedenfalls auf Münzdarstellungen zurückgehen, mag die in Abb. 256 gegebene Gegenüberstellung mit 4 byzantinischen Kupferprägungen Justinians I. (1, 3 und 4) und des Phocas (2) veranschaulichen. Allerdings stellen diese 4 Stücke nur einen kleinen Ausschnitt aus der großen Palette möglicher Vorbilder dar. Denn neben den Darstellungen der im Format ungefähr gleich großen byzantinischen Kupferprägungen könnten auch entsprechend vergrößerte Bilder der kleinerformatigen Goldmünzen oder sogar früherer Ausgaben

Abb. 257 Sontheim/Brenz. Süddeutsche keltische Kreuzmünze des Reichenhaller Typs. Maßstab 1:1 und 2:1

a
b
c
d
e
f
g
h
i
k
l
m
n
o
p
q
r
s
t
u

Abb. 258 Walheim. Münzschatz von 25 Denaren aus dem 1./2. Jahrhundert n. Chr. im Fundzustand und Einzelbilder. Prägungen des a Nero, b und c Vitellius, d–m Vespasian, n–p Titus, q–t Domitian, u–x Trajan, y Hadrian und z Antoninus Pius. Maßstab 1:1

übernommen worden sein. Aus bildlichen und zeitlichen Gründen kommen bei den hier herangezogenen Vergleichsstücken vielleicht eher die zwischen 532 und 547 entstandenen Prägungen Justinians I. (527–565) in Frage, auch wenn sie aus so verschiedenen und weit voneinander entfernten Münzstätten wie Antiochia, Karthago und Rom stammen. Die Münze des Phocas (602–610) wurde erst im Jahre 604/605 in Kyzikos geprägt. Als regelrechte Lauchheimer Fundmünze ist der Vollständigkeit halber das im Aushub vorgefundene Bruchstück eines württembergischen Kreuzers von 1783 anzuführen (Abb. 256.b). Die mit Abstand älteste Fundmünze des Berichtsjahrs ist eine keltische Silberprägung, die auf einem Acker bei Sontheim/Brenz (Kreis Heidenheim) aufgelesen wurde und zur Gruppe der süddeutschen Kreuzmünzen gehört (Abb. 257). Es handelt sich dabei um den ersten aus Württemberg stammenden Beleg für den sog. Reichenhaller Typ. Diese Spielart der in verschiedenen Ausgestaltungen vorliegenden Kreuzmünzen, die grob in die erste Hälfte des 1. Jahrhunderts v. Chr. zu datieren sind, zeigt auf der Vorderseite einen mehr oder weniger glatten gewölbten Buckel und auf der konkaven Rückseite als Zierat in den Winkeln des namengebenden Kreuzes eine Folge von Zeichen, die aus einem V, einem Torques (dem keltischen Halsring), einem Kreis mit Zentralpunkt und drei Punkten bzw. Kugeln besteht. In diesem Zusammenhang ist ergänzend anzumerken, daß 1989 auch bei den Grabungen im Konstanzer Pfalzgarten eine keltische Kreuzmünze, und zwar des Typs von Schönaich, gefunden wurde. Dieser Typ, der nach dem bereits vor fast 140 Jahren entdeckten Münzschatz von Schönaich (Kreis Böblingen) benannt ist und zu dem weitere Fundnotizen aus Württemberg vorliegen, dürfte dem Reichenhaller zeitlich vorausgehen. Aufgrund seines »außerwürttembergischen« Fundorts braucht das Konstanzer Exemplar hier aber nicht weiter vorgestellt zu werden.

Als umfangreichste römische Fundgruppe konnte ein Schatz von 25 Denaren bearbeitet werden, der schon 1988 bei der großen Grabung des Landesdenkmalamts in Walheim (Kreis Ludwigsburg) entdeckt worden war (Abb. 258). Die größtenteils völlig miteinander verbackenen und mit einer dicken Oxidschicht überzogenen Münzen wurden chemisch so weit gereinigt, daß sie sich voneinan-

der lösen und bestimmen ließen. Auf die Entfernung schwärzlicher Verfärbungen und metallischer Beläge, die sich besonders an den Stellen gebildet hatten, an denen die Münzen fest miteinander verbunden waren, wurde bewußt verzichtet. Sie wäre nur unter weiteren starken Substanzverlusten möglich gewesen. In ihrer Zusammensetzung weist diese Fundgruppe ein recht ähnliches Bild auf wie der aus 3 Denaren und 15 Kupfermünzen bestehende, ebenfalls in Walheim entdeckte Schatz, der bereits in den Berichten für 1987 und 1988 vorgestellt wurde. Die älteste Münze ist eine zwischen 64 und 68 n. Chr. geprägte Ausgabe des Nero (258.a), die jüngste eine im Jahre 147/148 n. Chr. entstandene Emission des Antoninus Pius (258.z). Innerhalb dieses Rahmens fällt das Schwergewicht auf insgesamt 16 Prägungen der flavischen Kaiser, und zwar auf 9 des Vespasian aus den Jahren 69/71–75 (258.d–m), 3 des Titus aus den Jahren 79 und 80 (258.n–p) und 4 des Domitian (auch als Thronfolger) aus den Jahren 73–93 (258.q–t). Weiterhin vertreten sind Vitellius mit 2 Stücken aus dem Jahre 69 (258.b und c), Trajan mit 4 Münzen aus den Jahren 98–117 (258.u–x) und Hadrian mit einer Prägung aus der Zeit von 125–128 (258.y). Neuere Funde, die aus Walheim stammen, waren 2 Kupfermünzen des Domitian und Trajan, die auf dem Ende 1988 geräumten Grabungsgelände aufgelesen wurden, sowie je ein Sesterz des Vespasian und Titus und ein Dupondius des Hadrian, die bei der kleinen Grabung des Jahres 1989 zutage kamen.
Einige weitere römische Fundmünzen lieferten ferner die Grabungen des Landesdenkmalamts in Jagsthausen (Kreis Heilbronn), Mundelsheim (Kreis Ludwigsburg), Bietigheim-Weilerlen (Kreis Ludwigsburg), Korntal-Münchingen (Kreis Ludwigsburg) und Nürtingen-Oberensingen (Kreis Esslingen). Von den

Abb. 259 Römische Fundmünzen von verschiedenen Orten. a–c Denare des Commodus, der Plautilla und der Julia Paula aus Jagsthausen; d–f Denare des Elagabal und Severus Alexander aus Mundelsheim, g–i Denar des Commodus und Antoniniane des Gordianus III. und Claudius Gothicus aus Bietigheim-Weilerlen. Maßstab 1:1

Abb. 260 Mengen. Schatzfund von 18 Hellern des 14. Jahrhunderts in verschiedenen Stadien der Reinigung, z. T. noch mit anhaftenden Lederresten. Maßstab 1:1

3 erstgenannten Orten können je 3 Münzen auch im Bild vorgestellt werden (Abb. 259). Im Fall von Jagsthausen handelt es sich um Denare des Commodus (259.a), der Plautilla, der Frau des Caracalla (259.b, subärat), und der Julia Paula, der ersten Frau des Elagabal (259.c). Dazu kommen 2 mäßig erhaltene Asse des Trajan und Commodus. Die 3 Mundelsheimer Fundmünzen schließen sich zu einer zeitlich eng umgrenzten Gruppe zusammen, die zwischen 221 und 228 n. Chr. geprägt wurde. Sie besteht aus einem Denar des Elagabal (259.d) und 2 Denaren des Severus Alexander (259.e und f). Die Fundstücke aus Bietigheim-Weilerlen unterstreichen wie schon im Vorjahr das Nebeneinander römischer und frühalamannischer Befunde. Zu einem Denar des Commodus (259.g) sowie je einem Antoninian des Gordian III. (259.h) und des Claudius Gothicus (259.i) tritt noch ein sog. kupferner Minimus, der vermutlich erst im 4. Jahrhundert n. Chr. entstanden ist. Bei den insgesamt 7 Münzen aus Nürtingen-Oberensingen reicht das Spektrum von einem As des Domitian bis zu 2 Denaren aus der Zeit des Elagabal. Die bisher einzige Münze aus Korntal-Münchingen ist ein Antoninian des Gordianus III. aus den Jahren 241–243 n. Chr. Private Meldungen von Funden römischer Münzen kamen unter anderem aus Bopfingen-Oberdorf (Ostalbkreis), Unterkirchberg (Gem. Illerkirchberg, Alb-Donau-Kreis), Staig-Steinberg (Alb-Do-

nau-Kreis), Geislingen (Zollernalbkreis) und Mundelsheim (Kreis Ludwigsburg).
Wie im Vorjahr stellte auch 1989 wieder ein kleiner Hellerschatz den bemerkenswertesten mittelalterlichen Fundkomplex dar (Abb. 260). Er wurde gegen Ende Oktober bei der Grabung im »Tal Josaphat« in Mengen (Kreis Sigmaringen) entdeckt. Die insgesamt 18 Münzen waren in Form einer Rolle fest miteinander verbacken und stark oxidiert. Wie anhaftende Lederreste zeigten, dürfte es sich um den Inhalt eines Geldbeutels gehandelt haben. In den gut zwei Monaten zwischen der Auffindung des Schatzes und der Niederschrift dieses Berichts gelang es gerade, die Münzen auf chemischem Wege voneinander zu trennen. Die Bestimmung der einzelnen Stücke bestätigte den schon aus den Randstücken der Münzrolle gewonnenen zeitlichen Ansatz ins 14. Jahrhundert. Zum größten Teil bestand sie aus Hellern des sog. Radkreuztyps, dessen Prägezeit in die erste Hälfte des 14. Jahrhunderts fällt. Aber als wohl spätestes, der zweiten Hälfte des 14. Jahrhunderts angehörendes Stück enthielt der kleine Schatz auch eine Prägung mit einem »sichtigen« Zeichen. Zum Hinweis auf ihre Herkunft trägt sie inmitten der auf der Vorderseite wiedergegebenen Hand den bayerischen Rautenschild. Zwei mittelalterliche Einzelfunde waren daneben bei einem Hausabbruch in Leonberg (Kreis Böblingen) zu registrieren.
Das weitgestreute Spektrum der bei Stadt- und Kirchengrabungen auftretenden Streu- und Einzelfunde können die »Münzreihen« der Ulmer Grabungen von 1988 (Abb. 261.a–k) und aus der »Alten Abtei« in Murrhardt (Rems-Murr-Kreis) (Abb. 261.l–r) illustrieren. In Ulm (Münsterplatz und »Auf dem Kreuz«) setzt die Serie mit einer unbestimmten bzw. unbestimmbaren merowingischen Goldprägung ein, die wohl in die zweite Hälfte des 6. oder 7. Jahrhunderts zu datieren ist (261.a). Mit 3 Hellern des 13./14. Jahrhunderts (261.b–d), einem hessischen Pfennig aus der Zeit um 1400 (261.e) und einem Straßburger Lilienpfennig des 15. Jahrhunderts (261.f) ist dann das Mittelalter vertreten. Der Neuzeit gehören 3 typengleiche Nürnberger Rechenpfennige (261.h–k), ein habsburgisches 2-Pfennig-Stück von 1665 (261.g) und einige so gut wie nie fehlende Pfennige des Deutschen Kaiserreichs an. In Murrhardt sind die ältesten Stücke ein Ulmer Heller nach dem Vertrag von 1404 (261.l) und ein einseitiger badischer Heller aus der Zeit von etwa 1410 bis 1430 (261.p). Aus weiterer Ferne stammt ein mit einem Henkel versehener Dreier der Abtei Corvey, der um 1560 in Gemeinschaft mit der Stadt Höxter geprägt wurde (261.q). Man fragt sich, ob vielleicht die Darstellung des hl. Veit auf der einen Seite dieser Münze zu ihrer Zweckentfremdung als Anhänger veranlaßt hat. Fortgesetzt wird die bunte Reihe von einem württembergischen Kreuzer mit der Jahreszahl 1644 (261.m), den Fragmenten von

Abb. 261 Mittelalterliche und neuzeitliche Fundmünzen von verschiedenen Orten. a merowingische Goldmünze, b–d Heller, e hessischer Pfennig, f Straßburger Pfennig, g habsburgisches 2-Pfennig-Stück und h–k Nürnberger Rechenpfennige aus Ulm, l Ulmer Heller, m württembergischer Kreuzer, n, o religiöse Hohlprägungen, p badischer Heller, q Corveyer Dreier und r Nürnberger Rechenpfennig aus Murrhardt, s habsburgischer und t brandenburg-fränkischer Kreuzer, u–w Konstanzer Halbkreuzer, x–A württembergische Halbkreuzer und B–G Schüsselpfennige sowie H–K bischöflich-Churer 2-Pfennig-Stücke aus dem Tübinger Kornhaus. Maßstab 1:1

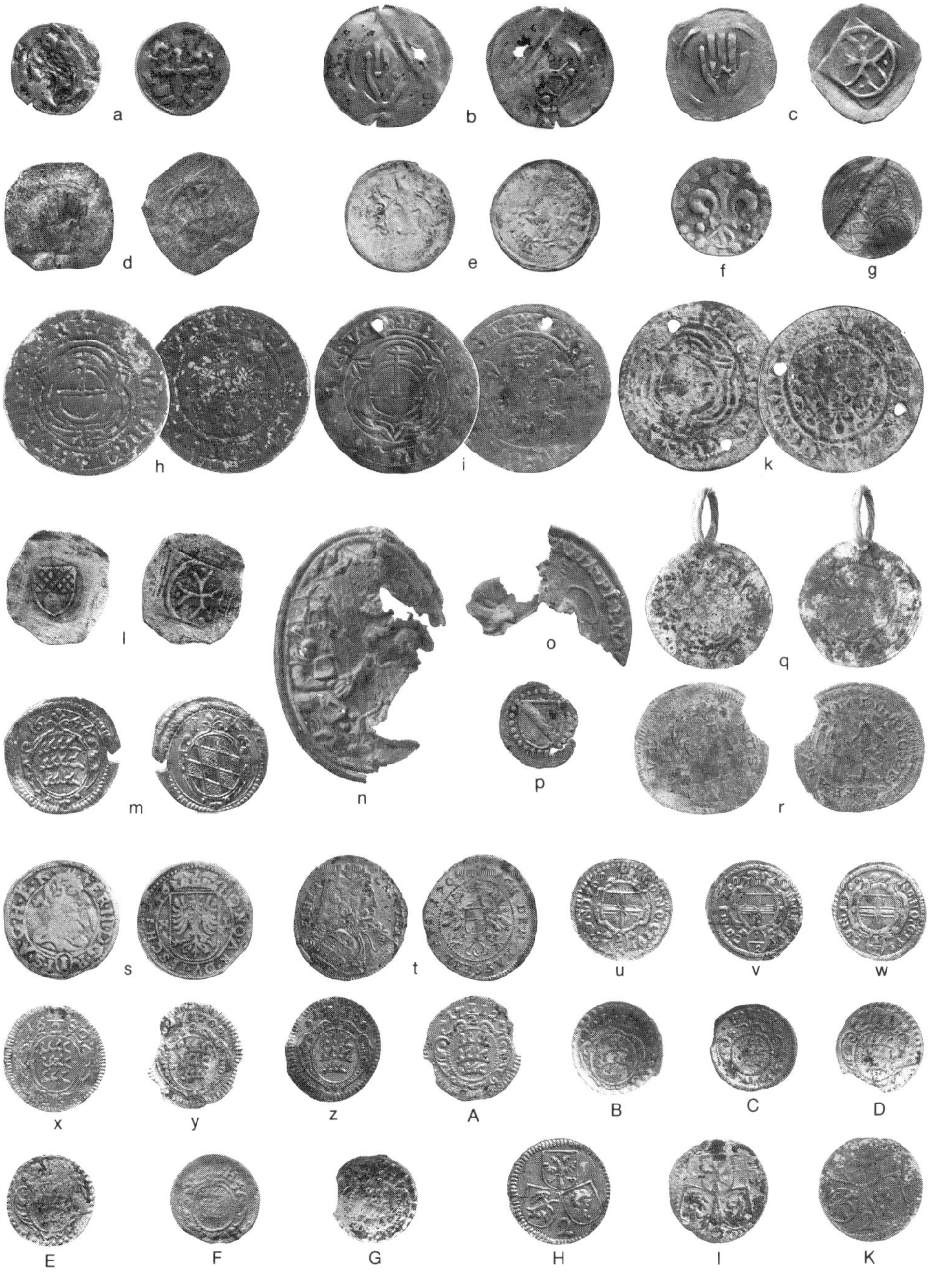
a b c
d e f g
h i k
l o q
m n p r
s t u v w
x y z A B C D
E F G H I K

Abb. 262 Burladingen und Rangendingen. Religiöse Medaillen des 18. Jahrhunderts aus den Kirchengrabungen. Maßstab 1:1

2 ovalen Hohlprägungen des 18. Jahrhunderts aus dünnem Kupferblech mit religiösen Darstellungen (261.n und o) und einem »Venus-Pfennig« des von 1823 bis 1843 tätigen Nürnberger Rechenpfennigfabrikanten Franz Arnhold (261.r), um schließlich ebenfalls mit einem nicht mehr näher bestimmbaren Reichspfennig aus der Prägeperiode von 1890 bis

1916 zu enden. Ein ganz anderes Bild ergibt dagegen eine offensichtlich geschlossene Gruppe von 18 vorab bestimmten Münzen aus dem umfangreicheren Fundkomplex des Tübinger Kornhauses (Abb. 261.s–K). Hier handelt es sich um eine typische Auswahl des zu Beginn des 18. Jahrhunderts umlaufenden und in Münzmandaten vielfach verrufenen minderwertigen Kleingelds. Sie besteht aus einem in Teschen geprägten Kreuzer Kaiser Ferdinands III. von 1646 (261.s), einem kaiserliche Vorbilder nachahmenden brandenburg-fränkischen Kreuzer von 1708 (261.t), 3 Konstanzer Halbkreuzern von 1702 (261.u–w), 4 württembergischen Halbkreuzern aus den Jahren 1680, 1710 und 1712 (261.x–A), 6 württembergischen Schüsselpfennigen mit den Initialen des Herzogs Eberhard Ludwig (261.B–G) und 3 Halbkreuzern bzw. 2-Pfennig-Stücken des Churer Bischofs Ulrich VII. von Federspiel (261.H–K).

Verschiedene Einzelfunde neuzeitlicher Münzen wurden aus Vaihingen/Enz (Kreis Ludwigsburg), Kirchheim unter Teck (Kreis Esslingen) und von mehreren Burgen der Schwäbischen Alb gemeldet. Auf das Gebiet der religiösen Numismatik führte schließlich noch der konkrete Anlaß, für den Vortrag einer Kollegin die schon vor einigen Jahren in den Kirchen von Burladingen und Rangendingen (jeweils Zollernalbkreis) gefundenen Wallfahrtsmedaillen wohl durchweg des 18. Jahrhunderts zu bestimmen (Abb. 262). Bei den Stücken aus Burladingen handelt es sich um eine hübsche achteckige Medaille mit der Darstellung des hl. Benedikt und seiner Schwester Scholastica (262.a), eine einfache siebeneckige Benedikt-Medaille (262.b), einen ovalen Anhänger mit dem Bild des hl. Georg und des hl. Michael (262.c), eine runde Prägung mit Christusbüste, kreuztragendem Jesuskind und aus der Bibel entnommenen Umschriften (262.d) sowie einen Anhänger aus Zinnguß mit der Darstellung eines Gnadenbilds und farbiger Glaseinlage (262.e). Aus Rangendingen stammen ein kreuzförmiger Anhänger, auf dem möglicherweise die Gnadenbilder von Mariazell und Maria Taferl in Österreich wiedergegeben sind (262.f), und eine ovale Medaille mit der Darstellung des hl. Jakob von Compostela und der Anna selbdritt (262.g). *Ulrich Klein*

Flugbeobachtungen am Lager von Eislingen, Kreis Göppingen

Albrecht Brugger, Luftbildfotograf und 1964 Entdecker des Kohortenlagers von Eislingen, hatte sich wohl nicht träumen lassen, daß seine Fundstelle erst nach 24 Jahren weitere wichtige Informationen im Getreide preisgeben würde (Abb. 263). Neue Befunde kamen dort erst 1988 und 1989 zutage (Abb. 264). Zwar war der Lagergraben regelmäßig auch in verschiedenen verregneten Sommern zu sehen, das Lagerinnere blieb jedoch stets wie versiegelt.

Am 23. Juni 1988 erschien wie in den meisten Flugjahren die südwestliche Lagerecke mit ihrer ungewöhnlichen Grabenlücke (Abb. 266). Neben dem schon seit der Entdeckung bekannten Südtor tauchte überraschend der

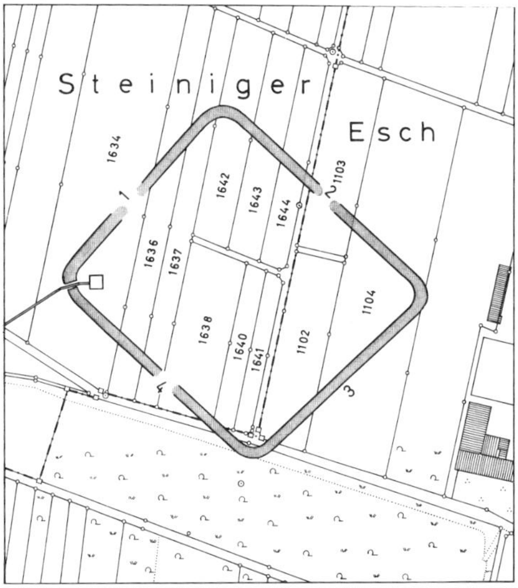

Abb. 263 Plan des Kohortenlagers von Eislingen aus dem Jahr 1974 nach D. Planck mit Grabenlücke und möglichem Wasserbekken in der Südwestecke

Abb. 264 Eislingen. Gesamtansicht der Lagerspuren am 18. Juni 1989 (freigeg. RP Stuttgart 000/71081)

Abb. 265 Eislingen. Umzeichnung des Luftbildes vom 18. 6. 1989. Die südwestliche Lagerecke (1) lag 1989 unter früher Wintergerste, die ihr kritisches Höhenwachstum noch bei ausreichender Bodenfeuchte erfahren hatte und deshalb mit dem anschließenden Tor (2) nur schwache Konturen zeigte. Zu den auffälligen Bauspuren an den übrigen beiden, gut sichtbaren Toren (3) und in Lagermitte (4) gesellten sich jeweils vier blasse Pfostengruben eines Eckturms (5) und von zwei Zwischentürmen (6). Besonders klar zeichnen sich die Pfostengruben des Getreidespeichers (7) ab.

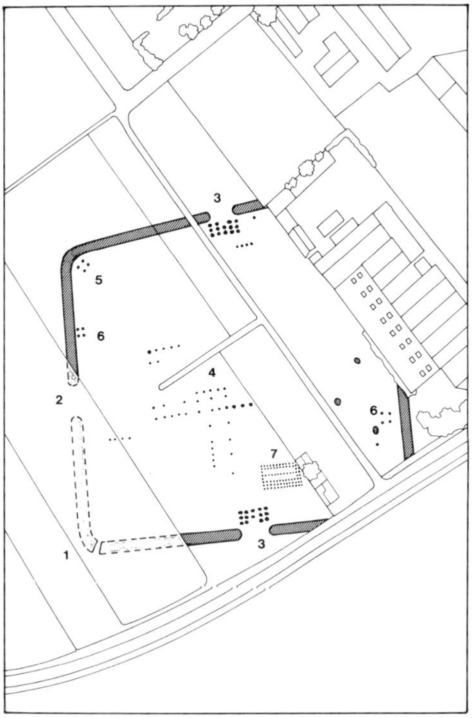

noch unvollständige Grundriß eines Holzgebäudes auf (Abb. 268). Mit einer auffällig engen Reihung von Pfostengruben läßt sich dieser auch aufgrund der Größe und seiner den An- und Abtransport der Vorräte begünstigenden Lage in Tornähe als Speicher (horreum) deuten. Ein verblüffend ähnlicher Baubefund in Holz wurde übrigens nach Auskunft von G. D. B. Jones im Sommer 1989 während einer Ausgrabung im Lager von Abertanat angetroffen. Auch der Speicher des flavischen Lagers von Strageath (Schottland) befindet sich gleich hinter dem Graben in unmittelbarer Tornähe.

In Eislingen hatten im Frühjahr 1988 positive Bewuchsmerkmale über dem Lagergraben und den Pfostengruben merkliche Höhenunterschiede zum Getreide der Umgebung entwickelt, während ihr farblicher Kontrast zum Umfeld schwach blieb. Als sich 1989 das Wetter nach einem recht nassen Start ab Mitte Mai zur Trockenheit bekehren ließ und die in noch repräsentativer Entfernung zum Fundplatz liegende Stuttgarter Klimastation des Deutschen Wetterdienstes schließlich in der zweiten Junihälfte eine Bodenfeuchte von nur 23 Prozent für die Schicht 0–60 cm Tiefe meldete, machten sich die Eislinger Pfostengruben erneut bemerkbar. Diesmal erschienen sie jedoch mit Farbkontrasten, zur Ausbildung von unterschiedlichen Wuchshöhen kam es offenbar wegen der gegenüber dem Vorjahr später einsetzenden Austrocknung des Filsschotters, den hier nur eine Humusdecke geringer Mächtigkeit (ca. 20 cm) bedeckt, nicht mehr. Schon der erste Flug am 2. Juni erbrachte u. a. die

Abb. 266 Eislingen. Luftbild vom 23. 6. 1988 mit Westecke und Grabenlücke, Wasserbecken, Südtor und Speicher. Die Bewuchsmerkmale, durch leichten Schattenwurf verstärkt, sind meist aufgrund größerer Pflanzenhöhe sichtbar. Der Grundriß des Speichers blieb 1988 noch in Teilen unklar (freigeg. RP Stuttgart 000/71079)

Abb. 267 Eislingen. Umzeichnung des Luftbildes vom 23. 6. 1988. 1 Grabenlücke in der Südwestecke, 2 Wasserbecken, 3 Spuren des Torbaus und 4 Speicher (horreum)

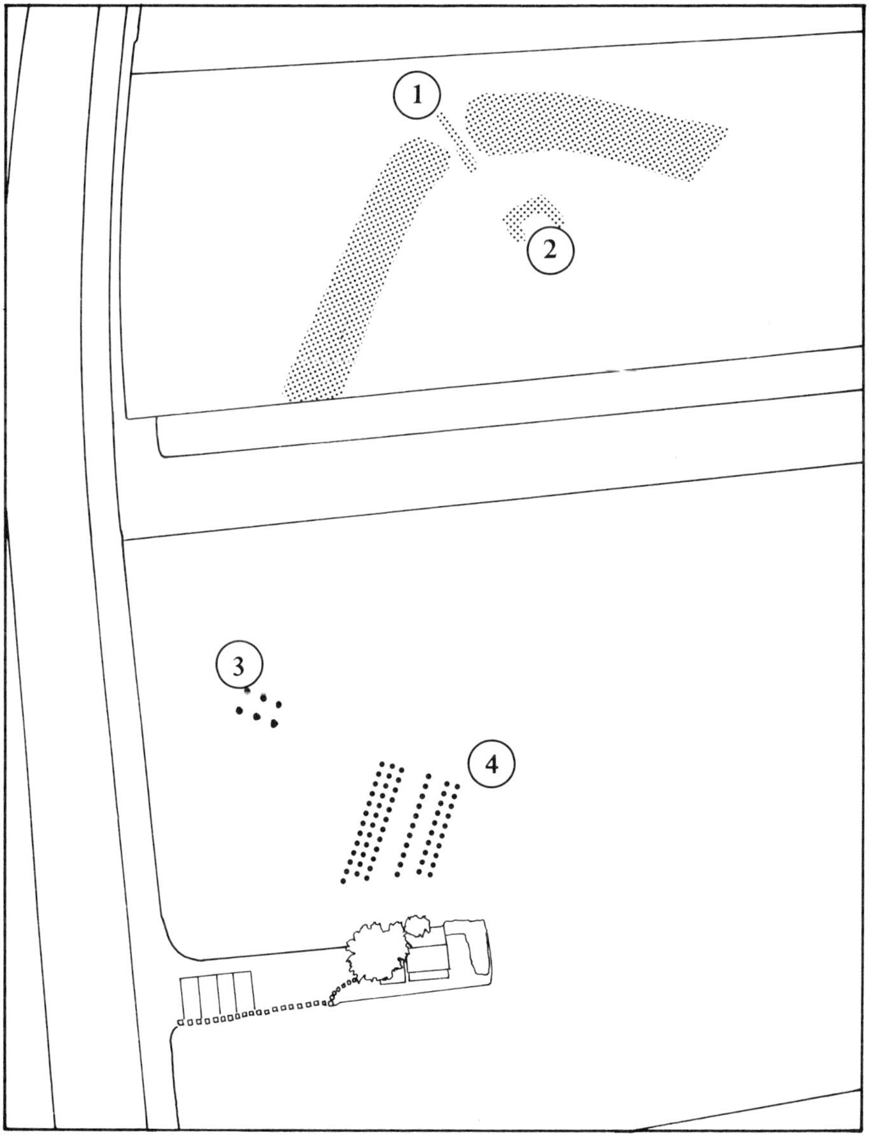

Abb. 268 Eislingen. Luftbild vom 21. 6. 1989 mit Südtor und Speicher, der durch die asymmetrische Anordnung der Pfostenreihen und die engen Abstände der Gruben ein ungewöhnliches Aussehen erhält (freigeg. RP Stuttgart 000/71082)

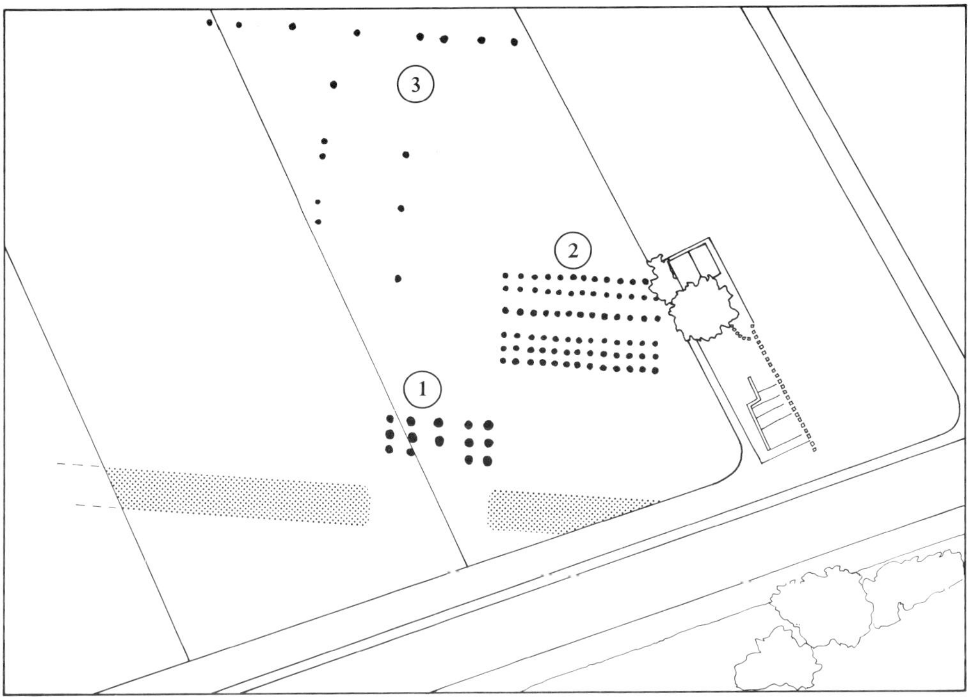

Abb. 269 Eislingen. Umzeichnung des Luftbildes vom 21. 6. 1989 mit 1 Toranlage, 2 Speicher und 3 Front des Hauptgebäudes

Grundrisse von mindestens 4 Wachttürmen entlang dem Lagergraben. Diese Spuren trockneten dann jedoch im Verlauf der nächsten 3 Wochen weitgehend aus und verschwanden nahezu völlig. Der 1988 nur z. T. aufgeklärte Speicherbau konnte in diesem Jahr mit allen seinen Pfosten schon beim ersten Flug gänzlich dokumentiert werden (Abb. 268 und 269). Nach und nach wurden dann auch die mächtigen Ständergruben der Zentralbauten sichtbar und erfaßt (Abb. 270 und 271).

Für die Schwarzweißaufnahmen wurde wie immer hochauflösendes Filmmaterial unter Verwendung ausgewählter Optik mit Brennweiten zwischen 50 und 80 mm verwendet, die Detailaufnahmen der Innenbauten entstanden mit einem apochromatisch korrigierten Teleobjektiv der Brennweite 180 mm. Die so auf dem Kleinbildfilm erzielte hohe Informationsdichte gewährleistet, daß für eine künftige Bildauswertung hinreichend Reserven an archäologischen Details zur Verfügung stehen.

Die Neuigkeiten zum Eislinger Lager sind von aktueller Bedeutung, weil heute der Ausbau des durchquerenden Feldweges als Straße zur Diskussion steht und hierzu die Stellungnahme des Denkmalpflegers gefordert ist. Ihm bleibt zu wünschen, daß die rasche Interpretation und Umzeichnung der archäologischen Bildinhalte in einen hilfreichen Plan mittels digitaler Bildverarbeitung bald Realität wird.

Otto Braasch

Abb. 270 Eislingen. Luftbild vom 21. 6. 1989 mit massiven Pfostenstellungen der Kommandanturbauten in Lagermitte. Zwei Gruben weisen zur Aufnahme wichtiger Eckpfosten vergrößerte Durchmesser auf (freigeg. RP Stuttgart 000/71083)

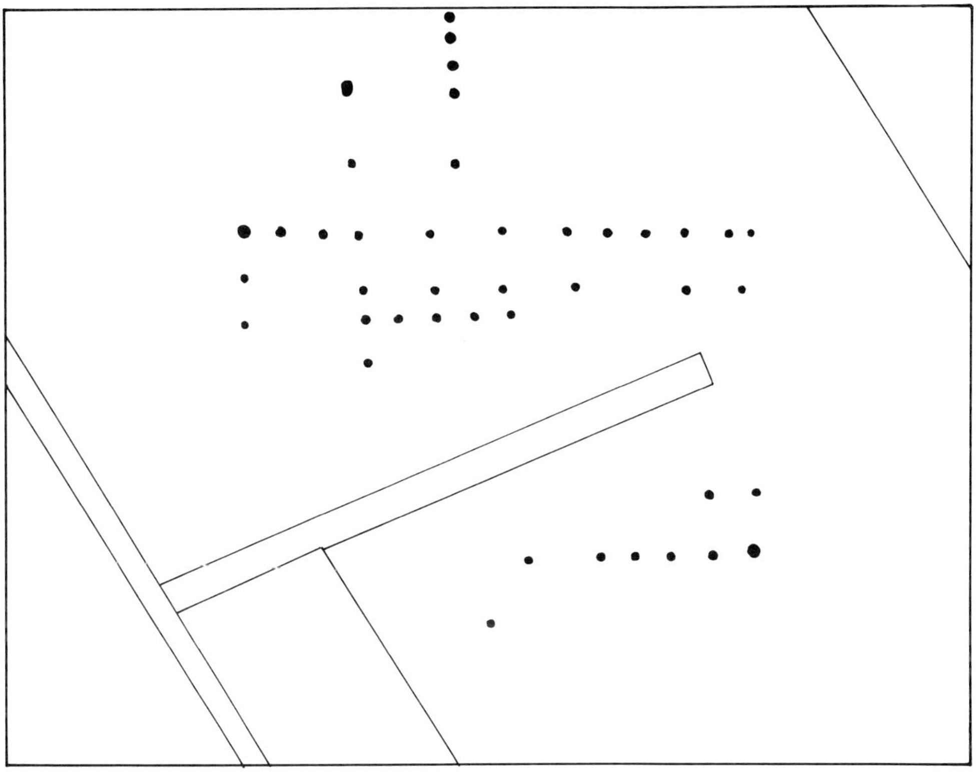

Abb. 271 Eislingen. Umzeichnung des Luftbildes vom 21. 6. 1989 mit Pfostengruben der Bauten in Lagermitte

Literaturhinweise
D. Planck, Ein neues römisches Lager bei Eislingen, Lkr. Göppingen, Fundber. aus Baden-Württemberg 1, 1974, 527 ff. – Deutscher Wetterdienst, Agrarmeteorologischer Wochenhinweis für das Gebiet der Bundesrepublik Deutschland, Jahrgang 1988 und 1989. – S. S. Frere, The Flavian Frontier in Scotland, Agricola's Campaigns in Scotland. Scotish Archaeological Forum 12, 1980, 89 ff.

Ortsregister

Gültig für alle bisher erschienenen Jahrbücher.
Die Seitenzahlen der Beiträge des Jahrbuches 1989 sind hervorgehoben.

Bildnachweis

O. Braasch, Schwäbisch Gmünd: 264, 266, 268, 270
S. M. Christlein, Schwäbisch Gmünd: 265, 267, 269, 271
J. Feist, Pliezhausen: 192, 194, 195b
Dr. Hell, Reutlingen/Stadtarchiv Rottweil: 204
K. Kortüm, Universität Freiburg: 144
Kurpfälzisches Museum Heidelberg: 81, 153
B. Martin, Universität Freiburg: 143
K. Natter, Landesdenkmalamt Baden-Württemberg: 145
I. Thomandl, Universität Freiburg: 142
Württembergisches Landesmuseum Stuttgart, Münzkabinett: 195a, 256–262
Alle anderen Abbildungen:
Landesdenkmalamt Baden-Württemberg, Abteilung Archäologische Denkmalpflege

Der Förderkreis für die ur- und frühgeschichtliche Forschung in Baden und die Gesellschaft für Vor- und Frühgeschichte in Württemberg und Hohenzollern wollen die interessierte Öffentlichkeit mit den großen Denkmälern unserer südwestdeutschen Vorzeit vertraut machen. Sie versuchen dies durch Veröffentlichungen, durch Lichtbildervorträge im Land, durch Exkursionen im In- und Ausland und durch jährliche Zusammenkünfte zu erreichen. Die beiden Vereinigungen arbeiten eng mit der Archäologischen Denkmalpflege des Landesdenkmalamtes zusammen. Sie sind gemeinnützige Vereine, die ein Maximum an Information bei einem Minimum an Kosten vermitteln wollen. Helfen auch Sie durch Ihren Beitritt mit, das Wissen um das große historische Erbe unseres Landes zu fördern und dem drohenden Verfall bedeutender Kulturdenkmäler entgegenzuwirken!

Auskünfte und Rat erteilen:

Gesellschaft für Vor- und Frühgeschichte in Württemberg und Hohenzollern und Landesdenkmalamt Baden-Württemberg, Archäologische Denkmalpflege, beide 7000 Stuttgart, Silberburgstraße 193, Fernruf (0711) 647-2829 – Förderkreis für die ur- und frühgeschichtliche Forschung in Baden, Museum für Ur- und Frühgeschichte, Fernruf (0761) 2163311, und Landesdenkmalamt Baden-Württemberg, Archäologische Denkmalpflege, Außenstelle Freiburg, Fernruf (0761) 2052781, beide 7800 Freiburg, Marienstraße – Landesdenkmalamt Baden-Württemberg, Archäologische Denkmalpflege, Außenstelle Karlsruhe, Amalienstraße 36, 7500 Karlsruhe, Fernruf (0721) 1355300 – Landesdenkmalamt Baden-Württemberg, Archäologische Denkmalpflege, Außenstelle Tübingen, Schloß, Fünfeckturm, 7400 Tübingen, Fernruf (07071) 282107

Archäologische Denkmalpflege des Landesdenkmalamtes Baden-Württemberg, Organisation:

	Aufgabenbereich	*Wirkungskreis*
Referat 21	Vor- und Frühgeschichte	Regierungsbezirk Stuttgart
Referat 22	Vor- und Frühgeschichte	Regierungsbezirk Karlsruhe
Referat 23	Vor- und Frühgeschichte	Regierungsbezirk Freiburg
Referat 24	Vor- und Frühgeschichte	Regierungsbezirk Tübingen
Referat 25	Großgrabungen im Bereich Vor- und Frühgeschichte sowie Mittelalter, Zentraler Bereich, Sonderprojekte	Baden-Würtemberg
Referat 26	Mittelalter	Baden-Württemberg